Deutscher
Kunstverlag

mpk
MUSEUM PFALZGALERIE KAISERSLAUTERN

RUDOLF

LEVY

(1875–1944)

HERAUSGEGEBEN VON
STEFFEN EGLE, SÖREN FISCHER & ANNETTE REICH

MIT BEITRÄGEN VON
FELIX BILLETER, BRIGITTE BRUNS, STEFFEN EGLE, SÖREN FISCHER, VANESSA GAVIOLI, CARLO GENTILE, KRISTINA HOGE, DENISE KAMM, JULIE KENNEDY, PHILIPP KUHN, PATRICIA NÜNNING, ANNETTE REICH, SUSANNE THESING, KLAUS VOIGT, JULIA VOSS & EDMUND DE WAAL

MIT EINEM GELEITWORT VON
BUNDESPRÄSIDENT
FRANK-WALTER STEINMEIER

MAGIER DER FARBE

DIE AUSSTELLUNG STEHT UNTER DER SCHIRMHERRSCHAFT VON
BUNDESPRÄSIDENT FRANK-WALTER STEINMEIER

IN KOOPERATION MIT

LE GALLERIE
DEGLI UFFIZI

DIE PUBLIKATION WURDE GEFÖRDERT VON

EvS
ERNST VON SIEMENS
KUNSTSTIFTUNG

DIE AUSSTELLUNG WURDE GEFÖRDERT VON

MEDIA
BROADCAST

freunde mpk
DES MUSEUMS PFALZGALERIE E.V.

The Renate,
Hans and Maria
Hofmann Trust,
New York

DIE HERAUSGEBER DANKEN FÜR DIE GROSSZÜGIGE UNTERSTÜTZUNG.

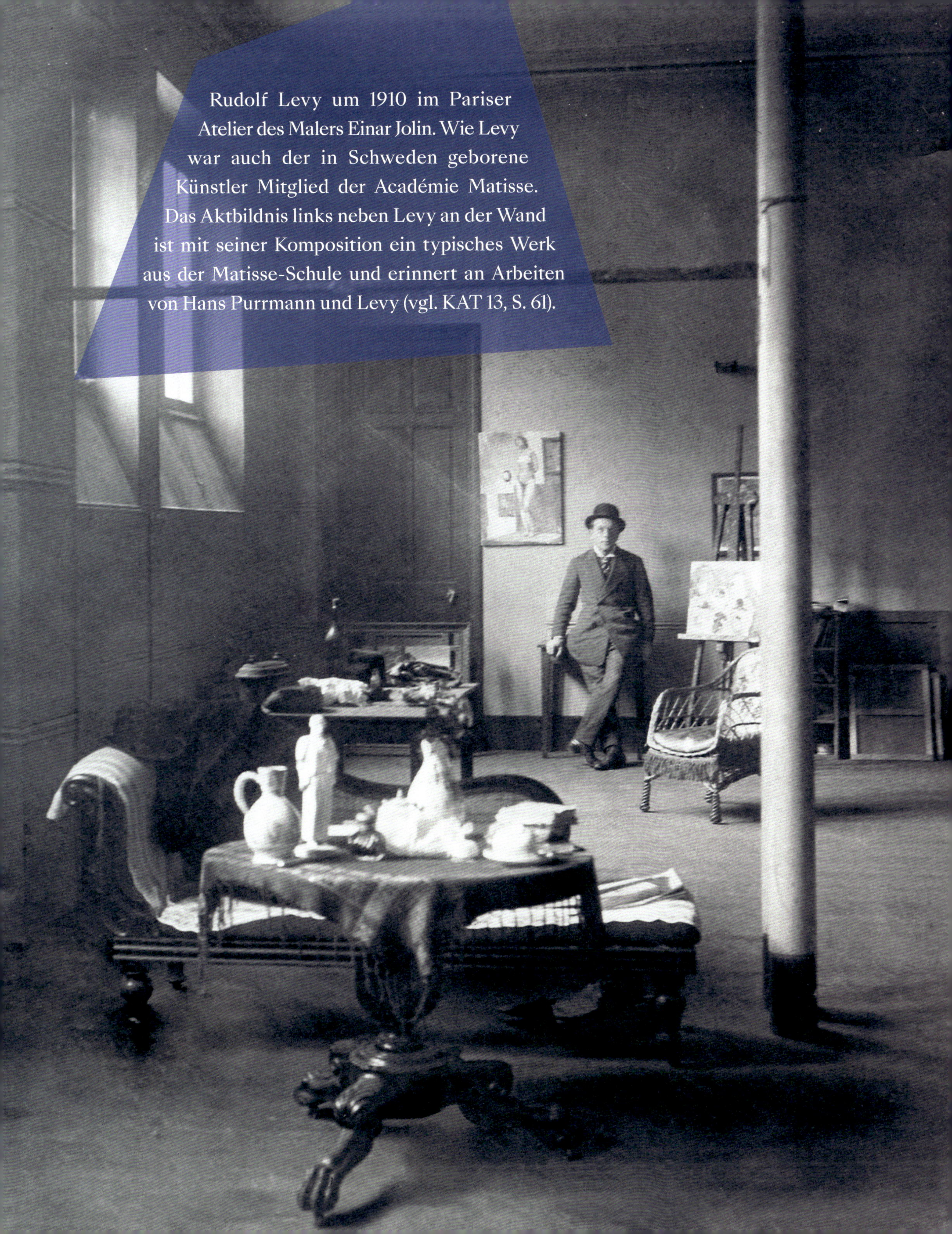

Rudolf Levy um 1910 im Pariser Atelier des Malers Einar Jolin. Wie Levy war auch der in Schweden geborene Künstler Mitglied der Académie Matisse. Das Aktbildnis links neben Levy an der Wand ist mit seiner Komposition ein typisches Werk aus der Matisse-Schule und erinnert an Arbeiten von Hans Purrmann und Levy (vgl. KAT 13, S. 61).

GELEITWORT DES SCHIRMHERREN

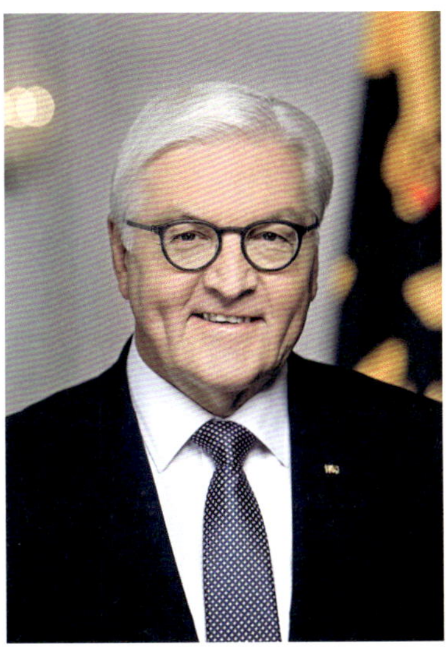

Frank-Walter Steinmeier
BUNDESPRÄSIDENT

„Es ist an der Zeit, Levy wieder in die Reihe derer zu stellen, die im Kunstschaffen unseres Jahrhunderts einen Platz beanspruchen dürfen. Der Anfang ist getan." Mit diesen Worten kommentierte der Berliner Tagesspiegel im Juni 1955 die Gedächtnisausstellung zu Ehren von Rudolf Levy, die damals von München aus durch ganz Westdeutschland wanderte und im Bezirksamt Berlin-Kreuzberg ebenso Station machte wie in der Landesgewerbeanstalt Kaiserslautern, dem heutigen Museum Pfalzgalerie.

Mitte der Fünfzigerjahre, als die Verbrechen der Nationalsozialisten in der deutschen Gesellschaft noch weitgehend verdrängt und beschwiegen wurden, waren die Levy-Ausstellungen ein erster Schritt auf dem Weg zu einer Kultur der Erinnerung. Tausende Besucherinnen und Besucher sahen damals die Bilder eines deutschen Meisters der Europäischen Moderne, dessen Werk die Nazis aus der Kunstgeschichte hatten ausradieren wollen; Presse und Hörfunk berichteten über das Schicksal eines jüdischen Künstlers, der in der Shoah ermordet worden war.

Die frühe Wiederentdeckung und Rehabilitierung Rudolf Levys war das Verdienst von Genia Levy-Koppold und anderen Weggefährten, die mit großer Leidenschaft dafür kämpften, dass ein faszinierender Künstler und sein Werk wieder Aufmerksamkeit und Anerkennung fanden. Der Anfang war getan – aber selbst das liebevolle Engagement seiner Freunde reichte nicht aus, um Rudolf Levy dauerhaft im Bewusstsein unseres

Landes zu verankern. Im Laufe der Jahre verblasste die Erinnerung an ihn, seine Bilder fanden in der Öffentlichkeit kaum noch Beachtung. Das zeigt, wie vergesslich unser kulturelles Gedächtnis ist, wenn wir uns nicht um unser künstlerisches Erbe kümmern.

Deshalb freue ich mich sehr, dass das Museum Pfalzgalerie Kaiserslautern den 80. Todestag Rudolf Levys zum Anlass genommen hat, dem „Magier der Farbe" eine große Retrospektive zu widmen. Zum ersten Mal ist ein bedeutender Teil der erhaltenen und wiedergefundenen Werke Levys an einem Ort in Deutschland zu sehen, zusammen mit Arbeiten von Weggefährten wie Hans Purrmann oder Oskar Moll. Die Ausstellung, entstanden in Kooperation mit den Gallerie degli Uffizi in Florenz, veranschaulicht deutsche und europäische Kunstgeschichte, und sie schärft unseren Blick für die Geschichte von Demokratie und Diktatur in unserem Land. Rudolf Levy steht für den künstlerischen Aufbruch in die Moderne, der an der Wende vom 19. zum 20. Jahrhundert begann. Er studierte in München mit Paul Klee, lernte in Paris bei Henri Matisse, traf sich im Café du Dôme mit Künstlern der Avantgarde, verbrachte den Sommer in Sanary-sur-Mer, wo sich die große europäische Bohème um ihn scharte, wie Erika und Klaus Mann beobachteten. Er malte Stillleben, Landschaften und Porträts in leuchtenden Farben – und feierte im Berlin der „Goldenen Zwanziger" Erfolge mit seinen Werken, die unter anderem in den Galerien von Alfred Flechtheim ausgestellt wurden.

Levys Bilder zählen zu den vielen Meisterwerken der Moderne, die in jenen Jahren in Europa entstanden. Die Ausstellung erinnert an den Glanz der Weimarer Republik, deren Verfassung die Kunstfreiheit zum ersten Mal in Deutschland ausdrücklich garantierte. Sie macht uns bewusst, wie viele Jüdinnen und Juden die deutsche und europäische Kultur damals zum Blühen brachten, in der Bildenden Kunst, aber auch in Musik, Literatur, Film, Theater und Architektur. Und sie führt uns, im scharfen Kontrast, den verbrecherischen Vernichtungsfeldzug gegen Freiheit, Kultur und Menschlichkeit vor Augen, den die Nazis nach der Machtübernahme 1933 begannen.

Wir dürfen nie vergessen: Es waren Deutsche, die damals in unseren Städten Bücher verbrannten, Jazz- und Swing-Konzerte gewaltsam beendeten, Bilder und Skulpturen aus Museen entfernten. Tausende Werke der modernen Kunst wurden beschlagnahmt, in Propaganda-Ausstellungen verhöhnt, verspottet und verächtlich gemacht, ins Ausland verkauft oder zerstört. Viele gingen unwiederbringlich verloren oder sind bis heute verschollen.

Unzählige Künstlerinnen und Künstler, Kunstkenner und Museumsleute wurden zwischen 1933 und 1945 verfemt und verfolgt – weil sie Juden waren, weil sie für die Werte des Humanismus, der Aufklärung und der Demokratie eintraten, weil ihre Kunst den Nationalsozialisten als „entartet" oder „undeutsch" galt. Sie wurden ihrer Ämter enthoben, mit Berufsverboten belegt, ins

Exil getrieben, eingesperrt, verschleppt, ermordet. Rudolf Levy, Elfriede Lohse-Wächtler, Otto Freundlich, Dora Bromberger, Felix Nussbaum und viele andere Malerinnen und Bildhauer fielen dem Terror der Nazis zum Opfer.

Das letzte Selbstbildnis, das Rudolf Levy im Winter 1943 in Florenz malte, lässt uns dem Schmerz und der Angst der Verfemten und Verfolgten ins Gesicht blicken. Es zeigt eine gebrochene, schattenhafte Existenz, gezeichnet von grauer Schwermut, düsterer Vorahnung und der verzweifelten Hoffnung, dem schrecklichen Schicksal doch noch zu entkommen.

„Hoffen wir, dass wir uns einmal in einem besseren Europa wiedersehen, in dem man wieder frei atmen wird können und hoffen und arbeiten…", schrieb Rudolf Levy aus dem Exil an eine Bekannte aus England. Für ihn selbst hat sich diese Hoffnung nicht mehr erfüllt. Das bessere Europa, nach dem er sich sehnte, wurde erst nach seinem Tod Wirklichkeit – 1945, nach der Befreiung vom Nationalsozialismus, zunächst im Westen; 1989, als sich die mutigen Menschen in Mittel- und Osteuropa selbst von der kommunistischen Diktatur befreiten, dann auf dem gesamten Kontinent.

Heute ist dieses Europa des Friedens und der Freiheit neuen Angriffen ausgesetzt, von innen und von außen. Die Erinnerung an das Schicksal Rudolf Levys macht uns bewusst, was auf dem Spiel steht – und was wir gemeinsam verteidigen müssen, auch auf dem Gebiet der Kultur. Lassen Sie uns als Bürgerinnen und Bürger für die Freiheit der Kunst streiten, wo und von wem auch immer sie bedroht wird. Und lassen Sie uns laut und klar widersprechen, wann immer Judenhass und andere Formen der Menschenfeindlichkeit geschürt und verbreitet werden!

Ich danke allen Kuratorinnen, Museumspädagogen, Wissenschaftlerinnen, Lehrern und Journalistinnen, die die Erinnerung an verfolgte und verfemte Künstlerinnen und Künstler wachhalten; die das gesellschaftliche Gespräch über Kunst und Kultur immer wieder neu beleben; die vor allem junge Menschen für die Werke der Klassischen Moderne begeistern. Und ich danke ganz besonders denen, die es möglich gemacht haben, dass das Werk Rudolf Levys nun erstmals in seiner ganzen Fülle entdeckt und bestaunt werden kann.

Die Bilder dieser Ausstellung zeigen uns: Rudolf Levy gebührt ein fester Platz im Kanon der modernen Kunst. Sein Werk und seine Geschichte gehören in die Mitte unserer Gesellschaft. Ich wünsche allen Besucherinnen und Besuchern, allen Leserinnen und Lesern eine zauberhafte Begegnung mit dem „Magier der Farbe".

GELEITWORT

Liebe Leserinnen und Leser,

wer war Rudolf Levy? Dass wir diese Frage heute noch stellen müssen, fast 80 Jahre nach der Ermordung des in den 1920er-Jahren überaus erfolgreichen jüdischen Künstlers durch die Nationalsozialisten im Februar 1944, zeigt, dass noch immer viele Aspekte jüdischen Kulturlebens vor 1933 aus dem kollektiven Gedächtnis der Nachkriegsrepublik verschwunden sind.

Das Beispiel Levys fordert uns auf, gerade jetzt, da die Zeitzeuginnen und Zeitzeugen immer weniger werden, im Rahmen einer auf künftige Generationen gerichteten Erinnerungskultur jüdische Einzelschicksale zu erzählen — vor allem auch die Biografien von jüdischen Künstlerinnen, Künstlern und Kulturschaffenden, die in den Zwischenkriegsjahren maßgeblich zur künstlerischen Moderne beigetragen haben, wie wir sie in populären Ausstellungen feiern, nur eben ausgehend von Künstlern wie Ernst Ludwig Kirchner, Oskar Schlemmer, Otto Dix und anderen.

Ich freue mich sehr, dass das in Trägerschaft des Bezirksverbands agierende Museum Pfalzgalerie Kaiserslautern (mpk) mit der Ausstellung „Rudolf Levy (1875–1944). Magier der Farbe" einen wichtigen Beitrag zu dieser Erinnerungsarbeit leistet — und damit dem vielfältigen Engagement des Bezirksverbands Pfalz gegen das Vergessen der NS-Gräueltaten einen weiteren wesentlichen Beitrag hinzufügt.

Bundespräsident Frank-Walter Steinmeier danke ich sehr, dass er mit der Übernahme der Schirmherrschaft und dem Geleitwort zu diesem Katalog die Bedeutung des Projektes unterstreicht — und damit deutlich macht, wie wichtig das Erinnern gerade in diesen Zeiten ist, in denen die sogenannte Neue Rechte versucht, die Meinungsführerschaft auch über die historischen Diskurse zu erlangen.

Dem Direktor des mpk, Steffen Egle, danke ich für die Initiative zu dieser Ausstellung, verbunden mit dem Dank an das gesamte Museumsteam, das mit viel Engagement ein national und international relevantes Ausstellungsprojekt realisiert hat.

Ihnen, liebe Leserinnen und Leser, wünsche ich viel Freude bei der Entdeckung eines wahrhaften „Magiers der Farbe" und interessante Einblicke in eine faszinierende Künstlerbiografie.

Ihr
Theo Wieder
VORSITZENDER DES BEZIRKSTAGS PFALZ

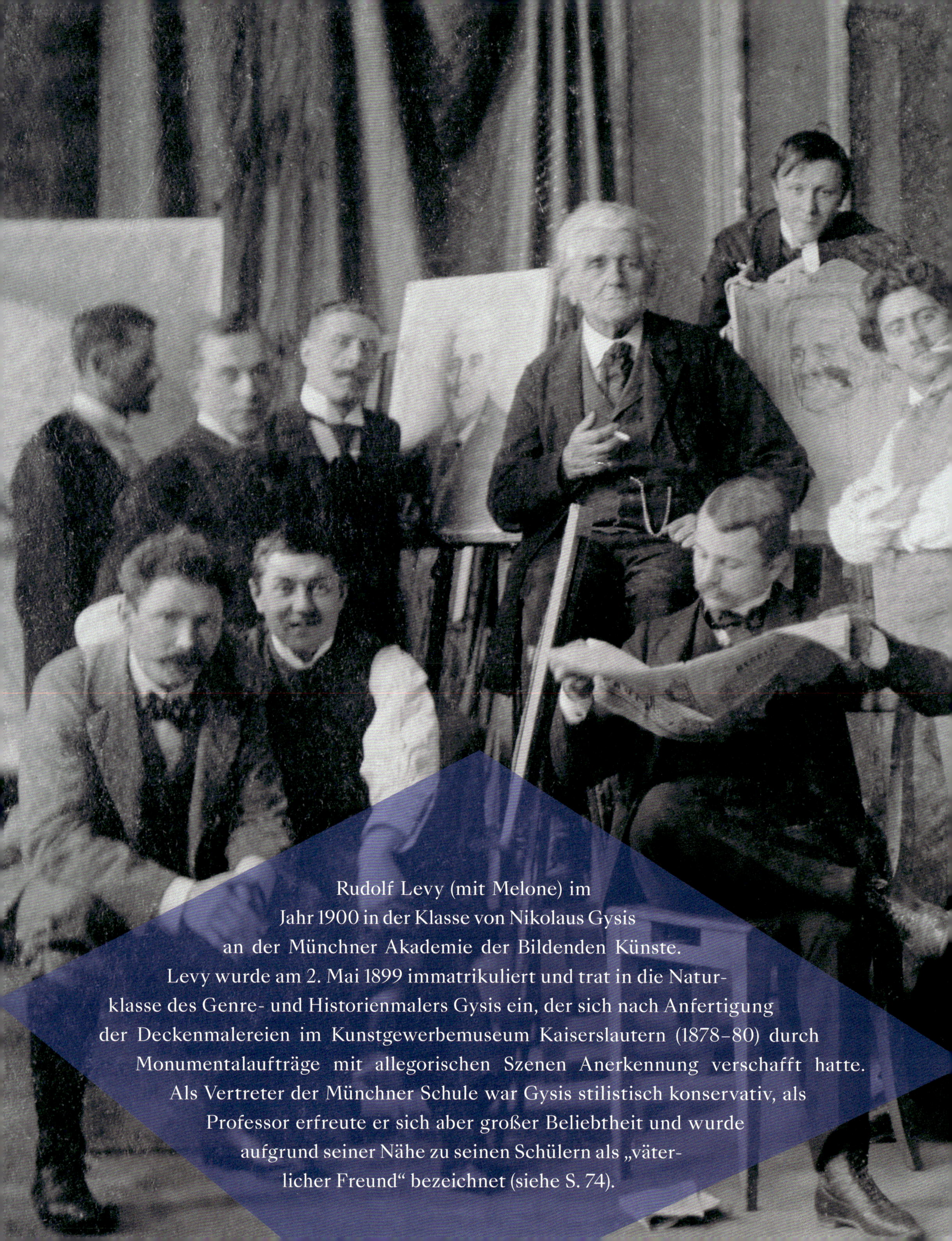

Rudolf Levy (mit Melone) im Jahr 1900 in der Klasse von Nikolaus Gysis an der Münchner Akademie der Bildenden Künste. Levy wurde am 2. Mai 1899 immatrikuliert und trat in die Naturklasse des Genre- und Historienmalers Gysis ein, der sich nach Anfertigung der Deckenmalereien im Kunstgewerbemuseum Kaiserslautern (1878–80) durch Monumentalaufträge mit allegorischen Szenen Anerkennung verschafft hatte. Als Vertreter der Münchner Schule war Gysis stilistisch konservativ, als Professor erfreute er sich aber großer Beliebtheit und wurde aufgrund seiner Nähe zu seinen Schülern als „väterlicher Freund“ bezeichnet (siehe S. 74).

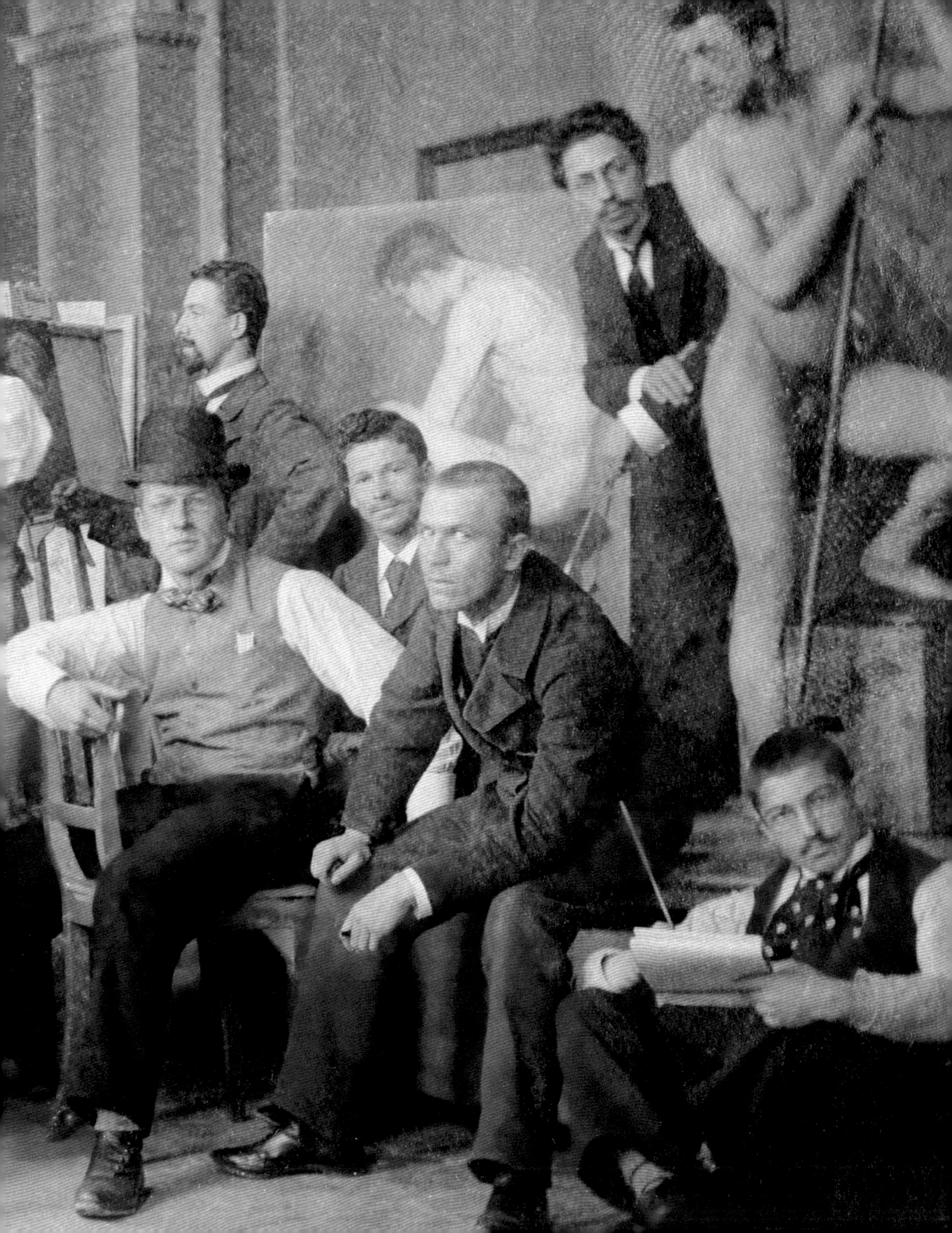

VORWORT UND DANK

Wer einmal ein Gemälde Rudolf Levys gesehen hat, wird die magische Wirkung und die Ausdrucksstärke seiner Malerei nicht mehr vergessen. Sein exzentrischer Stil, die ganz eigene, vielfach heitere Farbigkeit, haben einen hohen Wiedererkennungswert. Levy ist ein starker Repräsentant der künstlerischen Avantgarde in der ersten Hälfte des 20. Jahrhunderts – das ist augenfällig. Gelegenheiten, Werke des Malers zu sehen, sind – oder sie waren es zumindest bis in die jüngste Vergangenheit – gleichwohl selten: Öffentliche Sammlungen zeigen ihn nur sporadisch, obwohl viele Häuser Gemälde besitzen; ein großer Teil des umfangreichen Œuvres ist öffentlich nicht zugänglich, da er sich in Privatbesitz befindet. So ist Rudolf Levy ein weitgehend Vergessener, ein Künstler, der im Kanon der Klassischen Moderne nicht mehr sehr präsent ist, ein Maler, den es wiederzuentdecken gilt.

Mit der ersten Levy-Retrospektive in Deutschland und der aus Anlass dieser Schau erscheinenden wissenschaftlichen Begleitpublikation trägt das Museum Pfalzgalerie Kaiserslautern (mpk) nun wesentlich zur Neupositionierung Levys in der kunst- und kulturgeschichtlichen Erzählung bei. Die Ausstellung „Rudolf Levy. Magier der Farbe" versammelt rund 60 Werke des Matisse-Schülers aus öffentlichen und privaten Sammlungen. Sie macht den Werdegang des Malers und den kulturgeschichtlichen Kontext mit Fokus auf seine biografischen Stationen in Paris, Berlin und dem Ort seines Exils, Florenz, erlebbar – mit dem Anspruch, den Maler wieder einem breiten Publikum bekannt zu machen. Ausgangspunkt der Ausstellung ist das kurz vor der Deportierung des Malers nach Auschwitz entstandene Selbstporträt, das sich in Besitz des mpk befindet. Bereits 1954 wurde dieses Hauptwerk Levys für das Museum erworben. Anlass für die Erwerbung war eine von Levys früherer Ehefrau Genia Levy und seinem Florentiner Künstlerfreund Heinz Battke initiierte große Wanderausstellung durch 15 deutsche Städte (1954–1956) – mit der zweiten Station in Kaiserslautern. Diese Wanderausstellung hatte schon damals zum Ziel, das Werk des aufgrund der fatalen politischen Entwicklungen seit den frühen 1930er-Jahren verdrängten und damit vergessenen Malers im Nachkriegsdeutschland neu zu positionieren – ein Unterfangen, das leider nur bedingt gelang: Auch wenn zahlreiche Museen seit den 1950er-Jahren seine Werke ankauften, rückte Levy doch bereits in den 1960er-Jahren wieder aus dem Fokus der musealen wie wissenschaftlichen Aufmerksamkeit. Rudolf Levy konnte sich im Kanon der Klassischen Moderne zu Unrecht nicht als wichtiger Repräsentant jener Epoche etablieren. Das sollte im Großen und Ganzen so bleiben. Auch die von Susanne Thesing 1990 veröffentlichte große Levy-Monografie mit Werkverzeichnis führte leider nicht zu einer breitenwirksamen Wiederentdeckung.

Als Wendepunkt in der Rezeptionsgeschichte sehe ich daher vor allem die kritische Bewertung der Nichtpräsenz Rudolf Levys auf der ersten documenta 1955, wie sie Julia Voss im Rahmen der Ausstellung „documenta. Kunst und Politik" 2021 im Deutschen Historischen Museum, Berlin, vorgenommen hat. Diese Ausstellung und die dortige eindrückliche Begegnung mit dem prominent inszenierten Kaiserslauterer Levy-Selbstporträt war für mich der Anlass, in Kaiserslautern eine Retrospektive des Künstlers zu initiieren, nachdem ich 2022 in das Amt des Direktors des mpk berufen worden war.

Es ist ein besonderer Glücksfall, dass in diesem Jahr nun gleich zwei große monografische Levy-Ausstellungen stattfinden – in den Uffizien in Florenz und im Museum Pfalzgalerie Kaiserslautern – und dass es gelungen ist, die Aktivitäten der beiden Museen in einer länderübergreifenden Kooperation zusammenzuführen. So können wir, kurz vor dem 80. Todestag des Malers, gemeinsam mit den Florentiner Kolleginnen und Kollegen ein Levy-Jahr ausrufen.

Beide Museen leisten mit ihren Ausstellungen jenseits der kunsthistorischen Neubewertung des Künstlers einen wesentlichen Beitrag zum Gedenken an die Opfer des Holocaust und zur Erinnerungskultur. In Florenz fand die Eröffnung ganz bewusst im Zusammenhang mit dem Giorno della Memoria statt. Für die Ausstellung in Kaiserslautern konnten wir den britischen Keramikkünstler Edmund de Waal für eine zeitgenössische Intervention gewinnen, wofür wir sehr dankbar sind. Er hat seine Arbeit *Spur* Rudolf Levy gewidmet. In der Gegenüberstellung mit Levys Selbstporträt entsteht ein besonderer Erinnerungsort für den Künstler. Ich betone diesen Aspekt deshalb ausdrücklich, weil ich der Auffassung bin, dass gerade auch Kunstmuseen die Verantwortung zukommt, die Erinnerung an den Holocaust wachzuhalten: Mit ihren visuell-künstlerischen Mitteln haben sie ganz eigene und starke Möglichkeiten, emotionale Zugänge zu diesem essenziellen Thema zu schaffen – in einer Zeit, in der immer weniger Zeitzeugen (und bald gar keine mehr) unmittelbare Zugänge vermitteln können, und in der es daher neuer Erinnerungsformen bedarf.

Die Schirmherrschaft des Bundespräsidenten und das Geleitwort in diesem Katalog unterstreichen die besondere Bedeutung, die unser Projekt in dieser Hinsicht besitzt. Frank-Walter Steinmeier gilt daher unser erster und größter Dank für diese Ehre und für die nachdrücklichen Worte, mit denen er unser Anliegen unterstützt.

Danken möchte ich ferner dem Vorsitzenden des Bezirkstags Pfalz, Theo Wieder, sowie den Mitgliedern des Bezirkstags und der politischen Gremien des Bezirksverbands Pfalz, die das Projekt von Anfang an mit größtem Interesse verfolgt und mit einem erhöhten Ausstellungsbudget unterstützt haben.

Eine Ausstellung mit einer Vielzahl von Leihgaben und einer umfangreichen Begleitpublikation lässt sich nur durch zusätzliche Drittmittel realisieren. Wir sind den Geldgebern zu großem Dank verpflichtet. Diese Begleitpublikation zur Ausstellung wurde finanziert durch die großzügige Unterstützung der Ernst von Siemens Kunststiftung, wofür ich dem Generalsekretär der Stiftung, Martin Hoernes, meinen Dank ausspreche: Es sind solche Förderungen die Voraussetzung dafür, dass in den Museen weiterhin Grundlagenforschung möglich ist und Publikationsvorhaben in einer Qualität realisiert werden können, wie sie aus eigenen Mitteln nicht finanzierbar wäre.

Zu außerordentlichem Dank sind wir weiterhin der Media Broadcast GmbH verpflichtet, namentlich der Geschäftsführung, Francie Petrick und Andreas Stähr, sowie Jürgen Oßwald, der durch seinen unermüdlichen Einsatz für das Projekt das Sponsoring zu einer auch inhaltlich starken Kooperation machte: Das Unternehmen fördert nicht nur die Umsetzung der Ausstellung mit finanziellen Mitteln, es unterstützt darüber hinaus die Kommunikationsmaßnahmen durch ihr Kommunikationsnetzwerk und durch Sachwerte: Die Media Broadcast GmbH leistet damit einen unschätzbaren Beitrag dazu, dieses wichtige Ausstellungsprojekt überregional bekannt zu machen.

Danken möchte ich ferner der JPMorgan Chase Bank, N.A., und Patricia A. Gallagher, stellvertretend für die Trustees des Renate, Hans and Maria Hofmann Trust, NYC, für die großzügige Unterstützung des Projekts sowie dem Verein der Freunde der Pfalzgalerie, die das Projekt ebenfalls mit einer substanziellen Zuwendung unterstützten.

Die Ausstellung wäre nicht zu realisieren gewesen, hätten sich nicht zahlreiche öffentliche und – in diesem Fall – vor allem auch private Leihgeber auf Zeit von ihren Schätzen getrennt. Dafür danke ich jedem Einzelnen und jeder Einzelnen: Nur diese großzügigen Zusagen ermöglichen es, dass wir Rudolf Levy in der ganzen Breite seines Schaffens zeigen können und die Schau zu einer Retrospektive wird.

Ich danke ferner den Uffizien in Florenz, unserem Kooperationspartner, und namentlich dem Direktor, Eike Schmidt, und Vanessa Gavioli, Camilla Brunelli sowie Tommaso Galligani. Es ist keine Selbstverständlichkeit, dass die Kooperation angesichts der Kürze des Vorlaufs überhaupt zustande gekommen ist. Eine große Offenheit und Flexibilität auf beiden Seiten war der Gelingensfaktor für diese wunderbare Zusammenarbeit, die letztlich auf den einzahlt, der im Mittelpunkt all unserer Bemühungen steht: Rudolf Levy.

Kuratiert haben die Kaiserlauterer Ausstellung Sören Fischer und Annette Reich, unterstützt von der wissenschaftlichen Volontärin Denise Kamm. Das kuratorische Team ist das Projekt mit viel Ideenreichtum, größter wissenschaftlicher Sorgfalt und einem außerordentlichen Gespür für die vielfältigen Facetten sowohl des Malers Rudolf Levy als auch der spezifischen Thematik angegangen: Dafür möchte ich größten Respekt zollen, verbunden mit einem großen Dank für all den Einsatz, der allein es möglich gemacht hat, dieses ambitionierte Projekt innerhalb von nur einem Jahr zur realisieren. Besonders möchte ich Sören Fischer danken, der durch seine große Erfahrung die vorliegende Publikation zusammen mit Annette Reich und Denise Kamm als Tagungsband, Katalog und Quellenreader in einem hochkonzentrierten Prozess umgesetzt hat.

Von unschätzbarem Wert in der Umsetzung war die wissenschaftliche Beratung und Unterstützung bei der Werkauswahl für Katalog und Ausstellung, die wir von Susanne Thesing erfahren haben. Frau Thesing kennt als Autorin des Werkverzeichnisses das Œuvre Levys wie niemand anderer und konnte die Kontakte zu zahlreichen Leihgebern herstellen. Danken möchte ich in diesem Zusammenhang auch Julia Voss: Sie hat in jüngster Vergangenheit den Stein in Sachen Levy ins Rollen gebracht und hat uns ihrerseits wichtige Kontakte zur Verfügung gestellt.

Ich danke den Autorinnen und Autoren des Katalogs, von denen der Großteil als Referentinnen und Referenten einen Studientag im März 2023 zu Rudolf Levy im mpk bestritten: Felix Billeter, Brigitte Bruns, Sören Fischer, Vanessa Gavioli, Caro Gentile, Kristina Hoge, Denise Kamm, Julie Kennedy, Philipp Kuhn, Patricia Nünning, Annette Reich, Susanne Thesing, Klaus Voigt (†) und Julia Voss. Mit ihren Forschungen und Texten zu Levy tragen sie alle zu einer gewichtigen Bestandsaufnahme bei und legen die Grundlage für die künftigen Forschungen zu dem Maler Rudolf Levy.

Einen besonderen Dank möchte ich Edmund de Waal aussprechen: Als Künstler hat er nicht nur diesen Katalog mit einem berührenden Text bereichert, sondern auch eine künstlerische Intervention für die Ausstellung realisiert. Diese Intervention ist wesentlich: Hebt sie doch den Aspekt des Gedenkens, der uns von größter Wichtigkeit ist, auf eine andere Ebene. Danken möchte ich in diesem Zusammenhang auch der Galerie Max Hetzler, namentlich Cora Hansen, für die Unterstützung, ohne die wir diesen Aspekt nicht hätten umsetzen können.

Der schön gestaltete Katalog wurde vom Deutschen Kunstverlag realisiert: Hier danke ich Luzie Diekmann, Kathleen Herfurth sowie dem gesamten Team des Verlags. Ferner danke ich Sarah Nöllenheidt, NOC, Berlin, die für die außergewöhnliche Gestaltung verantwortlich zeichnet und die auch das Key Visual der Ausstellung entworfen hat. Ich danke Michael Konze für Lektorat und Korrektorat und den Übersetzerinnen Loredana Melissari und Brigitte Hilzensauer. Dem Electa-Verlag (Mailand) danke ich für die Zusammenarbeit.

Mein abschließender Dank gebührt dem Team des mpk. Was alle in den vergangenen Monaten geleistet haben, um zum Gelingen dieses für das mpk überdurchschnittlich großen Projektes beizutragen, erfüllt mich mit großer Freude und Dankbarkeit. Im Einzelnen danke ich Svenja Kriebel, die neue Wege der Kommunikation erschlossen hat und damit erheblich für die Sichtbarkeit des Projektes auf überregionaler Ebene beigetragen hat; Natalie Rothmann, die insbesondere für den Leihverkehr verantwortlich zeichnete; Andreas Kusch und dem Werkstattteam, Markus Heid, Stefan Kraft, Bernd Riehmer, die mit knappen Zeitressourcen alles möglich gemacht haben, um eine sinnliche und abwechslungsreiche Ausstellungsgestaltung umzusetzen; Benjamin Košar, der die Ausstellung für neue Fokusgruppen erschlossen und zugänglich gemacht hat; sowie Harald Lange, Siegfried Schliebs, Margarete Schneider. Sie alle haben an unterschiedlicher Stelle zum Gelingen des Projektes beigetragen. Ihnen, liebe Leserinnen und Leser, wünsche ich nun erkenntnisreiche Einblicke in eine faszinierende Künstlerbiografie und in ein außergewöhnliches Schaffen: Möge Rudolf Levy 80 Jahre nach seiner Ermordung im Februar 1944 seinen angemessenen Platz in der Kunstgeschichte des 20. Jahrhunderts zurückerhalten.

Steffen Egle
DIREKTOR, MUSEUM PFALZGALERIE KAISERSLAUTERN

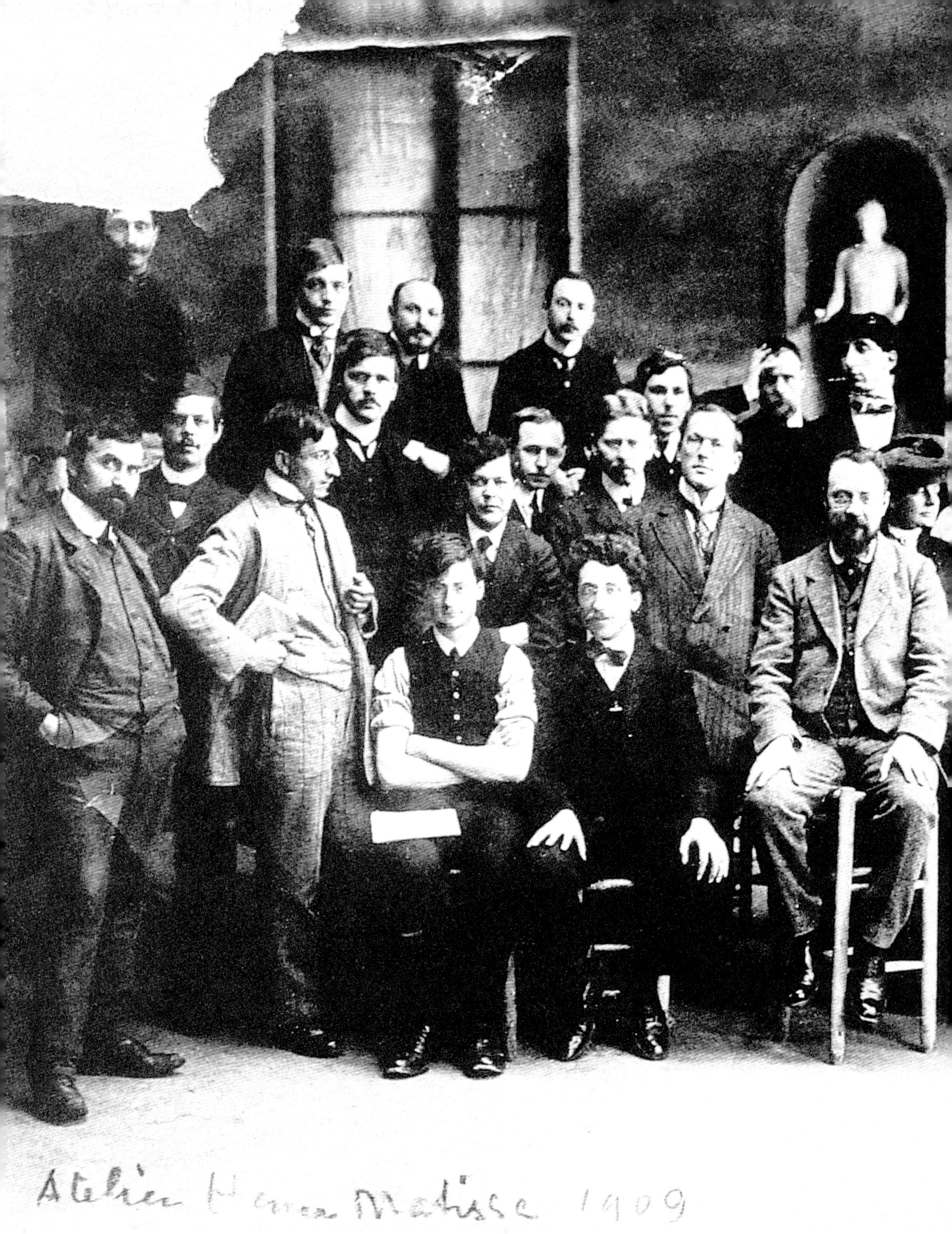
Atelier Henri Matisse 1909

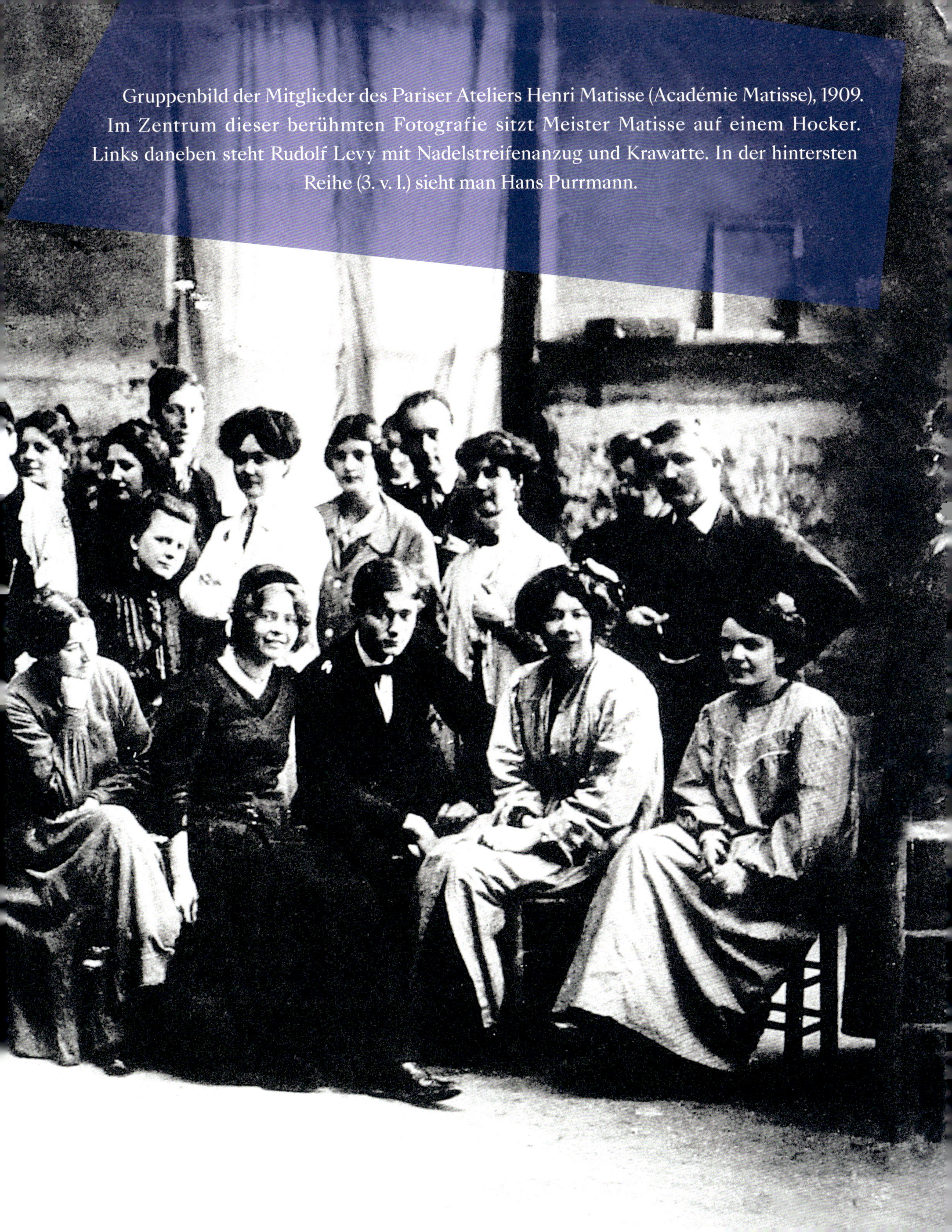

Gruppenbild der Mitglieder des Pariser Ateliers Henri Matisse (Académie Matisse), 1909. Im Zentrum dieser berühmten Fotografie sitzt Meister Matisse auf einem Hocker. Links daneben steht Rudolf Levy mit Nadelstreifenanzug und Krawatte. In der hintersten Reihe (3. v. l.) sieht man Hans Purrmann.

GRUSSWORT DER GALLERIE DEGLI UFFIZI

Über Rudolf Levys Todesumstände, das Datum und den Ort, ist nichts Genaues mehr feststellbar. Sicher ist nur, dass er am 30. Januar 1944 in einen Güterzug gezwungen wurde, der von Gleis 21 des Mailänder Hauptbahnhofs nach Auschwitz fuhr. Für lange Zeit verschwand auch Levys Werk aus dem Blick der meisten. Mit jahrzehntelanger Verspätung eröffneten die Uffizien im Palazzo Pitti – nur wenige hundert Meter von der letzten Wohnung des Künstlers in der Pension Bandini an der Piazza Santo Spirito entfernt – am 24. Januar 2023 die erste Retrospektive, die diesem bedeutenden Maler des 20. Jahrhunderts gewidmet war, sieht man von einigen kleineren Schauen in der unmittelbaren Nachkriegszeit ab.

Einen Tag nach der Florentiner Eröffnung begann im Jüdischen Museum in Berlin die Ausstellung *Paris magnétique. 1905–1940* (die im Jahr zuvor im Musée d'art et d'histoire du Judaïsme in Paris unter dem Titel *Chagall, Modigliani, Soutine… Paris pour école 1905–1940* zu sehen war), in der Levy prominent und gleich zu Beginn ins Rampenlicht gerückt wurde. In der Florentiner Ausstellung, die 46 Gemälde und zahlreiche Archivalien, Fotos und Drucke umfasste, wurde dem letzten Lebensabschnitt – vor allem den letzten drei Jahren von der Ankunft in Florenz im Dezember 1940 bis zur Verhaftung im Dezember 1943 – besonderes Gewicht eingeräumt. Die kunstgeschichtliche Werkschau wurde bewusst um einen historischen Teil zu Levys Jahren im Exil bis zu seiner Ermordung durch die Nationalsozialisten ergänzt, der in Zusammenarbeit mit dem Museo e Centro di Documentazione della Deportazione e Resistenza in Prato erarbeitet wurde.

Da es uns von Anfang an ein Anliegen war, dass Levy auch in seinem Heimatland dem weitläufigen Vergessen oder gar der Verdrängung entrinnen möge, griffen wir das Angebot des Museums Pfalzgalerie Kaiserslautern (das seinerseits mit den Vorarbeiten zu einer Levy-Retrospektive begonnen hatte), unsere Kräfte zu bündeln, enthusiastisch auf und luden die Kollegen ein, zu unserem italienischen Katalog nicht nur mit Leihgaben, sondern auch mit Aufsätzen und Texten beizutragen.

Es ist uns eine große Freude, nach der Florentiner Ausstellung, die insgesamt 247 435 Besucher anzog, an der weiterentwickelten und noch ausführlicheren Präsentation in Kaiserslautern als Kooperationspartner mitzuwirken und unsererseits einige der Beiträge, die im Florentiner Katalog auf Italienisch erschienen waren, sowie die ausführliche Fotokampagne auch für den deutschen Katalog zur Verfügung zu stellen.

Leider war es aus organisatorischen Gründen nicht möglich, einen der bedeutendsten Neuzugänge der Florentiner Sammlung in den letzten Jahren nach Kaiserslautern zu entleihen, doch ist zu hoffen, dass sich so mancher hiesiger Besucher zu einer Reise nach Florenz anregen lässt, um ihn sich im Kreise von Werken derjenigen Maler anzusehen, die zur gleichen Zeit wie Levy an den Gestaden des Arno tätig waren: Es handelt sich um das 1941–42 gemalte Portrait der *Fiamma*, das in Italien und in Fachkreisen einen geradezu ikonischen Charakter hat, da es als Titelbild auf dem Umschlag von Michele Sarfattis Standardwerk zur Judenverfolgung im faschistischen Italien (*Gli ebrei nell'Italia fascista*, 2007) weithin bekannt ist (KAT 66, S. 237). Es gelang uns, das Gemälde aus der Sammlung von Arturo und Gualtiero Loria, die den Maler während seines Florentiner Exils durch verschiedene Ankäufe unterstützten, auf einer Auktion am 13. April 2021 aus dem Besitz der Familie zu erwerben.

Das Bild zeigt das Mädchen namens Fiamma mit verschränkten Armen, abgewandtem Blick und gesenkten Lidern, als würde sie über das eben in dem vor ihr auf dem Tisch aufgeschlagenen Buch Gelesene oder Wahrgenommene nachdenken. Wie Michele Sarfatti auf dem Florentiner Kongress zu Levy im Januar 2023 berichtete, hatte er dieses Werk wegen der prominenten Darstellung des Buches auf dem runden Tisch vor Fiamma ausgewählt, um damit die Bedeutung des Buches im Judentum zu unterstreichen. Levy verzichtete darauf, das Buch identifizierbar zu machen, indem er etwa der aufgeschlagenen Seite einen Text oder eine Initiale eingeschrieben hätte. (Auch die beiden Initialen auf dem gelben Heft neben dem Buch blieben bislang unauflösbar.) In dem Buch könnte das hellgraue Rechteck, das einen großen schwarzen Fleck hinterfängt, aus dem zwei vertikale, schwarze Linien hervorgehen, auch auf einen Kupferstich oder eine Lithografie nach einem Schwarzweißfoto deuten.

Der Inhalt des Buches vor Fiamma bleibt im Konkreten nicht weniger enigmatisch wie noch so vieles in Levys Leben – und nicht zuletzt des Künstlers Ende. Möge die Ausstellung in Kaiserslautern also nicht nur weitere Forschungsarbeiten zu Levy anstoßen, sondern vor allem seine herausragende Bedeutung in der Kunstgeschichte der ersten Hälfte des 20. Jahrhunderts besiegeln!

LE GALLERIE DEGLI UFFIZI

Eike D. Schmidt
GENERALDIREKTOR LE GALLERIE DEGLI UFFIZI

GRUSSWORT DER ERNST VON SIEMENS KUNSTSTIFTUNG

Rudolf Levy war ein Künstler, der die Begabung hatte, Menschen zusammenzubringen. Er liebte und suchte die Gesellschaft anderer, den Austausch, das Gespräch. Levy war ein Mann, der Gemeinschaft stiften konnte und der sich am wohlsten fühlte inmitten dieser Gemeinschaft. In der Mitte: Das war sein Platz. Viele Weggefährten und Zeitgenossen haben eben diesen besonderen Charakterzug geschätzt und verschiedentlich hervorgehoben. Der Kunsthistoriker Gustav Friedrich Hartlaub beispielsweise schrieb in seinem Katalogbeitrag zur Rudolf-Levy-Gedächtnisausstellung der Jahre 1954–1956: „Erst Ende 1907 hat Rudolf Levy den bewunderten Henri Matisse persönlich kennengelernt. Jahrelang hat er fortab, vor und dann wieder nach dem Krieg, in dessen Atelier gearbeitet. Man kann sagen, dass der Umgang mit dem sechs Jahre älteren Meister, dem Führer der ‚Fauves'-Gruppe, für ihn entscheidend geworden ist. Matisse wurde denn auch immer mehr einer der Götter des Dôme-Kreises oder doch jedenfalls seines engeren Ringes." Und dann fügte Hartlaub in Bezug auf Levys Sonderstellung hinzu: „Freilich mehr ein unsichtbarer Gott! Die sichtbare Mitte bildete, wie zu erwarten, Rudolf Levy." Auch der Maler Hans Purrmann, der Anfang der 1950er-Jahre seine in mehrfacher Weise viel-seitigen Erinnerungen über Rudolf Levy niedergeschrieben hatte, beschrieb seinen Lesern Levys kommunikative Fähigkeiten. Über den Freundeskreis im Café du Dôme sprechend, kam er zum Ergebnis: „Alle waren mehr oder weniger intime Freunde von Levy, und es ist wohl kaum nötig, zu erwähnen, dass Rudolf Levy im Dôme der ‚Domier' aller ‚Domiers' wurde. Seine Meinung wurde fast widerspruchslos hingenommen." Dabei ging es Levy, dies machte Purrmann klar, nicht um das Herrschen-Wollen, nicht um Ich-Bezogenheit, nicht um Dominanz in der Gruppe – denn: „Er unterdrückte alles, was an Bewunderung ihm irgendwie zu weit ging."

Wie sehr Rudolf Levy das Leben inmitten der Menschen genoss, verdeutlichen vor allem die Fotografien, die sich aus seinem Leben erhalten haben und von denen in diesem Katalog viele ganzseitig abgebildet sind: Levy sitzt repräsentativ in der Klasse von Nikolaus Gysis an der Münchner Akademie der Bildenden Künste (S. 16–17), steht in der an Schülerinnen und Schülern reichen Académie selbstbewusst neben dem Meister und Kunst-Star Henri Matisse (S. 22–23), präsentiert sich während der Weimarer Republik kostümiert auf einem Berliner Künstlerfest (S. 104–105), genießt auf dem Höhepunkt seines beruflichen Erfolgs die Feierrunde in der renommierten Galerie Flechtheim (S. 32–33).

Wie schwer muss Levy daher das Exil getroffen haben, in das er 1933 durch die Machtübernahme der Nationalsozialisten gezwungen wurde! Von einem Tag auf den anderen hatte er seine Gemeinschaft, das Netz seiner freundschaftlichen Beziehungen, verloren, irrte, wie Tausende andere suchend, flüchtend und dennoch hoffend, durch Europa. Wie tief muss es ihn getroffen haben, als seine Gemälde im Zuge der nationalsozialistischen Diffamierung moderner Kunst aus den Beständen der deutschen Museen herausgerissen, verkauft, vernichtet wurden! Nicht nur der Künstler, auch seine Werke hatten ihre Gemeinschaft verloren, vor allem aber: den farbkräftigen Gemälden Rudolf Levys war ihr Publikum abhandengekommen.

Es ist der Ernst von Siemens Kunststiftung daher eine große Freude und Ehre das Projekt „Rudolf Levy. Magier der Farbe" unterstützen zu können. Zusammen mit den Uffizien, die Anfang 2023 eine erste Levy-Retrospektive im Palazzo Pitti gezeigt haben, hat sich das Museum Pfalzgalerie Kaiserslautern vorgenommen, Levys Werk und Leben erstmals umfassend in einem deutschen Museum dem Publikum vorzustellen. Dies ist eine wichtige Aufgabe, da sich Museen nicht nur jenen Künstlerinnen und Künstlern widmen sollten, die vermeintlich bekannt, berühmt und somit populär sind, sondern eben auch nach solchen Positionen suchen sollten, die noch zu entdecken – oder wie im Falle von Rudolf Levy – wiederzuentdecken sind.

Die Ernst von Siemens Kunststiftung fördert daher sehr gerne den hier vorliegenden umfangreichen Ausstellungskatalog. Er enthält nicht nur viele wertvolle kunst- und kulturhistorische Aufsätze, die wesentliche Stationen von Levys Leben nachzeichnen; er bildet auch rund 80 Gemälde von Rudolf Levy ganzseitig und in Farbe ab. Damit bietet der Katalog einen einzigartigen Werküberblick, der nicht nur, so hoffe ich, bei den Museumsbesucherinnen und Museumsbesuchern, sondern auch in der Forschung auf reges Interesse stoßen wird. Über 1000 Ausstellungskataloge hat die Kunststiftung seit Ihrer Gründung 1983 ermöglicht und so deren wissenschaftlichen Ertrag gesichert.

Die Ausstellung und der Katalog rücken Rudolf Levy und seine Bilder wieder an eben jenen Platz, den sie verdienen und der ihnen so lange vorenthalten wurde. Dieser Platz ist in unserer Mitte. Lassen Sie uns diese eindrucksvolle, facettenreiche Bildwelt genießen. Im Namen der Ernst von Siemens Kunststiftung wünsche ich allen Leserinnen und Lesern auch einen gewinnbringenden Ausstellungsbesuch und danke allen Beteiligten ganz herzlich!

Martin Hoernes
GENERALSEKRETÄR DER ERNST VON SIEMENS KUNSTSTIFTUNG

GRUSSWORT DER FREUNDE DES MUSEUMS PFALZGALERIE E.V., KAISERSLAUTERN

„Rudolf Levy. Magier der Farbe" – mit dieser großen Sonderausstellung erinnert das Museum Pfalzgalerie Kaiserslautern (mpk) an das künstlerische Schaffen Rudolf Levys, der vor 80 Jahren nach seiner Deportation aus Italien in Auschwitz ermordet wurde. Es ist dies die erste große Retrospektive des Werks von Levy in Deutschland. Mit seinen ausdrucksstarken farbintensiven Gemälden und vielen weiteren Exponaten wird an einen großen Künstler des beginnenden 20. Jahrhunderts erinnert, der in mehreren Ländern lebte und wirkte.

In den Jahren vor dem Ersten Weltkrieg trafen sich die Dômiers, ein deutscher Malerkreis in Paris, zu dem auch Rudolf Levy gehörte, regelmäßig im Café du Dôme. Die Dômiers standen Henri Matisse und den *Fauves* nahe, die in Reaktion auf den Impressionismus eine ganz neue Wahrnehmung der Umwelt als Variante der Bildgestaltung auf die Leinwand brachten.

Als Jude wurde Rudolf Levy durch die Nationalsozialisten nach der Machtergreifung in Deutschland verfolgt, seine Kunst war verfemt. Sein Schicksal soll uns eine Mahnung sein, dass Antisemitismus und jede andere Form der Ausgrenzung von Mitmenschen keinen Platz in unserer vielfältigen Gesellschaft haben. Von diesem Gedanken getragen unterstützt der Verein „Freunde des mpk" diese Ausstellung mit Nachdruck.

Der Maler und Grafiker Charles Maria Kiesel, Direktor der Landesgewerbeanstalt von 1947 bis 1965, der Vorgängerinstitution des heutigen Museums, erwarb für die Gemäldesammlung unter anderem Levys in Florenz im Jahr 1943 entstandenes ausdrucksstarkes *Selbstbildnis IV*, neben Werken von dessen Weggefährten Hans Purrmann, Oskar Moll oder Albert Weisgerber.

Über die Unterstützung der Sammlungserweiterung hinaus führen die Freunde des Museums Pfalzgalerie e.V. die langjährige Tradition fort, Sonderausstellungen mit Mitteln seiner Mitglieder zu fördern, um einzigartige Werke dem breiten Publikum zugänglich zu machen.

Mit ihrem Entstehungsjahr 1874 ist die Pfalzgalerie im weiten Umfeld die älteste Museumsgründung. Sie präsentiert mit Rudolf Levy einen Künstler, dessen Rezeption in Deutschland nach 1933 jäh abbrach. Von den Ausstellungsmachern der documenta 1 wurde Levys Name im Jahr 1955 von der Liste gestrichen, sodass sein Werk auch nach dem Krieg lange Zeit wenig Beachtung fand.

Diesem Künstler, den es sich wiederzuentdecken lohnt, widmet die Pfalzgalerie nun eine groß angelegte Werkschau, wissenschaftlich begleitet von dem vorliegenden Ausstellungskatalog.

Wir freuen uns mit allen an der Realisierung Beteiligten auf ein reges Interesse des Publikums.

Ein wahrer Magier der Farbe – Rudolf Levy.

freunde mpk
DES MUSEUMS PFALZGALERIE E.V.

Freunde des Museums Pfalzgalerie e.V.
Bettina Bachem, Willi Stoll, Ursula Dörler VORSTAND
Christian Antes, Joachim Dittrich, Stephan Jung, Jürgen Oßwald, Marianne Stoll, Peter Tillmanns, Eva-Maria Weis BEIRAT

MEDIENPARTNERSCHAFT DER MEDIA BROADCAST MIT DEM MUSEUM PFALZGALERIE KAISERSLAUTERN

Unter dem Titel „Magier der Farbe“ präsentiert das Museum Pfalzgalerie Kaiserslautern mit unserer Unterstützung die erste große Retrospektive des künstlerischen Lebenswerkes von Rudolf Levy in Deutschland. Gemeinsam mit den Uffizien in Florenz ist es den Initiatoren gelungen, eine einzigartige Ausstellung zu realisieren, die einen Künstler in den Mittelpunkt stellt, dessen Werk national und international zunehmend wieder Beachtung findet.

Diese Ausstellung bietet sowohl eine umfassende Darstellung des künstlerischen Schaffens als auch einen Blick auf die zahlreichen Lebensstationen des von den Nationalsozialisten ermordeten deutsch-jüdischen Malers Rudolf Levy.

Am 29. Oktober 1923, 100 Jahre vor der Eröffnung dieser Ausstellung, ging der erste offizielle deutsche Radiosender in Betrieb. Die ersten Worte: „Achtung, Achtung. Hier ist die Sendestelle Berlin im Vox-Haus, auf Welle 400 Meter.“ Für die Sendetechnik dieser ersten Radioübertragung war unsere erste Vorgängerorganisation, die damalige Reichspost, verantwortlich. Unterhaltung, Kultur, Information und Bildung konnten so die Menschen erstmals ganz unmittelbar in ihren Wohnzimmern erreichen.

Von Anfang an stand die Übermittlung von Hochkultur im Zentrum: Live-Übertragungen von Konzerten und Opern bildeten einen wichtigen Schwerpunkt. Die Anfänge des Mediums waren von großer Experimentierfreude geprägt und brachten mit dem Hörspiel sogar ein eigenes Genre hervor, das die Bilder in den Köpfen der Zuhörerinnen und Zuhörer erzeugte. Tradition und Innovation verbanden sich in diesem neuen Medium der Moderne, das auch viele Kunstschaffende inspirierte. Vielleicht lauschten Rudolf Levy und seine Künstlerfreunde, die Dômiers, den Übertragungen während ihrer Besuche im Deutschland der Zwanzigerjahre.

Die Verbreitung von Hochkultur und von Informationen über unsere Rundfunk- und Fernsehinfrastruktur ist auch heute noch der Schwerpunkt unseres Unternehmens. Media Broadcast unterstützt die Retrospektive zum wiederentdeckten Künstler Rudolf Levy im Interesse einer würdigen Erinnerung an dessen Leben und Werk.

Das tragische Schicksal Rudolf Levys ist auch eine Mahnung an alle meinungsbildenden klassischen und sozialen Medien unserer Gegenwart. Sie alle tragen Verantwortung für ein respektvolles und friedliches Zusammenleben in unserer demokratischen Gesellschaft. Im Sinne unseres Selbstverständnisses als ethisch handelndes Unternehmen in der Zusammenarbeit mit unseren Kunden, dem öffentlich-rechtlichen und privaten Hörfunk und Fernsehen sowie der Telekommunikationsbranche, wünschen wir dieser Ausstellung, dass sie den Anstoß bietet zu einer eingehenden (wissenschaftlichen) Aufarbeitung dieses einzigartigen Werks.

MEDIA BROADCAST

Francie Petrick und Andreas Stähr
GESCHÄFTSFÜHRUNG MEDIA BROADCAST GMBH

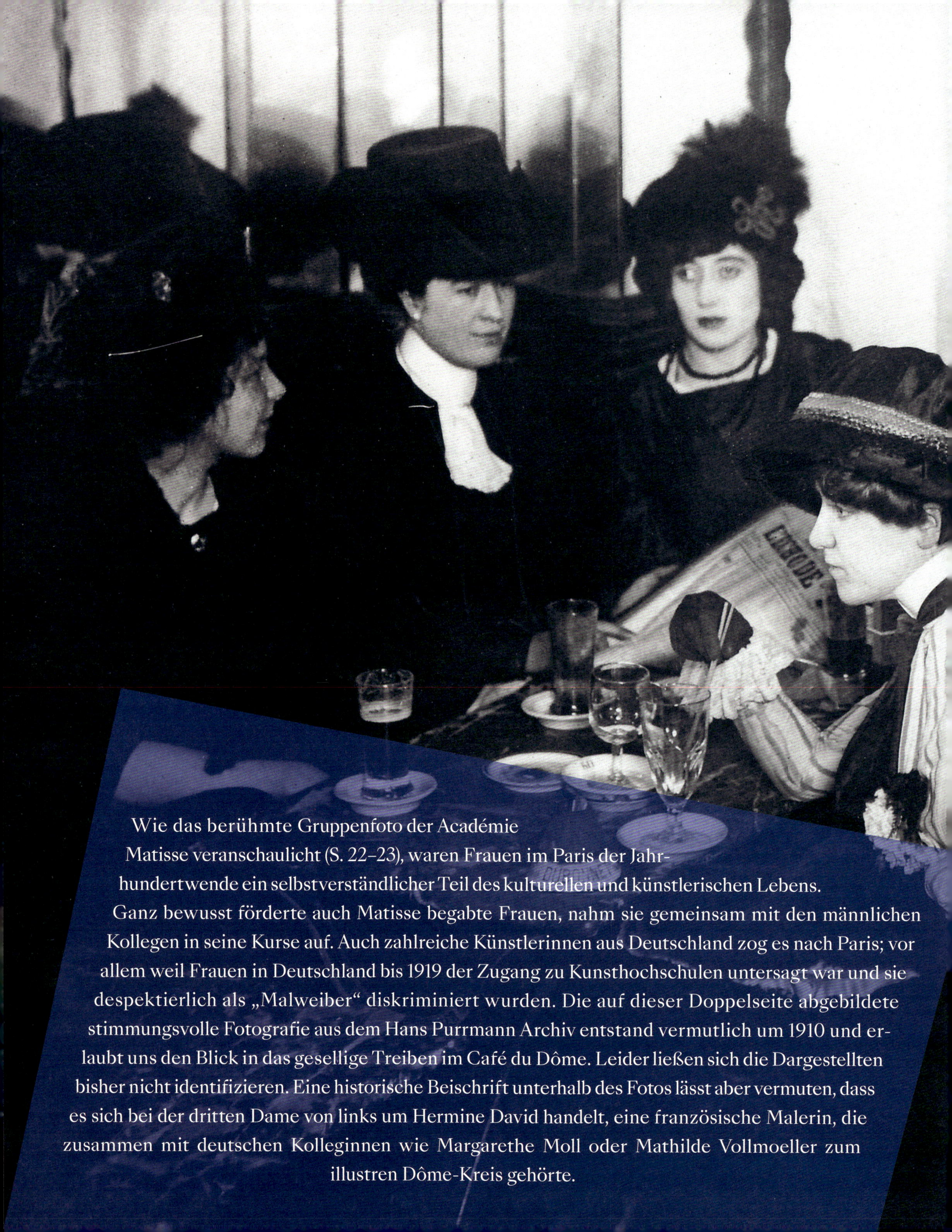

Wie das berühmte Gruppenfoto der Académie Matisse veranschaulicht (S. 22–23), waren Frauen im Paris der Jahrhundertwende ein selbstverständlicher Teil des kulturellen und künstlerischen Lebens. Ganz bewusst förderte auch Matisse begabte Frauen, nahm sie gemeinsam mit den männlichen Kollegen in seine Kurse auf. Auch zahlreiche Künstlerinnen aus Deutschland zog es nach Paris; vor allem weil Frauen in Deutschland bis 1919 der Zugang zu Kunsthochschulen untersagt war und sie despektierlich als „Malweiber“ diskriminiert wurden. Die auf dieser Doppelseite abgebildete stimmungsvolle Fotografie aus dem Hans Purrmann Archiv entstand vermutlich um 1910 und erlaubt uns den Blick in das gesellige Treiben im Café du Dôme. Leider ließen sich die Dargestellten bisher nicht identifizieren. Eine historische Beischrift unterhalb des Fotos lässt aber vermuten, dass es sich bei der dritten Dame von links um Hermine David handelt, eine französische Malerin, die zusammen mit deutschen Kolleginnen wie Margarethe Moll oder Mathilde Vollmoeller zum illustren Dôme-Kreis gehörte.

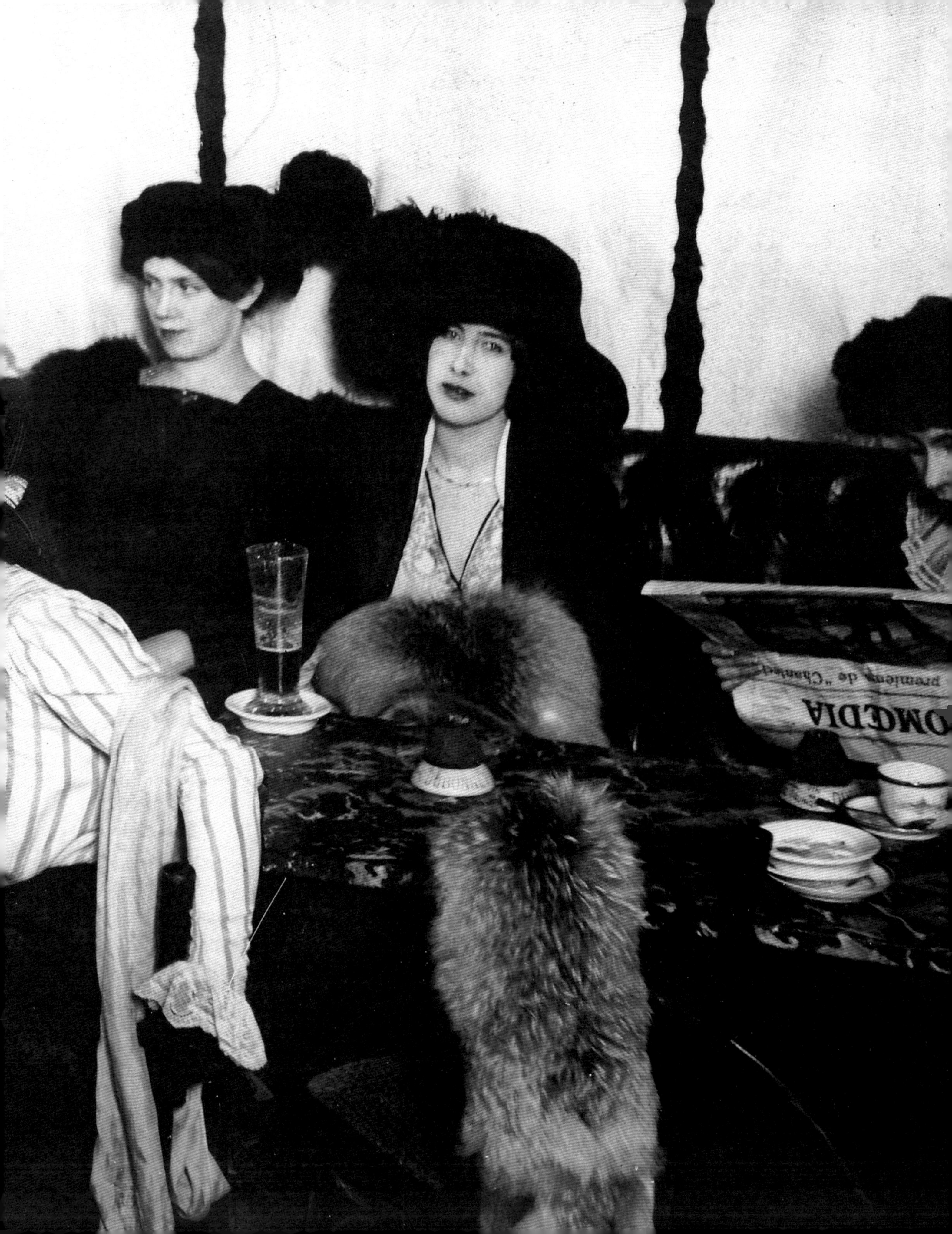

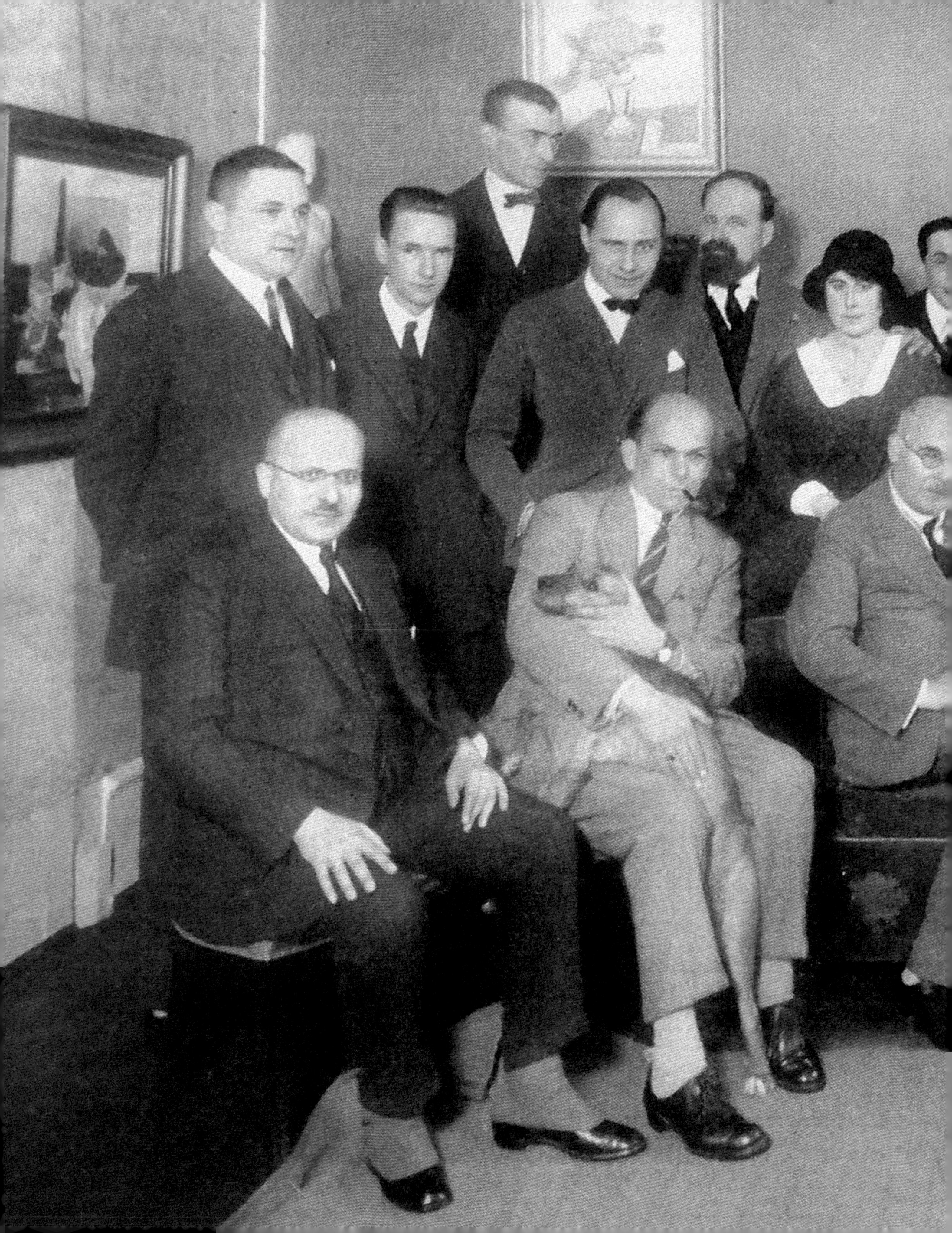

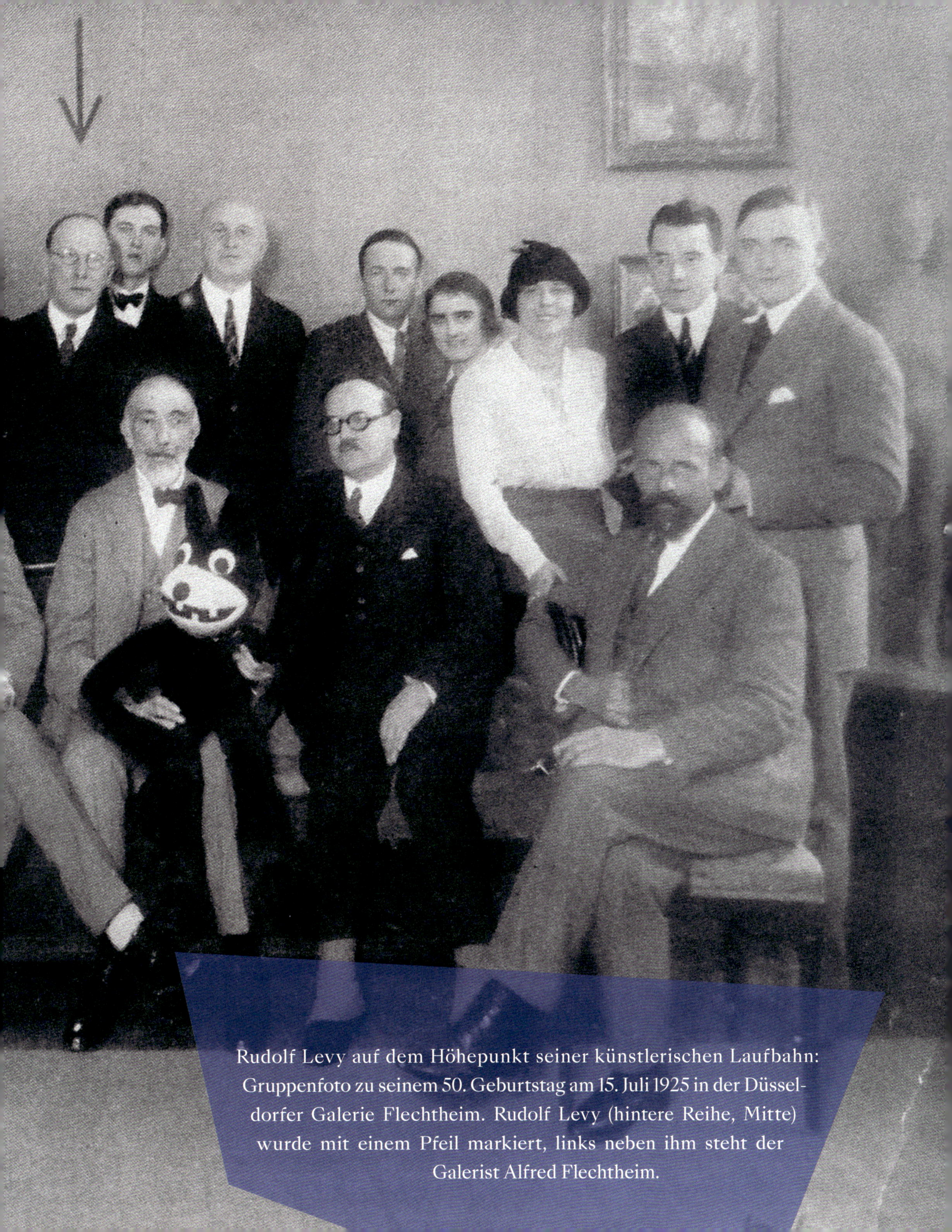

Rudolf Levy auf dem Höhepunkt seiner künstlerischen Laufbahn: Gruppenfoto zu seinem 50. Geburtstag am 15. Juli 1925 in der Düsseldorfer Galerie Flechtheim. Rudolf Levy (hintere Reihe, Mitte) wurde mit einem Pfeil markiert, links neben ihm steht der Galerist Alfred Flechtheim.

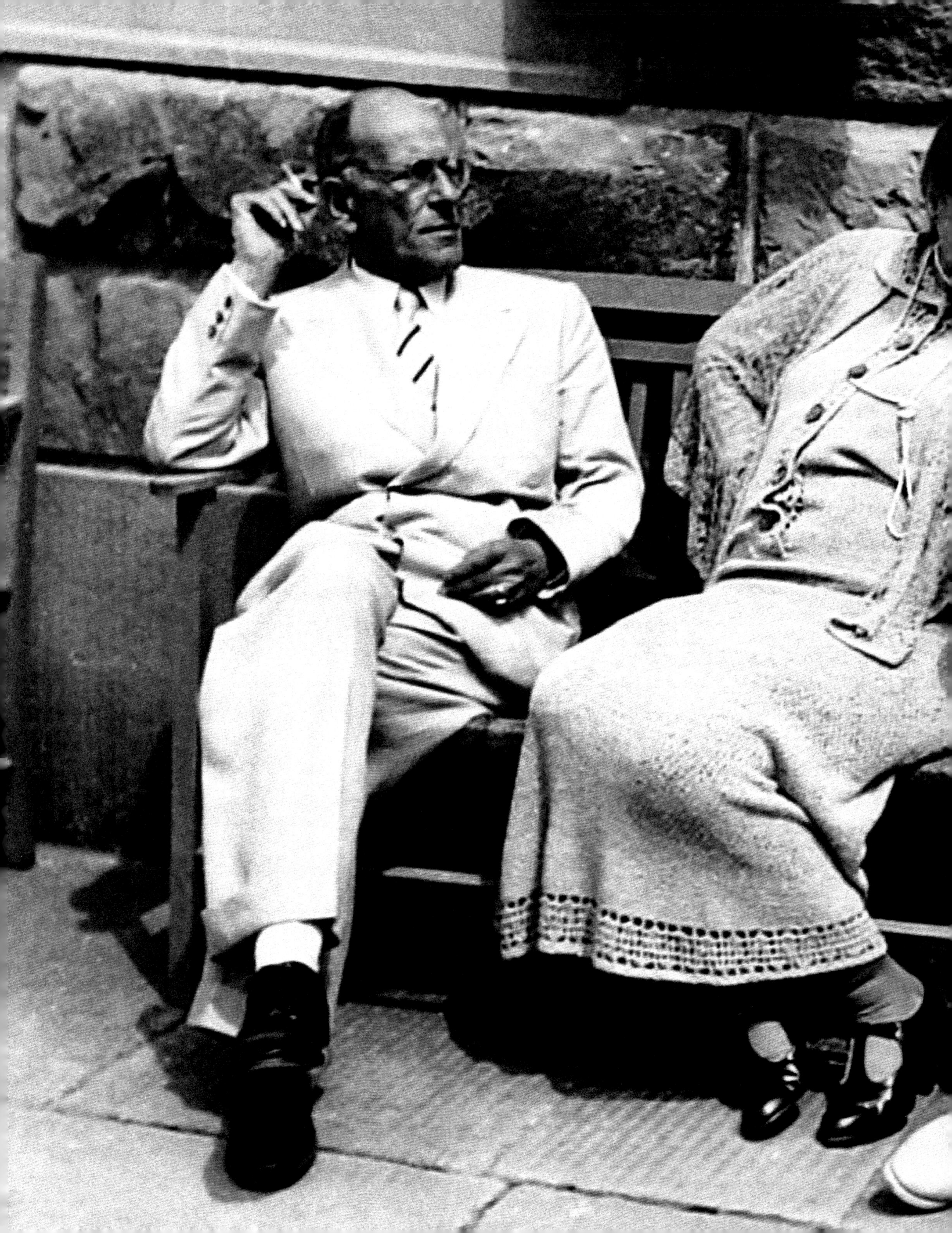

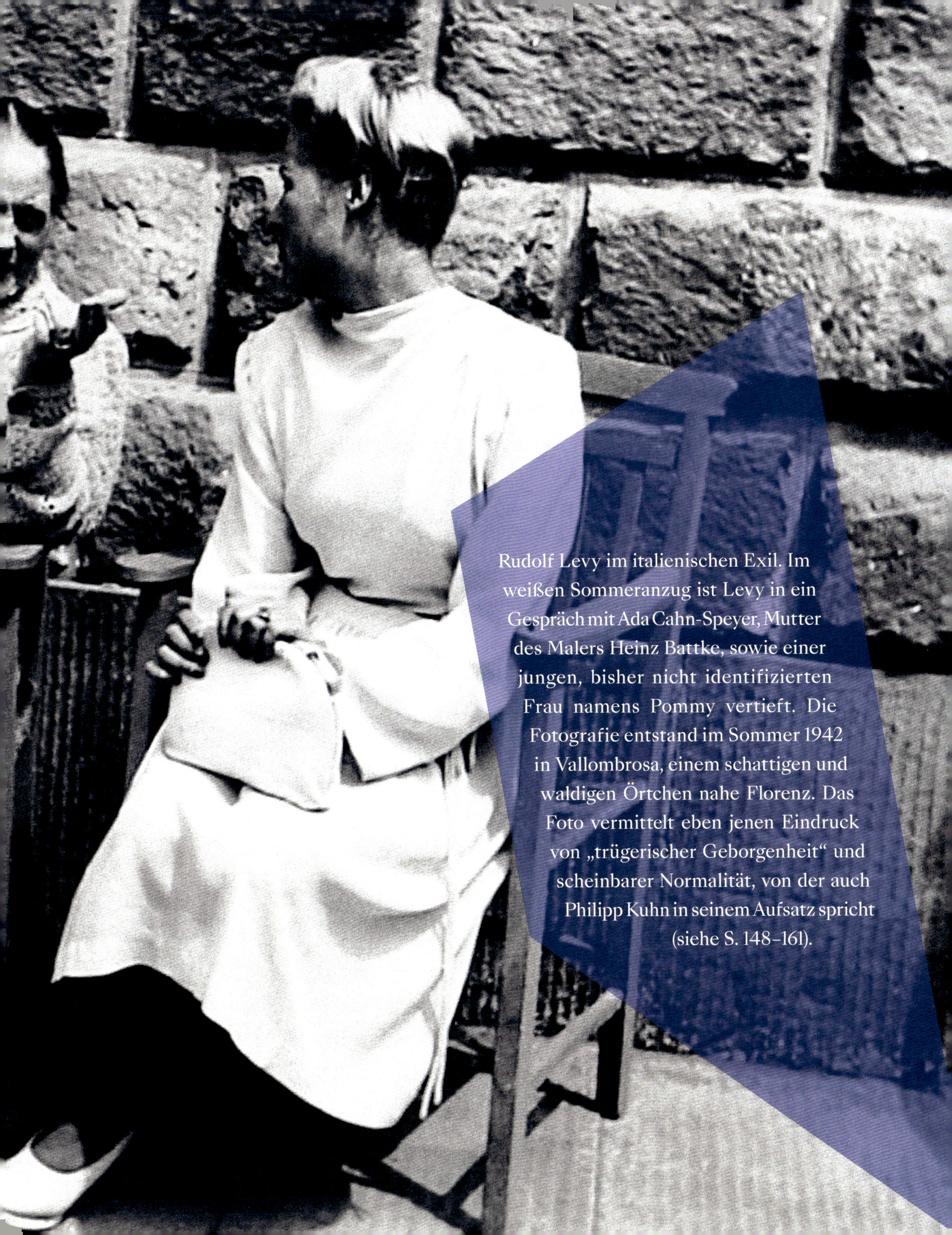

Rudolf Levy im italienischen Exil. Im weißen Sommeranzug ist Levy in ein Gespräch mit Ada Cahn-Speyer, Mutter des Malers Heinz Battke, sowie einer jungen, bisher nicht identifizierten Frau namens Pommy vertieft. Die Fotografie entstand im Sommer 1942 in Vallombrosa, einem schattigen und waldigen Örtchen nahe Florenz. Das Foto vermittelt eben jenen Eindruck von „trügerischer Geborgenheit" und scheinbarer Normalität, von der auch Philipp Kuhn in seinem Aufsatz spricht (siehe S. 148–161).

Rudolf Levy und seine Zeit

Biografische Notizen

Zusammengestellt von Denise Kamm

15. Juli 1875

Rudolf Levy wird als Sohn von Therese Levy, geb. Ries, und des Kaufmanns Julius Levy in Stettin geboren und wächst in Danzig mit den Geschwistern Käthe und Paul in einem jüdischen Elternhaus auf.

1895–1897

Studium an der Großherzoglichen Badischen Kunstgewerbeschule in Karlsruhe. Dort begegnet Levy erstmals dem Malerkollegen Hans Purrmann.

1897–1903

Studium in München, zunächst an der privaten Zeichenschule von Heinrich Knirr. 1899 Aufnahme in die Naturklasse von Nikolaus Gysis an der Akademie der Bildenden Künste, 1901 Übertritt in die Malschule des Heinrich von Zügel.

1903–1906

Levy sucht Anschluss an die progressive Gegenwartskunst. Gemeinsam mit dem Maler Walter Bondy zieht er nach Paris, der bedeutendsten Kunstmetropole jener Zeit. Die Werke der französischen Moderne, u.a. von Cézanne, Gauguin und Matisse, hinterlassen einen bleibenden Eindruck. Das „Cafe du Dôme" in Montparnasse wird als Ort des künstlerischen Austausches auserkoren und Treffpunkt für viele Künstlerinnen und Künstler aus Deutschland sowie den skandinavischen Ländern.

1907–1912

Beginn der Freundschaft mit Matisse, dessen Schüler Levy wird. 1908 Gründung der „Académie Matisse", zu deren Kreis in der Folge auch Purrmann, Oskar und Marg Moll, Sarah Stein, Patric Bruce, Leo Stein und Max Weber zählen. 1911 übernimmt Levy die Leitung bis zur Schließung der Académie 1912.

1911–1914

Studienreisen nach Südfrankreich, darunter Sanary-sur-Mer, Cassis, L'Estaque, sowie nach Stockholm. Ausstellungsbeteiligungen u.a. in der Sonderbundausstellung Köln, im Stedelijk Museum Amsterdam, in der Armory Show in New York sowie in der Freien Secession Berlin.

1914–1918

Der Erste Weltkrieg: Levy kämpft als deutscher Soldat an der Front in Flandern, in der Champagne und in der Picardie. Auszeichnung mit dem Eisernen Kreuz.

1919

Der Friedensvertrag von Versailles wird von anti-demokratischen, nationalistischen Kräften in Deutschland als dauerhafte Begründung einer revanchistischen Politik genutzt. Kurzer Aufenthalt von Levy in Frankfurt; danach Umzug nach München, wo er der jungen Fotografin Eugenie (Genia) Schindler begegnet. Das Paar heiratet am 29. Dezember.

ab 1920

Über den befreundeten Galeristen Alfred Flechtheim sind Bilder von Levy zunehmend auf Ausstellungen in Düsseldorf und Berlin zu sehen. Ausstellung in der Berliner Freien Secession mit Gegenüberstellung der früheren Dôme-Künstler mit deutschen Expressionisten. Verstärkt widmet sich die Kunstliteratur Levys Werk.

1922–1932

Rudolf und Genia Levy ziehen nach Berlin. Der Maler kann dort seine erste Einzelausstellung feiern. Gruppenausstellungen und bedeutende Verkäufe an Museen in Wiesbaden, Köln, Düsseldorf, Danzig, Berlin, Hagen und Stettin folgen. Levy etabliert sich als wichtiger Maler der Weimarer Republik. Ab 1928 ist er Vorstands- und Jurymitglied in der Berliner Secession.

1929 gründet er eine eigene Malschule und vermittelt Grundlagen nach dem Vorbild der Académie Matisse.

1923 und 1929

Die ausufernde Staatsverschuldung durch den Ersten Weltkrieg, die Ruhrkrise und die Reparationen an die Siegermächte führen zur Hyperinflation. Insbesondere der Mittelstand verliert große Vermögen, ist von Verarmung betroffen. Die gesellschaftlichen Spannungen und Verunsicherungen nehmen zu. Mit der Weltwirtschaftskrise und der aus ihr resultierenden Massenarbeitslosigkeit ab 1929 verliert die Demokratie endgültig ihre Stabilität.

1933

Die NSDAP gewinnt die Reichstagswahlen und beginnt unmittelbar nach der Machtübernahme mit dem Umbau des Staates von der Demokratie hin zur totalitären Diktatur. Es kommt zu ersten Verhaftungen von politischen Gegnern und Angriffen gegen Juden. Die radikale Kultur- und Rassenpolitik der Nazis gegenüber jüdischen Bürgerinnen und Bürgern zwingt Levy schon im April des Jahres in die Emigration. Aufenthalte zunächst in Nizza und Paris, dann Stationen in der Villa Olimpo in Rapallo (Italien) und in Cala Ratjada auf Mallorca.

1935

In Deutschland treten die antisemitischen Nürnberger Rassengesetze (Gesetz zum Schutze des deutschen Blutes und der deutschen Ehre, Reichsbürgergesetz) in Kraft.

1936–1937

Ausreise aus dem faschistischen Spanien. In Genua trifft Levy seine Frau Genia, die weiterhin in Deutschland lebt. Das Paar hatte sich in diesem Jahr einvernehmlich scheiden lassen – vermutlich, um Genia im Deutschen Reich vor beruflichen Benachteiligungen und Diffamierungen zu schützen. Reise in die USA. Mai 1937 Rückkehr von Levy nach Europa, da er sich nach der europäischen Heimat sehnte. Einreise mit dem Schiff über Neapel nach Zaton Mali bei Dubrovnik/Jugoslawien. 1937 erlebt der Kampf gegen die Künstlerinnen und Künstler der progressiven Moderne in der Ausstellung Entartete Kunst einen vorläufigen Höhepunkt.

ab 1938

Am 9. November brennen in Deutschland die Synagogen. Levy kehrt nach Italien zurück. Mit Auslaufen der Aufenthaltsgenehmigung im Winter 1939 ist Levy von Ausweisung bedroht. Gesuche für eine Verlängerung scheitern. Levy wechselt häufig seinen Wohnsitz und lebt unter anderem auf Ischia, in Neapel und Rom.

1939

Bei einer öffentlichen Rede in der Berliner Kroll-Oper am 30. Januar kündigt Adolf Hitler (mit der Rhetorik einer Täter-Opfer-Umkehr) die Vernichtung des europäischen Judentums an: „Wenn es dem internationalen Finanzjudentum in und außerhalb Europas gelingen sollte, die Völker noch einmal in einen Weltkrieg zu stürzen, dann wird das Ergebnis nicht die Bolschewisierung der Erde und damit der Sieg des Judentums sein, sondern die Vernichtung der jüdischen Rasse in Europa.“ Mit dem Überfall auf Polen beginnt Deutschland am 1. September seinen rassisch und völkisch begründeten Eroberungs- und Vernichtungskrieg.

1940

Levy lässt sich dauerhaft in Florenz nieder und mietet ein Zimmer in der Pension Bandini im Palazzo Guadagni. Im Kreis der Künstlerkollegen Nils Blumer, Heinrich Steiner, Eduard Bargheer, Max Krell, Eckart Peterich und Herbert Schlüter kehrt eine trügerische Normalität ein. Im Florentiner Exil malt Levy rund 50 Werke, zumeist farbkräftige Stillleben.

1942
Im Januar tagt in Berlin die sogenannte Wannseekonferenz, auf der die Deportation aller europäischen Jüdinnen und Juden zum Zwecke ihrer Ermordung im Osten organisiert wurde (sog. Endlösung der Judenfrage).

1943
Die Streitkräfte der USA landen in Sizilien. Italien wird von der Wehrmacht besetzt. Mit Einmarsch der Nationalsozialisten in Florenz verschlechtert sich die Situation für Levy. Die Mehrheit seiner Künstlerfreunde verlässt Italien. Levy findet Zuflucht bei dem Maler Heinz Battke und dem Schriftsteller Max Krell, bewegt sich aber weiterhin in der Öffentlichkeit, um sein Atelier in der Pension Bandini aufzusuchen. Sein letztes Selbstbildnis in Öl entsteht. Levys Bruder Paul wird in Auschwitz ermordet. Käthe Levy überlebte als einzige der Geschwister die Shoa. Sie emigrierte 1933 ins heutige Israel.

12. Dezember 1943
Die Gestapo verhaftet Rudolf Levy. Inhaftierung im Florentiner Gefängnis Le Murate. Nach drei Wochen Haft wird er zusammen mit vielen anderen Jüdinnen und Juden mit dem LKW ins Mailänder Gefängnis San Vittore überführt.

30. Januar 1944
Von Mailand aus erfolgt Rudolf Levys Deportation in das Vernichtungslager Auschwitz-Birkenau. Seine Anwesenheit auf diesem Zugtransport ist durch eine Gefangenenliste dokumentiert.

6. Februar 1944
Der Zug erreicht die Rampe des Vernichtungslagers. Auf der Liste der in das Lager als Arbeitskräfte aufgenommenen Gefangenen ist Rudolf Levy nicht verzeichnet. Falls der 68-jährige Maler die einwöchige Fahrt im eisigen Waggon überlebt hat, wird er unmittelbar nach der Ankunft in einer der nahen Gaskammern ermordet und im Krematorium verbrannt worden sein. Schätzungen zufolge ermordeten die Nationalsozialisten systematisch insgesamt rund 6 Millionen Jüdinnen und Juden sowie Hundertausende weitere Menschen verschiedener Nationalität und Identität.

1945
Mit der bedingungslosen Kapitulation Deutschlands am 8. Mai endet in Europa der Zweite Weltkrieg. In Asien kapituliert das verbündete Japanische Kaiserreich erst nach dem Abwurf von zwei Atombomben durch die U.S. Air Force.

1949
Genia Levy, die ihren früheren Ehemann im Exil finanziell unterstützt hatte, beginnt mit den Planungen einer Gedächtnisausstellung.

1954–1956
Die Rudolf-Levy-Gedächtnisausstellung tourt durch 15 Städte in Westdeutschland (inkl. West-Berlin). Erste Station ist München, gefolgt von Kaiserslautern. Das heutige Museum Pfalzgalerie erwirbt das letzte Selbstbildnis in Öl. Genia Levy konnte diesen Erfolg nicht mehr erleben: Sie war nach kurzer schwerer Krankheit Ende 1953 verstorben.

Paris, das Café du Dôme und die Académie Matisse

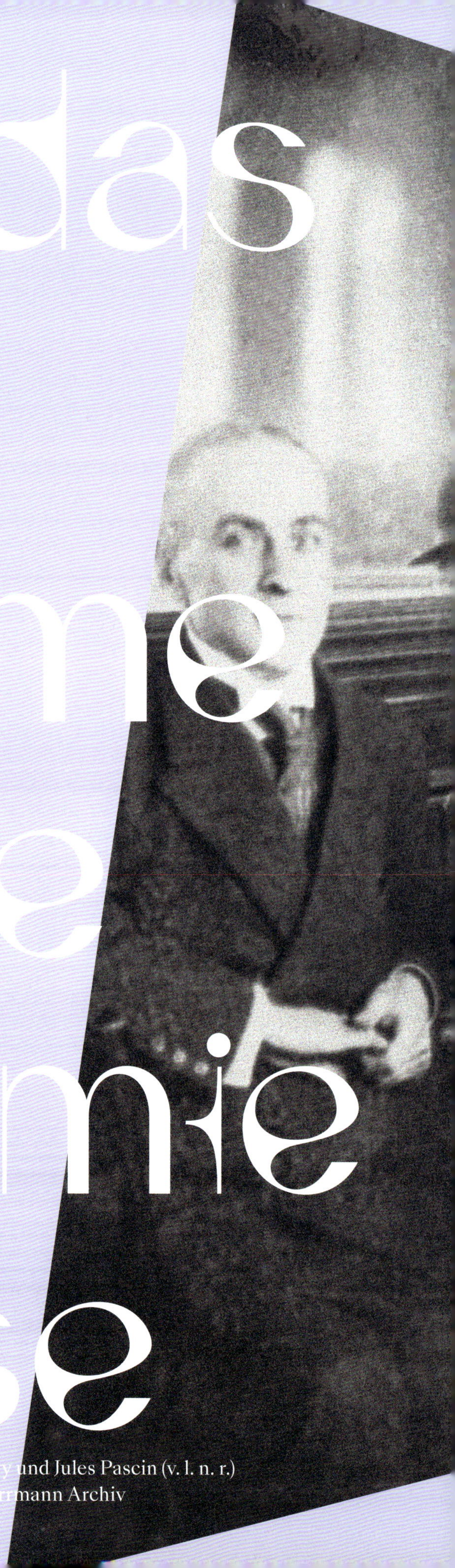

Der Kunsthändler Wilhelm Uhde und die Künstler Walter Bondy, Rudolf Levy und Jules Pascin (v. l. n. r.) im Café du Dôme, Paris, um 1906, unbekannter Fotograf, München, Hans Purrmann Archiv

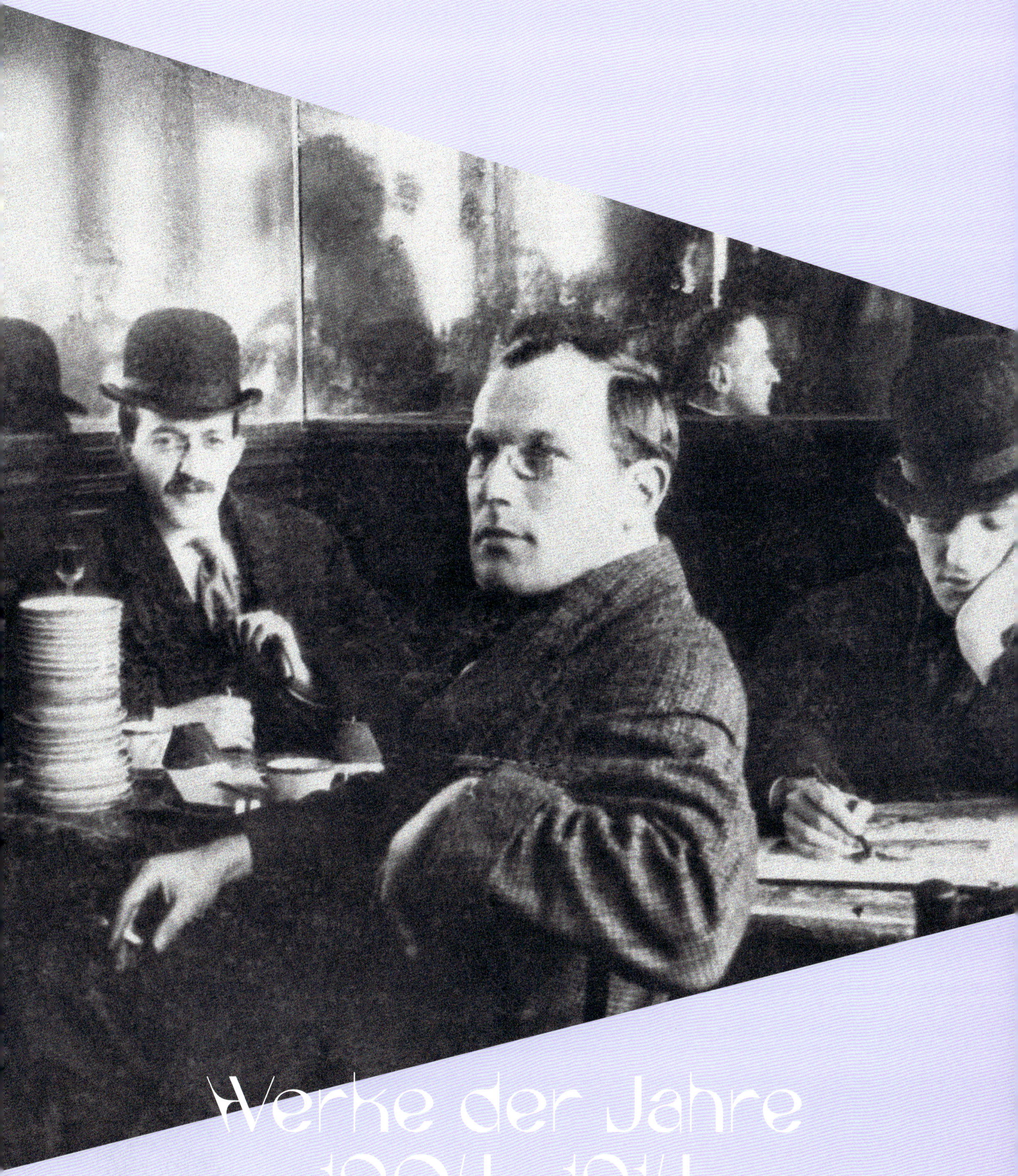

Werke der Jahre 1904–1914

Die Werkverzeichnisnummern folgen der 1990 von Susanne Thesing vorgelegten Publikation „Rudolf Levy. Leben und Werk".

Die mit ◊ gekennzeichneten Werke sind nicht Exponate der Sonderausstellung.

KAT 1

MARKT IN CONCARNEAU II MIT FRAUENGRUPPE, 1904 ◊

Öl auf Leinwand, 36 × 54 cm

HANNOVER, NIEDERSÄCHSISCHES LANDESMUSEUM, INV.-NR. KM SLG. WREDE I/36 WVZ-NR. 5

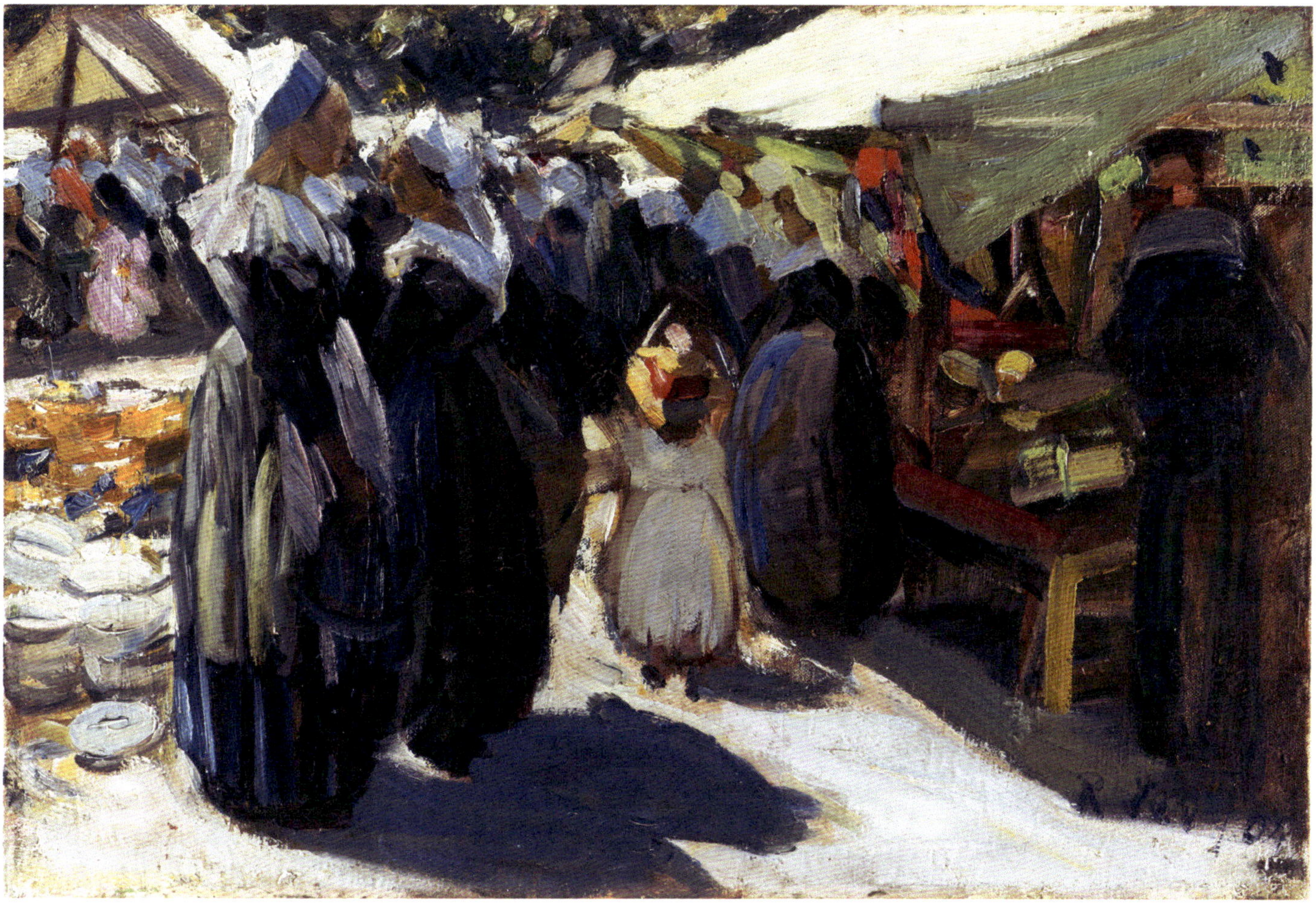

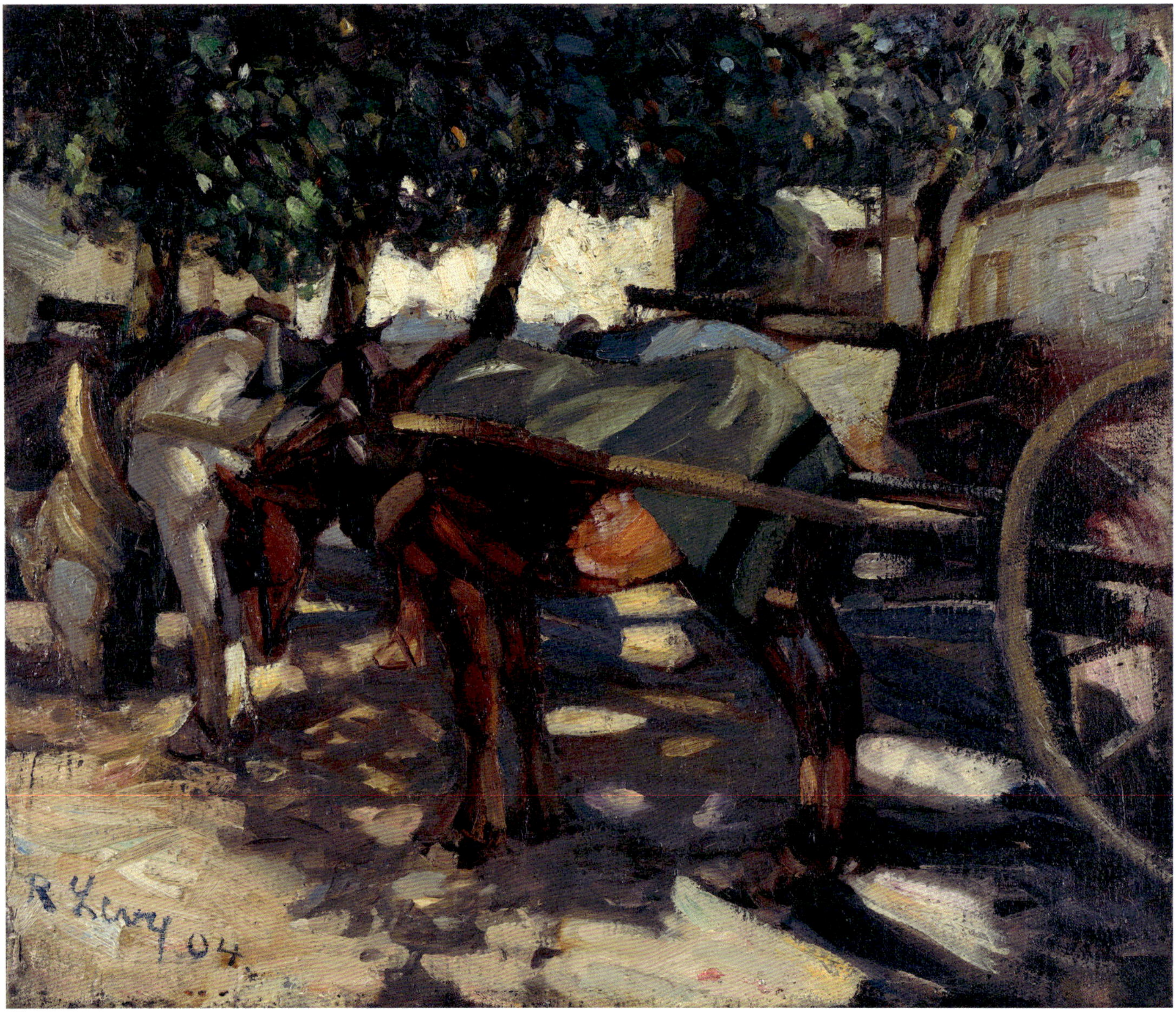

KAT 2
PFERDEFUHRWERK, CONCARNEAU, 1904 ◊
Öl auf Leinwand, 46,2 × 55,4 cm
HANNOVER, NIEDERSÄCHSISCHES LANDESMUSEUM, INV.-NR. KM SLG. WREDE I/178 WVZ-NR. 1

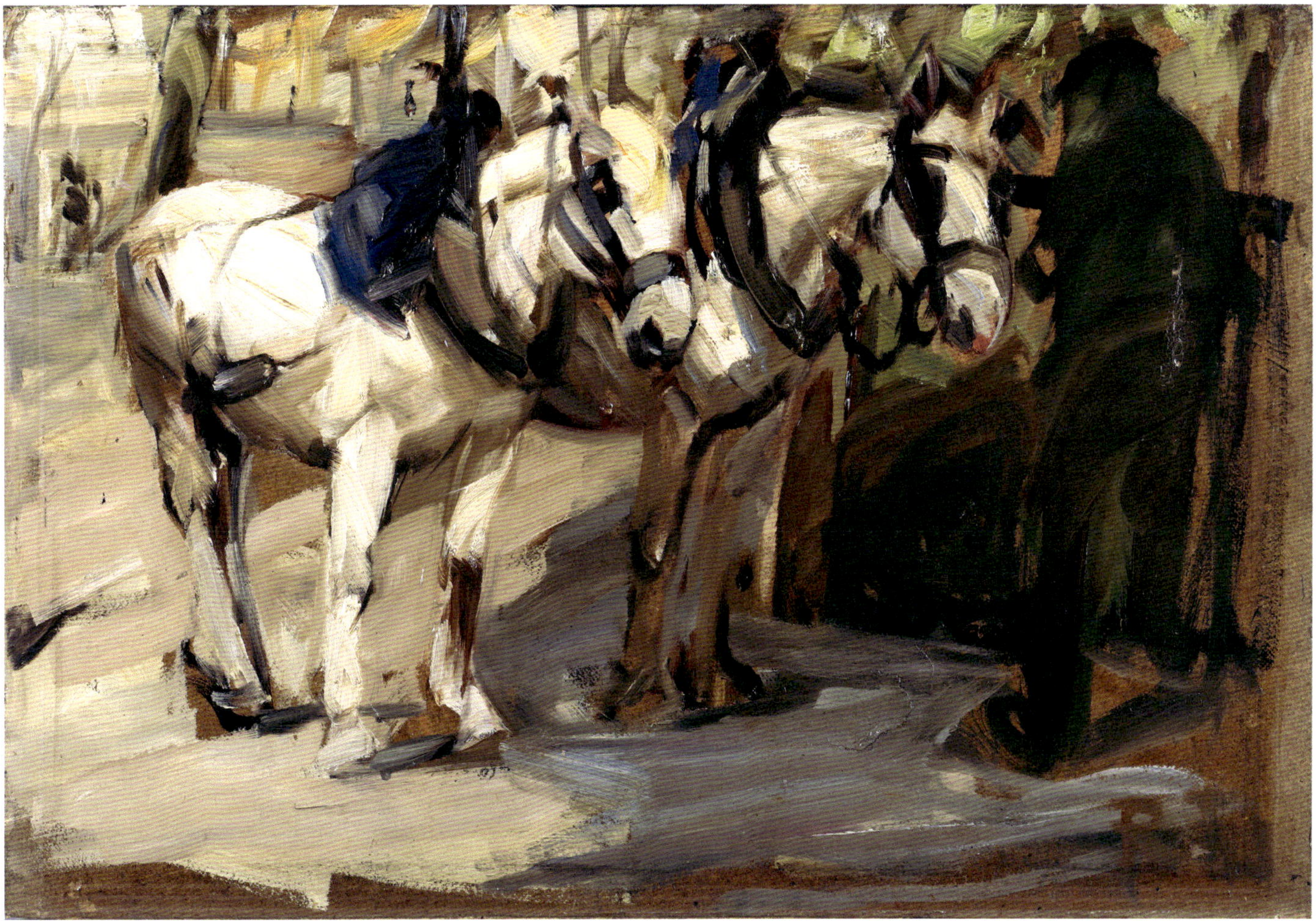

KAT 3
ZWEI SCHIMMEL, CONCARNEAU, 1904 ◊
Öl auf Leinwand, 31,6 × 47 cm
HANNOVER, NIEDERSÄCHSISCHES LANDESMUSEUM, INV.-NR. KM SLG. WREDE I/35   WVZ-NR. 2

KAT 4

WEIBLICHER AKT MIT ÜBERSCHLAGENEN BEINEN (SITZENDER WEIBLICHER AKT), 1906

Öl auf Leinwand, 85 × 70,5 cm

LUDWIGSHAFEN, WILHELM-HACK-MUSEUM, INV.-NR. 450/355   WVZ-NR. 10

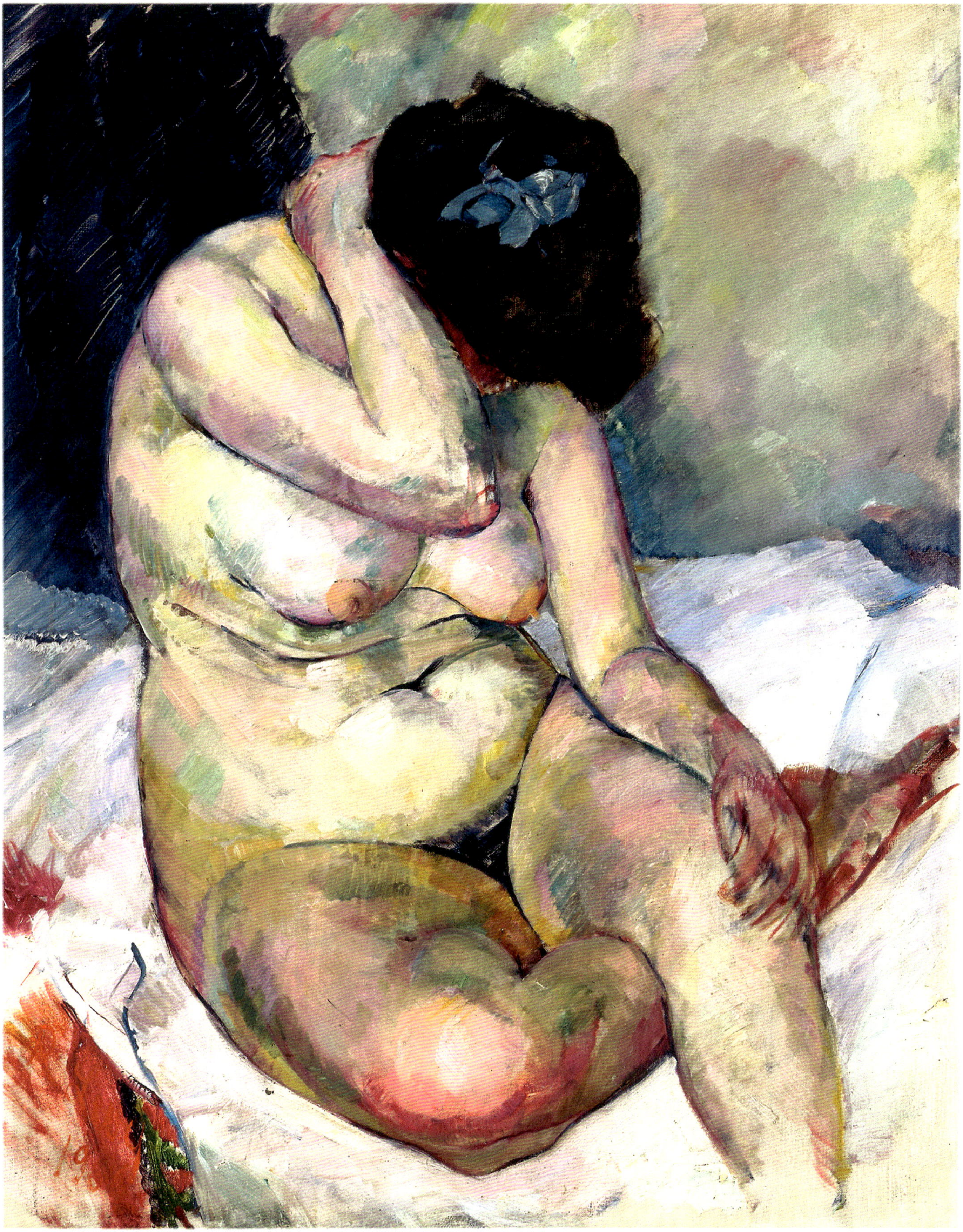

KAT 5

STILLLEBEN MIT OBSTSCHALE UND KARAFFE, 1906 ◊

Öl auf Leinwand, 50 × 61 cm

WÜRZBURG, MUSEUM IM KULTURSPEICHER, INV.-NR. 18814 WVZ-NR. 271

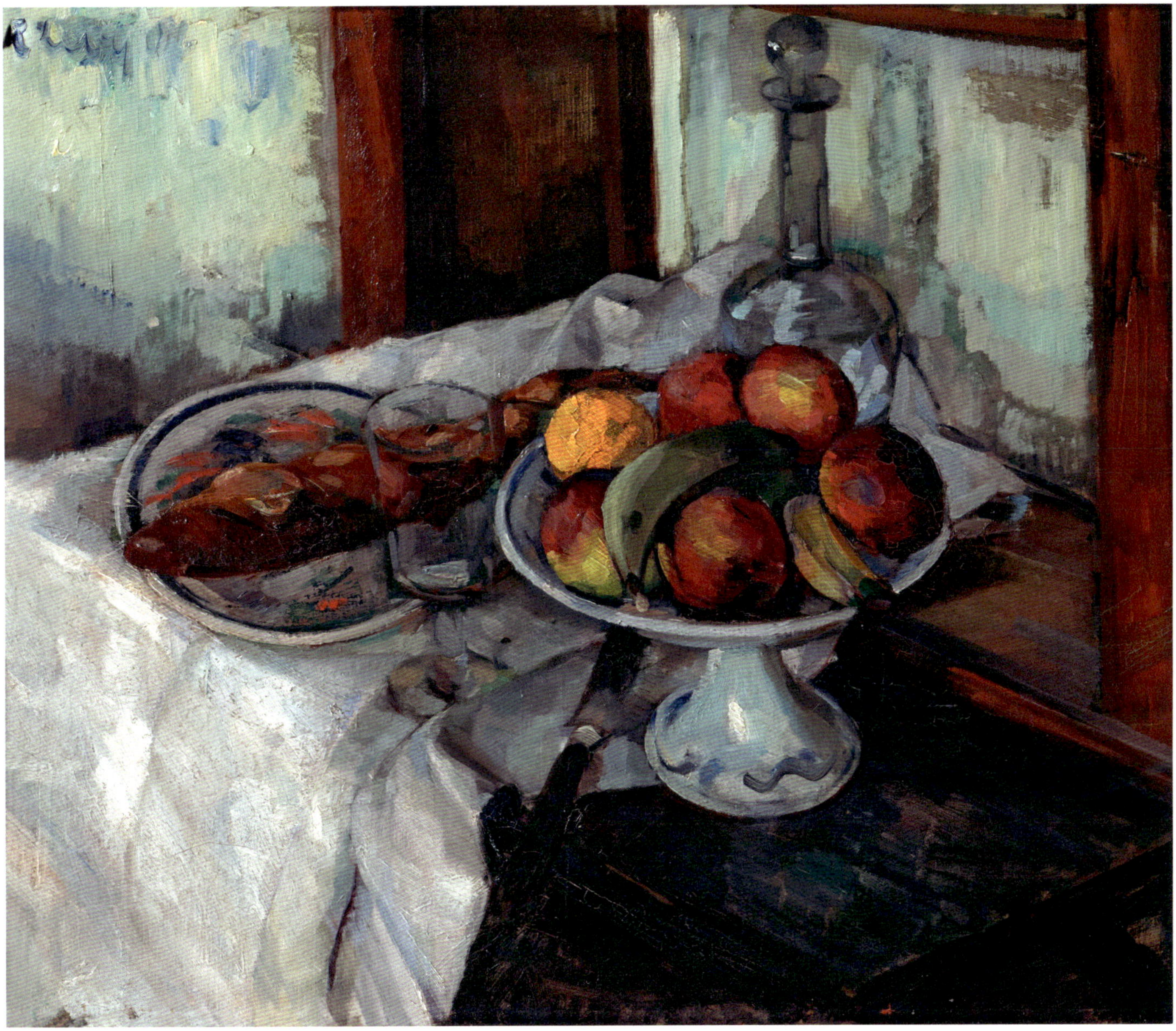

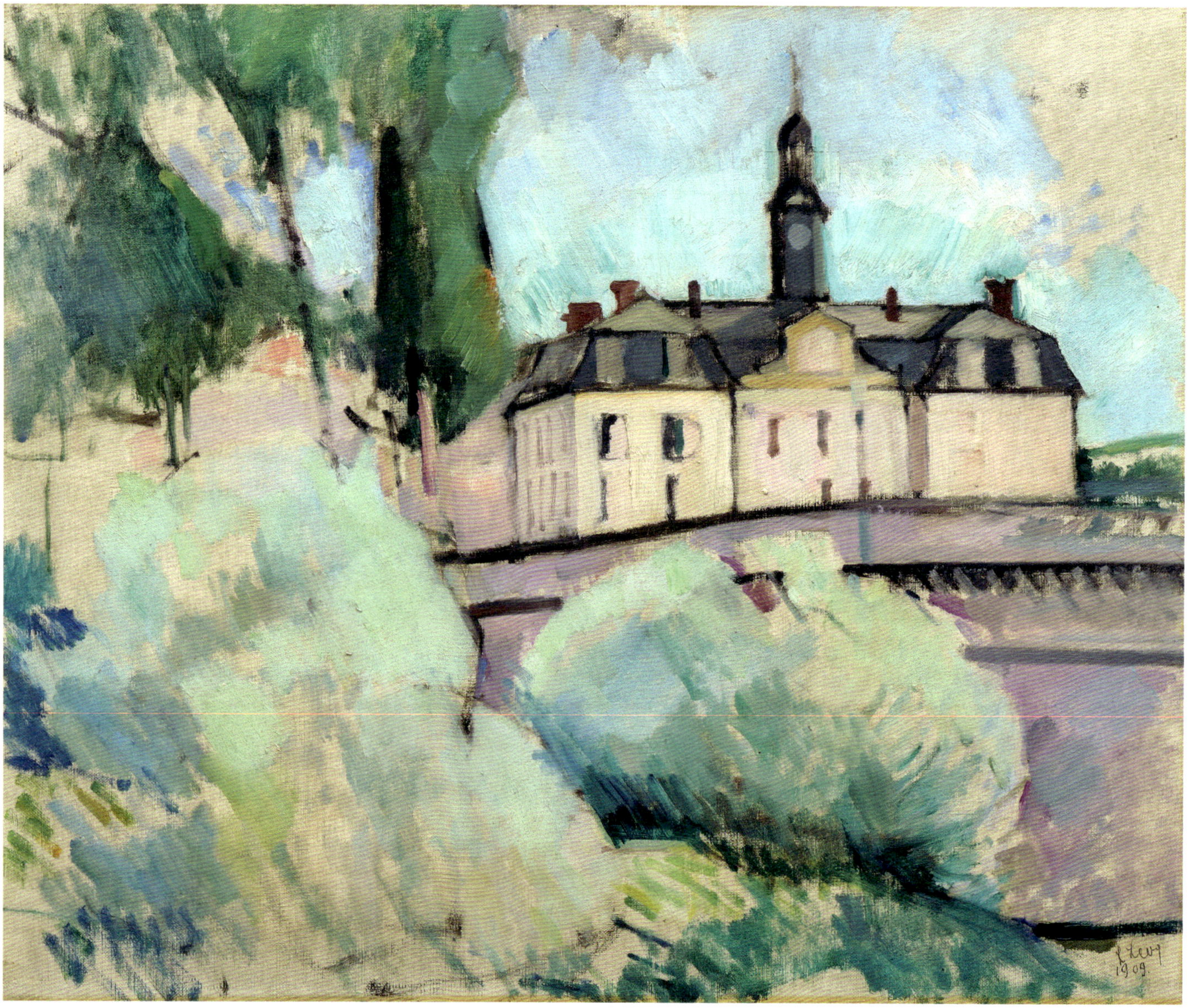

KAT 6
DIE MAIRIE VON MEULAN, 1909 ◊
Öl auf Leinwand, 49,5 × 60,8 cm
PRIVATSAMMLUNG   WVZ-NR. 15

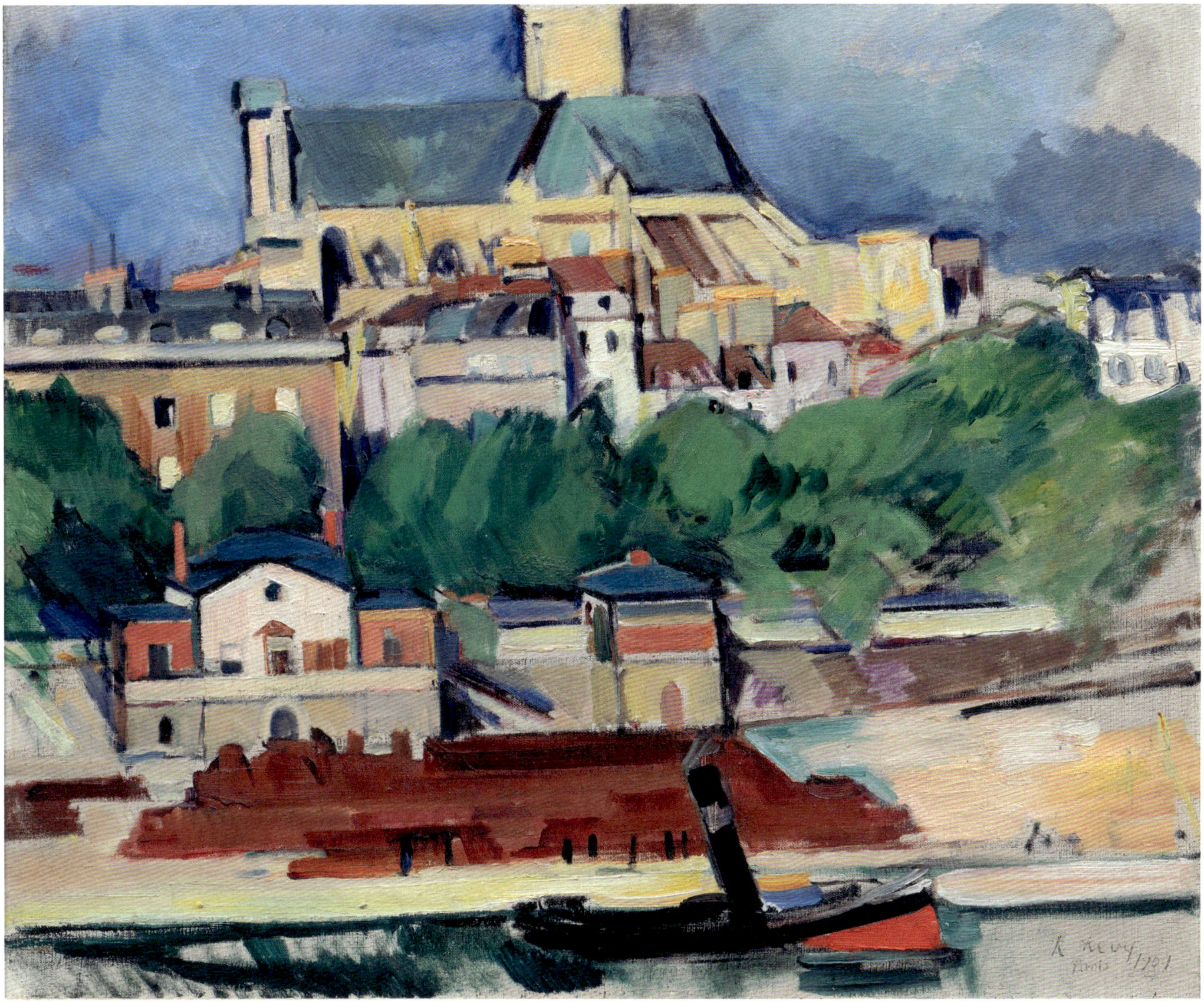

KAT 7

BLICK AUF DIE KIRCHE ST. GERVAIS-ST. PROTAIS, 1909

Öl auf Leinwand, 50 × 61 cm

PRIVATSAMMLUNG WVZ-NR. 16

KAT 8

STILLLEBEN MIT KRÜGEN UND FRÜCHTEN, 1909 ◊

Öl auf Leinwand, 46,5 × 59 cm

DÜREN, LEOPOLD-HOESCH-MUSEUM, INV.-NR. 1955/1615 WVZ-NR. 14

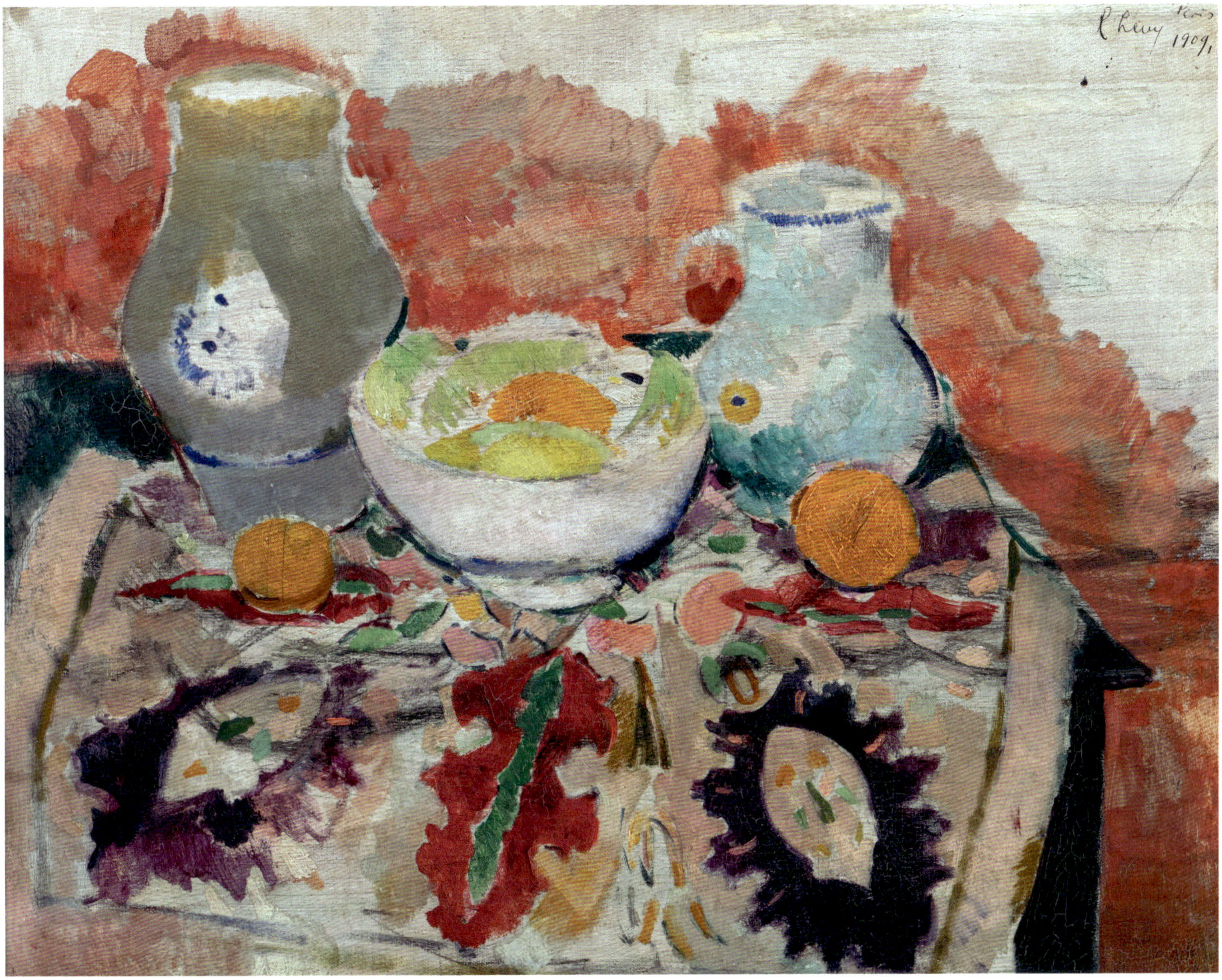

KAT 9

SPAZIERGÄNGER IM PARK (JARDIN DU LUXEMBOURG), 1910

Öl auf Holz, 25 × 35,4 cm

LUDWIGSHAFEN, WILHELM-HACK-MUSEUM, INV.-NR. 450/318 WVZ-NR. 19

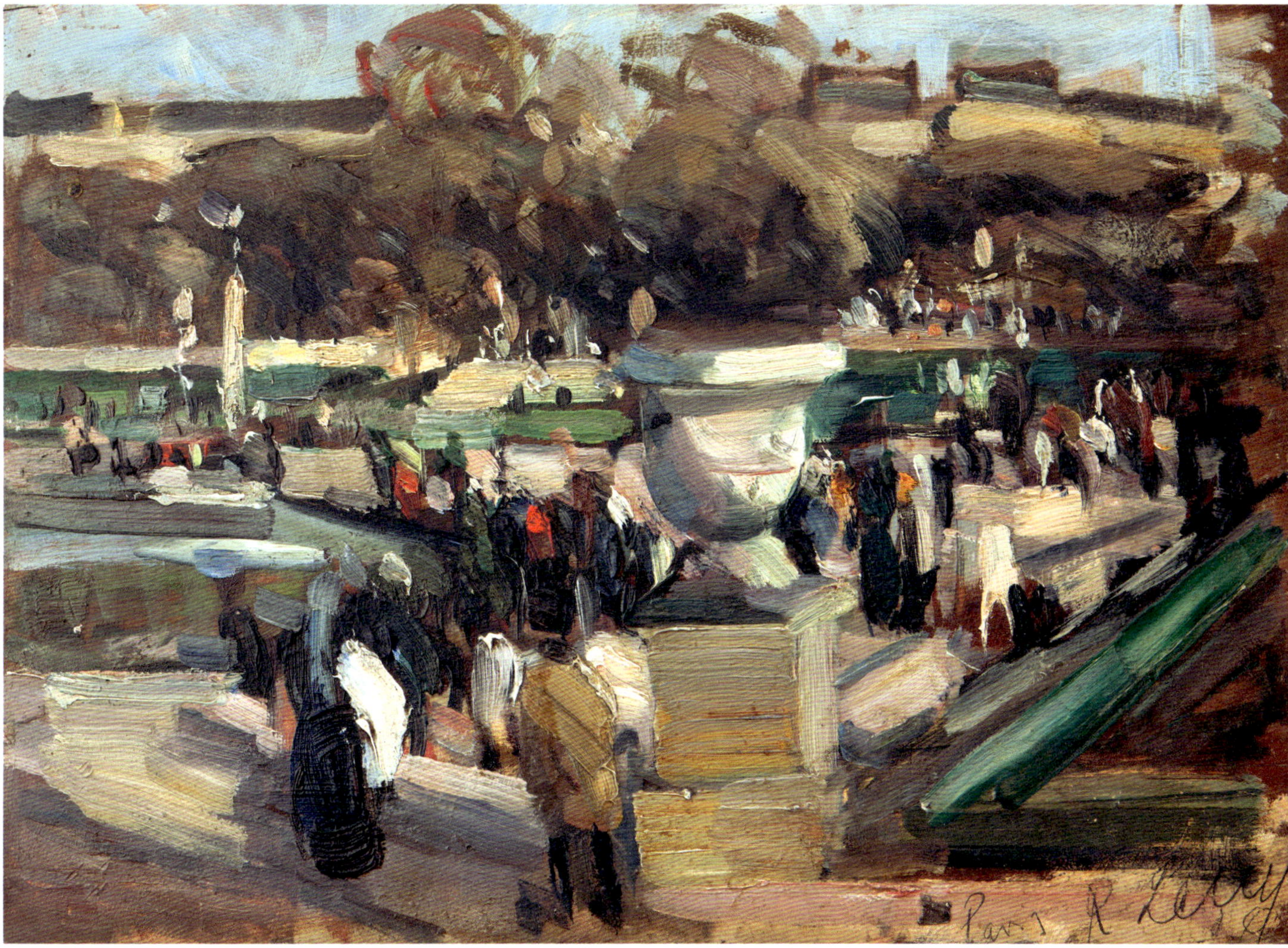

KAT 10

BLICK AUF DEN PONT MARIE, 1910

Öl auf Leinwand, 45,8 × 55,3 cm

DUISBURG, LEHMBRUCK MUSEUM, INV.-NR. 539/679 WVZ-NR. 20

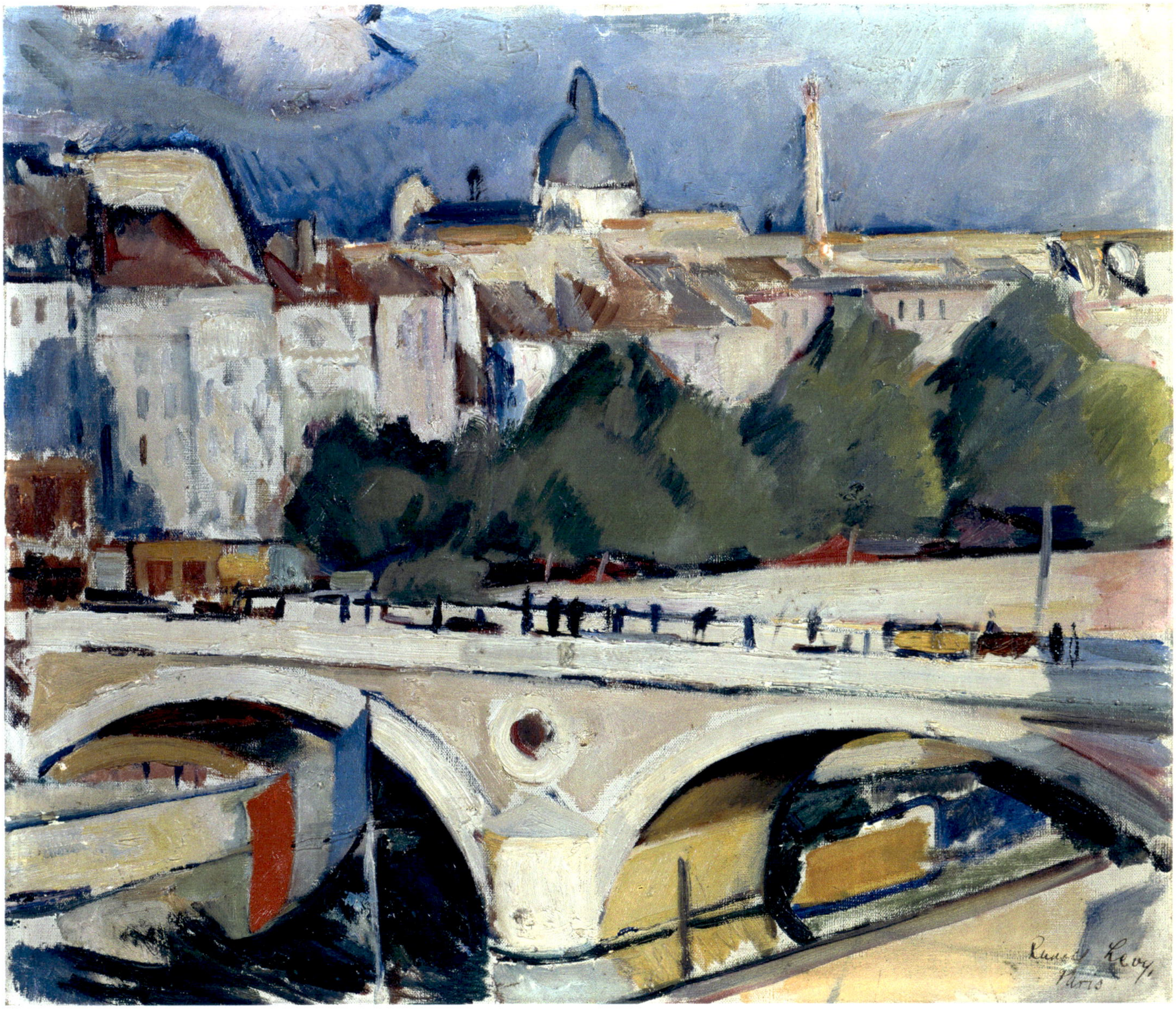

KAT 11
BLUMENSTRAUSS IN KERAMIKKRUG, 1910
Öl auf Karton, 54 × 36 cm
SALZBURG, MUSEUM KUNST DER VERLORENEN GENERATION, INV.-NR. 2016-0103 WVZ-NR. 297

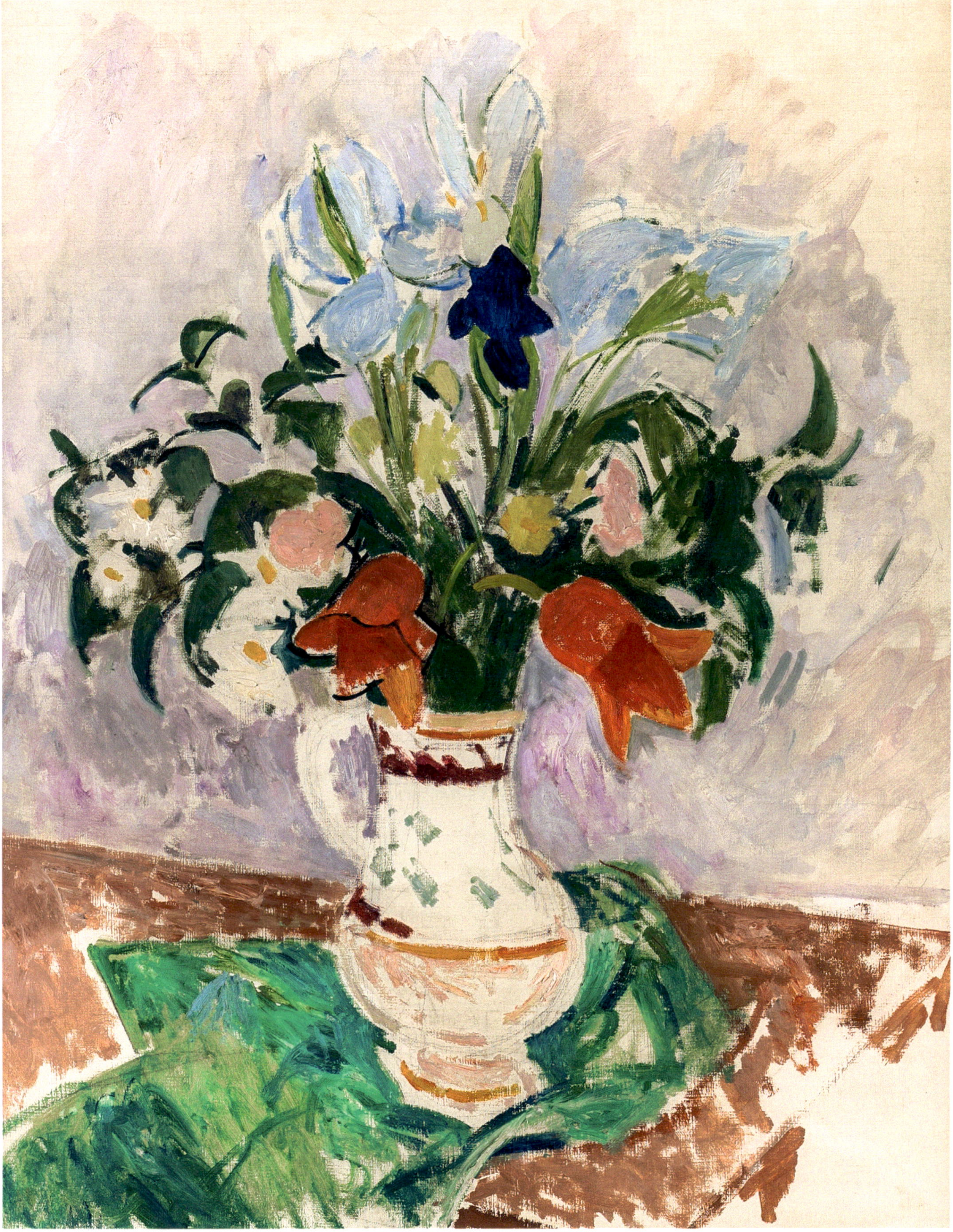

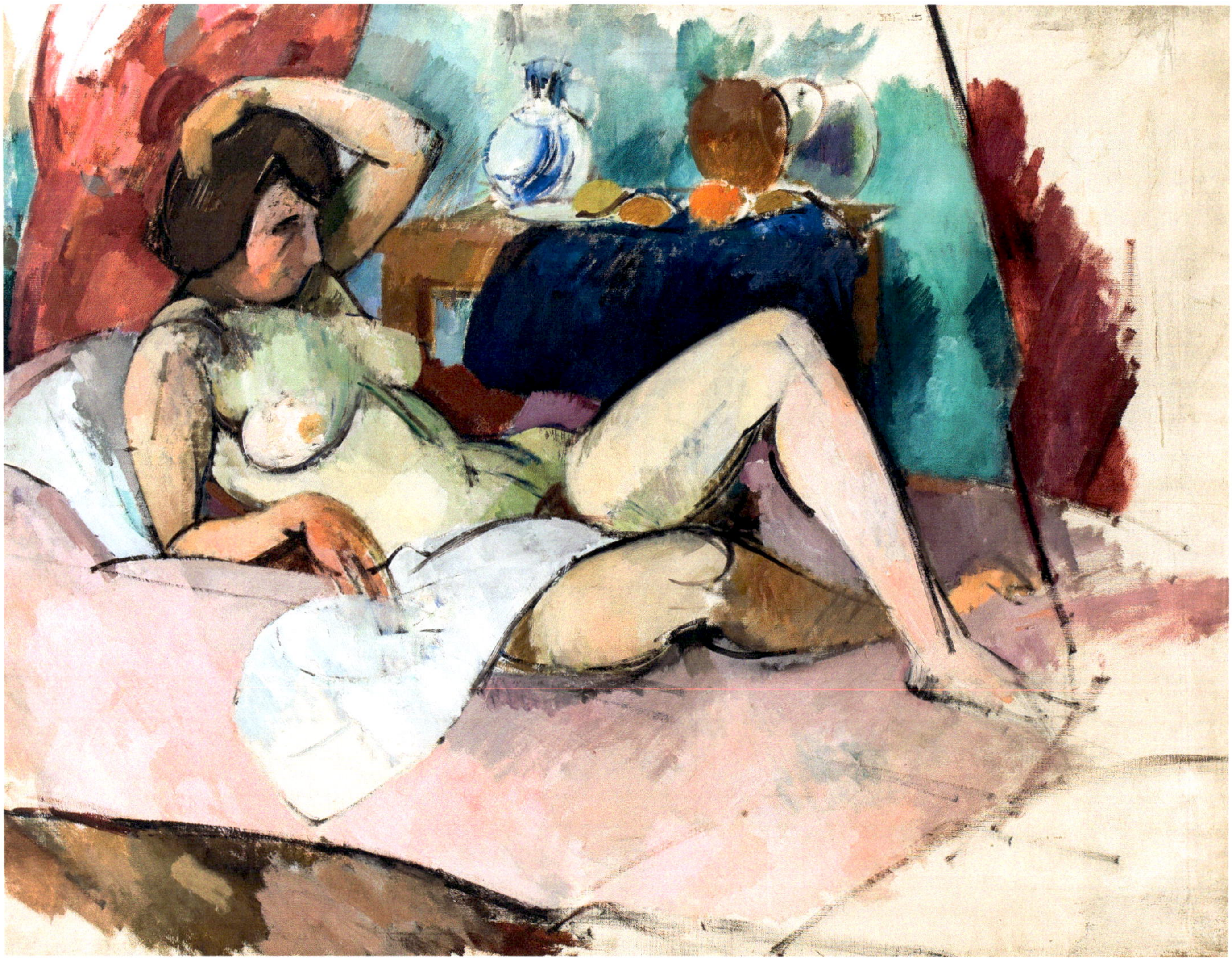

KAT 12
LIEGENDER AKT VOR STILLLEBEN, 1910
Öl auf Leinwand, 97 × 130 cm
SALZBURG, MUSEUM KUNST DER VERLORENEN GENERATION, INV.-NR. 2016-0104 WVZ-NR. 301

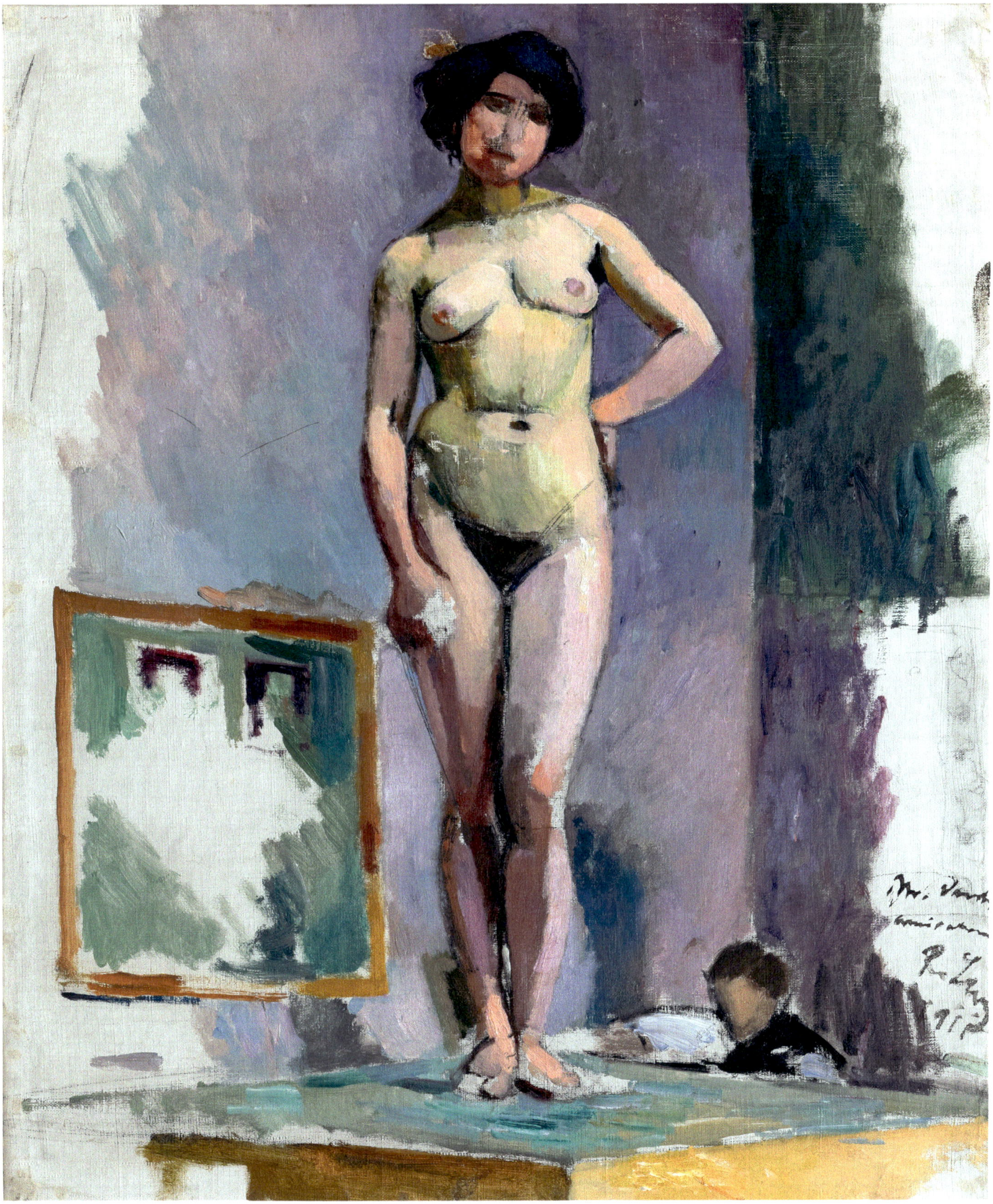

KAT 13
WEIBLICHER AKT AUF EINEM TISCH, 1911
Mischtechnik auf Leinwand, 65 × 54 cm
MAINZ, GDKE, LANDESMUSEUM MAINZ, INV.-NR. 86/32 WVZ-NR. 272

KAT 14

STILLLEBEN MIT KAFFEEKANNE, SCHERE UND EIERBECHER, 1912

Öl auf Leinwand, 46 × 38 cm

PRIVATSAMMLUNG WVZ-NR. 274

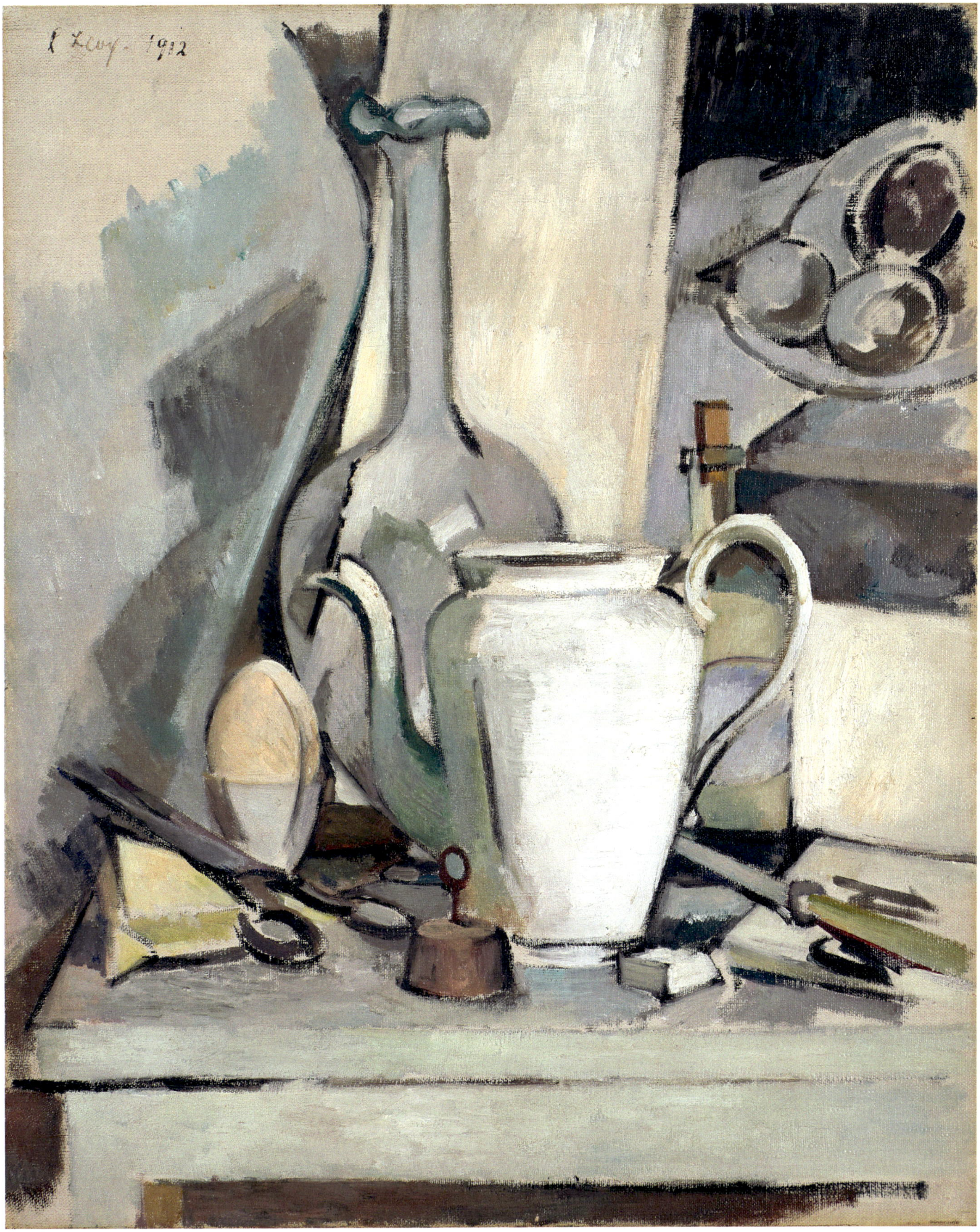
1912

KAT 15

ORCHIDEEN, 1914

Öl auf Leinwand, 64,5 × 54 cm

PRIVATSAMMLUNG WVZ-NR. 38

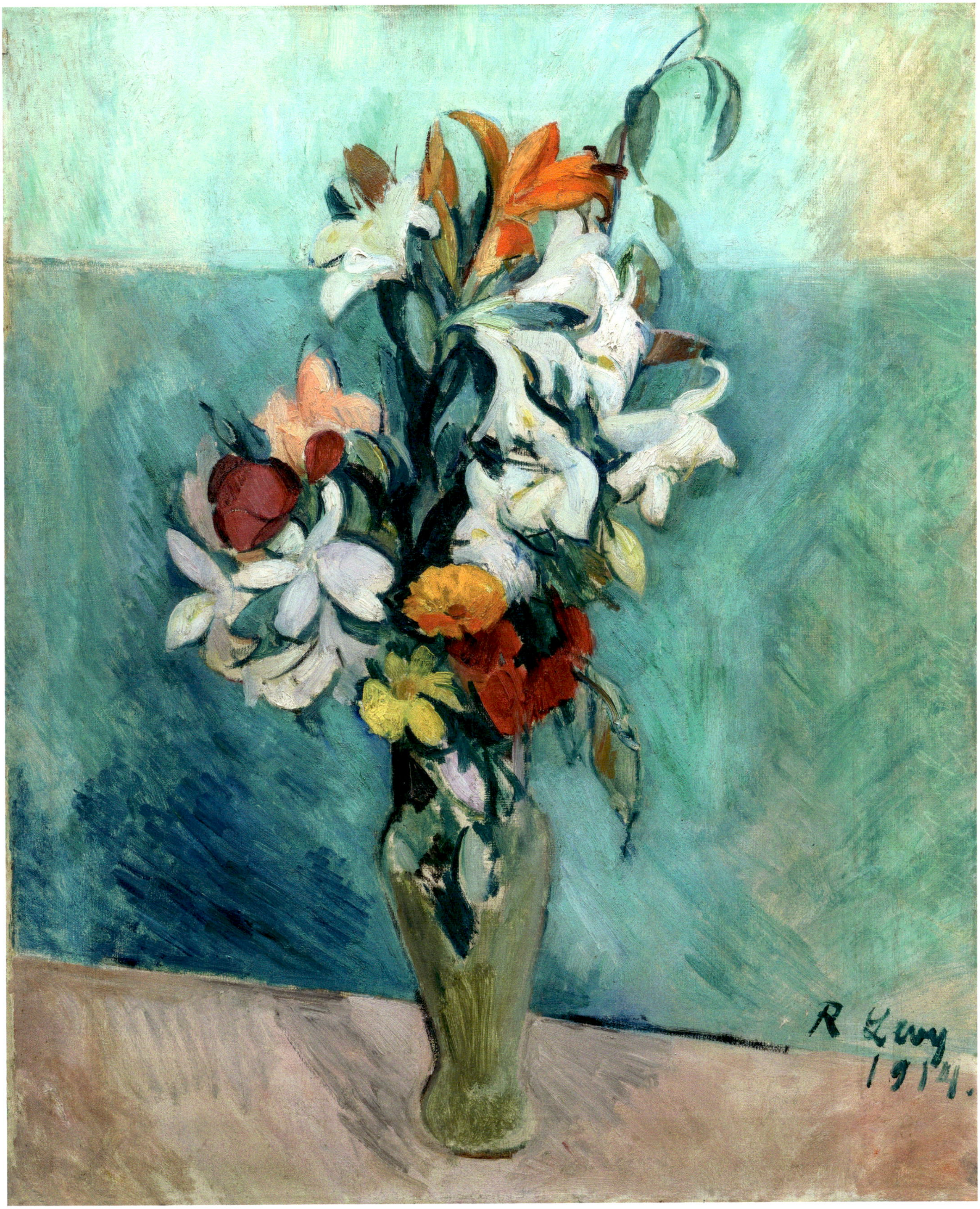

KAT 16

SANARY, 1914

Öl auf Leinwand, 31 × 39 cm

PRIVATSAMMLUNG WVZ-NR. 39

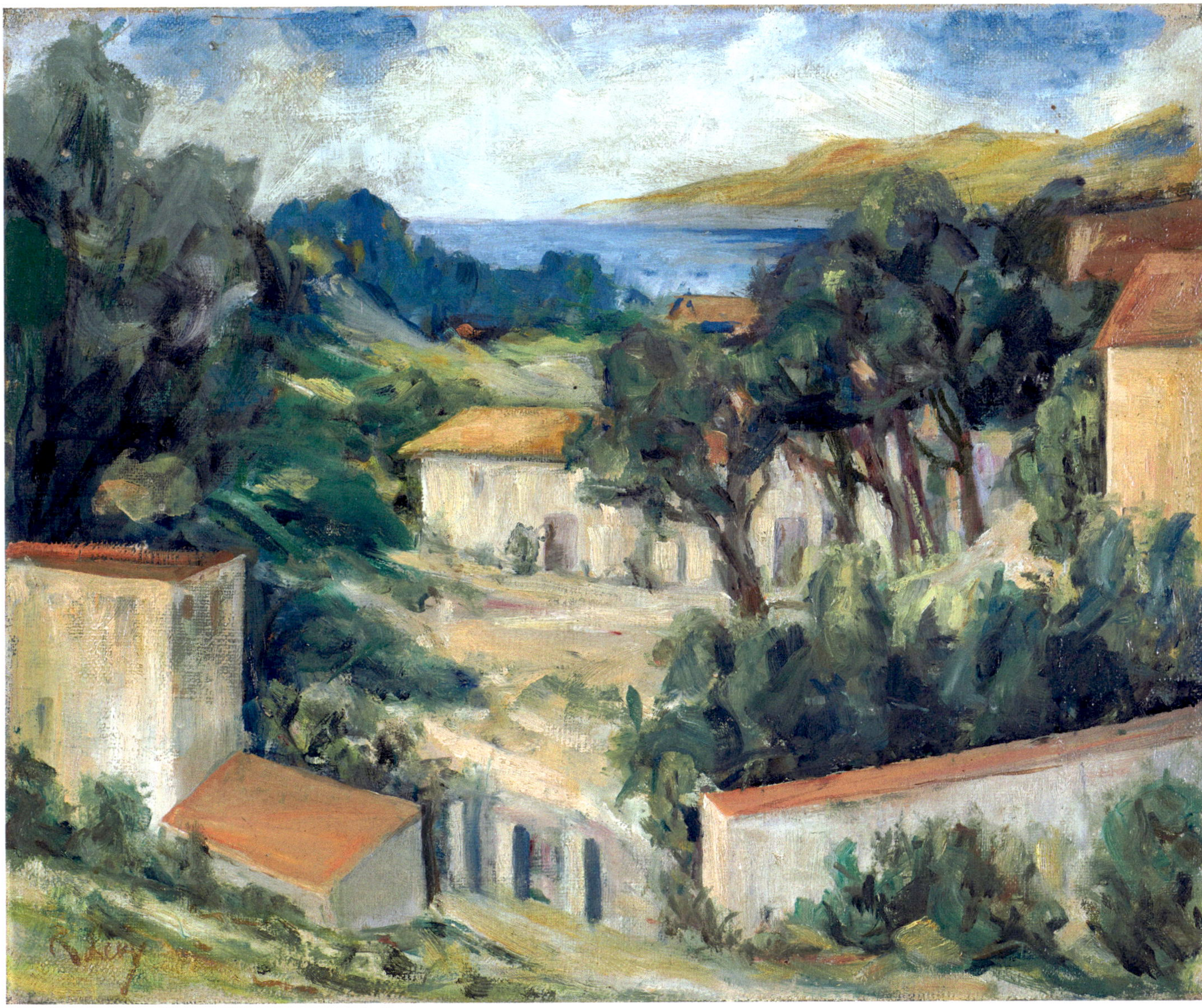

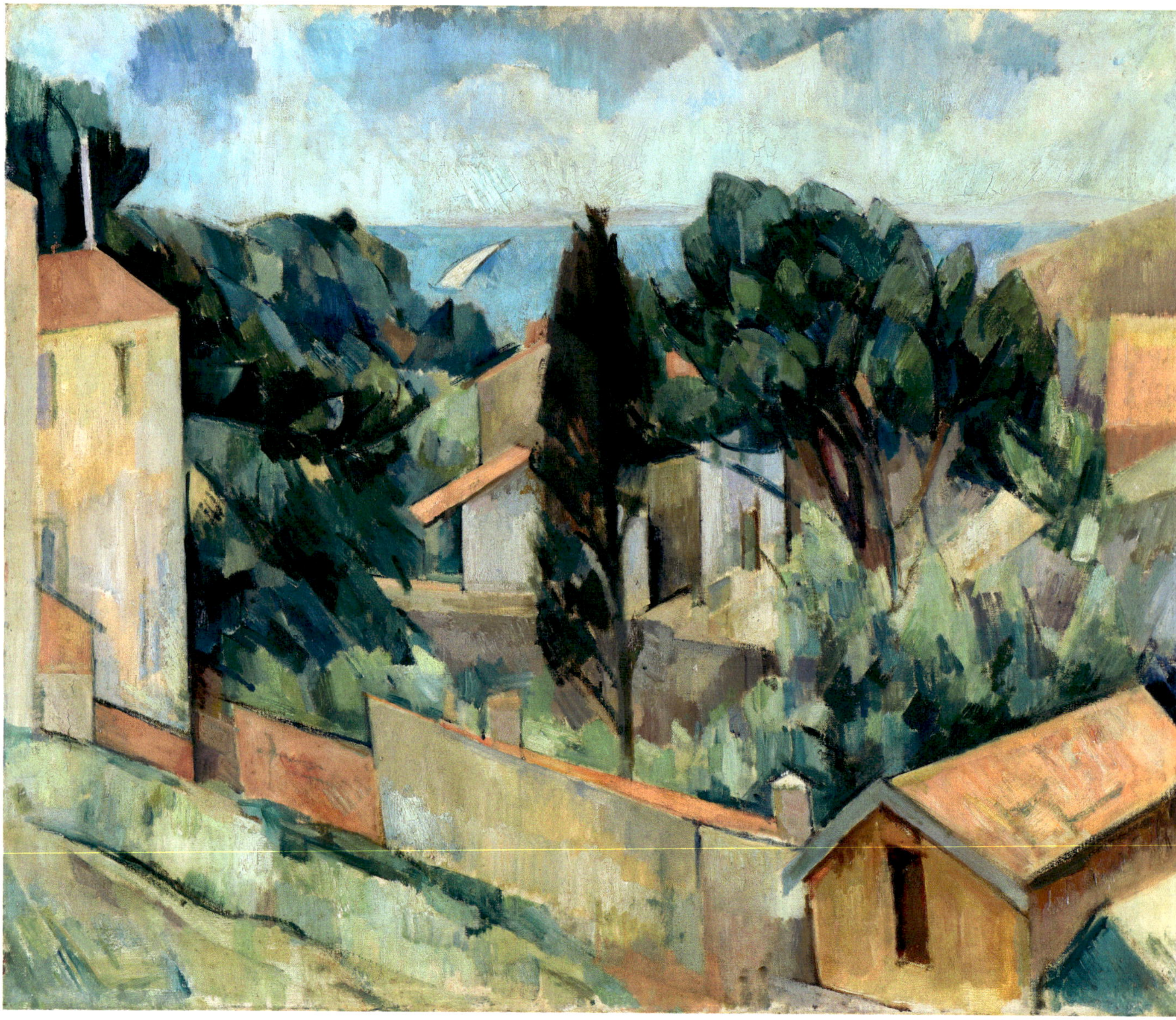

KAT 17
L'ESTAQUE II, 1914
Öl auf Leinwand, 60 × 73 cm
STAATSGALERIE STUTTGART, INV.-NR. DKM 499 WVZ-NR. 37

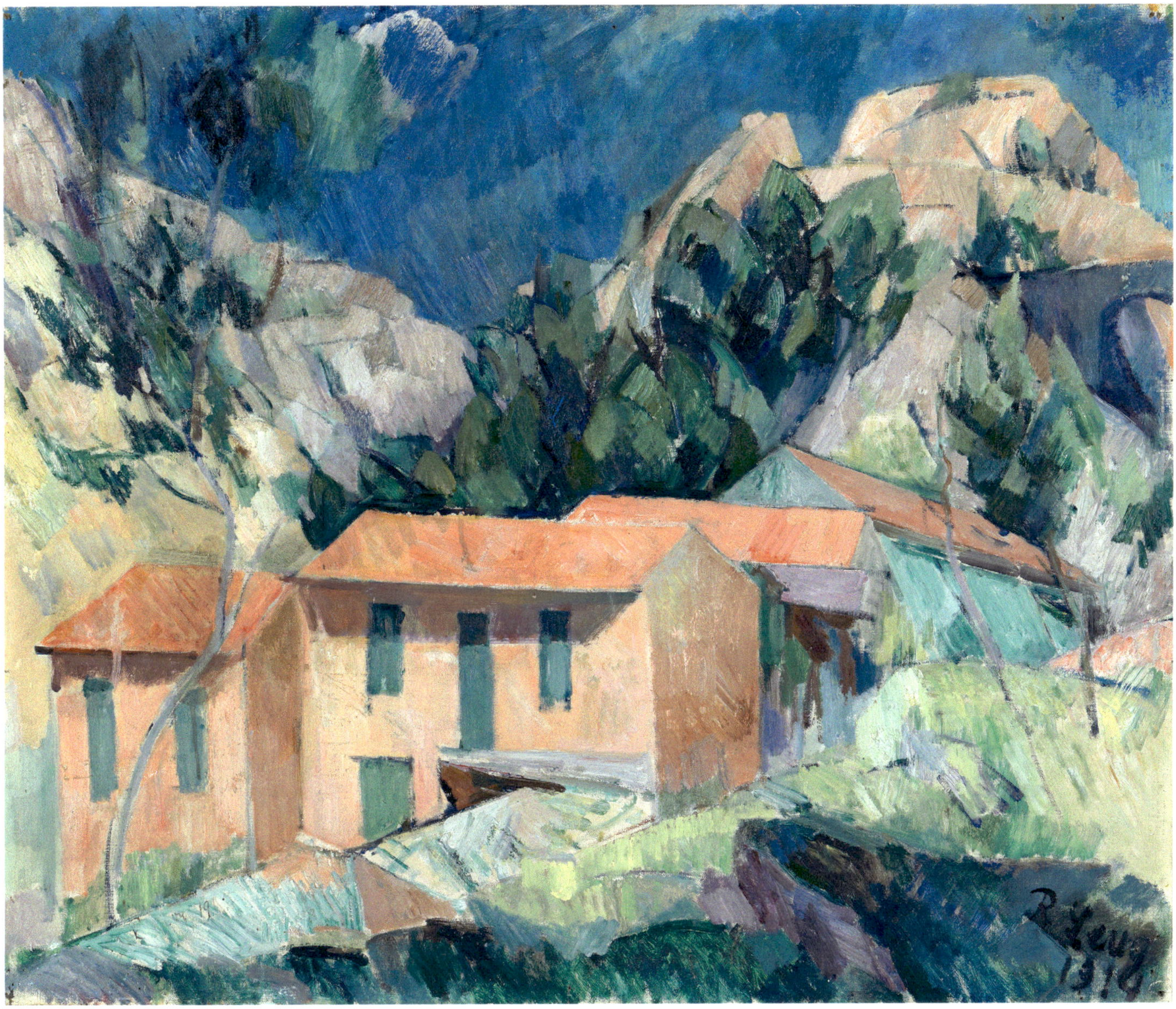

KAT 18
HÄUSER AM FELSEN, 1914 ◊
Öl auf Leinwand, 60 × 72,5 cm
BERNRIED AM STARNBERGER SEE, BUCHHEIM MUSEUM DER PHANTASIE, INV.-NR. 0.00073 WVZ-NR. 33

Kapitel 1

Rudolf Levy und sein Werk bis in die 1920er-Jahre

Akademie, Pleinair, Bohème

Rudolf Levys formative Jahre in München

Julie Kennedy

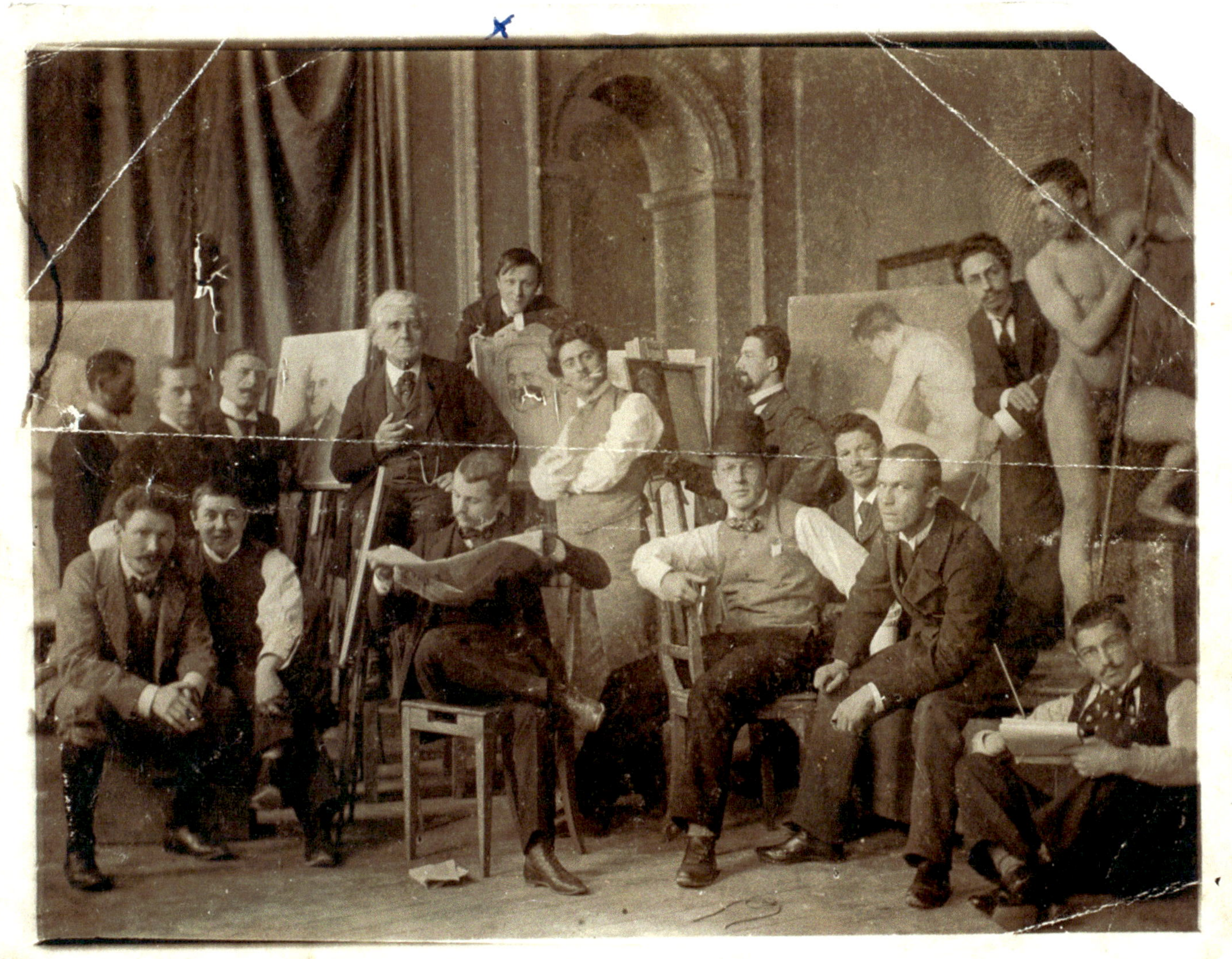

ABB. 1: Rudolf Levy (mit Melone) in der Klasse von Nikolaus Gysis an der Münchner Akademie der Bildenden Künste, mit u.a. Alfred Kubin (Fünfter von links oben) und Willy Fries (rechts unten), 1900
unbekannter Fotograf Städtische Galerie im Lenbachhaus und Kunstbau München, Kubin-Archiv

Rudolf Levy, der Anfang Oktober 1897 in München eintraf mit dem Ziel, an der renommierten Königlichen Akademie der Bildenden Künste zu studieren, hinterließ bis zu seiner Übersiedlung nach Paris im Herbst 1903 kaum Spuren als Maler.[1] Auch äußerte er sich kaum über diesen Lebensabschnitt. Archivquellen sowie Text- und Bilddarstellungen von Weggefährten ermöglichen es dennoch, seinen fünfjährigen Ausbildungsparcours zu rekonstruieren und seine prägende Rolle in der Münchner Studentenbohème zu beleuchten.[2]

Bei seiner Ankunft in der bayerischen ‚Kunststadt' war der gebürtige Stettiner aus einer angesehenen jüdischen Familie 22 Jahre alt. Nach dem Besuch des humanistischen Gymnasiums in Danzig hatte er aufgrund des anfänglichen Widerstands seines Vaters, eines wohlhabenden Kaufmanns, erst im Anschluss an eine Lehre als Möbelschreiner die künstlerische Laufbahn einschlagen können.[3] Von 1895 bis 1897 ließ er sich an der Kunstgewerbeschule Karlsruhe im Architekturfach weiter ausbilden.[4] Sein Kommilitone, der in Speyer geborene Maler Hans Purrmann (1880–1966), lieferte in seinen Erinnerungen an den langjährigen Freund eine eindringliche Schilderung von Levys Persönlichkeit und Werdegang.[5] Von jovialem Charakter, warmherzig und mit schlagfertigem Humor ausgestattet, strahlte er mit seiner klassischen Bildung, kräftigen Statur und tiefen Stimme eine natürliche Autorität aus. So hatten ihn seine Karlsruher Mitschüler zum Obmann gewählt. Levy zählte selbst zu den besten Talenten, er stand aber wie Purrmann der konventionellen Lehre mit ihrem systematischen Abzeichnen von historischen Ornamenten kritisch gegenüber. „Rudolf Levy und mich interessierte [...], was an der Kunstakademie [...] vor sich ging, was Akademielehrer und Schüler erstrebten, wovon uns auch der Kunstverein gelegentlich Proben zeigte, die wir sehr bewunderten."[6]

Künstlertraum Akademie — vom Aktzeichnen zur Pleinairmalerei

In der zweiten Hälfte des 19. Jahrhunderts war München zum bedeutendsten Kunstzentrum in Deutschland avanciert. Neben den Jahresausstellungen der „Künstlergenossenschaft" im Glaspalast und der 1892 gegründeten „Münchener Secession" zog insbesondere der Ruf der Akademie eine internationale Künstlerschaft in die selbstproklamierte ‚Kunststadt'. Die Berufung der führenden Secessionisten Franz von Stuck (1863–1928) und Heinrich von Zügel (1850–1941) – die künftigen Lehrmeister Purrmanns und Levys – als Leiter von Malklassen im Jahr 1895 hatte eine Erneuerung des Unterrichts im Sinne einer Öffnung für die modernen Strömungen des Symbolismus und des Impressionismus herbeigeführt,[7] die für fortschrittlich gesinnte Bewerber attraktiv war.

Levy und Purrmann begegneten sich im Herbst 1897 bei der Aufnahmeprüfung der Akademie wieder. Diese bestand darin, „einen Kopf und einen Akt nach dem Leben zu zeichnen."[8] Nach Vorlage an einen Lehrer der Naturklasse wurde der Kandidat in der Regel zunächst für maximal vier Semester unter diesem im Zeichnen ausgebildet, um anschließend in eine Malklasse überzutreten; darauf folgte nach weiteren vier Semestern die Komponierschule (Meisterklasse).[9] Levy allerdings „zeichnete wohl zu wenig akademisch", um in die Naturklasse aufgenommen zu werden. Sein „Mißerfolg" war laut Purrmann jedoch „ohne Bedeutung, um so mehr als Privatschulen in besserem Ruf standen und sogar für künstlerisch freier galten als die Akademie."[10]

Levys Aufnahmeversuch verlief vermutlich ähnlich wie die Bewerbung von Paul Klee (1879–1940) im Herbst 1898: Nach der Vorstellung schickte Direktor Ludwig von Löfftz (1845–1910) den jungen Schweizer zur Vorbereitung auf die Akademie „zu Knirr in die Privatschule".[11] In der gut besuchten Mal- und Zeichenschule von Heinrich Knirr (1862–1944) in der Amalienstraße 29 lernte Levy ab 1897[12] künftige Akademiekommilitonen kennen: den in Bern eng mit Klee befreundeten Hermann Haller (1880–1950) sowie Georg Karpeles (1880–1945) aus Prag, später Georges Kars genannt, während der Prager Eugen von Kahler (1882–1911) erst zu Knirr kam, nachdem Levy der Übertritt an die Akademie gelungen war.[13] Wie sie und weitere Freunde wohnte Levy unweit der Schule und der Akademie im studentischen Viertel der Maxvorstadt, wo die meisten Künstlerateliers lagen.[14]

Der Unterricht bei Knirr konzentrierte sich auf das Akt- und Kopfzeichnen. Auf Klee machte der Aktsaal mit seinen Modellen „einen spezifischen Milieueindruck".[15] Auch Kahler bemängelte die vom Angebot abhängige schwankende Qualität von Knirrs „Modellwahl" ebenso wie die „große Schülerzahl".[16] Der Lehrer ließ seine Schüler selbständig zeichnen und erschien zwei Mal wöchentlich zur Korrektur, jeweils einmal vormittags zum Akt- und nachmittags zum Kopfstudium; der Abendakt fand gleichfalls täglich statt.[17] „Was man lernt, lernt man durch eigene fleissige Arbeit und zwar nur durch eigene", so Kahler. „In der Schule wird im Frühling nicht gearbeitet, weil da jeder zeichnet, wie er will, im Freien oder zu Hause oder gar nicht."[18] Knirr selbst empfahl seinen Schülern, in den Ferien im Freien zu arbeiten, beispielsweise im Künstlerort Dachau vor den Toren Münchens.[19]

In dieser Zeit soll Levy außerdem Unterricht von Ludwig Schmid-Reutte (1862–1909) erhalten haben, der mit seinem Malerkollegen Friedrich Fehr (1862–1927) in der Dachauerstraße 45 vor dem Stiglmaierplatz eine angesehene Privatschule für künstlerische Anatomie leitete und als „ein guter Zeichenlehrer" galt.[20] Zwei mit Levy eng befreundete Grafiker, Emil Cardinaux (1877–1936) aus Bern und Alfred Kubin (1877–1959), der im Anschluss an eine fotografische Lehre in Klagenfurt nach München übergesiedelt war, ließen sich hier ab 1898 ebenfalls auf das Akademiestudium vorbereiten.[21] Kubin zeichnete unter Schmid-Reutte, der im Sommer 1899 mit Fehr an die Karlsruher Akademie berufen wurde, „sehr fleißig Akte und Köpfe".[22] Der Maler Lovis Corinth (1858–1925) betonte als ehemaliger Akademiekommilitone von Schmid-Reutte dessen „strenge methodische Disziplin, wobei lediglich das Organische und Konstruktive unter jeder Unterdrückung kalligraphischer Virtuosität geübt wurde. Neben diesem Unterricht gab er auch anatomische Vorlesungen".[23]

Nach dieser Ausbildung verfügte Levy über ausreichend zeichnerische Fertigkeit, um die Aufnahmeprüfung der Kunstakademie zu bestehen. Er wurde am 2. Mai 1899 immatrikuliert und betrat zeitgleich mit Kubin die Naturklasse des griechischen Genre- und Historienmalers Nikolaus Gysis (1842–1901),[24] der sich nach Anfertigung der Deckenmalereien im Kunstgewerbemuseum Kaiserslautern 1878–1880 durch eine Reihe von Monumentalaufträgen mit allegorischen Szenen zunehmend Anerkennung verschafft hatte.[25] Als Vertreter der ‚Münchner Schule' war Gysis stilistisch konservativ, als Professor erfreute er sich trotz strenger Methoden großer Beliebtheit und wurde aufgrund seiner Nähe zu seinen Schülern, die ihn regelmäßig in seinem Atelier besuchten, als „väterlicher Freund" bezeichnet.[26]

In der Naturklasse wurde Levy zur Vorbereitung auf die Malklasse weiterhin im Modellzeichnen ausgebildet, auch hier erfolgte die Korrektur zweimal in der Woche.[27] Laut einem Kommilitonen, dem Zürcher Maler Willy Fries (1881–1965), war der Zeichensaal „überfüllt mit Schülern".[28] Über Gysis' Unterricht berichtet Kubin: „Ich arbeitete rechtschaffen wie alle andern nach dem straffen System unsers vorzüglichen Lehrers, das hauptsächlich auf das Erkennen der richtigen Maße und Verhältnisse unter Grundlage von plastischer Anatomie beruhte; verpönt war jeder Tonschwindel, jedes Abenteuern in Schatteneffekten und Glanzlichtern. Einen sogenannten Bartzüchter hatten wir nie als Modell, und die zwischen unsre Athleten dann und wann eingeschobenen weiblichen Akte waren zwar instruktiv, aber von jedem andern Gesichtspunkt aus ‚das Gott erbarm'. Unsre Studien waren daher alle einander ziemlich ähnlich".[29]

Gysis war auch Leiter einer zahlenmäßig kleineren Malklasse, in die Levy bis 1900 möglicherweise aufgestiegen war. Eine Fotografie der Gysis-Schüler, darunter Kubin und Fries, zeigt Rudolf Levy in selbstbewusster Pose mit der für ihn charakteristischen Melone (Abb. 1). Über sein Wesen und Erscheinungsbild schreibt Purrmann: „Für mich lag schon etwas Weltmännisches in Levys Art. Er sprach ruhig, mit tiefdunkler und mächtiger Stimme und war sicher in seinem Auftreten. Immer blieb er jugendlich leichtsinnig, ein Spieler aus Leidenschaft, wohl ohne Geldgier, verschwenderisch und liebenswürdig, sich einprägend, ohne diktatorisch zu sein. Von kräftiger Statur, Pykniker-Typ, hatte er eine Neigung zur Melancholie [...]. Die Zärtlichkeit seines Naturells war immer bereit, sich auf den Nächsten verstehend einzustellen. Sein starkes Kinn und der mächtige Unterteil seines Gesichtes, der viel Energie vermuten ließ, waren durch gerundete Formen abgeschwächt."[30] Für den gemeinsamen Freund Gino de Finetti (1877–1955) aus Istrien, der seit Frühjahr 1899 die Malschule Heinrich von Zügels besuchte, war Levys Stärke „der ausserordentliche Scharfsinn".[31]

Aufgrund einer schweren Erkrankung musste sich Gysis im Oktober 1900 zurückziehen und ließ sich bis zu seinem Tod Anfang Januar 1901 bei der Korrektur vertreten.[32] Anschließend übernahm Ludwig von Löfftz die Leitung der Malklasse.[33] Wo Levy in diesem Winter arbeitete und wohnte, lässt sich nicht eindeutig klären; seine Wohnung in der Adalbertstraße 49 in unmittelbarer Nähe der Akademie hatte er scheinbar aufgegeben.[34] Möglicherweise arbeitete er in Kubins Atelier.[35] Briefe von diesem legen nahe, dass Levy sich zeitweise in Dachau aufhielt, um die Jahreswende 1900/1901 eine Reise machte und über Weihnachten sowie Ostern 1901 seine Familie in Danzig besuchte, wo seine Geldprobleme eine Rolle spielten.[36]

Wie Kubin, der den Weg zu seiner „eigentlichen künstlerischen Bestimmung" außerhalb der Akademie fand,[37] interessierte sich Levy unter Gysis verstärkt für die moderne Pleinairmalerei nach dem Vorbild des französischen Impressionismus. Wollte „man sich im Landschaftlichen versuchen, musste man den Unterricht schwänzen", so Willy Fries.[38] In den Sommerferien malte Levy im Kreis der Künstlerkolonie Dachau, die damals in ihrer Blütezeit stand.

Eine im nahegelegenen Olching an der Amper angesiedelte Jugendanekdote von Kubin belegt, dass Levy im Sommer 1900 bei dem in Wien geborenen Freilichtmaler Hans von Hayek (1869–1940) Unterricht nahm.[39] In München hatte Kubin erfahren, dass ein Teil seiner Freunde, neben Levy die Deutsch-Russen Emil Mantels (1866–1909) und Alexander von Salzmann (1874–1934), der aus Bulgarien stammende Ernst Stern (1876–1954) sowie der Pfälzer Albert Weisgerber (1878–1915) und Gino de Finetti, sich Hayeks „Schule angehender Landschafts- und Tiermaler und Malerinnen […] für den Sommer angeschlossen hatten. Da wurden nun von den Motiven ‚Braunhof', ‚Buttersack' oder ‚Waldrand I, II und III', oder wie sie alle sonst genannt wurden, die Studien heruntergepinselt."[40] Erst 1898 hatte Hayek die Malschule im Anschluss an sein Akademiestudium in der Tiermalklasse Heinrich von Zügels gegründet, der seine Lehre maßgeblich beeinflusste. Die Schüler und Schülerinnen malten auf umliegenden Wiesen oder an der Amper Landschaften und Tiermodelle, vorwiegend Kühe und Pferde, die bei schlechtem Wetter im Atelier studiert wurden.[41] Neben Unterricht und regelmäßiger Korrektur pflegte er die Geselligkeit mit seinen Lehrlingen. Zu den mit Levy und seinem Kreis befreundeten Malerinnen gehörte laut Kubin Käthe Hofrichter, außerdem Martha Hofrichter (1872–1960) aus dem mährischen Brünn; beide studierten wohl an der Münchner Damen-Akademie, wo unter anderem Schmid-Reutte und Knirr als Lehrkräfte beschäftigt waren.[42]

Sehr großen Zulauf, vor allem von Frauen, die an der Akademie nicht zugelassen und zudem als sogenannte ‚Malweiber' verspottet wurden, erlebte die Schule ab 1901 nach Hayeks Übersiedlung nach Dachau. Bereits 1888 hatte der Hauptvertreter

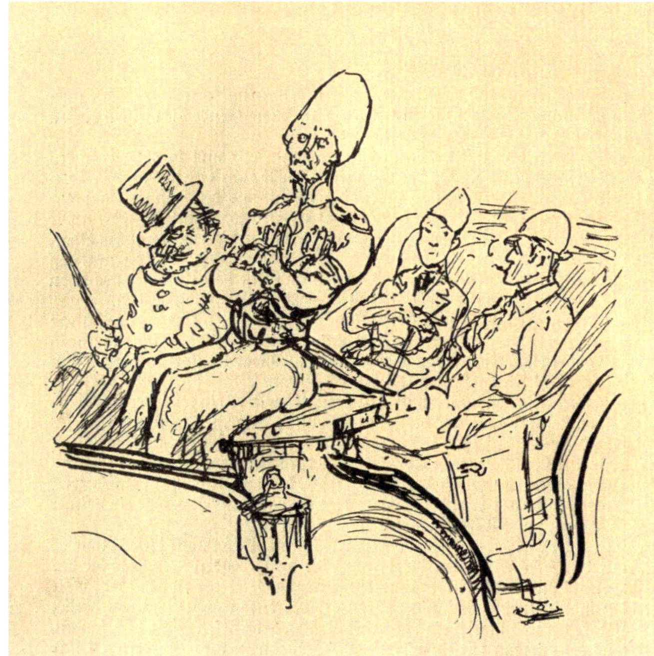

ABB. 2: Droschkenfahrt mit Rudolf Levy, Alfred Kubin und Alexander von Salzmann, Illustration von Alfred Kubin aus dessen Erzählung *Des Perserprinzen Muzaffer-Eddin Besuch in Olching*, in: *Das Gelbbuch der Münchener Mappe*, München 1920, S. 11
München, Zentralinstitut für Kunstgeschichte

von „Neu Dachau" Adolf Hölzel (1853–1934), ein stilistischer Erneuerer und geschätzter Pädagoge, unter dem Eindruck der französischen Impressionisten die erste Dachauer Schule für Freilichtmalerei eröffnet, die bis zu seiner Berufung an die Stuttgarter Akademie 1905 zahlreiche Künstler und Künstlerinnen anlockte, unter anderem 1899 Emil Nolde (1867–1956) und 1903 Ida Kerkovius (1879–1970).[43]

Im Anschluss an den Olchinger Aufenthalt könnte Levy Ende Oktober 1900 in Dachau Logis genommen haben, um seine Freilichtstudien fortzusetzen.[44] Spätestens in den Tagen vor Weihnachten hielt sich wiederum Kubin dort auf. In Levys Abwesenheit nutze er dessen Wasserstiefel – eine notwendige Grundausrüstung und ein Hinweis darauf, dass Levy mit der Umgebung gut vertraut war[45] – für seine Streifzüge in der malerischen Dachauer Moorlandschaft; er nahm auch für ihn einen großen Rahmen in Empfang.[46] Beide standen in engem Kontakt mit dem Landschaftsmaler und Gründungsmitglied der „Münchener Secession" Georg Flad (1853–1913),[47] der seit den 1890er-Jahren in der Künstlerkolonie Dachau verkehrte, sich 1898 dort niedergelassen hatte und vereinzelt Privatunterricht erteilte.[48] Laut dem befreundeten Schriftsteller Ludwig Thoma (1867–1921) galt der Junggeselle als ein „Sonderling".[49] Im Sommer 1901 verbrachte Levy einen längeren Aufenthalt in Dachau, erst Anfang Oktober kehrte er nach München zurück. Ob er selbstständig oder unter Anleitung eines Lehrers arbeitete, sich erneut der Schule von Hayek anschloss oder vielmehr bei Hölzel lernte, zu dessen Schülern er

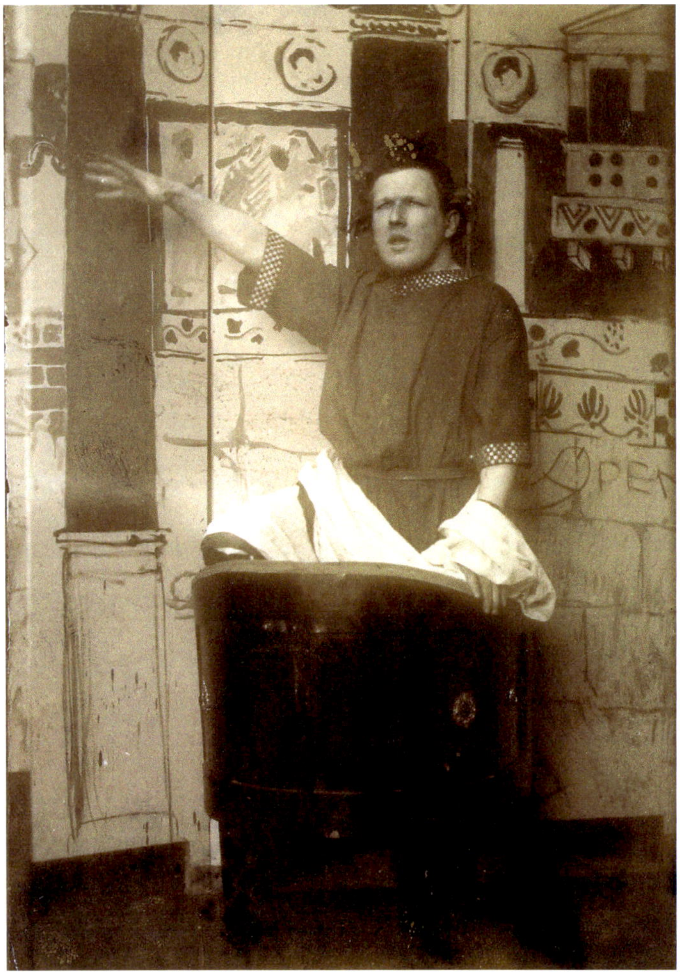

ABB. 3: Rudolf Levy als Sappho, Griechisches Fest der „Sturmfackel", 9. Februar 1901 unbekannter Fotograf
München, Gabriele Münter- und Johannes Eichner-Stiftung

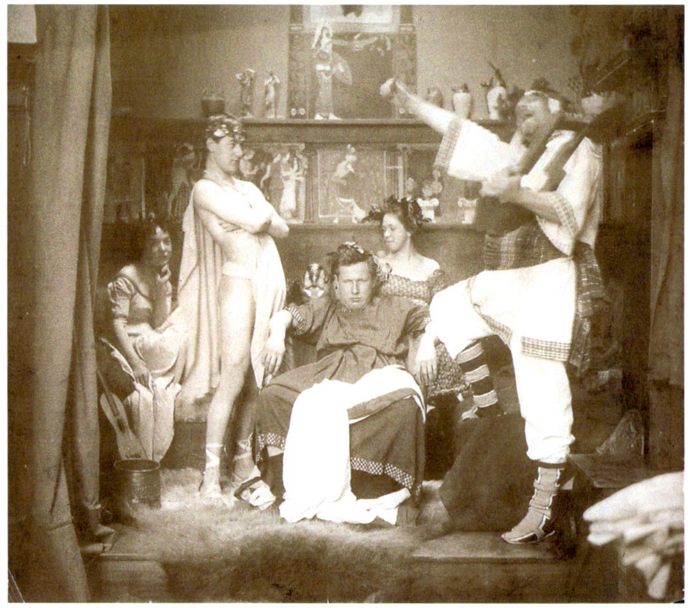

ABB. 4: Rudolf Levy als Sappho, Griechisches Fest der „Sturmfackel", 9. Februar 1901 unbekannter Fotograf
München, Gabriele Münter- und Johannes Eichner-Stiftung

gerechnet wird, bleibt Spekulation.[50] Dort erreichten ihn launische Briefe von Kubin, der seinem Freund – er nennt ihn „bel ami" oder „mio amico" – mit kleinen Geldbeträgen aus finanziellen Engpässen half.[51] Er beschreibt Levy später als einen „Maler, der immer weit über seine Verhältnisse lebte, stets in Schulden verstrickt war, aus denen ihn sein reicher Vater auslösen mußte".[52]

Kubin plante vor Beginn des Wintersemesters einen zweiwöchigen Besuch in Dachau,[53] wo sich zeitgleich ein gemeinsamer Freund aus der Schmid-Reutte-Schule und der Gysis-Klasse, der Frankfurter Willy Haas (geb. um 1877), aufhielt, ebenso wie der befreundete Berliner Maler Eduard Muencke (1875–1954), der 1902 Zügel-Schüler wurde.[54] Die Korrespondenz bezeugt zudem Levys Nähe zur Malerin und Bildhauerin Elisabeth (Liesl) Gleistein (1881–1947), die ebenfalls jenen Sommer 1901 in Dachau verbrachte[55] und sonst vermutlich an der Damen-Akademie studierte.[56] Sie wurde 1904 von Levy porträtiert, seit 1905 war sie Ernst Sterns Schwägerin.[57]

Durch Kubin ist ferner Levys Entscheidung überliefert, sich zum Wintersemester 1901 der gefragten Akademieklasse des Tiermalers Heinrich von Zügel anzuschließen. „Die Wahl des Ateliers Deinerseits billige ich vollständig[s]t, noch mehr die Wahl der Zügelschule", schreibt er Mitte September 1901. „Du triffst dort mit einem selbstständigen Können ein und brauchst absolut keinen unangenehmen Zügelschen Einfluß zu befürchten."[58] Nach einem kurzen Studium an der Stuttgarter Akademie und einer abgebrochenen Fortsetzung in München hatte der gebürtige Schwabe in den frühen 1880er-Jahren das Dachauer Moos als Studiengebiet für sich entdeckt.[59] Seine Hinwendung von der naturalistischen Freilichtmalerei zum Impressionismus vollzog sich in den 1890er-Jahren im Nachgang einer Paris-Reise. Nachdem er 1894–1895 an der Karlsruher Akademie die damals einzige Malklasse für Tiermalerei in Deutschland geleitet hatte, wurde er 1895 nach München berufen.

Für seine Malklasse wurde im Garten der Akademie ein Glasanbau als Tiermaler-Atelier errichtet, um Kühe, Pferde, Ziegen oder Schafe unter Freilichtkonditionen zu studieren.[60] Im Sommersemester hielt sich der Lehrer von Mai bis Mitte Juli im pfälzischen Wörth am Altrhein auf, um mit seinen Schülern Tiere und Landschaft *en plein air* auf der Leinwand festzuhalten.[61] Hier konnte Levy an die in Olching und Dachau gemachten Erfahrungen anknüpfen. Zwei Gemälde, *Hirtenbub mit Ziegen* und *Landschaftsstudie mit Weiden*, stammen möglicherweise aus seinen Wörther Aufenthalten 1902 und 1903. Die impressionistischen Arbeiten weisen eine „vorwiegend tonig gehaltene Farbskala" auf, „in der die Einwirkungen von Licht und Schatten auf die Gegenstände eingefangen sind."[62] Überliefert ist ferner ein Bild mit Kühen.[63] Bei seiner Studienreise in der

Bretagne 1904 malte Levy in Concarneau weitere ländliche Szenen mit Pferdedarstellungen.[64]

Unter Zügel kam Levy laut Purrmann „bald zur Erkenntnis, daß die Pleinairmalerei nur schulmäßig gehandhabt wurde und in ein Exerzitium von kalten und warmen Farbtönen ausartete". Die Individualität kam kaum zur Entfaltung: „Denn wehe, wenn einer eine Kuh auf die Leinwand brachte, über der etwas mehr Landschaft oder Himmel zu sehen war, als der Lehrer es gern haben wollte!"[65] Die Zügel'sche Maltechnik erklärt der Schüler Hermann Ebers (1881–1955) wie folgt: „Die dem Boden zugekehrten Teile des zu malenden Objekts sind warm getönt, also dem Gelb und Braun angenähert, die dem Himmel zugekehrten hingegen kalt beeinflußt also ins Blaue spielend, die vertikalen Flächen endlich zeigen gebrochene, dem Violett verwandte Töne."[66] Bei der Korrektur legte Zügel selbst Hand an, mit Pinsel und seinem befürchteten Kratzmesser.[67] Seine Verbesserungen waren „kostspielig, da er das teure Kadmium verschwenderisch dick auftrug, worüber ein Königsblau gezogen wurde", so Purrmann. Die Technik erzeugte eine modern anmutende „schillernde Durchsichtigkeit", sie wurde aber zur „Manier" und schließlich zum Markenzeichen der Zügelschule.[68]

In Anspielung auf Zügels Methoden und scharfe Disziplin dichtete Levy mit dem Mitschüler August Lüdecke-Cleve (1868–1957) das satirische Festspiel *Johannesfeier*, das 1903 in Wörth aufgeführt wurde.[69] In der überlieferten Korrektur-Szene drillt der „Meister" ein „Malweib", nachdem er die Farbe von dessen Leinwand mit einer Sense abgekratzt hat: „Jetzt fangen Sie noch einmal an. / Erste Fläche, zweite Fläche, / Dritte Fläche, vierte Fläche / Hier herein, dort heraus, hier heraus und dort herein / Die Sache will gezeichnet sein / Und wenn zum Schlusse alles klappt, / Dann mit der Farbe reingeschwappt / Hier kalt, hier warm, hier warm, hier kalt / Nur nicht so umeinandergemalt, / Zum Schluß der Brechung Violett; / Sie sehn, die Sache ist komplett."[70]

Hermann Ebers attestiert Levy zurecht „eine höchst amüsante und eigenwillige Persönlichkeit".[71] Obwohl Zügel zur Vollendung des Malstudiums ein Engagement von vier bis fünf Jahren gefordert hatte, brach Levy nach jenem Sommer 1903 seine zweijährige Lehrzeit ab, um sich in Paris weiterzubilden.[72] Der in Münchner Ausstellungen unterrepräsentierte französische Impressionismus war laut Levy „das große Schlagwort"[73] und versprach neue Anregungen für sein Schaffen. Purrmann wie Ebers schildern die echauffierte Reaktion seines Professors, der „den hochbegabten und schon verhältnismäßig reifen Schüler ungern verlor": „Was denn von dort mitzubringen sei außer einem Zylinderhut, höhnte Zügel."[74]

Als langjähriger Zügel-Schüler bekräftigte Gino de Finetti weitgehend Purrmanns Darstellung, insbesondere die „Zügel selbst unbewusste Unterdrückung der Individualitäten".[75] Vermutlich hatte sich auch Purrmann zum Freilichtmalen in Wörth aufgehalten; mit ihm hatte Levy im Winter 1903 außerdem zwei Wochen in Regen im Bayerischen Wald verbracht.[76] In den kleinen „Marktfleck",[77] den Finetti und Weisgerber schon 1901 für sich entdeckt hatten, war Purrmann gereist, um Schneebilder zu malen. Aus Levys Münchner Jahre sind bis auf die oben erwähnten Freilichtgemälde keine Arbeiten bekannt, Akademieauszeichnungen und Ausstellungsbeteiligungen blieben aus. Visuell besser dokumentiert ist seine Rolle in der Münchner Studentenbohème.

Ein „geistreicher Bohémien" – Vereinsleben, Fasching, Caféhaus

Laut Purrmann hatte Levy in München „schon mehr den Ruf eines geistreichen Bohemiens als den eines Malers".[78] In seinen Erinnerungen an die Pariser Jahre im Kreis des Café du Dôme spricht er von dem „Milieu", in dem sich Levy bewegte, dessen Berücksichtigung für das Verständnis seiner Persönlichkeit essenziell sei: „Schon daß ich die Schilderung des Milieus aus der Münchner Zeit unterließ, zeichnet nicht scharf genug das Bild, daß man von ihm geben könnte."[79] So kann ein Blick in Rudolf Levys geselliges Leben in München dazu beitragen, noch wenig beachtete Facetten seiner formativen Jahre zu beleuchten.

Ausschlaggebend war sein Wirken als ein Hauptakteur im freien Verein „Sturmfackel", der 1898 von Studenten der Akademie sowie von privaten Kunstschulen gegründet wurde und aus deren regelmäßigen Treffen im Café Elite in der Schellingstraße 70, Ecke Arcisstraße, hervorgegangen war.[80] Das Vereinsleben war Levy aus der Karlsruher Zeit bekannt: Der dortige „Kunstgewerbeschülerverein", wo er unter dem altdeutschen Zunftnamen „Erwin von Steinbach" verkehrte, hatte ihn zu seinem Vorsitzenden gemacht.[81] Auch bei den wenigen und unregelmäßigen offiziellen Sitzungen der „Sturmfackel" in einem Nebenzimmer des im Rokoko-Stil einrichteten Café Elite hatte Levy den Vorsitz inne.[82] In der Gründungssitzung hielt er „mit seiner sonoren Stimme eine seiner geistreichen Reden" und prägte den satirischen Zweck der „Sturmfackel" als „Verein zur Unterdrückung der Individualität und zur Justizpflege".[83] Das Programm lässt sich als humorvolle „Persiflage auf die bürgerlichen Gesellschaftsnormen" deuten;[84] auf dem Gebiet der Kunst sollte sich das Konzept der Unterdrückung der Individualität wie ein roter Faden durch sein Ausbildungsparcours ziehen.

Zu diesem Freundeskreis zählten Levys früheste Mitschüler, der Bildhauer Alfred Lörcher (1875–1962) aus der Kunstgewerbeschule Karlsruhe, Emil Cardinaux, Willy Haas und Alfred Kubin aus der Schmid-Reutte-Schule sowie der befreundete Emil Mantels; außerdem Albert Weisgerber, Levys Amtskollege als Vorstand des Münchner „Kunstgewerbeschülervereins", der Hans Purrmann in der Naturklasse kennengelernt hatte und seit Herbst 1898 mit ihm die Malschule Franz von Stucks an der Akademie besuchte. Über Weisgerber schlossen sich Finetti sowie die weiteren Stuck-Schüler August Heitmüller (1873–1935), Konstantin Korzendörfer aus Prag, Wilhelm Panzerbieter (1869–1954), Alexander von Salzmann, Ernst Stern und vermutlich auch der Schlesier Egon Josef Kossuth (1874–1949) der Gruppe an, über den Schweizer Cardinaux der früh verstorbene Porträt- und Landschaftsmaler Otto Weniger aus St. Gallen (1873–1902), der sein Akademiestudium in der Naturklasse von Gysis angetreten hatte.[85] Laut Kubin hatte die „Sturmfackel" „einen sehr seltsamen

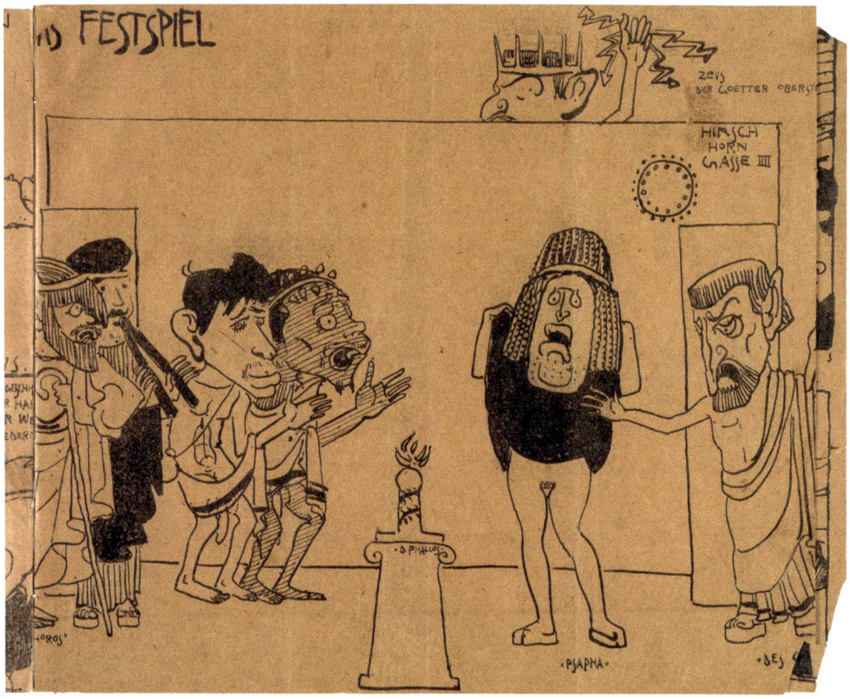

ABB. 5: Festspielszene mit Rudolf Levy als Sappho, Karikatur von Ernst Stern aus der Kneipzeitung zum Griechischen Fest der „Sturmfackel", 9. Februar 1901
Münchner Stadtmuseum

zeremoniellen Vereinsstatus" und versammelte in ihrer Blütezeit um 1901 „wenigstens dreißig ausgelesene Geister".[86] Im Café Elite füllten Stern und Finetti die Karikaturenbücher mit Porträts der Mitglieder.[87] Abends kam man regelmäßig im Wiener Café Stefanie zusammen, dem Treffpunkt der Künstlerbohème in der Amalienstraße 14, Ecke Theresienstraße, im Sommer in Cafés am Hofgarten: „Es wurde zeitweise Skat, Schach und Billard gespielt, viel ernsthaft debattiert und viel Unsinn getrieben".[88]

Wer sich wie Levy in den Sommerferien zum Freilichtmalen in Olching oder Dachau aufhielt, kam gelegentlich auf einen Tag in die Stadt; umgekehrt besuchten die Münchner des Öfteren ihre Kollegen auf dem Land – so auch im September 1900, als im Café Elite beschlossen wurde, unter Mitwirkung von Professor Hans von Hayek den Olchinger Dorfbewohnern einen parodistischen Streich zu spielen und den hohen Besuch des kunstinteressierten, vorgeblich aus einem Pariser Malkurs mit Levy bekannten „Perserprinzen Muzaffer-Eddin" zu inszenieren.[89] Mit einer Astrachan-Mütze des Russen Salzmann ausgestattet, verkörperte Kubin den Prinzen, während Salzmann in der nationalen Tracht der Tscherkessen als sein Leibwächter „Jussuf" fungierte. Levy, wie immer elegant gekleidet, trug einen neuen schwarzen Gehrock, sein „Gesicht wurde in markante, weltmännische Falten gelegt".[90]

In der Erzählung *Des Perserprinzen Muzaffer-Eddin Besuch in Olching* hat Kubin das lustige Treiben der Protagonisten beschrieben und illustriert, von der Kostümierung über die Bahnfahrt mit feierlichem Empfang in Olching bis zum Mittagessen im Wirtshaus und einem abschließenden Rundgang durch den Ort mit Professor Hayek.[91] Eine Szene zeigt Kubin, Salzmann sowie Levy mit Melone und Zigarette rauchend bei der Droschkenfahrt zum Münchner Bahnhof nach der Verkleidung im Atelier von Salzmann und Stern (Abb. 2).

Deren großes Atelier im vierten Stock der Gabelsbergerstraße 77 war am 9. Februar 1901 Veranstaltungsort eines privaten Faschingsfestes, das nach monatelanger Vorbereitung den Höhepunkt der Aktivitäten der „Sturmfackel" bildete.[92] Laut Lörcher handelte es sich um ein „griechisches Fest", bei welchem an „einer langen Tafel auf Liegestätten [...] gegessen und getrunken" wurde, Kubin spricht von einem „denkwürdigen, orgienhaften ‚römischen Fest'"[93] und von Verkleidungen als „‚Römer der Verfallszeit'".[94] Die antikisierenden Dekorationen der späteren Bühnenbildner Salzmann und Stern beinhalteten „mehr oder weniger obscöne [sic]" Wanddarstellungen sowie, vom Bildhauer Lörcher mitangefertigt, einen Hausaltar mit Statuetten, griechischen Theatermasken und ägyptischen Kanopen.[95]

In einer heiteren Vereinssitzung hatte Stern einst den Ursprung der „Sturmfackel" im alten Griechenland verortet.[96] Für Levy, der schon in Karlsruher Tagen durch seine altphilologische Bildung und Fähigkeit, „Teile aus dem Homer griechisch aufzusagen", beeindruckte, war das Festmotto wie prädestiniert.[97] Mit seinem Talent in Rhetorik und Dichtkunst – er hatte bereits 1892 ein Festspiel und 1897 in München eine *Mordballade* verfasst,[98] – hielt er die Festrede und brillierte als Autor des Trauerspiels *Sappho*, einer nach der antiken Dichterin der erotischen Liebe aus der griechischen Insel Lesbos benannten Theaterdichtung, die wohl von Emil Mantels mitverfasst wurde.[99] Die ulkige Tragödie, die Finetti als wenig „salonfähig" bezeichnete, fand laut Purrmann sogar „die Zustimmung von [Frank] Wedekind und Max Halbe" und wurde vor neuem Publikum wiederholt.[100] Levy spielte darin die Titelrolle der Sappho, die für wenige Drachmen Männern „ihren Leib, den dichtbeharrten" anbietet.[101]

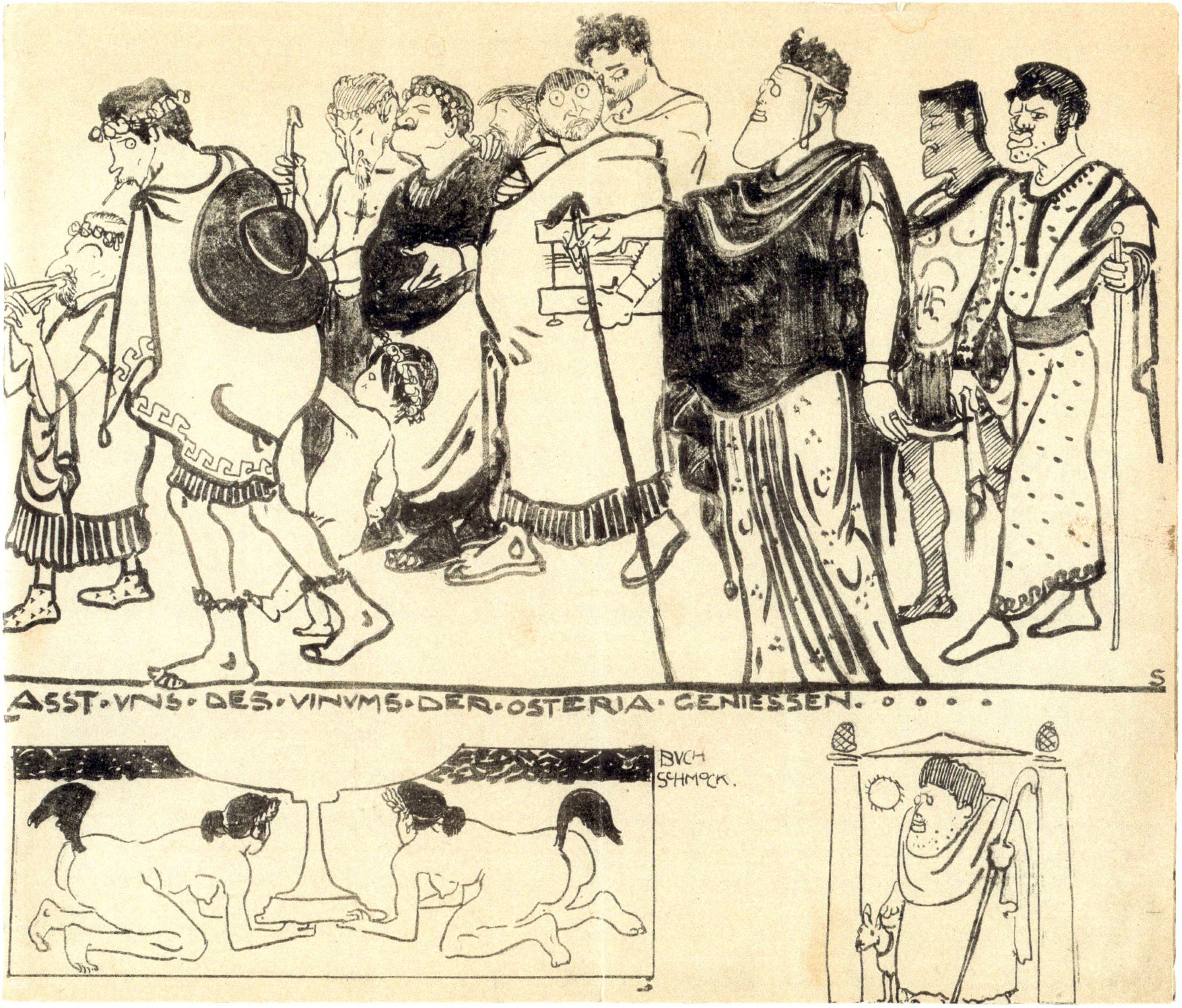

ABB. 6: Rudolf Levy im Festzug der Künstler auf dem Weg zur Osteria Bavaria (oben) und als Sappho vor ihrem Freudenhaus (unten rechts), Karikaturen von Ernst Stern aus der Kneipzeitung zum Griechischen Fest der „Sturmfackel", 9. Februar 1901 Münchner Stadtmuseum

Weniger verkörperte den olympischen Gott Zeus, Weisgerber und Salzmann die beiden „Lustknaben" Lysimachos und Agatokles, Kubin und Lörcher bildeten den Chor.[102] In einer Reihe von Fotoaufnahmen wurden teils sehr freizügige Szenen aus Fest und Theaterstück festgehalten. Levy ist auf ihnen in antikem Gewand energisch deklamierend oder vor dem Altar thronend zwischen Finetti als Jüngling und eventuell Mantels als Chorführer zu sehen (Abb. 3, 4).[103]

In einer Kneipzeitung zur Erinnerung an das Fest mit Karikaturen von Stern und Finetti ist Levy bei der Aufführung mit langem welligem Haar, runder Brille und nacktem weiblichem Unterleib als Psappha (Sappho) dargestellt, links von ihm Lörcher, Kubin, Weisgerber und Salzmann, oben Weniger als Zeus (Abb. 5).[104] Die Szene spielt vor dem „Freudenhaus der Dirne Sappho" in „Mytilene", „Hirschhorngasse Numero 4".[105] Auf einem anderen Blatt der Kneipzeitung steht Levy vor dem Portikus dieses Gebäudes (Abb. 6, unten rechts). Eine Porträtserie zeigt die Vereinsmitglieder unter ihren ‚griechischen' Pseudonymen: Kubin als „Onanos Perversus", Salzmann als „Phurzos der Bubaster" und Levy – wohl in Anspielung auf seine jüdische Identität und den Brauch der Beschneidung – als „Praeputius Minus", ferner Lörcher als „Gypsos der Tanagrer", Mantels als „Mantelaos", Weniger als „Minos" oder den seit Kurzem in München wohnhaften Dichter Max Dauthendey (1867–1918) als „Dauthendander".[106] Im Festzug der Künstler am Abend des zweiten Festtages schreitet Levy mit seinem Zepter in Richtung des von der Künstler- und Theaterbohème beliebten Weinlokals Osteria Bavaria in der Schellingstraße 62 (Abb. 6, oben).[107]

In der „Sturmfackel" stand Levy zunehmend mit der Münchner Literatur-, Theater- und Kabarettszene in Verbindung,

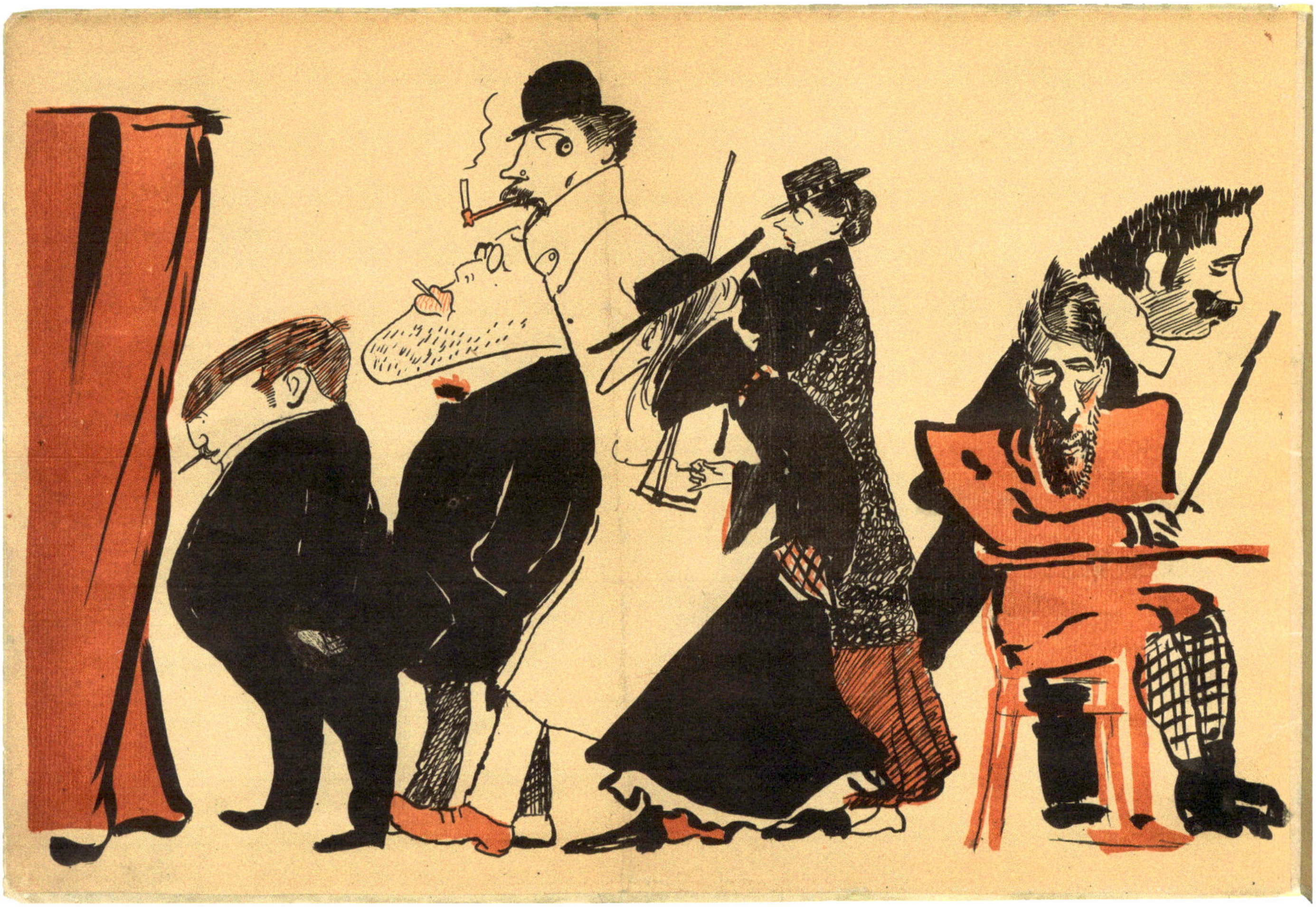

ABB. 7: Rudolf Levy mit Gästen im Café Stefanie, aus Ernst Sterns Karikaturenfolge *Café Grössenwahn. Carneval 1902* München, Bayerische Staatsbibliothek

die vor allem im Café Stefanie anzutreffen war, unter Stammgästen ‚Café Größenwahn' genannt. Mantels und Stern, der für die Kunst- und Satirezeitschriften *Jugend* und *Simplicissimus* zeichnete, wirkten beide im 1901 gegründeten Kabarett „Die Elf Scharfrichter" mit.[108] So befand sich Levy im Fasching 1902 in einem angesehenen Bohèmekreis, der von Stern in der Karikaturenfolge *Cafe Grössenwahn. Carneval 1902* festgehalten wurde. Auf dem Frontispiz prangt der Spruch aus Dantes *Göttlicher Komödie*: „Lasciate ogni speranza, voi ch'entrate" („Lasst, die Ihr eintretet, alle Hoffnung fahren"). Levy fällt auf der ersten Seite mit markantem Kinn, Zigarette und runder Brille als erster hinter dem Cafetier auf, gefolgt von dem Grafiker Emil Preetorius (1883–1973) und der Schriftstellerin Franziska zu Reventlow (1871–1918) (Abb. 7). Ebenfalls verewigt sind neben Finetti, Kubin, Mantels und Stern unter vielen anderen der Mallehrer Anton Ažbe, die Dichter und Dramatiker Otto Falckenberg, Hans von Gumppenberg, Max Halbe, Eduard von Keyserling, Ludwig Scharf und Frank Wedekind sowie der Gründer des *Simplicissimus* Albert Langen.[109]

Im Herbst 1902 löste sich die „Sturmfackel" allmählich auf.[110] Levy verkehrte aber weiterhin mit Akademiefreunden im Café Stefanie, das nur wenige Schritte entfernt von seiner Wohnung in der Adalbertstraße 49, Ecke Türkenstraße, lag.[111] Zu ihnen zählten nun auch die Stuck-Schüler Georges Kars und Hugo Steiner-Prag (1880–1945) sowie der aus Wien übergesiedelte Walter Bondy (1880–1940). Bald kam Eugen von Kahler dazu, auch Levys gute Freundin Elisabeth Gleistein gehörte diesem Zirkel an. Mit dem Schriftsteller Ernst Collin (1886–1942) sowie den Kunsthistorikern Heinz Braune (1880–1957) und Friedrich Rintelen (1881–1926) wurden weitere Freundschaften geschlossen. Levy erinnerte sich später ihrer „langen Diskussionen über Malerei".[112] Wurden um die symbolistische Malerei des ‚Künstlerfürsten' Franz von Stuck leidenschaftliche „Redeschlachten geführt",[113] galt der französische Impressionismus als neuer Gral: „Fast ausnahmslos strebte unser Münchner Freundeskreis danach, bald nach Paris zu kommen", so Purrmann.[114]

In seinem letzten Studienjahr beteiligte sich Levy am großen Künstlerfest „Münchens Niedergang als Kunststadt", das am 18. März 1903 in der Schwabinger Brauerei, der Hochburg der studentischen Faschingsfeste, stattfand. Die Veranstaltung war eine satirische Antwort auf die gleichnamige Debatte, die 1901 infolge des zunehmenden Wegzugs fortschrittlicher Künstler, allen voran der Impressionisten Lovis Corinth und Max Slevogt

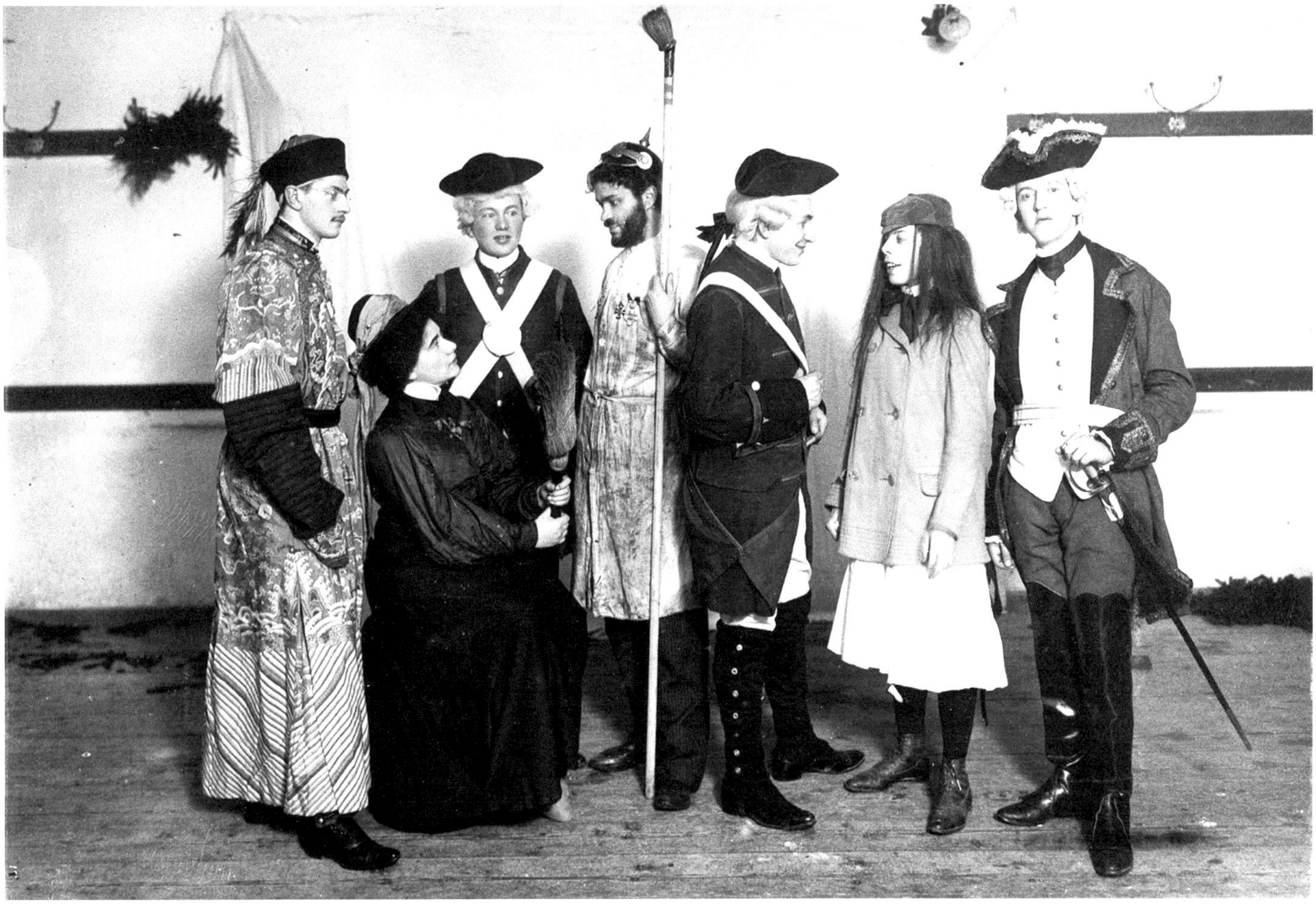

ABB. 8: Künstlerfest „Münchens Niedergang als Kunststadt“, Schwabinger Brauerei, 18. März 1903 Erster, Vierter, Fünfter und Siebter von links: Albert Weisgerber, Eugen von Kahler, Hans Purrmann, Gino von Finetti Fotografie von Jaeger & Goergen Stadtarchiv München

(1868–1932), die in Reaktion auf die konservative Münchner Ausstellungspolitik nach Berlin gezogen waren, ausgebrochen war.[115] In einem von dem Kunstschriftsteller Fritz von Ostini (1861–1927) verfassten Festspiel, das den Wettstreit zwischen München und Berlin humorvoll behandelte, parodierten Akademiestudenten und Kunstschülerinnen Motive aus bekannten Werken von Meistern beider Lager mit ihren Repräsentanten ‚Münchner Kindl‘ und ‚Berliner Bär‘.[116] Zum Organisationskomitee der lokalpatriotischen Satire zählten Professoren wie Franz von Stuck und Kulturschaffende wie der Herausgeber der *Jugend* Georg Hirth (1841–1916).[117] Cardinaux, Finetti, Salzmann und Weisgerber entwarfen mit anderen die Saaldekoration, Finetti gestaltete Einladung, Plakat und Postkarten.[118] Levy arrangierte mit Steiner-Prag „in unsäglicher Mühe und Arbeit“ die Gruppen des Festzugs: ein „seltenes Schaustück, naturwahr und voll künstlerischer Schönheit“, so die Besprechung der *Münchner Neuesten Nachrichten*.[119] Dazu gehörte ein Hirte mit Schafen als Parodie auf die Malerei seines Professors Zügel. Seine Freunde traten für ein Gruppenfoto gemeinsam auf: Für die Münchner Fraktion fungierte Weisgerber als Tscherkesse nach Alfred von Wierusz-Kowalski (1849–1915), während Kahler Stucks berühmten *Wächter des Paradieses* von 1889 verkörperte; Purrmann und Finetti waren dagegen als preußische Reiter uniformiert (Abb. 8).[120]

Mit seinem Interesse an der Berliner Moderne konnte Purrmann, der in einem weiteren Tableau als Mönch nach Eduard von Grützner (1846–1925) erschien,[121] seine Rolle zur Verteidigung der Münchner Vorherrschaft „nicht aus vollster Überzeugung“ spielen.[122] Levy, der noch im selben Jahr München den Rücken kehrte, um mit Bondy und Cardinaux nach Paris zu gehen, verspürte vermutlich ebenso wenig Engagement für das Schicksal der bayerischen ‚Kunststadt‘ – „wie eine Befreiung“ erschien ihnen das „Programm der Impressionisten“ in der französischen Metropole, so Bondy.[123] Als die drei im Herbst 1903 Paris und ihr neues Stammlokal, das Café du Dôme, entdeckten, saßen Finetti, Kahler, Kars, Purrmann, Steiner-Prag und Weisgerber abends wie gewohnt im Café Stefanie zusammen mit Braune, Rintelen und Collin, genannt „Goethe“, in welchem Elisabeth Gleistein nach Levys Abschied „Ersatz“ gefunden hatte.[124] Bald sollte sich der Schwabinger Künstlerkreis nach Montparnasse verlagern, mit Levy als zentraler Figur einer neuen internationalen Bohème.

1 Levy ließ sich am 9. Oktober 1897 in München nieder, siehe polizeilicher Meldebogen für Rudolf Levy, Stadtarchiv München, Signatur DE-1992-PMB-L-71.

2 Ausgehend von Susanne Thesings grundlegender biografischer Dokumentation, siehe Thesing 1990, bes. S. 11–13.

3 Thesing 1990, S. 10.

4 Ebd., S. 11.

5 Purrmann 1951.

6 Ebd., S. 14.

7 Jooss 2008, S. 57–58.

8 Purrmann 1951, S. 17–18. Purrmann wurde am 8. November 1897 in die Naturklasse Gabriel von Hackls aufgenommen, siehe Matrikelbuch 1884–1920, Akademie der Bildenden Künste München, matrikel.adbk.de, Nr. 01799. Siehe hierzu Kennedy 2016, S. 26. Hiermit wird ein bis heute anhaltender Irrtum in der Chronologie von Levys Ausbildung korrigiert: Nach Thesing 1990, S. 11 u. 61, sei Levy 1899 in die Naturklasse aufgenommen worden und habe 1900 die Aufnahmeprüfung nicht bestanden.

9 *Satzungen für die Studierenden der Königl. Bayerischen Akademie der bildenden Künste in München*, München 1890, S. 11, § 28, Bayerisches Hauptstaatsarchiv, München, MK 14101.

10 Purrmann 1951, S. 17

11 Klee 1957, S. 34.

12 Der Karlsruher und Münchner Kommilitone Alfred Lörcher bestätigt: „Levy kam 1897 nach München in die Knirrschule." Alfred Lörcher an Karl Friedrich Ertel, Stuttgart, 25.10.1955, Albert Weisgerber-Archiv der Stadt St. Ingbert, Sammlung Ertel, zit. n. Sauder 2006, S. 317.

13 Purrmann 1951, S. 18. Entgegen Purrmanns Erinnerung studierte Kahler erst ab 1901 bei Knirr, siehe Cobarg 1989, S. 14–16.

14 Bei häufigem Wohnungswechsel lebte er bis 1903 in der Maxvorstadt, nach seinem polizeilichen Meldebogen (wie Anm. 1) an folgenden Adressen: 9.10.1897 Heßstr. 48/3; 7.10.1898 Schellingstr. 121/4; 10.4.1899 Heßstr. 44/0 Rg., Auszug am 4.7.1899; 29.8.1899 Zieblandstr. 11/4; 3.4.1900 Adalbertstr. 49/1 rechts, Auszug am 10.7.1900; 2.10.1901 Adalbertstr. 49/1 Rg.; 8.10.1902 Adalbertstr. 49/1 links; 3.4.1903 Adalbertstr. 42/2, Auszug am 14.7.1903. Für den Herbst 1897 ist in Thesing 1990, S. 11, ein Atelier in der Dachauer Str. 39 genannt. Dieses ist im PMB nicht aufgeführt.

15 Klee 1957, S. 34.

16 Eugen von Kahler an seine Eltern, München, April 1902, zit. n. Cobarg 1989, S. 527–528.

17 Geelhaar 1979, S. 20.

18 Kahler (wie Anm. 16), S. 527.

19 So im Fall von Hermann Stenner (1891–1914) im Sommer 1909, siehe Brief an die Eltern, München, 25.6.1909, in: Maur 2006, S. 47; ferner: Mannes 2013a, S. 102–103.

20 Gino de Finetti an Hans Purrmann, Mariano del Friuli/Corona (Gorizia), 20.3.1950, Hans Purrmann Archiv, München. In Bezug auf den Entwurf von Purrmanns Erinnerungen an Levy (1951) ergänzt Finetti zur Knirr-Schule: „Levy war aber auch in der Schule von Schmidt oder Schmied, der ein guter Zeichenlehrer war."

21 Lörcher zählt sie irrtümlich zu den Knirr-Schülern, siehe Lörcher (wie Anm. 12), S. 317.

22 Kubin 1911, S. 21. Zu seinen Arbeiten siehe Peters 1977, S. XVIII–XIX. Zur Berufung siehe *Die Kunst für Alle*, Jg. 14, Heft 20, 15.7.1899, S. 316.

23 Corinth 1910, S. 222.

24 Matrikelbuch 1884–1920 (wie Anm. 8), Levy Nr. 01988, Kubin Nr. 02077. Die Quellen widersprechen Purrmanns Erinnerung, dass Levy nach seiner Zulassung in die Malschule Heinrich von Zügels kam, siehe Purrmann 1951, S. 18.

25 Montandon 1902, S. 99–100. Die Deckenmalereien des heutigen Museums Pfalzgalerie Kaiserslautern wurden 1944 zerstört.

26 Jaro Chadima: In Nikolaus Gysis' Atelier, in: *Münchner Neueste Nachrichten*, 1901, zit. n. Kennedy 2018, S. 152.

27 Kennedy 2018, S. 150.

28 Zit. n. Kennedy 2018, S. 150.

29 Kubin 1911, S. 22–23. Zu Kubins Arbeiten siehe Peters 1977, S. XIX–XXI; zu den Gysis-Schülern siehe Kennedy 2018, S. 152–153.

30 Purrmann 1951, S. 11.

31 Gino de Finetti an Hans Purrmann, Mariano del Friuli per Corona (Gorizia), 3.1.1950, Hans Purrmann Archiv, München.

32 Kennedy 2018, S. 151.

33 Ebd., S. 154.

34 Er war nach dem Sommersemester 1900 aus der Adalbertstr. 49 ausgezogen und meldete sich erst im Oktober 1901 wieder dort an, siehe Anm. 14.

35 Dies suggeriert Kubins Mitteilung: „Platz zum Arbeiten wie im Winter, habe ich ja". Kubin an Levy, Schärding, 11.9.1901, Sammlung Kohl-Weigand, St. Ingbert, zit. n. Peters 1977, S. 14.

36 Alfred Kubin an [Rudolf Levy], Dachau, 24.12.1900, Sammlung Kohl-Weigand, St. Ingbert; Schärding, 9.4.1901, Bayerische Staatsbibliothek, München, Ana 332.I, abgedruckt in: Peters 1977, S. 11–12, 15. Beide Briefe an einen unbekannten Adressaten sind ihrem Inhalt nach eindeutig an Levy gerichtet.

37 Kubin 1911, S. 24.

38 Willy Fries: Familienchronik I, 1957, S. 76, Stiftung Righini-Fries, Zürich.

39 Kubin 1921, S. 7: „Es war Ende September 1900 – oder war es 1901". 1900 ist plausibler, da Hayek ab 1901 in Dachau lebte. Vermutlich hatte Levy am 10.7.1900 seine Wohnung aufgegeben, um nach Olching zu gehen, siehe Anm. 14.

40 Ebd., S. 8. Zur Anwesenheit von Weisgerber und Finetti siehe S. 15.

41 Heres 1985, S. 120–122; Mannes 2013a, S. 101–104.

42 Kubin 1921, S. 16. Katharina Hofrichter war von Oktober 1897 bis 1902 außerordentliches Mitglied des „Künstlerinnen-Vereins München e. V."; zu dieser Gruppe gehörten in erster Linie Schülerinnen der Damen-Akademie, siehe Deseyve 2005, S. 69, 160. Schmid-Reutte lehrte dort 1895–1899, Knirr 1900–1911, siehe ebd., S. 199–200. Neben ihrer Wiener Ausbildung studierte Martha Hofrichter geb. Melzer 1900 bei Hans von Hayek und ab 1901 in München bei Maximilian Dasio und Angelo Jank, später in Paris, siehe Loitfellner 2012, S. 161. Dasio und Jank lehrten an der Damen-Akademie, siehe Deseyve 2005, S. 197, 199.

43 Mannes 2013a, S. 91–100.

44 Im Dachauer Gästebuch, Fremdenkarten, 1890–1902, Stadtarchiv Dachau, findet sich ein Eintrag vom 27.10.1900 für einen „Kunstmaler" namens „Levin" mit Anschrift Schleißheimer Str. 6 (alte laufende Hausnummer 162) bei Andreas Glas. Ohne Nennung weiterer Quellen diente dieser Eintrag als Grundlage, um einen Aufenthalt Rudolf Levys im Jahr 1900 nachzuweisen, siehe Thiemann 1966, S. 96 (Aufenthalt um 1900); Reitmeier 1979, S. 367 (Aufenthalt um 1900); Thiemann-Stoedtner/Hanke 1989, S. 325 (Anmeldung am 27.10.1900, Nr. 162 bei Andreas Glas, Schleißheimer Str. 6); Reitmeyer 1995, S. 382 (Aufenthalt 1900, Schleißheimer Str. 6 bei Glas sowie „Huberhaus", das aber nicht wie angegeben in der Schleißheimer Straße, sondern in der Altstadt in der heutigen Konrad-Adenauer-Straße lag). Für die Abschrift des Meldeeintrags sowie Auskünfte zu den Anschriften danke ich Andreas R. Bräunling, Stadtarchiv Dachau.

45 Der schwedische Hölzel-Schüler Ernst Nordlind (1877–1952) berichtet über seinen ersten Aufenthalt in Dachau 1901: „Nachdem ich mich mit dem Gelände vertraut gemacht hatte, wurde mir bewusst, dass ich mir schnell eine neue Kleidung zulegen musste. Man riet mir, von einem Schuster mit Nägeln beschlagene Wasserstiefel anfertigen zu lassen, und ich suchte darauf hin einen solchen Fachmann auf." Zit. n. Wittmann 2004, S. 125.

46 Kubin 24.12.1900 (wie Anm. 36).

47 Ebd.

48 Thiemann 1966, S. 13–14; Heres 1985, S. 78; Mannes 2013b, S. 110. Als Dank für eine „gastronomische" Sendung zu Weihnachten wollte Flad Levy eine Zeichnung schenken, siehe Kubin 24.12.1900 (wie Anm. 36).

49 Thoma 1919, S. 131.

50 Ohne Quellennachweis wurde Levy ‚nachweislich' als Hölzel-Schüler identifiziert, siehe Thiemann-Stoedtner 1981, S. 147–148. Dieser Beitrag ist abgedruckt in: Thiemann-Stoedtner/Hanke 1989, siehe dort S. 228 sowie S. 325 für den Zeitraum 1900. Diese Angaben wurden übernommen in den Künstlerverzeichnissen von Reitmeier 1995, S. 382, sowie Mannes 2013b, S. 119. Nach freundlicher Auskunft von Jutta Mannes, Dachauer Galerien und Museen, gibt es für Levys Studium bei Hölzel keinen Nachweis außer den oben genannten Publikationen.

51 Alfred Kubin an Rudolf Levy, Schärding, 19.8.1901, 11.9.1901, 15.9.1901, Sammlung Kohl-Weigand, St. Ingbert, abgedruckt in: Peters 1977, S. 13–15, hier 11.9.1901, S. 14, 15.9.1901, S. 15.

52 Kubin 1911, S. 23.
53 Kubin 11.9.1901, 15.9.1901 (wie Anm. 51), S. 14–15.
54 Zur Freundschaft mit Haas, den Lörcher wie Kubin und Cardinaux wohl irrtümlich als Knirr-Schüler bezeichnet, siehe Lörcher (wie Anm. 12), S. 317–318. Zu Mueunckes Aufenthalt siehe Thiemann-Stoedtner/Hanke 1989, S. 330; zum Studium siehe Matrikelbuch 1884–1920 (wie Anm. 8), Nr. 02248 („Muenke"). Zur Freundschaft mit Levy siehe Kubin 24.12.1900 (wie Anm. 36), S. 11; der Brief ist dort faksimiliert, die Transkription lautet „Munnka[?]".
55 Anmeldung in Dachau am 8. April 1901, Schleißheimer Str. 34 bei Stahl, als Malerin aus Jena, siehe Thiemann-Stoedtner/Hanke 1989, S. 308.
56 Gleistein war von April 1900 bis 1905 außerordentliches Mitglied des „Künstlerinnen-Vereins München e. V." und somit wahrscheinlich Schülerin der Damen-Akademie, siehe Deseyve 2005, S. 69, 155. Als ihre Lehrer werden Maximilian Dasio und Albert Weisgerber genannt, siehe Goetz-Gleistein, Elisabeth, in: Vollmer 1955, S. 267. Dasio unterrichtete 1896–1901, Weisgerber 1907–1912 an der Damen-Akademie, siehe Deseyve 2005, S. 197, 200. Die gebürtige Hamburgerin heiratete 1917 in Berlin den Schriftsteller Wolfgang Goetz (1885–1955).
57 *Bildnis Liesl Gleistein*, siehe Thesing 1990, WVZ-Nr. 266, Abb. S. 72. Stern heiratete ihre Schwester Helene Gesine Gleistein (1878–1958), eine Kunstweberin und -lehrerin, siehe Laiblin 2013, S. 267–269.
58 Kubin 15.9.1901 (wie Anm. 51), S. 15. Nachdem er am 10.7.1900 aus der Adalbertstr. 49/1 ausgezogen war, bezog Levy am 2.10.1901 eine Atelierwohnung im Rückgebäude der Adalbertstr. 49, siehe Anm. 14.
59 Bertuleit 2012, S. 21–24.
60 Kehr 2008, S. 124–125; Bertuleit 2012, S. 24–25.
61 Zum Zeitraum siehe Ebers 1957, S. 17.
62 Thesing 1990, S. 86, WVZ-Nr. 268, 269, ohne Abb.
63 Laut einer Notiz von Levy befand es sich bei seiner Familie in Danzig. Freundlicher Hinweis von Susanne Thesing.
64 Thesing 1990, WVZ-Nr. 1, 2, Abb. S. 69.
65 Purrmann 1951, S. 18–19.
66 Ebers 1957, S. 20.
67 Ebd., S. 18.
68 Purrmann 1951, S. 18–19.
69 Eine Szene ist abgedruckt in: Steigelmann 1957, S. 40–41; Thesing 1990, S. 49–50.
70 Zit. n. Steigelmann 1957, S. 40. Zügel lehnte „Malweiber" ab, siehe Ebers 1957, S. 27.
71 Ebers 1957, S. 28.
72 Purrmann 1951, S. 19. Nach Purrmann studierte Levy drei Semester bei Zügel, es waren wohl vier, siehe S. 20.
73 Levy 1928, S. 12.
74 Ebers 1957, S. 28; Purrmann 1951, S. 20.
75 Gino de Finetti an Hans Purrmann, Corona (Gorizia), 20.3.1950, Hans Purrmann Archiv, München.
76 Kennedy 2016, S. 40–41.
77 Finetti 1955, S. 19.
78 Purrmann 1963.
79 Purrmann 1951, S. 64.
80 Lörcher (wie Anm. 12), S. 317.
81 Ebd., S. 318; Purrmann 1951, S. 12.
82 Lörcher (wie Anm. 12), S. 318; zum Café ferner: Gino de Finetti an Karl Friedrich Ertel, Corona (Gorizia), 16.7.1947, Albert Weisgerber-Archiv der Stadt St. Ingbert, Sammlung Ertel, in: Sauder 2006, S. 289–292, hier S. 291.
83 Finetti, ebd.
84 Thesing 1990, S. 12.
85 Die Verbindungen erläutert Lörcher (wie Anm. 12), S. 317–318. Finetti zählt auch Purrmann zur „Sturmfackel", siehe Finetti (wie Anm. 82), S. 291. Zur Freundschaft mit Kossuth siehe Kennedy 2016, S. 28, 37. Zu Weniger siehe Matrikelbuch 1884–1920 (wie Anm. 8), Nr. 01471, Eintritt am 28.10.1895.
86 Kubin 1911, S. 23. Zu den genannten Mitgliedern siehe auch Lörcher (wie Anm. 12), S. 317–318, Finetti (wie Anm. 82), S. 291, Finetti 1955, S. 17–18.
87 Lörcher (wie Anm. 12), S. 320.
88 Ebd., S. 317.
89 Kubin 1921, S. 7, siehe auch Lörcher (wie Anm. 12), S. 319, dessen Erinnerung in mehreren Punkten von Kubins Erzählung abweicht.
90 Kubin 1921, S. 10.
91 Kubin 1921, Levy ist auf S. 11, 16 und 19 in Zeichnungen dargestellt.
92 Das Fest wurde bisher uneinheitlich datiert, siehe Hoberg 1990, S. 46 (Februar 1902); Heißerer 1990, S. 67 (Januar oder Februar 1901), Bauer 1998, S. 299 (2. Februar 1900). Als sichere Quelle gilt Lörcher (wie Anm. 12), S. 320 („Faßnacht 1901") sowie die Festzeitung („9. Februarius"), siehe Abb. in Bauer 1998, S. 306. Auch Kubin spricht von einem „intimen Atelierfest im Winter 1901", Kubin 1923, S. 83.
93 Lörcher (wie Anm. 12), S. 320; Kubin 1911, S. 29.
94 Kubin 1923, S. 83.
95 Lörcher (wie Anm. 12), S. 320.
96 Ebd., S. 318.
97 Purrmann 1951, S. 11.
98 Thesing 1990, S. 10, 48.
99 Lörcher (wie Anm. 12), S. 320. Interessanterweise schuf die befreundete Künstlerin Martha Hofrichter um diese Zeit ein Gemälde *Sappho*, siehe Loitfellner 2012, S. 161.
100 Gino de Finetti an Hans Purrmann, Mariano de Friuli per Corona (Gorizia), 25.1.1950, Hans Purrmann Archiv, München; Purrmann 1951, S. 28.
101 Zit. n. einem Typoskript des Stücks *Sappho. Ein Trauerspiel*, 1. Akt, 1. Szene. Die Abschrift stellte ein Freund von Levy, Walter Salomon (München), Susanne Thesing zur Verfügung, die freundlicherweise dem Hans Purrmann Archiv in München eine Kopie überließ.
102 Die Darsteller werden von Lörcher (wie Anm. 12) genannt, S. 320; mit „Jupiter" ist dort Zeus gemeint. Die ‚griechischen' Rollennamen stammen aus der Abschrift von *Sappho* (wie Anm. 101).
103 Von den 18 Fotografien im Besitz der Gabriele Münter- und Johannes Eichner-Stiftung, München, sind 15 abgebildet in: Bauer 1998, S. 298–307, siehe auf S. 302 eine dritte Aufnahme von Levy.
104 Sämtliche Blätter sind abgebildet in: Bauer 1998, S. 298–306.
105 Zit. n. der Abschrift von *Sappho* (wie Anm. 101).
106 Siehe Abb. in Bauer 1998, S. 299, 300, 204; Hoberg 1990, S. 46. Zu Dauthendey siehe Kubin 1923, S. 83.
107 Lörcher (wie Anm. 12), S. 320–321.
108 Mantels war „Arcus Troll", Stern „Tobias Loch", siehe den Kommentar von Richard Lemp in: Stern 1902, S. 43, 49.
109 Ebd., S. 32–33; Levy sowie Finetti und Kubin, die auf S. 7 der Karikaturenfolge neben anderen Mitgliedern der „Sturmfackel" dargestellt sind, wurden im Kommentar nicht erkannt, siehe S. 32.
110 Lörcher (wie Anm. 12), S. 321.
111 An dieser Adresse, bei einem Vermieter Widmann, wohnte er – mit einer Unterbrechung – von April 1900 bis April 1903, anschließend in der Adalbertstr. 42 bis zu seinem Auszug im Juli 1903, um nach Wörth zu gehen, siehe Anm. 14.
112 Levy 1928, S. 12.
113 Purrmann 1947, S. 27.
114 Purrmann 1951, S. 62.
115 Ausgelöst durch zwei Artikel des Kunstkritikers Hans Rosenhagen mit dem Titel *Münchens Niedergang als Kunststadt* in der Berliner Zeitung *Tag*, April 1901.
116 Münchner Neueste Nachrichten 1903b.
117 Münchner Neueste Nachrichten 1903a .
118 Siehe u.a. Arich 1999, S. 30.
119 Münchner Neueste Nachrichten 1903b , S. 4.
120 Siehe hierzu Kennedy 2016, S. 46; weitere Aufnahmen im Beilagenband der Stadtchronik 1903, Nr. 20 u. 21, Stadtarchiv München.
121 Bauer 1998, S. 37, Abb. 30, ferner S. 38, Abb. 33.
122 Purrmann 1947, S. 37.
123 Bondy 1928, S. 12.
124 Eugen von Kahler an seinen Bruder Felix, München, 30.10.[1903], in: Cobarg 1989, S. 532–533.

Rudolf Levys Positionierung als Künstler während seiner Pariser Jahre

Spiegel eines transkulturellen Dilemmas

Patricia Nünning

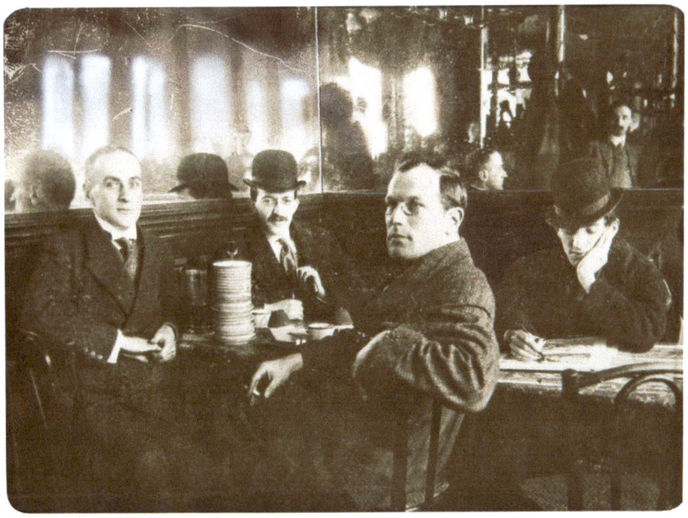

ABB. 1: Der Kunsthändler Wilhelm Uhde und die Künstler Walter Bondy, Rudolf Levy und Jules Pascin (v. l. n. r.) im Café du Dôme, Paris, um 1906
München, Hans Purrmann Archiv

Wer war Rudolf Levy als Künstler? Die heutige kunsthistorische Forschung steht vor der Praxis eines asynchron und pluralistisch arbeitenden Künstlers, der sich als Person und mit seinem Werk einer klaren Zuordnung zu Künstlergruppen und stilistischen Normen entzieht. Diese Problematik wird im vorliegenden Beitrag in Levys Pariser Jahre bis 1914 verortet und auf ihre Ursachen und direkten Effekte hin untersucht.[1] Zunächst sollen Levys Leitlinien aus der damaligen Zeit befragt werden, um seiner Selbstpositionierung als Künstler näherzukommen. Seine Verhaltensmuster in der Pariser Kunstszene bergen bereits die Ursprünge einer bis heute andauernden Zuordnungsproblematik. Die konflikthafte Gemengelage, der Levy gegenübersteht, kann anhand weniger Ausstellungsinitiativen beispielhaft rekonstruiert und in ihrer Ambivalenz dargestellt werden. So werden Levys Leitlinien als Lösungsstrategien verständlich, durch die er sich gesellschaftlichen und künstlerischen Raum verschafft.

Die womöglich größte Hürde, einen Künstler bekannt zu machen und erfolgreich auf dem Markt oder gar in der Kunstgeschichte zu positionieren, dürfte dessen eigener Widerstand gegen derartige Ambitionen sein. Genau dies trifft auf Rudolf Levy zu, bewegt er sich doch in einem Kreis, den die Übereinkunft einer „allgemeinen Verachtung für den Erfolg" eint.[2] Respekt zollt Levy jenem, der widersteht, seine „Begabung zu merkantilisieren".[3] Wie lässt sich diese sonderbare Haltung verstehen, die der Logik eines hauptberuflichen Künstlers doch zuwiderlaufen muss? Dass es sich nicht um eine unverbindliche Floskel handelt, sondern um eine facettenreiche Grundhaltung des Künstlers, offenbart der genauere Blick auf Levys Agieren in der Pariser Kunstszene.

Deutungshoheit bewahren

Ab 1903 etabliert sich um Levy im Café du Dôme ein Künstlerkreis,[4] als dessen unausgesprochener Anführer er Anerkennung genießt (Abb. 1[5]).[6] Während Aufmerksamkeit durch die Presse als Mittel der öffentlichen Anerkennung durch den Künstler hätte begrüßt werden können, heißt es über Levy: „Wenn jemand über das *Dôme* oder seine Künstlergäste schreiben wollte, so hatte er es ihm bald verekelt."[7] Nach einem Pressebericht über Werke aus dem Dôme-Kreis, soll Levy sich mit „vernichtender Rede" über den Vorgang entrüstet haben.[8] Einblick in seine möglichen Beweggründe gibt er selbst, wenn er einige Jahre später, anlässlich einer Maurice-Utrillo-Ausstellung sein Misstrauen gegenüber der Presse formuliert: „Es ist eine unselige Angewohnheit unserer zünftigen Kritik, den einen mit dem anderen totzuschlagen, Schlagworte zu bilden und auf ihnen ein armseliges Leben lang herumzurutschen."[9] Dieser Haltung entsprechend kommt es vor dem Ersten Weltkrieg – außer durch Guillaume Apollinaire und Alfred Flechtheim im Jahr 1914 – zu keinen Veröffentlichungen über das Café du Dôme. Erst 1918 wieder schreibt Ahlers-Hestermann über den Künstlerkreis, gefolgt von weiteren Texten aus den 1920er-Jahren, in denen sich Rudolf Levy auch selbst zu Wort meldet.[10] Auffallend ist jeweils die Nähe oder gar die Zugehörigkeit der Autoren zum Künstlerkreis. Presseberichte über Levy allein sind aufgrund von dessen Dôme-Politik in der Anfangszeit automatisch ausgeschlossen. Erst 1922 kommt es zu einer Einzelausstellung in Alfred Flechtheims Galerie in Düsseldorf, für die Hans Purrmann einleitende Worte über Levy verfasst.[11] Der Künstlerkreis macht sich nicht publik – behält aber dafür im Gegenzug die Deutungshoheit.

Gemeinschaft stärken

Neben der Zurückhaltung gegenüber Veröffentlichungen durch die Presse, betrifft Levys „Verachtung für den Erfolg"[12] auch die Gesprächskultur mit seinen Freunden. Als respektierter Anführer des Dôme-Kreises soll Levy übermäßige Bewunderung unterdrückt haben; eine demonstrative Absage an jeden auf Vermarktung hin abzielenden Ehrgeiz etabliert sich bei den Künstlern als guter Ton.[13] Uhde-Bernays fasst zusammen: „[...] ebensowenig zugelassen [..., wurden] Fragen des Geldverdienens, Bilderverkaufens und Beachtetwerdens durch die Kritik und das Publikum. Jeder Ehrgeiz fehlte."[14] Zumindest wurden Ehrgeiz, und damit Rivalität und Dominanzgebaren, bewusst aus der Gemeinschaft ausgeklammert. Denn Ahlers-Hestermann konstatiert durchaus einen „uneingestandenen Wettbewerb",[15] durch den es zu empfindlichen Spannungen unter den Künstlern kommen konnte.[16] Wichtiger als ein Kräftemessen um Erfolg ist für Levy jedoch der Zusammenhalt der Gemeinschaft. Er schreibt vom Café du Dôme als einem „Stück Heimatboden"[17], und lenkt an anderer Stelle ein: „Aber wir waren doch immer wie eine anständige Familie [...]".[18] Dies lässt ein Schutzbedürfnis durchscheinen, für das Levy die eigene Anerkennung als Künstler hintanstellt.

Stil-Freiheit schaffen

Durch die ausbleibende gemeinschaftliche Auseinandersetzung mit den künstlerischen Ergebnissen einzelner Dômiers etablieren sich keine gemeinsamen Leitlinien, sodass die Gemeinschaft ohne verbindendes Konzept eine aus „lauter Solisten"[19] bleibt, die auch für den Kunstmarkt nicht greifbar wird. Neben einer ausbleibenden Gruppenidentifikation, bedeutet Levys Prämisse, Erfolg nicht

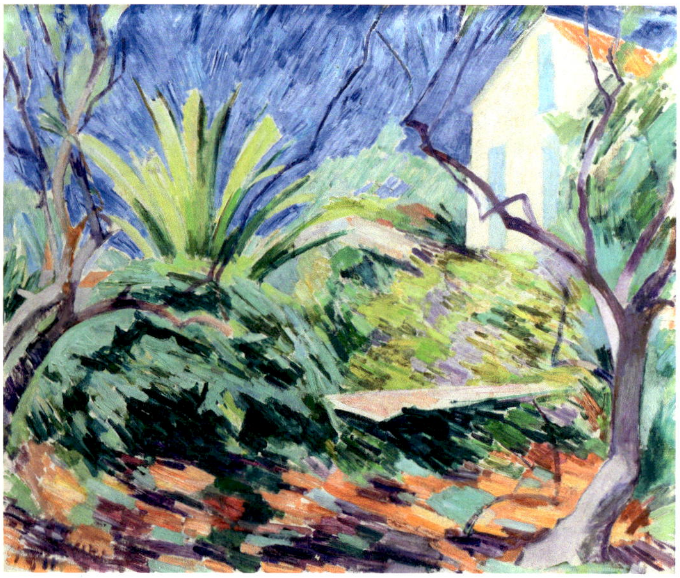

ABB. 2: Rudolf Levy *Landschaft bei Sanary*, 1911
Öl auf Leinwand 60 × 70 cm Sammlung LBBW

bewusst zu suchen, auch Zurückhaltung gegenüber Vorbildern und Anhängerschaften, durch die er von der eigenen künstlerischen Entwicklung abgelenkt und in das Fahrwasser marktgängiger Stilrichtungen hätte getrieben werden können. Als um 1906 Matisse und wenig später Picasso als neue Talente entdeckt wurden, werden ihre Leistungen im Café du Dôme kontrovers diskutiert und nicht von jedermann anerkannt.[20] Gegenüber der Möglichkeit, an der neugegründeten Académie Matisse Unterricht zu nehmen, ist Levy zunächst abgeneigt und prognostiziert dem Matisse-Unterstützer Purrmann gar, bald an „Reu-Matisse-mus" zu leiden.[21] Als Skeptiker entscheidet sich Rudolf Levy erst nach einiger Bedenkzeit, sich auf die Lehren des neuen Meisters einzulassen und sie als Bereicherung seines eigenen Schaffens zu bewerten.[22] Denn es macht Matisse' Lehrstil aus, nicht normativ in die Malweise der Schülerinnen und Schüler einzugreifen, sondern sie zur Selbstfindung anzutreiben.[23] Durch Matisse' Offenheit gegenüber stilistischer Vielfalt steht Levy in seiner stetigen Auseinandersetzung mit verschiedenen Stilrichtungen nicht im Widerspruch zu seinem Lehrer.[24] Vielmehr beschreibt Levy Matisse' künstlerisches Vorgehen als Formel, die es ihm erlaubt, die Essenz verschiedener Stilrichtungen zu kombinieren und dadurch in gesteigerter Intensität zu einem neuen Ausdruck zu gelangen. Matisse' Ergebnisse bedeuten für Levy eine neuartige „Expression schlechtweg"[25], was auf Levys eigene Beschäftigung mit einer über Stil- und Vermarktungstrends hinausgehenden, die Möglichkeiten der Moderne verschmelzenden Kunstproduktion hinweist.[26] In Levys Schaffen sind unterschiedliche Stile und Vorbilder auszumachen, auf die der Künstler auch wiederkehrend rekurriert. So sieht er sich in seinem Kunstschaffen ungebunden gegenüber einzelner Lehren und amalgamiert sie zu etwas Neuem, wie beispielsweise in der *Landschaft bei Sanary* von 1911 (Abb. 2).

Levy übernimmt hier grundsätzlich Cézannes Behandlung von Natur und Architektur; diese bricht er durch den Einsatz kräftiger, kontrastierender Farben nach fauvistischer Manier auf. Doch orientiert sich die Komposition durch den Pinselduktus auch an van Goghs Schaffen: Verschiedene Fließrichtungen, wie man es beispielsweise von der *Sternennacht*[27] kennt, versetzen die farbigen Teilflächen in richtungsweisende Bewegung. Während Cézanne für Levy „das Wachstum der Farbe erobert" hat, ermöglichte van Gogh für ihn das „Wachstum der Linie".[28] Levy unternimmt mit dem Gemälde *Landschaft bei Sanary* eine Synthese mehrerer Vorbilder und Stile und setzt sich damit über selektive Präferenzen hinweg.

Levys Ablehnung erfolgsorientierten Verhaltens liest sich zunächst als Verzicht auf Popularität und Anerkennung: Presse und Öffentlichkeit werden von ihm auf Distanz gehalten, seinem Freundeskreis entzieht er sich als Künstler, in der Kunstszene bezieht er nicht eindeutig Stellung. Doch woher kommt diese eigenwillige Grundhaltung?

Vereinnahmungsdruck

Ausstellungsinitiativen und deren Presseecho bringen beispielhaft Licht in die komplexe Gemengelage, für die Levy seine Strategien entwickelt: 1909 wird in der Galerie Devambez eine „erste, deutsche Kunstausstellung in Paris"[29] organisiert, in der rund die Hälfte der 15 präsentierten Künstlerinnen und Künstler Paris-ansässige Dôme-Stammgäste sind.[30] Vonseiten der deutschen Kritik wird die Hoffnung, einen „Überblick über das Kunstschaffen im gegenwärtigen Deutschland" zu erhalten, nur aufgrund der geringen Anzahl ausgestellter Bilder entkräftet, um dann zu bemerken, dass gerade einige der stärksten Künstler – namentlich Levy – sich in Deutschland „noch gar nicht oder nur sehr flüchtig bekannt gemacht haben."[31] Als „Salon der Deutschen in Paris" hätte die Ausstellung für einen anderen Kritiker seine Berechtigung, doch dann wird fehlender Individualismus angesichts der stilistischen Beeinflussung durch französische Vorbilder beklagt.[32] Aus französischer Perspektive wird die Ausstellungsgruppe ebenfalls als deutsch identifiziert, eine Anlehnung der Werke an französische Stilentwicklungen wird nun jedoch als befreiend und heilsam begrüßt.[33] Das Ereignis erfährt auf diese Weise eine nationalistisch geprägte Verhandlung. Dass die ausgestellten Künstlerinnen und Künstler im Ausstellungskatalog als ihr Zusammenhalt stiftendes Merkmal das Streben benennen, sich mit aller Kraft von Routinen und offiziellen Dogmen zu entfernen, und dass sie jene sowohl in Deutschland, als auch in Frankreich oder anderenorts gar für „tödlich schädigend" halten, wird dabei übergangen.[34] 1911 wird diese Ambivalenz von dem selbst an der Ausstellung teilnehmenden Carl Vinnen in seinem „Protest deutscher Künstler" wieder aufgegriffen und verschärft gegen transnational verortete Künstler wie Levy gerichtet.[35] Der Protestbrief wird von vielen Persönlichkeiten unterzeichnet und geht als Zeugnis des Bremer Künstlerstreits, in dem die Aufnahme ausländischer Kunst in deutsche Museen verhandelt wird, in die Geschichte ein.[36] Gefordert wird in Vinnens Schrift das Eindämmen einer „großen Invasion französischer Kunst".[37] Dabei deklassiert er die ihm bekannten in Paris lebenden Künstler als schlechte Imitatoren französischer Vorbilder und wirft Ihnen Opportunismus und mangelnde Individualität vor – man versuche nur, schnell in der Presse aufzufallen und zu Ruhm zu kommen.[38] Vinnen bedient sich also gerade eines Vorwurfs, dem Levy in all seinem Handeln widerspricht bzw. den er durch den Verzicht auf öffentliche Anerkennung womöglich sogar antizipieren möchte.

1911 richtet Paul Cassirer in Berlin eine Ausstellung aus, die von der Presse aufgrund der Teilnahme mehrerer Dômiers letztlich mit Paris in Verbindung gebracht wird. Und Cassirer stößt an die Grenzen des Publikums: Man sieht sich angesichts der Kunst der Dôme-Künstler in einem „argen Dilemma", da sie sich zu sehr an französische Vorbilder anlehne und dadurch an Individualität einbüße.[39] Auch hier geschieht eine nationalistische Aufladung stilistischer Fragen – sich beim französischen, bald wieder bekriegten Nachbarn Inspiration zu holen, gerät per se in Misskredit.

Mit frischen Mut unternimmt der selbst häufig im Kreis des Café du Dôme präsente Alfred Flechtheim 1914 eine Ausstellung in Düsseldorf, in der die vermarktungsscheuen Künstler erstmals als Gruppe präsentiert werden.[40] Flechtheim scheint im Katalogvorwort zunächst an das Publikum zu appellieren, den kaum bekannten Künstlern nicht voreingenommen zu begegnen.[41] Doch seine Aussage, die aus dem Café du Dôme stammende Kunst sei „mindestens so gut deutsch und ebenso ehrlich wie die der meisten als jüngstdeutsche Hoffnungen [...] gepriesenen [...]",[42] bedeutet einen an das national-konservative Publikum adressierten Einordnungsvorschlag, der angesichts des langfristig in Paris verwurzelten Künstlerkreises im Widerspruch zu der offensichtlich transkulturellen Verortung der Künstler steht.[43]

Levys Selbstpositionierung und Verhaltensweisen, die sich zunächst als Verzicht auf Anerkennung und Erfolg als Künstler lesen ließen, sind angesichts des ideologischen Kräftemessens zweier Nationen, in deren Spannungsfeld Rudolf Levy lebt, als Schutzmechanismen erklärbar. Nationalistische Vereinnahmungen seiner Kunst, mithin die Instrumentalisierung seiner Arbeits- und Lebensweise als nationalistische Hetze sowie die Undurchdringlichkeit dominierender Ideologien in der Vermarktungspraxis, bedeuten eine Existenz als Künstler ohne gesellschaftlichen Rückhalt. Erleichterung verschafft sich Levy durch das Café du Dôme als Schutzraum mit eigenen Regeln. Levys transkulturelle Lebensrealität bedeutet aber auch die Erfahrung der Widersprüchlichkeit von Normen und Ideologien. Levy folgt in seinem Handeln der Logik seiner Erkenntnisse. Dadurch kommt es zur Zurückhaltung und auch Absage gegenüber Instanzen, die dazu im Widerspruch stehen. Betroffen sind marktgängige Stilrichtungen, Presse und Kunstmarkt, sodass Letztere kaum Zugriff auf den Künstler erhalten. So ist Levys Distanznahme zu Erfolgsstrategien, die für ihn auf unauthentischen Konstrukten fußen, auch als Selbstermächtigung und freiwilliger Entzug lesbar. Seine Kunst reflektiert diese Emanzipation und Levys Bewusstsein als transkulturell verorteter Künstler. Sein asynchrones, pluralistisches Œuvre sollte aus dieser Perspektive nicht primär als Unentschlossenheit oder Experimentieren ohne eigene klare Haltung interpretiert, sondern darf als Ausdruck von Levys transkultureller Position gewertet werden.

1 Als Grundlage der Untersuchung werden Ergebnisse aus meiner Masterarbeit herangezogen: „Künstler der Moderne, Künstler über Grenzen hinweg. Die Dômiers und ihre Positionierung auf dem Kunstmarkt", 2019, Heinrich-Heine-Universität Düsseldorf.
2 Ahlers-Hestermann 1975, S. 155; siehe auch Uhde-Bernays 1947, S. 357–358.
3 Levy 1930, S. 9; sämtliche in diesem Beitrag zitierten Texte Rudolf Levys sind ebenfalls abgedruckt in: Thesing 1990, S. 50–57.
4 Aufgrund des stark dominierenden Männeranteils im Kreis des Café du Dôme (siehe Gautherie-Kampka 1995, S. 424–425 u. 433–434) wird hier auf die weibliche Form verzichtet. Namentlich Ida Gerhardi, Margarete Moll, Mathilde Vollmoeller und Augusta von Zitzewitz fanden zeitweise ihren Weg in die Runde des Cafés, trotz der dort „etwas misogynen Manieren" (Hessel 1928, S. 11).
5 Thesing 1990, S. 13; siehe ebenso Purrmann 1961, S. 413 (Abb. 25) mit abweichender Datierung auf 1910 und der Angabe des vermuteten Fotografens, Will Howard.
6 Purrmann 1961, S. 72.
7 Ebd.
8 Uhde-Bernays 1947, S. 358.
9 Levy 1926
10 Gautherie-Kampka 1995, S. 445–446; siehe auch Thesing 1990, S. 249 u. 255.
11 Ebd.
12 Ahlers-Hestermann 1975, S. 155.
13 Vgl. Uhde-Bernays 1947, S. 357–358.
14 Ebd., S. 357.
15 Ahlers-Hestermann 1975, S. 151; siehe auch Levy 1928, S. 11.
16 Levy 1928, S. 11.
17 Ebd.
18 Levy 1922, S. 97.
19 Ahlers-Hestermann 1975, S. 136; siehe auch Purrmann 1961, S. 76.
20 Levy 1928, S. 11; siehe auch Purrmann 1961, S. 82–83.
21 Ahlers-Hestermann 1975, S. 177; ähnlich Purrmann 1961, S. 83.
22 Ebd.
23 Purrmann 1961, S. 94 u. 101; siehe auch Matisse 1982, S. 106 sowie Padberg 1997, S. 41.
24 Matisse 1982, S. 64.
25 Levy 1920, S. 187.
26 Dieser Gedanke erfährt eine genauere Behandlung in meiner an der Heinrich-Heine-Universität Düsseldorf und der Aix-Marseille-Université entstehenden Dissertation mit dem Arbeitstitel „Achse Rheinland-Paris. Netzwerke und Europäisierung in der rheinischen Kunstszene von 1905 bis 1914".
27 Vincent van Gogh: *Sternennacht*, 1889, Öl auf Leinwand, 73,7 × 92,1 cm, Museum of Modern Art, New York.
28 Levy 1920, S. 187.
29 Grautoff 1909, S. 368.
30 Devambez 1909, S. 9–16; siehe auch Gautherie-Kampka 1995, S. 207 sowie Gombart 2009, S. 149.
31 Grautoff 1909, S. 367–368.
32 Meyer-Riefstahl 1909, S. 231–232.
33 Vauxcelles 1909, S. 5; siehe auch Gautherie-Kampka 1995, S. 208.
34 Vauxcelles 1909, S. 4 (Übersetzung der Autorin, im Original: „[...] s'éloignent de toutes leurs forces des routines et des dogmes officiels, aussi mortellement délétères en Allemagne qu'en France – ou ailleurs").
35 Vinnen 1911, S. 11.
36 Nierhoff 2002, S. 40.
37 Vinnen 1911, S. 2.
38 Ebd., S. 11.
39 Sievers 1911, S. 307; so auch Echte/Feilchenfeldt 2016, S. 273.
40 Das Rheinland als Vermarktungsraum für Rudolf Levy mit Alfred Flechtheim, Otto Feldmann und anderen Akteuren findet in der Dissertation größere Berücksichtigung, siehe Anm. 26.
41 Flechtheim 1914, S. 9.
42 Ebd.
43 Nünning 2022, S. 232; zum Thema der strategischen Notwendigkeit für den Galeristen, deutsche und regionale neben französischer Kunst angesichts einer frankreichfeindlichen Öffentlichkeit zu führen, siehe Dubois 2021, S. 119–120.

Rudolf Levy

Lebenswege vom Café du Dôme bis in die Schützengräben des 1. Weltkriegs

Brigitte Bruns

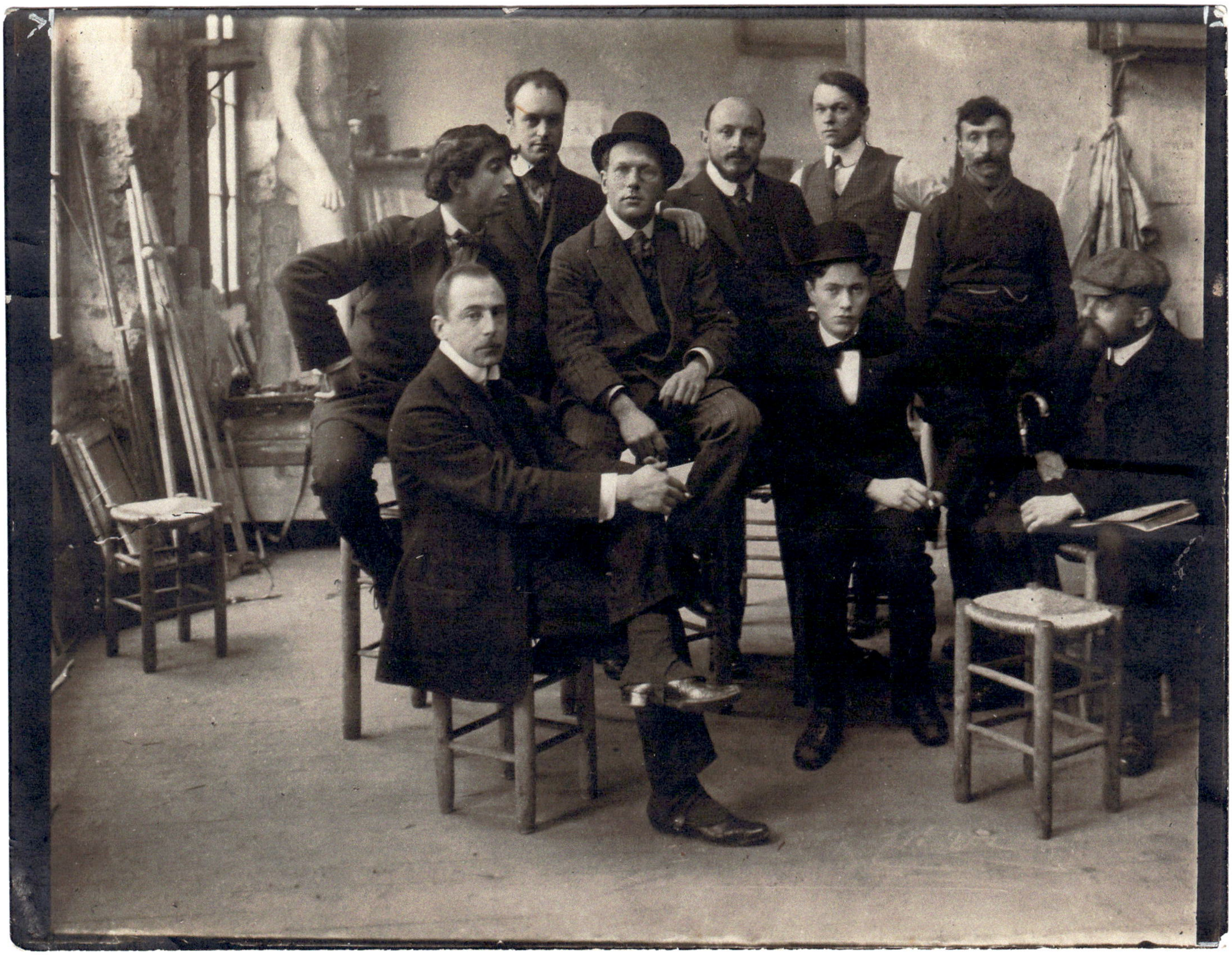

ABB. 1: Rudolf Levy im Kreis seiner Malerkollegen, Mitglieder der Académie Matisse in Paris, um 1909
in der Mitte (mit Melone) Rudolf Levy, daneben rechts Hans Purrmann unbekannter Fotograf Hans Purrmann-Archiv, München

Nach 1900 — Paris, das Künstlerparadies

Um die Jahrhundertwende galt Paris bei der internationalen Künstlerschaft als *das* Mekka der Kunst, eine Stadt, die auch deutsche Künstler aus allen Teilen des Reiches anzog. Im Herbst 1903 zog es Rudolf Levy und die Freunde aus seiner Karlsruher und Münchner Zeit, die Maler Walter Bondy (1880–1940)[1] und später Hans Purrmann (1880–1966) dorthin.[2] In den beiden ersten Jahren seines Paris-Aufenthalts war Levy noch auf die finanzielle Unterstützung in Form monatlicher Raten durch seinen Vater Julius Levy angewiesen. Im Dezember 1904 dankte er ihm aus Amsterdam für den letzten Wechsel und versprach, nach der Ausstellung im Kunstverein Hannover über Berlin nach Danzig auf Besuch zu kommen.[3]

Zurück in Paris klagte er über die hohen Lebenshaltungskosten der Metropole. Erstmals wurde er 1905 mit einem Gemälde im Salon des Beaux Arts angenommen, aber schrieb enttäuscht nach der Eröffnung „mein Bild ist nicht sehr günstig gehängt".[4] Erste Erfolge stellten sich aber mit der Einladung zum dritten Salon d'Automne im Grand Palais mit dem Gemälde *Sitzender weiblicher Akt mit Fächer* ein und im Jahr darauf 1906 beim vierten Salon d'Automne erneut, Erfolge, die ihm die Bewunderung von Kollegen und Freunden einbrachte, wie eine telegrafische Nachricht von Alfred Flechtheim verrät: „erfahre von Siemsen Dein Glück. allerherzlichste Glückwünsche. schreibe mir mal. Grüße von Siemsen und Flechtheim".[5]

Aus diesen Jahren um 1905 gibt es zahlreiche Darstellungen der Künstlerfreunde, die sich im Café du Dôme trafen, einem mit seinen kleinen verrauchten Gasträumen und einem Tabakladen nicht untypischen Künstlerlokal, das Levy in Montparnasse entdeckt hatte. Eine Federzeichnung der Malerin Ida Gerhardi aus dem Jahr 1905 zeigt Levy mit Purrmann im Kreis der Pariser Künstlerfreunde. Sie skizzierte dort u. a. auch Friedrich Ahlers-Hestermann und Wilhelm Uhde[6]; auch Ida Gerhardi gehört zu jenen Künstlerinnen, die in den Erzählungen der Dômiers eher zu kurz kommen.[7] Der Schweizer Vetter Wilhelm Uhdes, der Kunsthistoriker Hermann Uhde-Bernays, erlebte Levy dort als souveränen Patriarchen: „Geistvoll und schlagfertig, nicht ohne dichterisches Talent, war er von Anfang an in dem kaum ein Dutzend

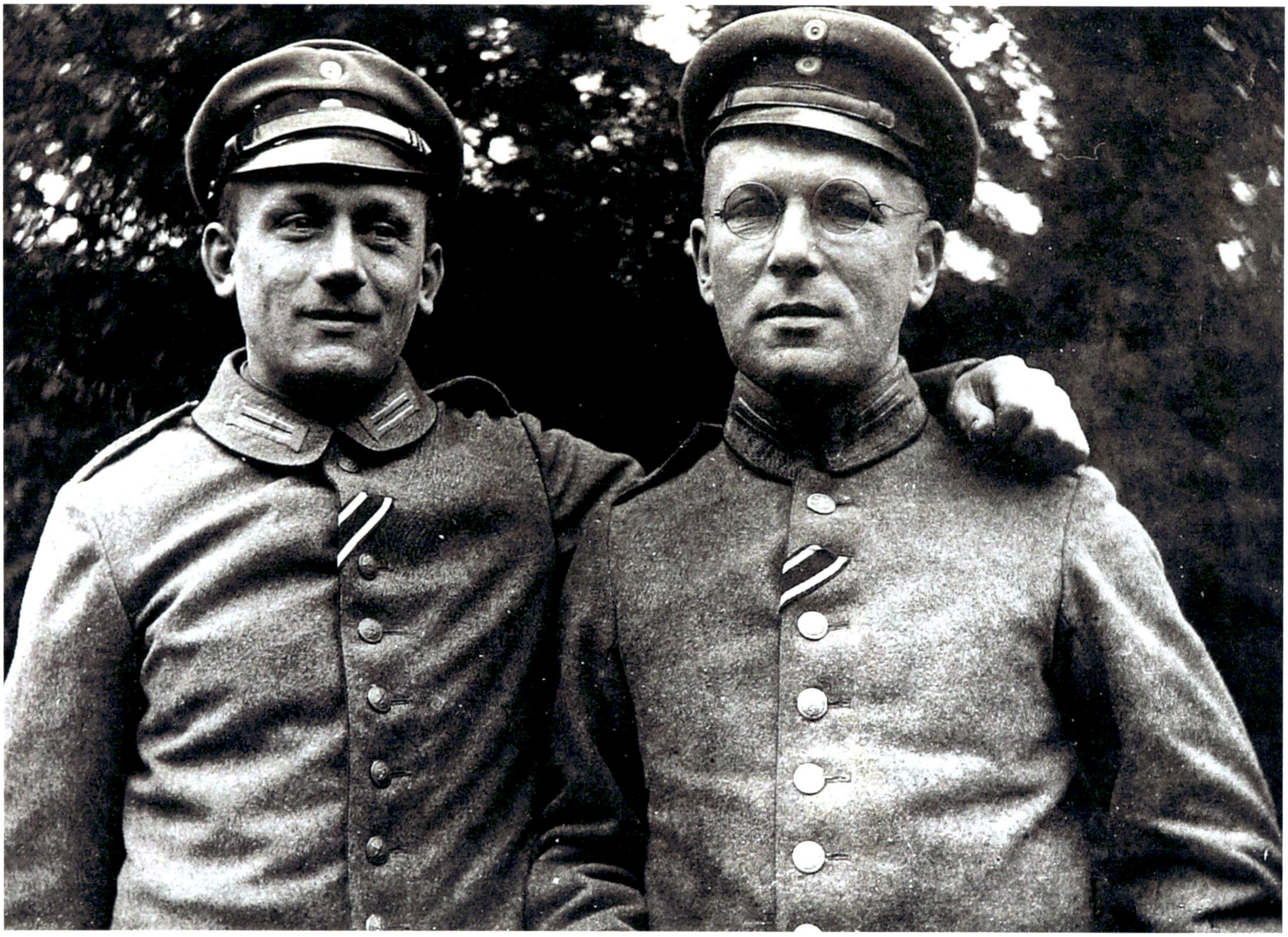

ABB. 2: Einer der vielen Künstler im Ersten Weltkrieg: Rudolf Levy mit einem unbekannten Kameraden in Frankreich, 1915 Archiv Susanne Thesing

Künstler umfassenden Kreise zum Anführer erkoren worden."[8] Levy zur Seite sah er den Vetter, als eine Art „Hofmarschall" des Dôme, dessen Beziehungen zu den deutschen „Großindustriellensöhnen" die Tür zu Unterstützern und Sammlern öffnete.

Aus dem Jahr 1906 existiert ein im Café du Dôme aufgenommenes Foto mit Wilhelm Uhde, Walter Bondy, Rudolf Levy und Jules Pascin[9] (Abb. S. 85); aus dieser Zeit stammt auch eine Art Gründungserklärung der Versammelten.[10] Levys Zukunftspläne waren dank der Anerkennung inzwischen gereift, doch die Geldsorgen drückten, da sein neues Atelier sehr viel kostete, wie er dem Vater gestand: „mit einem Zimmer dabei für 1000 fr. jährlich". [...] Ich habe dasselbe jährlich notwendig, da ich etwas größeres beginnen will"[11], dazu schickte er mit der Quittung über die Quartalsmiete einen unterschriebenen Schuldschein sowie den Katalog der dritten Salon-Ausstellung. Am 2. November 1905 schrieb er: „[...] ich sandte Dir vor einigen Tagen die Frankfurter Zeitung, da[ß] Dich die Erwähnung meines Namens in dieser Kritik doch interessieren würde" und dringlicher „Mein Bild im Salon werde ich nach der Ausstellung für 200 Fr. an einen meiner Freunde, den Schriftsteller Wilhelm Uhde, den ich schon früher einmal erwähnte, verkaufen" – leider, wie er fortfährt, da er später viel Geld für das, was er vorhabe, benötigen werde. Er müsse als Künstler mit Vorschüssen arbeiten, erklärt er, aber der Vater will ihm keine Sicherheiten mehr geben. Schließlich resigniert Levy und schreibt am 23. November: „sei's wie es sei, [...] wenn mir auch der bittere Gedanke bleibt, daß ich gerade in der kritischsten Zeit meines Lebens in dieser Weise im Stich gelassen werde." Levy kündigt dann an: „ich verzichte ferner auch auf die weitere Unterstützung von 100 fr. monatlich, die mir nur kränkend verabreicht wird und mich in keiner Weise fördert."[12]

Das Jahr 1909 – der Aufbruch in die Moderne: Paris und München

Nach der Neugründung des Schülerateliers von Henri Matisse, das sich für europäische Künstler öffnete, taten sich neue Perspektiven auf (Abb. 1). Hier konnte Levy ab 1907 mit Oskar Moll und Hans Purrmann sein Studium fortsetzen. 1909 sieht man die Atelierklasse von etwa 35 Studentinnen und Studenten mit Matisse und

Levy im Zentrum zu einem Foto versammelt, 1910 arbeiten an ihr bereits 80 Künstler und Künstlerinnen (Abb. S. 22–23).[13]

Flechtheim erwarb schon damals zahlreiche Arbeiten der Dômiers, Werke von Levy und Bronzen des Schweizer Bildhauers Hermann Haller, den die Künstler seit seiner Münchner Studienzeit kannten.[14] Im Salon d'Automne (Deutsche Abteilung) in Paris 1909 wird u. a. Levys *Kürbisstillleben* gezeigt.[15] Drei Deutschland-Reisen unternahm Matisse vor dem Ersten Weltkrieg. Ein Foto zeigt ihn auf Besuch im Hofbräuhaus in München, 1909, wie er mit Purrmann und Albert Weisgerber fröhlich die Bierkrüge hebt.[16] Die Erkundungsfahrten galten auch der Theatinerstraße 7, in der die *Neue Künstlervereinigung München* ihre erste Ausstellung in der „Modernen Galerie" von Heinrich Thannhäuser im Dezember eröffnete, die sich nach 1900, wie schon *Phalanx* und *Blauer Reiter*, als Münchner Avantgarde auch in der Galerie Goltz präsentierte.[17] Dank des neuen Direktors der Münchner Pinakotheken, Hugo von Tschudi, erstanden diese sogar ein Konvolut französischer Malerei, mithin ein Konvolut auf „Weltniveau."[18] Ein weiteres Foto von 1910 zeigt das Pariser Lokal mit dicht gedrängt sitzenden Gästen, Frauen wie Männern, am hinteren Tisch u. a. das Trio Levy, Bondy und Pascin, im Vordergrund Hans Purrmann (Abb. 5, S. 94).[19]

Ab 1911 leitete Rudolf Levy die Fauvisten-Klasse von Matisse, die seinen bisherigen Stil veränderten. Schon längst hatte sich der Dôme-Freundeskreis neben den Franzosen um Italiener, Österreicher, Schweizer, Skandinavier und Bulgaren erweitert. Bald gehörten Renée Sintenis, ihr späterer Mann, der Schriftkünstler Ernst Rudolf Weiß, der Bildhauer Ernesto de Fiori, der Autor Hans Siemsen, die Kunsthändler Heinrich Thannhäuser, Paul Cassirer und Alfred Flechtheim dazu, eine Art internationaler „Kontaktbörse" aus Künstlern, Journalisten, Schriftstellern, Galeristen und Museumskuratoren, also Produzenten, Händler, Käufer und Kritiker beiderlei Geschlechts[20], die eine Art „Kunstverwertungssystem" schufen.[21] Gustav Kahnweiler, der in den 1920er-Jahren die Frankfurter Filiale Flechtheims zeitweise leiten sollte, beschrieb ihn als außergewöhnlich: „Physically war er abgrundtief häßlich und war sehr stolz darauf. Er hatte einen hochinteressanten Kopf, der viele Künstler dazu bewogen hat, Skulpturen oder Bilder von ihm zu machen. Er war ein Mensch, den man, wenn man ihn einmal gesehen hatte, nie vergessen hat."[22] Von Haller gibt es ein ausdruckstarkes Terrakotta-Bildnis Flechtheims[23] von 1921, das seinen Charakterkopf markant wiedergibt.

Zu den Gepflogenheiten dieser Generation von Künstlern gehörten gegenseitige Atelierbesuche und Erkundungsreisen in fremde Länder. Wie Matisse, Klee, Macke oder Campendonk unternahm auch Levy 1912 und 1913 Reisen nach Nordafrika; zudem hielt er sich zu längeren Aufenthalten in Südfrankreich auf, in Cassis, L'Estaque und Sanary-sur-Mer; von all diesen Reisen und Aufenthalten erzählen Levys Gemälde aus diesen Jahren. Dass ein Werk mit dem Titel *L'Estaque* in Flechtheims Privaträumen hing, mag von der besonderen Wertschätzung zeugen, die der Sammler dem Künstler entgegenbrachte (vgl. KAT 16–18, S. 67–69).

Auch einige der engeren Pariser Freunde, etwa Hans Siemsen, bereisten zur selben Zeit wie Levy Nordafrika und Südfrankreich. Der Pastorensohn Siemsen verbrachte nach der Buchhändlerlehre in Osnabrück 1911 als „lediger Student" der Kunstgeschichte[24] ein knappes Jahr in München, wo seine Schwester Paula an der Akademie und Universität ihre Kunststudien verfolgte.[25] Wilhelm Uhde erinnerte später an dessen „schlanke Gestalt mit dem blassen Gesicht und den traurigen Augen, den wir von Paris her kennen"[26], die Siemsen in seiner autobiografischen Schrift *Wo hast Du Dich denn herumgetrieben*[27] wiedergab. Seit damals gehörte er zum inneren Zirkel der sich nun in München sammelnden Freunde des Pariser Café du Dôme. Siemsen arbeitete in Verlagen und, verbunden mit Reisen nach und Aufenthalten in Paris, für den Kunsthandel, beispielsweise für den Berliner Galeristen Paul Cassirer und den schon aus Paris bekannten Düsseldorfer Getreidehändler Alfred Flechtheim. Dieser widmete sich gerade verstärkt seiner Sammelleidenschaft, angesichts des drohenden Niedergangs des väterlichen Getreidehandels ein Versuch, sich ein neues Geschäftsfeld aufzubauen. Cassirer war Flechtheim schon in Köln beim *Sonderbund* begegnet, beide verband ihr geschäftliches Anliegen und bald eine Freundschaft und so wurde Cassirer finanziell stiller Teilhaber von Flechtheims erster Düsseldorfer Galerie. Ihre Beziehungen zu der Sammlerszene in den Banken- und Industriellenkreisen des Rheinlands und Westfalens dienten beider Interesse, für die französischen Impressionisten und Spätimpressionisten in der Nachfolge Cézannes in Deutschland zu werben.[28] Mit dem 1909 gegründeten *Sonderbund westdeutscher Kunstfreunde und Künstler* und seinen jährlichen Ausstellungen zwischen 1909 und 1913 fand Flechtheim bestens geeignete Foren für die Präsentation seiner Erwerbungen, was ihn bald in Sammlerkreisen bekannt machte.[29]

Die Münchner Künstlerschaft besuchte Szenelokale wie das Café Stefanie, als Kontaktbörse und den Alten Simpl oder die Künstlerfeste der Vereine und die Bayerischen Gaststätten und Biergärten mit Lichtspielbetrieb. Namhaft die „Blüte"[30] in Schwabing – nahe der Universität und Akademie, dem Lebensraum der meisten Künstler. Der Dichter Joachim Ringelnatz trat im Alten Simpl auf und lebte wie seine spätere Frau Lona Pieper, genannt „Muschelkalk"[31] seit 1906 in München. Neben den schon Genannten lebte hier auch seit 1904 Ernesto de Fiori, der sich mit Thea und Carl Sternheim anfreundete, die ihn wiederum mit Alfred Flechtheim bekannt machten. Der passionierte Avantgardist Flechtheim vermittelte ihn 1911 dem Kölnischen Kunstverein, gezeigt in der Ausstellung *Kunst unserer Zeit*.[32] Und auch Rudolf Levy kam nach Schließung der Académie Matisse gelegentlich nach München – so trafen die Freunde des Café du Dôme immer wieder aufeinander.

Internationale versus nationale Kunst

Der aufsteigende Stern des umtriebigen Düsseldorfer Getreidehändlers und Kunstsammlers Alfred Flechtheim weckte bereits früh feindselige antisemitisch gefärbte Attacken von Nationalisten. Dem „Aufstand" norddeutscher Künstler von 1911 gegen die Ankaufspolitik deutscher Museen mit antisemitischen Untertönen, dem sogenannten Vinnen-Protest mit über 120 Unterzeichnern aus der Kunstwelt, folgte als Entgegnung *Die Antwort auf den*

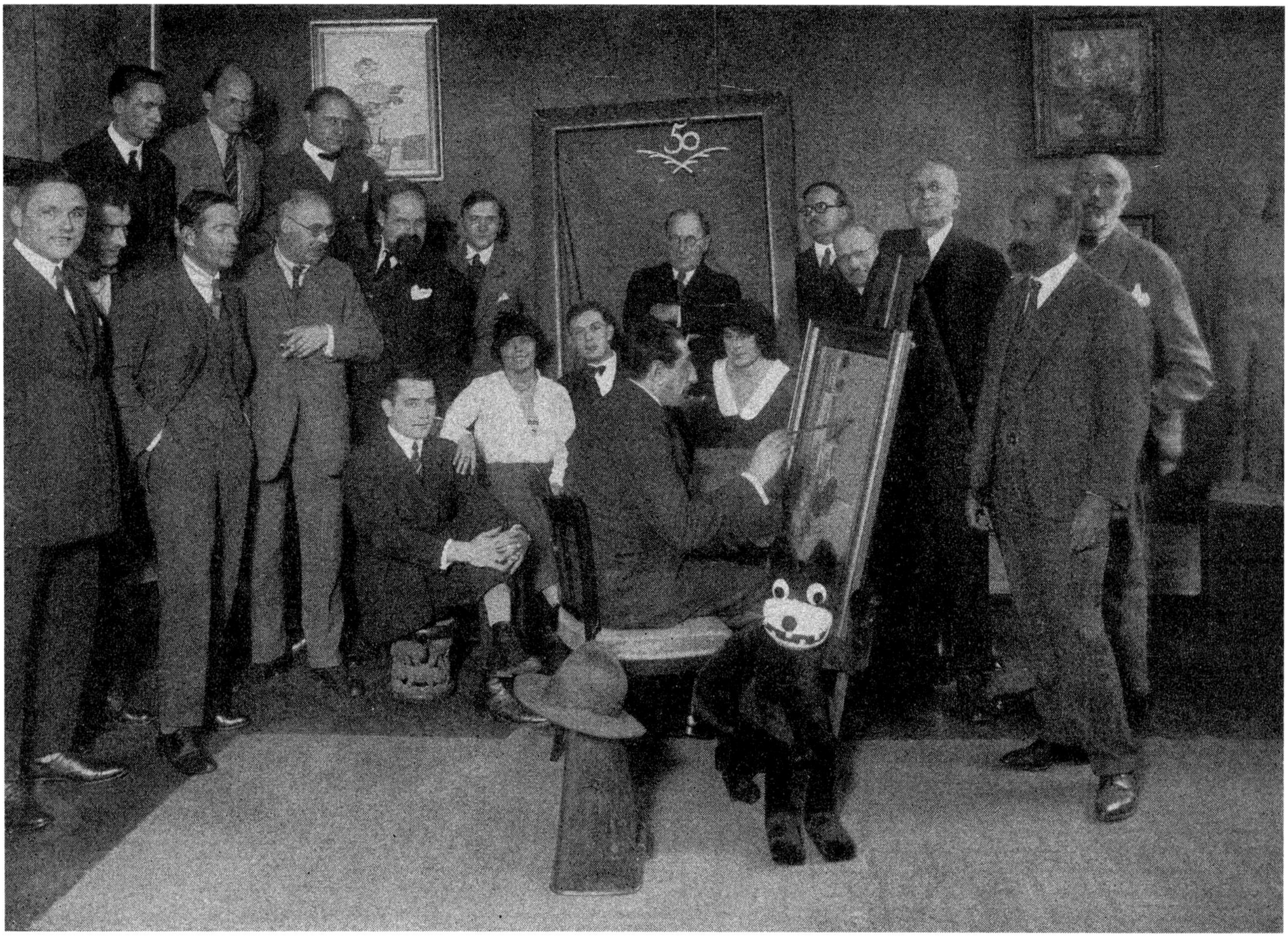

ABB. 3: Gruppenfoto zu Ehren des 50. Geburtstags von Rudolf Levy in der Düsseldorfer Galerie Flechtheim. Das Foto entstand vermutlich am 15. Juli 1925. Rudolf Levy steht mittig hinten an der Wand und beobachtet seinen Galeristen Alfred Flechtheim, der, vor der Staffelei sitzend, ein Bild malt (vgl. auch Abb. S. 32–33). Die Fotografie erschien in der Zeitschrift *Der Querschnitt*, 1925, Jahrgang 5, Heft 6, S. 112 Repro: Universitätsbibliothek der Humboldt-Universität Berlin

„Protest deutscher Künstler" mit Stellungnahmen der angegriffenen „Modernen"; selbstbewusst und ironisch verglich Flechtheim hier die von ihm gezahlten niedrigen Preise für Werke französischer mit denen deutscher Künstler: „Es ist erfreulich, dass das deutsche Publikum, das deutsche Kunstvereine und Museen die deutschen Maler so gut bezahlen; [...]. Ich habe noch nie gehört, dass sich deutsche staatliche und städtische Galerien Bilder von Bonnard oder Derain, Picasso oder Rousseau oder Seurat angeschafft hätten. Die bleiben bei van Gogh stehen, wenn sie überhaupt so weit kommen. Vielleicht tut es ihnen später mal leid, Gelegenheiten verpasst zu haben."[33] Es war eine „konzertierte" Aktion von über 75 publizierten Antworten aus dem Lager der Avantgarde – eine Gegendarstellung, die im Münchner Piper Verlag erscheinen sollte.[34] Mit großem Schwung gelang es Flechtheims Organisations- und Überzeugungsgenie, Sympathisanten zu gewinnen, die ihn zu einem der wichtigsten Anreger, Impulsgeber, Mäzen und Kunstkenner der Weimarer Republik werden ließen – argwöhnisch und neidvoll beobachtet von seinen Gegnern im konservativen bis radikal nationalistischen Lager, die bereits früh die rassistische Karte ausspielten und dabei Flechtheims oft abgebildeten Gesichtszüge und seine körperliche Erscheinung zur Hetze benutzten, etwa mittels Anzeigen und Karikaturen in ihren Foren und in der Presse[35], eine Verunglimpfung, die bereits in Carl Vinnens Hetze vorgezeichnet war.

In seiner neu eröffneten Düsseldorfer Galerie GmbH, Alleestraße 7, zeigte der ehemalige „Marchand Amateur"[36] und nunmehrige Galerist Alfred Flechtheim im Dezember 1913 eine Gruppenausstellung deutscher und internationaler Künstler, gleichsam eine Quintessenz der Pariser Jahre, darunter auch Werke Levys[37], begleitet von einem Katalog mit dem Titel *Beiträge zur Kunst des XIX. Jahrhunderts und unserer Zeit*[38]. Mit Leihgaben seiner deutschen und französischen Künstler war Flechtheim bereits von Mai bis Oktober 1914 auf der international erfolgreichen Werkbund-Ausstellung in Köln und Düsseldorf vertreten, mit Arbeiten u. a. von Picasso, Matisse, Rousseau, Laurencin, Kokoschka, Munch, van Gogh und Levy.[39] Diesen und weitere Künstler aus dem Umkreis des Café du Dôme übernahm der rührige Sammler und Galerist in den folgenden Jahren in den Kreis der von ihm vertretenen Künstler und nahm als ersten Rudolf Levy exklusiv unter Vertrag, später mit einem festen Monatsgehalt.[40] Einen seiner ersten Kataloge widmete Flechtheim den deutschen Pariser Künstlerfreunden mit der Ausstellung *Der „Dôme“* vom 27. Juni bis zum 24. Juli 1914 in seiner Düsseldorfer Galerie. Flechtheim präsentierte darin Friedrich Ahlers-Hestermann, Walter Bondy, Ernesto de Fiori, Rudolf Grossmann, Hermann Haller, George Kars, Moise Kiesling, Rudolf Levy, Franz Nölken, Jules Pascin, Hans Purrmann, Walter Rosam, Paul Thesing und Otto von Wätjen. Er betonte im Vorwort, das diese keine Gruppe bildeten, aber ihnen die Liebe zu Paris gemeinsam sei: „Ich hoffe, daß sie [die Ausstellung, Anm. B.B.] den jungen Künstlern in Paris Freunde gewinnen wird, [...], wie ihre französischen Kollegen sich durch Hochachtung vor der Tradition und durch Bescheidenheit auszeichnen. Denn das Pariser Klima ist wie kein anderes geeignet, etwaigen Größenwahn aus Künstlerhirnen zu jagen.“[41] Die Ausstellung sollte nach Düsseldorf weiter in Berlin, München, Dresden, Hamburg, Frankfurt und Köln gezeigt werden. Der Ausbruch des Ersten Weltkriegs am 1. August 1914 sollte dieses verhindern.[42]

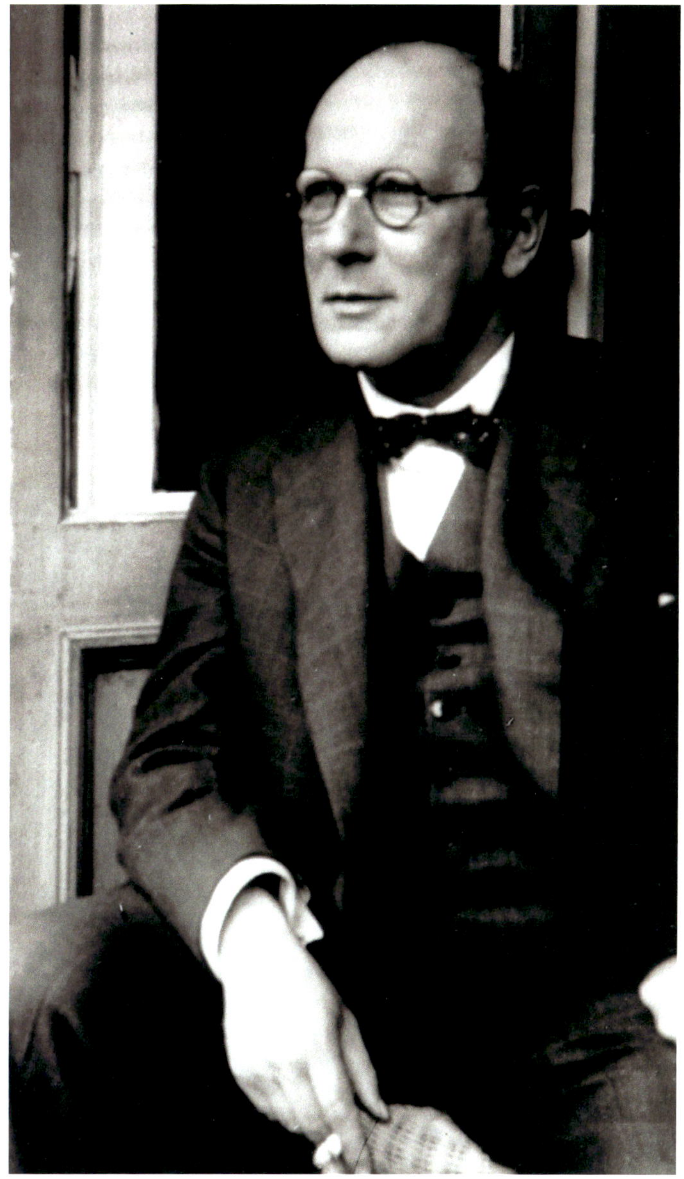

ABB. 4: Rudolf Levy, Berlin um 1922, Fotografie von Genia Levy
Archiv Susanne Thesing

Der Erste Weltkrieg als Zäsur

Der Erste Weltkrieg bereitete der Verbrüderung über nationale Grenzen hinweg und dem fruchtbaren Austausch von europäischen Künstlern und Künstlerinnen 1914 mit der Ausweisung „feindlicher“ Ausländer aus Frankreich und allen anderen kriegführenden Ländern abrupt ein Ende. Der mit neuen Waffen geführte Krieg kostete Millionen von Menschenleben, leistete völkischem Ressentiment Vorschub und schuf den toxischen Nährboden für nationalistische und antisemitische Revanchegefühle.[43] Sie wirkten weit über das Ende des Ersten Weltkrieges hinaus, wie es Rudolf Levy schmerzlich erfahren musste, begegnete man ihm und den ehemaligen Dômiers bei seinem ersten Nachkriegsbesuch in Paris im Café du Dôme doch überaus feindselig.[44] Nach 1933 wird die NS-Propaganda den Revanchismus weiter schüren und gezielte Hetzattacken gegen Anhänger der französischen Kultur und Kunst wie Impressionisten, Fauvisten und deutsche Expressionisten richten.[45]

Rudolf Levy meldete sich wie sein Bruder Paul zum Kriegsdienst bei der kämpfenden Truppe; aufgrund einer festgestellten Sehschwäche wurde ihm allerdings eine Tätigkeit beim militärischen Kraftfahrdienst zugewiesen, wo er im August 1915 mit einer Tapferkeitsmedaille, dann im Herbst in Artois mit dem Eisernen Kreuz ausgezeichnet wurde – wie auch sein Bruder –, sehr zum Stolz des Vaters und der gesamten Familie (Abb. 2).[46] Auch Alfred Flechtheim meldete sich freiwillig bei der Offizierskavallerie und wurde dem Westfälischen Ulanen-Regiment des VII. Armeekorps zugeteilt. Seiner Ehefrau Bertha Goldschmidt, die er 1910 geheiratet hatte, und seinem Freund Hanns Fehr, der kurz darauf fiel, erteilte er Prokura für seine Geschäfte. Am 18. Oktober 1914 schrieb er seinem Freund Nils von Dardel nach Schweden „Mir geht's gut, aber Schwertfeger ist gefallen. Levy lebt und ist ein berühmter Krieger.“[47] Flechtheim selbst hatte Glück; aus Altersgründen – er war 36 Jahre alt – kam er in die Etappe, mit Standort im Château Belœil des Prince de Ligne.[48]

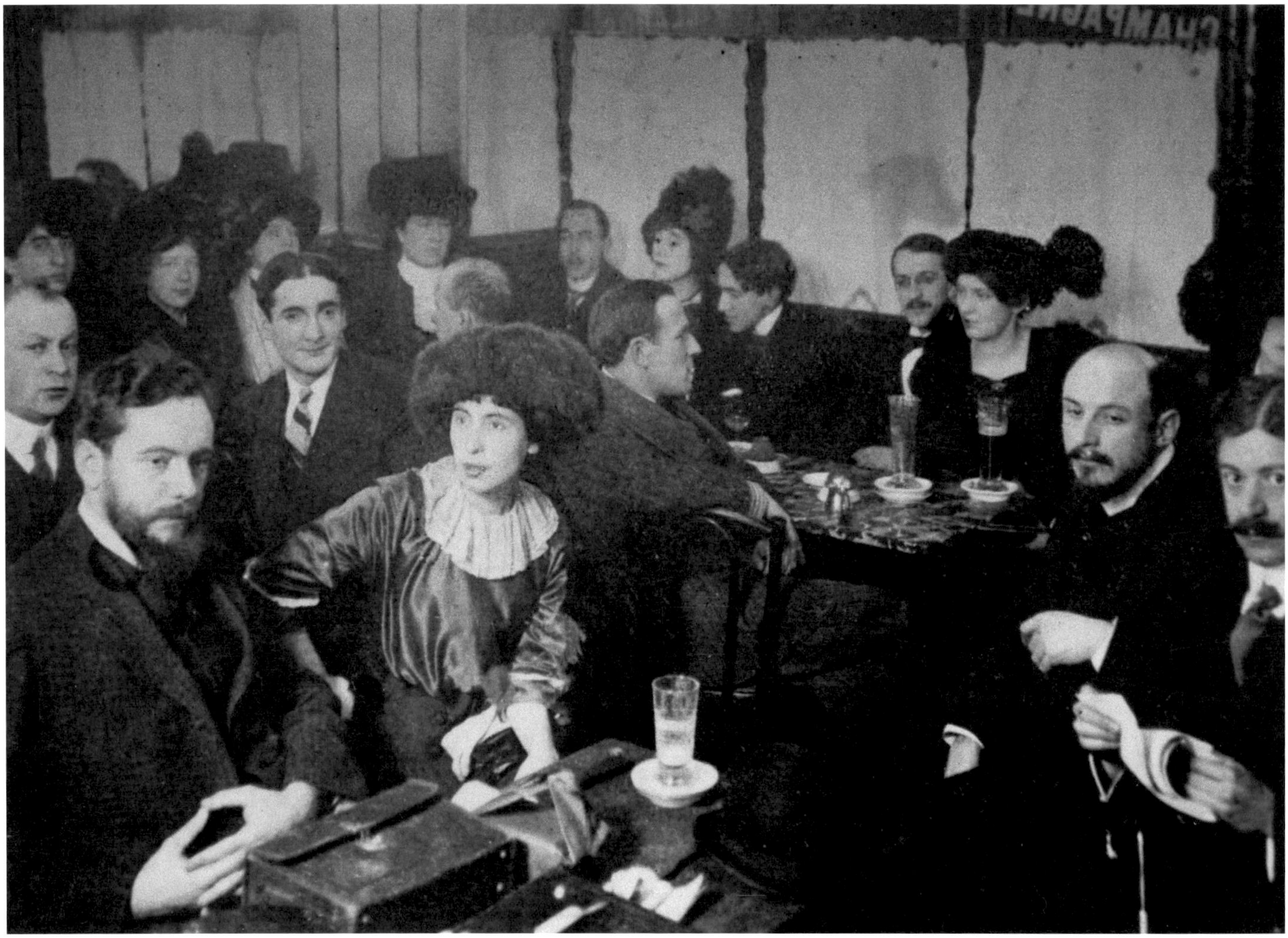

ABB. 5: Viel los im Pariser Café du Dôme! Dieses Foto entstand um 1910 und zeigt Rudolf Levy (im Profil, mittig am hinteren Tisch) zusammen mit Hans Purrmann (zweiter vorne von rechts) und anderen Gästen München, Hans Purrmann Archiv

1914 wurde von Otto Haas-Heye in München die literarische Zeitschrift *Zeit-Echo* gegründet als „Kriegstagebuch der Künstler“[49], die 1915 nach Berlin umzog und von dem mit Levy befreundeten 24-jährigen Redakteur Hans Siemsen politisch geleitet wurde. Dieser meldete sich 1916 ebenso wie sein Bruder Karl freiwillig zum Fronteinsatz und wird bei Verdun verschüttet und erblindet vorübergehend durch den Gasangriff; von den Gefechten behielt er ein lebenslanges Asthmaleiden zurück.[50]

Alfred Flechtheim, der sich vor dem Ersten Weltkrieg unter den Künstlern in Paris umgesehen hatte, sollte diese nach ihrer Ausweisung, wie schon 1913 in seiner damals mit großem Presseecho eröffneten ersten Düsseldorfer Galerie, nunmehr nach ihrer Wiedereröffnung Ostern 1919 in der Königsallee 34 mit Ausstellungen der deutschen Öffentlichkeit vorstellen – am 15. Juli 1925 feierte Levy hier in illustrer Runde seinen 50. Geburtstag (Abb. 3).

Im Oktober 1921 eröffnete Flechtheim seine vierte Galerie am Berliner Lützowufer 13, und viele seiner Künstler folgten ihm nach Berlin. Dort präsentierte er programmatisch *Deutsche und Französische Kunst aus des XX. Jahrhunderts Beginn* und im Juni 1922 eine umfangreiche Einzelausstellung Levys mit 25 Arbeiten, auch aus der Vorkriegszeit; sie machte u. a. Station in Düsseldorf und Frankfurt a. M. (Abb. 4).[51]

In dem Artikel *Zehn Jahre Kunsthändler*[52] verkündete er im Herbst 1923, seine „deutschen und französischen Freunde den Wienern“ zu zeigen, „den Landsleuten Kokoschkas und Klimts“; resümierend schreibt Flechtheim: „Jetzt sitzen wir im Romanischen Café, Levy und Goetz und Uhde und Purrmann und Bondy und Hessel und Hofer; und Fiori und Haller, Großmann, Wedderkop, Direktor Dreyfus und Waetjen, wenn sie nach Berlin kommen; und Hans Siemsen und Weiß und Renée Sintenis und Pretzfelder und die Zitzewitz und Otto Schoff und haben den Dôme nach Berlin und den Boulevard Raspail an die Kaiser-Wilhelm-Gedächtniskirche verpflanzt.“[53] Das europäische Kunstprojekt sollte 1933 enden.

1 Zu Walter Bondy siehe Flügge 1996, S. 44–45.
2 Levy 1928, S. 12–13.
3 Brief von Rudolf Levy an Julius Levy vom 30.12.1904, Archiv der Akademie der Künste, Berlin, Teilnachlass Levy 14.
4 Brief von Rudolf Levy an Julius Levy vom 17.10.1905, Archiv der Akademie der Künste, Berlin, Teilnachlass Levy 15.
5 1905, Telegraphie des Deutschen Reiches. Düsseldorf 8 / Adresse Hotel Excelsior, München, Rudolf Levy [o. D.], siehe Archiv Akademie der Künste Berlin, Teilnachlass Levy 1.
6 Conzen/Möller/Trox 2012, S. 157–158, hier Abb. S. 89 und Abb. 90.
7 Levy 1928, S. 12–13, 50.
8 Uhde-Bernays 1963, S. 405–407, zit. n. Thesing 1990, S. 15.
9 Thesing 1990, S. 13–14; Rudolf Grossmann, Otto von Wätjen, Will Howard gehörten auch dazu.
10 Verbindliche Erklärung aller Unterzeichner des Künstlerbundes, Hans Purrmann Archiv, München.
11 Archiv der Akademie der Künste, Berlin, Teilnachlass Levy 15, siehe auch Matelowski 2020, S. 72–73.
12 Brief von Rudolf Levy an Julius Levy vom 23.11.1905, Archiv der Akademie der Künste, Berlin, Teilnachlass Levy 15.
13 Siehe auch Thesing 1990, S. 18–20.
14 Siehe Katja Terlau zu Hermann Haller und Alfred Flechtheim, in: Dascher 2017, S. 224–229.
15 Siehe Thesing 1990, S. 19 und S. 89, Abb. 17. Vgl. auch *Kunst und Künstler*, 1909, S. 377 (deutsche Teilnahme am Pariser Salon d'Automne).
16 Billeter/Wagner 2016, S. 92.
17 Metzger 2006, Abb. der Plakate, S. 258, 261–262.
18 Ebd. S. 260, 266. Hugo von Tschudi (1851–1911) war ab 1909 Generaldirektor der Bayerischen Staatsgemäldesammlungen, die er modernisierte, indem er das bürgerliche Sammlerklientel in den Erwerb der Bilder einbezog.
19 Thesing 1990, S. 14.
20 Kampka 1996, S. 158–160; s. a. Fotos bei Levy 1928, S. 12, 13, 50.
21 Ahlers-Hestermann, 1918, S. 369–404, Thesing 1990, 237–246.
22 Zit. n. Tatja Terlau, in: Dascher 2017, S. 238.
23 Siehe ebd., S. 238–240.
24 Stadtarchiv München, Polizeimeldebogen (StM PMB), Hans Siemsen vom 20.4.1912.
25 Siehe StM PMB Hans Siemsen. Auch seine vier Geschwister August, Anna, Paula und Karl studierten in zeitlicher Folge in München.
26 Wilhelm Uhde, [o. T.], in: Der Querschnitt, 1921, 1, in: Uhde 1970, S. 84.
27 Dascher 2017, S. 188–189.
28 Ebd., S. 74–76. Die Zahl finanziell potenter Sammler konzentrierte sich vor dem Ersten Weltkrieg in der Rheinprovinz und in Westfalen.
29 Ebd., S. 54, 74–76.
30 Blütenstraße 18, siehe Lokallbaukommission /LBK, Akt Blütenstraße 6, Stadtarchiv München.
31 Eigtl. Hans Gustav Bötticher, der Elise Leonharder Augusta (Lona) Pieper, gen. Muschelkalk, 1920 heiratete.
32 Er besuchte das Paar oft in der Villa Bellemaison bei München, siehe Dascher 2017, S.188–189.
33 Ausgelöst wird der Konflikt durch den Erwerb eines van-Gogh-Gemäldes durch Gustav Pauli für die Bremer Kunsthalle, siehe dazu auch den Beitrag von Patricia Nünning sowie ausführlich Dascher 2011, S. 56 (Abb. Frontispiz) und 57–58.
34 Metzger 2006, S. 261–262; Titelblatt bei Dascher 2011, S. 56.
35 Gemälde, Fotografien, Zeichnungen, Karikaturen und Skulpturen der Künstler, die ihn im Laufe der Jahre abbildeten, u. a. Fotoporträts von Frieda Riess und Thea Sternheim, Gemälde von Karl Hofer (1922), Jules Pascin (1925) und Otto Dix (1927), Skulpturen von Benno Elkan (1912), Hermann Haller, (1921), Rudolf Belling (1927) und Ernesto de Fiori (1925/28), sowie viele Zeichnungen und Karikaturen, die ihn zum bekanntesten Kunsthändler im In- und Ausland machen sollten.
36 Axel Drecoll, in: Bambi/Drecoll 2015, S. 86.
37 Gezeigt wurden Derain, Matisse, Picasso, Kokoscka, Schiele und Nauen sowie die expressionistischen Künstler des Blauen Reiters und der Brücke
38 Flechtheim 1913.
39 Ebd., S. 93.
40 Heinrich Nauen, in: Dascher 2011, S. 91–92.
41 Zit. n. Thesing 1990, S. 237. Katalog Frontispiz, siehe Dascher 2011, S. 92.
42 Thesing 1990, S. 22: Levys Freunde Walter Alfred Rosam (1883–1916) und Franz Nölken (1884–1918) fielen im Ersten Weltkrieg.
43 Bruns 2012, S. 19–21.
44 Purrmann 1961, S. 41.
45 Siehe NS-Autoren wie Walter Hansen (*Judenkunst in Deutschland*, 1942), Wolfgang Willrich (*Säuberung des Kunsttempels: eine kunstpolitische Kampfschrift zur Gesundung deutscher Kunst im Geiste nordischer Art*, 1937) sowie die Nürnberger Zeitschrift *Der Stürmer* in ihren Hetzartikeln.
46 Archiv der Akademie der Künste, Berlin, Teilnachlass Levy 3.
47 Dardel-Nachlass im Rijksarkivet Stockholm, zit. n. Dascher 2011, S. 99.
48 Ebd., S. 100.
49 Bruns 2012, S. 1920. 15 Hefte erschienen bis Ende 1916, u. a. mit Beiträgen von Kasimir Edschmid, Theodor Däubler, Max Hermann-Neisse und Else Lasker-Schüler.
50 Bruns 2012, S. 20–21.
51 Thesing 1990, S. 23.
52 In: *Der Querschnitt*, 1923, S. 156, zit. n. Dascher 2011, S. 170.
53 Ebd., siehe auch Thesing 1990, S. 23, und Dascher 2011, S. 170, Anm. 100.

„Die Kraft der Aussage springt aus der farbigen Oberfläche“[1]

Das Kolorit bei Henri Matisse, Rudolf Levy und Oskar Moll

Annette Reich

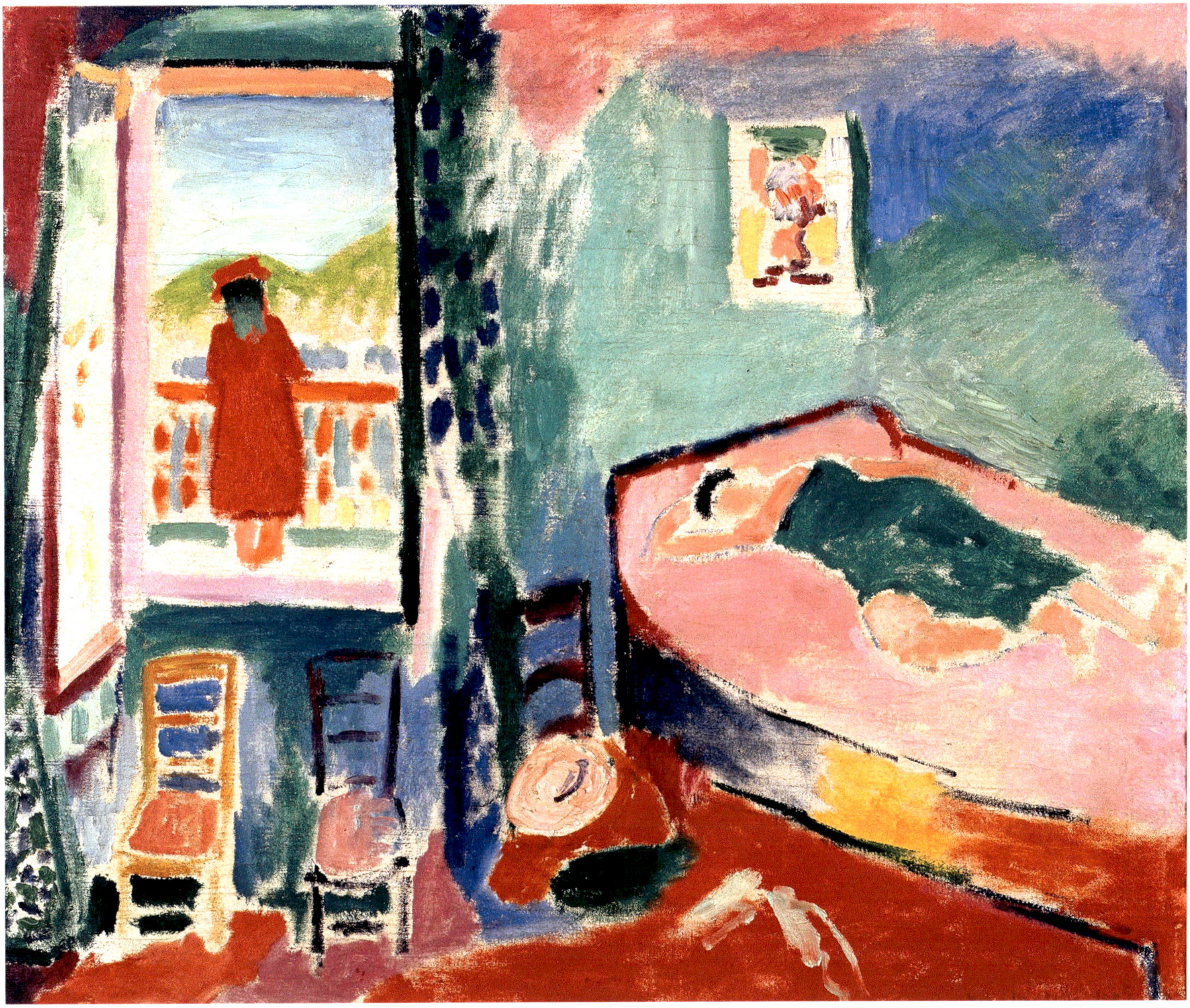

ABB. 1: Henri Matisse *Interieur in Collioure*, 1905 Öl auf Leinwand 59 × 72 cm Schweiz, Privatbesitz

Im Jahr 1920 schrieb Rudolf Levy über Henri Matisse: „Wie oft, als sein Schüler, habe ich das Wort Expression von ihm gehört, nie ohne daß ihm dieses zweite folgte: Sensibilität."[2] Welche Bedeutung hatten „expression" [Ausdruck, Ausdruckskraft] und „sensibilité" [Empfindung, Empfindsamkeit] im Werk von Matisse für ihn selbst sowie für seine Schüler und Weggefährten, darunter Rudolf Levy und Oskar Moll? Welche Bildwirkung intendierten die Künstler und auf welche Art und Weise wollten sie diese erreichen?

Farbe als Gestaltungsmittel bestimmte die Malerei von Henri Matisse, der nicht nur die bildende Kunst Anfang des 20. Jahrhunderts revolutionierte, sondern mit seinem Œuvre auch weitreichenden Einfluss auf die nachfolgenden Künstlergenerationen ausüben sollte. Seine Gemälde aus der Zeit vor dem Ersten Weltkrieg kennzeichneten den Aufbruch der Moderne in Paris und dienten mit der Wahl der Farben und ihrer Wirkung, der Malweise und dem Aufbau durch Farbkontraste einer Reihe von jüngeren Malern auf der Suche nach der eigenen Handschrift als wegweisende Inspirationsquellen. Matisse äußerte sich zu seiner Farbauswahl wie folgt: „Die Wahl der Farben beruht auf keiner wissenschaftlichen Theorie. [...] Was mich betrifft, so suche ich einfach solche Farben zu geben, die meiner Empfindung entsprechen."[3]

Inspiriert von Paul Cézanne überwand Matisse seine frühe impressionistische Malweise. Eine „dauerhafte Interpretation der Wirklichkeit"[4] sah er, im Gegensatz zu einem Festhalten des flüchtigen Augenblicks der Impressionisten, durch seine zum Ausdruck gebrachten Empfindungen gegeben. Zunächst hatte er sich der Methode der Farbzerlegung bedient, um mit dieser Maltechnik die Gestaltung des Lichts durch Farbe zu forcieren. Das Ergebnis war für ihn jedoch nicht zufriedenstellend: „Die Auflösung der Farbe zog die Auflösung der Form, des Umrisses nach sich."[5] Mit dieser für ihn wichtigen Erkenntnis entwickelte er um 1905 einen Malstil, der die Farbe in Verbindung mit der Linie in den Mittelpunkt

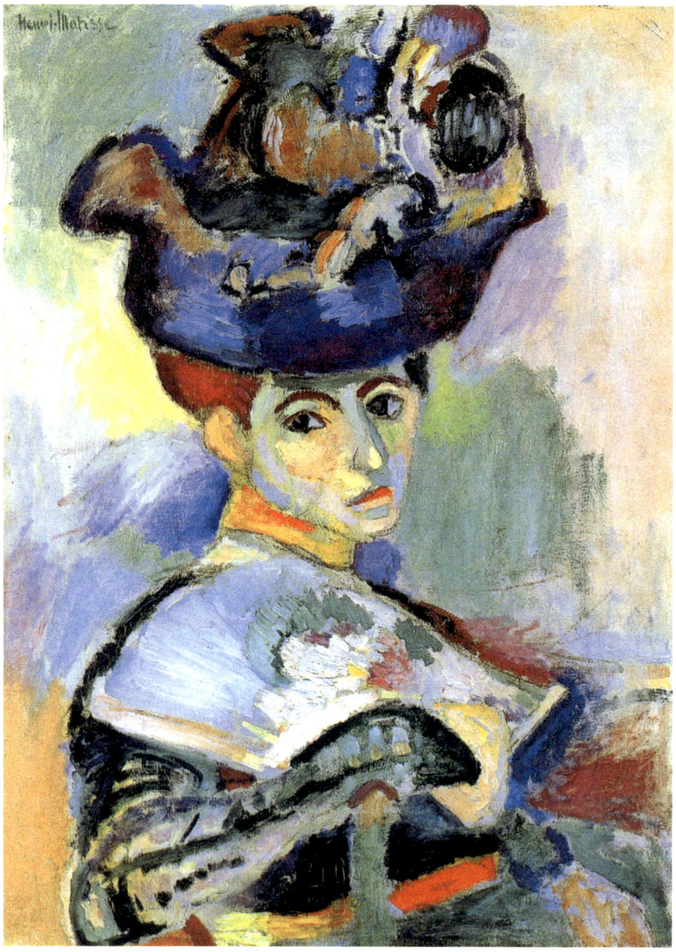

ABB. 2: Henri Matisse *Frau mit Hut (Femme au chapeau)*, 1905
Öl auf Leinwand 81 × 65 cm San Francisco, Privatbesitz

der Aussage stellte und befreite sich so vom Einfluss der Neoimpressionisten, namentlich Paul Signacs.

Auf der Suche nach einer neuen Bildsprache verbrachten Henri Matisse und André Derain den Sommer 1905 in Collioure, einem Fischerdorf am Mittelmeer, wo sie zu einem neuen Umgang mit Farbe fanden. Diese wurde fortan zum bestimmenden Ausdrucksmittel sowohl ihrer Malerei als auch der neuen avantgardistischen Stilrichtung des Fauvismus, die sie damit begründet hatten und die bis 1907 ihre reichste Ausprägung fand. Da es Matisse und Derain nicht um eine realistische, abbildhafte Wiedergabe der Natur ging, lösten sie die Farbe vom Lokalton und verwendeten sie gemäß ihrer Empfindung.[6] Im Mittelpunkt ihrer Intention stand die Ausdruckskraft reiner Farben. In großen Flächen nebeneinandergesetzt, wurde auf Licht- und Schattenmodellierungen sowie auf Plastizität verzichtet.

Ein charakteristisches Beispiel ist das 1905 entstandene *Interieur in Collioure* (Abb. 1) von Matisse. Es zeigt eine kräftige leuchtende Farbigkeit, abgegrenzte reine Farbflächen und eine ausdrucksstarke Farbkomposition. Unterschiedliche Arten des Farbauftrags kennzeichnen außerdem die formal stark reduzierte, auf Details verzichtende, figürlich-gegenständlich bleibende Malerei. Kurz gesetzte Pinselstriche bezeichnen den Vorhang und das durch das offene Fenster sichtbare Balkongeländer. Die bildbestimmenden Farbflächen hat Matisse nahezu skizzenhaft mit dynamischem Pinselduktus ausgeführt, wobei er die Leinwand an einzelnen Stellen bewusst unbearbeitet belassen hat. Neben der Farbe tritt hier die Linie als gleichwertiges Ausdrucks- und Gestaltungselement zutage; sie betont sowohl das Fenster als auch das Bett und ist ein wichtiger Bestandteil der Gesamtkomposition.

Bilder von Matisse und einer Gruppe von Malern dieser neuen Stilrichtung – darunter André Derain, Henri Manguin, Albert Marquet und Maurice de Vlaminck – sorgten gehörig für Aufsehen und lösten beim Publikum heftige Kritik aus. Sie waren erstmals 1905 in einem zentralen Saal des im Grand Palais in Paris stattfindenden Herbstsalons (Salon d'Automne) zu sehen, den der Kunstkritiker Louis Vauxcelles als „cage aux fauves" (Käfig der wilden Tiere) bezeichnete.[7] Zugleich zeigten Galeristen und Sammler großes Interesse an den Fauves und ihrer Malerei; so kauften etwa Berthe Weill und Ambroise Vollard Werke an und organisierten Ausstellungen.[8]

Als Zentrum der Avantgarde war Paris zu Beginn des 20. Jahrhunderts Anziehungspunkt für viele Künstlerinnen und Künstler. Im Umkreis des unwesentlich älteren 1869 geborenen Matisse erhielten auch Rudolf Levy und Oskar Moll (beide Jahrgang 1875) ebenso wie beispielsweise Jules Pascin, Hans Purrmann und Albert Weisgerber entscheidende künstlerische Anregungen in der französischen Hauptstadt. Im dortigen Café du Dôme bildete sich ein Künstlerkreis mit Rudolf Levy als zentraler Figur.[9] Bereits 1903 war Rudolf Levy mit seinem Freund und Malerkollegen Walter Bondy nach Paris gekommen. Doch erst 1907 hat er Matisse persönlich kennengelernt.[10] Auf Initiative und mit Unterstützung von Margarete (Marg) und Oskar Moll sowie Hans Purrmann und anderen entstand 1907 eine private Malschule, die Académie Matisse, an der Matisse bis 1911 unterrichtete; seine Schülerinnen und Schüler kamen aus dem In- und Ausland.[11] 1908 wurde auch Levy Schüler von Henri Matisse.[12]

Rudolf Levy beschrieb äußerst wertschätzend, nahezu bewundernd, worauf es Matisse aus seiner Sicht ankam und welche Wirkung von dessen Werken ausging: „Er hatte für seine Person die kapitale Wichtigkeit der Oberfläche erkannt, die Bedeutung der komplizierten Wechselbeziehung von farbigen Flächen und Linien, in deren kluger Beherrschung der Franzose das équilibre eines Bildes verehrt. Er reduzierte die Errungenschaften seiner Vorgänger auf das Mindestmaß des notwendigen Ausdrucks, indem er auf jedes noch so verlockende Beiwerk verzichtete und erreichte gerade dadurch eine Steigerung und Intensität des Ausdrucks, die neu war. Er schuf die Expression schlechtweg. [...] Diese Bilder in der feierlichen Simplizität ihrer großen Linien und Flächen sind über aller Klugheit ihrer Conzeption von einem so ursprünglichen Sentiment für Rhythmus und Takt, daß sie transzendentalen Gehalt haben, wie alle wahrhaft große Kunst."[13]

Interessanterweise nannte Levy in seiner Erinnerung an Matisse dezidiert das Bild, das dieser von seiner Frau erst kurz vor Eröffnung des Pariser Herbstsalons 1905 vollendet hatte und das repräsentativ für den Fauvismus steht (Abb. 2). Aufgrund der kräftigen Farbflächen stand es seinerzeit im Zentrum heftiger Kritik,

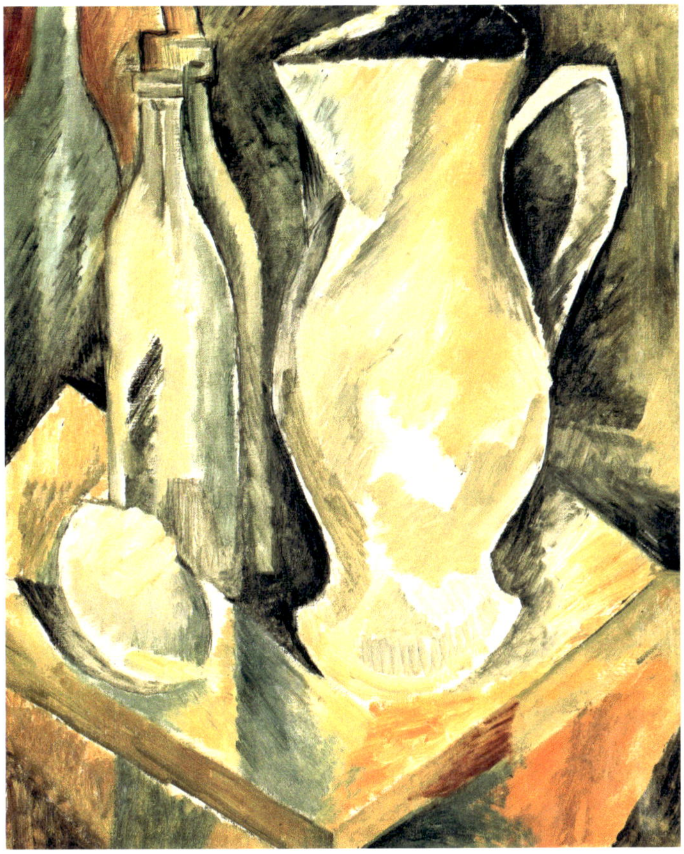

ABB. 3: Georges Braque *Krug und drei Flaschen (Broc et trois bouteilles)*, 1908 Öl auf Leinwand 46 × 38 cm Amsterdam, Stedelijk Museum

während Levy auf die Bedeutung des Gemäldes für seine eigene Malerei verwies: „Im letzten Herbstsalon war seine „Frau mit Fächer" */Frau mit Hut (Madame au chapeau)/* ausgestellt gewesen, die trotz offizieller Ablehnung die Kritik doch leidenschaftlich erregte. Ich habe gerade dieses Bild dann später häufig wieder gesehen und eine gewisse Vorliebe für dasselbe behalten."[14] Als Grund für diese Vorliebe gab Levy an, dass ihm vor diesem Bild erstmals die Bedeutung Cézannes bewusst geworden sei, „der für die toile [Leinwand] das Wachstum der Farbe erobert hatte, wie zwei Dezennien vorher van Gogh das Wachstum der Linie."[15]

Farbige Flächen und Linien sind auch die zentralen Gestaltungsmittel, die Levy in seinen Gemälden variantenreich einsetzte. Die satten und leuchtenden flächig aufgetragenen Farben in dem oben genannten Matisse-Gemälde, die kräftigen Akzente kurzer Pinselstriche, die betonten Konturlinien, die das Gesicht modellierenden Blau- und Grüntöne sowie die vielfarbige, überwiegend großflächige Hintergrundgestaltung mögen ihm Anregungen für seine eigenen Bildlösungen gegeben haben. Drei Themenbereiche haben Levy zeitlebens beschäftigt: Stillleben, Landschaften und Porträts; daneben findet sich in seinem Schaffen das Interieur als Bildtypus. Sein Werk ist durch einen experimentellen und zugleich bewusst akzentuierten Umgang mit einer nuancierten kontrastreichen Farbpalette gekennzeichnet. Das ausdrucksvolle Kolorit seiner figürlich-gegenständlichen Malerei zeigt den hohen Stellenwert, den er der Farbe an sich beigemessen hat. Auffallend ist unter anderem ein pointierter Blau-Gelb-Kontrast, der sich durch Levys Gesamtwerk zieht und ein spezifisches Kennzeichen seiner Malerei darstellt.

Bereits das *Stillleben mit Krügen und Früchten* von 1909 (KAT 8, S. 53) offenbart bei aufmerksamer Betrachtung ein Wechselspiel zwischen farbigen Flächen und Linien, zwischen einer Schale im Zentrum des Bildes mit überwiegend gelben Früchten – Bananen und einer Orange – und zwei Krügen zu beiden Seiten mit jeweils angedeuteter, zum Teil in sehr kurzen Pinselstrichen ausgeführter leuchtend blauer Kontur, die formbildend wirkt. Auch die Obstschale trägt diese blaue Konturlinie, sodass die drei Gefäße auf der bunt gemusterten Tischdecke eine tektonische Einheit bilden. Auch kleine blaue Farbakzente wirken verbindend und verweisen in der flächigen Komposition dezent auf eine körperliche und räumliche Gestaltung.

Bemerkenswert in der Farbigkeit ist das *Stillleben mit Kaffeekanne, Schere und Eierbecher,* 1912 (KAT 14, S. 63). Die einheitliche Tonigkeit, vorwiegend variierend in Weiß- und Beigetönen sowie grau-grünen Valeurs, erscheint einmalig unter den sonst so leuchtend farbigen Stillleben-Varianten des Künstlers. Verhalten und zart lässt sich auch in diesem Beispiel ein Blau-Gelb-Kontrast entdecken. Auf der rechten Seite hinter der Kaffeekanne steht eine Flasche mit hellblauem Etikett, während links außen auf dem Tisch neben der Schere ein hellgelber Gegenstand liegt, möglicherweise eine kleine Schachtel aus Papier. Beide Farbtöne flankieren die Komposition, in der sich eckige und runde Formen zu einer räumlich gestaffelten Bildarchitektur fügen. Bildaufbau und Kolorit lassen an Werke der Kubisten denken[16], etwa an das Stillleben *Krug und drei Flaschen (Broc et trois bouteilles)*, 1908, von George Braque Abb. 3). Wie dieses Beispiel zeigt, hatte Braque bereits seine fauvistische Malweise der Jahre 1906 und 1907 hinter sich gelassen, um sich dem analytischen Kubismus zu widmen.

In ganz anderer Wirkung finden sich Blau und Gelb beispielsweise auch in der *Landschaft bei Sanary,* 1924 (KAT 30, S. 123). Beide Farben bestimmen den Bildaufbau mit und lenken den Blick. Ein leicht nach links abfallender Weg in Gelbtönen führt als Farbbahn zwischen Bäumen hindurch und gliedert zusammen mit dem rotgrünen Komplementärkontrast den Vordergrund des Bildes. Im Mittelgrund hebt sich das Hellgelb der Häuserwände vor dunkelgrüner Vegetation ab, die im Hintergrund in ein tiefblaues Meer übergeht. Ein sehr schmaler heller Horizontstreifen erscheint trennend zwischen Meeresoberfläche und einer rot-violetten Hügelkette, über und hinter der sich ein kräftiges Blau des Himmels ausbreitet.

Bei einem weiteren *Stillleben mit Früchten, Gefäßen und Serviette* aus dem Jahr 1937 (KAT 51, S. 213) kontrastierte Levy Blau und Gelb auf sehr differenzierte Art und Weise. Die graublauen Beeren einer Weintraube, die über dem Rand einer Schale mit Fuß herabhängt, sind in leuchtendem Blau konturiert und springen ins Auge. Zugleich nimmt man das durch einen grünlich-türkisen Rand betonte kräftige Gelb in unmittelbarer Nähe wahr. Eine dünne, unregelmäßige schwarze Linie deutet eine Form an, die an eine auf einer flachen Schale liegende geöffnete

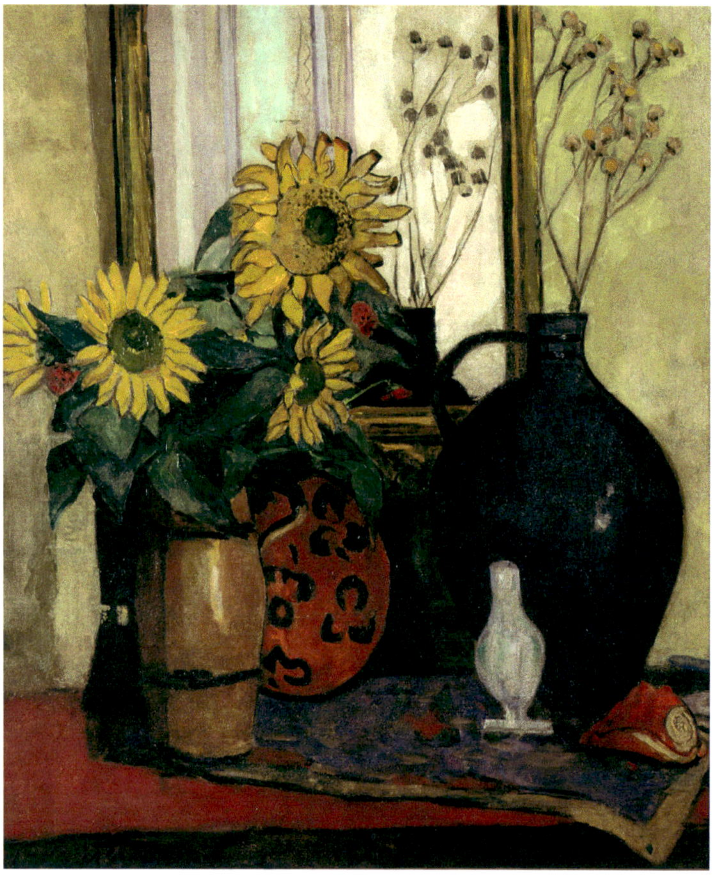

ABB. 4: Oskar Moll *Stillleben mit Sonnenblumen und Matisse-Schale,* 1908
Öl auf Leinwand 79,5 × 69 cm
Inv.-Nr. 87/37 Mainz, GDKE, Landesmuseum Mainz

Auster erinnert. Levy greift den Blau-Gelb-Kontrast innerhalb des Bildes auf, um ihn in dem hellblauen Krug und dem gelblichen Hintergrund mit Pflanzenornamentik zu variieren und damit noch zu steigern. Die breite, leuchtend blaue Konturlinie auf der rechten Seite des Kruges korrespondiert mit dem Blau der Weintraube; Flächen und Linien sind als gleichwertige Bildelemente aufeinander bezogen und bestimmen die farbige Gesamtkomposition.

Einen subtilen und zugleich ausdrucksstarken Höhepunkt erreicht die Farbgestaltung schließlich in Levys letztem, 1943 in Florenz entstandenem *Selbstbildnis IV* (KAT 75, S. 253).[17] Das immer wiederkehrende kräftig leuchtende Blau verläuft als senkrechte Linie zwischen Nase und linkem Auge. Außerdem hinterfängt es partiell innerhalb des dunklen blau-grünen Hintergrundes das nahezu maskenhaft wirkende Porträt des Künstlers. Eine kürzere Linie in einem etwas helleren, ebenso leuchtenden Blau verläuft waagrecht unterhalb des linken Auges. Dieses hellere Blau erscheint matter, stellenweise im Inkarnat, am Hemdkragen, am rechten Ohr und am Haaransatz. Über dem rechten Auge verlaufen zwei unterschiedlich breite gelbe Pinselstriche. Somit heben Gelb und Blau die ansonsten dunkle Augenpartie hervor und verbinden sich in den verschatteten Partien des Gesichts. Ausdruck und Empfindsamkeit scheinen in diesem Beispiel, ganz im Sinne von Matisse, eine größtmögliche Synthese einzugehen.

Werfen wir vergleichsweise nochmals einen Blick auf das *Stillleben mit Krügen und Früchten* von 1909, ist zu bemerken, dass an die Stelle einer vor wenigen Jahren noch vorherrschenden dunkeltonigen Farbauffassung[18] nun eine helle, leuchtende Farbigkeit getreten ist. Zudem spielen folgende Kennzeichen der Arbeitsweise von Matisse eine Rolle, die Levy in seine individuelle Handschrift umsetzte: ein ausgewogener Gesamteindruck von Farben und Formen; ein spontaner, dynamischer Farbauftrag, bei dem der sichtbar belassene Bildgrund Berücksichtigung findet; die Wiedergabe gemusterten Stoffs als ein wesentliches, die dekorative Wirkung hervorhebendes Gestaltungsmittel und die Betonung der Fläche.

Im Gegensatz zu Levys heiteren Farben, verwendete Oskar Moll für sein *Stillleben mit Sonnenblumen und Matisse-Schale,* 1908 (Abb. 4), mattere, dunklere Farbtöne. Sein Pinselstrich wirkt weniger bewegt, homogener. Die Komposition ist dichter, geschlossener. Nicht zuletzt durch die sich überschneidenden Gegenstände und den Spiegel im Hintergrund entsteht eine Räumlichkeit, die den Bildgrund fiktiv in die Tiefe erweitert. Es ist die Auseinandersetzung mit Cézanne, die hier im Hinblick auf Bildkomposition und Farbmodellierung sicht- und spürbar wird.

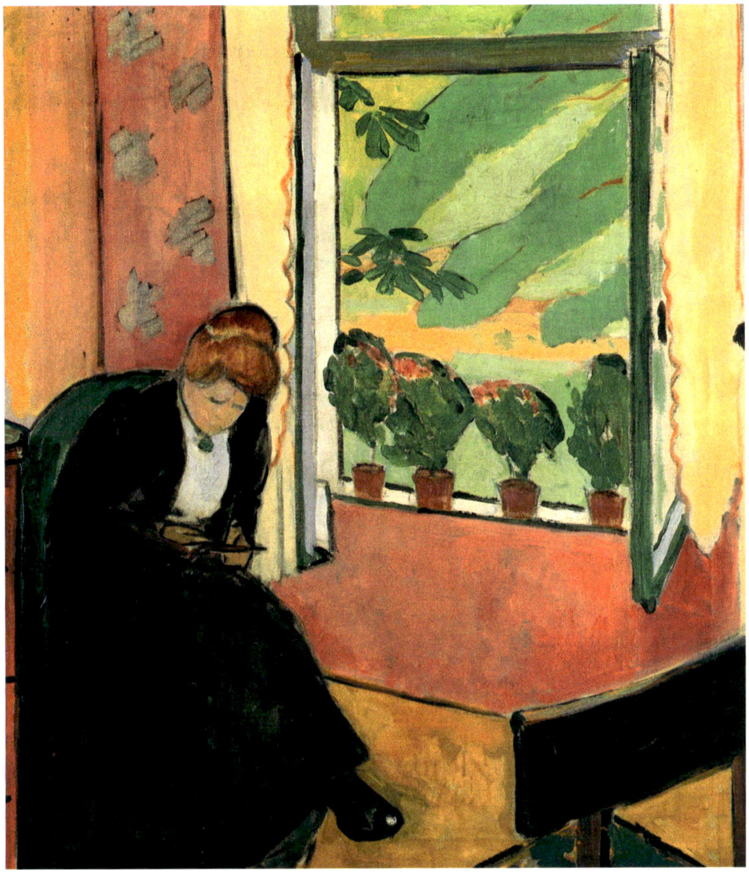

ABB. 5: Oskar Moll *Schwarze Frau am Fenster (Marg Moll)*, 1908
Öl auf Leinwand, 62 × 56 cm Privatbesitz

Dessen Werke konnte Oskar Moll 1907 im Pariser Herbstsalon (Salon D'Automne) sowie in der Galerie Ambroise Vollards sehen; außerdem im Salon von Gertrude und Leo Stein, wo die künstlerische Avantgarde ein und aus ging.[19]

Im Herbst 1907 war Oskar Moll mit seiner Frau Margarete, der Malerin und Bildhauerin, die er im Jahr zuvor als seine Schülerin geheiratet hatte, aus Berlin für neun Monate nach Paris gekommen.[20] Im gleichen Jahr führte Lyonel Feininger das Paar in den Künstlerkreis um das Café du Dôme ein, wo sie auch Rudolf Levy kennenlernten. Zusammen mit ihm und vielen anderen Malerinnen und Malern besuchten sie in der Folge die Académie Matisse. Bis zum Ausbruch des Ersten Weltkriegs bestand eine enge Verbindung zwischen den Familien Matisse und Moll. Oskar und Margarete Moll begannen 1907 erste Werke von Matisse zu erwerben, und bis 1914 besaßen sie die bedeutendste Matisse-Sammlung in Deutschland.[21] Ein Hinweis auf diese Sammeltätigkeit des Schülers und Freundes mag sich in der orange-roten Matisse-Schale mit schwarz angedeutetem floralem Muster manifestieren, die Moll wirkungsvoll in sein Stillleben integriert hat.[22]

1908 entstanden auch die beiden Interieurs *Schwarze Frau am Fenster (Marg Moll)* von Oskar Moll (Abb. 5) und *Der rote Raum (Harmonie in Rot)* von Henri Matisse (Abb. 6). Während sich Moll nach seiner Ankunft in Paris, wie viele andere deutsche Künstler, zunächst noch mit dem Impressionismus befasste, spiegelt seine nur kurze Zeit später deutlich veränderte Malweise die Auseinandersetzung mit den von Matisse proklamierten und malerisch umgesetzten Neuerungen auch und gerade im Umgang mit der Farbgebung wider. In diesem Beispiel kommt er der Intention von Matisse sehr nahe. Voneinander abgegrenzte Farbflächen in Rot, Orange und Gelb bezeichnen die Wände, den Fußboden und die Vorhänge. Sie stehen in Kontrast zu der überwiegend in schwarz gekleideten links vorne im Bild sitzenden Figur und dem ihr gegenüberstehenden angeschnittenen Stuhl. Die mittels Farben gegliederte nahezu strenge Ordnung wird im Innenraum durch angedeutete Muster an der Wand und auf der Sitzfläche des Stuhls aufgelockert, Muster, die farblich zugleich eine Verbindung zum Außenraum herstellen. Breite grüne diagonal verlaufende Farbbahnen ohne Kontur lassen sich beim fiktiven Blick aus dem Fenster gedanklich erweitern und suggerieren dadurch Räumlichkeit.

Oskar Moll folgte Matisse hinsichtlich Farbauffassung und Komposition nur für relativ kurze Zeit. Im Gegensatz zu klaren Flächen reiner Farben widmete er sich in der Folge einer eher räumlichen Farbauffassung. Das Ehepaar Moll hielt sich nach 1908, anders als beispielsweise Purrmann oder Levy, lediglich sporadisch in Paris auf; Lebensmittelpunkt war Berlin. Anregungen und Erkenntnisse aus der Zeit der Académie Matisse verarbeitete

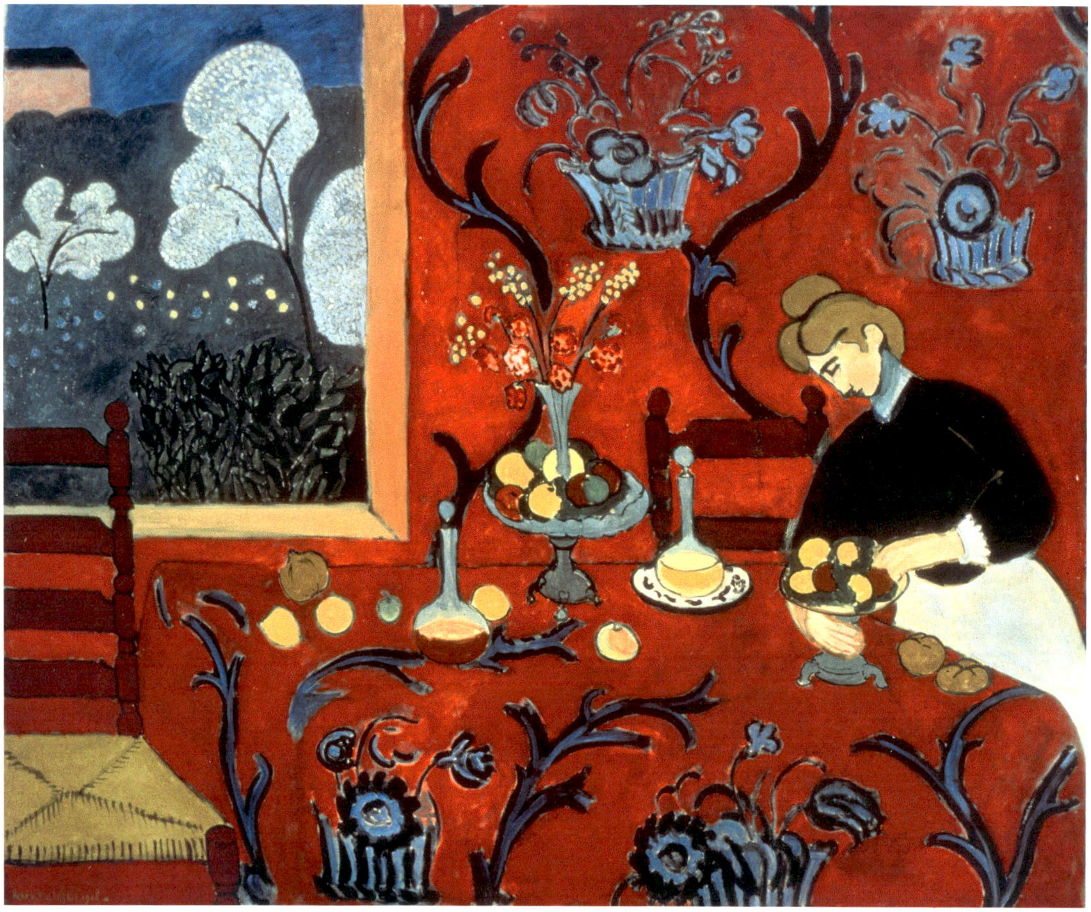

ABB. 6: Henri Matisse *Der rote Raum (Harmonie in Rot)*, 1908
Öl auf Leinwand 180 × 200 cm St. Petersburg, Eremitage

Oskar Moll insbesondere in Landschaftsmotiven, beispielsweise dem Grunewaldsee.

1908 malte Matisse das Bild *Der rote Raum (Harmonie in Rot)* (Abb. 6). Die kontrastreichen kräftigen Farbflächen wurden nun durch das Ornament als Gestaltungsmittel ergänzt, das zu einem wesentlichen Kennzeichen seiner dekorativ verstandenen Malerei wurde. Von einer Reise nach Algerien im Mai 1906 hatte Matisse Keramiken und Stoffe mitgebracht, die er ebenso wie Teppiche als Inspirationsquellen nutzte und in seinen Bildern verarbeitete. Die in blau ausgeführte Arabeske bestimmt als Rankenform neben dem Fenster den gesamten flächig aufgefassten roten Bildraum. Die Figur tritt, anders als bei Moll, hinter der Farbe und dem Ornament zurück.

Während in Rudolf Levys Stillleben nur verhalten Muster und Ornamente zu finden sind, kombinierte Oskar Moll teilweise mehrere unterschiedliche Muster in einem Bild. Sein *Großes Stillleben mit Kamelie* von 1918 (Abb. 7) ist ein Beispiel dafür. Es wird von Blau- und Grüntönen bestimmt, während die Ornamente an die Gegenstände wie Krug, Teller, Tischdecke und Vorhang gebunden sind.

Matisse formulierte 1908 in seinen „Notes d'un peintre" über den Ausdruck und die Empfindung, die Ausgangspunkt der Überlegungen waren: „Der Ausdruck steckt für mich nicht etwa in der Leidenschaft, die auf einem Gesicht losbricht oder sich durch eine heftige Bewegung kundgibt. Er ist vielmehr in der ganzen Anordnung meines Bildes: der Raum, den die Körper einnehmen, die leeren Partien um sie, die Proportionen: dies alles hat einen Teil daran. Die Komposition ist die Kunst, in dekorativer Weise die verschiedenen Elemente anzuordnen, über die der Maler verfügt, um seine Gefühle auszudrücken. [...] Ein Werk umschließt eine Gesamtharmonie: jedes überflüssige Detail würde im Geiste des Beschauers den Platz einnehmen, den ein andres, ein wesentliches Detail einnehmen sollte."[23]

Und zur Farbe als bedeutendes Ausdrucks- und Gestaltungsmittel bemerkte er: „Man kann durch die Farben reizvolle Wirkungen erhalten, indem man sich auf ihre Verwandtschaft oder ihre Kontraste stützt."[24] Die Werke von Henri Matisse, Rudolf Levy und Oskar Moll bestätigen diese Aussage auf ihre jeweils individuelle Art und Weise.

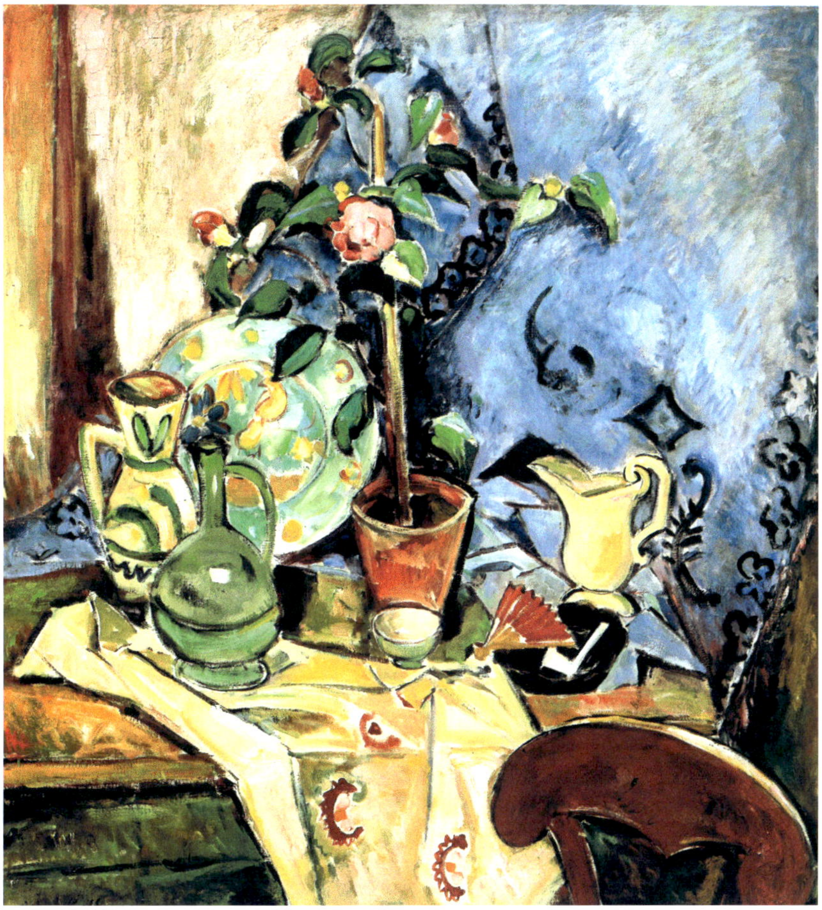

ABB. 7: Oskar Moll *Großes Stillleben mit Kamelie,* 1918
Öl auf Leinwand 108 × 101,5 cm Regensburg, Kunstforum Ostdeutsche Galerie

1 Henri Matisse erläuterte 1929 am Beispiel seines 1910 entstandenen Werkes „La Musique" mit dem Hinweis auf Gauguin und van Gogh, die Verbindung von Farbe und Form: „Besonderes Merkmal: Die Farbe war der Form gemäß. Die Form wandelte sich in Rücksicht auf die farbigen Nachbarschaften. Denn die Kraft der Aussage springt aus der farbigen Oberfläche und wird vom Betrachter ganz erfaßt.", Matisse 1960, S. 44.
2 Levy 1920, S. 188.
3 Matisse 1960, S. 23; vgl. Hess 1993, S. 71.
4 Henri Matisse, zit. n. Hess 1993, S. 73.
5 Matisse 1982, S. 110
6 Wie Fußnote 3 sowie Widauer 2013b, S. 60.
7 Widauer 2013a, S. 14.
8 Ebd., S. 20.
9 Thesing 1990, S. 15. Der Kunsthistoriker und Germanist Hermann Uhde-Bernays, der 1906 mit dem Künstlerkreis in Paris in Kontakt kam, berichtete, dass Rudolf Levy, auch „Roi Levy" (König Levy) genannt, „von Anfang an [...] zum Anführer erkoren worden [war]", siehe ebd.
10 Levy bemerkte: „Als ich 1907 Matisse persönlich kennen lernte, war in den Ateliers vom Montparnasse bis zum Montmartre sein Name schon in aller Munde.", Levy 1920, S. 187.
11 Die Gründung erfolgte 1907; Matisse verlegte die Schule 1908 an den Boulevard des Invalides, siehe Essers 2016, S. 94. 1911, als die Malschule ihren Betrieb einstellte, gehörten ihr über 80 Mitglieder an, siehe Würtz 1969, [Siegfried Salzmann, o. S.].
12 Gautherie-Kampka 1996, S. 64. Hermann Uhde-Bernays bemerkte, Levy sei „als Maler zu einem der selbständigsten Schüler von Matisse gereift", zit. n. Thesing 1990, S. 15.
13 Levy 1920, S. 187–188.
14 Ebd., S. 187.
15 Ebd.
16 Vgl. Thesing 1990, S. 64.
17 In Rudolf Levys Gesamtwerk gibt es vier Selbstbildnisse; drei sind im Besitz des Museums Pfalzgalerie Kaiserslautern (mpk): die Zeichnungen *Selbstbildnis I* (Berlin 1931/32) und *Selbstbildnis III* (Florenz 1943) sowie die Ölmalerei *Selbstbildnis IV* von 1943. Die dritte Zeichnung *Selbstbildnis II* (Berlin 1932/33) gehört zum Bestand der Staatlichen Graphischen Sammlung München.
18 Siehe auch das 1906 in Paris entstandene *Stillleben mit Obstschale und Karaffe*; eine Abbildung findet sich in Thesing 1990, S. 70, WVZ-Nr. 271.
19 Gautherie-Kampka 1997, S. 46.
20 Würtz 1969, [Marg Moll, o. S.]. Marg Moll berichtet, dass sie, abgesehen von den Kriegsjahren, allein oder mit ihrem Ehemann Oskar Moll, jedes Jahr nach Paris gefahren sei.
21 Kropmanns 1997, S. 77–78. Zu den erworbenen Werken gehörten unter anderem *Drei Badende*, 1907; *Die Palme*, 1912, und *Der Tanz* (2. Version), 1912, siehe auch Moll 1967 [o. S.].
22 Ewers-Schultz 2019, S. 92
23 Matisse 1960, S. 13.
24 Ebd., S. 13.

Berlin und die Weimarer Republik: Rudolf Levy im Netzwerk der Moderne

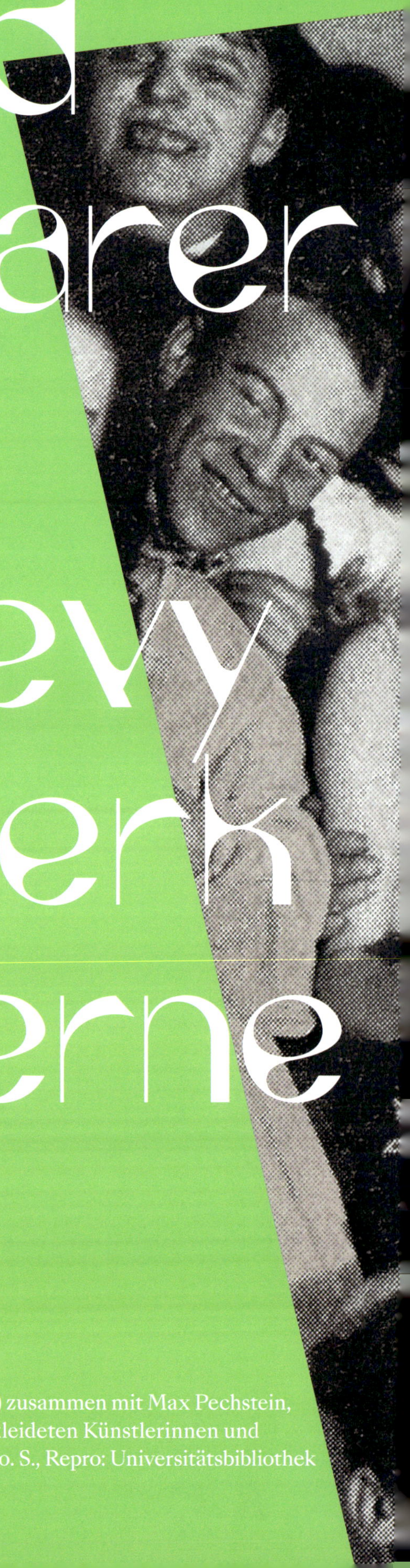

Ein Künstlerfest im Berlin des Jahres 1928: Rudolf Levy (vorderste Reihe, mittig sitzend) zusammen mit Max Pechstein, Karl Hofer, Renée Sintenis, Georg Grosz, Ottomar Starke, Fritz Heß und anderen verkleideten Künstlerinnen und Künstlern, Ausschnitt, erstmals abgedruckt in *Der Querschnitt*, 1928, Jahrgang 8, Heft 2, o. S., Repro: Universitätsbibliothek der Humboldt-Universität Berlin

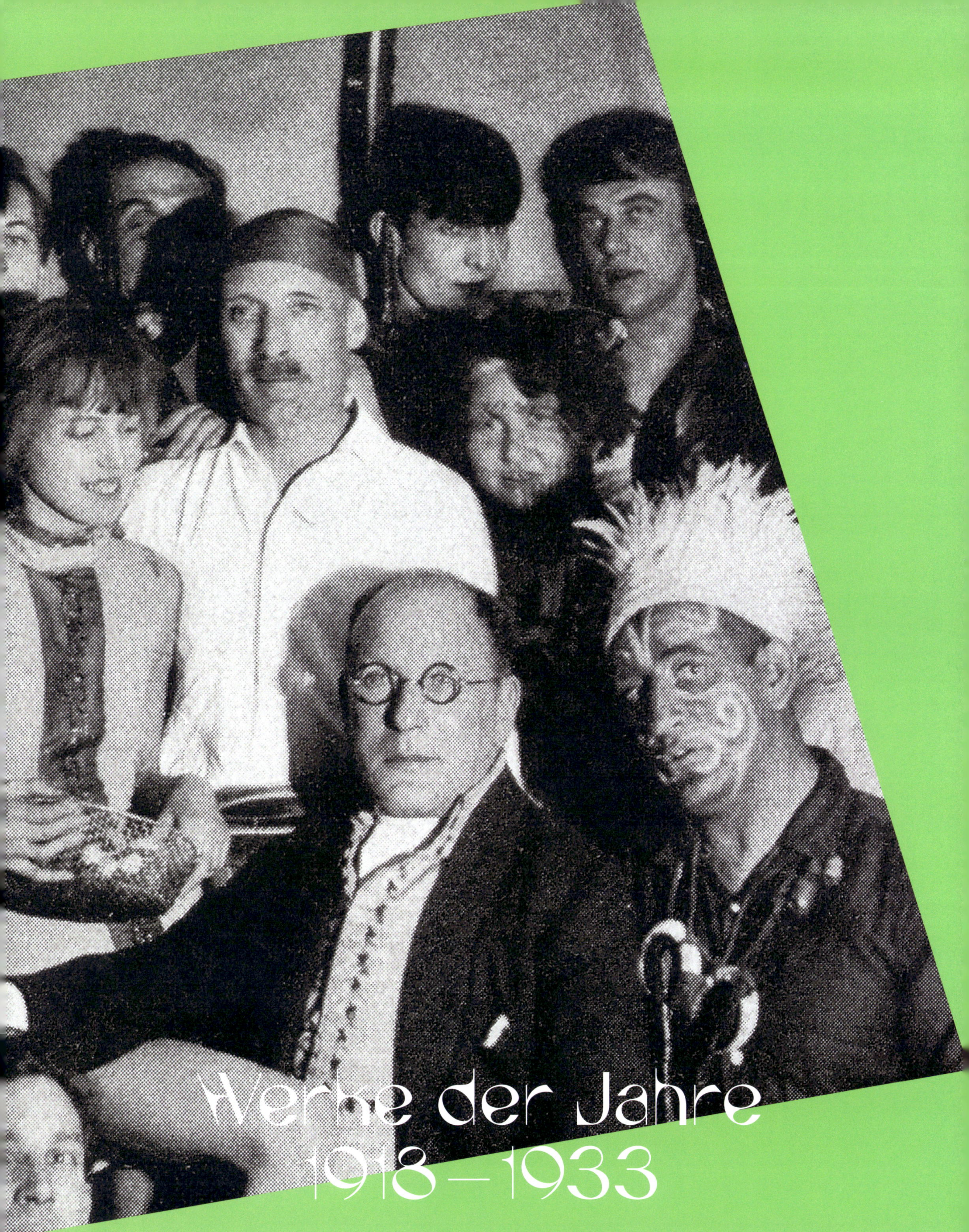

Werke der Jahre 1918–1933

KAT 19

BLUMENSTRAUSS AUF RUNDEM TISCH, 1919

Öl auf Leinwand, 75 × 58 cm

MUSEUM PFALZGALERIE KAISERSLAUTERN, INV.-NR. PFG 62/5   WVZ-NR. 48

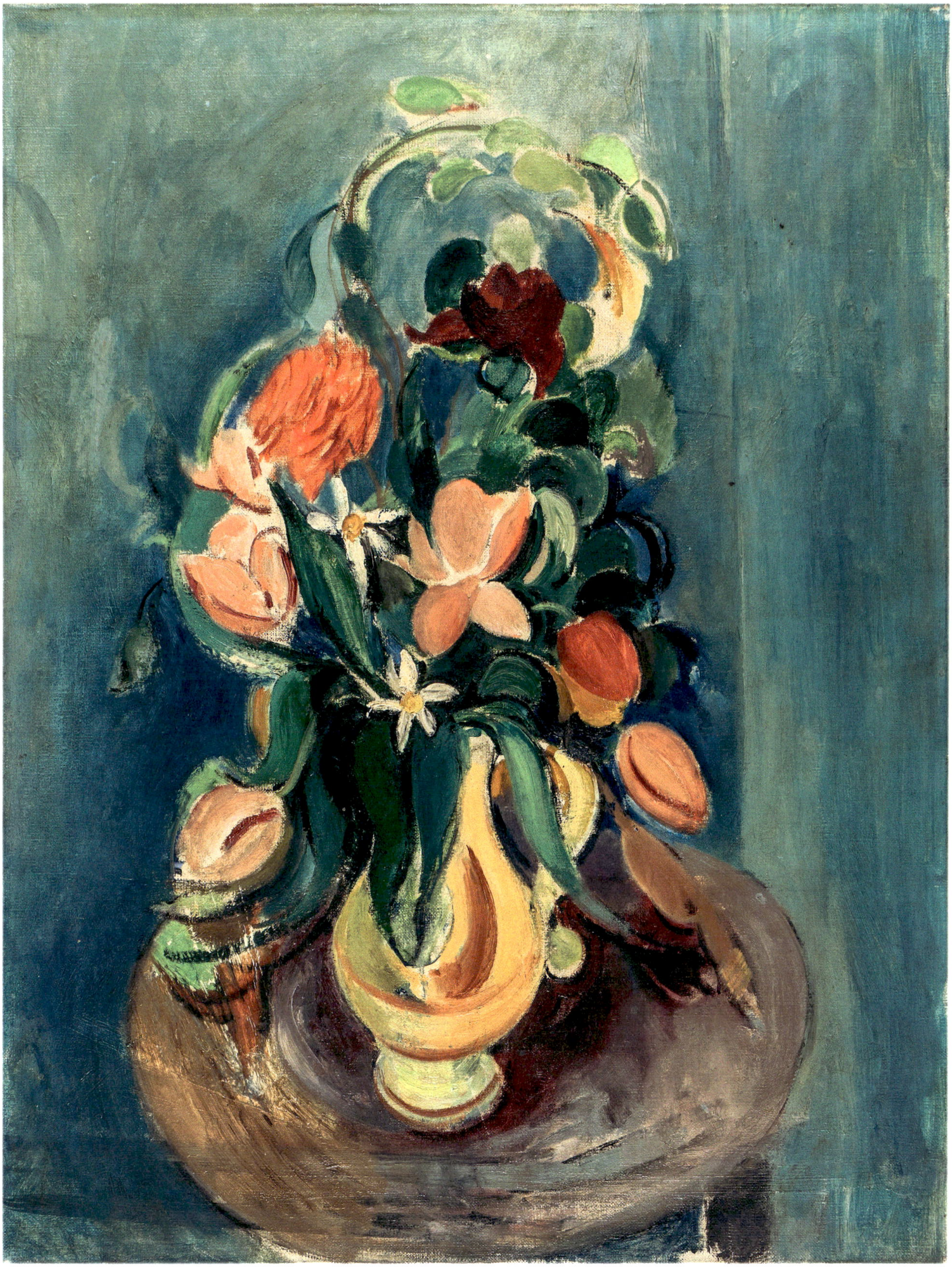

KAT 19

STILLLEBEN MIT KAMELIENTOPF AUF RUNDEM TISCH, 1920 ◊

Öl auf Leinwand, 76 × 57cm

BERNRIED AM STARNBERGER SEE, BUCHHEIM MUSEUM DER PHANTASIE, INV.-NR. 0.00074 WVZ-NR. 49

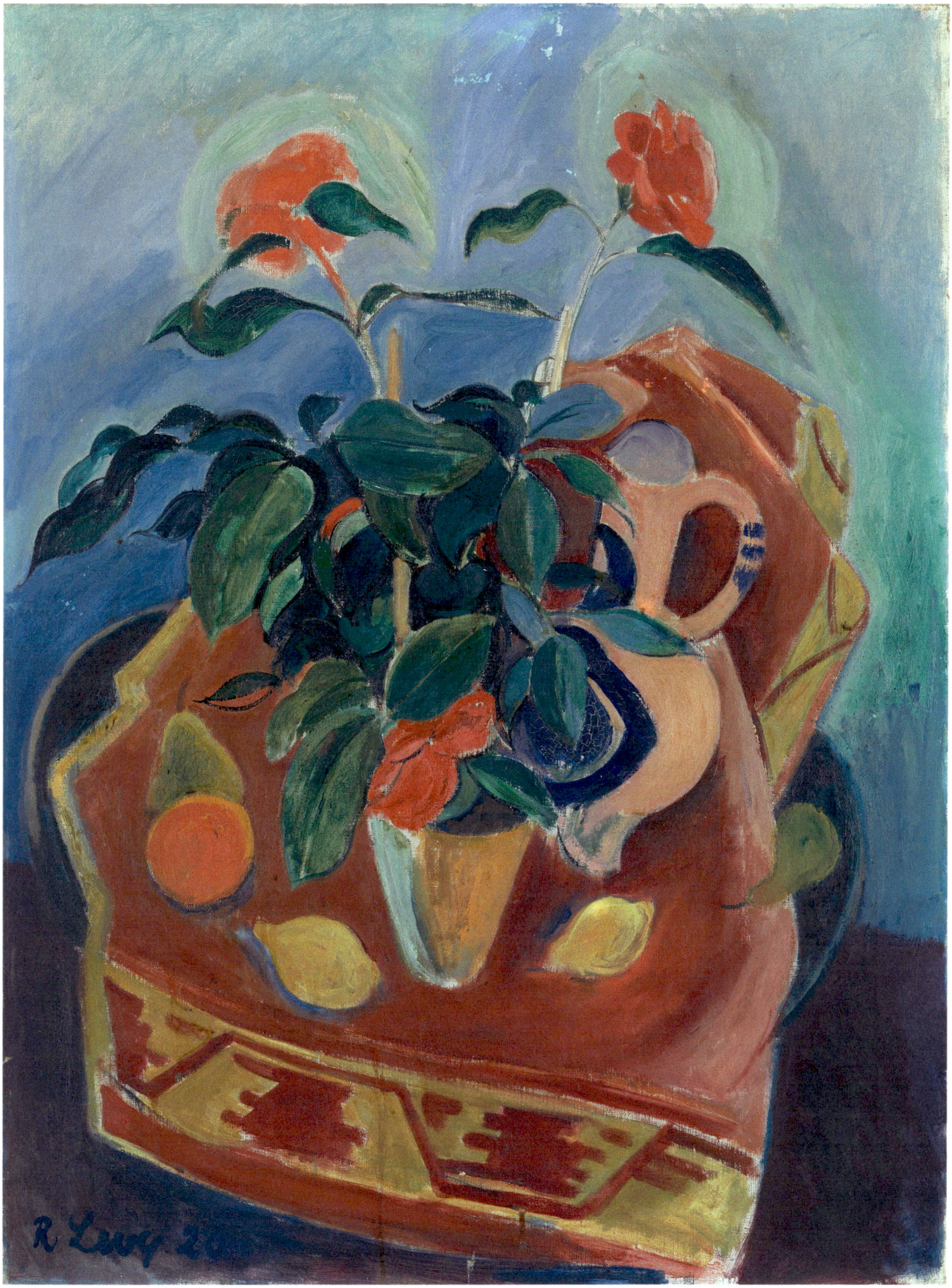
R Levy 26

KAT 21
GENIA LESEND, 1921
Öl auf Leinwand, 60,5 × 50,2 cm
PRIVATSAMMLUNG WVZ-NR. 60

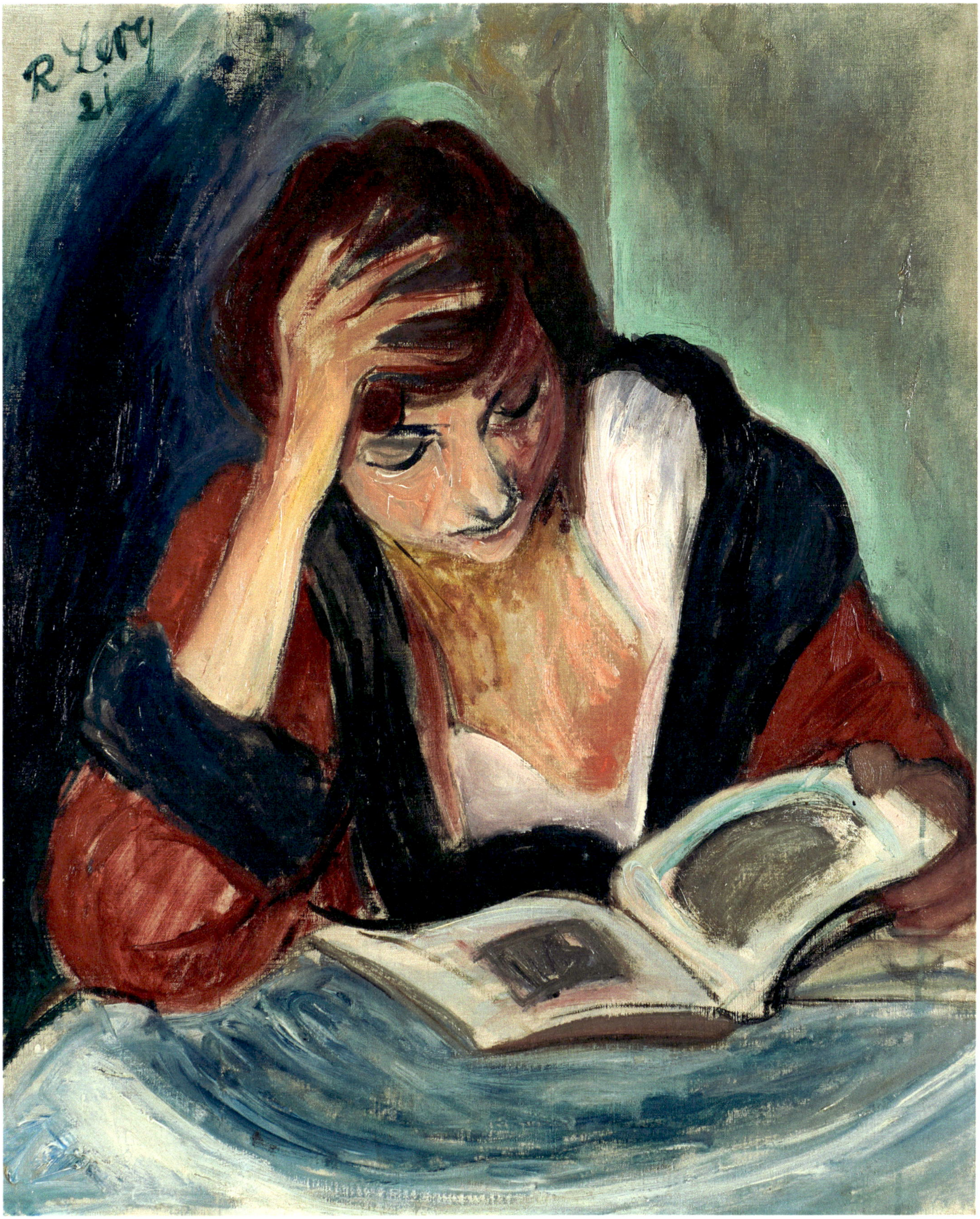
R. Levy
21

KAT 22

BILDNIS GENIA LEVY, 1925 ◊

Öl auf Leinwand, 81,8 × 65,5 cm

REGENSBURG, KUNSTFORUM OSTDEUTSCHE GALERIE, INV.-NR. 2271 WVZ-NR. 102

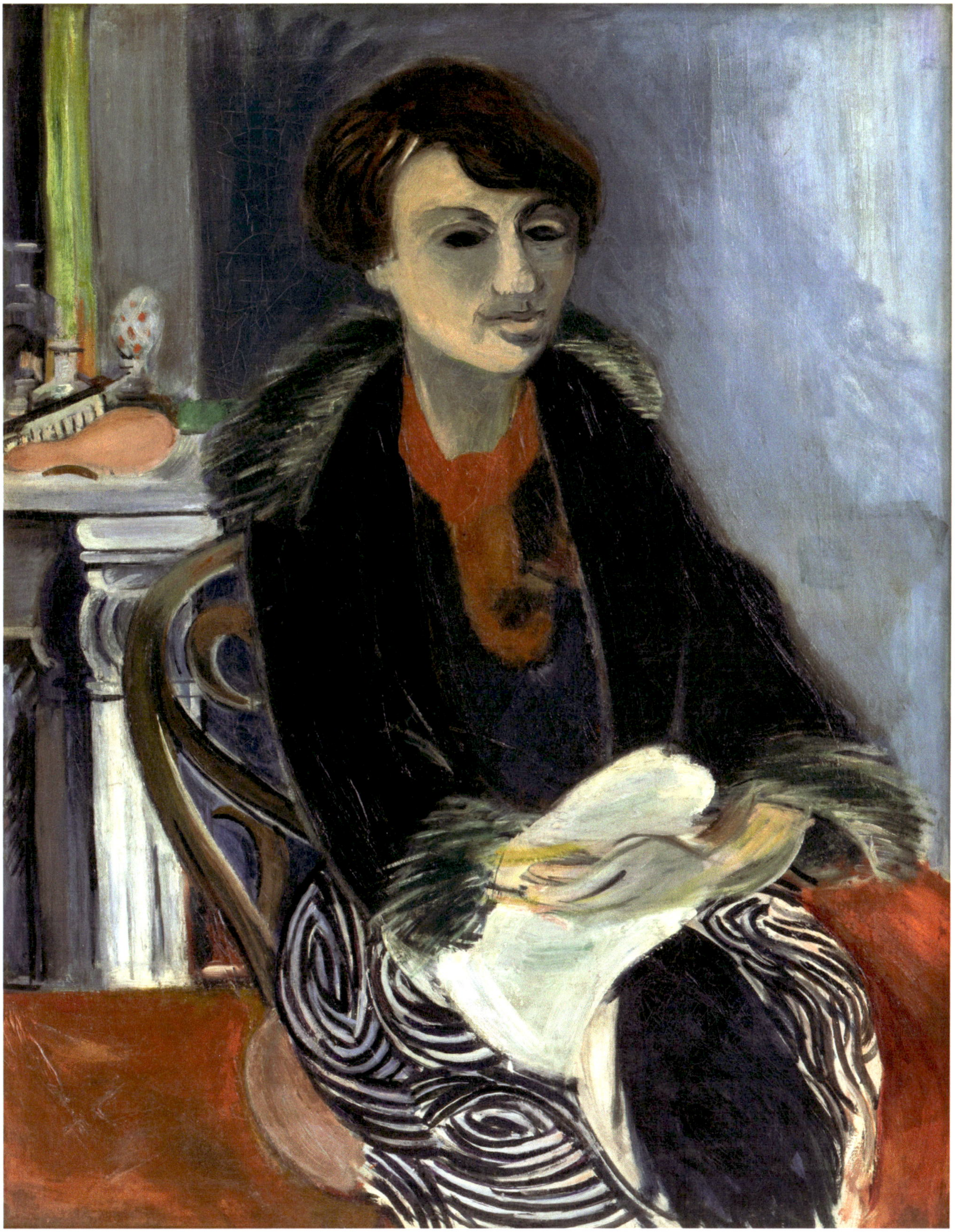

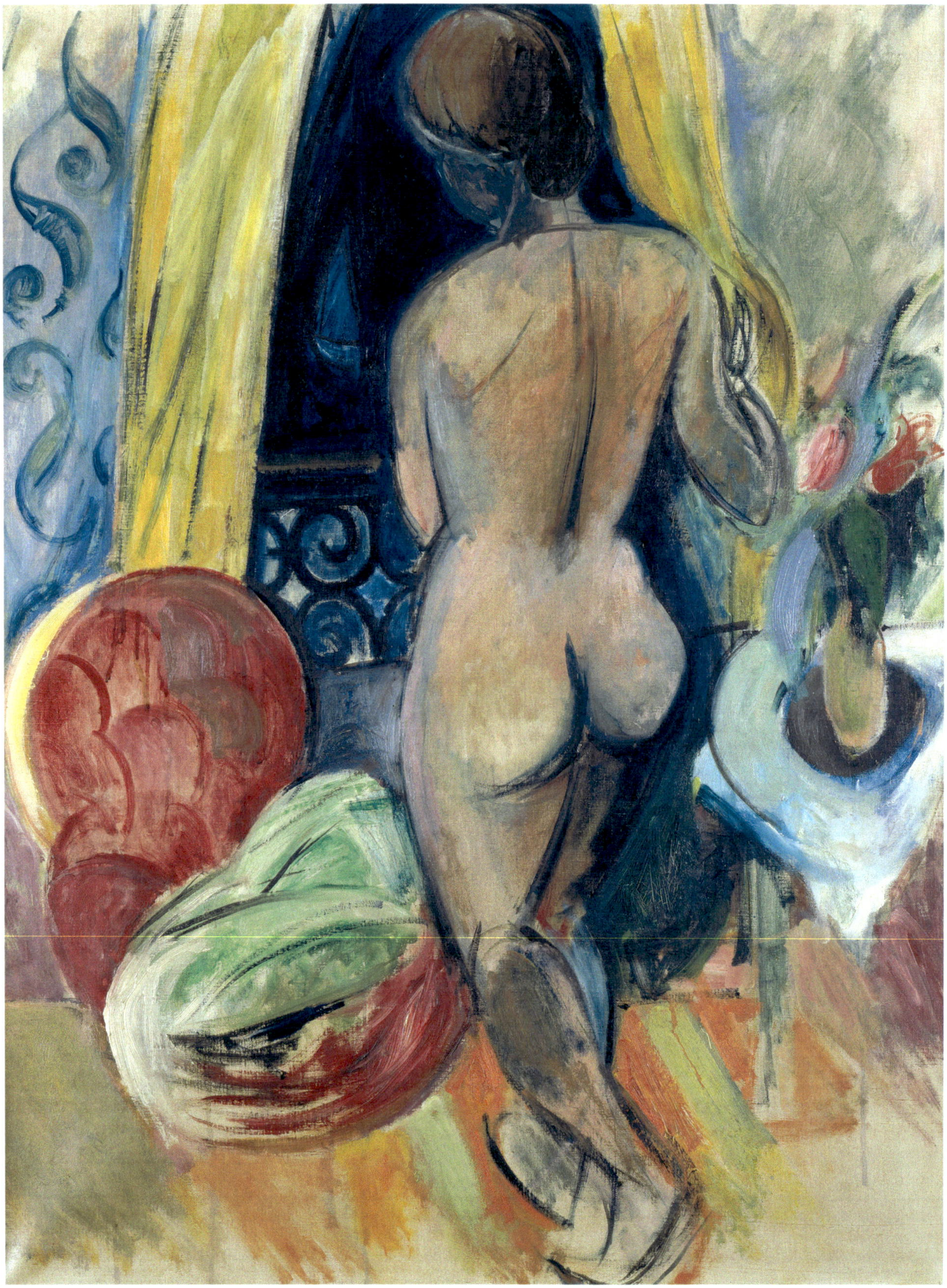

KAT 23
WEIBLICHER RÜCKENAKT AM FENSTER, 1921 ◊
Öl auf Leinwand, 90,5 × 71 cm
KÖLN, MUSEUM LUDWIG, INV.-NR. ML 76/3140 WVZ-NR. 58

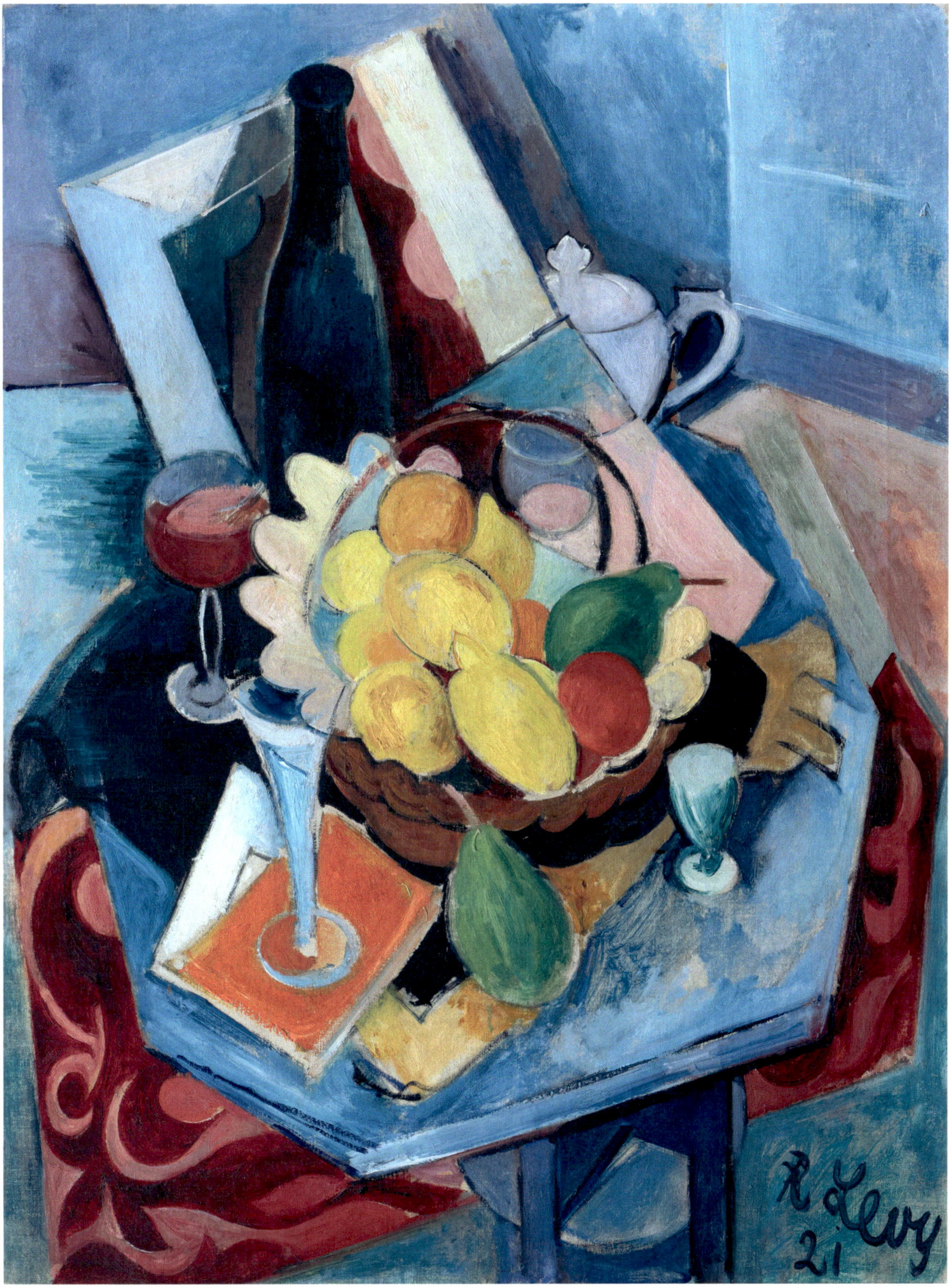

KAT 24

STILLLEBEN MIT FRÜCHTEN, 1921 ◊

Mischtechnik auf Leinwand, 78 × 58 cm

MAINZ, GDKE, LANDESMUSEUM MAINZ, INV.-NR. 84/4 WVZ-NR. 277

KAT 25

ATELIERSTILLLEBEN MIT BEGONIENTOPF, 1922

Öl auf Leinwand, 100 × 80 cm

DARMSTADT, HESSISCHES LANDESMUSEUM, INV.-NR. GK 1258 WVZ-NR. 66

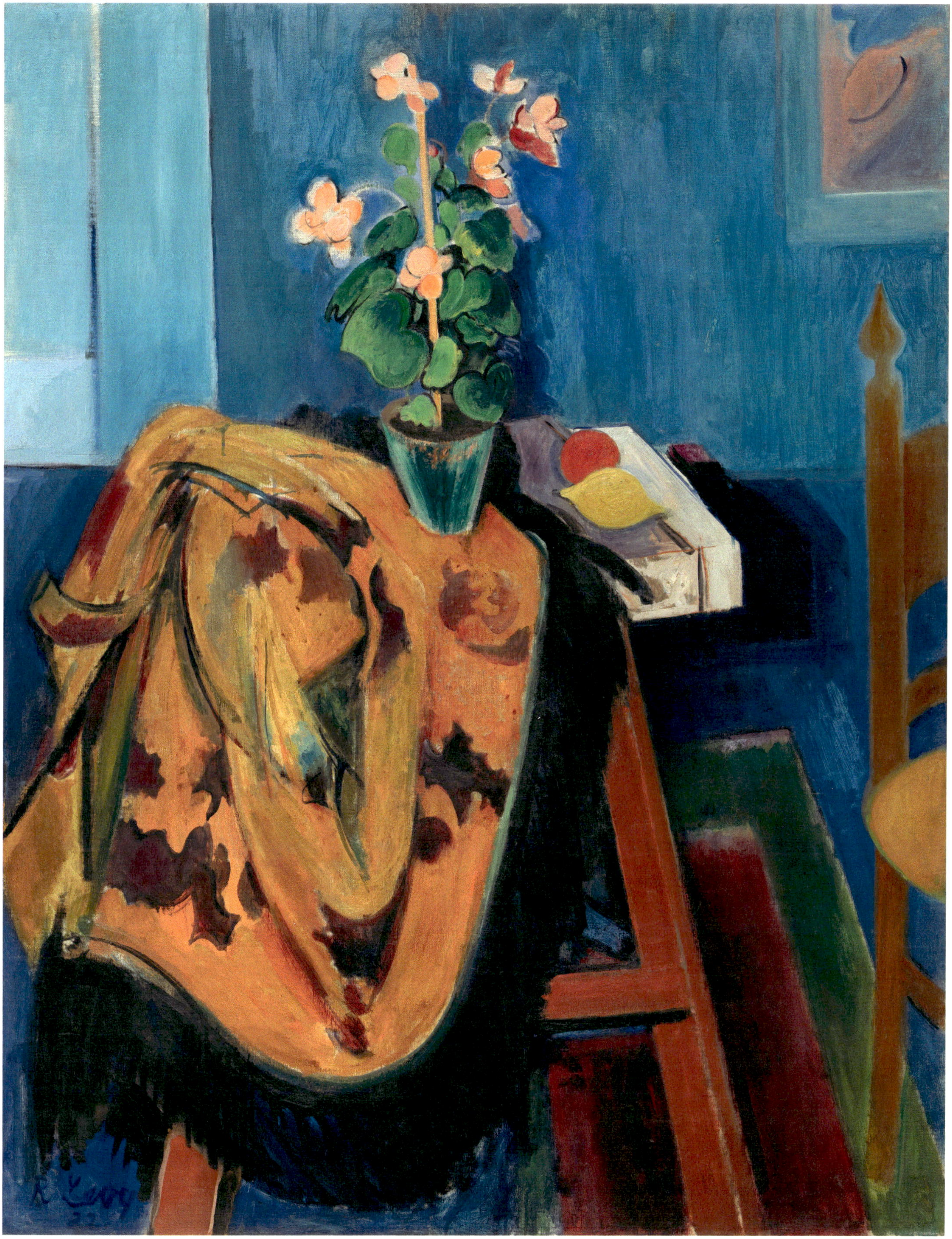

KAT 26
STILLLEBEN MIT KAFFEEKANNE, um 1921/22
Öl auf Leinwand, 55 × 63 cm
PRIVATSAMMLUNG WVZ-NR. 63

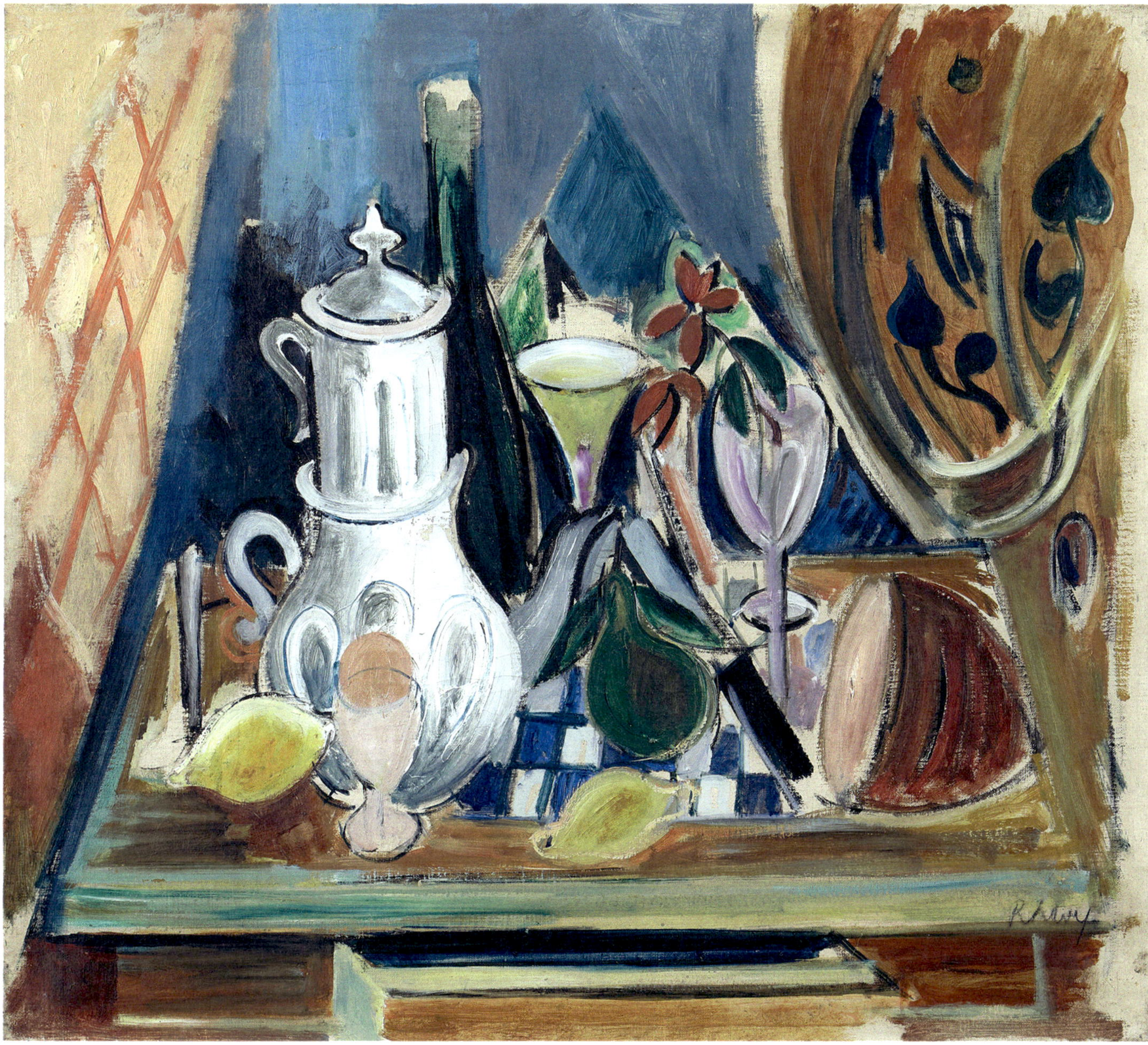

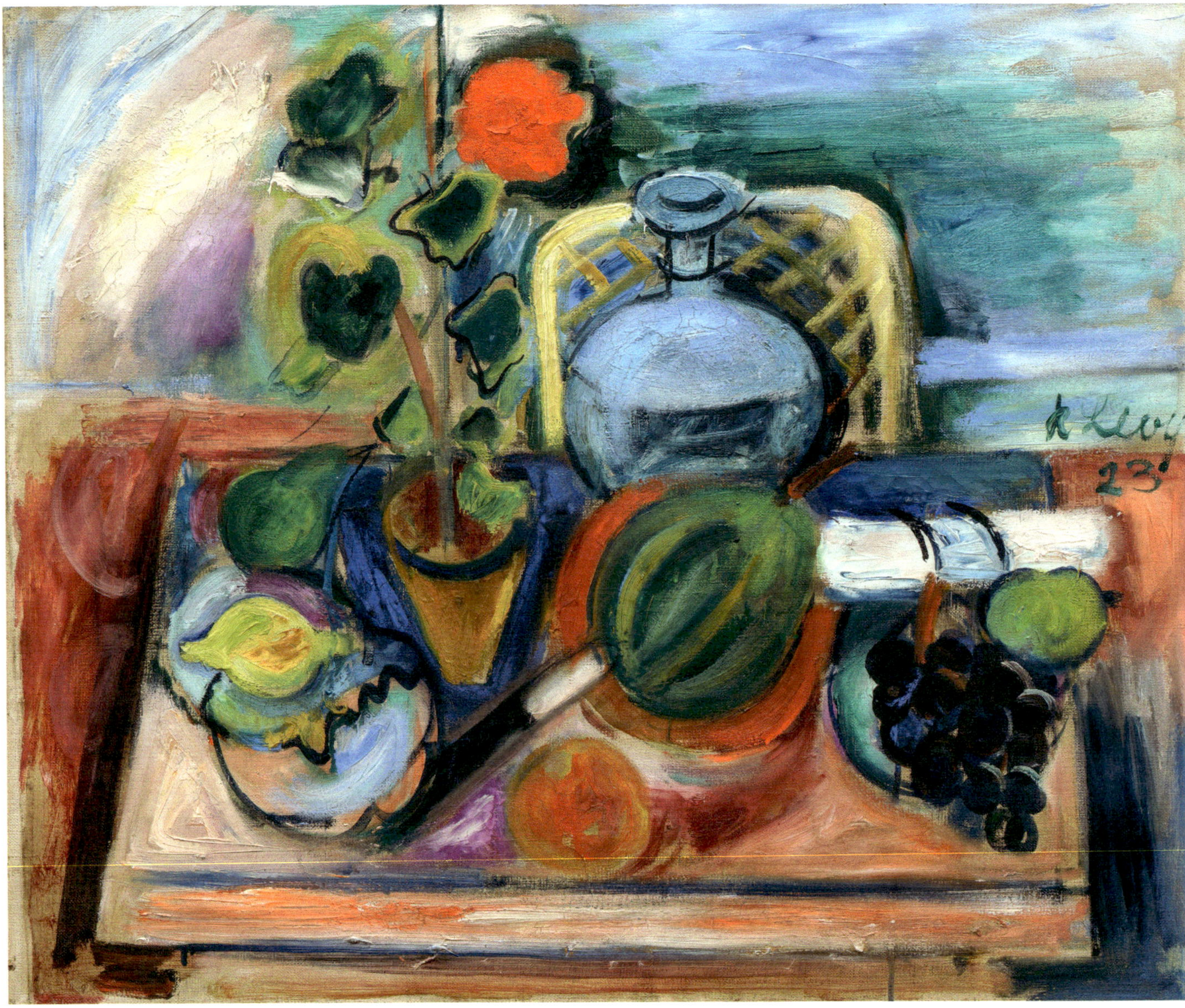

KAT 27
STILLLEBEN, 1923
Öl auf Leinwand, 50 × 60,3 cm
PRIVATSAMMLUNG WVZ-NR. 77

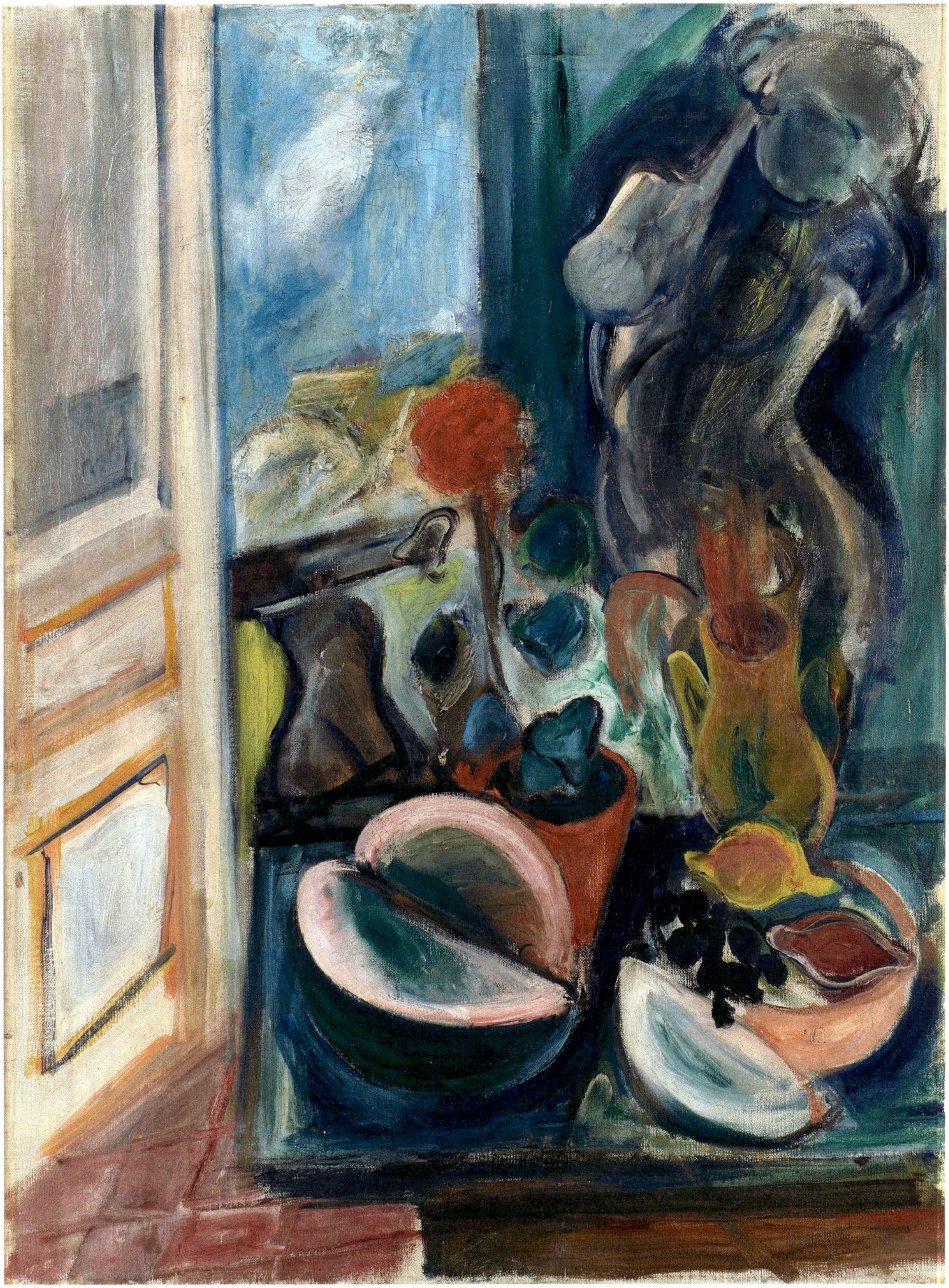

KAT 28
ATELIERSTILLLEBEN VOR BALKONTÜR, um 1923
Öl auf Leinwand, 85 × 65 cm
PRIVATSAMMLUNG WVZ-NR. 75

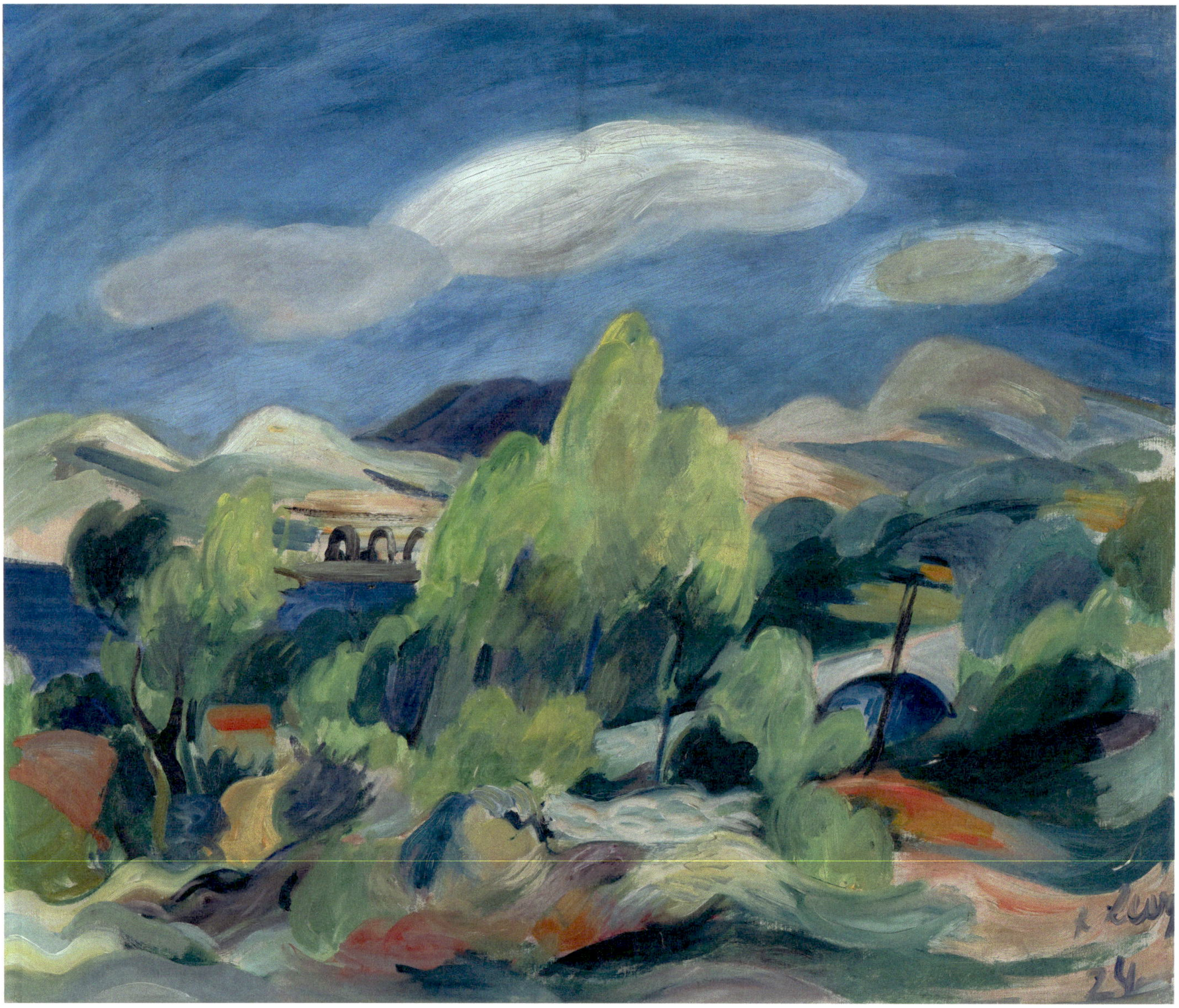

KAT 29
SÜDLICHE LANDSCHAFT (SANARY), 1924 ◊
Öl auf Leinwand, 54 × 65 cm
HALLE, STAATLICHE GALERIE MORITZBURG, INV.-NR. I/545 WVZ-NR. 283

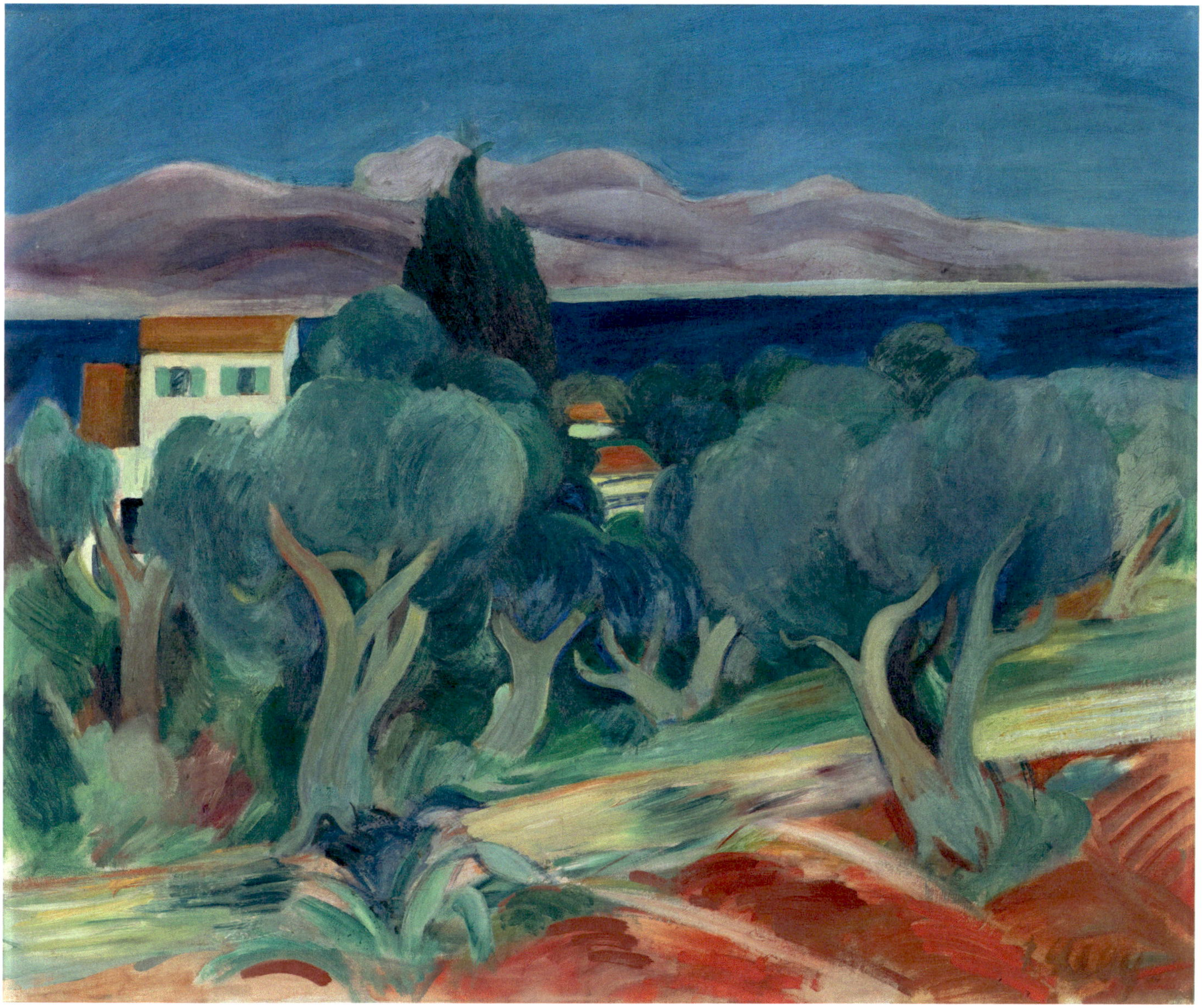

KAT 30
LANDSCHAFT BEI SANARY, 1924 ◊
Öl auf Leinwand, 60 × 73 cm
SAARBRÜCKEN, SAARLANDMUSEUM – MODERNE GALERIE, INV.-NR. NI 2281 WVZ-NR. 94

KAT 31

STRASSE BEI SANARY, 1925 ◊

Öl auf Leinwand, 53,8 × 64,7 cm

REGENSBURG, KUNSTFORUM OSTDEUTSCHE GALERIE, INV.-NR. 898 WVZ-NR. 100

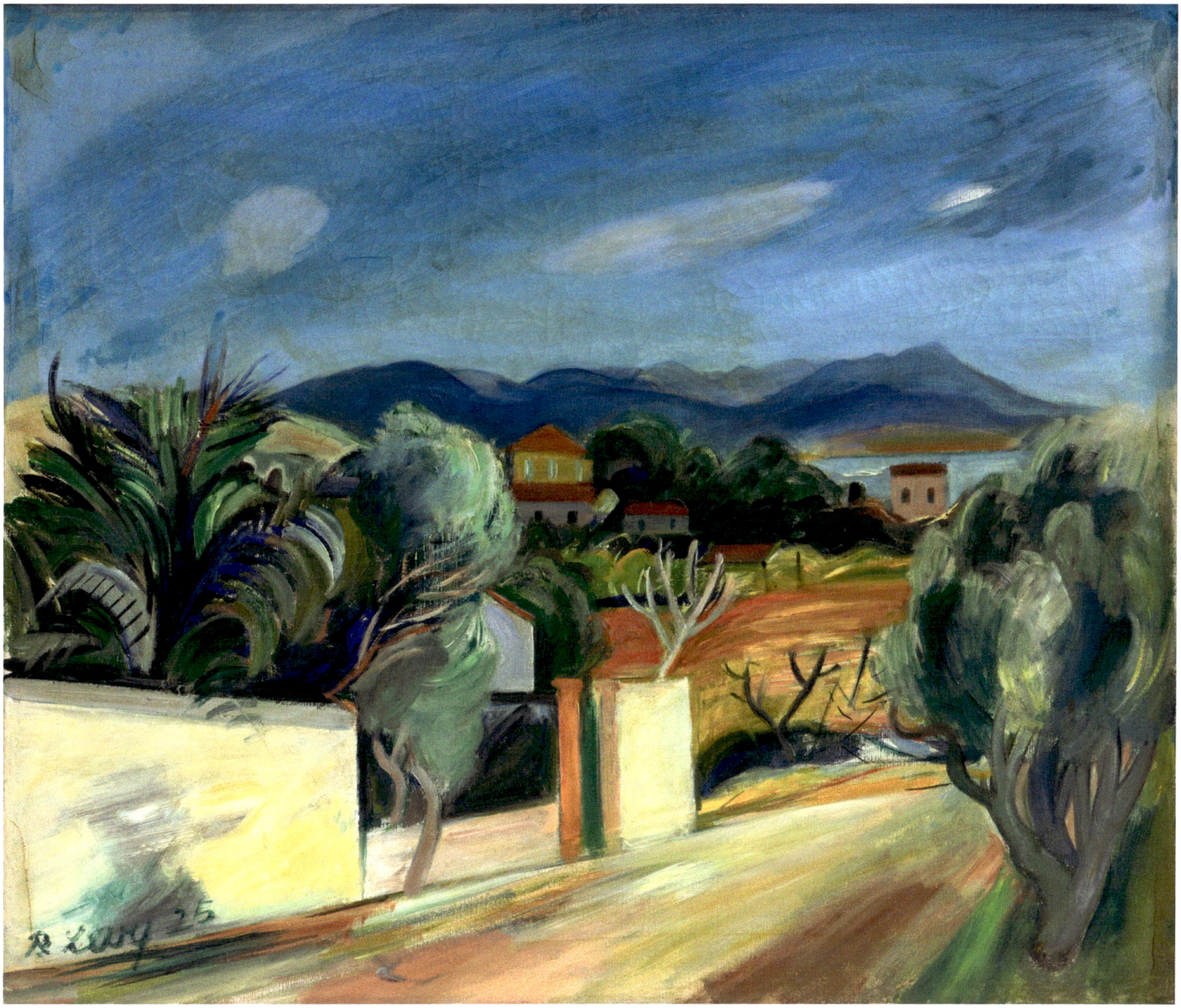

KAT 32

DIE KLEINE ARNTHAL, 1926 ◊

Öl auf Leinwand, 100 × 65 cm

PRIVATSAMMLUNG WVZ-NR. 106

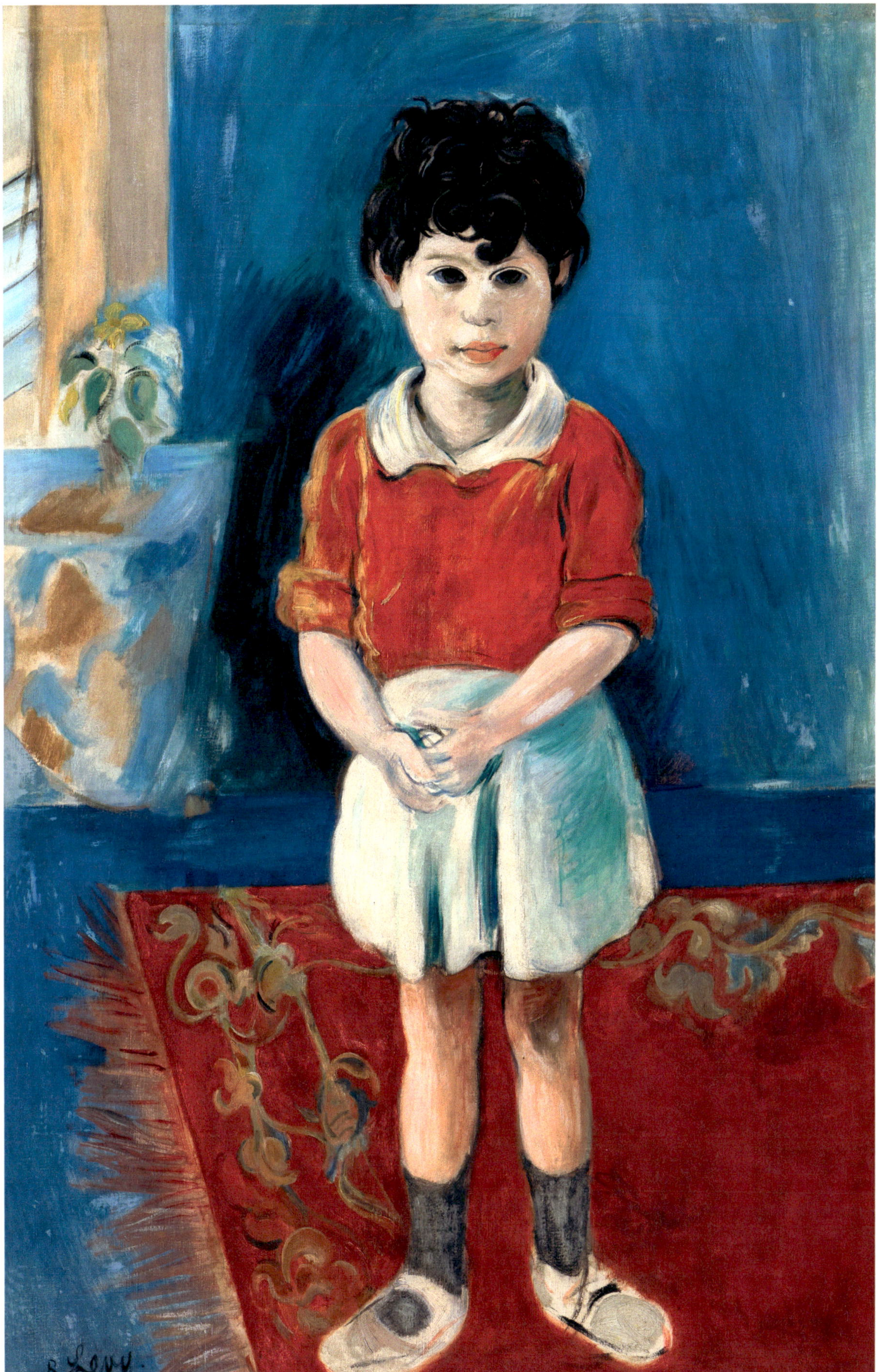
R Levy

KAT 33

KNABE MIT MASKE, 1927

Öl auf Leinwand, 73 × 59,5 cm

MUSEUM PFALZGALERIE KAISERSLAUTERN, INV.-NR. PFG 63/6 WVZ-NR. 113

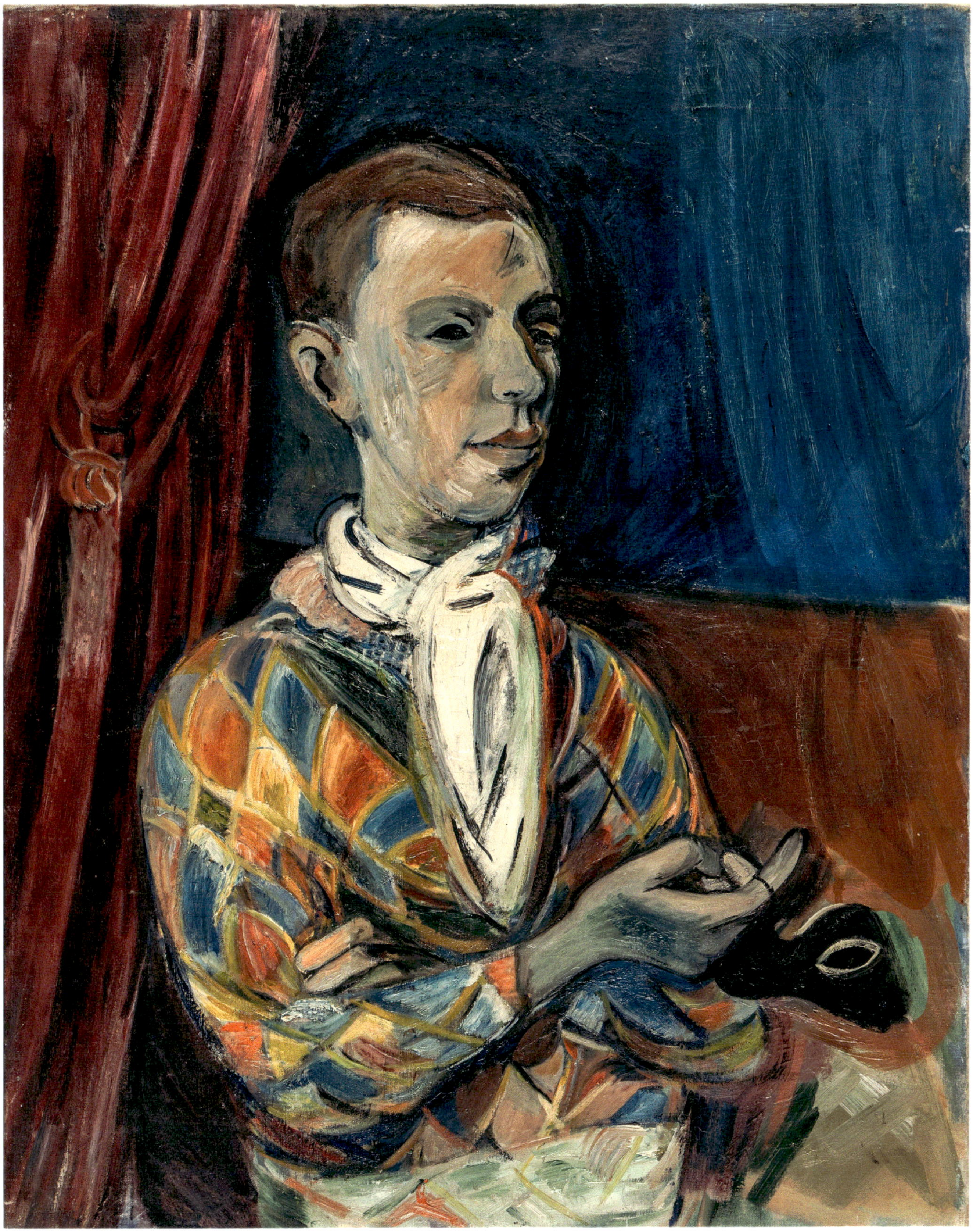

KAT 34

BILDNIS MARGOT LACHMANN (SCHWÄGERIN VON RUDOLF LEVY), um 1928 ◊

Öl auf Leinwand, 92 × 73 cm

MAINZ, GDKE, LANDESMUSEUM MAINZ, INV.-NR. 87/23 WVZ-NR. 128

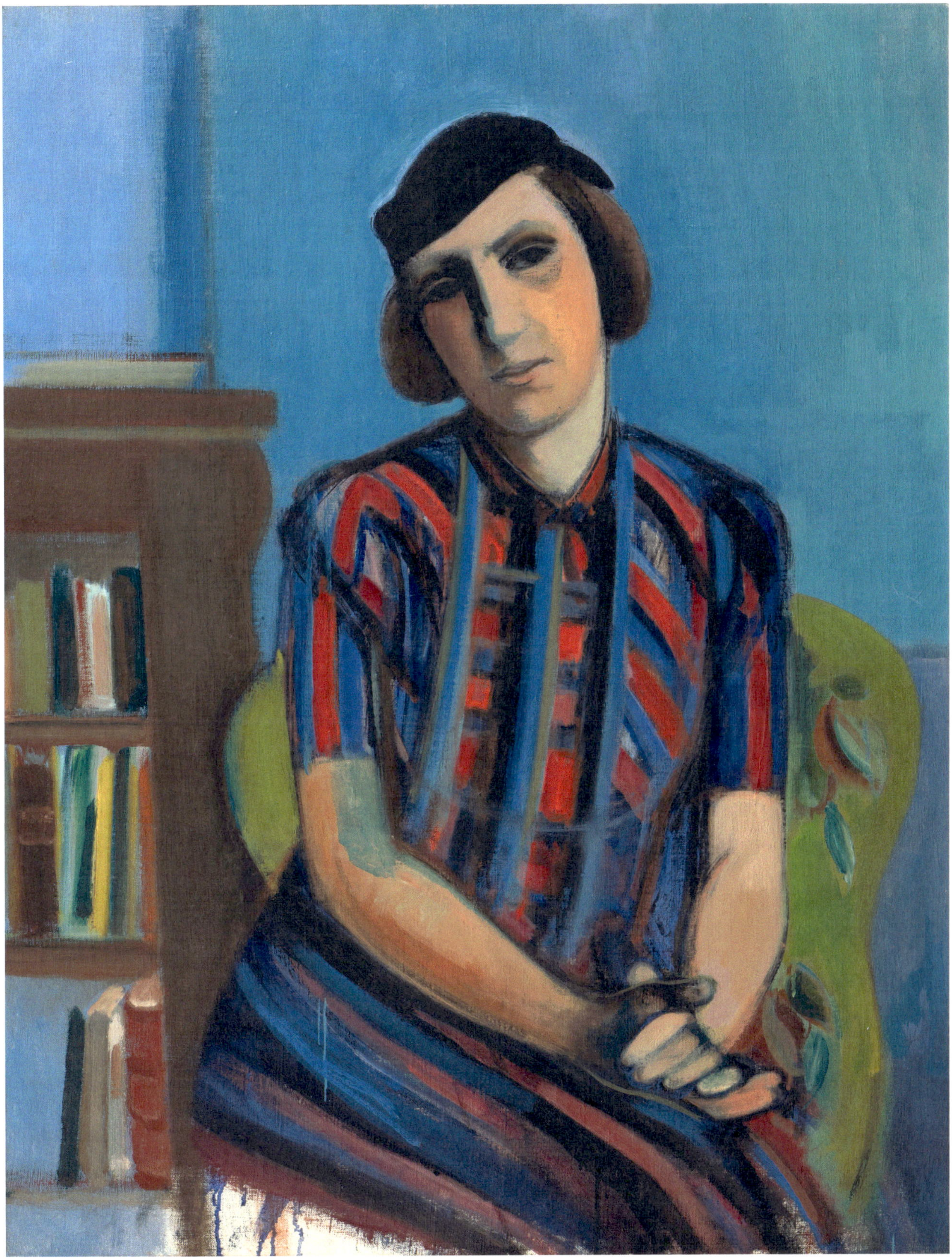

KAT 35

PARKWEG AM SEE, 1930

Öl auf Pappe, 72 × 92 cm

MUSEUM PFALZGALERIE KAISERSLAUTERN, INV.-NR. PFG 62/3 WVZ-NR. 143

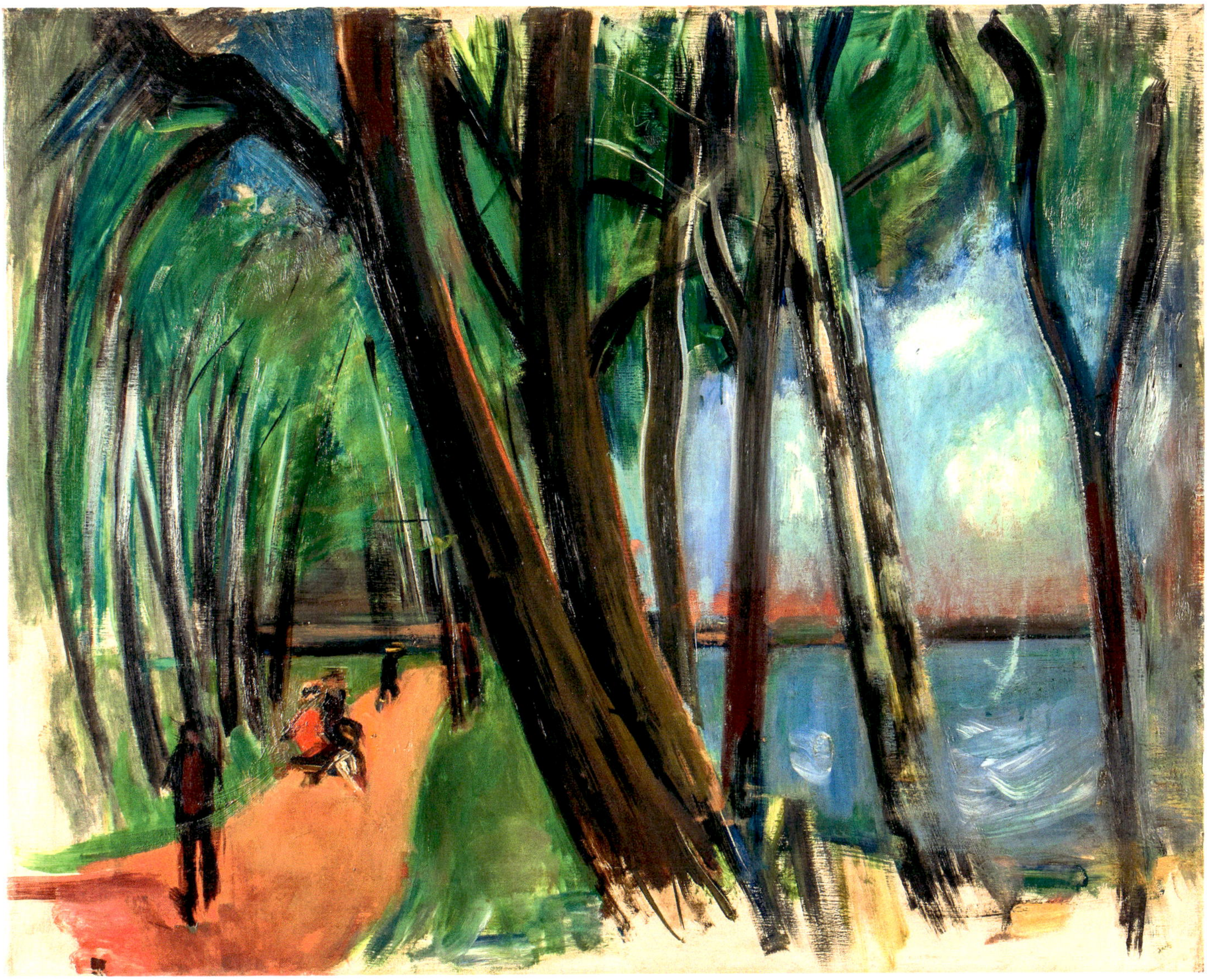

KAT 36

STILLLEBEN MIT KOPF UND STAFFELEI, 1931/32

Öl auf Leinwand, 118 × 90 cm

PRIVATSAMMLUNG WVZ-NR. 156

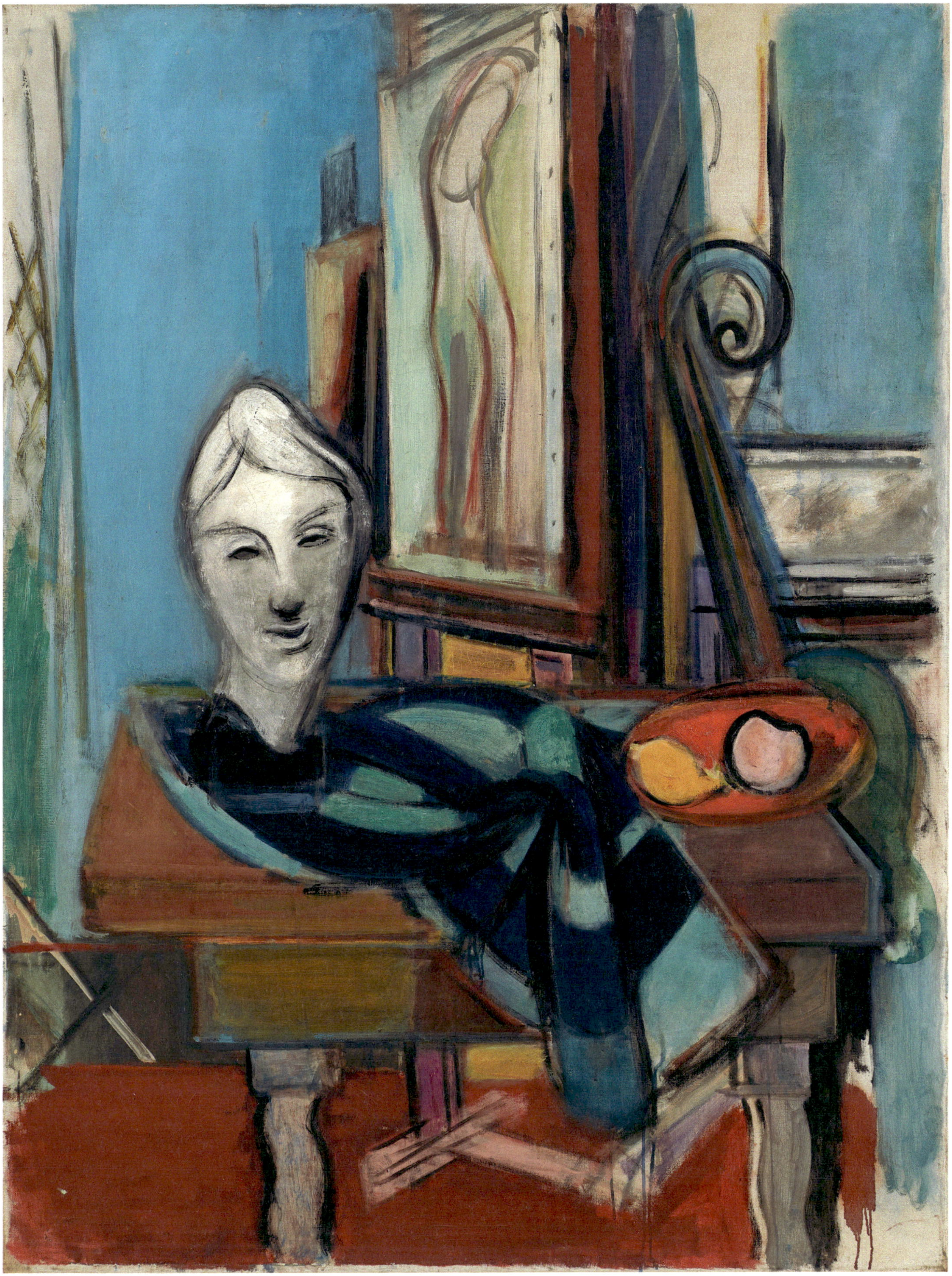

KAT 37

SELBSTBILDNIS I, 1931/32

Kohle auf Papier, 56,2 × 44,4 cm

MUSEUM PFALZGALERIE KAISERSLAUTERN, INV.-NR. PFG 54/39 WVZ-NR. 157

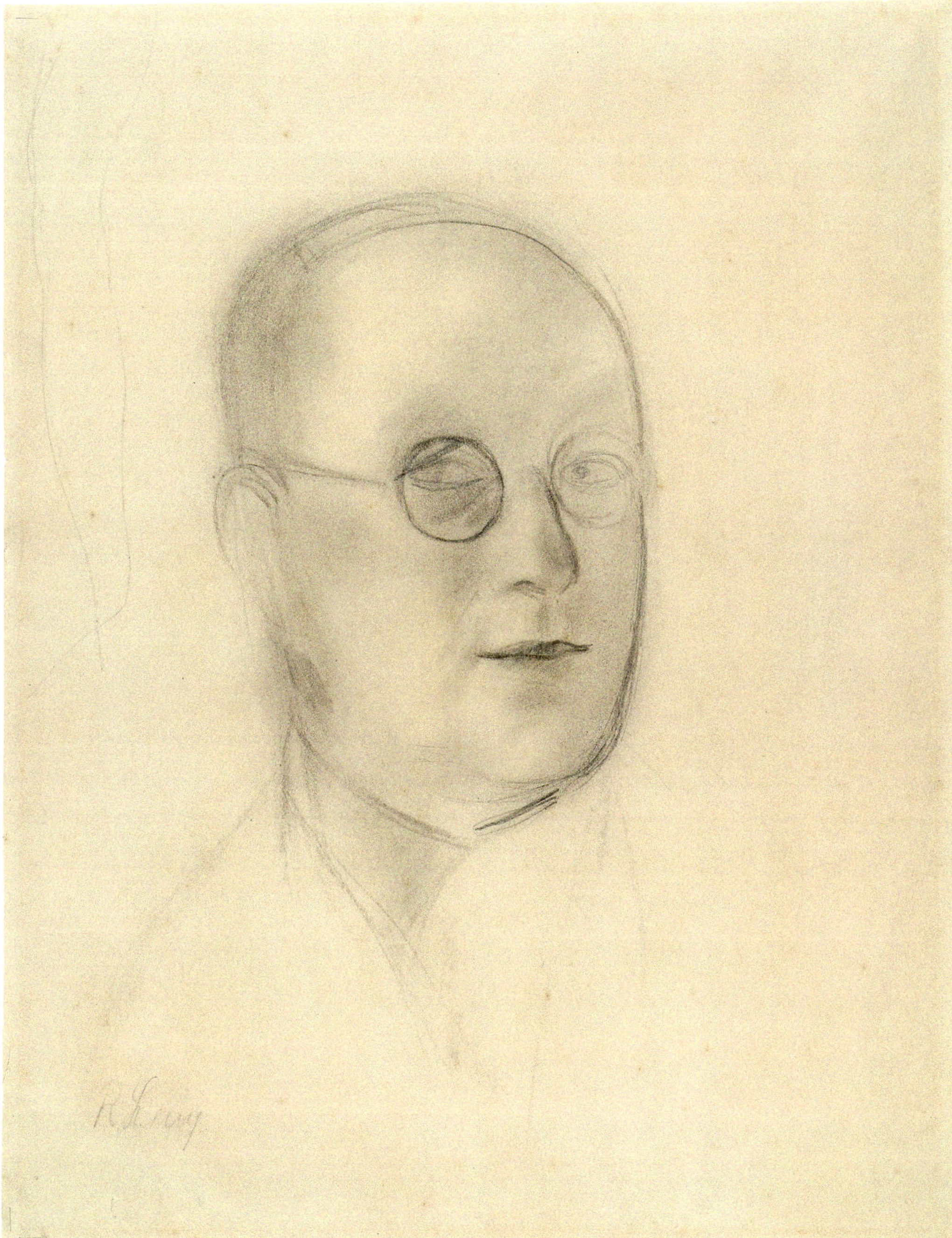

KAT 38

BILDNIS HANS PURRMANN, 1931

Öl auf Leinwand, 92,5 × 73 cm

KÖLN, MUSEUM LUDWIG, INV.-NR. ML 76/2936 WVZ-NR. 154

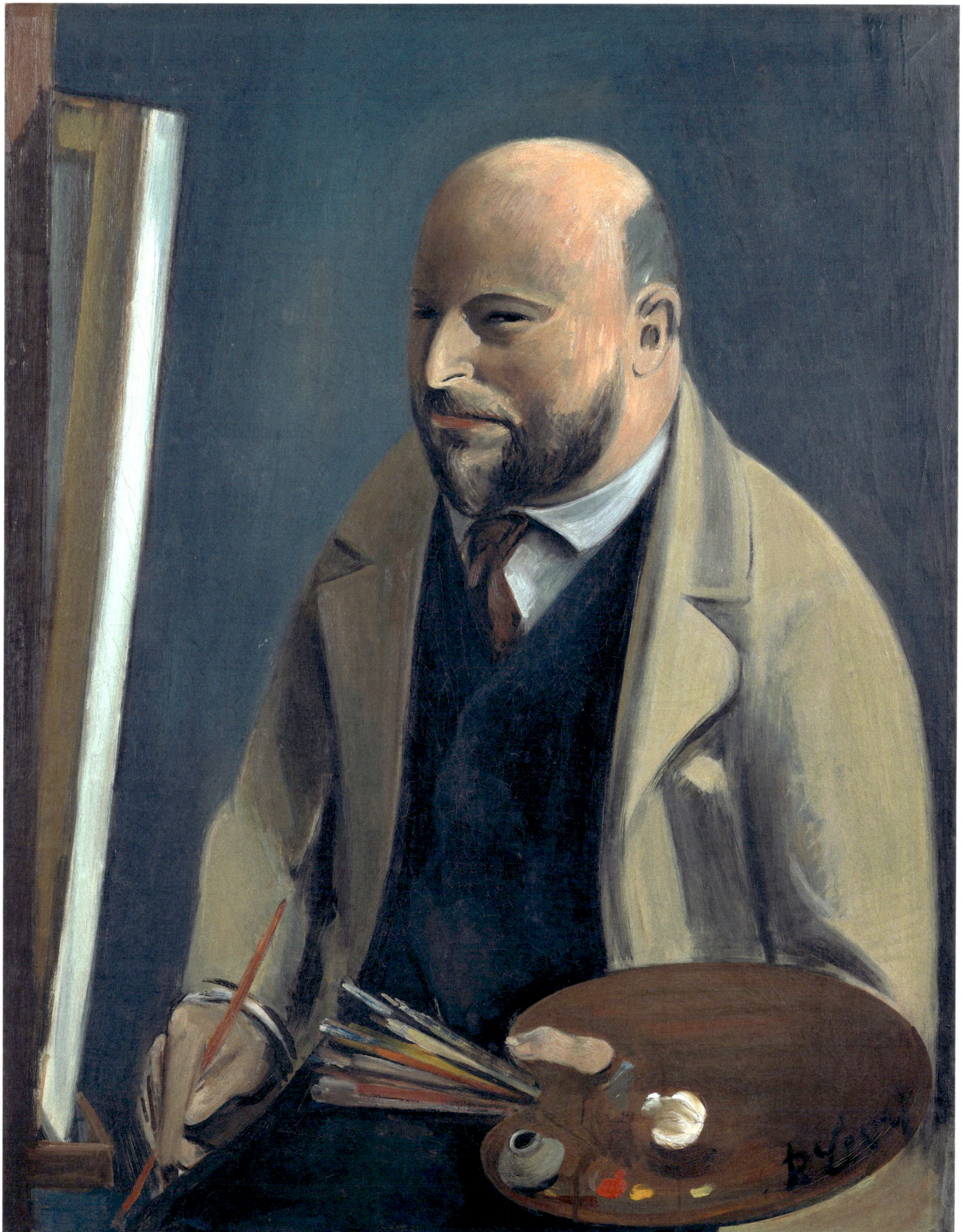

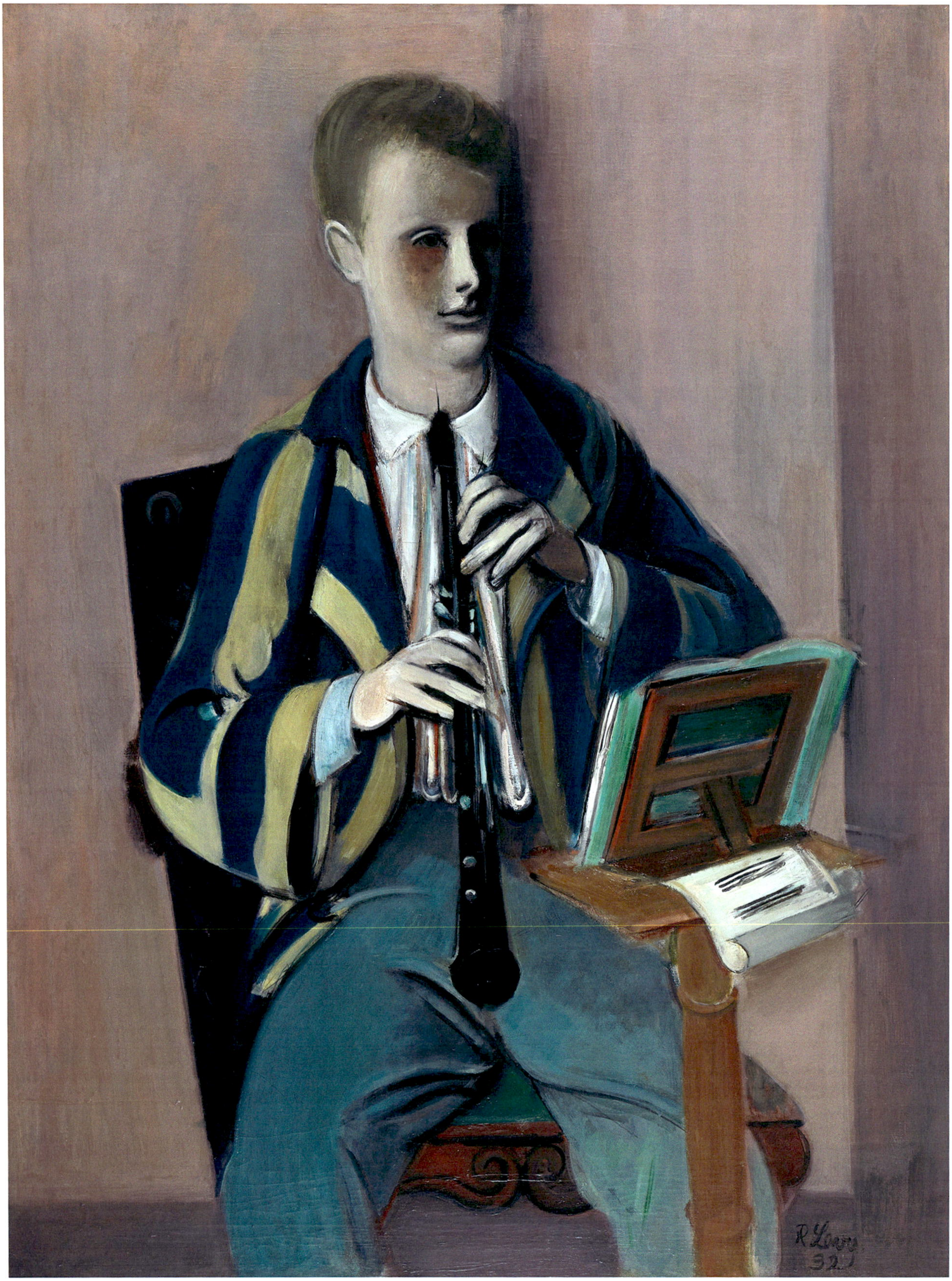

KAT 39

DER KLARINETTIST JOH. B., 1932

Öl auf Leinwand, 115 × 86 cm

PRIVATSAMMLUNG   WVZ-NR. 158

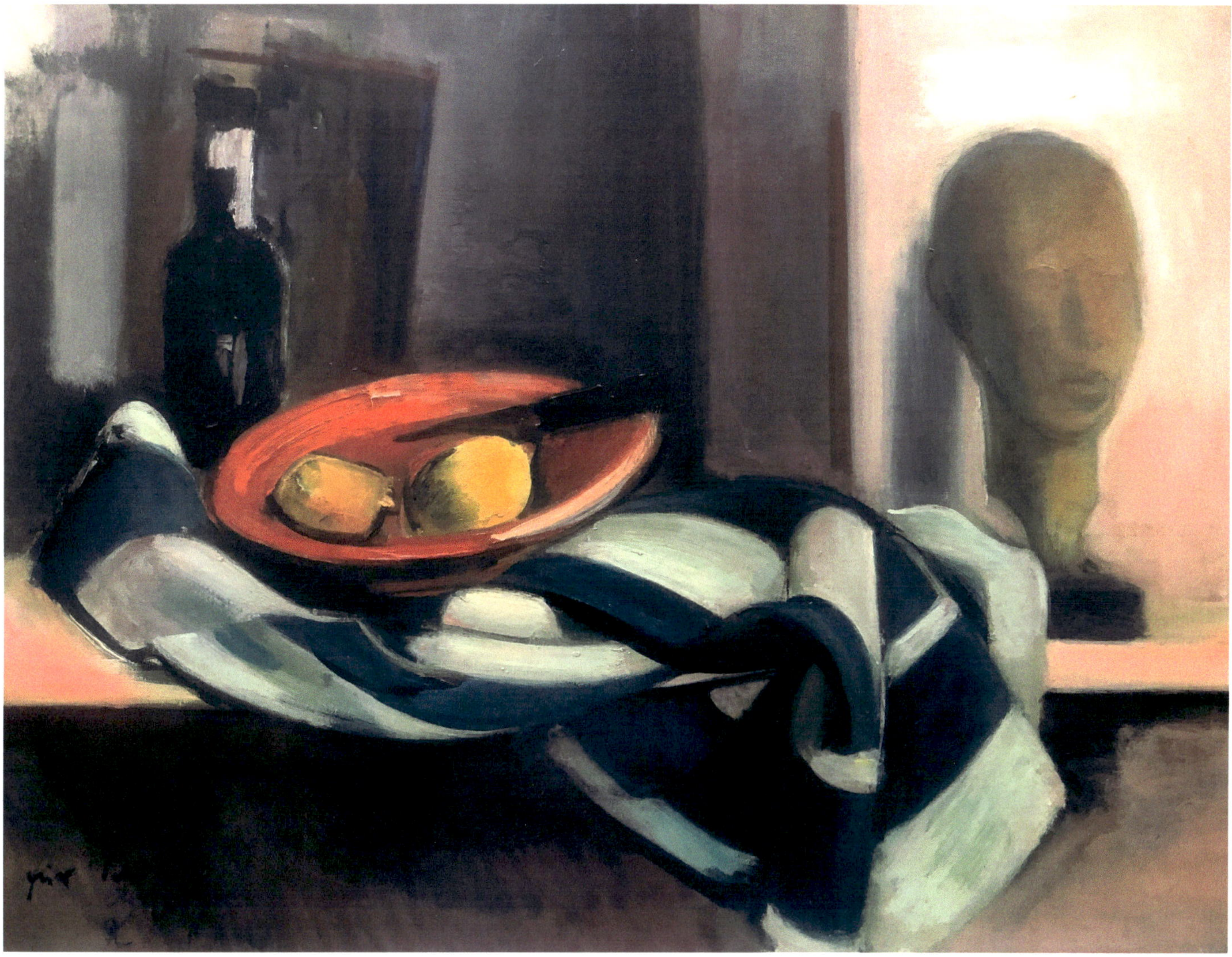

KAT 40
STILLLEBEN MIT BÜSTE (FÜR BOB), 1932
Öl auf Hartfaserplatte, 58 × 69,5 cm
PRIVATSAMMLUNG WVZ-NR. 159

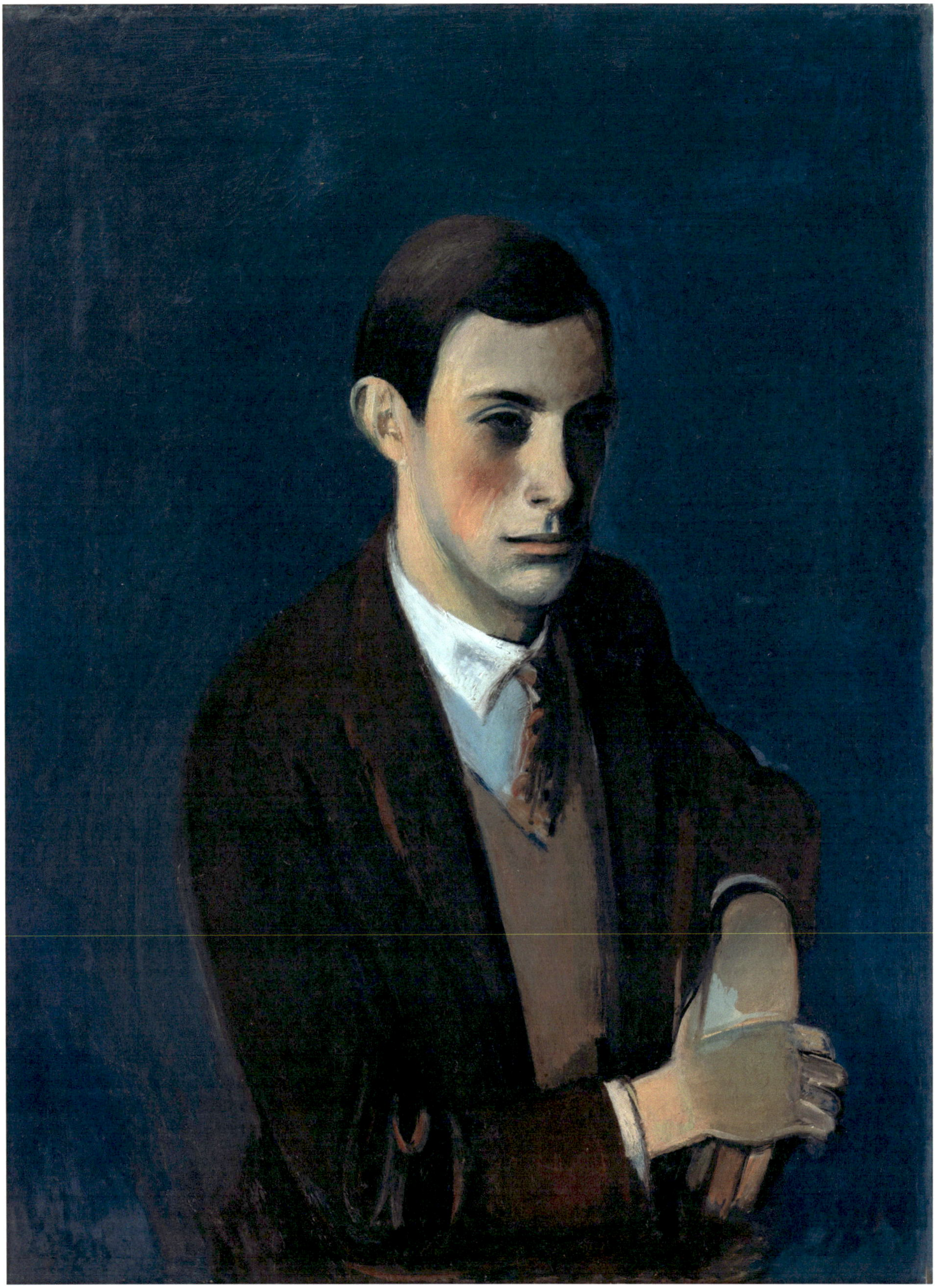

KAT 41
BILDNIS EINES JUNGEN MANNES, 1932
Öl auf Leinwand, 89,4 × 67,7 cm
PRIVATSAMMLUNG WVZ-NR. 168

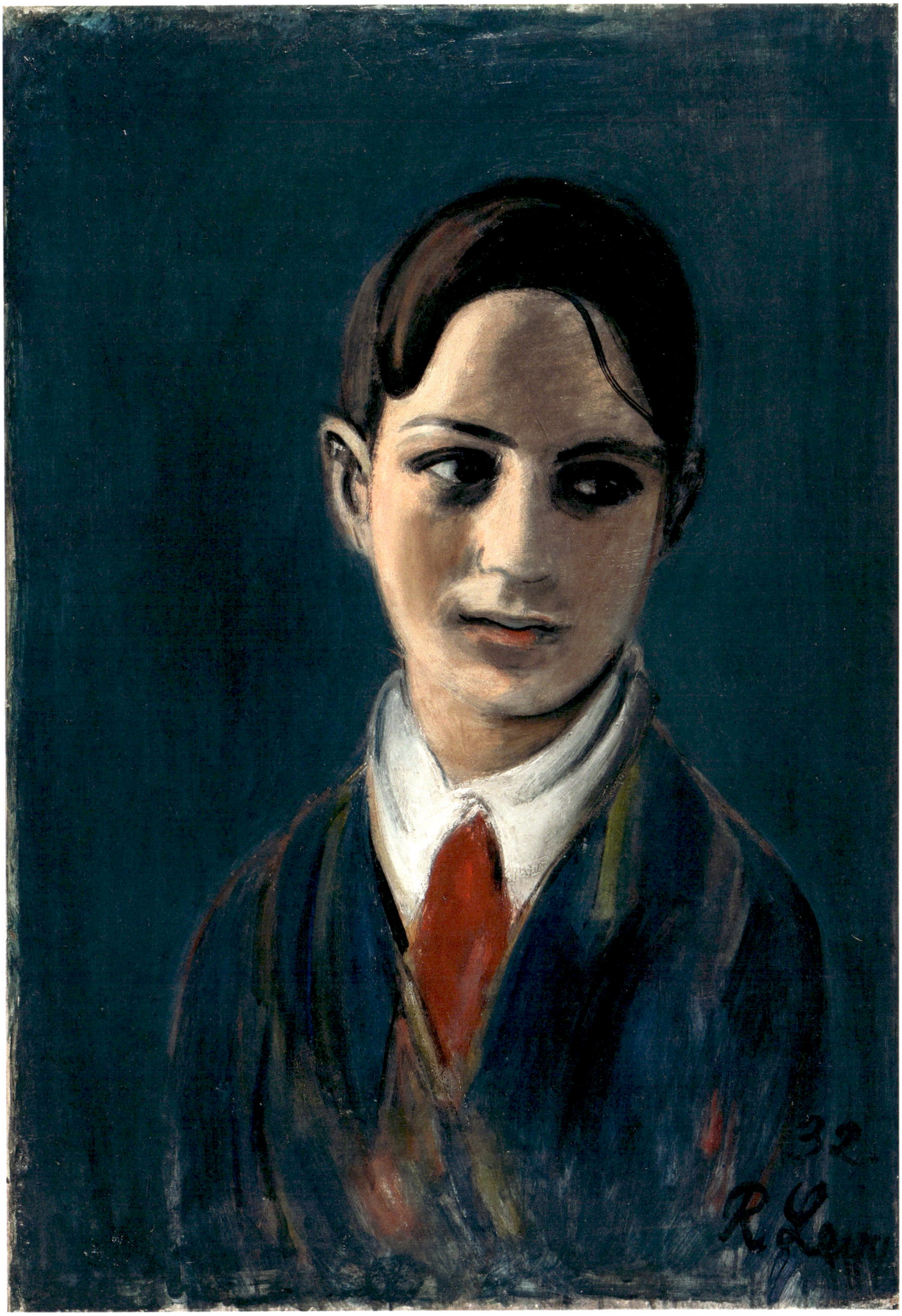

KAT 42
KNABENBILDNIS, 1932
Öl auf Leinwand, 70 × 49 cm
MUSEUM PFALZGALERIE KAISERSLAUTERN, INV.-NR. PFG. 61/2 WVZ-NR. 169

KAT 43
SELBSTBILDNIS II, 1932 ◊
Bleistift auf Papier, 60 × 47,3 cm
STAATLICHE GRAPHISCHE SAMMLUNG MÜNCHEN, INV.-NR. 1954:5 Z. WVZ-NR. 170

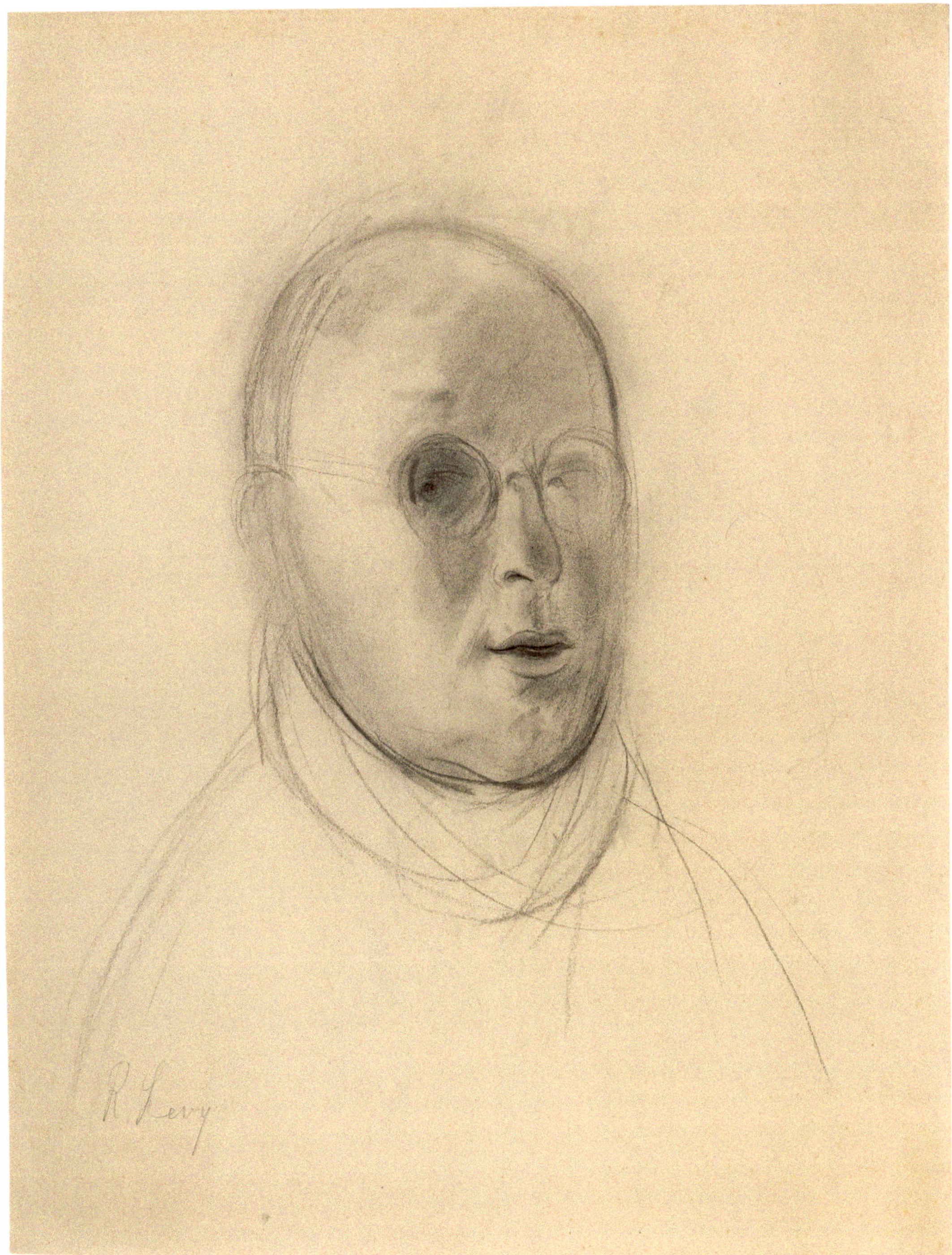
R. Levy

Kapitel II

Rudolf Levy im Exil

Trügerische Geborgenheit

Rudolf Levy und sein Kreis in Florenz 1940–1943

Philipp Kuhn

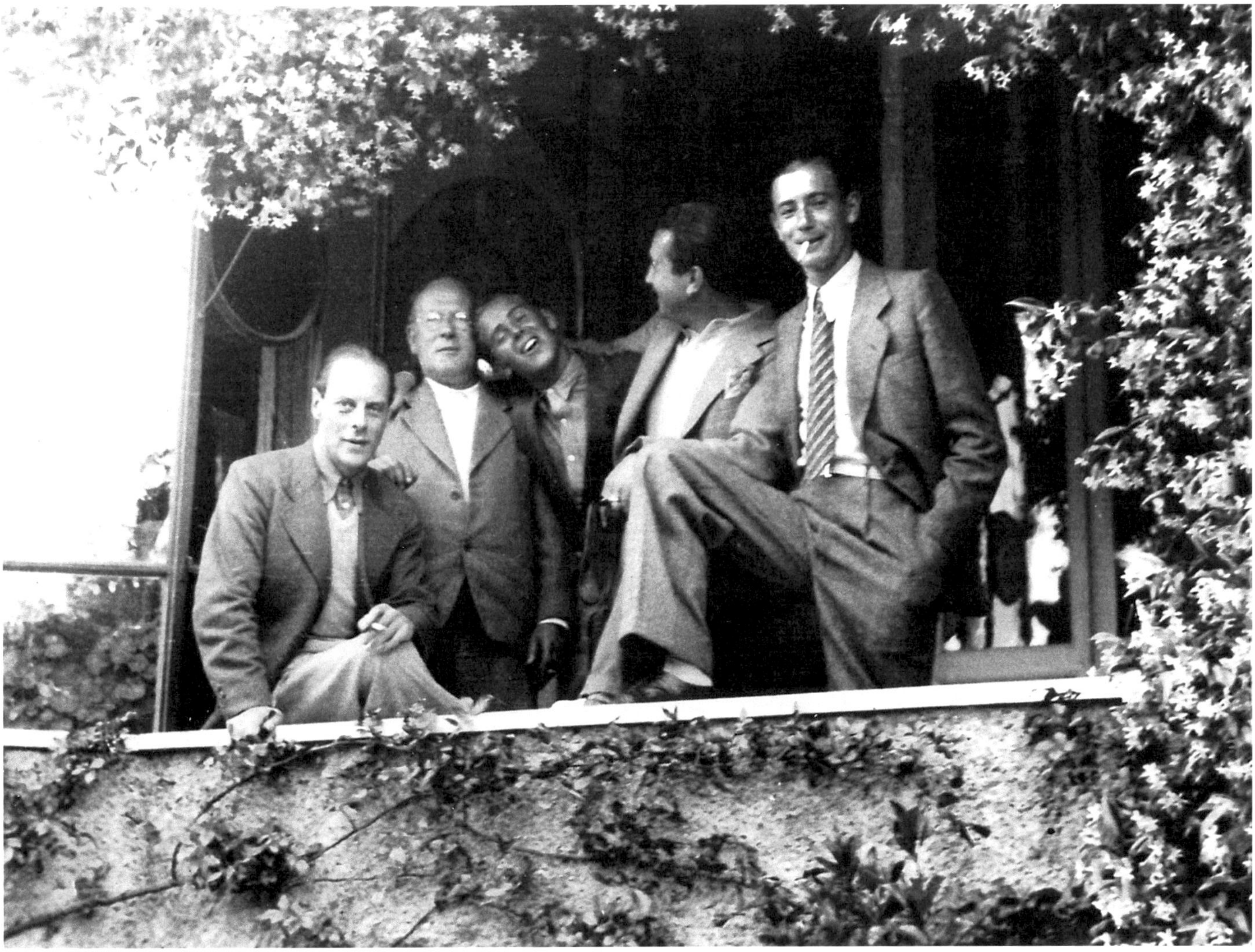

ABB. 1: Rudolf Levy zu Beginn seines Exils, Frühsommer 1933 in der Villa Olimpo in Rapallo
Rudolf Levy (2. v. l.), der Gastgeber Bob Gésinus (2. v. r.) und rechts außen Giuseppe Bacigalupo Rapallo, Archiv Massimo Bacigalupo

> „Ich war bis hierher immer optimistisch gestimmt, fange aber langsam an, noch lange schreckliche Dinge vorauszusehen."
>
> Rudolf Levy aus Florenz an Herbert Schlüter in Berlin, Dezember 1943

Als Rudolf Levy am 1. April 1933 Deutschland verließ, dürfte er kaum geahnt haben, dass dies der endgültige Abschied aus seiner bisherigen Lebenswelt sein würde.[1] Was wie eine Reise begann, fand in Sommer eine erste Etappe in Italien, an der ligurischen Küste in dem unweit von Genua gelegenen mondänen Badeort Rapallo. Levy war zu Gast bei seinem Freund, dem vermögenden Maler und Sammler Bob Gésinus (1898–1978), der dort in schönster Lage oberhalb des Hafens in der Villa Olimpo residierte.[2] Es muss eine anregende Atmosphäre gewesen sein. In den Monaten von Juni bis September entstanden fünf Gemälde (KAT 44, S. 203; KAT 45, S. 205). Sie verblieben alle bei Gésinus, was für Levys Unterhalt im ersten Jahr seiner Emigration sicher nicht unbedeutend war.[3] Eine Fotografie ist Zeugnis des Rapallo-Aufenthalts. Levy, wenn auch eher ernst und am Rande stehend, scheint dennoch der Mittelpunkt der ausgelassenen Gesellschaft zu sein (Abb. 1). Neben dem abgewandten Gastgeber steht ganz rechts ein junger Mann. Es ist der damals gerade 21-jährige Tennis-Champion und angehende Arzt Giuseppe Bacigalupo (1912–1999). Wie Gésinus selbst[4] sollte auch er zu denen zählen, die Levy in den folgenden Jahren die Treue hielten. Vermutlich traf Levy ihn abermals 1936 oder 1939, als er während seiner Exil-Odyssee wiederholt im nahen Genua war. Der freundschaftliche Kontakt hielt bis zu Levys letzter Station in Florenz. Bacigalupo erwarb von ihm noch im Februar 1943 das Bild eines am Tisch sitzenden Knaben. Am 30. März sandte er Levy per Brief die erste Hälfte des Kaufpreises. Er teilte ihm mit, an dem Bild viel Freude zu haben und fügte hinzu: „ich warte nun auf die Gelegenheit von Dir ein Portrait von Frieda machen zu lassen."[5] Die dramatischen Entwicklungen des Jahres 1943 ließen das nicht mehr zu – im Dezember wurde Rudolf Levy in Florenz verhaftet.

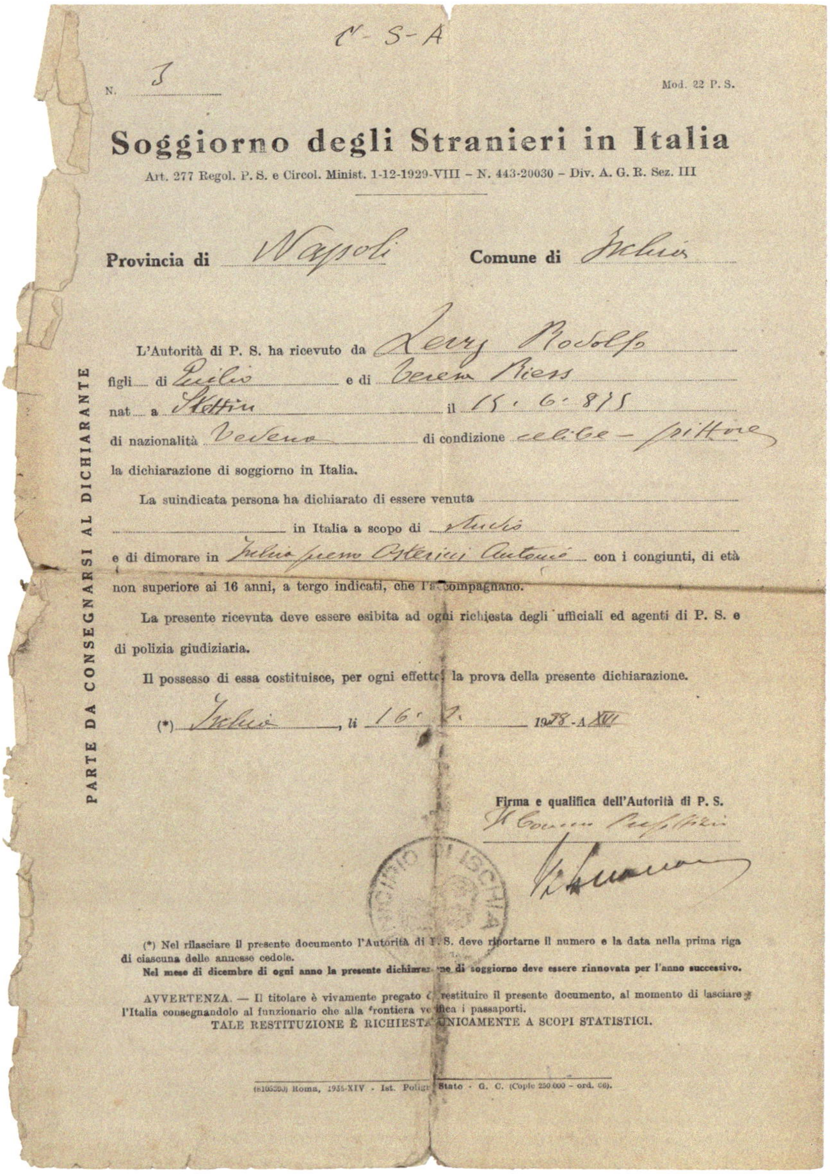

C-S-A

N. 3 Mod. 22 P. S.

Soggiorno degli Stranieri in Italia

Art. 277 Regol. P. S. e Circol. Minist. 1-12-1929-VIII – N. 443-20030 – Div. A. G. R. Sez. III

Provincia di Napoli **Comune di** Ischia

L'Autorità di P. S. ha ricevuto da Levy Rodolfo

figli.... di .... e di ....

nat.... a Stettin il 15. 6. 875

di nazionalità .... di condizione celibe – pittore

la dichiarazione di soggiorno in Italia.

La suindicata persona ha dichiarato di essere venuta ....

.... in Italia a scopo di ....

e di dimorare in .... con i congiunti, di età non superiore ai 16 anni, a tergo indicati, che l'accompagnano.

La presente ricevuta deve essere esibita ad ogni richiesta degli ufficiali ed agenti di P. S. e di polizia giudiziaria.

Il possesso di essa costituisce, per ogni effetto, la prova della presente dichiarazione.

(*) Ischia, li 16. 2. 1938 - A XVI

Firma e qualifica dell'Autorità di P. S.

PARTE DA CONSEGNARSI AL DICHIARANTE

(*) Nel rilasciare il presente documento l'Autorità di P. S. deve riportarne il numero e la data nella prima riga di ciascuna delle annesse cedole.

Nel mese di dicembre di ogni anno la presente dichiarazione di soggiorno deve essere rinnovata per l'anno successivo.

AVVERTENZA. — Il titolare è vivamente pregato di restituire il presente documento, al momento di lasciare l'Italia consegnandolo al funzionario che alla frontiera verifica i passaporti.

TALE RESTITUZIONE È RICHIESTA UNICAMENTE A SCOPI STATISTICI.

(8105353) Roma, 1935-XIV - Ist. Polig. Stato - G. C. (Copie 250 000 - ord. 66).

ABB. 2: Aufenthaltserlaubnis für Rudolf Levy auf Ischia, ausgestellt in Neapel am 16. Februar 1938 (sog. „Soggiorno" von Ausländern in Italien)
Hamburg, Bargheer Museum

An den ligurischen Sommer-Aufenthalt 1933 schloss sich Levys rastloser und tragischer, von ständigen Ortswechseln gekennzeichneter Weg an, dessen merkwürdiger Höhepunkt sein siebenmonatiger USA-Aufenthalt 1936/37 war.[6] Zuvor hatte er sich für zweieinhalb Jahre (1934–36) auf der Insel Mallorca niedergelassen.[7] Am 13. Mai 1937 kehrte der Ruhelose mit dem Schiff aus New York zurück und landete in Neapel.[8] Zu dieser aus der Rückschau schwer verständlichen und für Levy letztlich fatalen Entscheidung, die USA wieder zu verlassen, sind keine konkreten Äußerungen überliefert. Es dürften irrationale Gründe gewesen sein: Er konnte in Amerika nicht arbeiten und sehnte sich nach Europa.

Levy reiste dann direkt weiter nach Jugoslawien an die dalmatinische Küste. Dorthin war inzwischen der junge Berliner Schriftsteller Herbert Schlüter (1906–2004) gezogen, der bereits 1935 und 1936 mit Levy den Aufenthalt auf Mallorca teilte.[9] Obwohl auch in Dalmatien ein kleiner Kreis deutscher Exilanten zusammengekommen war, missfielen Levy das Land, die Landschaft und die dortigen Lebensumstände.

Wie aus verschiedenen Briefen der Geschwister an Levy in diesen Monaten hervorgeht, war schon im Herbst 1937 der Wunsch, ja der konkrete Plan vorhanden, nach Italien zu übersiedeln.[10] Levys Frau Genia (1894–1953), die ihm trotz der inzwischen vollzogenen Scheidung leidenschaftlich beistand und ihn finanziell unterstützte, wollte offenbar den Weg dazu ebnen.[11] Schon zum Jahresende 1937 sollte Florenz das Ziel sein. Bereits vor Weihnachten war Genia in der Stadt am Arno, um die Lage zu sondieren. Spätestens im Januar kam dann auch Rudolf Levy hinzu und blieb bis mindestens Mitte Februar 1938.[12] Für Florenz sprach einiges; abgesehen davon, dass die Stadt Ziel zahlreicher Emigranten, zumal aus Berlin, war, lebte Levys nahezu lebenslanger Freund und Malerkollege Hans Purrmann (1880–1966) bereits seit 1935 hier. Damals konnte der Deutsche

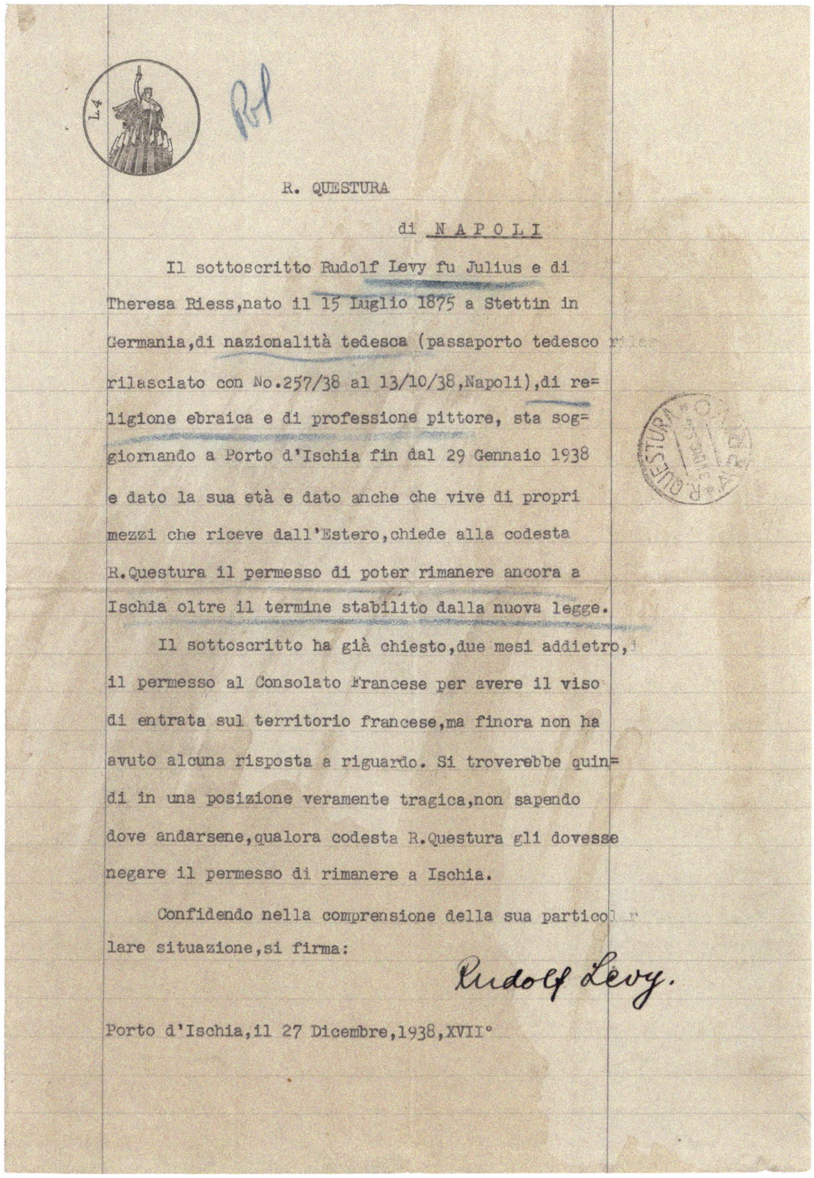

R. QUESTURA

di NAPOLI

Il sottoscritto Rudolf Levy fu Julius e di Theresa Riess,nato il 15 Luglio 1875 a Stettin in Germania,di nazionalità tedesca (passaporto tedesco rilasciato con No.257/38 al 13/10/38,Napoli),di re= ligione ebraica e di professione pittore, sta sog= giornando a Porto d'Ischia fin dal 29 Gennaio 1938 e dato la sua età e dato anche che vive di propri mezzi che riceve dall'Estero,chiede alla codesta R.Questura il permesso di poter rimanere ancora a Ischia oltre il termine stabilito dalla nuova legge.

Il sottoscritto ha già chiesto,due mesi addietro, il permesso al Consolato Francese per avere il viso di entrata sul territorio francese,ma finora non ha avuto alcuna risposta a riguardo. Si troverebbe quin= di in una posizione veramente tragica,non sapendo dove andarsene,qualora codesta R.Questura gli dovesse negare il permesso di rimanere a Ischia.

Confidendo nella comprensione della sua partico= lare situazione,si firma:

Rudolf Levy.

Porto d'Ischia,il 27 Dicembre,1938,XVII°

ABB. 3: Rudolf Levys Antrag an das Polizeipräsidium in Neapel vom 27. Dezember 1938, um trotz des Dekrets vom 7. September 1938, das die Ausweisung ausländischer Juden in Italien vorsah, auf Ischia bleiben zu dürfen. Hamburg, Bargheer Museum

Künstlerbund ihn als Leiter des privaten Künstlerhauses Villa Romana gerade noch durchsetzen, bevor der Verband im Jahr darauf verboten wurde. Infolge der Ausstellung *Entartete Kunst* in München war er ab 1937 in Florenz massiven Anfeindungen ausgesetzt, Neider und Spitzel traten plötzlich zutage, und er musste erkennen, wie stark die Stadt von Nazis durchsetzt war. Zu Beginn des Jahres 1938 dürfte Purrmann also wenig Anlass gehabt haben, eine Niederlassung des Freundes in Florenz zu befürworten.[13] Letztlich wird dieser Hintergrund dazu geführt haben, dass Levy seinen Plan verwarf.[14]

Unmittelbar nach dem ersten Florenzbesuch reiste Levy nach Süden weiter, um via Neapel nach Ischia zu gelangen. Die Aufenthaltsgenehmigung Levys auf Ischia wurde in Neapel am 16. Februar 1938 ausgestellt (Abb. 2). Vermutlich handelt es sich um den Tag seiner Ankunft in der Hafenstadt. Sehr wahrscheinlich wurde ihm die Schönheit, ja der Zauber dieser Insel durch die beiden Malerfreunde Hans Purrmann und Werner Gilles (1894–1961) nahegebracht. Purrmann hatte dort bereits 1924 zwei Monate intensiv gearbeitet und Gilles lernte das Eiland anlässlich seines Villa Massimo-Aufenthaltes 1931 kennen und lieben – lebenslang blieb es zentraler Quell seiner Arbeit.[15] Levy sollte fast zwei Jahre auf Ischia verbringen. Er fand sich bald in vertrauter Gesellschaft überwiegend von Malerkollegen, die er meist zuvor schon kannte. Die Ereignisse dieser Jahre – 1938 die Einführung der Rassengesetze, 1939 der Kriegsausbruch und 1940 der Eintritt Italiens in den Krieg – veränderten die Situation der Deutschen in Italien grundlegend. Levy kam in große Schwierigkeiten, ihm drohte die Ausweisung (vgl. Abb. 3). Verzweifelt dachte er nun wieder daran, nach Übersee zu entkommen.[16] Getrieben durch die amtlichen Querelen ging er schließlich im Dezember 1939 nach Rom. Dort sollte er in großer Unruhe fast das ganze Jahr 1940 verbringen.

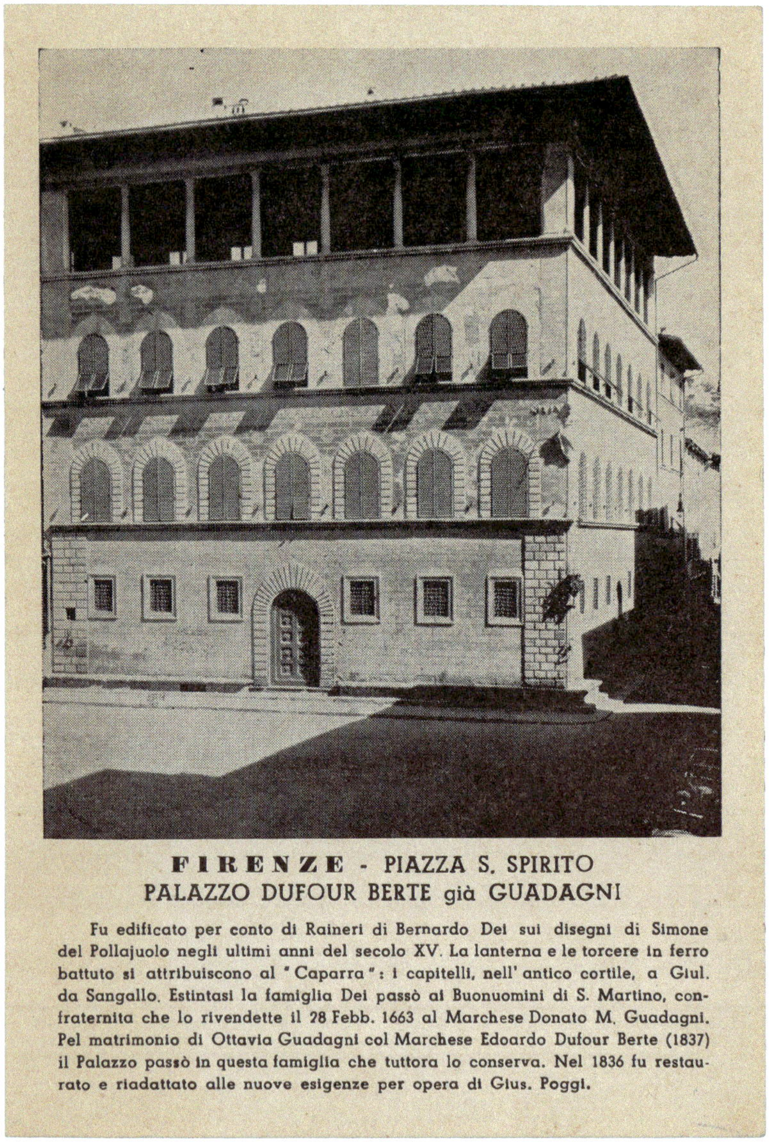

ABB. 4: Der Palazzo Guadagni an der Piazza Santo Spirito in Florenz, zeitgenössische Postkarte aus dem Nachlass von Rudolf Levy, bedruckt auf der Rückseite mit dem Text „Pensione Sorelle Bandini". Die Pension befand sich in der obersten Etage hinter der Loggia; heute werden diese Räume vom Hotel „Palazzo Guadagni" genutzt.
Bargheer Museum, Hamburg

Seit dem Sommer dieses Jahres erwog er, gemeinsam mit Herbert Schlüter, der auf Ischia zurückgeblieben war, doch nach Florenz überzusiedeln. Der Plan wurde zudem befördert durch die beiden Maler Karli Sohn-Rethel (1882–1966) und Kurt Craemer (1912–1961), die bereits im Spätsommer 1940 von Ischia nach Florenz gezogen waren.[17] Im Dezember trafen auch Levy und Schlüter dort ein. Ihr Ziel war die Pensione Bandini, die sich im obersten Stockwerk des Palazzo Guadagni an der Piazza Santo Spirito befand (Abb. 4, 5; weitere Abbildungen des Palazzo Guadagni siehe S. 163 sowie KAT 54, S. 218–219). Der imposante Renaissance-Palast fällt besonders durch seine offene, umlaufende Loggia im Dachgeschoss auf, die der Pension ihren besonderen Reiz verlieh. Im Geschoss darunter befand sich seit 1912 das deutsche Kunsthistorische Institut. Seit 1935 wurde es mit glücklicher Hand von Friedrich Kriegbaum (1901–1943) geleitet, der es nicht nur verstand, die Nationalsozialisten auf Distanz zu halten, sondern auch jüdischen Kollegen und Emigranten lange den Zutritt zur Bibliothek zu erhalten.[18] Mit Levy war er bald gut bekannt.

Vermutlich begann Levy in Florenz umgehend wieder zu malen, wozu er in Rom fast ein ganzes Jahr nicht gekommen war. Die drei Florentiner Jahre sollten die fruchtbarsten seiner Exil-Odyssee werden (KAT 54–77, S. 219–257).[19] Bemerkenswerterweise entstanden bis auf zwei Aussichten aus seinem Refugium heraus – und im Gegensatz zu den Jahren zuvor – keine Bilder mehr im Freien (KAT 54, S. 219). Das wird nur zum Teil damit zu tun haben, dass das Malen in freier Natur ab Anfang 1942 auch in Florenz verboten war.[20] Das Arbeiten in der Öffentlichkeit war mit einer Auffälligkeit verbunden, die Levy wohl vermeiden wollte. Auf Ischia war das Malen im Freien übrigens bereits seit dem Kriegseintritt Italiens im Juni 1940 nur noch mit amtlicher Erlaubnis möglich. Aus diesem Grund verlor für die meisten Künstler der Aufenthalt dort seinen zentralen Reiz.[21]

Die beiden Florentiner Ausnahmebilder Levys sind eigentlich eher Blicke von Innen nach Außen als Freilichtbilder. Beide Arbeiten sind relativ bald nach der Ankunft entstanden. Die erste ist ungewöhnlich abstrahiert und in ihrer Farbigkeit geradezu expressionistisch. Sie thematisiert die außergewöhnliche Situation

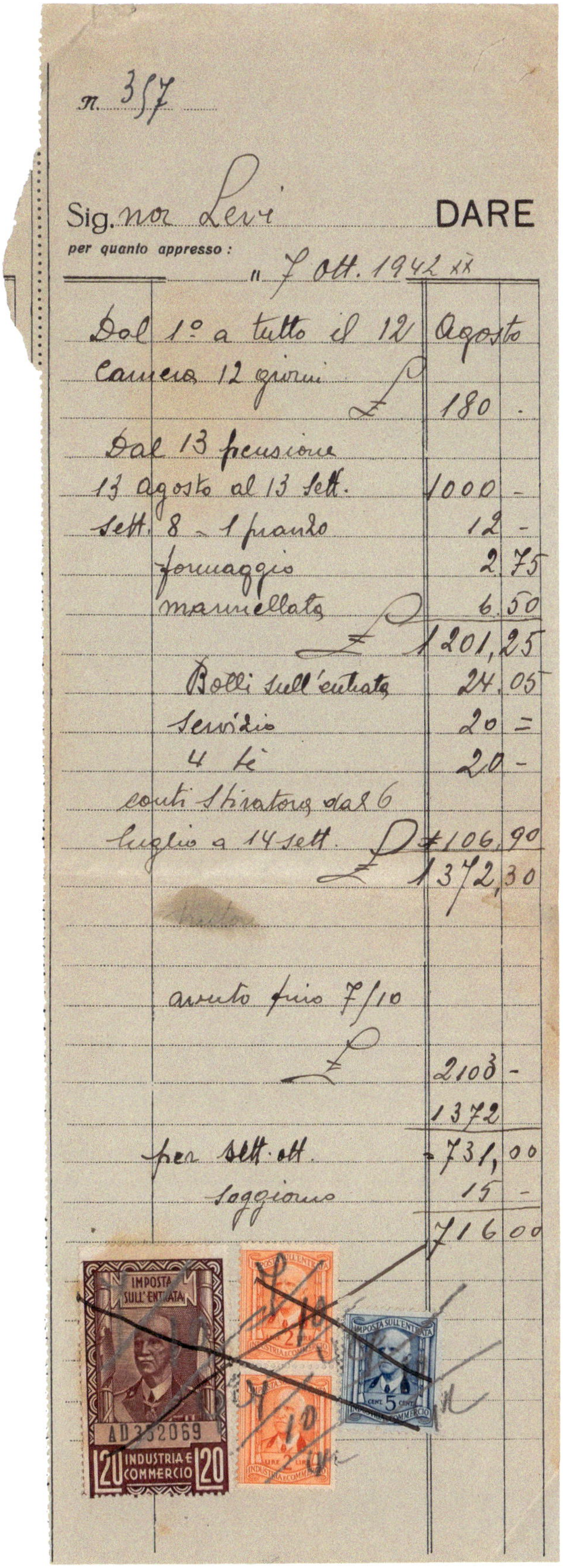

n. 357

Sig.nor Levi DARE

per quanto appresso:

" 7 ott. 1942 XX

Dal 1° a tutto il 12 Agosto	
Camera 12 giorni £	180.
Dal 13 pensione	
13 agosto al 13 sett.	1000 -
sett. 8 - 1 pranzo	12 -
formaggio	2.75
marmellata	6.50
£	1201,25
Bolli sull'entrata	24.05
Servizio	20 =
4 %	20 -
conti Stiratora dal 6 luglio a 14 sett. £	106.90
£	1372,30
avuto fino 7/10 £	2100 -
	1372
per sett. ott.	731,00
soggiorno	15 -
	716 00

IMPOSTA SULL'ENTRATA
AD 352069
INDUSTRIA E COMMERCIO 120

ABB. 5: Rechnung der Pensione Bandini in Florenz für Rudolf Levy, datiert auf den 7. Oktober 1942
Hamburg, Bargheer Museum

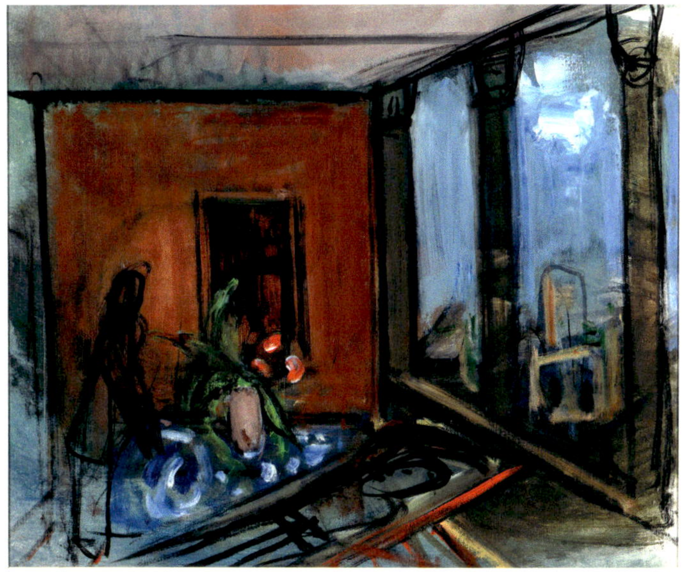

ABB. 6: Rudolf Levy *Loggia des Palazzo Guadagni*, um 1941
Öl auf Leinwand 49,4 × 60,5 cm Ludwigshafen, Wilhelm-Hack-Museum

innerhalb der offenen, weiträumigen Loggia, vor der sich die Dachlandschaft der Florentiner Häuser ausbreitet (Abb. 6; KAT 55, S. 221). Das zweite Motiv hingegen erfasst den Ausblick Richtung Norden mit der spektakulären Kulisse der unfertigen und schmucklosen Fassade von Santo Spirito und der rechts im Hintergrund aufscheinenden Kuppel von Santa Maria del Fiore (KAT 54, S. 219). Diese Szenerie in der dargestellten Breitenausdehnung kann man nur von einer merkwürdigen Dachwohnung aus erfassen, die ursprünglich von den Vermieterinnen selbst bewohnt war und die ab 1940 der junge Maler Heinrich Steiner gemeinsam mit seinem Bruder Johannes gemietet hatte. Die beiden Varianten des Motivs malte Levy von dort aus. Ansonsten arbeitete er in einem Zimmer, das sich zur Loggia öffnete.

Als Levy in die Pensione Bandini kam, wohnte dort bereits seit etwa einem halben Jahr der bereits erwähnte junge Maler Kurt Craemer. Levy kannte ihn seit der zweiten Hälfte der 1920er-Jahre und porträtierte ihn erstmals um 1928 in Berlin.[22] Craemers Exil war von einer besonderen Tragödie begleitet, denn er erkrankte 1939 auf Ischia an Kinderlähmung. Obwohl er ins Krankenhaus nach Neapel kam und behandelt wurde, war er fortan querschnittgelähmt und an den Rollstuhl gefesselt.[23] Craemer war Schüler von Friedrich Ahlers-Hestermann (1883–1973) und später von Paul Klee (1879–1940) – in seinen durchaus eigenständigen Arbeiten spiegelt sich zugleich deutlich der Einfluss von Levy. In Craemers Begleitung befand sich der 30 Jahre ältere Karli Sohn-Rethel, der einer bekannten Düsseldorfer Künstlerfamilie entstammte. Die beiden Maler waren seit 1934 mit Unterbrechungen gemeinsam in Italien unterwegs – zunächst in Positano, später auf Ischia.

Der schon erwähnte Maler Heinrich Steiner (1911–2009) lebte seit 1938 in Florenz.[24] Als Sohn einer jüdischen Mutter hatte er Deutschland den Rücken gekehrt. Nach eigener Aussage

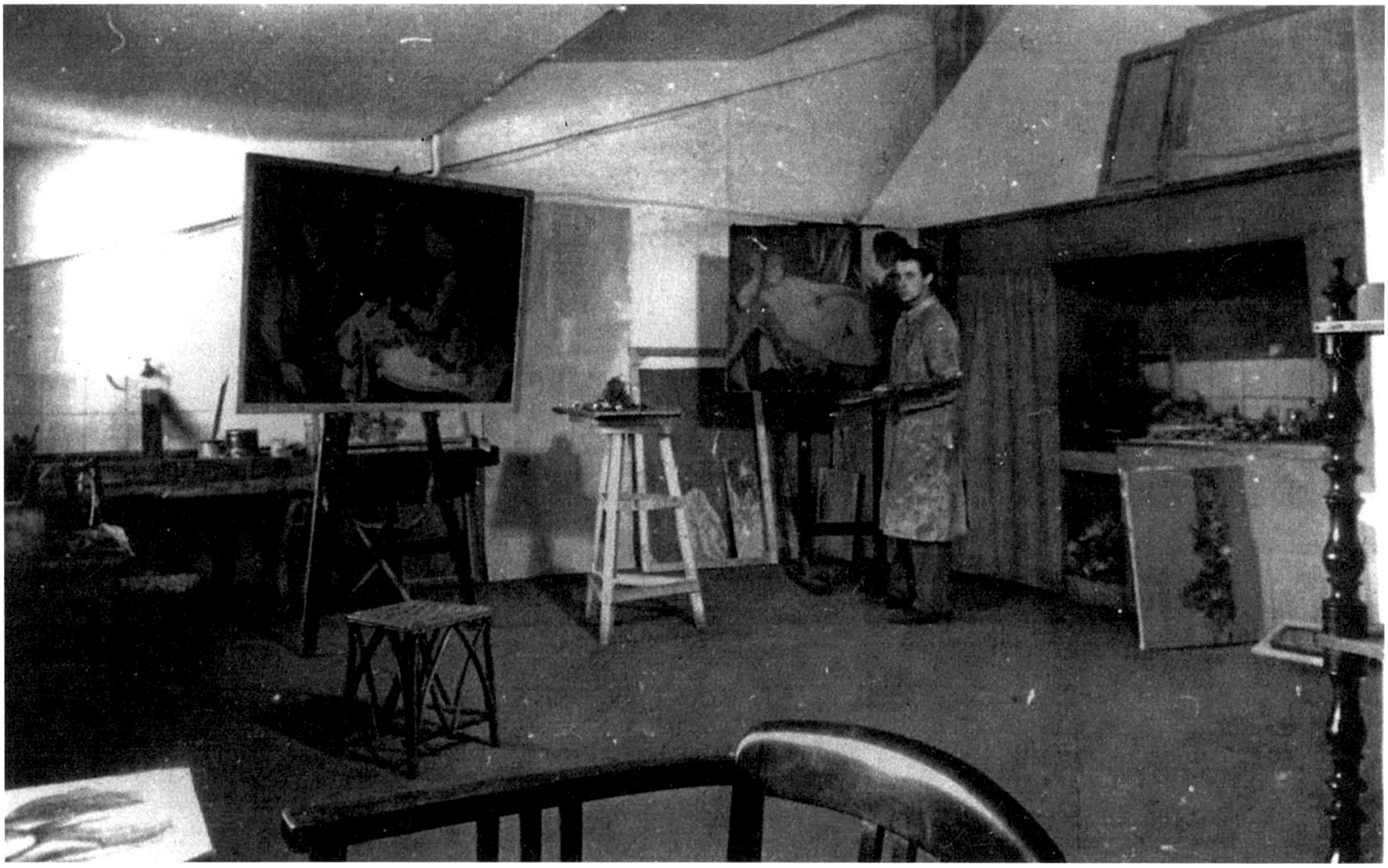

ABB. 7: Der Maler und Levy-Freund Heinrich Steiner in der Dachwohnung der Pensione Bandini (Palazzo Guadagni), um 1942
unbekannter Fotograf aus der Publikation „Zuflucht auf Widerruf" von Klaus Voigt, 1995, S. 115 Archiv Joachim Cüppers

profitierte er intensiv vom künstlerischen Austausch in der Pensione Bandini – Rudolf Levy betrachtete er als seinen Lehrer. Ein Foto zeigt Steiner in der zuvor erwähnten gemieteten Dachwohnung in der Pension. Man erkennt die niedrigen Decken, die diese Räume deutlich von den palastartigen Zimmern in der eigentlichen Pension unterscheiden (Abb. 7).

Obwohl Werner Gilles in Florenz nur sporadisch auftauchte, war der 1894 geborene Rheinländer eine bedeutende Figur im Kreis der Bandini-Pension.[25] Levy kannte ihn seit den 1920er-Jahren aus Berlin, nicht zuletzt durch die Berliner Secession. Es war Gilles seit 1936 mehrfach gelungen, die Erlaubnis zu erhalten, für längere Zeit in Süditalien zu arbeiten. 1938 und 1939 war er – während Levy dort weilte – immer wieder auf Ischia, vorwiegend jedoch in Palinuro. Bereits seit 1936 machte Gilles auf seinen Hin- und Rückreisen stets in Florenz Station und wohnte in der Pensione Bandini – vielleicht war er es, der die Wahl dieses Ortes für den gesamten Künstler-Kreis angeregt hatte. Die Besuche von Gilles, die stets begleitet waren von dem Vorzeigen der mitgeführten künstlerischen Ausbeute, spielten eine wichtige Rolle in der eigenartigen Künstlergemeinschaft über den Dächern von Florenz. Ähnlich verhielt es sich bei den Besuchen des Hamburger Malers Eduard Bargheer (1901–1979), der ab 1939 ständig auf Ischia wohnte, aber dennoch regelmäßig nach Florenz kam und auch dort intensiv arbeitete. Als die administrativen Hürden für die Genehmigung eines Italien-Aufenthalts immer strenger wurden, verschaffte ihm Friedrich Kriegbaum für die Jahre 1940/41 eine Aufenthaltsgenehmigung in Italien. Hintergrund war der offizielle Auftrag zur Anfertigung von Rekonstruktions-Zeichnungen der Medici-Gräber in San Lorenzo.[26]

Studiert man die Erinnerungen etwa von Kurt Craemer oder Heinrich Steiner an den Kreis in der Pensione Bandini, gewinnt man den Eindruck, er habe Jahre existiert.[27] Tatsächlich brach diese irreal-ideale Künstlergemeinschaft aber schon 1941 weitgehend auseinander: Craemer und Sohn-Rethel zogen sich nach dem Sommer 1941 nach Positano zurück. Schlüter wurde einberufen und im Dezember 1941 als Dolmetscher nach Catania geschickt. Gilles erhielt nach 1941 keine Reisegenehmigung mehr. Bargheer gelang es Anfang Juli 1942 durch Vermittlung des

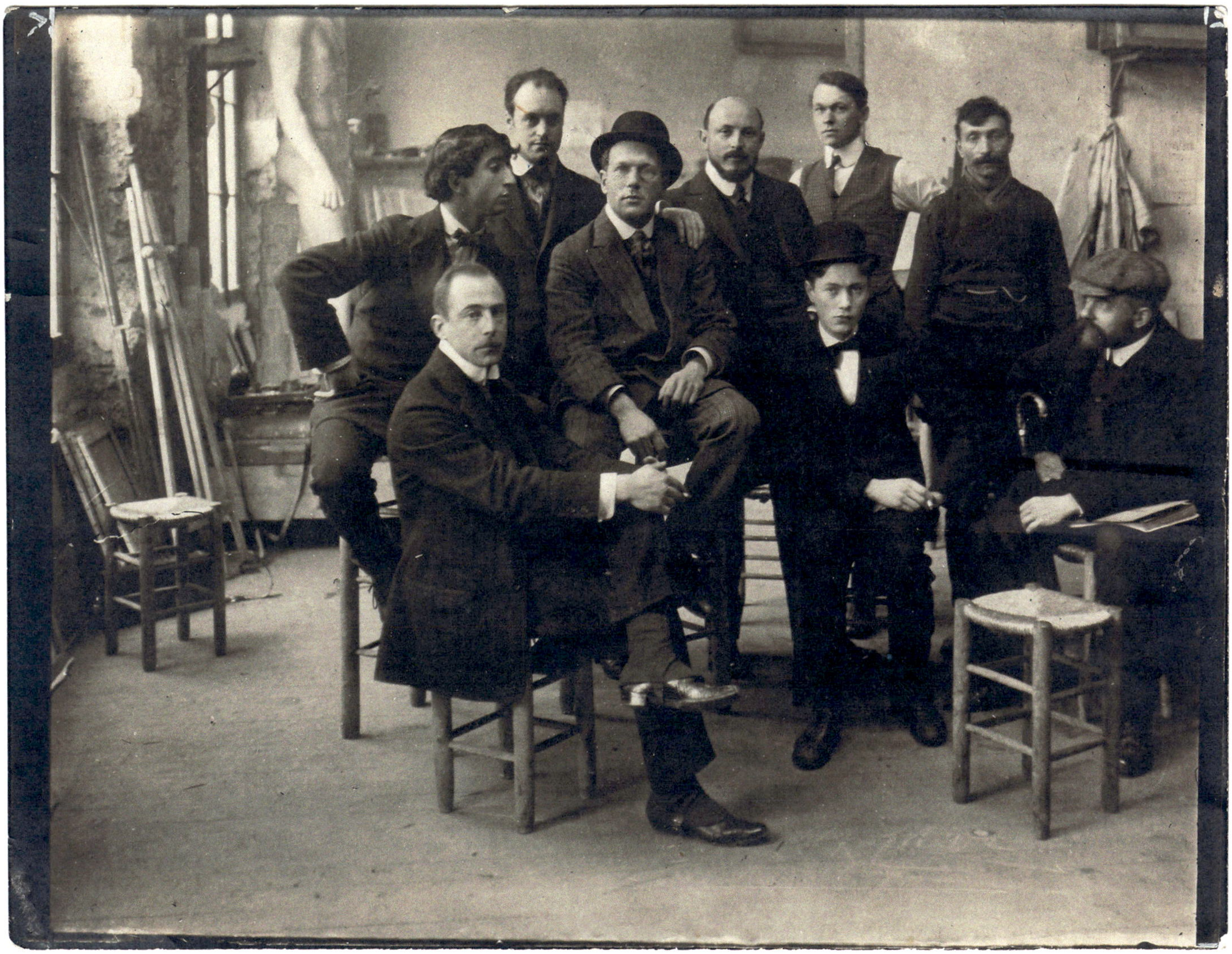

ABB. 8: Rudolf Levy im Kreis seiner Malerkollegen, Mitglieder der Académie Matisse in Paris, um 1909
in der Mitte (mit Melone) Rudolf Levy, daneben rechts Hans Purrmann unbekannter Fotograf Hans Purrmann Archiv, München

deutschen Konsuls in Florenz als Zivilist eine Anstellung als Dolmetscher bei der Kriegsmarine in La Spezia zu erlangen, was ihm die Einziehung zum Militär ersparte und eine regelmäßige Rückkehr nach Florenz ermöglichte. Die Gemeinsamkeit der genannten Künstler blieb für alle Beteiligten dennoch von großer Bedeutung. In Erinnerung an die Zusammenkünfte und die Dispute vor den Bildern hielt Heinrich Steiner zugespitzt fest: Es „hatte sich ohne Absicht, wie von selbst, eine Schule der Malerei herangebildet. Eine ideale Akademie der Künste."[28] Aus allen Erinnerungen geht übereinstimmend hervor, wer im Mittelpunkt dieser Privat-Akademie stand – es war Rudolf Levy.

Zwei weitere für Levy bedeutende Personen wohnten für längere Zeit in der Pensione Bandini. Gemeint sind der jüdische Kunsthändler Victor Wallerstein (1878–1944)[29] und seine Frau Vera (geb. von Goldberg, 1876–1956). Der promovierte Kunsthistoriker hatte ab 1919 in Berlin eine erfolgreiche Galerie betrieben, die auch zeitgenössische Kunst zeigte. Vera Wallerstein war bereits 1935 nach Italien gegangen, im Jahr darauf folgte ihr Mann. Spätestens 1941 kam das Ehepaar nach Florenz und lebte zunächst in der Peripherie nahe dem Bahnhof Campo di Marte. Es ist anzunehmen, dass Levy und Wallerstein sich bereits aus Berlin kannten. Als die Wallersteins in die Pensione Bandini zogen, freundete man sich an; Zeugnis davon ist das beeindruckende Porträt, das Levy noch 1943 von Victor Wallerstein fertigte (KAT 68, S. 241).[30]

Als Levy sich in Florenz niederlies, lebte Hans Purrmann bereits seit fünf Jahren in der Stadt. Der gemeinsam beschrittene Lebensweg erstreckt sich von den Studienjahren in Karlsruhe, München und Paris (Abb. 8) bis in die Jahre der großen künstlerischen Erfolge in Berlin. Obwohl sich Purrmanns Situation 1940 etwas entspannt hatte, dürfte er weiterhin über wenig Gelassenheit und kaum Gelegenheiten für Geselligkeit und freundschaftliche Begegnungen verfügt haben. Insofern ist schwer zu beurteilen, auf welche Weise und wie oft es zu Begegnungen der Freunde kam. Möglicherweise schon 1938, mit Sicherheit aber nach Levys Niederlassung in Florenz, muss es aber intensive Begegnungen zwischen Genia Levy und Purrmanns Frau, der Malerin Mathilde Vollmoeller (1876–1943) gegeben haben. Leider ist das bislang nur aus einer Erwähnung Genia Levys ableitbar, die in ihrem ersten Brief nach dem Krieg an Hans Purrmann bemerkte: „Ihre liebe Frau wusste ja um alle meine Sorgen und sie hat in rührender Weise geholfen, wo sie nur konnte. Ich denke mit großer Verehrung u. ich darf wohl sagen in Liebe an sie, denn sie war eine ganz ungewöhnlich menschlich hochstehende Persönlichkeit."[31]

Ein konkretes Treffen der Malerfreunde ist durch einen Brief belegt und laut Purrmann gab es derartige Begegnungen regelmäßig.[32] Man besuchte den gemeinsamen Freund aus den Pariser-Jahren vor dem Ersten Weltkrieg, den aus Amerika stammenden jüdischen Sammler und Schöngeist Leo Stein (1872–1947). Dieser lebte seit 1913 in einem diskret am Rande der Stadt gelegenen Haus in Settignano, wo man unbeobachtet ein und aus gehen konnte, was bei der Villa Romana, einem augenfälligen Landpalast an der viel befahrenen Ausfallstraße Via Senese, selbstredend nicht der Fall war. Allerdings muss der Kontakt Levys mit Leo Stein über diese diskreten Treffen hinaus lebhaft gewesen sein. So belegt ein Brief Steins etwa die Einladung zu einem Gänse-Essen im Hochsommer 1943.[33] Wie Heinrich Steiner berichtet, kam er auch hinunter in die Stadt und traf Levy im betriebsamen und legendären Kaffeehaus Giubbe Rosse mitten im Zentrum.[34]

Eine sehr wahrscheinlich ebenso schon aus Berlin mit Levy Bekannte war die Bildhauerin Emy Roeder (1890–1971), die seit Ende 1936 in Florenz lebte. Sie hatte in jenem Jahr den Villa-Romana-Preis erhalten. Im Jahr darauf fand man Arbeiten von ihr wie auch von Hans Purrmann auf der Ausstellung *Entartete Kunst* in München. Da sie nicht nach Deutschland zurückkehren wollte, vermittelte Purrmann ihr das Verbleiben in der Villa Romana, wo sie dauerhaft ein Atelier mieten konnte. Roeder pflegte engen Kontakt zur Szene der Deutschen in Florenz, kannte Levy gut und war eng mit Wallerstein befreundet.[35]

Eigentlich mehr als eine kurze Erwähnung verdient der deutsche Konsul in Florenz Gerhard Wolf (1896–1971). Er erhielt diesen Posten kurz vor der Ankunft Levys in Florenz. Die Ernennung des feinsinnigen, promovierten Geisteswissenschaftlers war segensreich nicht nur für die Stadt, sondern vor allem auch für die zahlreichen Emigranten in Florenz. Er war bald mit Purrmann befreundet. Auch Levy soll er wiederholt geholfen haben.[36]

Zu einer der wichtigsten Figuren und Freunde für Rudolf Levy in der Florentiner Zeit wurde der Berliner Maler Heinz Battke (1900–1966), der in der Nähe der Pension in einem gemieteten Zimmer lebte. Levy und Battke lernten sich erst im März 1941 durch Hans Purrmann kennen.[37] Battke war 1935 seiner Mutter Ada (1879–1958) gefolgt, die in zweiter Ehe mit dem jüdischen Kapellmeister Rudolf Cahn-Speyer (1881–1940) verheiratet war und gemeinsam mit diesem bereits 1933 nach Florenz emigriert war. Battke und seine Mutter waren vermögend, was ihnen wenigstens pekuniär ein relativ sorgenloses Leben in Florenz ermöglichte. Bereits in Berlin hatte Battke Rudolf Levys Arbeit beobachtet und bewundert. In Florenz sollten er und seine Mutter zu seinen bedeutendsten Sammlern und damit Unterstützern werden. Sie erwarben insgesamt 15 Gemälde von ihm. Nach Levys Verhaftung bemühte sich Battke so verzweifelt wie vergeblich um seine Entlassung aus dem Gefängnis. Äußerst ambitioniert kümmerte er sich später um den Nachlass Levys.[38] Schon 1946 initiierte er in Florenz die erste Einzelausstellung nach dem Krieg in der Galeria Firenze. Die Leihgeber dieser Ausstellung waren überwiegend Italiener. Der kleine Katalog ist zugleich ein Verzeichnis von Levys Kontakten in der Stadt.[39]

Man kann davon ausgehen, dass ein Ort des Brückenschlages zur lebhaften und eng verknüpften Kunst- und Sammlerszene in Florenz das Giubbe Rosse an der heutigen Piazza Repubblica war.[40] Heinrich Steiner berichtet, dass Levy dort gerne und häufig verkehrte. Spätestens seit den legendären Treffen der Futuristen war das Lokal der zentrale Sammelpunkt von Künstlern und Literaten in der Stadt. Laut Steiner kehrte Levy dort regelmäßig an den Vormittagen nach dem Erwerb einer Tageszeitung ein. Die Rede ist aber auch von Begegnungen, die eher in die Abendstunden einzuordnen sind.[41]

In den letzten Jahren kam eine Reihe von Bildern Levys auf den Markt. Die meisten davon sind 1942 und 1943 entstanden. Die größte Zahl an Gemälden besaßen die Brüder Gualtiero (1909–1979) und Giulio Loria. Dazu gehörte auch das kürzlich von den Uffizien erworbene Mädchenporträt *Fiamma* (KAT 66, S. 237). Die Lorias entstammten einer äußerst wohlhabenden jüdischen Unternehmer-Familie, die ihren Reichtum durch die Verarbeitung von Stroh erlangt hatte. Berühmt ist aber vor allem der ältere Bruder der Genannten, der Schriftsteller Arturo Loria (1902–1957), der sich inmitten der künstlerisch-literarischen Szene von Florenz bewegte. Ob auch er mit Levy Kontakt hatte, ließ sich bislang nicht belegen.

Ein ganz anderes Bildnis erwarb der in Florenz bekannte Kunstkritiker Michelangelo Masciotta (1905–1985). Das *Mädchen aus Ischia* hatte Levy 1938 auf der Insel begonnen und 1941 in Florenz vollendet (KAT 49, S. 211). Offenbar war Masciotta mit Levy befreundet. Auch hier sind keine genaueren Erwerbsumstände bekannt. Ein wenig anders ist das beim letzten Beispiel. Die Malerin Adriana Pincherle (1905–1996) besaß zusammen mit ihrem Mann, dem Maler Onofrio Martinelli (1900–1966) das *Stillleben mit Pfirsichen* von 1942, das 2015 bei Grisebach versteigert wurde und heute dem jüdischen Museum in Berlin gehört. Der Autor dieser Zeilen hat im April 1991 Adriana Pincherle besucht und das Bild gesehen. Sie berichtete damals, dass sie Levy sehr gut gekannt hatten und ihm häufig in Florentiner Lokalen begegnet waren.[42]

Anfang August 1943 erreichte der Hochsommer in Florenz mit Temperaturen von mehr als 40 Grad ein nur noch schwer erträgliches Maß. Wie schon in den Jahren zuvor entfloh Rudolf Levy der Stadt und begab sich in den über 1000 Meter hoch gelegenen Ort Saltino in den Bergen südöstlich von Florenz – einer beliebten Sommerfrische der Florentiner. In der Nähe liegt das Gründungskloster des Vallombrosianer-Ordens. Die gesamte Gegend wird deshalb auch Vallombrosa (‚Schattiges Tal') genannt. Levy war erneut Gast von Ada Cahn-Speyer und Heinz Battke (Abb. 9).[43] Man wohnte in der Pension Medici. Der überschaubare Ort bestand damals fast nur aus Hotels und Pensionen.
In diesem Sommer fand sich dort ein Kreis von geradezu epischer Breite ein. Hans Purrmann, der kurz zuvor seine Frau verloren hatte, berichtete am 23. August 1943 an Emy Roeder aus dem

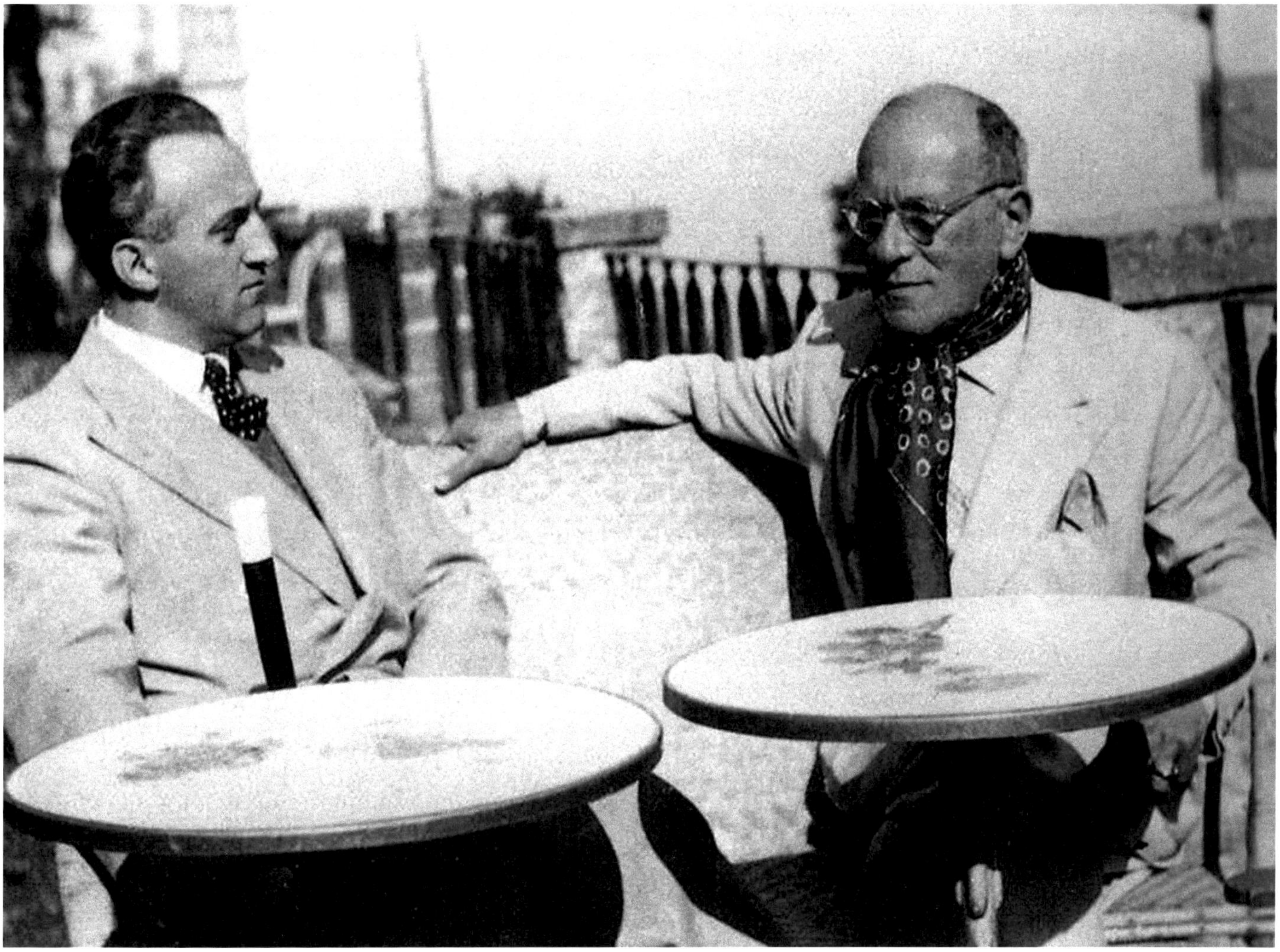

ABB. 9: Rudolf Levy und sein Malerfreund Heinz Battke in Saltino (Vallombrosa) nahe Florenz, Sommer 1941
unbekannter Fotograf aus der Publikation „Zuflucht auf Widerruf" von Klaus Voigt, S. 114, Archiv Joachim Cüppers

Albergo Aquabella: „Aber meine Menschenscheu wird hier auf eine nicht geringe Probe gestellt, Sie können sich nicht vorstellen, wie viel Bekannte hier auf diesem kleinen Punkte sich zusammen finden. Alle sind auch mit der Misere Europas bedrängt und jeder glaubt, am anderen Halt zu finden, oder eine Nachricht zu hören! Traurig!"[44] Friedrich Kriegbaum hatte Purrmann überredet, der Villa Romana zu entfliehen und ihm Gesellschaft zu leisten. Zum Kreis der eng Vertrauten gehörten zudem die Kunsthistorikerin Hanna Kiel (1898–1988) und der deutsche Konsul in Florenz Gerhard Wolf.[45] Die politische Situation hatte sich zwischenzeitlich dramatisch zugespitzt, und überaus besorgt fragte man sich, was in näherer Zukunft geschehen würde, zumal absehbar war, dass die Deutschen das Land des ehemaligen Achsenpartners vereinnahmen würden. Am 8. September erklärte die neue italienische Regierung unter Marschall Pietro Badoglio die Kapitulation, tags darauf begann die Landung der Briten und Amerikaner im Golf von Salerno. Italien, zumal die südlichen Rückzugsgebiete der hier erwähnten Emigranten, war nun Kriegsschauplatz.

Am 11. September 1943 wurde Florenz durch Einheiten der 24. deutschen Panzerdivision kampflos besetzt. Der Schriftsteller Arturo Loria notierte in sein Tagebuch: „Stamani, poco prima delle dieci, i tedeschi sono entrati in Firenze. Da oggi vita difficile ..."[46] Der Autor beendete seine Tagebuchkladde mit drei Punkten und mit diesem Eintrag – nicht nur ihm war vollkommen klar, dass mit den deutschen Soldaten, auch die polizeilichen Dienste in die Stadt kommen werden. Florenz verlor abrupt seine Geborgenheit – der relative Friede, der bislang noch herrschte, war vorüber.

Die Situation verschärfte sich langsam, aber stetig. Aus seinem Brief vom 7. Oktober an Schlüter wird deutlich, dass auch Levy (Abb. 10) die Lage bewusst war, denn er merkte an, „Florenz ist wahrlich kein ganz sicherer Aufenthalt mehr." Zugleich behielt er bei aller Skepsis seine Zuversicht: „Und was die Zukunft für die Gesamtheit, für den einzelnen, und für mich im besonderen noch aufspart, läßt sich beim besten Willen nicht ermessen. Doch bin ich eigentlich immer weiter optimistisch und hoffe sicher um das Schlimmste herumzukommen."[47]

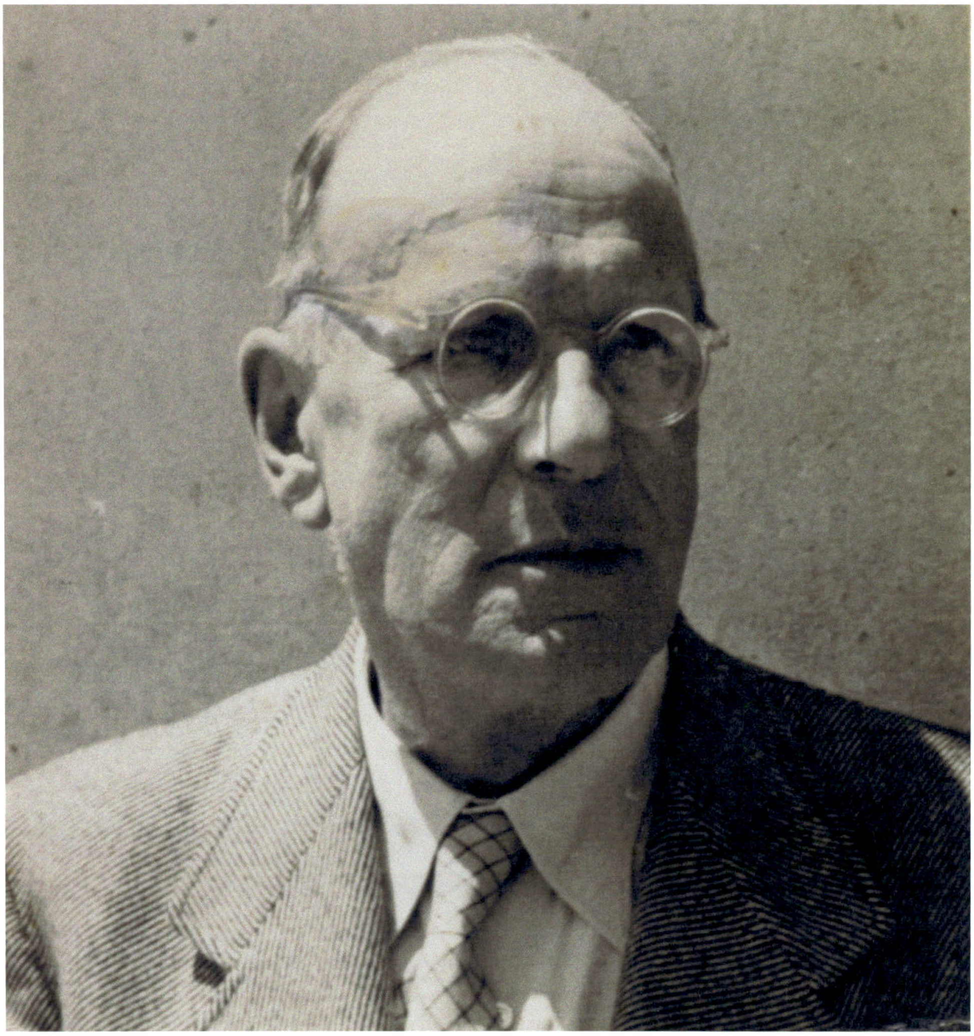

ABB. 10: Die letzte bekannte Fotografie von Rudolf Levy, Sommer 1943, Florenz
unbekannter Fotograf Nachlass Rudolf Levy Hamburg, Bargheer Museum

Am 12. Dezember 1943, einem Sonntag, wurde Rudolf Levy beim Öffnen der Tür der Pensione Bandini im Treppenhaus des Palazzo Guadagni von Gestapo-Beamten in Zivil verhaftet.[48] Er war dorthin nur zum Mittagessen gekommen, denn er wohnte inzwischen vorsorglich im nahegelegenen Borgo St. Jacopo in der Wohnung des Berliner Freundes Max Krell (1887–1962)[49]. Krell selbst war zu Freunden am Rande der Stadt gezogen. Verabredet war Levy wie recht regelmäßig zuvor „zum lunch“ mit Vera und Victor Wallerstein. Man hatte Levy offenbar systematisch ausspioniert und ein Interesse an ihm entwickelt, dessen Ausmaß schwer nachvollziehbar ist. Verantwortlich dafür und offenbar persönlich ausführend bei der Verhaftung war der erst kurz zuvor aus Prag als „Judenreferent“ nach Florenz berufene Gestapo-Beamte und Oberscharführer der SS, Josef Ettl (1907–?). Er war der „Verantwortliche für die Judenfrage in der Region Toskana beim Außenkommando Florenz“.[50]

Der Name Ettl wird in einer bislang nie angemessen beachteten Teilabschrift eines Briefes von Vera Wallerstein genannt, überschrieben mit: „Über das Ende des Malers Rudolf Levy“, die sich im Purrmann Archiv in München befindet (siehe Abb. 5, S. 267).[51] In perfider Weise hatte sich Ettl offenbar der Angst Victor Wallersteins und seiner Frau Vera bedient und setzte beide unter Druck. Dem Bericht Vera Wallersteins ist zwischen den Zeilen zu entnehmen, dass es Ettl durch die vorübergehende Verhaftung des im Krankenhaus befindlichen Victor Wallerstein zuvor offenbar gelungen war, Informationen zu erhalten, die eine Verhaftung Levys ermöglichten. Laut der Darstellung Vera Wallersteins eignete sich Ettl kurz nach der Verhaftung Levys dessen Wertsachen und selbst seine Kleider persönlich an. Als das Ehepaar Wallerstein wenig später mit Schrecken annahm, Ettl käme erneut in die Pension, um auch sie zu verhaften, äußerte dieser lapidar: „I komm' nur wegen dem Herrn Levy seine Sachen.“

Laut dem Bericht Max Krells an Genia Levy führte Levy bei seiner Verhaftung den exorbitanten Betrag von etwa 20 000 Lire bei sich. Nach dem Wechselkurs von 1943 waren das 2600 Reichsmark (um die damalige Kaufkraft in Euro zu ermitteln, müsste man den Betrag mindestens mit 4 multiplizieren). Krell merkte hierzu an: „Rudolf hatte damals das Gefühl, er müsse immer einen größeren Geldbetrag bei sich führen, als er brauchte." Bei seiner Einlieferung ins Gefängnis Le Murate wurde vermerkt, er hätte 500 Lire bei sich gehabt.[52]

Am 13. Januar 1944 wurde Levy von Florenz abtransportiert. Erst 1991 konnte durch italienische Forschungen nachgewiesen werden, dass am Vormittag des 30. Januar 1944 von der Stazione Centrale in Mailand ein Zug mit jüdischen Häftlingen abfuhr, auf dessen Transportliste Rudolf Levy verzeichnet war – die Destination des Zuges war Auschwitz-Birkenau. Von den 605 Deportierten dieses Transportes überlebten 20 das folgende Martyrium.[53] Da Levy auf den in Auschwitz angefertigten Listen nicht auftaucht, ist er wahrscheinlich im Anschluss an die Selektion direkt in die Gaskammer geführt worden. Die nur wenig tröstlichere Vorstellung ist, dass er den siebentägigen Transport in das Vernichtungslager, mitten im Winter bei eisigen Temperaturen nicht überstanden hat.

Unter den vielen Florentiner Freunden Rudolf Levys war wohl keiner, der ihn nicht zur Vorsicht ermahnt hätte. Mit gewisser Gelassenheit versuchte er noch im Oktober 1943 sein Handeln zu rechtfertigen: „Du siehst ich tue, als ob das Leben noch mit weiten Horizonten vor mir läge. Dabei ist Herbst in der Luft und ich sollte eigentlich trübe und melancholisch gestimmt sein. Aber das passt wohl nicht zu meiner Natur, der Verzicht so schwer fällt. So will ich sie auch nicht zwingen"[54] – es war seine Art sich dem Terror entgegenzustellen. Emy Roeder berichtete über ihre letzte Begegnung mit Rudolf Levy: „Am Tage bevor L. verhaftet wurde, war ich noch mit ihm zusammen, auch ich warnte ihn, vorsichtig zu sein, aber er machte Witze u. meinte, er sei kein interessanter Fall, die SS hält ihn für unbedeutend."[55]

Der Gestapo-Mann Josef Ettl wurde im April 1944 mit dem Kriegsverdienstkreuz 2. Klasse mit Schwertern ausgezeichnet. In der Vorschlagsbegründung zur Vergabe des Ordens wurden seine besonderen Verdienste bei der Verhaftung geflohener Juden in Florenz hervorgehoben. Wie so viele NS-Täter wurde er nie zur Verantwortung gezogen.[56]

1 Das Schicksal Rudolf Levys brachte den weitgehenden Verlust des Nachlasses mit sich. Durch eine wundersame Fügung hat sich jedoch ein umfangreiches Konvolut an Briefen und Dokumenten erhalten, die Levy in seinen Jahren des Exils aufbewahrt hatte. Dieses Konvolut gelangte in der Pensione Bandini wohl bald nach Levys Verhaftung in den Besitz des Malers Eduard Bargheer, der es, zusammen mit eigenen Arbeiten, in einer Kiste aufbewahrte, die ihm um 1947 abhandenkam. 1985 tauchte der Inhalt dieser Kiste im Handel auf und die Bargheer-Stiftung konnte das Konvolut nach längerem Streit zurückerlangen. Dadurch befindet sich der Exil-Nachlass Rudolf Levys heute im Bargheer Museum in Hamburg (im Folgenden: Nachlass Levy). Mein Dank gilt dem 2021 verstorbenen Historiker Klaus Voigt, dessen Forschungssammlung im Bargheer Museum eingesehen werden konnte und der dem Autor schon 2020 seinen unveröffentlichten Aufsatz „Rudolf Levy. Die Jahre des Exils" übersandte, wovon die Arbeit am vorliegenden Beitrag profitierte. Bezugnahmen auf die Erkenntnisse Voigts wurden auf den in diesem Band erstmals auf Deutsch publizierten Text vorgenommen (siehe S. 176–183).

2 Der aus Holland stammende Bob Gésinus kannte Levy aus Paris und Berlin, wohin er 1929 übersiedelte. 1936 ging er nach Frankreich und emigrierte schließlich via Spanien nach Südamerika.

3 Thesing 1990, S. 30, WVZ-Nr. 171–175. Dank gilt Susanne Thesing für zahlreiche Hinweise in Gesprächen und die Übersendung von Materialien.

4 Beredtes Zeugnis der andauernden Verbindung und der Sorge von Gésinus um den Freund sind zwei Zahlungsbelege über Geldsendungen an Levy im September und Oktober 1940 nach Rom, die Gésinus aus seinem Exil in Santiago de Chile veranlasste (Nachlass Levy).

5 Brief von Giuseppe Bacigalupo aus Rapallo an Rudolf Levy, 30.3.1943. Der Kauf geht vermutlich zurück auf ein Treffen Levys mit Frieda, der amerikanischen Frau Bacigalupos im Februar in Florenz, vgl. Brief von Frieda Bacigalupo aus Florenz an Levy, 8.2.43, beide Nachlass Levy. Das *Bildnis eines Jünglings*, 1942, ist nicht bei Thesing 1990 aufgeführt und wurde erst vor einigen Jahren durch Klaus Voigt entdeckt (erstmals abgebildet in: Gross 2021, S. 101). Siehe auch das Erinnerungsbuch von Giuseppe Bacigalupo: Ieri a Rapallo, Genua 2021. Dank an den Sohn, Prof. Massimo Bacigalupo für das Foto und diverse Informationen.

6 Levy reiste mit dem Schiff von Genua nach New York, wo er am 1. Oktober 1936 eintraf, siehe Thesing 1990, S. 31–32. Es war sein alter Freund Erik Charell, erfolgreicher Choreograf und ehemaliger künstlerischer Leiter des Berliner Großen Schauspielhauses (eigtl. Erich Karl Loewenberg, 1894–1974), der Levy bei der Vorbereitung und während des USA-Aufenthalts maßgeblich unterstützt hat. Siehe hierzu und zu der anhaltenden Unterstützung Charells hinsichtlich einer möglichen Rückkehr nach Übersee auch die zahlreichen Briefe, Telegramme und Dokumente im Nachlass Levy.

7 Um den Jahreswechsel 1933/34 ließ sich Levy in Cala Ratjada, einem kleinen Küstenort an der Ostspitze Mallorcas nieder, in dem bereits zahlreiche deutsche Emigranten lebten. Er blieb dort bis Ende August 1936, als der Bürgerkrieg Mallorca erreichte.

8 Siehe Thesing 1990, S. 31; vgl. auch den Beitrag von Klaus Voigt in diesem Buch, S. 179.

9 Levy hatte den 31 Jahre jüngeren Schriftsteller Herbert Schlüter bereits 1927 in Berlin kennengelernt. 1934 folgte Schlüter ihm nach Mallorca. Levy seinerseits folgte Schlüter im Anschluss an sein Amerika-Abenteuer nach Dalmatien. Die enge Freundschaft belegt das Bildnis Levys von Herbert Schlüter von 1941, WVZ-Nr. 208.

10 Siehe etwa die Zitate aus den Briefen der Schwester Käthe vom 9.10.1937 und des Bruders Paul vom 28.11.1937, in: Thesing 1990, S. 33, wo sowohl von einem Aufbrechen nach Italien als auch von einem dortigen Treffen mit Genia die Rede ist.

11 Hans Purrmann aus Florenz an Heinz Braune in Stuttgart, 20.12.1937 (Hans Purrmann Archiv, München). Genia hatte inzwischen den Kaufmann Heinrich Koppold geheiratet und beabsichtigte, monatlich 200 Mark, die sie von diesem erhielt, an Levy weiterzuleiten.

12 Beide Umstände belegen Randbemerkungen in Briefen von Hans Purrmann; siehe hierzu bereits Kuhn 2019, S. 343; Hans Purrmann berichtete am 20.12.1937 an Heinz Braune, dass Genia Levy in Florenz sei. Am 15.2.1938 teilte er Heinrich Brüne die Anwesenheit Levys in der Stadt mit (Hans Purrmann Archiv, München). Allerdings wurde der Brief Schlüters an Levy vom 26.1.1938 bereits von Florenz nach Porto d'Ischia weitergeleitet (Nachlass Levy).

13 Zur Situation Purrmanns im Jahr 1938 siehe Kuhn 2019, S. 171–186.

14 Drei Briefe Herbert Schlüters aus Dubrovnik an Rudolf Levy lassen diese Beweggründe vermuten: 18., 19. und 26.1.1938 (nach Florenz, weitergeleitet nach Porto, Nachlass Levy).

15 Zu Purrmann und Ischia siehe Kuhn 2019, S. 53.

16 1939 erhielt er die Aufforderung zur Ausreise bis zum 10. Dezember. Levy versuchte erneut, durch Charell in die USA zu gelangen. Als dies scheiterte, wurden Chile und Ecuador in Betracht gezogen; siehe den Beitrag von Klaus Voigt, S. 179.

17 Wie aus dem Brief von Herbert Schlüter aus Ischia an Rudolf Levy in Rom vom 25.11.1940 hervorgeht, war es Levy, der nach Florenz ziehen wollte, was offenbar durch einen Brief von „Kurt" [Craemer] beflügelt wurde. Schlüter hingegen hätte sich offensichtlich lieber in Rom niedergelassen (Nachlass Levy).

18 Zur Geschichte des Instituts siehe Hubert 1997, dort zu Friedrich Kriegbaum S. 58–68.

19 Susanne Thesing konnte für die Florentiner Jahre 51 Leinwandbilder und 13 Papierarbeiten nachweisen, Thesing 1990, WVZ-Nr. 202–265, 295.

20 Kuhn 2019, S. 238.

21 Ein markanter Beleg dieses Verbotes ist der Antrag Eduard Bargheers auf eine Ausnahmeerlaubnis, den er im Juni 1941 an die Deutsche Botschaft in Rom richtete und die ihm im August 1941 über das italienische Außenministerium schließlich erteilt wurde, Politisches Archiv des Auswärtigen Amts, Berlin, Rom Quirinal 1.408B.

22 Levy porträtierte Craemer ein weiteres Mal auf Mallorca, siehe Thesing 1990, WVZ-Nr. 125 (1928) und WVZ-Nr. 180 (1936).

23 Craemer 1965.

24 Wichtige Quelle zur Vita, vor allem aber informationsreich für den Kreis der Pensione Bandini: Heinrich Steiner: Deutsche Maler in Florenz. Unveröffentlichtes Manuskript oder Mitschrift eines Vortrages in der Deutsch-Italienischen-Gesellschaft in Frankfurt a. M. 1974 (viele Aspekte aus diesem Text veröffentlicht in: Steiner 1976).

25 Die Verbindungen der genannten Personen sind durch Briefe und Postkarten aus diesen Jahren von Werner Gilles an Rudolf Levy (aus Palinuro, Nachlass Levy) sowie von Gilles an Purrmann belegt (Hans Purrmann Archiv, München).

26 Zu Bargheer und Florenz siehe Voigt 2004 sowie Bargheer 1994.

27 Siehe Anm. 23 und 24.

28 Wie Anm. 24, S. 17.

29 Zu Wallerstein siehe zuletzt Kuhn 2019, S. 365–366; dessen erste Florentiner Adresse geht aus Dokumenten zu Passangelegenheiten des deutschen Konsulats hervor (Politisches Archiv des Auswärtigen Amts, Berlin). Zur Vita siehe auch Fischer-Defoy/Nürnberg 2011, S. 41–46.

30 Wann genau sie in die Pension zogen, war bislang leider nicht ermittelbar.

31 Der erste Brief von Genia Levy an Purrmann ist 1949 datiert, das Zitat stammt aus dem vorlaufenden, ersten und undatierten Brief. Genia Levy war 1937/38 erstmals in Florenz (siehe Anm. 11 und 12). Ein weiterer Besuch 1941 oder Anfang 1942 ist aus Erwähnungen in diversen Briefen ableitbar. Information nach Klaus Voigt (siehe S. 180). Laut Steiner besuchte Mathilde Vollmoeller Rudolf Levy häufiger in der Pensione Bandini (wie Anm. 24, dort S. 26),

32 Hans Purrmann an Rudolf Levy (beide Florenz, Nachlass Levy). Der Brief ist abgebildet in Voigt 1995, S. 116. Purrmann schlug das Treffen vor. Man verabredete sich nicht an der auf dem Weg Purrmanns liegenden Piazza Santo Spirito, sondern auf der anderen Arno-Seite an der Piazza San Marco.

33 Leo Stein aus Settignano an Rudolf Levy in Florenz, 14. Juli 1943 (Nachlass Levy).

34 Wie Anm. 24, dort S. 21–22.

35 Wallerstein richtete 1923 in Berlin die erste Galerieausstellung Emy Roders aus.

36 Die enge Verbindung zu Purrmann ist mit einem umfangreichen Briefwechsel belegt Hans Purrmann Archiv, München). Leider gibt es bis heute zu Gerhard Wolf nur die zwar auf Quellen basierende, aber romanhaft verfasste Darstellung: Tutaev 1967. Die Konsulatsakten dieser Jahre sind überwiegend verloren.

37 Nachlass Heinz Battke, Deutsches Kunstarchiv im Germanischen Nationalmuseum, Nürnberg, Kapsel 40 (Information nach Klaus Voigt; siehe in diesem Buch S. 181).

38 Vgl. den Beitrag von Sören Fischer, S. 260–269.
39 Levy 1946.
40 Von der zahlreichen italienischen Literatur zu den Giubbe Rosse sei Vanucci 1973 hervorgehoben, zumal hier ein Schwerpunkt auf die Zwischenkriegszeit gelegt ist.
41 Wie Anm. 24, dort S. 21.
42 Der Besuch galt eigentlich der Recherche zur Villa Romana, wo das Malerpaar nach dem Zweiten Weltkrieg einige Zeit einquartiert war. Bei dem Levy-Bild handelt es sich um WVZ-Nr. 219. Masciotta besaß das Porträt WVZ-Nr. 211. (2007 versteigert bei Karl & Faber) Die Lorias besaßen u. a. die Sillleben WVZ-Nr. 226, 253 und das Bildnis *Fiamma*, WVZ-Nr. 254 (diese drei Arbeiten wurden 2021 bei Pandolfini in Florenz versteigert).
43 Levy war „14 Tage in Vallombrosa", so teilte er am 7. Oktober Herbert Schlüter nach Berlin mit (Nachlass Herbert Schlüter, Münchner Stadtbibliothek, Monacensia). Levy war dort bereits im Sommer 1941 und vermutlich auch 1942 Gast von Battke und seiner Mutter.
44 Hans Purrmann aus Saltino an Emy Roeder in Florenz, 23.8.1943, Nachlass Emy Roeder, Museum im Kulturspeicher, Würzburg.
45 Zu diesem Treffen ausführlich Kuhn 2019, S. 243–244.
46 Das Tagebuch endet im Original mit den drei Punkten am Schluss des Satzes. („Heute morgen, kurz vor zehn sind die Deutschen in Florenz eingezogen. Ab heute schwieriges Leben …") Zit. n. Vannucci 1973, S. 156.
47 Wie Anm. 43.
48 Die nachfolgend geschilderten Zusammenhänge in den Grundzügen bereits bei Kuhn 2019, S. 248–250.
49 Der Literat und Lektor Max Krell war bereits 1937 nach Florenz emigriert. Er kannte Levy aus Berlin. Seine Erinnerungen sind ein wichtiges Zeugnis dieser Jahre (Krell 1961). Krell verfasste auch einen akkuraten Bericht über die letzten Wochen Levys: Max Krell aus Florenz an Genia Levy in München, 7.7.1946 (Nachlass Herbert Schlüter, Münchner Stadtbibliothek, Monacensia), vollständig wiedergegeben in: Thesing 1990, S. 44–46.
50 Collotti 2007, S. 23–24. Max Krell äußerte übrigens bereits in seinem Bericht von 1946 über die Ausführenden: „[…] ein Agent der Gestapo war darunter […]" (wie Anm. 49).
51 Teilabschrift aus einem Brief von Vera Wallerstein, überschrieben mit: „Über das Ende des Malers Rudolf Levy", Johannisburg/Südafrika, o. D. (Hans Purrmann Archiv, München). Die Identifizierung des ausführenden Täters nach Collotti 2003, S. 23–24. Zur Rolle Ettls in Florenz vgl. den Beitrag von Carlo Gentile (S. 170–175, hier 173), dem für Gespräche und zahlreiche Hinweise herzlich gedankt sei.
52 Bericht Max Krells 1946 (wie Anm. 49). 1943: 100 Lire = 13,15 RM, 20 000 Lire = 2 630,00 RM. 1 Reichsmark 1939 = € 4,40.
53 Picciotto Fargion 1991, S. 386.
54 Rudolf Levy aus Florenz an Herbert Schlüter in Berlin, 7.10.1943 (Nachlass Herbert Schlüter, Münchner Stadtbibliothek, Monacensia). Das als Motto diesem Text vorangestellte Zitat findet sich ebenda; es stammt aus dem letzten Brief von Levy an Schlüter vom Dezember 1943.
55 Emy Roeder aus Rom an Hans Purrmann in Montagnola, 27.1.1946 (Hans Purrmann Archiv, München).
56 Hinweis von Carlo Gentile. Die Ausführungen bei Colotti 2007 und die dortigen Übersetzungen aus einer Zeugenaussage und der Vorschlagsbegründung gingen damals bereits auf Archivfunde Gentiles zurück (Colotti 2007, S. 23, Anm. 56).
Nach Redaktionsschluss des vorliegenden Textes wurde dem Autor dank Thomas Gruber (ehemals Villa i Tatti, Florenz) eine Aussage aus der Spruchkammerakte des deutschen Konsuls Wolf (vgl. Anm. 36) bekannt. Der berühmte jüdische Jurist Ernst Heinitz (1902–1998), der sich in Florenz verbarg, gab am 6.1.1946 zu Protokoll, dass er Gerhard Wolf am 28.11.1943 aufsuchte und ihn um Hilfe bat. Wolff beauftragte ihn u.a., „in aller Heimlichkeit", einige Juden in Florenz zu warnen, die in den nächsten Tagen verhaftet werden sollten — unter ihnen war Rudolf Levy (Deutsches Historisches Institut, Rom, Archiv, N9, Nachlass Gerhard Wolf, Nr. 40). Der Berliner Ernst Heinitz lebte und arbeitete seit 1933 in Florenz, wo er zum zweiten Mal promovierte. 1938 wurde er italienischer Staatsbürger. Nach der Besetzung durch die Wehrmacht 1943 schloss er sich der Resistenza an.

Rudolf Levy und die Jahre des Florentiner Exils

Vanessa Gavioli

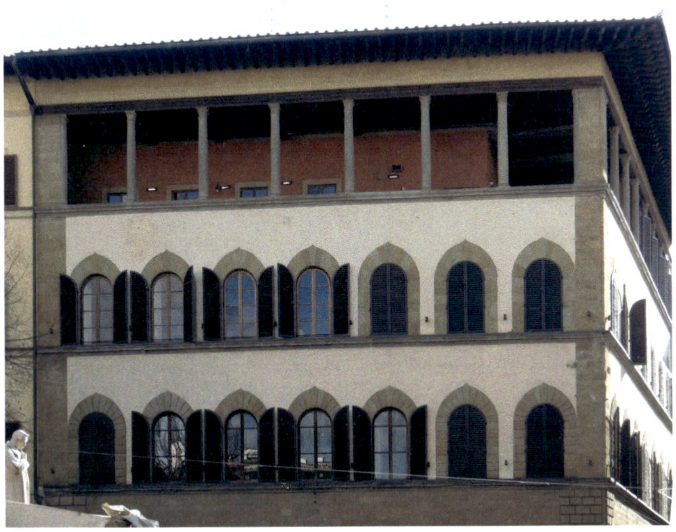

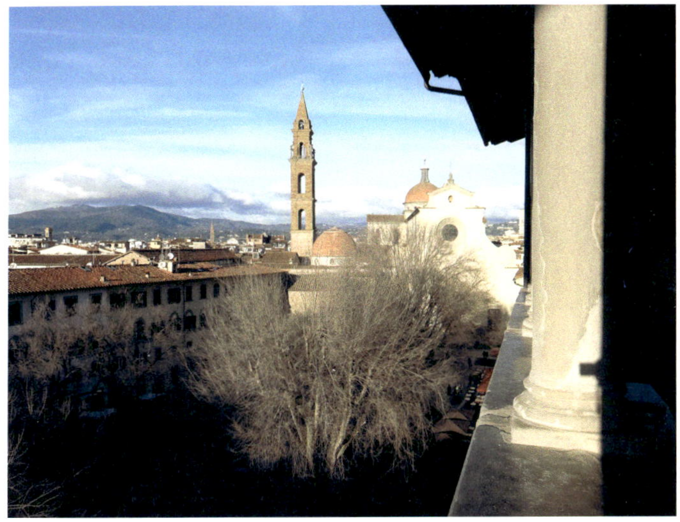

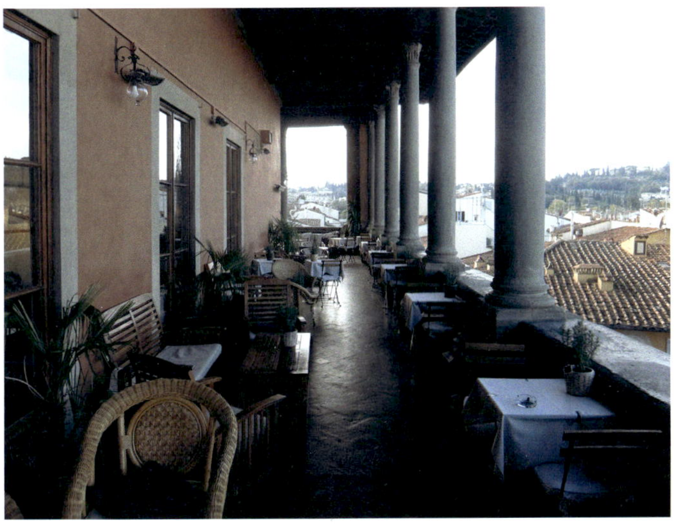

ABB. 1–3: Der Palazzo Guadagni in Florenz und seine repräsentative Loggia mit Ausblick auf die Piazza S. Spirito

Zu Zeit von Levys Exil befand sich im obersten Stockwerk des Palazzo die Pensione Bandini, in der Levy ein Zimmer gemietet hatte. Viele seiner späten Stillleben entstanden hier. Heute wird diese Etage vom Hotel „Palazzo Guadagni" genutzt
Fotografien von 2022 Archiv Sören Fischer

Die vielfältige künstlerische Lebensgeschichte des deutsch-jüdischen Künstlers Rudolf Levy, der Ende 1940 in Florenz, seinem letzten Zufluchtsort, eintraf, kann nur im Lichte der historischen Ereignisse gelesen werden, die seinen menschlichen und künstlerischen Werdegang zutiefst geprägt haben.[1]

Levy hatte Berlin 1933 verlassen und kam nach sieben Jahren eines zunehmend von persönlichen und wirtschaftlichen Schwierigkeiten geplagten Exils in Florenz an. In der toskanischen Stadt gelang es ihm – wenn auch nur vorübergehend –, seine Lebensverhältnisse relativ stabil zu gestalten, sodass es ihm möglich war, sich mit größerer Kontinuität der Malerei zu widmen. Er quartierte sich in einem Gästehaus im Oltrarno[2] ein. Die Pensione Bandini lag im obersten Stockwerk des Palazzo Guadagni an der Piazza Santo Spirito; das Gebäude aus dem 16. Jahrhundert verfügte über eine herrliche Loggia (Abb. 1–3). Von dieser aus malte und zeichnete Levy einige eindrucksvolle Ansichten der darunter liegenden Piazza (KAT 54, S. 219; KAT 55, S. 221).

Während seiner Zeit in Florenz entstanden hauptsächlich Stillleben und Porträts, da es in der Stadt verboten war, im Freien zu malen (KAT 54–77, S. 219–257). Diese Einschränkung zwang ihn dazu, die Landschaftsmalerei, der er sich in den vorangegangenen Jahren seines Exils (Mallorca, Rapallo, Ischia und Procida) mit ausgezeichneten Ergebnissen gewidmet hatte, fast vollständig aufzugeben. In dem kleinen Zimmer-Atelier der Pensione Bandini konzentrierte er sich auf die Komposition von Stillleben mit Alltagsgegenständen oder Blumen, die er auf der Piazza Santo Spirito leicht erwerben konnte.

Der deutsche Historiker Jobst Knigge rekonstruiert in seinem Aufsatz *Eduard Bargheer und der Künstlerkreis von Florenz (1938–1948)* das tägliche Leben der Levy nahestehenden deutschen Künstlergruppe, die in der Pensione Bandini wohnte. Die Pension wurde zum Treffpunkt eines kleinen Freundeskreises, zu dem neben Rudolf Levy auch Heinrich Steiner (1911–2009), Kurt Craemer (1912–1961), Eduard Bargheer (1901–1979), Karli Sohn-Rethel (1882–1966), Heinz Battke (1900–1966) und Herbert Schlüter (1906–2004) gehörten.[3] In seinem Text zitiert Knigge einen Bericht des Malers Kurt Craemer, in dem es heißt: „Rudolf Levy lebte [...] in einer tristen Familienpension in Rom. Kaum

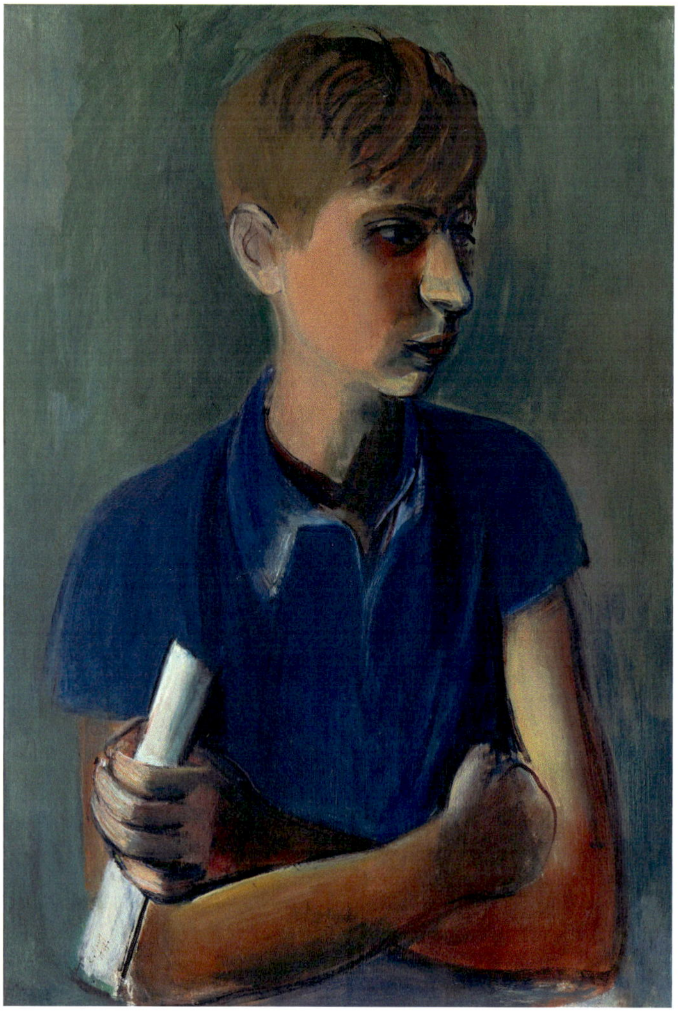

ABB. 4: Rudolf Levy *Bildnis Basil*, 1937
Öl auf Leinwand 71,7 × 48,5 cm
Frankfurt a. M., Städelsches Kunstinstitut

hatten wir die neue Behausung übersehen und ihm versichert, dass er in ihr allen nur benötigten Raum zur Verfügung finden würde, da traf er auch schon ein".[4] Und in einer anderen Passage, die sich ebenfalls auf den Winter 1940/41 bezieht, heißt es: „Wir arbeiteten tagsüber und trafen uns abends [...] alle am Kamin. Vor allem für Rudolf Levy bot die neue Wohnung, zum ersten Mal seit Jahren wieder, ein gewisses Maß an Sicherheit. Er fühlte sich in unserer Gemeinschaft beschützt, und auch die äußeren Zwischenfälle und Probleme, die finanziellen zumal, konnten durch die Nähe von erprobten Freunden leichter als sonst bestanden werden. So gewannen unsere Zimmer, die seit langem provisorischen Unterkünften geglichen hatten, endlich wieder einmal das Aussehen von Ateliers".[5]

Ab September 1938 begann in Mussolinis Italien die Umsetzung des Antisemitismus in praktische Politik; eine der getroffenen Maßnahmen war die Ausweisung der ausländischen Juden. Für Levy, der sich zu diesem Zeitpunkt auf Ischia aufhielt, bedeutete dies, dass seine Existenz zunehmend ins Wanken geriet. Verzweifelt versuchte er, eine Verlängerung seiner Aufenthaltsgenehmigung zu erhalten; stattdessen erging ein Ausweisungsdekret gegen ihn. 1940 erhielt Levy in Rom dann doch noch eine befristete Aufenthaltsgenehmigung für Italien. Die Entscheidung, nach Florenz zu gehen, wurde von diesen Umständen bestimmt, und Levy kam im Dezember 1940 mit seinem Freund Herbert Schlüter dort an. Die beiden hatten sich viele Jahre zuvor in Berlin kennengelernt und waren sich dann auf Mallorca in Cala Rajada wieder begegnet, mussten aber nach General Francos Staatsstreich in Spanien von dort fliehen. In Florenz lebten sie bis Dezember 1941 zusammen in der Pensione Bandini; dann wurde Schlüter, der kein Jude war, in die deutsche Wehrmacht eingezogen und als Dolmetscher in Sizilien eingesetzt. Vor seiner Einberufung porträtierte Levy seinen Freund vor einem grauen Hintergrund, die Arme vor der Brust verschränkt, wie in einer einsamen Umarmung, mit hagerem, langgezogenem Gesicht, markanter Nase und traurigem Blick (KAT 56, S. 223).

Die Porträts, die Levy in den letzten Jahren seines Lebens schuf und von denen einige in der Ausstellung in Kaiserslautern zu sehen sind, spiegeln in ihrer unverhohlenen Traurigkeit das Schicksal der Exilanten wider. Das *Bildnis Basil* (Abb. 4) und das *Bildnis des Malers Hans Gassebner* (1902–1966; KAT 48, S. 210) hatte er einige Jahre zuvor in Zaton Mali gemalt, einem Ort an der dalmatinischen Küste, nicht weit von Dubrovnik entfernt, einer der früheren Stationen seines Exils. Auch sie entstanden, wie die Florentiner Gemälde, im engen Kreis von Levys Bekannten, und zeigen Menschen, deren Gesichter Gefühle der Entfremdung vermitteln. *Ischianerin* (KAT 49, S. 211), ein Porträt, das Levy mit nach Florenz nahm, zeigt eine junge Frau in halblanger, starr frontaler Pose, eingeschlossen in einer Melancholie, die durch die Farbwahl von Rot, Blau und Violett sowie Schwarz und stumpfem Gelbgrün unterstrichen wird. Diese Töne verleihen dem Gemälde seine ernste und undurchdringliche Note. Das Werk, das den Höhepunkt der künstlerischen Suche von Rudolf Levy darstellt, ist das Porträt *Fiamma* (Abb. 5; KAT 66, S. 237), das zwischen 1941 und 1942 in Florenz entstand. Das junge, vermutlich noch heranwachsende Mädchen hat die Augen halb geschlossen, das Gesicht nach links gewandt und die Arme verschränkt; ihre Figur drängt sich dem Betrachter in ihrer ganzen monolithischen wie plastischen Präsenz auf.[6] Das Werk ist eine synthetische Studie von Volumen und Flächen, die — mit breiten Pinselstrichen geführt — auf eine ausführliche Beschreibung von Details zugunsten einer fast skulpturalen Monumentalität verzichtet.

Es gibt keine Zeugnisse darüber, was Levy in Florenz studiert und gesehen hat, da die zeitgenössischen Quellen angesichts seines Flüchtlingsstatus äußerst dürftig sind und er -wie man sich vorstellen kann — sich nicht aktiv am florentinischen Kunstleben beteiligen konnte: Im faschistischen Italien war es Juden aufgrund der berüchtigten Rassengesetze verboten, an den öffentlichen Veranstaltungen der Stadt teilzunehmen.

Ein wichtiger Zeugenbericht über die gesellige Atmosphäre, die unter den Bewohnern der Pensione Bandini herrschte, ist der Artikel *Zimmer mit Aussicht auf den Nationalsozialismus*, den der Maler Heinrich Steiner 1995 anlässlich der von Klaus Voigt kuratierten Ausstellung „Rifugio precario / Zuflucht auf

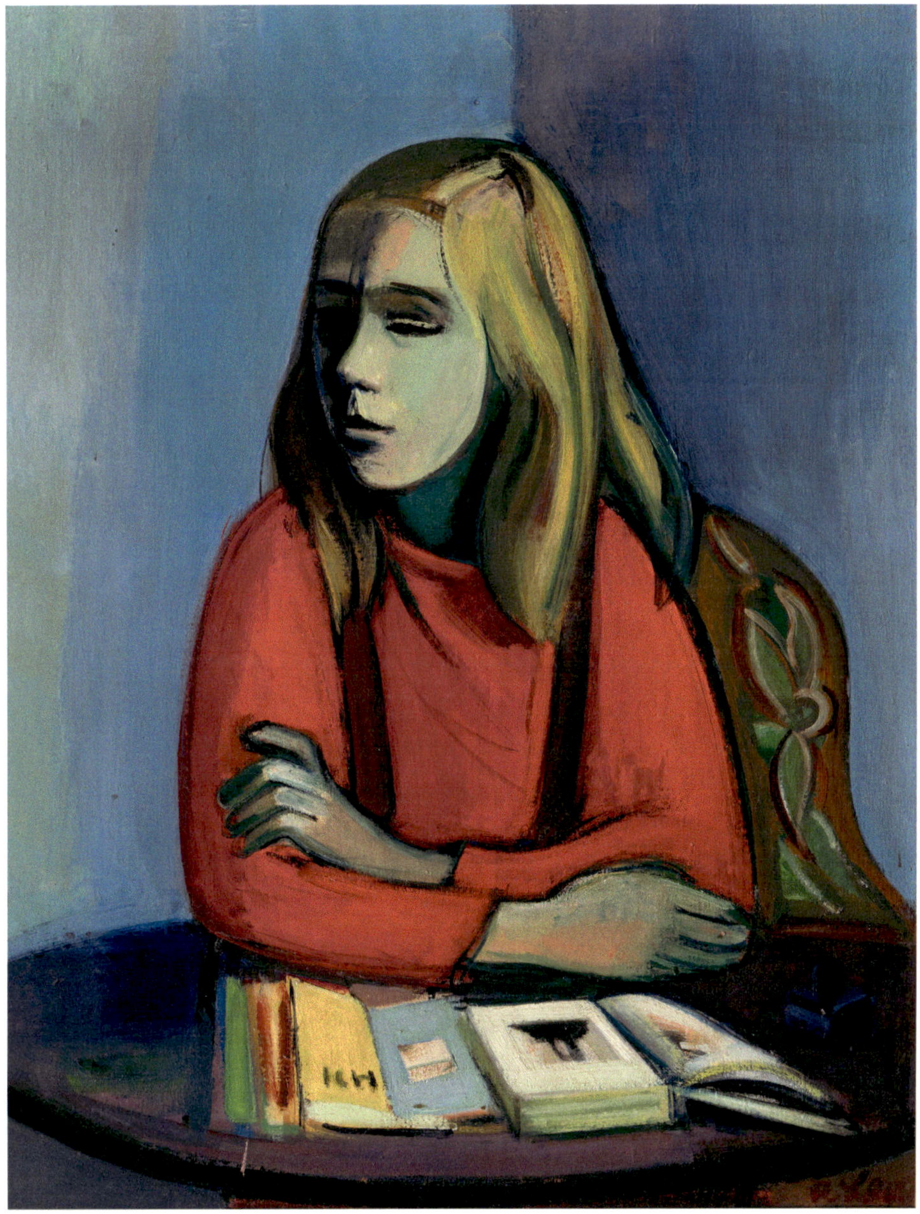

ABB. 5: Rudolf Levy *Fiamma*, 1942
Öl auf Leinwand 73 × 60 cm
Florenz, Le Gallerie degli Uffizi

Widerruf"[7] veröffentlichte. Der Artikel evoziert die wahrhafte künstlerische Gemeinschaft, die in Florenz zwischen den deutschen Intellektuellen entstand, die vor dem Nationalsozialismus geflohen waren und die in der großzügigen Gastfreundschaft von Elena Bandini, der Besitzerin der Pension an der Piazza Santo Spirito, Schutz fanden. Steiner erzählt, dass sich in der Pensione Bandini auf Initiative seines Bruders neben den bereits erwähnten Künstlern (Levy, Craemer, Bargheer, Sohn-Rethel, Battke) auch Literaten und Schriftsteller einfanden, die die Anwesenden mit Lesungen oder Rezitationen aus ihren Werken unterhielten. „Selten", schreibt Steiner, „habe ich Menschen getroffen wie in unserer Gruppe; die Abende, an denen jeder irgendeine Episode erzählte, die sich wirklich ereignet hatte, aber nicht weniger unglaublich war, könnte man vielleicht mit den Abenden bei E. Th. Hoffmann vergleichen".

Aus diesem wertvollen Zeugnis können wir einige Hinweise auf Levys künstlerische Überzeugungen, auf seine Malpraxis in ständiger Spannung zwischen dem Expressionismus seiner Jugendjahre und seiner Hinwendung zu einer mehr soliden und synthetischen Figuration ableiten: „Ich erinnere mich sehr gut an einen späten Nachmittag, als ich Rudolf Levy in seinem Zimmer besuchte. Auf dem Boden standen, mit der bemalten Seite zur Wand gelehnt, die gerade begonnenen Bilder. Rudolf war dabei, seine Pinsel mit Wasser und Seife zu waschen, wie er es jeden Abend zu tun pflegte. Auf dem Tisch stand eine Vase mit Wildblumen, er deutete auf die Vase und sagte: ‚Sehen Sie, Steiner, das ist es, was Sie erreichen müssen'. [...] Ich wusste sehr wohl, dass er mir keinen trivialen Naturalismus nahelegen wollte. Was er meinte, war: Du musst das wahre Wesen der Dinge entdecken. Auf diese Weise entstand ohne jede Absicht eine Schule der

Malerei: eine ideale Akademie der schönen Künste, die ihren Sitz in den gemächlichen Räumen der Pensione Bandini hatte".[8]

Levy, Steiner und die anderen Künstler der Pensione Bandini gingen oft in das Florentiner Café Giubbe Rosse. „Eines Tages", so erzählt Steiner, trafen sie den „berühmten Leo Stein, den ersten Sammler der Werke von Picasso und Matisse. Er hatte im Laufe der Jahre seine immense Kunstsammlung verkauft und lebte nun in Settignano bei Florenz in sehr bescheidenen Verhältnissen. Stein kannte Rudolf aus seinen Pariser Jahren, noch vor dem Ersten Weltkrieg. Und er kannte auch Purrmann, der zu dieser Zeit in Florenz lebte. Purrmann hatte wenig Kontakt zu unserer Gruppe, obwohl er natürlich alle deutschen Maler kannte. Als Direktor der Villa Romana hatte er eine halboffizielle Stellung. Dennoch war er Opfer eines einschneidenden Ereignisses gewesen, das ihn zutiefst erschüttert hatte. [...] Purrmann traf sich mit Levy und Leo Stein, seinen alten Kameraden aus Paris, aber immer an sozusagen neutralen Orten. Purrmann hat die Schwelle der Pensione Bandini nie überschritten."[9]

Die schwierige Situation Purrmanns wird von Klaus Voigt in seinem im Florentiner und in diesem Katalog abgedruckten Aufsatz verdeutlicht.[10] Voigt erklärt, dass der Künstler von den Nazis „beobachtet" wurde, auch waren „[a]uf der Femeausstellung *Entartete Kunst* [...] zwei Bilder von ihm gezeigt worden."[11] Während des Staatsbesuchs von Adolf Hitler 1938 war Purrmann vorübergehend inhaftiert worden, weil er als „gefährlich" galt; Purrmann wusste, dass er „unter Beobachtung der NSDAP-Auslandsorganisation stand und ließ deshalb im Umgang mit seinem jüdischen Freund Vorsicht walten. Er traf sich mit ihm nie in der Villa Romana oder in der Pensione Bandini, sondern immer nur in einer Privatwohnung oder an einem anderswo in der Stadt vereinbarten Ort."[12]

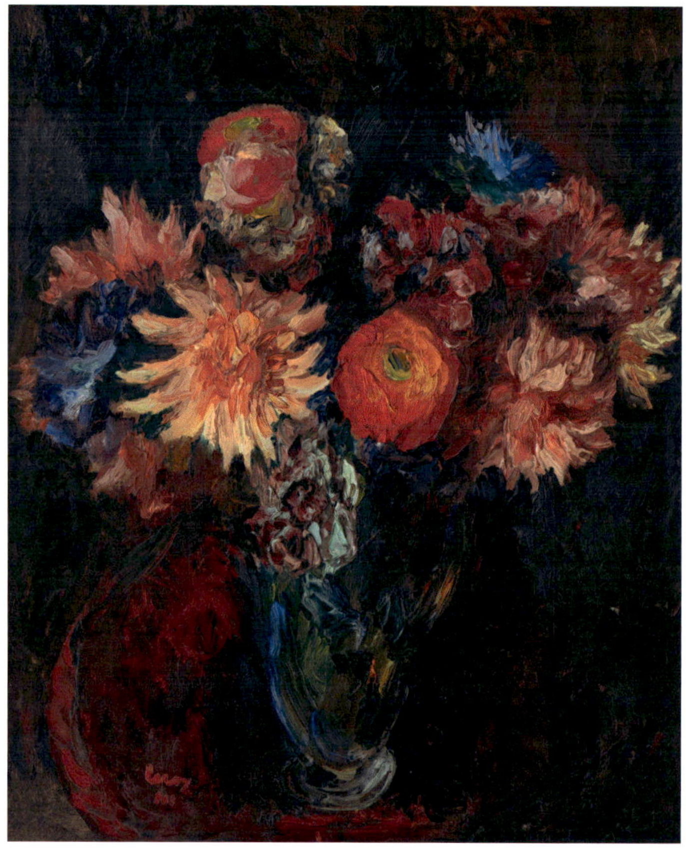

ABB. 6: Rudolf Levy *Vase mit Dahlien*, 1911
Öl auf Karton 59,5 × 49,5 cm Privatsammlung

Was mögliche Beziehungen zu italienischen Künstlern betrifft, die Levy im Café Giubbe Rosse kennengelernt haben könnte, so wissen wir aufgrund fehlender Dokumente nicht, mit wem er direkten Austausch hatte. Ich persönlich halte es für unwahrscheinlich, dass Levy in seiner Situation als Flüchtling an Treffen Florentiner Künstlervereinigungen jener Zeit teilnahm. Möglicherweise gab es einen sporadischen Austausch, zum Beispiel mit Ottone Rosai (einem Maler, der oft als derjenige unter den Florentiner Künstlern genannt wird, mit dem Levy enger in Verbindung stand), aber diese Beziehungen sind bis heute nicht dokumentiert.

Folgt man jedoch den konkreteren Hinweisen von Heinrich Steiner, dem damaligen „Schüler" von Rudolf Levy (zwischen den beiden Künstlern lag ein Altersunterschied von 36 Jahren), so wurden die „gemächlichen Räume der Pensione Bandini" zum Schauplatz einer Art „idealen Akademie der schönen Künste", in denen über Kunst diskutiert wurde, denn „immer, auch wenn es nicht um Malerei ging, mündete das Gespräch in eine Diskussion über ästhetisch-metaphorische Prinzipien".[13] Die Richtung, in die sich Levys Formgebung entwickelte, wird in den zahlreichen Stillleben deutlich, die er in diesen Jahren schuf: *Rote Tulpen in Keramikkrug (auf rundem Tisch)* (KAT 58, S. 225), *Stillleben mit grünem Krug* (KAT 59, S. 227), *Stillleben mit Mimosen* (KAT 62, S. 232), *Stillleben mit Madonnenlilien und Buch* (KAT 64, S. 234). In solchen Sujets fand Levy den idealen Ort, um mit Beziehungen zwischen Farbharmonien zu experimentieren. Mit den wenigen Objekten, die ihm in seinem Zimmer-Atelier im Palazzo Guadagni zur Verfügung standen, baute der Künstler seine Kompositionen auf, studierte die Beziehungen zwischen den Objekten und schuf eine freudvolle, farbintensive Vision der Realität, die einen Kontrapunkt zu der Klausur darstellte, die ihm durch die sich verschlechternde politische Lage auferlegt war. Tatsächlich wird der düstere Ton seiner Porträts in diesen Werken abgeschwächt, Werke, in denen Levy eine kontinuierliche Neubearbeitung dessen vorzunehmen scheint, was er während seiner Jahre in Paris verinnerlicht hat.

Der Künstler hatte ab 1903 etwa ein Jahrzehnt lang in der französischen Hauptstadt gelebt und sich intensiv mit impressionistischer Malerei und den auf sie folgenden Strömungen beschäftigt. Er interessierte sich besonders für Paul Cézanne, studierte seine Konstruktion der Formen und seine Verwendung von dumpfen Tönen. Mit diesem Zusammenspiel zwischen kompositorischer Strenge und chromatischen Harmonien experimentierte er dann in Werken wie dem *Stillleben mit Obstschale und Karaffe* (KAT 5, S. 49) aus dem Jahr 1906. Dieser Auseinandersetzung mit Cézanne schloss sich das Studium der Malerei von Henri Matisse

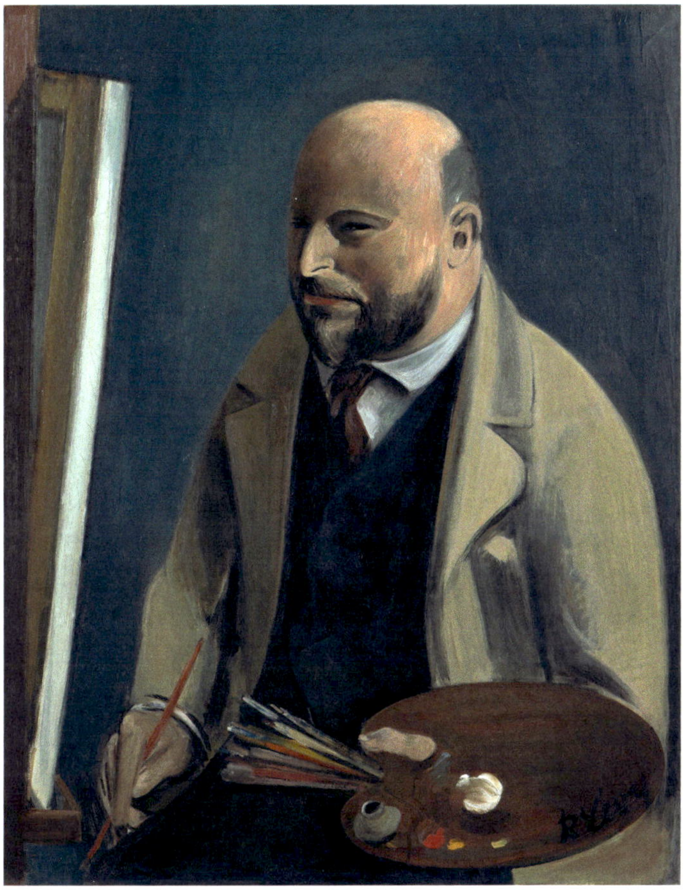

ABB. 7: Rudolf Levy *Bildnis Hans Purrmann*, 1931
Öl auf Leinwand 92,5 × 73 cm Köln, Museum Ludwig

an, dessen Schüler er zunächst war und dessen Mitarbeiter er später wurde, indem er ihm vorübergehend bei der Leitung der Académie Matisse, die zur Ausbildung von Studenten auf gemeinnütziger Basis gegründet war, behilflich war.

Zwischen 1909 und 1911 malte Levy *Vase mit Dahlien* (Abb. 6) und *Stillleben mit Krügen und Früchten* (KAT 8, S. 53). Vergleicht man diese beiden Werke mit späteren Arbeiten, wird deutlich, dass der Künstler in diesen Jahren noch nicht zu seiner eigenen autonomen Sprache gefunden, sich aber dennoch vom traditionellen akademischen Stil emanzipiert hatte. In Übereinstimmung mit den Anregungen der zeitgenössischen französischen Malerei experimentierte auch Levy mit verschiedenen stilistischen Formeln, die von der Zweidimensionalität der Fauves bis zum Zitat impressionistischer Elemente reichen, und neben dem bereits erwähnten Cézanne auch an Auguste Renoir und Henri Fantin-Latour erinnern.

Nach dem Ende des Ersten Weltkriegs, in dem er als deutscher Soldat gekämpft hatte, kehrte Levy nach Deutschland zurück und ließ sich in Berlin nieder. Hier nahm er auch den Kontakt zu seinem Jugendfreund, dem Maler Hans Purrmann, wieder auf. In Florenz dann begegnete er ihm wieder, da Purrmann zwischen 1935 und 1943 als Leiter des renommierten Instituts Villa Romana tätig war. In seinen ersten Jahren in Berlin scheint Levy dem postkubistischen Picasso seine Aufmerksamkeit geschenkt zu haben, wobei er aber stets die Entwicklungen der zeitgenössischen europäischen Kunst, die unisono zu einer „Rückkehr zur Ordnung" aufgerufen hatte und die ihre Wurzeln wieder stärker in der Tradition suchte, mit wachem Interesse verfolgte.

Gegen Ende der 1920er-Jahre verdunkelte Levy seine Farbpalette und verstärkte die Volumenstruktur seiner Kompositionen. Levy wurde wuchtiger und monumentaler, vor allem in seinen Porträts. Er folgte damit auch dem Geist der Neuen Sachlichkeit, einer künstlerischen Bewegung, die in Deutschland den Expressionismus ablöste und die einer zersplitterten Auffassung der Realität solidere, geschlossenere Formen und damit eine weniger emotionale Beziehung zur Umwelt entgegensetzte. Zu den Bildern dieser Zeit gehören die Porträts von *Margot Lachmann* (KAT 34, S. 131), von Levys Freund *Hans Purrmann*, des *Klarinettisten Joh. B.* und das *Bildnis eines jungen Mannes* (Abb. 7, KAT 38, S. 139; KAT 39, S. 140; KAT 41, S. 142). An dieser Reihe von Gemälden lässt sich feststellen, dass der Künstler eine ihm eigene Ausdrucksform erreicht hatte. Die solide gebauten Formen zeichnen sich vor einem neutralen Hintergrund ab und drücken somit eine psychische Abgesondertheit und Entfremdung von der Umwelt aus, ein „Bei-sich-Sein" der portraitierten Personen, das von nun an das besondere stilistische Merkmal seiner Bildnisse bilden wird.

Im Laufe des Jahres 1942 verstreute sich nach und nach der in der Pensione Bandini tätige Künstlerkreis. Die Gründe dafür waren unterschiedlich: Bargheer, Schlüter und Battke wurden als Dolmetscher zum Wehrdienst einberufen, Craemer und Sohn-Rethel zogen aus finanziellen Überlegungen nach Positano. Battke, der bald aus gesundheitlichen Gründen aus dem Wehrdienst entlassen wurde, kehrte nach Florenz zurück, und seine Freundschaft zu Levy wurde immer enger.

Steiner, der als „Halbjude" ebenfalls der antisemitischen Verfolgung ausgesetzt war, kehrte sich nach einem Vorfall, der für beide sehr gefährlich hätte werden können, von Levy ab: „Eines Tages saßen wir in einer Bar (wir trafen uns jeden Tag an einem anderen Ort in der Stadt, wir mussten uns schon wie Mäuse verkriechen), als eine Schar SS-Männer hereinkam. Rudolf sprach ruhig und sogar laut auf Deutsch weiter. Ich bat ihn in Gottes Namen doch nicht Deutsch zu reden. Statt aufzuhören, antwortete er mir mit einer ärgerlichen Geste: ‚Sie werden sich doch wegen der paar Laffen nicht ins Bockshorn jagen lassen!' Das Blut gefror mir in den Adern. Ich zahlte und verließ das Lokal: es war das letzte Mal, dass ich Rudolf sah."[14]

Aufgrund der Verschärfung der antisemitischen Verfolgung stellte Heinz Battke seinem Künstlerfreund Levy eine Einzimmerwohnung im Borgo San Jacopo zur Verfügung, weil er dort sicherer untergebracht war. Steiner berichtet auch von den Ereignissen nach dem Waffenstillstand vom 8. September 1943: „Mit der deutschen Besetzung und der Verfolgung der Juden in Florenz fingen nun erbarmungslose Zeiten an; Battke nahm Levy in seiner Wohnung auf, die momentan leer stand. Für Levy waren es sehr schwere Tage. Er, der es liebte, immer unter Freunden zu sein, war nun gezwungen, Tage und Nächte völlig allein in einer leeren

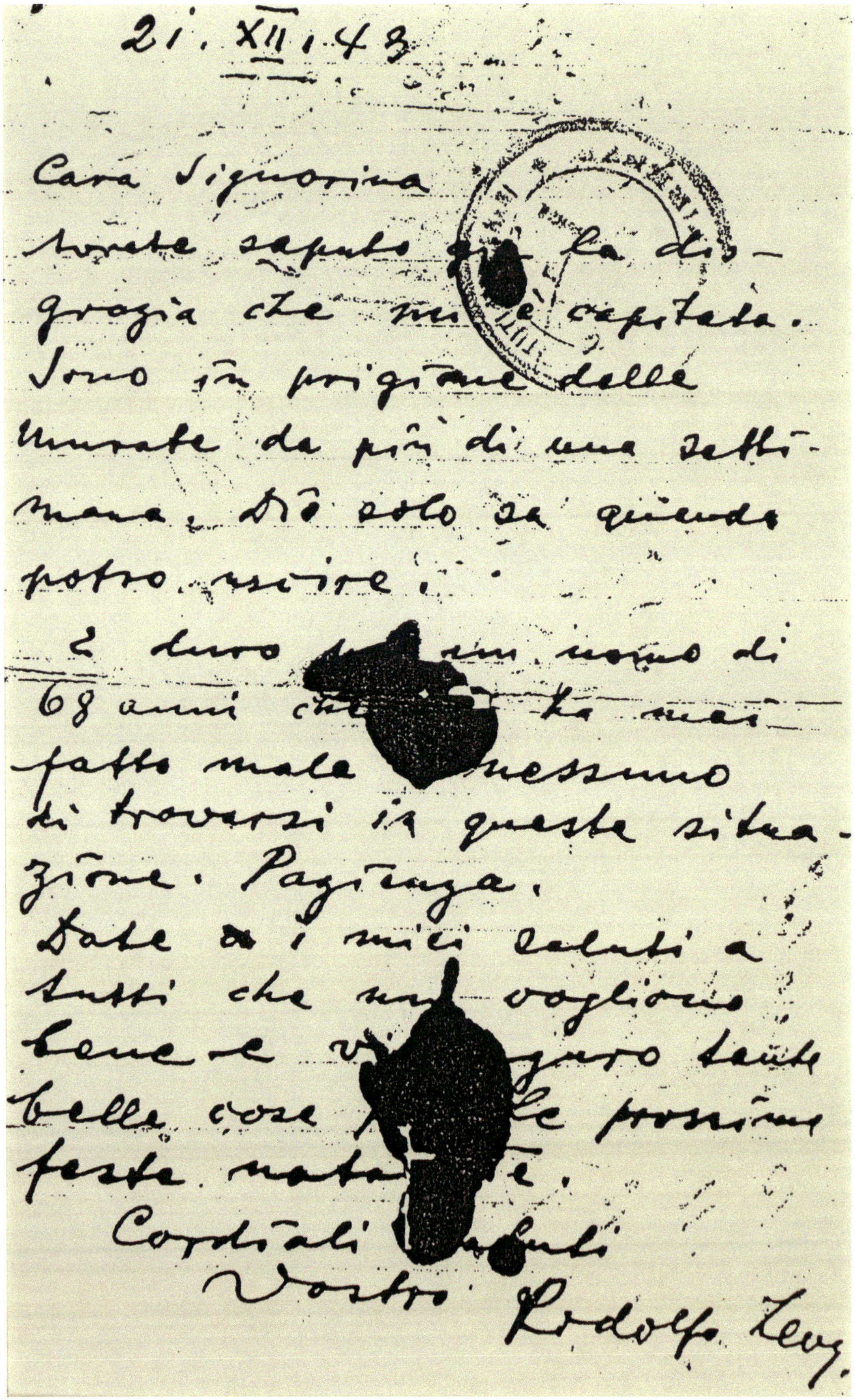

21. XII. 43

Cara Signorina
Avrete saputo [illegible] la dis-
grazia che mi è capitata.
Sono in prigione delle
Murate da più di una setti-
mana. Dio solo sa quando
potrò uscire.
È duro [illegible] un uomo di
68 anni che [illegible] ha mai
fatto male [illegible] nessuno
di trovarsi in questa situa-
zione. Pazienza.
Date a i miei saluti a
tutti che mi vogliono
bene e vi auguro tante
belle cose [illegible] le prossime
feste natalizie.
Cordiali saluti
Vostro
Rodolfo Levy.

ABB. 8: Fotokopie des letzten bekannten Briefes von Rudolf Levy. Der im Florentiner Gefängnis „Le Murate" inhaftierte Künstler schrieb diesen Brief am 21. Dezember 1943 an Elena Bandini, die Besitzerin der Pensione Bandini im Palazzo Guadagni (Florenz). Wenige Wochen später wurde Rudolf Levy in das KZ Auschwitz deportiert.
Bargheer Museum, Hamburg

Wohnung zu verbringen. Die Nächte hielt er durch, indem er laut Homer und Horaz rezitierte, was zur Folge hatte, dass die Nachbarn ihn hörten und sich beschwerten.[15] Wir ermahnten Rudolf, dass größere Vorsicht geboten sei. Er nahm sich unseren Rat zu Herzen, aber seine Gemütsfassung änderte sich nicht. Rudolf war zutiefst unglücklich."[16]

In den beiden der Forschung bekannten Briefen, die Levy an seinen Freund Herbert Schlüter am 7. Oktober 1943 und kurz vor seiner Verhaftung im Dezember desselben Jahres richtete, schrieb er, dass Florenz kein sicherer Ort mehr sei: „Ich war bis hierher immer optimistisch bestimmt, fange aber langsam an, noch lange schreckliche Dinge vorauszusehen. [...] Ich lebe wirklich wie ein Gefangener. Und muss mich noch bedanken, dass es mir nicht schlechter geht."[17]

Am 12. Dezember 1943 wurde Levy auf der Treppe zur Pensione Bandini von zwei SS-Männern festgenommen und zum Gefängnis Murate (Florenz) gebracht (vgl. Abb. 8). Nach einem Monat wurde er zusammen mit anderen jüdischen Häftlingen in das berüchtigte Gefängnis San Vittore in Mailand überführt, das als Sammelstelle vor der Deportation diente. Am 30. Januar 1944 musste Levy den Zug besteigen, der vom Untergeschoss des Mailänder Hauptbahnhofs in Richtung Auschwitz fuhr. Wie auch Klaus Voigt in seinem Aufsatz darlegt, kam er dort nicht an oder wurde er, falls er ankam, sofort getötet, da sein Name nicht unter den im Vernichtungslager Aufgenommenen zu finden ist.[18]

Aus dem Italienischen übersetzt von Loredana Melissari

1 Dieser Beitrag erschien im italienischen Original im Florentiner Ausstellungskatalog „Rudolf Levy (1875–1944). L'opera e l'esilio" (Electa, Mailand 2023). Die hier vorliegende deutsche Übersetzung wurde an einigen Stellen leicht überarbeitet.

2 Das Altstadtviertel südlich des Arno-Flusses (Anm. der Übersetzerin).

3 Zum Künstlerkreis der Pensione Bandini siehe auch den Beitrag von Philipp Kuhn, S. 148–161.

4 Craemer 1965, S. 124 (zit. n. Knigge 2022, S. 8).

5 Ebd.

6 Zu diesem Gemälde siehe auch weiterführend den Beitrag von Susanne Thesing, S. 184–193.

7 Die Ausstellung „Rifugio precario. Artisti e intellettuali tedeschi in Italia / Zuflucht auf Widerruf. Deutsche Künstler und Wissenschaftler in Italien" (Palazzo della Ragione, Mailand, 8.3.–30.4.1995; Akademie der Künste, Berlin, 29.8.–22.10.1995) muss als grundlegend für diesen Forschungsbereich angesehen werden.

8 Steiner 1995; auf den Artikel hat mich freundlicherweise der Sohn des Autors, Andreas Steiner, aufmerksam gemacht.

9 Ebd.; das „einschneidende Ereignis" war Purrmanns Verhaftung während Hitlers Besuch in Florenz.

10 Zum Verhältnis Purrmann-Levy siehe auch den Beitrag von Felix Billeter, S. 270–279.

11 Voigt 2023, S. 28–37, hier S. 33.

12 Ebd.

13 Steiner 1995, S. 33.

14 Ebd.

15 Vgl. auch den Beitrag von Julie Kennedy, der auf Levys Beziehung zu Homer eingeht, S. 78.

16 Ebd.

17 Zit. n. Thesing 1990, S. 58–59.

18 Siehe Anm. 11.

Die deutsche Besatzung in Florenz

Strukturen der Verfolgung

Carlo Gentile

Die Diskriminierung und Verfolgung der Juden begann in Deutschland unmittelbar nach der Machtübernahme durch die Nationalsozialisten. Zunächst versuchten die neuen Machthaber, den Anschein der Rechtmäßigkeit ihrer diskriminierenden Maßnahmen zu wahren. Nach der Verkündung der Nürnberger Rassengesetze am 15. September 1935 und nach der Reichspogromnacht am 9. November 1938 verfolgten die NS-Behörden zwei Ziele: die Juden zu enteignen und zur Auswanderung zu drängen. Insgesamt konnten in dieser Zeit fast 280 000 Juden aus Deutschland der Verfolgung durch Auswanderung entkommen. Die meisten Emigranten wandten sich den USA und Palästina zu, gefolgt von anderen europäischen Ländern. Das faschistische Italien spielte als Aufnahmeland eine untergeordnete Rolle, aber es wurde zu einem wichtigen Transitpunkt für Tausende, die nach Palästina und Südamerika reisten.

Italien hatte eine humanistische und liberale Tradition, die es Emigranten erleichterte, sich im Land aufzuhalten und legale und halb-legale Arbeitsmöglichkeiten zu finden. Politische und literarische Leitbilder Italiens, die das Exil kannten, wie im 19. Jahrhundert zur Zeit des Risorgimento, sowie die verbreitete Abneigung gegen das politische und militärische Bündnis mit NS-Deutschland ließen in Teilen der Bevölkerung eine gewisse Solidarisierung mit den Emigranten entstehen.[1] Außerdem besaß das Land eine Tourismustradition, die die Akzeptanz gegenüber Menschen, die nicht die eigene Sprache sprachen und ihren Aufenthalt mit eigenen Mitteln finanzieren konnten, erleichterte.

Alles im allem kann man sagen, dass Antisemitismus und Fremdenfeindlichkeit in Italien traditionell wenig verbreitet waren. Antisemitismus gab es vor allem in kirchlichen Kreisen, und zwar in Form von religiös motivierten Anti-Judaismus. Moderner Antisemitismus war in rechtsgerichteten Intellektuellenzirkeln und in katholischen anti-modernistischen Milieus zwar bekannt, in der breiten Öffentlichkeit aber bis Mitte der 1930er-Jahre wenig präsent.

Der italienische Faschismus war zwar rassistisch geprägt, doch richteten sich diese Überzeugungen zunächst vor allem gegen Slawen und Afrikaner. Erst in den 1930er-Jahren spielten in Mussolinis Ideologie antisemitische Affekte eine größere Rolle. Der Faschismus radikalisierte sich, bis es 1938 zur Verhängung der Rassengesetze nach deutschem Vorbild kam und zur schrittweisen Entrechtung und Verfolgung der italienischen Juden. Nach 1938 wurden immer mehr Italiener empfänglicher für die starke antisemitische Propaganda des faschistischen Regimes.[2]

Deutschsprachige Juden und nicht-jüdische Deutsche im faschistischen Italien

Die Zahl der jüdischen Einwohner Italiens war klein, ihre Gemeinden konzertierten sich auf wenige Orte in Ober- und Mittelitalien, wo sie zum Teil seit dem Mittelalter in Ghettos lebten. Ihre Emanzipation begann im 19. Jahrhundert und setzte sich während der liberalen Einheitsbewegung des Landes, dem Risorgimento, fort. Mit Abschluss des Einigungsprozesses 1870 erhielten sie landesweit die vollen Bürgerrechte. Die italienischen Juden assimilierten sich rasch. Viele bekleideten hohe politische und administrative Ämter. Ihr Aufstieg in den freien Berufen, in den staatlichen Behörden und in der Geschäftswelt war beeindruckend. Politisch waren sie überwiegend liberal und national eingestellt. Nach dem Ersten Weltkrieg hatten sich viele in der faschistischen Partei engagiert. Nach der Zählung 1938 lebten in Italien insgesamt 58 412 Juden, was lediglich 0,11 Prozent der Gesamtbevölkerung ausmachte. 48 032 waren italienische Staatsangehörige und 10 380 Ausländer, die seit mehr als sechs Monaten in Italien lebten.[3] Deutschstämmige mitteleuropäische Juden bildeten einen wichtigen Teil dieser Gruppe.

Insgesamt lebten in dieser Zeit viele Deutsche in Italien. Ihre Zahl wird Anfang der 1930er-Jahre mit etwa 10 000 angegeben. Hinzu kam eine ähnlich hohe Zahl an Österreichern, die vor allem in den ehemaligen österreichischen Gebieten in Nordostitalien lebten. Sie gehörten unterschiedlichen Berufsgruppen an, waren Künstler, Wissenschaftler, Schriftsteller und Journalisten. Die Mehrheit jedoch waren Geschäftsleute und Techniker oder arbeiteten im Hotel- und Gastronomiegewerbe. Sie lebten überwiegend in den Städten, in erster Linie in Mailand und Rom, Anfang 1934 etwa 500 allein in Florenz.[4] Unter ihnen befanden sich zweifellos Emigranten, doch die meisten waren Nicht-Juden, die sich nach 1933 politisch mehr oder weniger stark mit NS-Deutschland verbunden fühlten. In allen Zentren, in denen Deutsche lebten, entstanden – unter der Führung der Landesgruppe Italien der Auslandsorganisation der NSDAP – Ortsgruppen der Partei und anderer NS-Organisationen wie SA, HJ, BDM, Reichsarbeitsdienst. In Florenz entstand bereits 1932 eine Ortsgruppe der NSDAP, gegründet von dem Kunstmaler, Grafiker und Keramiker Hanns Marrum.[5] Später kamen RAD-, HJ- und BDM-Gruppen hinzu, die zwar oft nur wenige Dutzende Mitglieder umfassten, doch eine rege Tätigkeit entfalten konnten.

Mit der zunehmenden politischen Annäherung zwischen Italien und Deutschland, insbesondere infolge von Hitlers Staatsbesuch im Mai 1938, verstärkte sich die Präsenz nationalsozialistischer Symbole, Uniformen und Bilder im öffentlichen Raum, besonders in den Städten. Zudem, obwohl von Hitler verboten, begannen nach Ausbruch des Krieges auch NS-Geheimdienstorganisationen, wie der Sicherheitsdienst der SS (SD), ihre Tätigkeit auf Italien auszudehnen und in der deutschen Expat-Community zu expandieren. Der tschechische Geheimdienst, der einen bedeutenden Teil der SD-Dokumente aus Italien beschlagnahmt hatte, behauptete 1966, dass fast jeder Deutsche, der in Italien lebte oder das Land als Tourist, Journalist, Handelsvertreter, Student, Stipendiat, Wissenschaftler oder Künstler besuchte, in Wirklichkeit ein aktiver Zuträger des NS-Geheimdienstes war.[6]

Italien war im Juni 1940 an der Seite Deutschlands in den Krieg eingetreten, doch seine Truppen erlebten etliche Rückschläge, die zum direkten militärischen Eingreifen Deutschlands im Süden Europas und in Nordafrika führten. Die Debakel an den Fronten und der intensive Luftkrieg der Alliierten ab 1942 hatten erhebliche Auswirkungen auf die Moral der Bevölkerung, wie es sich in den Streiks in den Industriestädten im Frühjahr 1943 zeigte. In ihnen drückten sich die Unzufriedenheit und die Kriegsmüdigkeit der Italiener sowie ein tiefer Mangel an Vertrauen in das faschistische Regime aus. Nachdem die Alliierten Mitte

Juli 1943 in Sizilien gelandet waren, wurde Mussolini vom König abgesetzt und verhaftet.

Als am 8. September 1943 der von der neuen italienischen Regierung in geheimen Verhandlungen mit den Alliierten erreichte Waffenstillstand öffentlich verkündet wurde, besetzte die Wehrmacht innerhalb weniger Tage das Land. In Mittel- und Norditalien errichtete der von den Deutschen befreite Mussolini eine vom Deutschen Reich abhängige Regierung – die Repubblica Sociale Italiana (RSI).

Der Beginn der Verfolgung nach dem Waffenstillstand vom 8. September 1943

Die Verfolgung der Juden begann unmittelbar nach der Besatzung. Schon beim Einmarsch deutscher Truppen in das Land Anfang August wurde der Waffen-SS-Division Leibstandarte ein kleines getarntes Kommando der Sicherheitspolizei und des SD an die Seite gestellt, das das Land infiltrierte. Seine Aufgaben sind nicht genau bekannt; es könnte aber eine Rolle bei der Sicherstellung der von den italienischen Behörden angelegten Erfassungslisten der Juden sowie bei den ersten antijüdischen Aktionen in Norditalien gespielt haben. Noch im September nahmen in den wichtigsten Städten ortsfeste Dienststellen der Sicherheitspolizei und des SD ihre Tätigkeit auf. Sie waren für die Verfolgung der Juden verantwortlich.[7]

Ende September 1943 erreichte SS-Hauptsturmführer Theodor Dannecker, ein enger Mitarbeiter von Adolf Eichmann, mit einem mobilen Einsatzkommando Italien, um in verschiedenen Städten systematische Razzien und Deportationen von Juden durchzuführen. Seine Razzien begannen in Rom Mitte Oktober und wurden im November in Florenz, Bologna, Genua und anderen Städten fortgesetzt. Die Verhafteten wurden in den örtlichen Gefängnissen untergebracht und anschließend nach Auschwitz deportiert.

Die Hauptverantwortung für die Judenverfolgung lag in deutschen Händen, doch auch die italienischen Behörden spielten eine wichtige Rolle bei der Intensivierung der Maßnahmen, insbesondere als die extremen Faschisten starken Aufwind bekamen. Im November 1943 erklärte die Mussolini-Regierung alle Juden für die Dauer des Krieges zu Inhabern einer „feindlichen Staatsangehörigkeit", was sie endgültig diskreminierte und in allergrößte Gefahr brachte, denn ab jetzt wurde der prekäre Schutz, den italienische Juden aufgrund ihrer Staatsangehörigkeit bis Sommer 1943 im Vergleich zu ausländischen Juden noch immer hatten, vollständig aufgehoben. Innenminister Guido Buffarini-Guidi ordnete Ende November an, die Juden von den italienischen Präfekturbehörden verhaften zu lassen und in lokale Lager zu verbringen. Später erfolgte deren Abtransport in einem zentralen Sammellager in Fossoli bei Modena.[8]

Entscheidend für die Effektivität der Verfolgungsmaßnahmen war die Mitwirkung des Staatsapparats der Repubblica Sociale Italiana auf allen Ebenen. Nicht nur die höheren Behörden, sondern auch die unteren Ebenen der Polizei- und Parteistrukturen waren daran beteiligt: Hier äußerte sich die Kollaboration durch Denunziation, Gleichgültigkeit gegenüber dem Schicksal der Verfolgten sowie durch weitreichende Mitarbeit an allen Maßnahmen der Besatzer. Auch begannen viele Italiener, den Deutschen ihre Dienste anzubieten. Als sich in den Städten Kommandos der Sicherheitspolizei und des SD niederließen, erhielt diese Form der Kollaboration einen institutionellen Rahmen. Neben den offiziellen RSI-Staatsorganen entstand eine Vielzahl von *squadre speciali* – halb legalen Polizeieinheiten –, die unter deutscher Führung standen und so dem Einfluss der italienischen Staatsmacht entzogen waren. Gerade die Sicherheitspolizei stellte mehrere solcher Formationen auf und benutzte sie in einem schmutzigen Krieg gegen die Widerstandsbewegung. Sie folterten Gefangene und töteten sie, halfen mit, Juden zu verhaften und deren Vermögenswerte zu beschlagnahmen.[9]

Verfolgungsmaßnahmen in Florenz nach dem 8. September 1943

Die Nachricht vom Mussolinis Sturz am 25. Juli 1943 verbreitete sich in Florenz und anderen toskanischen Städten rasch. Für die Juden war dies ein Moment der Hoffnung, denn ihre Verfolgung schien mit dem Faschismus enden zu können. Aber dieses Gefühl war kurzlebig: Die neue Regierung hob die Rassengesetze nicht auf, Antifaschisten wurden weiterhin verhaftet und Demonstrationen verboten. Der 8. September wurde als Datum des Kriegsendes gefeiert, doch auch das war trügerisch. In der Zeit nach dem Waffenstillstand herrschte in der Stadt ein Gefühl der Unsicherheit und Angst vor neuen Bedrohungen, die mit der deutschen Besatzung kommen würden.[10]

Im Sommer 1943 hatte Florenz noch als sicherer Ort gegolten. Viele italienische und ausländische Juden hatten in der Stadt und in der Umgebung Zuflucht gesucht. Und auch in den Tagen des Zusammenbruchs blieb Florenz ein obligatorischer Knotenpunkt sowohl für diejenigen, die auf der Flucht aus dem Norden versuchten, die alliierten Linien in Richtung Süden zu erreichen, als auch für diejenigen, die nach Norden in Richtung Schweiz fliehen wollten.

Die ersten deutschen Truppen, die die Stadt am 11. September erreichten, waren Teile eines Regiments der Wehrmacht, dessen Hauptaufgabe die Abwehr einer eventuellen Landung der Alliierten an der Küste bei Livorno war. Es wird berichtet, dass sich unter den jüdischen Einwohnern der Stadt schlagartig das Gerücht verbreitete, die Deutschen würden als eine ihrer ersten Handlungen die Aushändigung von Listen aller Kommunisten und Juden verlangen.[11] Ob die Soldaten dieses Regiments es waren, die nach den Listen fragten, oder Angehörige der Sicherheitspolizei und des SD, die bereits vor dem 8. September in Italien inkognito unterwegs waren, lässt sich nicht eindeutig klären.

Aktionismus kennzeichnete das Vorgehen der Besatzungsorgane und der wieder an die Macht gelangten Faschisten in den ersten Wochen nach dem Waffenstillstand. Dies betraf auch die Sicherheitsfragen, da es auf diesem Gebiet noch keine einheitlichen Regelungen über Zuständigkeiten gab. So arbeiteten anfänglich alle Dienststellen durcheinander und begannen, in den Städten und im Hinterland nach Personen zu suchen, die sie als gefährlich für die öffentliche Sicherheit und Ordnung erachteten. Als solche galten Antifaschisten und Partisanen, aus den Gefangenenlager entwichene alliierte Soldaten und Juden, die sich in den Städten und Bergdörfern vor dem Zugriff der Deutschen und der Faschisten versteckten. Besonders aktiv auf diesem Gebiet waren Sicherheitspolizisten und Spezialisten des militärischen Geheimdienstes (Abwehr) sowie der Ic-Dienste der Wehrmacht.[12]

Ein Kommando der Sicherheitspolizei und des SD wurde unter der Führung von SS-Hauptsturmführer Emil Goebel in Florenz eingerichtet. Goebel war ein 33 Jahre alter SD-Mitarbeiter, über dessen Leben nicht viel bekannt ist, außer dass er 1940 Trauzeuge von Klaus Barbie war und später Verbindungsführer der Sicherheitspolizei und des SD bei Mussolini. Goebel richtete sein Außenkommando an der Via Bolognese im Norden von Florenz ein. Ab November 1943 übernahm SS-Hauptsturmführer Otto Alberti die Führung des Kommandos und behielt sie bis zur Räumung der Stadt Ende Juli/Anfang August 1944. Alberti ist als Mitarbeiter der Sicherheitspolizei in Ostpreußen bekannt und war an der Partisanenbekämpfung im Bezirk Białystok beteiligt. Zu Beginn seines Italieneinsatzes war Alberti mit einem sogenannten fliegenden Sicherheitspolizeikommando im nördlichen Apennin unterwegs und machte Jagd auf Partisanen.

Beim Außenkommando richtete die Gestapo unter SS-Oberscharführer Josef Ettl, einem 35 Jahre alten österreichischen Beamten und NSDAP-Mitglied, das Referat IV 4 „Weltanschauliche Gegner" ein. Dieses war unterteilt in IV 4a, zuständig für die Verfolgung von „politische[n] Kirchen, Sekten, Freimaurer", und IV 4b, zuständig für Juden und Emigranten. Neben Josef Ettl arbeiteten im Referat der Südtiroler SS-Mann Franz Knoll und als Dolmetscher der Zivilangestellte Giancarlo Finazzo mit.[13] Ettl leitete das Referat seit Oktober 1943. In den Jahren davor war er in Brünn in Tschechien als Gestapo-Beamter eingesetzt, 1943 wenige Monate im Osten, im polnischen Kutno und in Cherson in der Südukraine. Als er im April 1944 für seine Tätigkeit das Kriegsverdienstkreuz 2. Klasse mit Schwertern erhielt, wurde die Auszeichnung mit seiner langen Erfahrung „als Exekutivbeamter" begründet, der sich zuletzt „in Florenz [...] besondere Verdienste bei der Erfassung geflüchteter Juden erworben" hatte.[14] Ettl, der ab Sommer 1944 in Parma tätig war, lebte nach dem Krieg als pensionierter Polizeibeamter in Wien. Ein weiterer Gestapo-Mann, der in Florenz Jagd auf Juden machte, war der 1914 geborene Südtiroler Dolmetscher Dominik Moroder, der aber formell in der Gegenspionage und in der Bekämpfung des Widerstandes tätig war.[15] Die Sicherheitspolizei verfügte über ein Netz von V-Leuten und Informanten, die versteckte Partisanen, alliierte Soldaten und Juden aufspürten. Im Rahmen des Außenkommandos operierte auch eine italienische Sonderabteilung, bekannt als „Banda Carità", nach dem Namen ihres Anführers Mario Carità. Diese Gruppe richtete sich im Dienstgebäude des Außenkommandos ein, wo sie im Auftrag der Sicherheitspolizei und des SD Verdächtige folterte und tötete. Das Gebäude des Außenkommandos in der Via Bolognese 67, von der Florentiner Bevölkerung bald „Villa Triste" (Villa Traurigkeit) genannt, wurde zum Symbol der Brutalität und Willkür der Besatzer.

Auch die Ordnungspolizei, die für die Verfolgung der Juden nicht direkt zuständig war, beteiligte sich indirekt: Ihre Einheiten wirkten bei allen Razzien mit und stellten Begleitkommandos für den Abtransport der verhafteten Juden zu den Lagern. Als ihr Verbindungsoffizier in Florenz diente der Major der Schutzpolizei Theodor Stahr, 1894 geboren, seit 1919 Polizist: 1941 war er Bataillonskommandeur im Osten und verantwortlich für zahlreiche Massenerschießungen in Weißrussland, Anfang 1942 wurde Stahr infolge eines Nervenleidens nach Deutschland zurückbeordert und nach einem Einsatz in der Partisanenbekämpfung in der Oberkrain im Grenzgebiet zu Slowenien im Herbst 1943 nach Italien versetzt.[16]

Für antijüdische Maßnahmen war auch die Wehrmacht nicht direkt zuständig. Ihre Truppen unterstanden operativen und territorialen Kommandobehörden und waren hauptsächlich für die militärische Sicherung des besetzten Gebiets, für Küstenverteidigung und Partisanenbekämpfung zuständig. In den ersten Wochen nach dem Waffenstillstand, im Zusammenhang mit Sicherheitsaufgaben und Abwehrmaßnahmen, entwickelten einige Wehrmachtsstellen in der Toskana bemerkenswerte Aktivitäten auf diesem Gebiet.

Der Militärkommandant und Territorialbefehlshaber in Florenz – Oberst Cuno von Kunowski, 1891 geboren, im Ersten Weltkrieg hoch dekoriert, beim Ausbruch des Zweiten Weltkriegs reaktiviert und als Feldkommandant zunächst im besetzten Belgien, später im Baltikum eingesetzt – bemerkte in seinem ersten Bericht aus Florenz am 6. Oktober 1943, dass „die Internierung von zivilen Angehörigen der Feindstaaten hier bisher allzu human durchgeführt worden [sei]. Interniert ist nur ein Teil dieser Personen, während ein anderer erheblicher Teil, im Wesentlichen alte Leute, in seinen Wohnungen belassen wurde, der lediglich durch das Verbot des Ortswechsels und durch das Gebot zur regelmäßigen polizeilichen Meldung kontrolliert wurde. Diese Maßnahmen mag [sic] bis zu den Juli-Ereignissen vertretbar gewesen sein. Unter den gegenwärtigen Umständen ist sie nicht mehr vertretbar, weil diese Feindbundangehörigen ohne Zweifel die leicht beeinflussbare Bevölkerung laufend im feindlichen Sinne bearbeiten. Die K[ommandantur] beabsichtigt deshalb, diese noch in Freiheit befindlichen Ausländer, soweit sie eine feindliche Staatsangehörigkeit haben, in Sammellagern zu internieren. In entsprechender Weise wird in Zusammenarbeit mit dem S.D. mit den hier noch ansässigen Juden verfahren werden".[17]

Zu nennen ist noch der Abwehrtrupp 371, der gegen Ende September die Toskana erreichte und im Auftrag des Generalkommandos LI. Armeekorps die Sicherheitslage im unteren Tal des Arno und im Apennin überprüfte. Zum Trupp gehörte als Sonderführer (Z) und Dolmetscher der Kunsthistoriker und Heidelberger Professor Walter Paatz (1902–1978). Paatz hatte sich in den 1930er-Jahren am Kunsthistorischen Institut in Florenz aufgehalten. Er verfügte über Kontakte in der Stadt, die er für seine abwehrdienstliche Tätigkeit nutzen konnte, etwa Dr. Herbert Siebenhüner, der dem Abwehrtrupp Hinweise über die Entstehung von Widerstandsgruppen im Umfeld der Stadt gab.[18] Im Oktober 1943 meldete der Trupp, dass sich in der Provinz

Pistoia 275 Personen verschiedener („feindlicher“) Nationalitäten befanden, unter ihnen 100–110 Juden. Der Bericht veranlasste den Stabschef des Korps, Oberst Hans Georg Schmidt von Altenstadt (1904–1944), die Internierung aller feindlichen Ausländer zu beantragen.[19]

In diesem diffusen Bereich der Sicherheitsmaßnahmen sind Aktionen zur Eindämmung der ersten Partisanengruppen und die Suche nach versteckten Juden bzw. aus den Lagern entwichenen Kriegsgefangenen oft kaum voneinander zu trennen. Wenn es um die eigene Sicherheit ging, wollte kein Offizier, Soldat, Polizeibeamter oder SS-Angehöriger wegschauen. Die Städte und ihre Umgebung wurden innerhalb kurzer Zeit zu Gefahrenzonen für Flüchtende. Kein italienischer Antifaschist, kein ehemaliger Gefangener und erst recht kein Jude konnte sicher sein, nicht enttarnt oder denunziert zu werden, sobald er sich in der Öffentlichkeit zeigte.

Dies schuf eine Atmosphäre der Bedrohung. Rasch wuchs der Druck auf die Verfolgten, sich dem Zugriff der Sicherheitsorgane durch Flucht zu entziehen. Tausende versteckten sich in Gebirgsdörfern, wo die Bevölkerung und lokale Behörden ihnen Schutz gewährten. Doch auch hier wuchsen die Gefahren, als sich unter den Besatzungsorganen eine sehr aggressive Stimmung breitmachte. In Anbetracht der großen Unterstützung für die Geflüchtete in den Dörfern des Apennins im Herbst 1943 schlug der Ic-Sachbearbeiter der im Raum Pisa-Lucca eingesetzten 371. Infanteriedivision, Sonderführer (Z) Dr. Kurt Bartusch, vor, „an Ort und Stelle einige standrechtliche Erschießungen stattfinden“ zu lassen sowie „vor allem die Gehöfte der Leute, die für längere Zeit engl[ische Kriegsgefangene] bei sich beherbergt haben“, in Brand zu stecken.[20]

Der Sicherheitsapparat war am Anfang klein, aber professionell und routiniert in seiner Arbeit. Er verstärkte sich im Laufe der Besatzungszeit und baute vor allem rasch Netzwerke von Kollaborateuren und Informanten auf. Florenz stellt hier keine Ausnahme dar, sondern ist typisch für die italienischen Großstädte in dieser Phase des Krieges. Die Lage der Juden gestaltete sich von Tag zu Tag immer prekärer, bis es schließlich zur ersten großen Razzia am frühen Morgen des 6. November 1943 kam. Das zahlenmäßig kleine Kommando der Sicherheitspolizei unter Theo Dannecker bzw. dessen Stellvertreter Albin Eisenkolb erhielt Unterstützung durch das Außenkommando, die „Banda Carità“, italienische Polizisten und Informanten, wahrscheinlich auch durch Gruppen der Ordnungspolizei von Florenz.

Viele Juden, vor allem Ausländer, befanden sich zu diesem Zeitpunkt noch in der Stadt, mehrheitlich in katholischen Klöstern provisorisch untergebracht. Diese wurden von den Polizisten und SS-Leuten umstellt, die Insassen verhaftet und überprüft. Da keine Transportlisten erhalten sind, ist die genaue Zahl und die Identität aller Verhafteten und Deportierten nicht bekannt. Es dürften zwischen 100 und 200 gewesen sein. Fest steht, dass sehr viele ausländische Juden untern ihnen waren und viele Familien. Von den insgesamt 304 deportierten Juden aus Florenz – Männer, Frauen, Kinder – sind nach 1945 nur 15 zurückgekehrt, acht Frauen und sieben Männer.[21]

Keine Strafe für die Täter nach dem Krieg

Die verantwortlichen Täter entgingen nach dem Krieg weitgehend der Verfolgung. Anfang der 1960er-Jahre wurde ein Verfahren gegen den damaligen SS-Sturmbannführer Friedrich Boßhammer, Leiter des „Judenreferats“ in der Zentrale der Sicherheitspolizei und des SD in Verona eröffnet. Die Deportationen aus Florenz spielten in den Ermittlungen auch eine Rolle. Einige ehemalige Angehörige des Außenkommandos Florenz wurden aufgespürt und vernommen, unter ihnen der Kommandoleiter Otto Alberti, der 1963 weiterhin als Hauptkommissar bei der Kriminalpolizei in Kiel tätig war, und Josef Ettl, der in Wien seit 1952 als pensionierter Polizist lebte. Als man sie mit Razzien und Deportationen konfrontierte, stellten sie jede Beteiligung in Abrede. Man habe sich bei dem Kommando hauptsächlich mit der Bekämpfung des Widerstands befassen müssen. Gezielte Maßnahmen gegen Juden hätten nicht stattgefunden. Alberti sagte aus, er habe nicht gewusst, dass in Florenz „Juden aus rassischen Gründen festgenommen und gefangen gehalten worden sind“. Als ihm die Aussage einer überlebenden Jüdin entgegengehalten wurde, wonach während seiner Kommandoführung in Florenz zahlreiche Juden verhaftet und ins Gefängnis gebracht worden sind, behauptete der Kommissar, sie seien nicht aufgrund von gezielten Maßnahmen seines Kommandos verhaftet, sondern in ihren Verstecken ohne Papiere aufgegriffen worden. „Über die Maßnahmen gegen die italienischen Juden kann ich aufgrund meiner Erkenntnisse keine sachdienlichen Angaben mehr machen. Über das Schicksal derjenigen Juden, die während meiner Leitertätigkeit in Florenz festgenommen und abtransportiert weiß ich nichts. Ebenso kann ich nicht annähernd die Zahl der im Bereich des AK Florenz festgenommenen und abtransportierten Juden benennen. Ich habe schon in meiner früheren Aussage erklärt, dass ich nicht weiß, ob ein Angehöriger meiner Dienststelle speziell für die Bearbeitung von Judenangelegenheiten, insbesondere Festnahmen und Vernehmungen von mir eingestellt worden sei.“[22] Josef Ettl ging so weit zu behaupten, dass die Begründung für das ihm im April 1944 verliehene Kriegsverdienstkreuz, er habe sich in Florenz „besondere Verdienste bei der Erfassung geflüchteter Juden erworben“ keinen realen Hintergrund habe. Sein Vorgesetzter Alberti habe sie so formuliert, damit er die Auszeichnung erhalte.[23]

Wie die große Masse der NS-Verfahren in der Nachkriegszeit wurde auch dieses nach fast 10 Jahren intensiver Ermittlungsarbeit eingestellt, obwohl zu diesem Zeitpunkt noch zahlreiche ranghohe Angehörige der Sicherheitspolizei und des SD in Italien, in der Bundesrepublik und in Österreich lebten. Bezüglich Florenz war nach Ansicht der Ermittler die Behauptung des Beschuldigten Alberti, er habe „nicht gewusst oder auch nur vermutet, dass gefangene Juden in Vernichtungslager deportiert und dort getötet werden sollten“, nicht mit hinreichender Sicherheit zu widerlegen.[24] Nicht anders erging es dem stellvertretenden Leiter des Kommandos von Theodor Dannecker, dem ehemaligen SS-Untersturmführer Albin Eisenkolb. Seine Behauptung, er habe geglaubt, die in Italien festgenommenen Juden kämen zum Arbeitseinsatz nach Deutschland, erschien den Ermittlern unglaubwürdig; dass es sich hier um eine Schutzbehauptung handelte, konnten sie ihm allerdings nicht nachweisen. Daher wurde auch das Verfahren gegen ihn aus Mangel an Beweisen eingestellt.[25]

1 Voigt 1989 und Voigt 1993.
2 Sarfatti 2014; Schlemmer/Woller 2005, S. 164–201.
3 Ebd. 2014, S. 162.
4 Speier 1934.
5 Buddrus 2003, S. 1183–1184. Marrum war später zeitweilig Landesjugendführer der HJ in Italien und NSDAP-Kreisleiter Mittelitalien.
6 Gentile 2010, S. 459–495.
7 Gentile/Klinkhammer 2000, S. 521–540.
8 Ebd., neuerdings zusammenfassend Berger/Lewin/Schmid 2017 S. 17–37.
9 Dazu Osti Guerrazzi 2006 und Levis Sullam 2020.
10 Baiardi 2007, S. 48–50.
11 Ebd., S. 49.
12 Gentile 2012, S. 127–128; Ic-Dienste sind die für Feindaufklärung und Sicherheit zuständigen Dienste der deutschen militärischen Stäbe.
13 US NARA, Record Group 226, Entry 174, Box 55, Folder 862, Captured Documents of Sipo Florence, Geschäftsverteilungsplan der Gestapo Florenz 27.4.1944; Bundesarchiv, Ludwigsburg, Bestand B 162, 518 AR-Z 4/63, Bundesministerium für Inneres, Staatspolizei, Italien-Komplex Florenz, Einvernahme J. Ettl, 31.7.1963.
14 Bundesarchiv, R 70 Italien/20, Bll. 64–66, Vorschlagsliste … für die Verleihung des Kriegsverdienstkreuzes 2. Klasse mit Schwertern, 8.4.1944.
15 Steinacher 2014, S. 120.
16 Bundesarchiv, R19/680, Personalakte Theodor Stahr.
17 Bundesarchiv, RH 36/466, Militärkommandantur 1003, Mil.Verw., Erster vorläufiger Lagebericht, 6.10.1943. Zur Biografie siehe BArch, Pers 6/8015, Personalakte von Kunowski.
18 Bundesarchiv, RH 24-51/118, Abwehrtrupp 371, Bericht über eine Erkundungsfahrt im Raum Lucca-Pistoia-Prato- Florenz-Livorno-Pisa vom 9.–15.10.43, 17.10.1943.
19 Bundesarchiv, RH 24-51/118, Generalkommando LI. Gebrigs-Armeekorps, Bericht des Chefs des Stabes Hans-Georg Schmidt von Altenstadt, 31.10.1943.
20 Bundesarchiv, RH 24-51/119, 371. Inf.Div., Ic-Bericht, November 1943.
21 Steinacher 2014, S. 122.
22 Bundesarchiv, Ludwigsburg, Bestand B 162, 518 AR-Z 4/63, LKA NRW, Dezernat 15, Vernehmung Kriminalhauptkommissar Otto Alberti, Kiel, 24.6.1964.
23 Wie Anmerkungen 12 und 13.
24 Bundesarchiv, Ludwigsburg, Bestand B 162, 518 AR-Z 4/63, der Leiter der Zentralstelle im Lande Nordrhein-Westfalen für die Bearbeitung von nationalsozialistischen Massenverbrechen bei der Staatsanwaltschaft Dortmund, Einstellungsverfügung des Ermittlungsverfahrens gegen Gassner (früher: Bosshammer) und andere ehemalige Angehörige des BdS Italien wegen Beihilfe zum Mord, Dortmund, 12.2.1971, S. 104–107.
25 Wie Anmerkung 24, S. 59–64.

Rudolf Levy

Die Jahre des Exils

Klaus Voigt

Rudolf Levy war neben Hans Purrmann der wichtigste Vertreter der Schule von Henri Matisse unter den deutschen Malern in der ersten Hälfte des 20. Jahrhunderts.[1] Er wurde 1875 als Sohn des Kaufmanns Julius Levy in Stettin geboren und stammte aus einer in der Kleinstadt Polzin in Pommern ansässigen jüdischen Familie, die es mit holzverarbeitenden Fabriken zu Vermögen gebracht hatte. Schon als Schüler an einem humanistischen Gymnasium in Danzig war er sich dessen bewusst, dass für ihn entgegen den Erwartungen seiner Eltern nur ein künstlerischer Beruf in Betracht kam. Nach der Lehre bei einem Möbelschreiner schrieb er sich an der Kunstgewerbeschule in Karlsruhe ein. Hier lernte er Hans Purrmann kennen, mit dem ihn eine lebenslange Freundschaft verband. Nach weniger als drei Jahren ging er von Karlsruhe nach München. Da er die Aufnahmeprüfung an der Bayerischen Akademie der Künste nicht bestand, setzte er seine Ausbildung in verschiedenen Privatateliers, zuletzt bei dem Tier- und Freilichtmaler Heinrich von Zügel, fort.[2]

Nach der Jahrhundertwende zog Paris als Metropole der künstlerischen Avantgarde in Europa zunehmend junge deutsche Maler an. Im Herbst 1903 war Rudolf Levy mit Walter Bondy der erste, der von München dorthin aufbrach. Er sollte mit wenigen Unterbrechungen fast elf Jahre in Paris bleiben, bis zu seiner Ausweisung aus Frankreich zu Beginn des 1. Weltkriegs. In Paris sah er die bahnbrechenden Ausstellungen von Gauguin, Cézanne und Matisse. Vor allem die beiden letzteren beeindruckten ihn in entscheidendem Maß auf der Suche nach der ihm gemäßen Ausdrucksform. Ihr Einfluss auf sein späteres Werk ist unverkennbar. Im Café du Dôme am Boulevard Montparnasse stand er in Gedankenaustausch mit Künstlern, Intellektuellen, Kunstsammlern und -freunden, die überwiegend aus Deutschland stammten. Wie berichtet wird, bildete er bald den Mittelpunkt der berühmten „Dômiers", zu denen in den ersten Jahren außer ihm vor allem Walter Bondy, Hans Purrmann, Rudolf Grossmann, Wilhelm Uhde und Jules Pascin zählten. Spätestens 1908 lernte er Matisse auch persönlich kennen, der ihn in sein Schüler-Atelier, die Académie Matisse, aufnahm und ihm zeitweise dessen Leitung anvertraute. Für seinen weiteren Weg war in Paris die Begegnung mit Alfred Flechtheim von Bedeutung, der als einer der ersten Bilder von ihm kaufte und später als Galerist in Düsseldorf und Berlin sein Förderer war[3].

Nach seiner erzwungenen Rückkehr nach Deutschland meldete er sich, wie mehrere Verwandte, freiwillig zum Militärdienst. Er wurde die meiste Zeit in Flandern, in der Champagne und im Artois eingesetzt und für herausragende Tapferkeit mit dem Eisernen Kreuz der 1. und 2. Klasse ausgezeichnet.[4] Nach dem Ende des Krieges wohnte er vorübergehend in Frankfurt, danach über zwei Jahre in München und seit Oktober 1921 bis zu seiner Emigration in Berlin. Im Dezember 1919 heiratete er auf dem Standesamt in München die 20 Jahre jüngere Fotografin und Schauspielerin Eugenie Schindler, genannt Genia. Später legte sie sich den Künstlernamen Genia Morelli zu. Den Entschluss zu einer Ehe mit einer Protestantin fasste er gegen den Widerstand eines Teils seiner Familie, zumal des orthodoxen Zweigs in Polzin. Viele Verwandte und Freunde fragten sich verwundert, wie es überhaupt zu einer Heirat hatte kommen können, denn seine homoerotischen Neigungen waren ein offenes Geheimnis. Trotzdem entwickelte sich zwischen beiden eine anhaltende innige Beziehung, die auf Einfühlung, Verständnis und gemeinsamen künstlerischen Interessen beruhte[5].

In den Berliner Jahren machte sich Rudolf Levy in der für moderne Kunst aufgeschlossenen Öffentlichkeit zunehmend einen Namen. Er war mit von der Kritik positiv aufgenommen Bildern in zahlreichen Ausstellungen vertreten, zum Teil an renommierter Stelle, wie der Nationalgalerie im Kronprinzenpalais, der Akademie der Künste, der Berliner Secession und der Galerie Flechtheim. Jetzt kauften außer privaten Sammlern auch Museen Werke von ihm. Er malte weiterhin mit Vorliebe farbintensive Stillleben in dem an Matisse orientierten flächigen Stil, aber auch viele Porträts, in denen er die elementaren Züge eines Gesichts zu erfassen suchte. Landschaftsgemälde entstanden hauptsächlich nur während wiederholter Aufenthalte in Sanary-sur-Mer. Im geselligen Leben Berlins war er vor allem im Freundeskreis Flechtheims nicht wegzudenken. Mehrfach gestaltete er für dessen Galerie fantasiereiche Feste, wie sie für die „goldenen Jahre" der Weimarer Republik kennzeichnend waren. Im Romanischen Café verkehrte er in der künstlerischen und literarischen Boheme.[6] Er trat auch im Verbandswesen hervor. Seit 1926 war er Mitglied der Berliner Secession. 1930 wurde er an der Seite von Charlotte Berend-Corinth, Max Pechstein, Eugen Spiro und anderen namhaften Malern in den Vorstand gewählt.[7]

Levy gehörte noch dem Vorstand an, als Hitler am 30. Januar 1933 Reichskanzler wurde. Am 27. Februar, dem Tag, an dem abends der Reichstag brannte, wurde er von der Generalversammlung der Secession erneut in den Vorstand gewählt. Obwohl er kandidiert hatte, lehnte er aus nicht klar ersichtlichen Gründen die Wahl ab. Er stand der Secession aber weiterhin als einer der vier Juroren zur Verfügung.[8]

In den folgenden Wochen überstürzten sich die Ereignisse in erschreckendem Maß. Die Verhaftungswelle nach dem Reichstagsbrand von Politikern und Intellektuellen, die sich den Nationalsozialisten beim Griff nach der Macht entgegengestellt hatten, kann Levy nicht kalt gelassen haben. Wahrscheinlich waren sogar Freunde und Bekannte unter den Verhafteten, die in Konzentrationslager abtransportiert wurden. Politisch hatte er sich selbst nicht betätigt, sodass ihm in dieser Hinsicht keine Gefahr drohte. Auf die Secession wurde zunehmend Druck ausgeübt, sich ihrer jüdischen Mitglieder zu entledigen. Die meisten traten daraufhin aus und kamen damit einem früher oder später zu erwartenden Ausschluss zuvor. Eine Austrittserklärung Rudolf Levys ist nicht erhalten.[9] Er sah sich weniger als Vertreter einer unliebsamen, von französischen Vorbildern inspirierten Kunstauffassung angegriffen, denn als Jude. Dies betraf ihn umso mehr, als er sich der demokratischen Regierungsform der Weimarer Republik verbunden fühlte, die den Juden erstmals vollständige staatsbürgerliche Gleichberechtigung gewährte. Mit dem am 24. März 1933 verabschiedeten Ermächtigungsgesetz wurde die Diktatur besiegelt. Vollends der schon wenige Tage später angekündigte Boykott der Geschäfte mit jüdischen Inhabern und der Juden in freien Berufen, der erste sichtbare antisemitische Gewaltakt des neuen Regimes, muss dazu geführt haben, in ihm den Entschluss zur Emigration reifen zu lassen. Es kann auch sein, dass er Deutschland nur vorübergehend verlassen wollte, um von außen die weitere Entwicklung abzuwarten. Für diese Annahme spricht, dass er seine Wohnung in der Küstriner Straße 5 in der Nähe des Kurfürstendamms erst 1935 aufgab.[10] Am Tag des Boykotts, dem 1. April, verließ er Berlin gemeinsam mit seinem Cousin Siegfried Levy und dessen Frau Lisbeth – wenn das Datum der Abreise richtig angegeben ist.[11] Vielleicht wollte er seine Emigration als Privatreise tarnen.

Kaum ein zweiter Maler aus Deutschland hat ein so unstetes Exil gekannt wie Rudolf Levy. Er fand nirgends dauerhaft Halt und wechselte insgesamt achtmal, oft gezwungen durch die politischen Umstände, das Land oder den Ort, wobei er wiederholt für längere Zeit am Malen gehindert war, bis er schließlich im Dezember 1943 von Florenz nach Auschwitz deportiert wurde[12]. Bevor er sich um die Jahreswende 1933/34 in Cala Ratjada, einem bescheidenen, damals touristisch noch kaum erschlossenen Fischerdorf an der Nordostspitze Mallorcas niederließ, war er schon in Nizza, womöglich auch in Paris gewesen und hatte als Gast seines Schülers, des holländischen Malers Bob Gesinus Visser, einige Monate in Rapallo in der Villa Olimpo verbracht[13].

Weshalb er etwa an Stelle von Sanary-sur-Mer, das ihm seit langem vertraut war, Cala Ratjada zum Aufenthalt wählte, ist am ehesten damit zu erklären, dass ihn hier wesentlich niedrigere Lebenshaltungskosten und ähnlich vielversprechende mediterrane Motive erwarteten. Er verfügte zwar anfangs in Deutschland noch über Vermögen und wurde von einem späteren Zeitpunkt an von seinen Verwandten in Polzin unterstützt,[14] war jedoch ständig im Ungewissen, ob er das Geld auch erhalten würde, denn Devisen wurden an jüdische Emigranten in Spanien, wenn überhaupt, nur unregelmäßig und in beschränktem Umfang bewilligt.[15] Zudem wurden für den zum Umtausch beantragten Betrag 50%, später 70% als Reichsfluchtsteuer einbehalten. Nach 1938 waren Devisenüberweisungen an jüdische Emigranten grundsätzlich nicht mehr möglich.

Cala Ratjada zählte 1935 kaum 400 Einwohner, mit einem Ausländeranteil von über einem Viertel. Fast die Hälfte aller Ausländer waren jüdische und politische Emigranten aus Deutschland.[16] Levy pflegte mit vielen von ihnen geselligen Umgang. Zu nennen wären an erster Stelle Franz Blei, der bei seiner Hochzeit in München Trauzeuge gewesen war, der Maler Heinrich Maria Davringhausen und seine Frau Lore.[17] Seit dem Frühjahr 1934 lebten in Cala Ratjada Rudolf Levys Schwägerin, die Schriftstellerin Margot Lachmann, deren politisch engagierte Erzählungen in Deutschland auf der Verbotsliste standen, und ihr jüdischer Ehemann, der Journalist Kurt Lachmann, der als Auslandskorrespondent der *Frankfurter Zeitung* entlassen worden war[18]. Kurz zuvor war auch der junge Schriftsteller Herbert Schlüter eingetroffen, Rudolf Levys Lebensgefährte in den kommenden Jahren des Exils[19]. In Cala Ratjada waren die Emigranten weniger von der Welt abgeschnitten, als es zunächst erscheinen mag. So unternahm auch Genia Levy eine Reise dorthin, um sich mit ihrem Mann und ihrer Schwester zu treffen.[20] Sie hatte sich nicht entscheiden können, ihn ins Exil zu begleiten. Im Februar 1936, wenige Monate nach dem Erlass der Nürnberger Rassengesetze, ließ sie sich im gegenseitigen Einvernehmen von ihm scheiden. Es war eine den politischen Verhältnissen geschuldete Förmlichkeit, die an ihrer engen Bindung nichts änderte. Sie stand mit ihm bis zu seiner Deportation ununterbrochen in Briefwechsel und besuchte ihn später dreimal in Italien. Auch zu seinen Verwandten in Deutschland hielt sie die Beziehung aufrecht.[21]

Von Rudolf Levys zweieinhalbjährigem Aufenthalt auf Mallorca sind bisher nur zwölf Ölgemälde und eine aquarellierte Kreide- und Bleistiftzeichnung bekannt. Gemessen an dem Zeitraum, müssten dort sehr viel mehr Bilder entstanden sein. Sieben Ölgemälde wurden erst vor kurzem aufgefunden. Zu ihnen gehört eine Hafenszene in Cala Ratjada mit Fischerbooten, die auf dem Sand aneinandergereiht oder mit aufgespannten Segeln auf dem Wasser zur Ausfahrt bereit sind, hinter den Booten die Mole und das strahlend blaue Meer. Ein Porträt gibt Herbert Schlüter wieder, elegant gekleidet mit ruhiger und freundlicher Ausstrahlung (KAT 56, S. 223).[22]

Nach dem Putsch Francos gegen die Spanische Republik am 16. Juli 1936 fiel Mallorca innerhalb weniger Tage in die Hände der Falangisten. Der Versuch der republikanischen Streitkräfte, die Insel von Barcelona aus mit einer Landung an der Ostküste zurückzuerobern, scheiterte hauptsächlich am Einsatz der italienischen Luftwaffe. Zeitweise spielten sich die Kämpfe nur wenige Kilometer südlich von Cala Ratjada ab. Die Emigranten waren jetzt einer aufgeheizten, fremdenfeindlichen Stimmung ausgesetzt, weil sie, wie man mit Recht annahm, auf Seiten der Republikaner standen. Einige von ihnen wurden sogar verhaftet.[23] Levy wurde bei einer Hausdurchsuchung zusammen mit einem Freund und einer jüdischen Familie mit auf ihn gerichteten Gewehren an die Wand gestellt. Er floh wenig später auf einem englischen Kriegsschiff, mit dem britische Staatsbürger repatriiert wurden, nach Marseille. Dabei durfte er nur ein kleines Gepäckstück mitnehmen.[24] Seine Bilder, seine Briefsammlung und alle weiteren Habseligkeiten vertraute er einer unbekannten Person an, sicherlich ein Einheimischer.[25] Zu diesen Bildern müssten auch die jüngst auf Mallorca aufgefundenen gehören.

In Marseille stand Rudolf Levy vor dem Nichts. Die Ereignisse auf Mallorca hatten sich derart überstürzt, dass er keine Vorbereitungen für die Niederlassung in einem anderen Exilland treffen konnte. Da kam ihm sein Freund Erik Charell zu Hilfe, der vor seiner Emigration Leiter des Großen Schauspielhauses in Berlin gewesen war und mit seinen Revuen wie das *Weiße Rössl* Furore gemacht hatte. Er lud ihn nach New York ein. Bevor sich Levy gegen Ende September in Genua einschiffte, traf er sich hier mit Genia.[26] In New York wohnte er in Hotels oder bei deutschen Emigranten. Die Kosten des Aufenthalts dürfte hauptsächlich Charell getragen haben. Zu den Freunden und Bekannten, die er in New York wiedersah, gehörte Klaus Mann.[27] Gelegenheit zum Malen fand er ohne eine Staffelei und einen geeigneten Raum weder in New York noch während eines Abstechers nach Kalifornien. Vielleicht bot sich ihm die Möglichkeit zu zeichnen. Er besaß nur ein zeitlich befristetes Touristenvisum, das einmal verlängert wurde, und unternahm keine Anstrengungen, von einem begüterten Amerikaner ein Affidavit zu erhalten, das die Voraussetzung für ein bei einem amerikanischen Konsulat in Europa zu beantragendes Einwanderungsvisum bildete.[28] Offensichtlich konnte er sich nicht zu einem endgültigen Aufenthalt in den Vereinigten Staaten entschließen. Er sehnte sich nach Europa zurück, ohne die Folgen zu bedenken.

Im Mai 1937 reiste er von New York ab. Sein Ziel war Jugoslawien, wo er die Nähe Schlüters suchte, der nach seiner Flucht aus Mallorca in Mali Zaton, einer Ortschaft an der dalmatinischen Küste bei Dubrovnik, eine Bleibe gefunden hatte. Levy fühlte sich hier, wie aus Briefen an ihn abzulesen ist, schon bald vereinsamt und unglücklich.[29] Dies änderte sich auch nicht, als er später einige Zeit in Šipanska Luka, auf der Insel Šipan, und in Dubrovnik verbrachte. Es fehlte ihm der gesellige Rahmen eines für seine Gedanken aufgeschlossenen größeren Freundeskreises. Im Herbst und Winter stimmte ihn die karstige Küstenlandschaft mit ihrem spärlichen Bewuchs trübselig. Mehr als alles andere belastete ihn jedoch, dass er erstmals in ernste finanzielle Schwierigkeiten geriet, da er kaum noch Devisenüberweisungen aus Deutschland erhielt.[30] Immerhin kam er manchmal wieder zum Malen. Überliefert sind nur vier während seines rund siebenmonatigen Aufenthalts an der dalmatinischen Küste entstandene Ölgemälde, zwei Stillleben und zwei Porträts, keine Landschaften.[31] Herausragend ist das Bildnis des ebenfalls aus Deutschland migrierten Malers Hans Gassebner. Es kann als eines der stärksten Werke Levys überhaupt gelten (KAT 48, S. 210).[32]

Genia Levy, die nach München umgezogen war, sein Bruder Paul, ein pensionierter Eisenbahningenieur in Berlin,[33] und seine Schwester Käthe in Tel Aviv drängten ihn in ihren Briefen, nach Italien überzusiedeln, wo er, wie sie meinten, glücklicher wäre. Italien bot zudem den Vorteil, dass aufgrund der engen deutsch-italienischen Beziehungen der Devisenumtausch zur Förderung des Tourismus erleichtert war.[34] Genia plante seit langem eine zweite Reise nach Italien und vereinbarte mit ihm ein Treffen Anfang Januar 1938 in Florenz. Er war zu der Zeit schon entschlossen, Jugoslawien zu verlassen und seine Zukunft in Italien zu suchen. Bei ihrem Zusammensein gestand sie ihm, dass sie sich mit dem Kaufmann Heinrich Koppold in München wiederverheiratet hatte.[35] In Florenz besprach er sich mit Hans Purrmann, der am Ort die Villa Romana, ein deutsches Künstlerhaus leitete, und dabei unter Beobachtung der NSDAP-Auslandsorganisation stand, die auf seine Absetzung hinarbeitete. Purrmann muss ihm die politische Lage nachdrücklich geschildert und ihm abgeraten haben, den Wohnsitz in Florenz zu nehmen.[36] Also wählte er Ischia, wieder eine Insel, gleichsam eine Metapher seiner Ausgrenzung.

Der Aufenthalt auf Ischia wurde von der zuständigen Quästur in Neapel ohne Weiteres genehmigt. Zu der Zeit bestanden im faschistischen Italien vonseiten der Behörden noch keine Restriktionen gegenüber jüdischen Emigranten, die wie andere Ausländer behandelt wurden.[37] Levy war zum ersten Mal in seinem Leben auf Ischia und fand hier, nachdem er sich schnell eingelebt hatte, wieder Gelegenheit zum Malen. Wie viele deutsche Künstler vor und nach ihm beeindruckten ihn das unvergleichliche Gepräge der Landschaft und der am Meer gelegenen Orte. Die meisten auf der Insel entstandenen Ölgemälde dürften im Freien gemalt worden sein. Im Mittelpunkt stehen Landschaften sowie Straßenansichten und Hafenszenen in Porto, Forio und auf Procida. Hinzukommen Porträts, Akt- und Personenbildnisse, bei denen Einheimische Modell saßen. Stillleben hingegen fehlen gänzlich.[38] Er traf auf Ischia Maler aus Deutschland, die keine jüdischen Emigranten waren, sondern sich mit einer Genehmigung zum Auslandsaufenthalt vorübergehend oder für längere Zeit nach Italien zurückgezogen hatten, um dem Druck und der Enge der nationalsozialistischen Kulturpolitik auszuweichen. Aufgrund des größeren künstlerischen Gestaltungsspielraums, den der Faschismus gewährte, konnten sie in Italien weitgehend ungestört ihrer Arbeit nachgehen.[39] Karli Sohn-Rethel und Kurt Craerner, zwei Bekannte aus früheren Zeiten, waren schon seit Längerem auf der Insel ansässig. Mit Werner Gilles hatte er bereits in der Berliner Secession zusammengearbeitet. Eduard Bargheer aus Hamburg lernte er erst jetzt kennen. Im Juni 1938 stieß Herbert Schlüter aus Dubrovnik zu ihm. Auch der in Florenz ansässige Schriftsteller Max Krell suchte ihn während eines Aufenthalts auf Ischia zu Gesprächen auf.[40] Levys finanzielle Lage war jetzt tatsächlich besser als in Jugoslawien, weil er Geldüberweisungen erhielt und gelegentlich sogar Bilder verkaufen konnte.[41]

Bei seiner Ankunft in Italien im Januar 1938 war die bevorstehende Rassenpolitik Mussolinis und damit die faschistische Judenverfolgung noch kaum erkennbar. Ob Levy auf Ischia die schon wenige Monate später einsetzende antisemitische Pressekampagne zur Kenntnis nahm, lässt sich nicht sagen. Durch das Dekret vom 7. September 1938, das den in Italien ansässigen ausländischen Juden mit Ausnahme der vor 1918 eingewanderten, der mit Italienern verheirateten und der über 65-jährigen die Ausweisung androhte, falls sie nicht binnen sechs Monaten, genauer bis zum 12. März 1939, das Land verließen, war er unmittelbar betroffen.[42] In der vagen Hoffnung, ein Einreisevisum für Frankreich zu erhalten, wandte er sich an das Französische Konsulat in Neapel, wie sich zeigen sollte, vergeblich.[43] Im Dezember richtete er ein Gesuch an die Quästur von Neapel, die ihm daraufhin eine Aufenthaltsverlängerung um sechs Monate über den Stichtag der angedrohten Ausweisung hinaus bis zum 12. Oktober 1939 gewährte, obwohl sich der faschistische Parteisekretär von Neapel nach einem Verhör mit ihm dagegen ausgesprochen hatte. Levy ließ die Frist jedoch weitgehend ungenutzt verstreichen und erhielt im Oktober aufgrund des bei den Akten verbliebenen Verhörprotokolls die Aufforderung der Quästur, bis zum 10. Dezember aus Italien auszureisen.[44] Falls ihm dies nicht gelang, musste er befürchten, schlimmstenfalls in Abschiebehaft genommen und von einem Polizisten an die Grenze begleitet zu werden. Dass die deutsche Grenze in seinem Fall nicht in Betracht kam, war ihm wahrscheinlich nicht bewusst.[45] Unruhe ergriff ihn. In seiner Verzweiflung sandte er einen Hilferuf an Charell in New York mit der Bitte, ihm ein Visum zu verschaffen. Da für ein amerikanisches Einwanderungsvisum nunmehr die Zeit viel zu knapp war, bemühte sich Charell um ein Visum für Chile und, als sich dies als aussichtslos erwies, um eines für Ecuador. Hektisch brach Levy von Neapel nach Genua auf, um dort die Konsulate der beiden Länder und die Schifffahrtsagenturen aufzusuchen. Am Ende stand er mit leeren Händen da.[46]

Ein Ungenannter muss ihm geraten haben, sich aus der Provinz Neapel fortzubegeben und sich in Rom bei der Quästur anzumelden, die den Ruf hatte, gegenüber den jüdischen Flüchtlingen weniger scharf aufzutreten. Zum Glück hatte er inzwischen einflussreiche Fürsprecher gewonnen. Der eine war Andrea Giovene, ein Kunstfreund und angehender Schriftsteller aus hohem neapolitanischem Adel, dem er im Sommer 1939 auf Procida begegnet war. Giovene setzte sich für ihn mit einem Schreiben an einen Freund im Außenministerium ein, das seine Wirkung nicht verfehlte. Er begründete seine Eingabe vor allem damit, dass Levy mit 64 Jahren nahezu die Altersgrenze erreicht hatte, die ihn zum Verbleiben in Italien berechtigte.[47] Nicht weniger wichtig war Dr. Robert Hodel, der Korrespondent der *Neuen Zürcher Zeitung* in Rom und Präsident des Verbands der ausländischen Presse in Italien, der beim Außenministerium gut eingeführt war. Er begleitete Levy bei der Anmeldung zur Quästur.[48] Da im faschistischen Italien die Fürsprache einer Person von hohem öffentlichem Ansehen Gewicht hatte, wandte die Quästur nichts gegen den Aufenthalt ein und legte den Fall zu den Akten.

Auf diese Weise war es Rudolf Levy vergönnt, unbehelligt von den Behörden, fast das ganze Jahr 1940 in Rom zu verbringen. In einer billigen Pension arbeitete er an einem Roman, denn zum Malen fehlten hier alle Voraussetzungen.[49] Beim Kriegseintritt Italiens im Juni wurde er wegen seines hohen Alters von der Internierung der ausländischen Juden freigestellt.[50] Am 15. Juli beging er seinen 65. Geburtstag, der ihn endgültig vor der Abschiebung schützte. Im regen Briefwechsel mit Schlüter, der auf Ischia zurückgeblieben war, erörterte er den Plan, sich gemeinsam in Florenz niederzulassen. Unterstützt wurde er dabei von Sohn-Rethel und Craemer, die inzwischen von Ischia nach Florenz umgezogen waren, sowie von Krell.[51] Wie es Levy gelang, die Aufenthaltsgenehmigung für Florenz zu erhalten, liegt im Dunkeln. Ohne Fürsprache von höherer Seite dürfte es auch hier nicht gegangen sein. Er kam jedenfalls gegen Jahresende mit Schlüter nach Florenz und bezog mit ihm die Pensione Bandini, wo bereits Sohn-Rethel und Craemer wohnten.[52]

Die Pensione Bandini befand sich im 3. Stock des Palazzo Guadagni, eines der schönsten Renaissancepaläste der Stadt. Von der großen Loggia aus fiel der Blick auf die Piazza S. Spirito, die Dächer der angrenzenden Häuser und die Fassade der Kirche S. Spirito (siehe Abb. S. 163 sowie KAT 54, S. 219, KAT 55, S. 221). Die Inhaberinnen der Pension, die Schwestern Bandini, gestatteten Levy, in seinem Zimmer eine Staffelei aufzustellen und es als Atelier einzurichten. Er konnte die Malerei jedoch nur in diesem Zimmer oder auf der Loggia ausüben, weil es nach dem Kriegseintritt Italiens aus Gründen der militärischen Sicherheit, so absurd es klingt, in Florenz nicht erlaubt war, im Freien zu malen.[53] Hiermit erklärt sich, dass er während der Zeit in der Pensione Bandini überwiegend Stillleben malte, meist mit immer wieder neu arrangierten Blumenmotiven (siehe KAT 57–65, S. 224–235; KAT 69–73, S. 243–249). Es fehlen hingegen weitgehend Ansichten von Florenz. Die wichtigste Ausnahme bildet der in zwei Versionen eingefangene Blick aus seinem Fenster auf die Kirche S. Spirito und die Kuppel des Doms im Hintergrund. Einige Gemälde haben Jungen und Mädchen aus seinem italienischen Bekanntenkreis zum Gegenstand, die in seinem Zimmer Modell saßen. Hierzu sind zum Teil auch Vorstudien vorhanden. In zwei Porträts sind Mitbewohner dargestellt. Herbert Schlüter begegnet einem – ganz anders als auf Mallorca – mit in sich gekehrtem Blick und scheuem, traurigem Gesichtsausdruck, der unwillkürlich Mitgefühl weckt (KAT 56, S. 223). Der Berliner Kunsthändler Victor Wallerstein wirkt hingegen in seinen strengen Zügen fast abweisend (KAT 68, S. 241). Zuletzt kam, schon während der deutschen Besetzung, ein erschütterndes, von Angst gezeichnetes Selbstporträt hinzu, wie eine Vorahnung seiner nahen Deportation (KAT 75, S. 253). Insgesamt waren die drei Jahre in Florenz mit 52 Ölgemälden und 12 Aquarellen und Zeichnungen, wie sie bisher nachgewiesen werden konnten, die weitaus produktivste Phase in Levys Exil.[54] In ihrem hohen künstlerischen Niveau stehen sie nicht hinter seinen Arbeiten vor der Emigration zurück.

Im Februar 1943 schrieb er an seinen Bruder Paul in Berlin kurz vor dessen Deportation nach Auschwitz, er habe sich in Florenz ganz gut eingelebt und wolle nicht klagen.[55] Seine finanzielle Lage hatte sich hier so günstig entwickelt, dass er nicht mehr auf Auslandsüberweisungen angewiesen war. Nach dem Kriegseintritt Italiens wären sie ohnehin kaum mehr möglich gewesen. Es gelang ihm, während des gesamten Zeitraums seines Aufenthalts in Florenz über 30 Ölgemälde an italienische und in Italien ansässige deutsche Sammler zu verkaufen.[56] Wenn er nicht in der Pensione Bandini mit Mitbewohnern zusammen war, ging er gern in die Bar „Giubbe Rosse", einem bekannten Florentiner Künstlertreffpunkt, wo er auch italienische Maler und Schriftsteller kennenlernte.[57] Er durfte sich in Florenz frei bewegen, die Stadt aber nur mit Genehmigung der Quästur verlassen. Er erhielt sie zweimal, als er sich im Sommer 1942 und 1943, um der Hitze in Florenz zu entgehen, zu dem Maler Heinz Battke und dessen Mutter Ada Cahn-Speyer in Vallombrosa oberhalb des Arnotals begeben wollte (siehe Abb. S. 34–35).[58] Im Herbst 1941 oder im folgenden Frühjahr kam zum letzten Mal Genia zu ihm zu Besuch, wobei sie von Ada Cahn-Speyer gastlich aufgenommen wurde. Später erhielt sie keine Reiseerlaubnis mehr für Italien.[59]

Unmittelbar unter der Pensione Bandini, im 1. und 2. Stock des Palazzo Guadagni, befanden sich die Räume des Deutschen Kunsthistorischen Instituts in Florenz.[60] Juden war es nicht erlaubt, sie zu betreten. Levy wäre, wenn er die Anordnung missachtet hätte, an seinem Nachnamen und an dem noch in Neapel ausgestellten Pass mit dem aufgestempelten roten J sofort zu erkennen gewesen.[61] Wenn die Angestellten des Instituts den Hintereingang benutzten, konnte es vorkommen, dass sie Levy auf der Treppe begegneten.[62] Seine Anwesenheit in Florenz muss sich daher in Kreisen der deutschen Kolonie schnell herumgesprochen haben und der Ortsgruppe der NSDAP-Auslandsorganisation bekannt gewesen sein, zu deren Hauptaufgaben es gehörte, Emigranten nachzuspüren.[63] Mit Rücksicht auf die italienische Souveränität betrachtete sie jedoch die Behandlung der ausländischen Juden als Angelegenheit der italienischen Behörden. Sie mischte sich deshalb auch im Fall Levys nicht ein, und zwar auch deshalb nicht, weil ihm im Oktober 1941 im Rahmen der allgemeinen Ausbürgerung der jüdischen Emigranten die deutsche Staatsbürgerschaft aberkannt wurde.[64]

Mitbewohner Levys in der Pensione Bandini waren anfangs außer Sohn-Rethel und Craemer der junge Maler Heinrich Steiner und dessen Bruder Johannes, der mit seinen bescheidenen Einkünften als Deutschlehrer an der Berlitz School in Florenz für seinen Unterhalt sorgte. Steiner wurde in Deutschland als „Halbjude" nicht zum Kunststudium zugelassen und war deshalb 1938 nach Florenz emigriert, wo er die Aufnahmeprüfung an der Kunstakademie bestand. Aufgrund der Anregungen, die er Levy für seine künstlerische Entwicklung verdankte, betrachtete er sich später – mit Recht – als seinen Schüler.[65] Herbert Schlüter verließ die Pensione Bandini schon nach einem Jahr im Dezember 1941, als er zum Wehrdienst eingezogen wurde, nachdem er der Meldepflicht beim Deutschen Konsulat nachgekommen war. Hätte er sie weiterhin ignoriert, wäre er Gefahr gelaufen, auf Verlangen der Gestapo als Wehrunwilliger nach Deutschland ausgeliefert zu werden. Beim Abschied sah ihn Levy zum letzten Mal. Er kam als Dolmetscher zu einer Einheit in Sizilien. In den zahlreichen Briefen an seinen Lebensgefährten der Exiljahre berichtete er mit erstaunlicher Offenheit im Hinblick auf die Militärzensur über seine ungewohnten Eindrücke in einem Wehrmachtsdepot.[66] Im Frühjahr 1942 reisten Sohn-Rethel und Craemer nach Positano ab, weil ihnen Florenz zu teuer war. Gilles und Bargheer wohnten während ihrer Aufenthalte in Florenz höchstens auf kurze Dauer in der Pensione Bandini.[67]

Zu den Deutschen, die auch noch während des Krieges mit dem Status als Auslandsdeutsche in Florenz lebten, gehörte der bereits erwähnte Maler Heinz Battke. Er war 1936 von Berlin nach Florenz gekommen, weil er in Deutschland Diffamierungen ausgesetzt war. Er hatte Levys Werk schon in den Zwanzigerjahren bewundert und sich in seinen *Aufzeichnungen eines Malers* damit auseinandergesetzt.[68] Er lernte ihn aber erst über Purrmann in Florenz kennen, kurz bevor auch er ab März 1941 Militärdienst als Dolmetscher in Sizilien leisten musste. Aus gesundheitlichen Gründen wurde er jedoch schon nach wenigen Monaten entlassen, sodass er nach Florenz zurückkehren konnte.[69] Battke war auch noch während seines Florentiner „Halbexils" wohlhabend. Er wurde zu Levys herausragendem Förderer, indem er etwa die Hälfte von dessen zum Verkauf angebotenen Bildern erwarb.[70] Die Freundschaft bestand ununterbrochen bis zu Levys Deportation im Dezember 1943.

Die zweite wichtige Bezugsperson Levys in Florenz außerhalb der Pensione Bandini war Hans Purrmann. Er musste als Leiter der Villa Romana um seine Stellung fürchten, seitdem er Ziel von Angriffen nationalsozialistischer Kunstfanatiker war. Auf der Femeausstellung *Entartete Kunst* waren zwei Bilder von ihm gezeigt worden. Beim Staatsbesuch Hitlers in Italien im Mai 1938 war er auf Weisung der Gestapo vorübergehend in einem Florentiner Gefängnis festgehalten worden. Es soll ihn schockartig getroffen haben.[71] Er wusste, dass er unter Beobachtung der NSDAP-Auslandsorganisation stand und ließ deshalb im Umgang mit seinem jüdischen Freund Vorsicht walten. Er traf sich mit ihm nie in der Villa Romana oder in der Pensione Bandini, sondern immer nur in einer Privatwohnung oder an einem vereinbarten Ort anderswo in der Stadt.[72]

Mit der deutschen Besetzung Italiens im Anschluss an den Waffenstillstand mit den Alliierten – geschlossen mit der vom König nach dem Sturz Mussolinis eingesetzten Regierung Badoglio am 8. September 1943 – trat eine tiefgreifende politische Wende ein. Die Verfolgung der Juden durch das faschistische Regime war bei aller leidvollen Härte nie so weit gegangen, deren Leben zu gefährden. Nunmehr waren alle Juden in Italien, wie im gesamten nationalsozialistischen Machtbereich, mit Deportation in ein Vernichtungslager bedroht.[73] Am Anfang stand die großangelegte Razzia am 16. Oktober in Rom, der über tausend Menschen in fast allen Stadtteilen zum Opfer fielen.[74] In Florenz fanden zwei Verhaftungswellen am 6. und 27. November statt, die jeweils von einem SS-Kommando unter Mitwirkung der lokalen faschistischen Miliz durchgeführt wurden. Die erste erstreckte sich nach dem Überfall auf die Synagoge auf jüdische Gemeindeeinrichtungen, eine Notunterkunft jüdischer Flüchtlinge aus Frankreich in einem Kino und auf zahlreiche Wohnungen. Bei der zweiten war das Ziel der Konvent der Chiesa del Carmine in nächster Nähe der Piazza S. Spirito, wo viele Juden, vor allem Frauen und Kinder, Schutz gesucht hatten. Man geht davon aus, dass bei den beiden Razzien über 300 Menschen festgenommen und wenig später nach Auschwitz deportiert wurden.[75]

Bis dahin hatten sich die Juden in Florenz im Allgemeinen noch frei in der Stadt bewegt.[76] Rudolf Levy ging ins Kino und, wie gewohnt, in Buchhandlungen und ließ sich bei einem Herrenschneider einen Maßanzug anfertigen.[77] Er muss von den Razzien gehört haben. Sonst hätte er wohl kaum seine Sorge mit den Worten „Viviamo davvero pericolosamente" in seinem letzten Brief an Herbert Schlüter ausgedrückt, der inzwischen von der Front in Kalabrien mit einem Krankentransport der Wehrmacht nach Berlin gebracht worden war.[78] Spätestens nach den beiden Razzien stellte ihm Krell seine Einzimmerwohnung in einem Turm am Borgo S. Jacopo zur Verfügung. Sie war einigermaßen sicher und bot alles Notwendige an Komfort für einen längeren Aufenthalt.[79] Aber Levy nahm die Dinge auch jetzt noch zu leicht. Obwohl er von verschiedenen Seiten gewarnt worden war, ließ er sich nicht davon abhalten, manchmal in die nahegelegene Pensione Bandini zum Essen zu gehen und in seinem Zimmer an der Staffelei zu malen.[80] Seine Unvorsichtigkeit steht in frappierendem Gegensatz zu der Angst, die er in seinem Selbstporträt zu erkennen gibt.

Da sein Aufenthalt in der Pensione Bandini der NSDAP-Auslandsorganisation bekannt war, wusste bald auch die nach der Besetzung von Florenz errichtete deutsche Polizeistelle, das Außenkommando der SIPO und des SD (Sicherheitspolizei und Sicherheitsdienst), darüber Bescheid.[81] Es war nur eine Frage der Zeit, bis sie zuschlug, indem sie ihn in eine Falle lockte. Bei den Schwestern Bandini erschienen ein oder zwei Herren, die sich als Kunsthändler ausgaben und einen Termin mit Levy vereinbaren wollten, um Bilder von ihm zu sehen. Wenn es sich tatsächlich so zugetragen hat, können es eigentlich nur Italiener im Dienst der deutschen Polizei gewesen sein. Ein Deutscher, der nicht fließend Italienisch sprach, wäre sofort aufgefallen und hätte Misstrauen erregt. Nachdem Levy benachrichtigt worden war, begab er sich am 12. Dezember zu dem Treffen in die Pensione Bandini. Er wurde bereits im Treppenhaus von zwei SS-Männern des Außenkommandos in Zivil abgefangen und zum Mitgehen gezwungen. Er kam in eine Zelle des Gefängnisses Le Murate, die sich in dem Trakt befand, der dem Außenkommando für die von ihm Verhafteten unterstellt war.[82] Von hier erreichte die Schwestern Bandini ein am 21. Dezember datierter bewegender Brief, in dem Levy schrieb (Abb. S. 168): „Avrete saputo la disgrazia che mi è capitata. Sono in prigione delle Murate da più di una settimana. Dio solo sa quando potrò uscire. È duro per un uomo di 68 anni che non ha mai fatto male a nessuno di trovarsi in questa situazione. Pazienza …"[83] („Sie haben von dem Unglück gehört, das mir widerfahren ist. Ich bin im Gefängnis der Murate seit über einer Woche. Gott allein weiß, wann ich herauskommen kann. Es ist hart für einen Mann von 68 Jahren, der niemandem jemals etwas Böses angetan hat, sich in einer solchen Lage zu befinden. Geduld.")

Nach einem Monat wurde er zusammen mit anderen jüdischen Häftlingen nach Mailand in das berüchtigte Gefängnis San Vittore überführt, von wo zu der Zeit noch die Deportationen ausgingen. Hier verbrachte er drei weitere Wochen, Dann wurde er einem Transport zugeordnet, der am 30. Januar mit 605 Juden in verriegelten Güterwagen von den Gleisen im Untergeschoss des Mailänder Hauptbahnhofs nach Auschwitz abging. Die Fahrt dauerte sieben Tage mitten im Winter.[84] Levys Name steht auf der vor der Abfahrt aufgestellten Transportliste. Er fehlt auf der Liste der in das Lager Aufgenommenen, denen nach der Ankunft die Häftlingsnummer eingebrannt wurde. Er muss demnach, wie die überwiegende Mehrzahl der mit demselben Transport Eingetroffenen, nach der Selektion in die Gaskammer geschickt worden sein. Erwägt man sein Alter, ist jedoch nicht auszuschließen, dass er bereits während der Fahrt umgekommen ist.[85]

Nach der Festnahme in Florenz fand keine gründliche Untersuchung seines Zimmers in der Pensione Bandini statt. Seine Gemälde, seine Briefschaften und ein von ihm verfasstes Romanmanuskript blieben unangetastet.[86] Battke nahm das meiste an sich. Nachdem er von den Alliierten nach der Befreiung von Florenz als Wehrmachtsangehöriger in einem Lager in Padula in der Provinz Salerno interniert worden war, kümmerte sich vorübergehend Heinrich Steiner um die Gegenstände.[87] Im Mai 1946 veranstalteten Battke und Steiner mit einem Kreis Florentiner Künstler, Intellektueller und Kunstsammler eine erste Ausstellung mit 35 im Exil entstandenen Ölgemälden aus 9 privaten Kollektionen in Italien.[88] Krell und andere stellten vergeblich Nachforschungen an, was mit Levy nach seinem Abtransport aus Florenz geschehen war. Doch niemand konnte Auskunft erteilen[89] – von den 605 am 30. Januar 1944 von Mailand nach Auschwitz deportierten Juden hatten nur 20 überlebt. Lange Zeit herrschte daher Ungewissheit.

In den späten Vierziger- und frühen Fünfzigerjahren setzte sich Genia Levy-Koppold – mit diesem Doppelnamen unterzeichnete sie jetzt meistens ihre Briefe –, unterstützt von Battke, unermüdlich für eine repräsentative Gedächtnisausstellung zu seinem Gesamtwerk ein. Sie schrieb zu diesem Zweck an Freunde Levys, Sammler und Museen und erwarb sogar einige Bilder auf dem Kunstmarkt.[90] Die Ausstellung wurde im Juli 1954 im Lenbachhaus in München eröffnet und anschließend als Wanderausstellung in mehreren Museen gezeigt, die vor der Konfiskation durch die Nationalsozialisten Werke Levys besessen hatten.[91] Sie sollten dadurch angeregt werden, Bilder zu kaufen, was in einigen Fällen auch geschah. Genia erlebte die Eröffnung aufgrund ihres frühen Todes im Dezember 1953 nicht mehr.[92]

1 Dieser Beitrag erschien in italienischer Übersetzung im Florentiner Ausstellungskatalog *Rudolf Levy (1875–1944). L'opera e l'esilio*" (Mailand 2023). Grundlegend ist die kunstwissenschaftliche Studie von Susanne Thesing, *Rudolf Levy. Leben und Werk*, Nürnberg 1990. Der Verfasser dieses Beitrags dankt Susanne Thesing und Brigitte Bruns für das kritische Gegenlesen des Textes. Brigitte Bruns hat auch die Archivrecherchen in München durchgeführt.

2 Thesing 1990, S. 12.

3 Ebd., S. 13–20; Dascher 2011, S. 41–42.

4 Thesing 1990, S. 20–22; Frister 1999, S. 208–211. Einige Briefe aus Paris und von der Front an den Vater sind in einem Konvolut mit einem Teilnachlass Rudolf Levys im Besitz von Monika Hemmer, München, erhalten.

5 Thesing, S. 22; Frister 1999, S. 260–262. Die Heiratsurkunde befindet sich im Stadtarchiv München, Standesamt Nr. 2064/2625.

6 Thesing 1990, S. 23–29.

7 Akademie der Künste, Berlin, Lovis-Corinth-Archiv, Nr. 17, Protokollbuch, Vollversammlung 11. März 1930; Matelowski 2017, S. 180, 203, 571, 581.

8 Akademie der Künste, ebd., Ordentliche Vollversammlung 27.2.1933.

9 Akademie der Künste, ebd., Zusammenkunft 25.4.1933. Auf ihr wurde die „Gleichschaltung" der Secession beschlossen. Aus diesem Anlass wurden Austrittserklärungen namentlich nicht genannter Mitglieder verlesen. Zu den Vorgängen siehe Matelowski 2017, S. 455–467.

10 Landesarchiv Berlin, Berliner Adressbuch 1935, IV. Straßen und Häuser, Levy, R. Kunstmaler, Küstriner Straße 5. Im Adressbuch 1936 ist er nicht mehr eingetragen.

11 Thesing 1990, S. 29.

12 Rudolf Levys Briefe aus dem Exil sind zum größten Teil verloren oder nicht mehr auffindbar. Damit fehlen für die meiste Zeit die wichtigsten Quellen zu seinen Lebensumständen, vor allem im Hinblick auf seine künstlerische Tätigkeit, zu seinem Befinden und zu der Einschätzung seiner Lage, von der seine Entscheidungen abhingen. Die im Exil an ihn gerichteten Briefe wurden von ihm in der Regel gesammelt und aufbewahrt. Sie sind für den Zeitraum nach seiner Flucht aus Mallorca im August 1936 bis zu seiner Deportation aus Florenz im Dezember 1943 weitgehend erhalten und auf Umwegen in das Bargheer Museum in Hamburg gelangt, wo sie in seinem Nachlass eingesehen werden können (im Folgenden: Nachlass Levy).

13 Thesing 1990, S. 30; Linnenkamp 1984, S. 57–59. Am 28.2.1934 meldete sich Levy beim Deutschen Konsulat in Palma de Mallorca an, Politisches Archiv des Auswärtigen Amts, Berlin, Bestand AB 2/606, Palma de Mallorca, Pass-Register 1929–1944. Im Fremdenverzeichnis von Cala Ratjada von 1935 ist seine Anwesenheit ohne Angabe eines Monats für 1933 vermerkt, in: Einsele/Massanet/Rexach 2015, S. 101.

14 Dokumente in Nachlassstücken von Roman Frister im Besitz von Amnon Rimon, Beit Yitzhak, Israel.

15 Politisches Archiv des Auswärtigen Amts, Auswärtiges Amt Abt. 2, Finanzwesen 16/Spanien 1930–1935, Deutsch-spanisches Devisenabkommen vom 18.2.1933, und weitere Dokumente.

16 Einsele/Massanet/Rexach 2015, S. 66–68.

17 Thesing 1990, S. 30.

18 Politisches Archiv des Auswärtigen Amts (wie Anm. 13), Anmeldung beim Deutschen Konsulat in Palma de Mallorca am 19.5.1934; Institut für Zeitgeschichte, München, Nachlass Kurt Lachmann; MA 1500/Starke-Lachmann, Margot (sie war in erster Ehe mit Ottomar Starke verheiratet).

19 Schlüter/Mann 2010, S. 371; siehe auch Täubert 2010, S. 363–364.

20 Nachlass Levy, Brief von Herbert Schlüter an Rudolf Levy, Dubrovnik 18.1.1938, mit einem Hinweis auf die Reise Genia Levys.

21 Stadtarchiv München, Standesamt Nr. 2064/2625, Zusatz vom 28.2.1936 zur Heiratsurkunde; Briefe Genia und Paul Levys nach August 1936 an Rudolf Levy im Nachlass Levy; Briefwechsel Leo Levys, Polzin, mit Genia Levy im Nachlass Roman Frister (wie Anm. 14).

22 Die sieben vor Kurzem aufgefundenen Gemälde befinden sich in Privatbesitz auf Mallorca. Sie sind nicht mit dem Namen Levy gezeichnet. Die Rückseite der meisten ist mit einem aufgeklebten Etikett mit der Beschriftung: Rudolf Levy. Cala Ratjada 1935 versehen. Die fünf schon zuvor bekannten Gemälde und die aquarellierte Kreide- und Bleistiftzeichnung im Werkverzeichnis, Thesing 1990, WVZ-Nr. 176–179, 270, 222–223.

23 Sepasgosarian 2017, S. 114–149.

24 Schlüter/Mann 2010, S. 374.

25 Dies ist daraus zu schließen, dass sich andere Emigranten in Cala Ratjada so verhalten haben, siehe etwa Eimert 1995, S. 19–20.

26 Münchner Stadtbibliothek, Monacensia, Nachlass Klaus Mann, Brief von Rudolf Levy an Klaus Mann, Genua, 8.9.1936. Zu Erik Charell in den Vereinigten Staaten siehe Norton 2006, S. 151–169.

27 Mann 1990, S. 85, 88.

28 Zur Visaverlängerung: Nachlass Levy, Schreiben des Immigration and Naturalization Service, Ellis Island, an Rudolf Levy, 12.4.1937.

29 Nachlass Levy, Briefe Genia, Käthe und Paul Levys an Rudolf Levy; Thesing 1990, S. 32–33.

30 Nachlass Levy, ebd.

31 Thesing 1990, S. 188–189, 223–224.

32 Gassebner 1995, S. 34–35.

33 Zu Paul Levy siehe Gottwald 2014.

34 Nachlass Levy, wie Anm. 29. Zum Devisentransfer siehe Voigt 1989, S. 42–48.

35 Nachlass Levy, Briefe Genia Levys an Rudolf Levy. In den Briefen hatte sie ihm noch nicht ihre Wiederverheiratung mitgeteilt.

36 Nachlass Levy, Briefe Herbert Schlüters an Rudolf Levy, Dubrovnik, 18. und 26.1.1938; zu Purrmann siehe Kuhn 2016, S. 211–228.

37 Voigt 1989, S. 50.

38 Thesing 1990, S. 192–197, 224–226.

39 Voigt 1989, S. 454.

40 Nachlass Levy, Mitteilungen in Briefen von Herbert Schlüter, Kurt Craemer, Werner Gilles und Eduard Bargheer an Rudolf Levy.

41 Auf einer Auktion in Neapel in den Achtzigerjahren wurden drei Gemälde von Rudolf Levy verkauft; Mitteilung von Floriano Hettner, Architekt auf Ischia, Frühjahr 1995.

42 Voigt 1989, S. 280–282; Sarfatti 2014, S. 192–198.

43 Nachlass Levy, Schreiben des französischen Konsulats in Neapel an Rudolf Levy, 12.1.1939.

44 Nachlass Levy, Gesuch Rudolf Levys an die Quästur Neapel, 27.12.1938 (reproduziert in Thesing 1990, S. 34); Archivio di Stato di Napoli, Prefettura di Napoli, Secondo versamento, busta 960/7, Innenministerium an Präfektur Neapel, 23.10.1939; Verhörprotokoll vom 10.3.1939 und weitere Schreiben zu Rudolf Levy.

45 Voigt 1989, S. 285–287, 298–300.

46 Nachlass Levy, Telegramme Erik Charells an Rudolf Levy, 16.11.1939–19.2.1940; Thesing 1990, S. 36–38.

47 Archivio storico-diplomatico del Ministero degli Affari Esteri, Rom, Affari generali, Ufficio 4, Andrea Giovene an das Außenministerium, 14.11.1939; siehe auch Berger 2018, S. 73–76. Zu Giovene als Schriftsteller siehe die Edition seines zuerst in den Fünfzigerjahren erschienenen autobiografischen Romans *L'autobiografia di Giuliano di Sansevero*. Introduzione di Emanuele Trevi, Rom 2012.

48 Archivio Centrale dello Stato, Rom, Ministero dell'Interno, Pubblica Sicurezza, A 16 Stranieri 1939, busta 75/Levy, Rudolf, Quästur Rom an das Innenministerium, 20.12.1939. Umfangreiches Material zur Polizeiüberwachung Hodels siehe ebd., Divisione Polizia Politica, busta 660.

49 Nachlass Levy, Briefe Rudolf Levys an Hellmuth Grunau, Rom, Januar – April 1940; Thesing 1990, S. 36–38.

50 Zu den Internierungsbedingungen siehe Voigt 1993, S. 20–23.

51 Nachlass Levy, Briefe Herbert Schlüters an Rudolf Levy, Ischia, Juni – Dezember 1940; Craemer 1965, S. 124.

52 Stadtbibliothek München Monacensia, Nachlass Herbert Schlüter, Rudolf Levy an Herbert Schlüter, Dezember 1943. Im Widerspruch hierzu steht, dass Schlüter in einem Gespräch mit dem Verfasser am 9.7.1984 betonte, er sei erst im Mai 1941 von Ischia nach Florenz gekommen.

53 Kuhn 2016, S. 218–219.

54 Hierzu siehe Thesing 1990, S. 226–234, mit Abbildungen auf S. 196–221.

55 Nachlass Levy, Brief von Rudolf Levy an Paul Levy, Florenz, 14.2.1943. Civica Biblioteca D'Arte, Mailand, *Mostra di opere di Rudolf Levy*, Galleria Firenze, 11.–21.5.1946, S. 19 (Verzeichnis der Ausstellungsstücke mit Angabe der Besitzer).

56 Civica Biblioteca D'Arte, Mailand, *Mostra di opere di Rudolf Levy*, Galleria Firenze, 11.–21.5.1946, S. 19 (Verzeichnis der Ausstellungsstücke mit Angabe der Besitzer).

57 Nachlass Levy, Briefe von Herbert Schlüter an Rudolf Levy (aus Gründen der Vorsicht adressiert an Karli Sohn-Rethel), Catania, 31.10. und 16.11.1942; Steiner 1976.

58 Nachlass Levy, Brief von Herbert Schlüter an Rudolf Levy, Catania, 7.8.1942; Ada Cahn-Speyer an Rudolf Levy, Vallombrosa, 14. Aug. 1943.

59 Nachlass Levy, Brief von Genia Morelli an Heinz Battke, s. d. (August 1942).

60 Hubert 1997.

61 Politisches Archiv des Auswärtigen Amts, Berlin, Botschaft Rom, Zweigstelle des Deutschen Generalkonsulats Genua in Florenz an die Deutsche Botschaft Rom, Passabteilung, 13.10.1941.

62 Craemer 1965, S. 140.

63 Voigt 1989, S. 72.

64 Walk 1996, S. 357, XI. Verordnung zum Reichsbürgergesetz vom 25.11.1941. Iin den Ausbürgerungslisten des Auswärtigen Amts, R 9926/1941, ist Rudolf Levy namentlich nicht nachzuweisen.

65 Steiner 1976 und Gespräche des Verfassers mit Heinrich Steiner, 29.6.1982 und später; siehe auch Steiner 2006, S. 129–130 und passim.

66 Nachlass Levy, Briefe Herbert Schlüters an Rudolf Levy (meist adressiert an „Karli"), November 1941 – August 1943.

67 Nachlass Levy, Briefe Karli Sohn-Rethels und Kurt Craemers an Rudolf Levy, Mai 1942 – August 1943; Craemer 1965, S. 144, 149–150; Steiner 1976.

68 Battke 1951, S. 72.

69 Germanisches Nationalmuseum, Nürnberg, Deutsches Kunstarchiv, Nachlass Heinz Battke, Kapsel 40, Notizen von Heinz Battke aus den Jahren 1917 bis 1945, März 1941: Bekanntschaft Rudolf Levy von Hans Purrmann; 21. März 1941: Meine Einberufung zum X. Flieger Korps in Taormina.

70 *Mostradi opere di Rudolf Levy* (wie Anm. 56).

71 Kuhn 2016, S. 216–218.

72 Nachlass Levy, Brief von Hans Purrmann an Rudolf Levy, Florenz, 25.1.1943, mit einer Verabredung bei dem Kunstsammler Leo Stein in Settignano; siehe auch Steiner 1976.

73 Sarfatti 2014, S. 233, 273–275.

74 Picciotto 2002, S. 44, 877–879; siehe auch Baumeister 2016.

75 Baiardi 2007, S. 48–50.

76 Collotti 2007, S. 30.

77 Stadtbibliothek München Monacensia, Nachlass Schlüter, Brief von Rudolf Levy an Herbert Schlüter, 7.10. und Dezember 1943; Nachlass Levy, Completo abbigliamento maschile (Rechnung), 21.9.1943.

78 „Wir leben wirklich gefährlich", Stadtbibliothek München Monacensia, ebd., Brief von Rudolf Levy an Herbert Schlüter, Dezember 1943.

79 Deutsches Literaturarchiv Marbach, Nachlass Max Krell, Mappe: Max Krell Mss. von ihm, La mia emigrazione dalla Germania s .d. (1944/45); Mappe: Briefe an Marianne Krell 1940–1962, Brief von Max Krell an Marianne Krell, 26.11. 1940 (Beschreibung des Zimmers).

80 Stadtbibliothek München Monacensia, Nachlass Schlüter, Brief von Max Krell an Genia Levy-Koppold, Florenz, 7.7.1946, auch bei Thesing 1990, S. 44–46; Steiner 1976; Gespräche mit Heinrich Steiner (wie Anm. 65).

81 Zur Organisationstruktur der deutschen Polizei in Italien siehe Picciotto 2002, S. 858–860 und Collotti 2007, S. 21–23.

82 Krell an Levy-Koppold (wie Anm. 80); Hans Purrmann Archiv, München, aus einem Brief von Frau V. Wallerstein (Johannisburg/Südafrika) über das Ende des Malers Rudolf Levy (1875–1944) sowie Brief von Emy Roeder an Hans Purrmann, Rom, 27.1.1946.

83 Nachlass Brief von Rudolf Levy an Elena Bandini 21.12. 1943, reproduziert in Thesing 1990, S. 46, sowie in diesem Buch S. 18.8

84 Krell an Levy-Koppold (wie Anm. 80); Picciotto 2002, S. 46, 409; Baiardi 2007, S. 157.

85 Picciotto 2002, S. 46, 47, 58, 60.

86 Die wichtigsten Quellen hierzu sind der Brief Krells an Levy-Koppold (wie Anm. 80) und der Auszug aus einem Brief von Vera Wallerstein (wie Anm. 82).

87 Nachlass Heinz Battke (wie Anm. 69), Brief von Heinrich Steiner an Heinz Battke, Florenz, 10.3. 1945.

88 *Mostra di opere di Rudolf Levy* (wie Anm. 56).

89 Krell an Levy-Koppold (wie Anm. 80).

90 Nachlass Battke, Kapsel 7, 9, 11, Briefe Genia Levy-Koppolds an Battke, 1950–1953; siehe hierzu auch den Beitrag von Sören Fischer, S. 260–269).

91 Levy 1954.

92 Stadtarchiv München, Sterbeurkunde, Standesamt Nr. 3365/45.

Notizen zu Rudolf Levys Spätwerk

Susanne Thesing

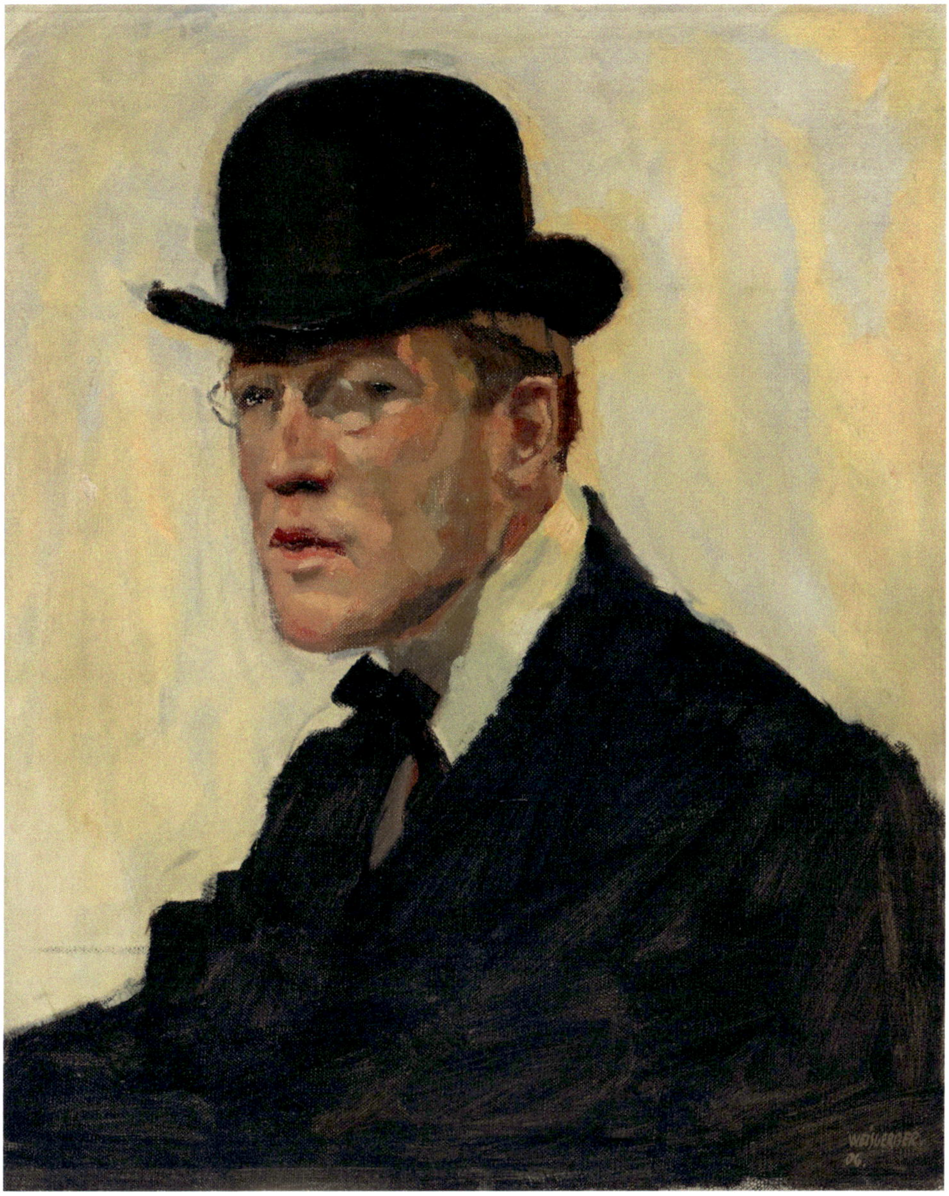

ABB. 1: Albert Weisgerber
Bildnis Rudolf Levy, 1906
Öl auf Leinwand 61 × 50 cm
Saarbrücken, Saarlandmuseum – Moderne Galerie

Im Frühjahr 1906 porträtiert Albert Weisgerber in Paris den gerade 30-jährigen Rudolf Levy. Physiognomie und Persönlichkeit seines Freundes hat Weisgerber treffend eingefangen (Abb. 1). Den Kopf etwas nach vorne geneigt, den Mund leicht geöffnet und den wachen Blick hinter dem Zwicker auf ein unbekanntes Ziel gerichtet – so fängt Weisgerber Levys Pose ein und hält dessen Auftreten und geistige Präsenz fest. Vor dem hellen Hintergrund hebt sich der elegant in Schwarz Gekleidete mit Bowler-Hut deutlich ab, gerade so wie Levy kraft seiner Persönlichkeit aus seinem Milieu hervorsticht. Weisgerber präsentiert den Malerfreund als einen freien Kopf in einem freien Raum, er charakterisiert ihn als einen unabhängigen Geist, mit einer offenen Haltung zu seinem Umfeld.[1]

Im Herbst 1943, wenige Wochen vor seiner Verhaftung am 12. Dezember, malt der 68-jährige Rudolf Levy in der Enge seines Verstecks im Borgo San Jacopo in Florenz ein Selbstbildnis. Es ist das einzige erhaltene Ölgemälde, das Levy von sich geschaffen hat – ein Zwiegespräch des Künstlers mit sich selbst und mit einer existenziellen Botschaft (KAT 75, S. 253). Die Kopfhaltung verläuft in einer dynamischen Diagonale von der linken unteren zur rechten oberen Bildecke. Wie eine Maske grenzt das ovale Gesicht mit der verschatteten Gesichtshälfte an den Haaransatz. Tiefe, markante Gesichtsfalten und der wie zu einer Frage geöffnete Mund artikulieren äußerste Anspannung und zugleich Bestürzung. Die dunkle Fläche hinter dem Kopf gleicht einem unheilvollen Schatten. Kein heller, freier Raum umgibt den Porträtierten – er scheint wie gefangen. Bis auf den blaugrünen Fond bestimmen gebrochene, fahle Töne die eher düstere Farbigkeit und scheinen die verhängnisvolle Lage zu symbolisieren, in der sich Levy befindet. Das Selbstbildnis gibt diese Situation wieder, so als stelle er sich entsetzt, ja fassungslos Fragen nach dem „Warum?“ und „Wohin?“. Zehn Jahre hatte der Künstler im Exil verbracht, stets von Heimatlosigkeit getrieben und jetzt in Florenz von akuter Bedrohung gezeichnet.

„Ich war bis hierher immer optimistisch gestimmt, fange aber langsam an noch lange schreckliche Dinge vorauszusehen.

Werde ein Greis sein, wenn man wieder einmal sich in einen Schnellzug wird setzen können, um nach Paris oder anderswohin zu fahren. Erinnerst Du dich, es sind just 3 Jahre her, daß ich zum letzten Mal in einen Zug stieg. Das war von Rom, als wir zusammen nach hier fuhren. Ich lebe wirklich wie ein Gefangener. Und muß mich noch bedanken, daß es mir nicht schlechter geht."[2]

Zwischen Weisgerbers Levy-Porträt und Levys Selbstbildnis liegen fast vier Jahrzehnte. Weisgerber, nur drei Jahre jünger als Levy, war 1915 in Fromelles gefallen. Levy hatte den Kriegseinsatz in Flandern und der Picardie unverletzt überlebt. Nach dem Ersten Weltkrieg konnte er in Frankreich und in Berlin bis 1933 seine postfauvistische Malerei weiterentwickeln und festigen.

Doch mit dem Jahr 1933 ändert sich Levys Lebenssituation grundlegend. Als er am 1. April 1933 Deutschland verlässt, ist er knapp 58 Jahre alt – noch kein alter Mann, aber ohne gesicherte Existenz. Dass dies ein Abschied ohne Wiederkehr sein wird, hat er wohl zu jenem Zeitpunkt noch nicht geahnt. Von nun an werden das Malen und der Verkauf von Bildern schwierig. Ausstellungen sind für ihn im Exil nicht mehr möglich, Kontakte zu treuen Sammlern und zu seinen Kunsthändlern brechen ab. Bedeutet das Exil auch in finanzieller Hinsicht für Levy eine krasse Zäsur, offenbart sich in seiner Malerei dagegen kein Bruch, weder stilistisch noch thematisch. Vielmehr entstehen gerade in den Jahren von 1933 bis 1943 Werke, in denen das Wesen seiner künstlerischen Tätigkeit eindrucksvoll zutage tritt.

Was war aus Rudolf Levy, dem Intellektuellen mit dem freien Geist, geworden? Wie ist er als deutscher Jude und Verfolgter in der Emigration zurechtgekommen, wie hat er sich als Maler im Exil positioniert? Kann man von einem in sich geschlossenen Spätwerk sprechen?

Von 1933 bis 1940 ist Levys Dasein geprägt von der rastlosen Suche nach einem sicheren Refugium. Der ständige Ortswechsel beeinträchtigt auch die Produktivität des Künstlers. Man vergegenwärtige sich nur die zahlreichen Stationen seines Exils: 1933 Rapallo, Paris und Mallorca; ab Herbst 1934 mit Erik und Ludwig Charell auf Reisen nach Frankreich und in die Schweiz;[3] Ende Januar 1935 Rückkehr nach Mallorca; 1936 aus Cala Ratjada Flucht nach Marseille und von dort Weiterreise in die USA; im Mai 1937 Rückkehr nach Europa, Aufenthalt in Dalmatien; 1938 Übersiedlung nach Ischia, nach der Ausweisung aus der Provinz Neapel Ende 1939 einjähriger Aufenthalt in Rom.

Auf der Flucht müssen Werke zurückbleiben, einige gehen unwiederbringlich verloren, andere harren noch ihrer Wiederentdeckung. Aus den ersten fünf Exiljahren sind bisher nur wenige Arbeiten überliefert. Für den Aufenthalt auf Ischia und Procida 1938/39 lassen sich inzwischen 20 Gemälde ausmachen, für das Jahr 1940 in Rom ist jedoch kein einziges nachweisbar.

Erst in Florenz vermag sich der Künstler wieder kontinuierlich der Malerei zu widmen: Aus seinen letzten Schaffensjahren 1941 bis 1943 sind bislang mehr als 60 Arbeiten, vorwiegend Stillleben und Porträts, darunter auch einige Zeichnungen und Aquarelle bekannt.

„In den ersten Dezembertagen 1940 traf Rudolf Levy", so der Schriftsteller Max Krell (1887–1962), „in Florenz ein. Die Absicht, sein römisches Exil mit einem auf der Insel Ischia zu vertauschen, war an bureaukratischen Chikanen [sic!] gescheitert. Mit Florenz begann das letzte Kapitel seines Lebens; denn was diesen drei Jahren am Arno folgen sollte, war kein Leben mehr. Im Grunde lag ihm die Stadt nur wenig. Natürlich schätzte er ihr geistiges Erbe. Aber Florenz ist für den, der mitten drinnen lebt, nicht offen genug, in seinen strengen Mauern haust mehr Geschichte als Gegenwart, mehr egalisierendes Grau als leuchtende Vielfalt. Der Drang nach Ischia, wo er an die Zeiten auf Mallorca angeknüpft hätte, war schon richtig gewesen. Aber es kam in diesen Kriegsjahren mehr darauf an, sich vor den Schergen des Verfolgungswahnsinns zurückzuziehen und nach Möglichkeit unsichtbar zu machen. Es ist zwecklos, heute zu fragen, ob das volkreichere, minder übersichtliche Rom ihn nicht hätte besser schützen können. In Florenz saßen Freunde, es gab geistige und künstlerische Affinitäten, die ihn anzogen; das freie Vagieren, das er liebte, war ohnedies unterbunden. So war es, als ob er ‚heimkehrte', als er am ersten Abend unter den Freunden saß, in deren Kreis er sich ohne Scheu austauschen, seinen Sarkasmen zur Zeit freien Lauf lassen konnte. Hier fanden sich unter dem schützenden Dach des Palazzo Guadagni die Maler Karli Sohn-Rethel und Kurt Craemer, als ständige Besucher der Picasso-Sammler Leo Stein, Gertrude Steins Bruder – mit dem er grosse Goethe-Debatten führte –, der Kunsthändler Wallerstein, der Maler und Ringesammler Heinz Battke, der Kritiker Michelangelo Masciotta, der Dichter Herbert Schlüter zusammen."[4]

Max Krell, der Levy 1943 seine Turmwohnung im Borgo San Jacopo als Unterschlupf zur Verfügung gestellt hatte, fährt fort mit der Beschreibung von Levys zentraler Rolle inmitten des Florentiner Freundeskreises im Palazzo Guadagni: „Die Abende brannten von Diskussionen, die von seiner [gemeint ist Levys, die Autorin] augenblicklichen Lektüre ausgingen – er las damals in der Hauptsache Shakespeare, den Historiker Thornbee [gemeint ist Arnold J. Toynbee, die Autorin] – und immer in eine überlegene Betrachtung der Zeitumstände mündeten (oft auch in einem Pokerspiel, das er liebte und beherrschte). Aber es waren nicht mehr sosehr die witzigen, immer schlagfertigen Improptus der früheren Zeit, in denen er luciden Geistes eine menschliche Erscheinung, eine Beobachtung, einen Werkinhalt kristallisierte. Das beginnende Alter und die äussere Abgeschlossenheit weckten Erinnerungen, da blühten dann die Schilderungen seiner Reisen, die Bewunderung für seinen Lehrer Matisse, die ertragreichen Tage von Berlin und Paris in lebendigen Erzählungen auf, die jedes andere Gespräch überstrahlten."

Im Palazzo Guadagni bewohnt Levy im obersten Geschoss der Pensione Bandini ein Zimmer, das zugleich auch sein Atelier ist. Bei seiner Ankunft in Florenz hat er seine Bilder aus Dalmatien, Ischia und Procida in einer Rolle bei sich. Für seine geplante Emigration nach Amerika hatte er sie vorsorglich in Rom schon vorbereitet.[5]

In Florenz erwerben der Sammler Gualtiero Loria (1909–1979) und sein Bruder, der Architekt Giulio Loria (1904–1982) einige dieser Arbeiten, darunter das *Bildnis des Malers Hans Gassebner*, 1937 (KAT 48, S. 210), das Levy in Florenz vollendete, und *San Pietro, Porto d'Ischia*, 1939 (WVZ-Nr. 201; die in diesem

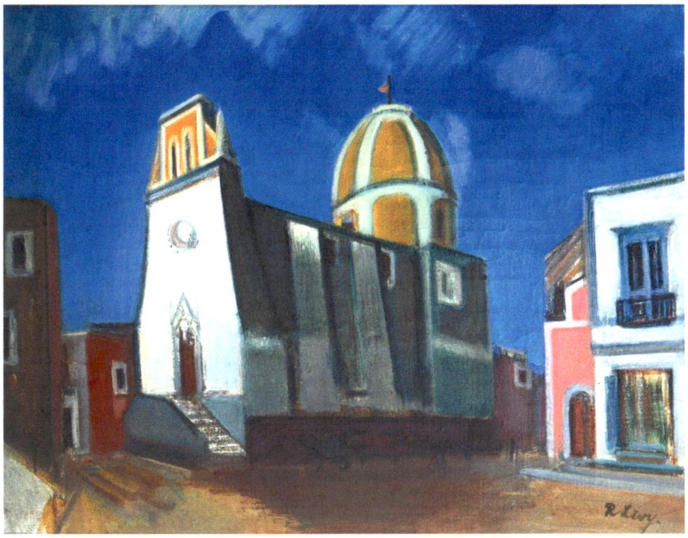

ABB. 2: Rudolf Levy *San Gaetano*, Forio/Ischia, 1938
Öl auf Leinwand 59,5 × 79 cm Privatbesitz

Text genannten Werkverzeichnisnummern entstammen der 1990 von der Autorin vorgelegten Publikation „Rudolf Levy. Leben und Werk").

Für Levys Malerei interessieren sich auch der Kritiker Michelangelo Masciotta (1905–1985) und der Maler Heinz Battke (1900–1966). Masciotta findet Gefallen am Porträt der *Ischianerin* (KAT 49, S. 211), das Levy ebenfalls in Florenz zu Ende malte, und Battke entscheidet sich u. a. für *S. Gaetano, Forio/Ischia* von 1938 (Abb. 2) und *Landschaft auf der Insel Procida*, 1939 (WVZ-Nr. 200).

Weiterhin erwerben Gualtiero und Giulio Loria sowie Heinz Battke in den Jahren 1941 bis 1943 die besten von Levys in Florenz entstandenen Arbeiten. Diese Kontakte zu befreundeten Sammlern bedeuten für den Künstler eine wichtige finanzielle Absicherung, aber auch eine nicht zu unterschätzende Motivation für seine künstlerische Arbeit. Als Jude ist es Levy nicht erlaubt, auszustellen, doch potenzielle Käufer finden sich zum Glück auch auf privatem Wege. Beflügelt durch das rege Interesse an seiner Malerei sind denn auch die Jahre 1942 und 1943 künstlerisch außerordentlich ertragreich. Levy kann seine Bilder gut verkaufen und sich etwas gönnen: Er leistet sich bei der prominenten Florentiner Adresse Zanobetti maßgeschneiderte Kleidung und Schuhe bei Arfango.[6] Auf elegante Kleidung wie auf dem Weisgerber-Porträt von 1906 legt Levy stets großen Wert. Beim Spaziergang durch die Stadt trägt er gerne einen breiten Seidenschal um den Hals geschlungen und liebt es, hin und wieder im Caffè Ristorante Doney in der Via Tornabuoni gut zu speisen. „Levy era veramente un signore", erinnert sich Michelangelo Masciotta. Beim gemeinsamen Besuch der Uffizien sprach Levy über seine Vorstellungen vom Bau eines Bildes, die er seinem Begleiter gerne anhand von Beispielen erläuterte.[7]

Nachdem die Freunde Kurt Craemer und Karli Sohn-Rethel im Frühjahr 1942 aus Florenz nach Positano übersiedelt waren, versorgt Levy sie 1942/43 mit Malmaterial und Geldzuwendungen. So bittet ihn Craemer in einem „Pumpbrief" im Dezember 1942 um 2000 Lire mit der Bemerkung: „Schließlich hast Du auch schon viele geschrieben: warum solltest Du nicht einmal einen bekommen?" – „Voraussetzung ist natürlich meine Überzeugung, dass Du viele Bilder verkaufst und ein gutes Weihnachtsgeschäft hast."[8]

Levy teilt sich seinen Tagesablauf genau ein. Neben der regelmäßigen Arbeit an der Staffelei, widmet er sich täglich auch der Aufzeichnung seiner Erinnerungen.[9] Offenbar hat er in Florenz die Arbeit an seinem 1937 begonnenen Manuskript, das er als „meinen Roman" bezeichnete, fortgesetzt. Erhalten sind Textfragmente aus den Jahren 1937 bis 1939,[10] jedoch keine Aufzeichnungen aus den Jahren 1941 bis 1943. Wie weit Levy in Florenz mit seinem Text vorangekommen war, muss daher offenbleiben.

So sind es vor allem Levys Bilder, in denen deutliche Spuren einer persönlichen Rückschau zu finden sind. Hier werden Erinnerungen wach an Frankreich und an die Künstler, die für ihn als Maler prägend waren. Nicht zuletzt in den Gesprächen mit dem Freund Leo Stein (1872–1947) dürften die gemeinsamen Pariser Jahre und Künstlerbegegnungen wieder lebendig geworden sein. Diese Rückbesinnung nimmt in Levys Spätwerk eine wichtige Rolle ein. Sie ist auch Ausdruck einer Selbstreflexion als Maler.

Levys Empathie für seine Modelle wird in Bildnissen von 1937/41 (Abb. 3, KAT 48, S. 210), 1938/41 (KAT 49, S. 211) und 1942 (KAT 66, S. 237) aus den Sammlungen Loria und Masciotta anschaulich. Sie sind charakteristische Beispiele für seine Malweise und typisch für seinen Kolorismus. Mit dem Maler Hans Gassebner (1902–1966) verbrachte Levy den Sommer 1937 in Šipanska Luka auf der Insel Šipan vor Dubrovnik. Gassebner – heimatlos wie Levy – leidet doppelt: als Emigrant und auch aufgrund einer schmerzhaften Gefäßverengung an der rechten Hand, die ihn bei seiner künstlerischen Arbeit lähmt. Levy bringt diese zweifache Verletzung der Existenz sehr deutlich zum Ausdruck: Er zeigt den Künstler mit verbundenem Mittelfinger, das Handgelenk in der Schlinge und die Schlinge um den Hals – Gassebner ein Gefangener seiner körperlichen und seelischen Wunden. Levy präsentiert ihn frontal, den angespannten Blick zum Betrachter gerichtet, so als wolle er seinem Schicksal als „entartet" gebrandmarkter Künstler ebenso selbstbewusst wie herausfordernd gegenübertreten. Das Zeigen der körperlichen und der seelischen Wunde wird zur symbolischen Geste.[11]

Gegenüber den Porträts aus den Jahren vor 1933 (wie z. B. KAT 41, S. 142) fällt die Psychologisierung des Dargestellten auf. Levy vermag sie durch präzise Modellierung der Gesichtszüge, durch Hervorhebung der Augenpartie mit der „Zornesfalte" und durch koloristische Akzente besonders herauszuarbeiten. So kontrastieren helle Partien wie das warme Gelborange des Inkarnats in der rechten Gesichtshälfte und das fahlere Gelbweiß der rechten Hand mit Schlinge spannungsreich zur linken, verschatteten Kopfpartie, in der nur das Augenlid gleichsam hell aufleuchtet. Grün, Blau, Gelb, Schwarz und Weiß bestimmen das Kolorit. Ein dichter, geschlossener Farbauftrag prägt Levys Malweise. Einen blaugrünen Fond wie bereits im *Bildnis Hans Purrmann* (KAT 38, S. 139) und im *Bildnis eines jungen Mannes*

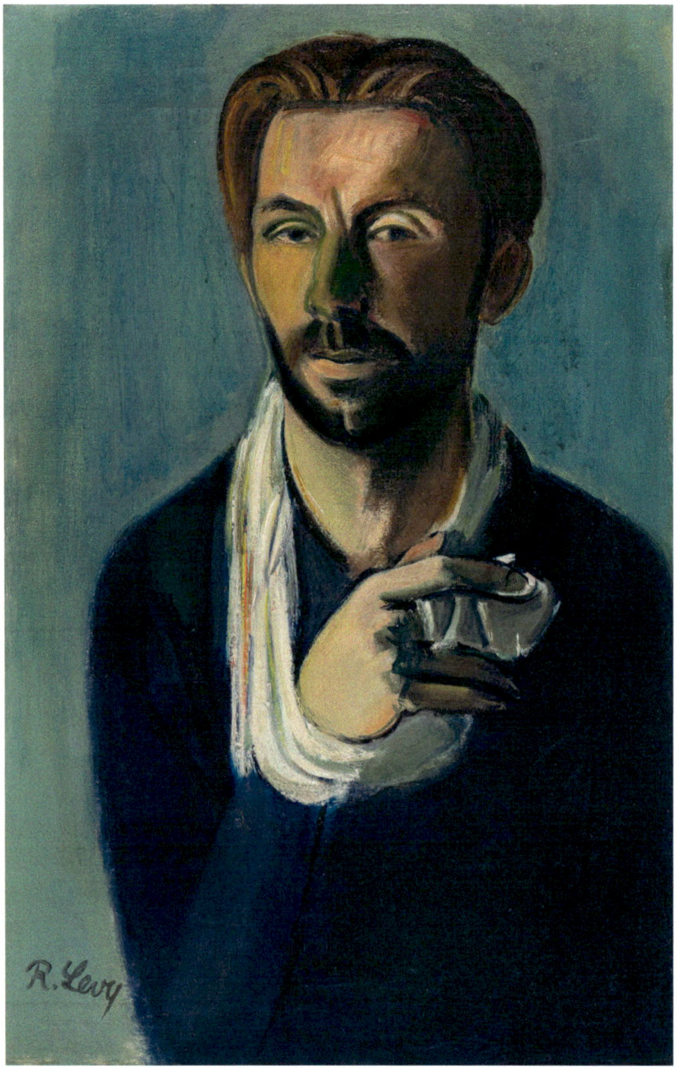

ABB. 3: Rudolf Levy *Bildnis des Malers Hans Gassebner,* Dubrovnik, 1937
Öl auf Leinwand 65,5 × 43,5 cm Museum Ulm

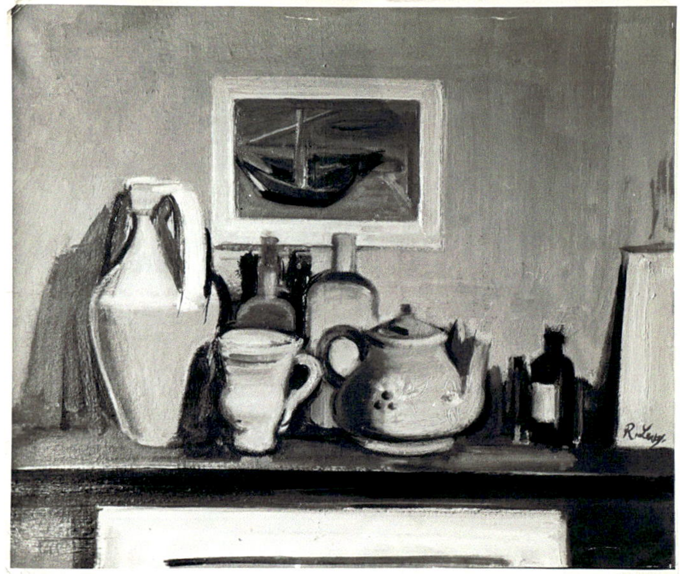

ABB. 4: Rudolf Levy *Hommage à van Gogh,* Florenz 1943
Öl auf Leinwand 60 × 73 cm Privatbesitz

(KAT 41, S. 142) setzt Levy bevorzugt in späten Arbeiten wieder ein (*Stillleben mit Mimosen,* KAT 62, S. 232; auch WVZ-Nr. 240; KAT 68, S. 241). Das erinnert nicht nur an Matisse, sondern auch an van Gogh, den Levy wenige Jahre später noch einmal in einem Stillleben (WVZ-Nr. 256, Abb. 4) zitieren wird.

Auf andere Art gefangen ist das Mädchen aus Ischia (KAT 49, S. 211). In strenger Frontalität und eingebunden in eine Konstruktion aus geometrischen Formen erscheint es wie festgemacht in seiner Umgebung. Die hochrechteckige rote Wand mit einem hell gerahmten Fenster deutet einen Raum an, in dem sich die junge Frau befindet. Vor diesen Rechteckformen umschreiben Oberkörper und Kopf des Modells ein Dreieck. Farbige und formale Kräfte sind zueinander in Beziehung gesetzt. Das Violett der Bluse kehrt an einzelnen Stellen in der ansonsten überwiegend in Rottönen gemalten Wand wieder. Das gelbliche Grün am Rahmen hinter dem Kopf findet nicht nur am Hals seine Fortsetzung. Auffällig ist die senkrechte grüne Farblinie, die als Schatten die rosigere rechte Gesichtshälfte von der blasseren linken trennt. Die Erinnerung an Matisse' fauvistisches *Porträt Madame Matisse* von 1905, bekannt als *Der grüne Streifen* (Abb. 5), mag in Levys Malerei mitschwingen. Doch er verarbeitet derartige Anregungen auf seine Weise und verzichtet hier auf eine fauvistische Farbpalette. Neben gedämpftem Rot, Blau, Grün und Violett setzt Levy mit dem tiefen Schwarz von Haar und Augen einen harten Akzent. Der blaue Streifen am linken Bildrand suggeriert das Freie. Er ist zugleich ein unentbehrliches Kompositions- und Farbelement im Bildgefüge und fungiert als helle Variante des gebrochenen Blaus am Fensterausschnitt hinter dem Modell. Jugendliche Unbefangenheit und fröhliche Frische fehlen dieser jungen Frau aus Ischia. Sie erscheint verschlossen, wirkt ernst, ja melancholisch – ein stolzes und doch zugleich verletztes Wesen mit großer Traurigkeit im Ausdruck.

Levys persönliche Situation auf Ischia ist 1938 alles andere als unbeschwert. Jederzeit konnte ihm hier die Ausweisung drohen. So liegt es nahe, dass der Künstler in diesen für ihn bedrohlichen Zeiten auch die seelische Verfassung seiner Mitmenschen seismografisch wahrnimmt. Im Bild vermag er ihr respektvoll zu begegnen, nicht ohne auch die eigene Seelenlage anklingen zu lassen.

In Florenz entsteht 1942/43 das Bildnis *Fiamma* (KAT 66, S. 237), das sich in der Sammlung Loria befand. Es dürfte ein Auftragsporträt gewesen sein, vielleicht sogar auf Anregung von Gualtiero Loria. Im kraftvollen Kolorit gibt das leuchtende Rot den Ton an. Es steht in deutlichem Kontrast zum Gelb des Haares und dem Blau des Hintergrunds. Sehr geschickt hat der Maler das Mädchen als geschlossene Dreiecksform vor einer Raumecke zwischen den gerundeten Formen von Tisch und Sessel platziert. Zum weichen Verlauf der Haarsträhnen wirkt die Sessellehne mit

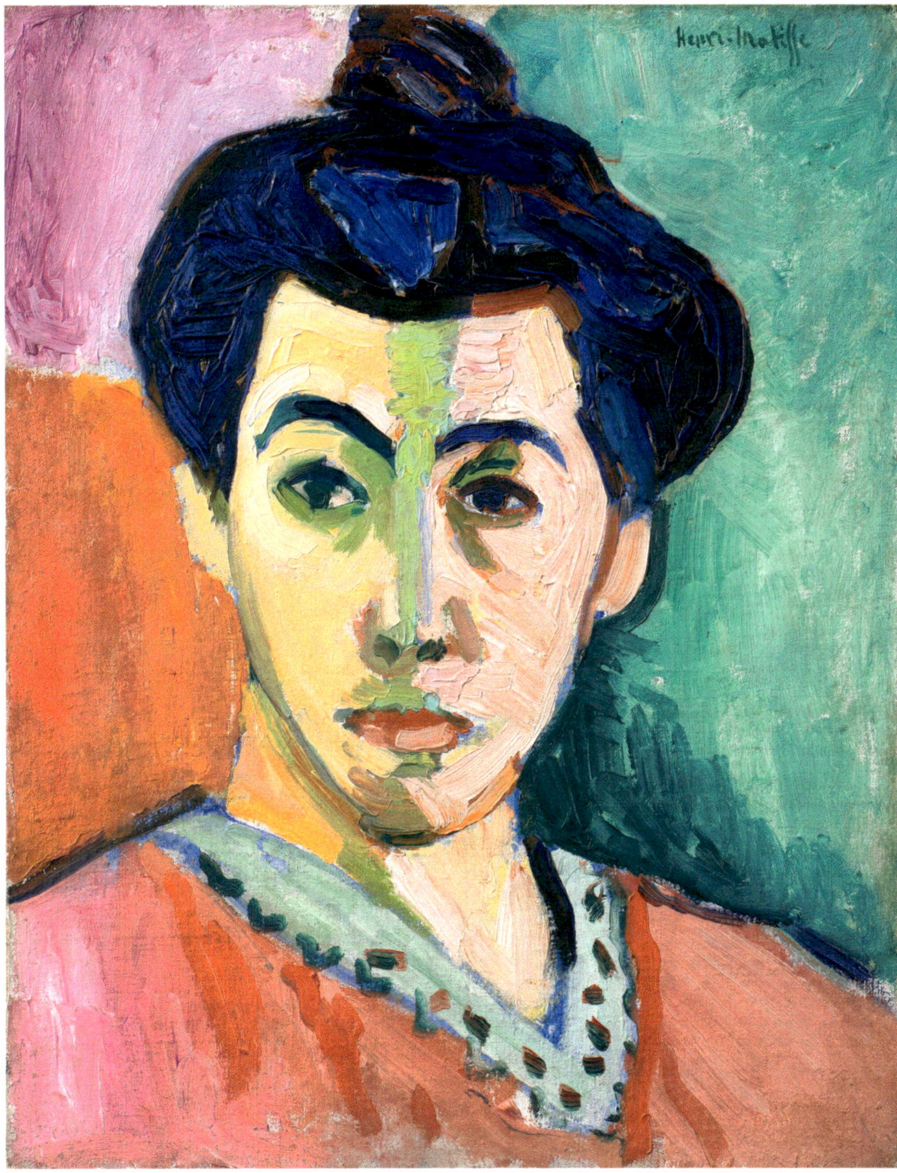

ABB. 5: Henri Matisse
Porträt Madame Matisse, 1905
(Der grüne Streifen)
Öl auf Leinwand 40,5 × 32,4 cm
Kopenhagen, Statens Museum for Kunst

floralem Dekor wie eine Fortsetzung. Auch farblich kehren hier grüne, braunrote und gelbliche Töne wieder, mit denen Levy Figur und Haare modelliert hat. Kompositorisch ist der geschwungene Verlauf der Sessellehne eine raffinierte Zutat, um auf der rechten Bildseite einen Ausgleich zur Ausrichtung des Modells nach der linken Seite herzustellen.

Von seiner Lektüre hat sich das Mädchen abgewandt, den Kopf zur Seite gedreht. Wie zur Abwehr hält es die Arme verschränkt. In seiner Mimik artikulieren sich Unmut und Ablehnung. Offensichtlich hat ihm das Modellsitzen ebenso wenig behagt wie das Lernen. Levy hält dies unmissverständlich und malerisch souverän fest.

Vermutlich war Fiamma die Tochter von Esther Signorini, einer in Florenz lebenden Amerikanerin. Sie brachte Fiamma täglich gegen 14.30 Uhr zum Modellsitzen in Levys Atelier in die Pensione Bandini. Doch es gibt ein Problem: Fiamma ist in der Schule nicht sehr aufmerksam, und ihr Vater besteht darauf, dass sie nachmittags lernen muss, bevor sie ausgehen darf. Esther Signorini hält es daher für ratsam, die Modellsitzungen auf die Zeit nach Beendigung der Schule, wohl in die Ferien zu verschieben und bittet „Professore Levi“ um Verzeihung für diese Belästigung. Levy begegnet diesen Begleitumständen mit Nachsicht und Humor. In der Gestaltung von Mimik und Pose des Mädchens spielt er auf den rebellischen Widerstand gegen das Lernen und das Modellsitzen an – eine beinahe anekdotische Ergänzung zum Verständnis dieses ausdrucksvollen Porträts.[12]

Landschaften des Künstlers aus den Florentiner Jahren fehlen. Das Malen in freier Natur war nach dem Kriegseintritt Italiens verboten.[13] Doch für eines seiner ersten Bilder in Florenz wählt Levy 1941 als Sujet den Ausblick von seinem Atelierzimmer im Palazzo Guadagni auf die Kirche Santo Spirito und auf die Domkuppel im Hintergrund (KAT 54, S. 219). Levy setzt

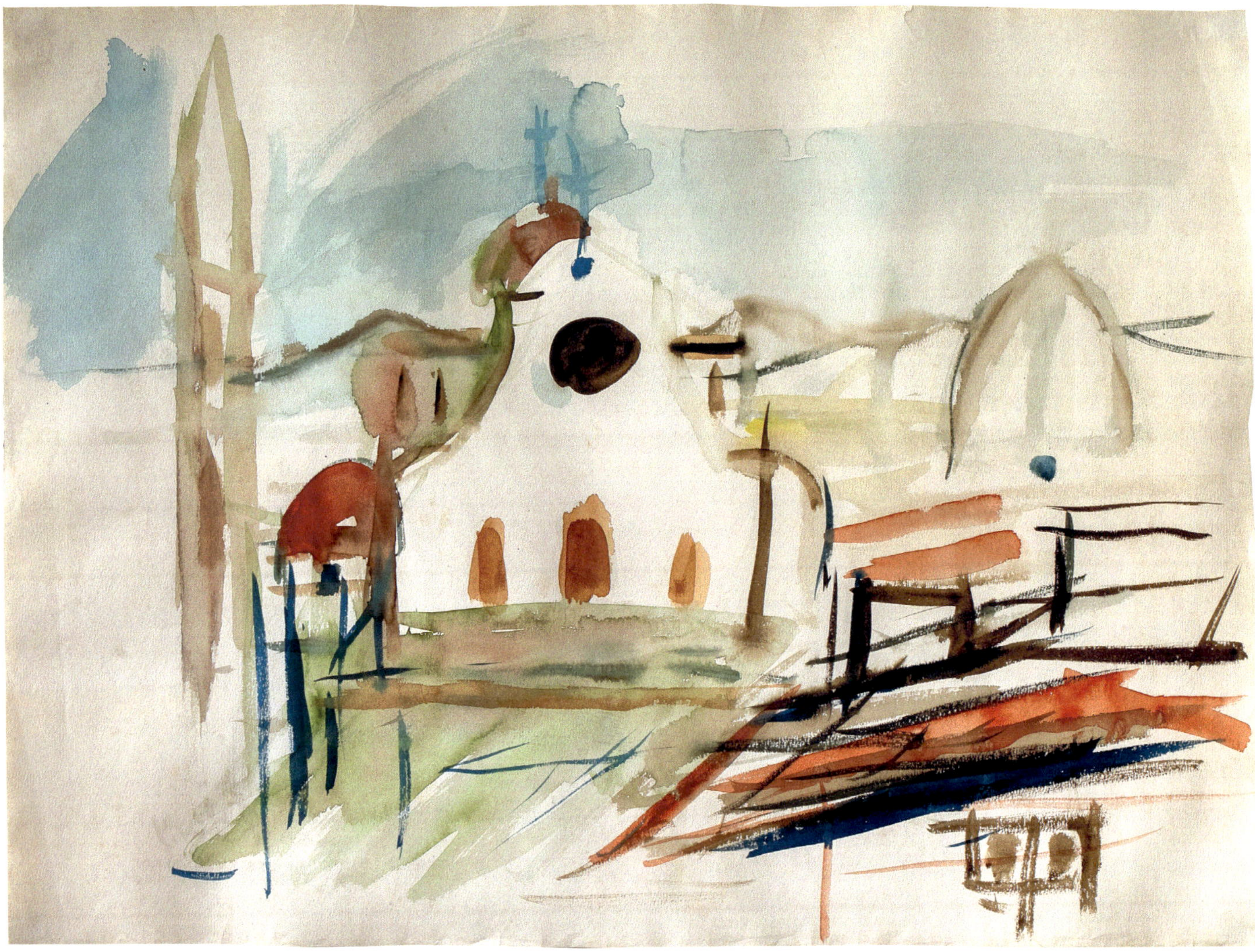

ABB. 6: Rudolf Levy *Blick auf S. Spirito,* Florenz 1941 Aquarell 47 × 65 cm Privatbesitz

Brunelleschis Bau mit der geschwungenen Fassade ins Zentrum seiner Komposition. Mit temperamentvollem Duktus und leuchtend warmen Rottönen, die zu Gelb und Orange kontrastieren, gestaltet er ein Farbflächenmuster aus Abbreviaturen für Fassaden und Mauern, Dächer und Türme. Seine Ansicht macht er zu einer koloristischen Hymne an die Schönheit der Stadt mit ihrer Renaissancearchitektur. Von diesem Motiv existiert ein zweites Ölgemälde (WVZ-Nr. 203) sowie ein Aquarell (WVZ-Nr. 204, Abb. 6).[14]

Der Künstler wird das Malverbot im Freien bedauert haben, doch als jüdischer Emigrant ist er gefährdet, und so liegt der Rückzug ins Atelier nahe. Hier konzentriert er sich in den beiden letzten Lebensjahren 1942 und 1943 vor allem auf das Komponieren von Stillleben. Gerade die intensive Beschäftigung mit dem Stillleben entspricht auch dem besonderen Interesse des Künstlers für dieses Genre. Sein Ensemble kann er nach Belieben zusammenstellen, er kann unterschiedliche Gegenstände miteinander kombinieren und hierfür auch die farbliche Basis seiner Sujets bestimmen. Am Marktstand auf der Piazza Santo Spirito kauft der Maler Blumen seiner Wahl, arrangiert sie im Atelier zu dekorativen Sträußen, ergänzt sie durch Früchte, Bücher, Keramikobjekte, bedruckte Stoffe oder andere Alltagsutensilien.

Aus Levys Stillleben der Florentiner Jahre – so scheint es – spricht eine lebensbejahende Auffassung: Strahlende Farben, leuchtende Kontraste und Arrangements aus dekorativen Gegenständen prägen diese Arbeiten. Alles deutet darauf hin, dass der Urheber dieser Kompositionen mit der Gelassenheit des Alters und aus einer gesicherten Position heraus sein Handwerk stetig optimiert.

Die seelische Verfassung eines Menschen, der seit Jahren auf der Flucht ist, der spätestens 1939 auf Ischia zu spüren bekommen hat, dass man ihn, den jüdischen Maler, aus Europa vertreiben will, lässt sich jedoch nur erahnen. Wie Levy in Florenz mit dieser Situation umgegangen ist, berichten seine Freunde: Er gab sich nach außen hin zuversichtlich und wollte am Leben teilhaben, so lange es ihm irgendwie möglich erschien. Er sah keine Veranlassung, sich zu verstecken, sondern ging seinen lieb gewordenen Gewohnheiten nach. Dazu gehörte der tägliche Besuch im Kaffeehaus Giubbe Rosse, wo er das Gespräch mit Künstlern und Intellektuellen suchte und als passionierter Schachspieler den geeigneten Partner fand.[15] Gestärkt durch die zwischenmenschlichen Begegnungen, konnte Levy dann auch in die Einsamkeit des Ateliers zurückkehren. Um zu befriedigenden malerischen Ergebnissen zu kommen, war die Konzentration in der Abgeschiedenheit unverzichtbar.

Ende 1942 und im Frühjahr 1943 ist Levy gesundheitlich „nicht recht auf dem Damm". Zunächst hat er offenbar mit Asthma und Rheuma zu tun, dann plagt ihn ein Nierenleiden, dem im März eine ärztliche Untersuchung folgt.[16] Die gesundheitlichen Beeinträchtigungen dürften sich auch auf Levys psychische Befindlichkeit ausgewirkt haben. Die Abwesenheit von vertrauten Gefährten wie Schlüter, Craemer oder Sohn-Rethel, die Einschränkungen als Jude in einer Stadt, die er nicht oder nur nach Erlaubnis von behördlicher Seite verlassen darf – all das dürfte das Gefühl von Einsamkeit, Depression und Gefangensein verstärkt haben. Briefwechsel mit Freunden und Familienangehörigen bedeuten für ihn in dieser Situation lebensnotwendige Außenkontakte. Stets wartet Levy sehnlichst auf Nachrichten seiner Briefpartner. Im Juli 1943 schreibt er an Herbert Schlüter nach Catania:

„Hab' nun ach! schon lange nichts von Dir gehört. Doch hoffe ich, das bedeutet nur Schreibunlust und sonst nichts weiter. Ich selber schrieb wohl vor 10 Tagen, doch weiß ich nicht recht, ob meine Briefe gut ankommen. Die Post ist recht launenhaft. Gesundheitlich geht es mir nun wieder ganz ordentlich. Die Hitze ist bis jetzt erträglich und ich will bis Ende des Monats hier aushalten und erst im August nach Vallombrosa gehen, wenn ich die Erlaubnis dazu bekomme. Es hat alles seine Schwierigkeiten. Heute vor einem Jahr ca. war Dein Urlaub zu Ende. Ein alter Mann denkt immer rückwärts."[17]

Dass Levy in seiner Isolation „rückwärts denkt", sich viel mit der Vergangenheit beschäftigt, geht auch aus zwei Notizblättern hervor, die im Nachlass erhalten sind: eine Aufstellung von 42 Bildern mit Orts- und Besitzangaben sowie eine Liste mit 37 Namen ihm wichtiger Persönlichkeiten aus seiner Vita.[18] Wofür diese Aufstellungen bestimmt waren, muss offenbleiben.

In Levys späten Stillleben kehren häufig bestimmte Gegenstände wieder. Das mag nicht nur an einer begrenzten Auswahlmöglichkeit liegen. Zugleich erscheint es dem Maler reizvoll, durch unterschiedliche Anordnungen von wenigen Requisiten eine kompositorische Aufgabe so zu lösen, dass jeweils neue Beziehungen zwischen Farben und Formen entstehen können. Vor allem an Cézannes späten Stillleben hatte Levy dies studieren können.

Ein Tuch mit floralem Muster findet mehrfach Verwendung. Levy setzt das Tuch wie einen Wandbehang im Hintergrund seines Ensembles ein.[19] Im *Stillleben mit Madonnenlilien und Buch* von 1942 (KAT 64, S. 234) hat er die Blumen in der Vase durch Blüten auf dem Tuch zu einem fülligen Strauß ergänzt. Dadurch gelingt es ihm, die räumlichen Ebenen zu verbinden und gleichzeitig die Ambivalenz von flächiger und räumlicher Darstellung zu steigern. Die Tischplatte scheint als rechteckige Fläche zu schweben und doch zugleich der blauen Vase und dem Buch als tragende Ablage zu dienen. Zwei der vier mächtigen Lilienblüten ragen aus dem Gefäß so weit heraus, dass entweder die Vase kippen oder die Blüten aus der Vase fallen müssten. Das florale Ornament auf dem Wandbehang wird zum Bestandteil des Blumenarrangements umfunktioniert, jedoch als Hintergrundmotiv entlarvt durch die rote Form über dem Buchrechteck, die einer Brille ähnelt.

Diese wenigen Beobachtungen machen deutlich, dass es dem Maler um das Gleichgewicht in seiner Komposition und um das Ausbalancieren von Farben, Kontrasten und Formen in der Fläche geht. Mit ihnen schafft er seine eigene Bildrealität. So gibt er hier die Grundfarbe des Wandbehangs als orangefarbene Fläche, während er sie in *Stillleben mit Porträt (Hommage à Picasso)* von 1943 zu hellem Grün variiert. Auch in dieser hochformatigen Arbeit (KAT 69, S. 243) vereint er auf dem kleinen Tisch vertraute Utensilien wie Kanne, Schale, Teller und Bücher vor einem Wandbehang mit Blütenornament. Sehr geschickt ist der Tisch leicht aus der Mitte nach rechts gerückt. So nimmt die Schale, die nicht in der Mitte des Tisches steht, die Bildmitte ein. Ähnlich wie im *Stillleben mit Madonnenlilien und Buch* fusionieren Lilienblüte und Blütenornament auf dem Wandbehang zu einem dekorativen Blumenbukett. Hierzu kontrastieren rechteckige Elemente wie die Tischplatte, über deren Kante Buch und Spielkarte gelegt sind sowie die Applikation eines Druckes von Picasso wiedergegeben ist. Nicht zuletzt wird der Künstler diese Abbildung auch zur formalen Balance hinzugefügt haben. In seinem Atelierzimmer in der Pensione Bandini hatte Levy dieses Ensemble aufgebaut; dort stand noch 1976 dieser kleine Tisch.

Das Stillleben befand sich in der Sammlung von Gualtiero Loria in Florenz. Levy, so Loria, habe hier die Reproduktion eines Werkes von Picasso integriert, um seiner Bewunderung für die Kunst des Spaniers Ausdruck zu verleihen. Loria besaß noch ein weiteres Stillleben aus Levys Florentiner Jahren mit einer Reproduktion von van Goghs Gemälde *Fischerboote am Strand von Saintes-Maries* (WVZ-Nr. 256, Abb. 4). In diesen beiden Stillleben von 1943 habe Levy jeweils eine Hommage an Picasso und van Gogh gesehen.[20]

Das *Stillleben Do*, 1943 (KAT 67, S. 239), zeigt ähnlich wie *Stillleben mit grünem Krug*, 1942 (KAT 59, S. 227), und *Stillleben mit ionischem Kapitell* (KAT 72, S. 247) in Bildkonstruktion und flächigem Farbeinsatz eine abstraktere Ausrichtung. Vor einer Wand, durch farblich abgesetzte Rahmung als Nische hervorgehoben, befindet sich auf einem runden, angeschnittenen Tisch ein Arrangement aus Gefäßen und Früchten. Eckige und gerundete Formen sind auf dem Tischtuch auch hinsichtlich ihrer Größe in rhythmischem Wechsel verteilt. Durch die farbliche Zweiteilung des Hintergrunds – blaugraue Fläche rechts und roségraue links – ist das Stillleben optisch in zwei Hälften geteilt. Den linken Teil schmücken eine Frucht, die einer Aprikose ähnelt, und eine blaue Weintraube in weißer Schale, den rechten Teil nehmen eine kleine Vase und ein Weinglas ein. Als verbindendes Element zwischen den beiden Kompartimenten hat Levy unter der Vase ein weißes Blatt mit der Aufschrift „Do" eingefügt – eine kreative Zutat, die Assoziationen wecken mag, jedoch keine besondere Bedeutung haben dürfte. Vielmehr dient das beschriftete Blatt dazu, zwischen die rhythmische Abfolge von Farben und Formen einen kompositorischen Akzent in der Bildmitte zu setzen.

Koloristischer Hauptakteur in diesem Ensemble ist die Frucht in leuchtendem Orange, deren Tönung im Ocker der Vase zaghaft wieder anklingt und weiter unten im Pastellton der Tischbeine eine Fortsetzung findet. Die braune Fläche zwischen Tisch und Wand könnte man als Schattenzone deuten, doch übernimmt sie wohl in erster Linie die kompositorische Festigung des Arrangements auf dem Tisch sowie den Farbkontrast zum pastellfarbenen Blau-Grau-Rosé des Hintergrunds. Kubistische Kompositionsprinzipien von Picasso oder Braque mögen Levy bei dieser Arbeit inspiriert haben.[21]

Das *Stillleben Do* gehörte zusammen mit 14 weiteren Stillleben, Landschaften und Porträts zu den wichtigen Leihgaben aus der Sammlung Cahn-Speyer-Battke für die erste Gedächtnisausstellung zum Werk Levys in der Galleria Firenze 1946 in Florenz. Heinz Battke hatte mit Unterstützung seiner Mutter, der Schriftstellerin Ada Cahn-Speyer (1879–1958) diese Arbeiten in Florenz vom Künstler erworben. Hierzu zählten ferner *Stillleben mit Mimosen*, 1942 (KAT 62, S. 232), *Stillleben mit ionischem Kapitell*, 1943 (KAT 72), *Stillleben mit grünem Krug*, 1943 (KAT 59), sowie *Stillleben mit gelber Tasse* (KAT 77, S. 257) – laut Aussage von Battke das letzte Gemälde, das Levy 1943 vollendet hat.

Man ist versucht, in Levys späten Bildern aus dem Exil eine Art positiven Gegenentwurf zu seiner ausweglosen Situation zu sehen. Die Sehnsucht nach Schönheit und Ordnung, ja, auch sein Heimweh klingen in seinen farbstarken Kompositionen an. Maßgeblich geprägt hatten seine Malerei die Protagonisten der Klassischen Moderne Cézanne, van Gogh, Matisse, Picasso, Braque. Und auch im Exil verleugnet Levy die französischen Wurzeln seiner Ästhetik, seiner Kompositionstechnik und seines Farbempfindens nicht. Insofern kann man von einem in sich geschlossenen Spätwerk sprechen. Das Werk von Matisse, so Levy 1920, zeichne sich durch dessen „ursprüngliches Sentiment für Rhythmus und Takt" und den „transzendentalen Gehalt" aus.[22] In Levys späten Bildern aus Ischia und Florenz wird die Reflexion hierüber anschaulich. Er arbeitete an einer Intensivierung und Verdichtung seiner Malerei, an einem Bildkosmos aus ästhetischer und logischer Ordnung.

Malen bedeutete für Levy zugleich auch Widerstand, Malen gab ihm innere Stärke – es machte ihn widerstandsfähig oder resilient, wie man heute sagen würde. Dieser entschiedene Wille zur Selbstbehauptung ist auch im Selbstbildnis von 1943 vorhanden.

1 Thesing 2018.
2 Brief von Rudolf Levy an Herbert Schlüter (1906–2004), Florenz, Dezember 1943. Das Original befindet sich heute im Nachlass Herbert Schlüter, Stadtbibliothek München, Monacensia. Eine Kopie dieses Briefes stellte Herbert Schlüter der Verfasserin zur Verfügung.
3 Klaus Voigt (1938–2021) konnte bei seinen Nachforschungen die Dauer von Levys Mallorca-Aufenthalt konkretisieren. Die Verfasserin verdankt ihm auch den Hinweis auf Levys längere Reise mit den Gebrüdern Charell.
4 Abschrift eines undatierten Textes von Max Krell, verfasst wohl 1946, mit dem handschriftlichen Vermerk von Heinz Battke: „Original am 2. Mai 50 an Frau Genia Levy-Koppold". Die Abschrift befand sich bei Gudrun Schemell, der Nichte und Erbin Battkes, die den Text der Verfasserin durch Joachim Cüppers, Frankfurter Kunstkabinett Hanna Bekker vom Rath, zur Kenntnis gab.
5 Davon berichtet Heinrich Steiner in einem Vortrag anlässlich der Ausstellungseröffnung *Deutsche Künstler in Florenz während des Krieges*, Frankfurter Westend Galerie, Frankfurt a. M. 1975. Ein Typoskript zu diesem Vortrag hat Heinrich Steiner freundlicherweise der Verfasserin überlassen.
6 Im Nachlass Levy, Bargheer Museum, Hamburg, befinden sich Rechnungen von Juli, Oktober und November 1942.
7 Michelangelo Masciotta im Gespräch mit der Verfasserin in Florenz, 4.3.1976.
8 Kurt Craemer aus Positano an Rudolf Levy am 7.12.1942, Nachlass Levy, Bargheer Museum, Hamburg.
9 Craemer 1965, S. 125.
10 Erhalten sind 40 eigenhändig geschriebene Manuskriptseiten. Der Text bricht im Januar 1939 ab. Bei Levys Verhaftung 1943 blieb das Manuskript in der Pensione Bandini in Florenz zurück. Henrik Hanstein, Köln, gab mir das Manuskript zur Kenntnis; es befindet sich im Nachlass Levy, Bargheer Museum, Hamburg.
11 1938 unterzog sich Hans Gassebner in Zürich einer Angiografie, bei der ihm das radioaktive Röntgenkontrastmittel Thorotrast in den rechten Arm injiziert wurde. Diese Injektion – Thorotrast wurde Mitte der 1950er-Jahre verboten – hatte eine Lähmung des rechten Arms zur Folge, sodass der Künstler ab 1955 nur noch mit der linken Hand malen konnte. Gassebner starb 1966 an den Spätfolgen der Thorotrast-Injektion. Dr. Joachim Ruf machte kürzlich die Verfasserin hierauf aufmerksam, ihm sei freundlich gedankt.
12 Hinweis von Klaus Voigt, der im Nachlass Levy, Bargheer Museum, Hamburg, eine schriftliche Botschaft von Esther Signorini an Levy fand. Mein herzlicher Dank gilt Philipp Kuhn, der mir ein Foto der undatierten Nachricht von Esther Signorini aus dem Nachlass Levy zur Verfügung gestellt hat.
13 Kuhn 2019, S. 238, Anm. 648.
14 Eines der beiden Gemälde muss der Sammler Gualtiero Loria Ende 1942 von Levy erworben und später offenbar wieder abgegeben haben. In einem Schreiben vom 2. November 1942 bestätigt Loria Levy den Erwerb eines Bildes „il paesaggio di Firenze" für den Preis von 3.000 Lire. Der Brief befindet sich im Nachlass Levy, Bargheer Museum, Hamburg.
15 Michelangelo Masciotta und Gualtiero Loria in Gesprächen mit der Verfasserin am 4.3. und 5.3.1976 in Florenz.
16 Briefe von Herbert Schlüter an Rudolf Levy vom 19.1.1943, 20.5.1943, 27.5.1943 sowie Untersuchungsberichte von Dottore Gallinari vom 15.5.1943 im Nachlass Levy, Bargheer Museum, Hamburg.
17 Levy am 9.7.1943 an Herbert Schlüter, Nachlass Levy, Bargheer Museum, Hamburg.
18 Nachlass Levy, Bargheer Museum, Hamburg. Die Bilderliste ist veröffentlicht in: Thesing 1990, S. 41.
19 Siehe Thesing 1990, WVZ-Nr. 243, 252, 254, 255.
20 Wie Anm. 15, Gespräch mit Gualtiero Loria am 5.3.1976 in Florenz.
21 Im Herbst 1930 hatte Alfred Flechtheim in seiner Berliner Galerie die Ausstellung *Matisse. Braque. Picasso. 60 Werke aus deutschem Besitz* gezeigt, in der u. a auch Braques *Karaffe, Zitrone, Fruchtschale* von 1928 (Museum Ludwig, Köln) zu sehen war.
22 Levy 1920, S. 187–188.

Die Selbstbildnisse von Rudolf Levy im Angesicht der Bedrohung durch den Nationalsozialismus

Kristina Hoge

Rudolf Levys Selbstbildnisse entstehen allesamt in einem bestimmten Zeitkontext, nämlich in jener unsicheren Zeit der Verfolgung und Flucht sowie in den unmittelbar vorangegangenen Jahren, als die kommenden Veränderungen bereits zu erahnen waren – es sind die 1930er-Jahre und das Jahr 1943; ansonsten schafft der Künstler zwar zahlreiche Porträts, aber keine Selbstbildnisse.

Eine derartige Tendenz zur Befragung der eigenen Person durch das Selbstbildnis lässt sich in diesen Jahren des zunehmenden Einflusses und schließlich der Machtübernahme durch die nationalsozialistische Partei vermehrt beobachten. Eine These meiner Dissertation[1] war es, dass dieses Verhalten zurückzuführen ist auf die Erfahrung von Ausgrenzung, Arbeitsverbot, Verfolgung und Verfemung durch die so stark in Kultur- und Kunstbelange eingreifende Politik des Nationalsozialismus.

Die Selbstbildnisse Levys aus den Jahren 1931–1933 (*Selbstbildnis I* und *II*[2], KAT 37, 43, S. 137, 145) fallen in diese Phase. Sie entstehen an einem Punkt in der Karriere des Künstlers, an dem sich nach den positiven Entwicklungen der 1920er-Jahre, eindeutig negative Tendenzen bemerkbar machen. Eine Etablierung des Künstlers, die durch seine Wahl zum Vorstands- und Jurymitglied der Berliner Secession ab 1928 sowie der Gründung einer privaten Malschule 1929 gerade begonnen schien, wird durch den Machtwechsel 1933 abrupt unterbrochen. Hauptgrund für Levys frühen Entschluss zur Emigration ist die Umgestaltung der Berliner Secession „im Sinne der durch das ganze deutsche Volk gehenden nationalsozialistischen Erneuerungsbewegung", der zufolge Juden aus der Vereinigung ausgeschlossen wurden. Bereits am 1. April 1933 verlässt Levy Deutschland. Im Rahmen der Aktion „Entartete Kunst" wurden insgesamt zehn seiner Tafelbilder und vier seiner Druckgrafiken aus öffentlichen Sammlungen beschlagnahmt.

Im *Selbstbildnis I* von 1931/32 umreißt Levy noch mit festen Kohlestrichen die ovale Kopfform. Betont treten die Ränder der runden Brille hervor und zeugen von einer Scharfsichtigkeit des Blickes. Dies gilt besonders für das dem Betrachter zugewandte rechte Auge – im übertragenen Sinne vielleicht ein Hinweis auf ein klares Einschätzungsvermögen der politischen Verhältnisse? Insgesamt macht der Künstler einen zwar aufmerksam skeptischen, aber dennoch gefestigten, in sich ruhenden Eindruck. Im *Selbstbildnis II* von 1932/33 hat sich dieser Eindruck ins Gegenteil gewandelt. Die Kreidestriche, mit denen Levy seine Kopfform umreißt, wirken unsicher und suchend. Trotz der betont ausgearbeiteten Brille bleibt der Blick des Künstlers wie vernebelt, das gesamte Gesichtsfeld ist mit großflächigen Schraffurpartien gezeichnet und wirkt dadurch wie von einem Grauschleier überzogen. Der Mund ist halb geöffnet und trägt mit den mehrfach neben- und übereinander gelegten Strichbewegungen der Kopfform zum transitorischen, instabilen Gesamtcharakter der Darstellung bei.

Ähnliche Beispiele einer verunsicherten, suchenden Selbsterfassung lassen sich bei Künstlern finden, die, wie Levy mit seinen Erfolgen in den 20er-Jahren – Ausstellungsbeteiligungen, Mitgliedschaft in der Berliner Secession und im Deutscher Künstlerbund –, unmittelbar nach einer Phase der Anerkennung und Arrivierung plötzlichen Repressalien ausgesetzt sind und durch das neue Regime Verfemung und Verfolgung erfahren. Als Beispiele seien hier angeführt Max Beckmann mit seinem *Selbstbildnis im Hotel* von 1932[3] und dem *Selbstbildnis mit Glaskugel* von 1936 (Abb. 1, 2).[4] In dem früheren Porträt hat Beckmann seine Gesichtszüge in violetter Verschattung kaschiert; darüber hinaus ist der Künstler ausstaffiert mit Hut und Mantel, vermummt in einen dick gewickelten Schal, um sich vermeintlich nach außen hin abzuschotten (dazu passen briefliche Äußerungen etwa an den Kunsthändler Günther Franke und vorsichtiges Verhalten in Bezug auf Ausstellungen[5]). Demgegenüber zeigt er sich 1936 mit der Glaskugel als Attribut einer seherischen Gabe. In dem Bereich, in dem Beckmann die Glaskugel leger nur mit der linken Hand vor die Brust hält, steigern sich merklich die Farbgehalte. Kompositorisch stellt die Glaskugel gleichsam eine Verdoppelung von Beckmanns Kopf dar und bildet zusammen mit dem mandelförmigen Jackenausschnitt, dem darunter hervorkommenden weißen Hemd und dem gelben T-Shirt eine Art drittes Auge, das hell und klar seine Umgebung erfasst, sie näher heranrückt[6]. Währenddessen bleiben Beckmanns Augen maskengleich verschattet und blicken so geschützt aus dem Verborgenen hinaus beobachtend in die Ferne.

Mit forschend skeptischem Blick angesichts der politischen Entwicklungen zeigt sich Otto Dix 1931[7] in seinem Selbstbildnis ebenfalls mit dem Symbol einer Kristallkugel (Abb. 3). Während der kompositorische Aufbau des Bildes und die enge, fast gedrängt wirkende Einbindung der Figur in den Bildraum auffällt, lenkt Dix den Hauptfokus durch inszenierte Anordnung auf das subtile Beziehungsgeflecht aus Blick, Händen und Glaskugel. Die Betonung des ikonografischen Zusammenhangs von künstlerischer Tätigkeit und Glaskugel scheint darauf hinzudeuten, dass Dix spezifisch hierin seine seherischen Fähigkeiten, sein Vorausahnen zukünftiger Entwicklungen begründet sieht[8].

In Zeiten der Verfolgung und Verfemung dient das Künstlerselbstbildnis häufig auch als ein charakteristisches Mittel zur Selbstbehauptung und Vergewisserung der eigenen Position. In diese Richtung weist das 1943 von Levy in Kohle und Bleistift gezeichnete *Selbstbildnis III* von 1943 (Kat 74, S. 251).[9] Dynamisch gesetzte Linien suggerieren Spontaneität, Kraft und Entschlossenheit. Indem Hals und Schulter in nur wenigen Strichen sparsam angedeutet sind, wird kenntlich, dass sich Levy spontan mit Blick über die linke Schulter in die Frontalansicht gewandt hat. Klar und offen geht sein Blick in den Spiegel respektive in Richtung des Betrachters. Neben dem Brillengestell ist der Schwung der Lippen betont ausgearbeitet und deutet mit dem leicht nach oben verlaufenden Mundwinkel ganz zaghaft ein Lächeln an. Im Dezember 1940 war Levy nach Florenz übergesiedelt und fühlte sich in den Florentiner Emigrantenkreisen soweit geborgen, dass er wieder mit der Malerei beginnt und den eindringlichen Wunsch, Europa zu verlassen, erst einmal hintanstellt.[10]

Eine intensive Selbstbefragung via Selbstbildnis in verschiedenen emotionalen Zuständen ist während der Zeit des NS-Regimes besonders für deutsche Künstler jüdischer Abstammung

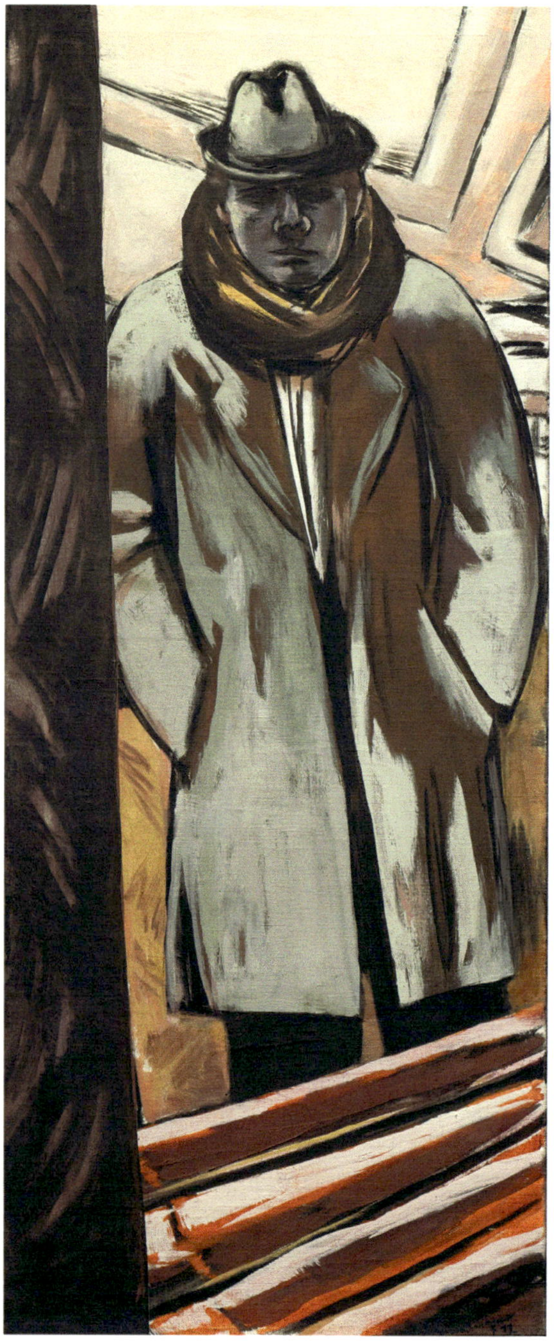

ABB. 1: Max Beckmann *Selbstbildnis im Hotel*, 1932
Öl auf Leinwand 118,5 × 50,5 cm Wien, Museum Albertina

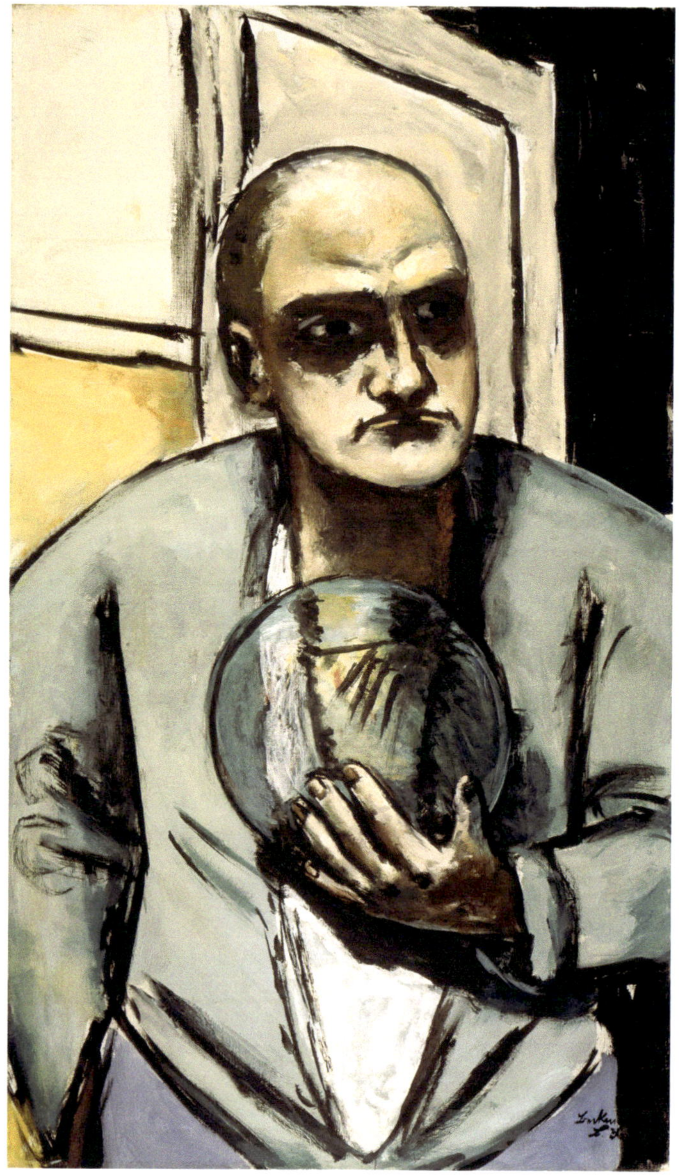

ABB. 2: Max Beckmann *Selbstbildnis mit Glaskugel*, 1936
Öl auf Leinwand 110 × 64,4 cm Kunstmuseum Liechtenstein, Hilti Art Foundation

charakteristisch. Sie sind nicht nur von der Ausgrenzung aus dem Kunstbetrieb betroffen, sondern müssen ganz unmittelbar um ihr Leben fürchten wie etwa Felix Nussbaum oder Leo Maillet. Letzterer dokumentierte mit einer eindrucksvollen Folge von Zeichnungen und Grafiken sowohl die äußeren Bedingungen als auch die innere Befindlichkeit von Exil, Flucht und Internierung.[11]

Mit zahlreichen Selbstbildnissen begleitet der an der Berliner Kunstakademie ausgebildete Felix Nussbaum ab 1935 die wechselnden Stationen seiner Flucht vor dem nationalsozialistischen Einflussbereich, die ihn über Italien und Belgien in französische Internierungslager führen und doch nicht vor dem tragischen Ende in Auschwitz bewahren. Gleich das erste im Exil in Belgien entstandene Werk *Masken und Katze*[12] bezieht sich auf die veränderte Situation des Ich im Emigrantendasein (Abb. 4). Nicht die

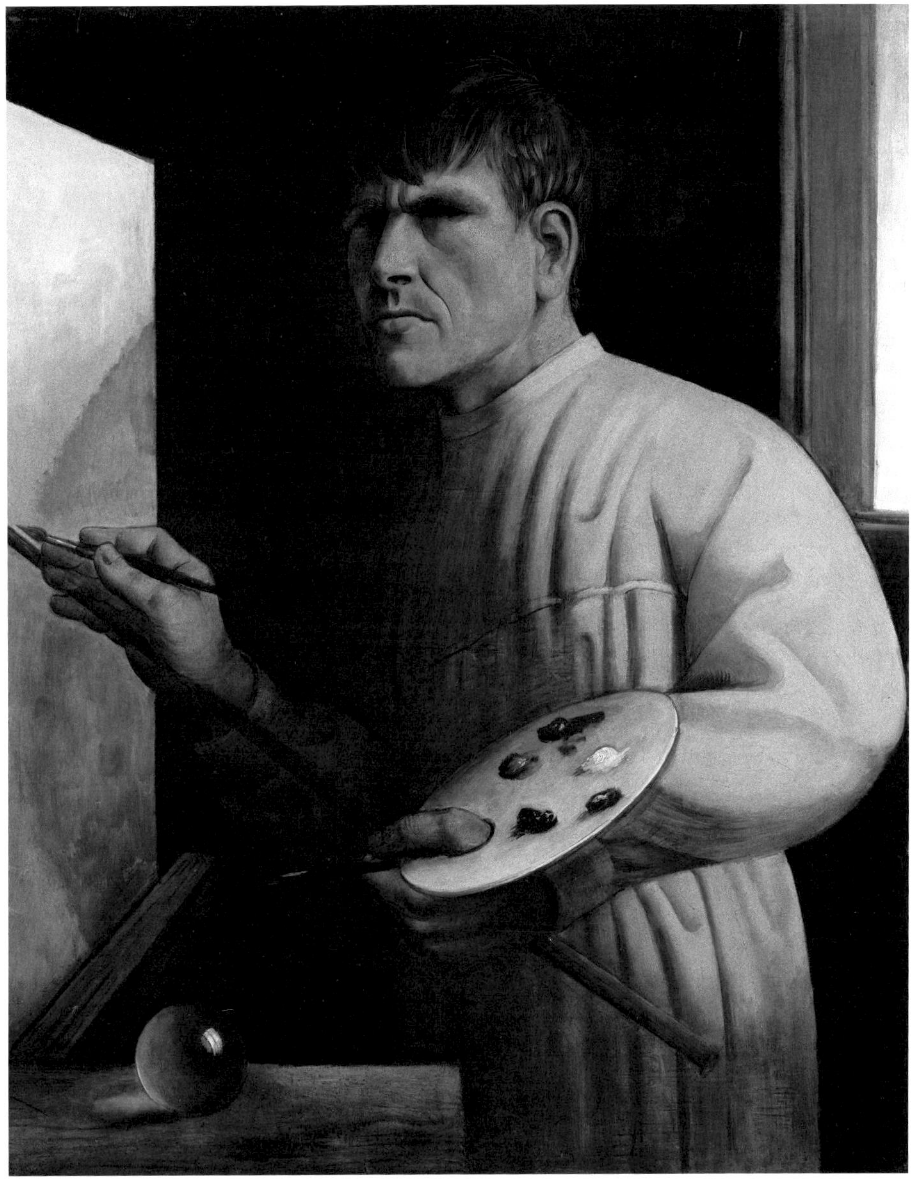

ABB. 3: Otto Dix *Selbstbildnis mit Glaskugel*, 1931
Tempera und Öl auf Holz 100 × 80 cm
Köln, Museum Ludwig

individuelle Physiognomie einzelner Personen, sondern die starren Grimassen dreier weißer Masken beherrschen die Szenerie. Die Palette, auf der die Farben eingetrocknet sind und das Tragen von Handschuhen scheinen Verweise auf das Arbeitsverbot für Emigranten in Belgien zu sein – für Nussbaum bedeutet dies, dass seine Kunst eine monologische bleiben muss, also ohne Resonanz, Ausstellungsmöglichkeiten und Kritik, ähnlich wie bei den mit NS-Verboten belegten Künstlern in Deutschland. Das *Selbstbildnis mit Judenpass* von 1943[13] zeigt den Künstler nachts, vor der Mauerecke eines Hinterhofs in die Enge getrieben (Abb. 5). Da keine Fluchtmöglichkeit bleibt, weist er den gezwungenermaßen mitgeführten Judenpass vor. Der Mantelkragen ist hochgeklappt, wodurch ironischerweise erst recht der gelbe Judenstern an der Brust sichtbar wird. Die Tristesse der grün-braunen Hintergrundstimmung und die Unentrinnbarkeit der Situation vor der Mauerecke weisen auf die unausweichlichen Konsequenzen des Entdecktseins hin.

Das späte *Selbstbildnis IV*[14] von Rudolf Levy stellt wie die zuvor besprochenen Beispiele von Felix Nussbaum ein prägnantes und eindringliches Zeugnis dar für die erfahrene Verunsicherung, das Gefühl der Verfolgung und latenter Unruhe während der Jahre des Exils[15] (KAT 75, S. 253). Es entsteht im Herbst 1943 und damit in dem Jahr, in dem Florenz besetzt wird und die Gefahr einer Auslieferung sich konkretisiert. Die im Gegensatz zu den privateren Kohle- und Kreidezeichnungen repräsentative Ausführung in Öl könnte darauf hindeuten, dass der Künstler im Bewusstsein seiner existenziellen Bedrohung ein Dokument seiner geistigen Verfassung hinterlassen wollte.

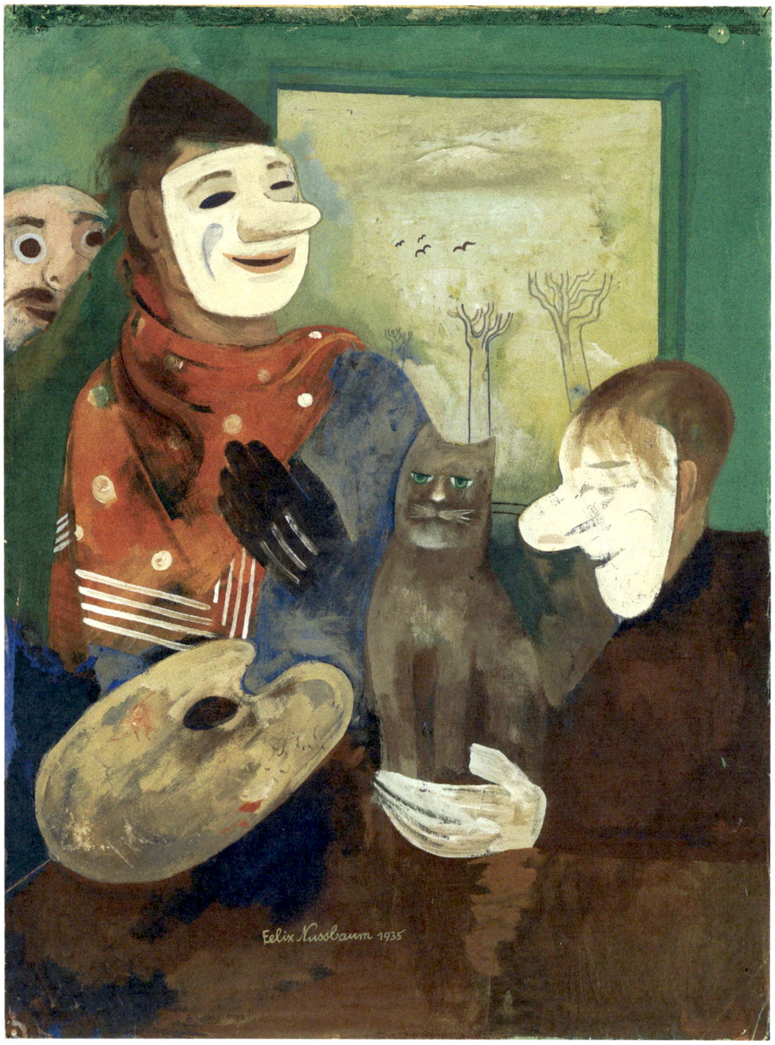

ABB. 4: Felix Nussbaum *Masken und Katze* (Maler mit Maske und Katze), 1935
Gouache auf Papier 61 × 47 cm
Museumsquartier Osnabrück, Felix-Nussbaum-Haus Leihgabe der Niedersächsischen Sparkasse

Schon durch den dunklen, grau-grünen Hintergrund ist die Grundstimmung dieser Selbstdarstellung düster und schwermütig. Nahezu alle Farben des Gemäldes sind durch Beimischung von Grau oder Schwarz gebrochen. Der dunkle Schatten, der sich aufgrund der Beleuchtungssituation vom Hintergrund abhebt, hinterfängt den Kopf des Künstlers wie ein unheilvoller Schemen. Beide Augen sind tief verschattet und erscheinen nur als dunkle Höhlen hinter der Brille. Die leichte Schräghaltung des Kopfes entlang der von links unten nach rechts oben verlaufenden Bilddiagonale und der leicht geöffnete Mund erzeugen ein transitorisches Moment. Starr und hart stehen dagegen die tiefen Falten in Stirn und Wangen eingegraben. Der so im Gesichtsfeld entstandene Bereich starker Anspannung vermittelt gemeinsam mit dem wie zu einem ohnmächtigen Schrei geöffneten Mund den Eindruck, als werde der Künstler von unguten Vorahnungen gepeinigt. Die Art und Weise, wie er sein fahles, schmerzverzerrtes Antlitz vor tristem Hintergrund präsentiert kommt einem Memento mori gleich. Am 12. Dezember 1943 sollten sich Levys düstere Vorahnungen bewahrheiten. Er wird in Florenz verhaftet. Sein letztes Lebenszeichen ist ein Brief an die Florentiner Pensionswirtin Elena Bandini, in dem er schreibt: „Sie haben sicher von dem Unglück gehört, dass ich verhaftet worden bin. Ich bin im Gefängnis von Murat seit mehr als einer Woche. Gott allein weiss, wann ich herauskommen werde. Es ist hart für einen Mann von 68 Jahren, der niemals jemandem etwas Böses getan hat, sich in einer solchen Lage zu finden. Geduld. Überbringen Sie meine Grüße an alle, die mir wohl wollen."[16]

Die Selbstbildnisse im Werk von Rudolf Levy stehen exemplarisch für eine charakteristische Reaktion auf Verunsicherung, Infragestellung, Ausgrenzung, Verfolgung und Auf-der-Flucht-Sein während der Jahre des NS-Regimes. Er, der vorher keine Selbstbildnisse geschaffen hatte, hält in dieser Zeit eine verstärkte Innenschau, die sich auch anhand seiner brieflichen Äußerungen ablesen lässt; Levy hadert mit seinem Selbstverständnis als Künstler. Das eindringliche letzte Selbstbildnis erscheint ebenso ein Appell an Menschlichkeit wie ein bewusstes Vermächtnis und Zeugnis des Überdauerns.

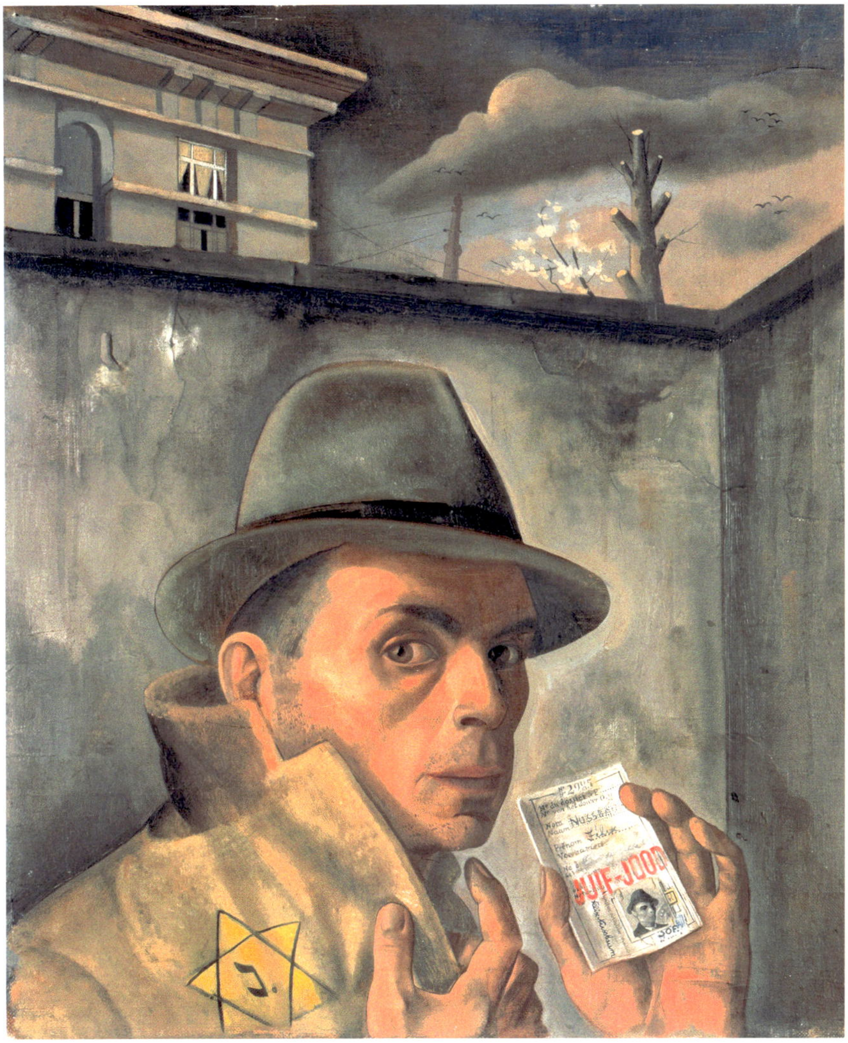

ABB. 5: Felix Nussbaum *Selbstbildnis mit Judenpass*, um 1943
Öl auf Leinwand 56 × 49 cm Museumsquartier Osnabrück, Felix-Nussbaum-Haus

1 Hoge 2000.
2 *Selbstbildnis I*, 1931/32, Kohle auf Papier, 56,2 × 44,4 cm, Museum Pfalzgalerie Kaiserslautern; *Selbstbildnis II*, 1932/33, Kreide auf Papier, 60 × 47,3 cm, Staatliche Graphische Sammlung München
3 Zu diesem Bild siehe z. B. Poeschke 1984, S.11.
4 Öl auf Leinwand, 110 × 64,4 cm, Kunstmuseum Liechtenstein, Hilti Art Foundation
5 Beckmann 1994, Bd. II, Brief Nr. 622.
6 Siehe dazu Beckmanns Auseinandersetzung mit der *Geheimlehre* der Madame Blavatsky, in der von einem „zyklopischen dritten Auge" des Menschen als „Werkzeug geistigen Schauens" die Rede ist; Beckmann/Schaffer 1992, S. 119 u. 222 sowie die entsprechenden Stellen in der *Geheimlehre,* Bd. 1, S. 217–219 u. 307–308.
7 *Selbstporträt*, 1931, Tempera und Öl auf Holz, 100 × 80 cm, Museum Ludwig, Köln; dazu z.B. Schubert, 1996, S. 105; Peters 1998, S. 71–73.
8 Siehe dazu Schuberts Formulierung von Dix als „artifex vates" (Künstler-Seher), Schubert 1996, S. 105, sowie Kurt Badts „artifex vates" und „artifex rhetor", in: Badt 1968, S. 39–41.
9 Kreide auf Papier, 58 × 44,5 cm, Museum Pfalzgalerie Kaiserslautern.
10 Noch im Januar 1940 schreibt Levy in einem Brief an Elisabeth Kramer-Tennant: „Habe ich für alle Fälle ein Visum. Für Ecuador mir verschafft Dann würde ich am 29. Februar auf einem italienischen Schiff die grosse Reise antreten ... Hoffen wir, dass wir uns einmal in einem besseren Europa wiedersehen, in dem man wieder frei atmen wird können und hoffen und arbeiten ...", Thesing 1990, S. 37 u. (zur optimistischeren Stimmung in Florenz) S. 41.
11 Mappe *Entre chien et loup - 1000 = 12 / 12 = 1000*, Folge von 12 Radierungen auf Papier, 24 × 28 cm. Über 25% der in Internierungs- und Konzentrationslagern Gefangenen, mit und ohne künstlerische Vorbildung, stellen sich oft mit primitiven Mitteln auf kleinsten Formaten im Selbstbildnis dar, dazu Blatter/Milton 1981, S. 8, 9 u. 28, mit zahlreichen Bildbeispielen.
12 Öl auf Leinwand, 61 × 47 cm, Felix-Nussbaum-Haus Osnabrück; dazu z. B. Osnabrück 1995.
13 Öl auf Leinwand, 56 × 49 cm, Felix-Nussbaum-Haus Osnabrück.
14 Öl auf Karton, 41 × 33,5 cm, Museum Pfalzgalerie Kaiserslautern.
15 Die auch für Levy charakteristische unsichere Gefühlslage deutscher Emigranten beschreibt treffend Bert Brecht in: „Über die Bezeichnung Emigranten", erstmalig erschienen in: *Die neue Weltbühne*, 30.12.1937, Nr. 53, S. 1672.
16 Thesing 1990, S. 47; siehe auch den Beitrag von Klaus Voigt, S. 181–182.

Flucht, Florenz und die Zeit des Exils

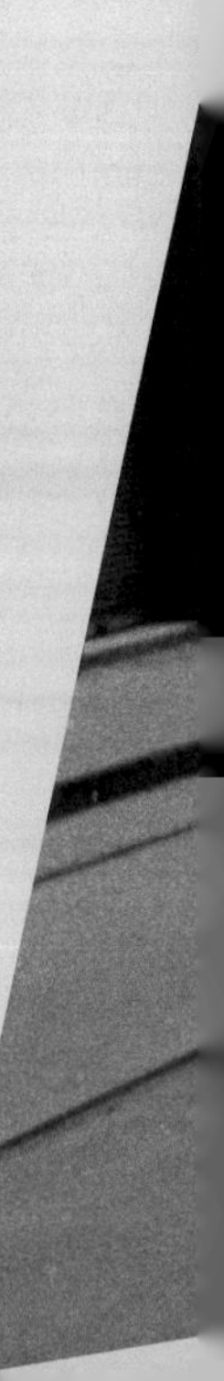

Florenz im Jahr 1942: Blick auf die Domkuppel nach Südwesten, Ausschnitt, Foto: Harald Busch, Bildarchiv Foto Marburg

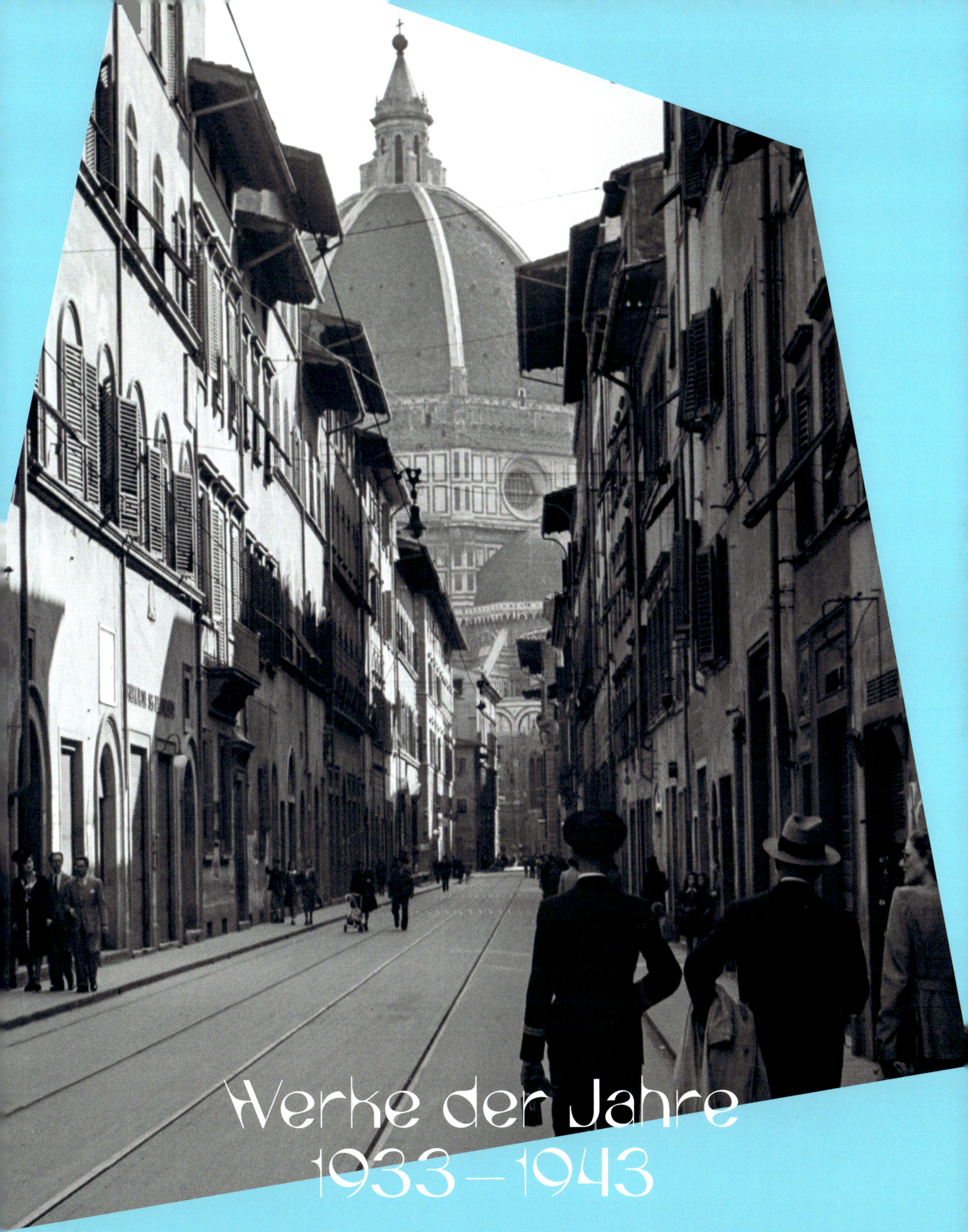

Werke der Jahre 1933–1943

KAT 44

BLICK AUF DIE BUCHT VON RAPALLO, 1933

Öl auf Leinwand, 73,5 × 92 cm

PRIVATSAMMLUNG WVZ-NR. 171

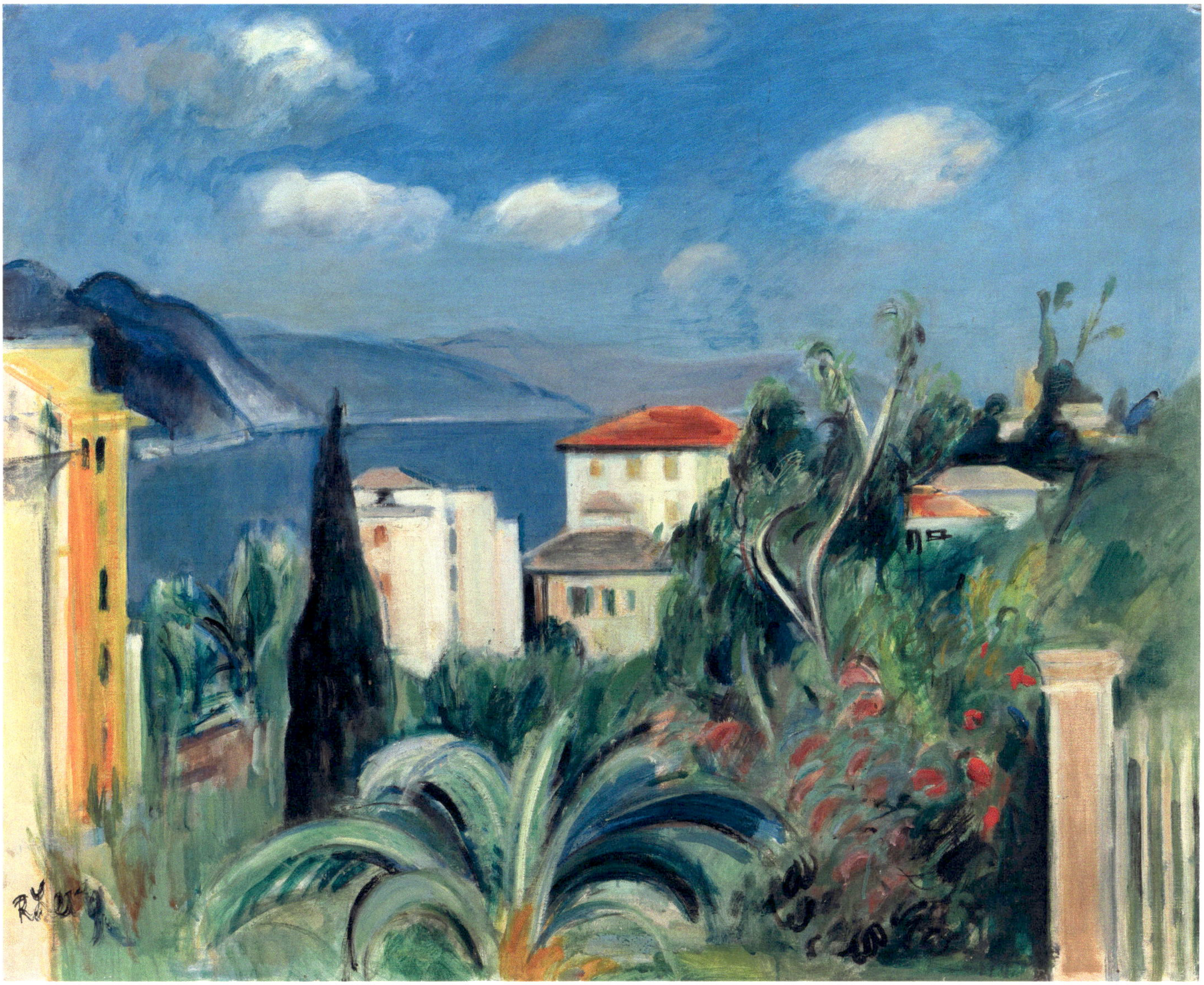

KAT 45

JARDIN RAPALLO, 1933

Öl auf Leinwand, 92 × 74 cm

STAATSGALERIE STUTTGART, INV.-NR. 2496 WVZ-NR. 172

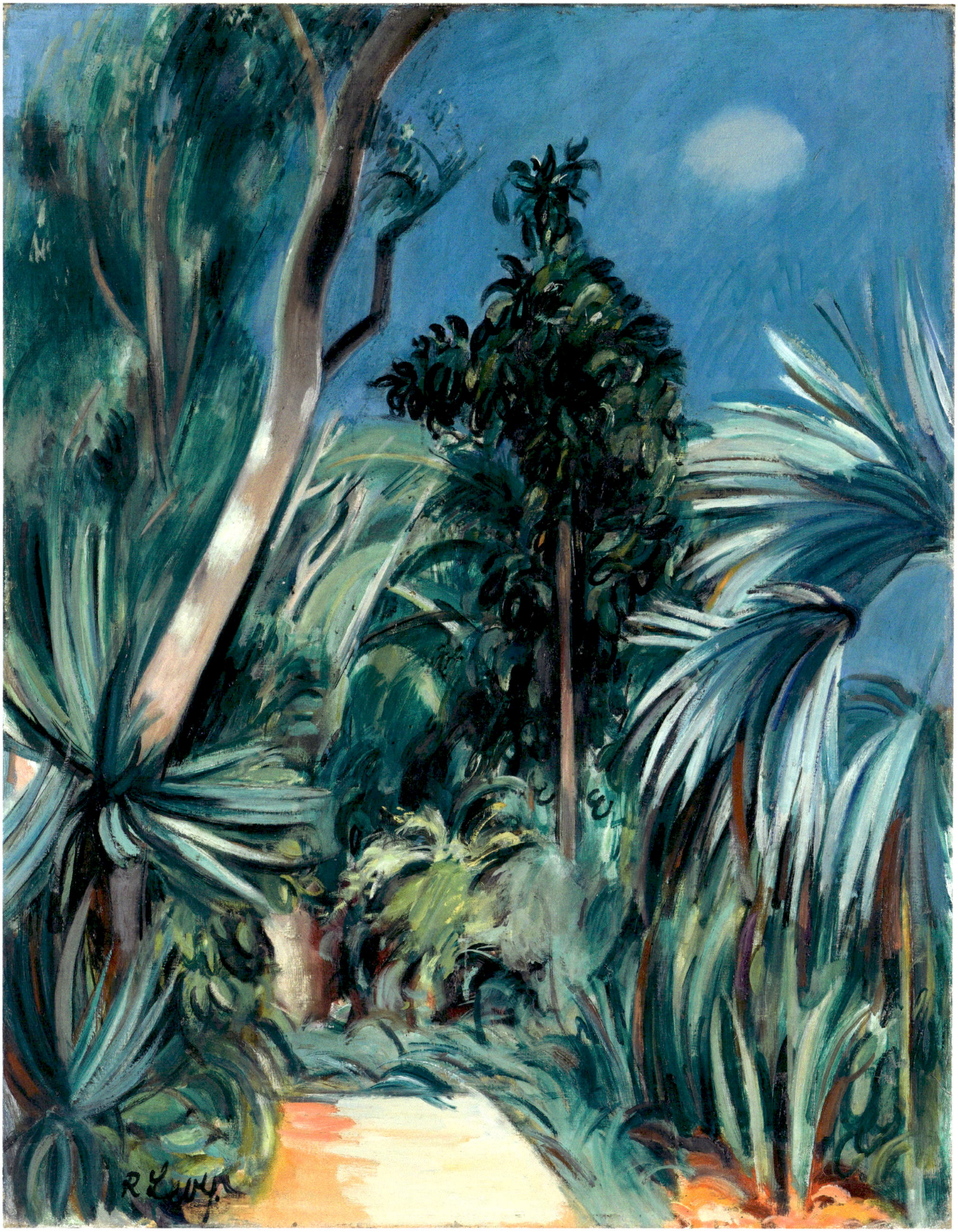

KAT 46
TORERO, 1934/36
Öl auf Leinwand, 91,5 × 72,5 cm
MUSEUM PFALZGALERIE KAISERSLAUTERN, INV.-NR. M 88/133 WVZ-NR. 270

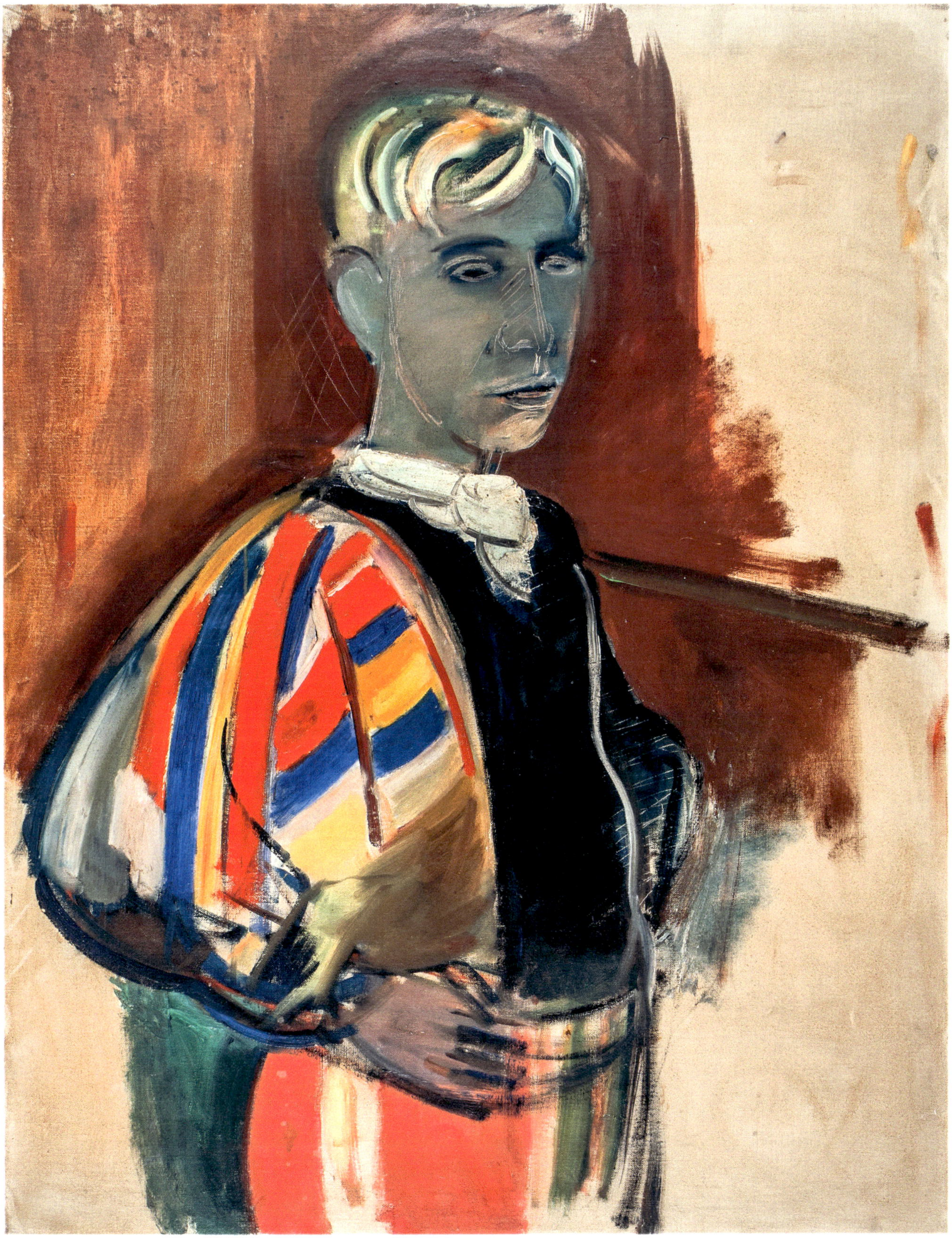

KAT 47

STILLLEBEN MIT FRÜCHTEN UND TONKRUG, 1936

Öl auf Leinwand, 50,5 × 81 cm

PRIVATSAMMLUNG WVZ-NR. 179

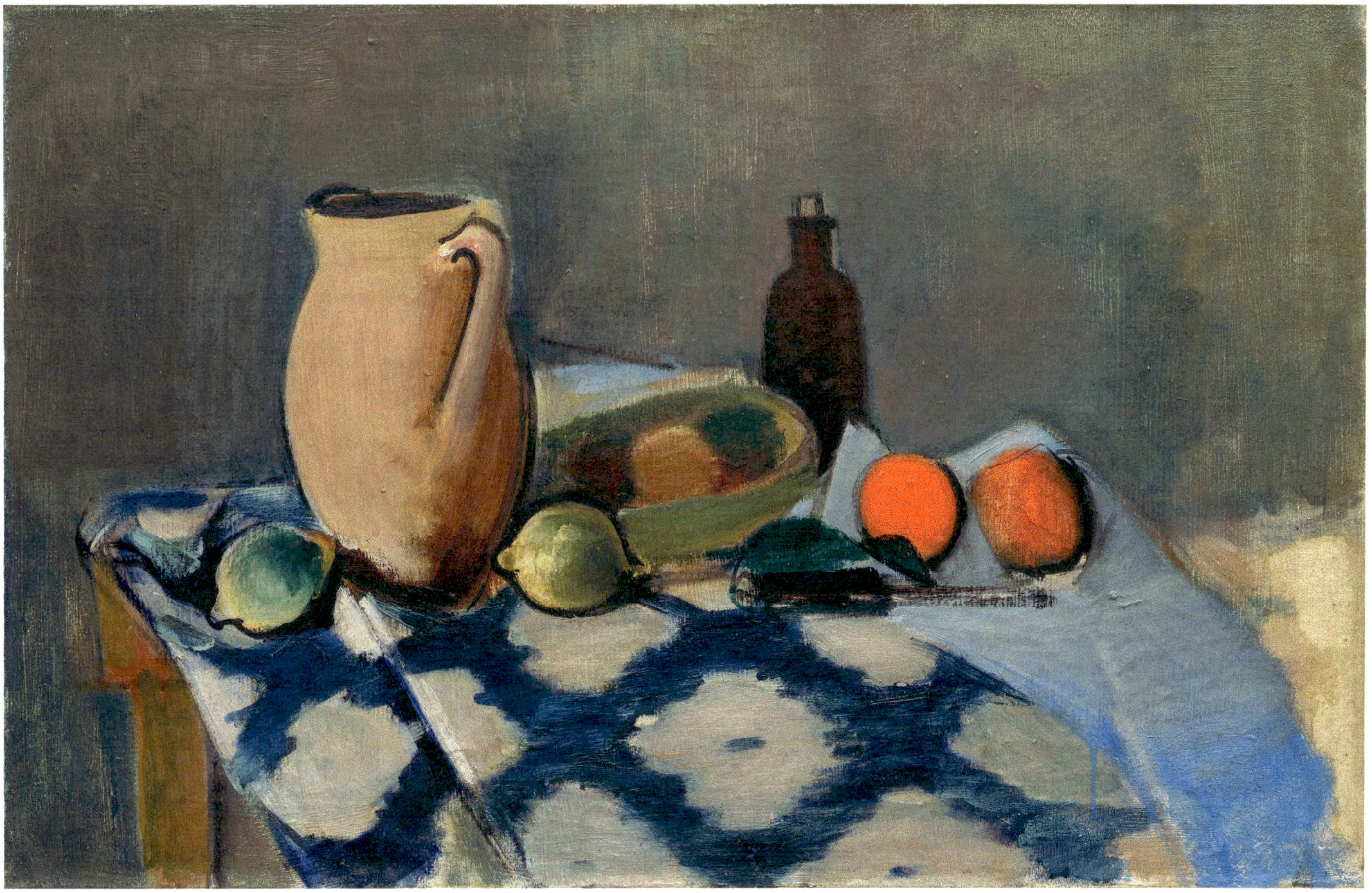

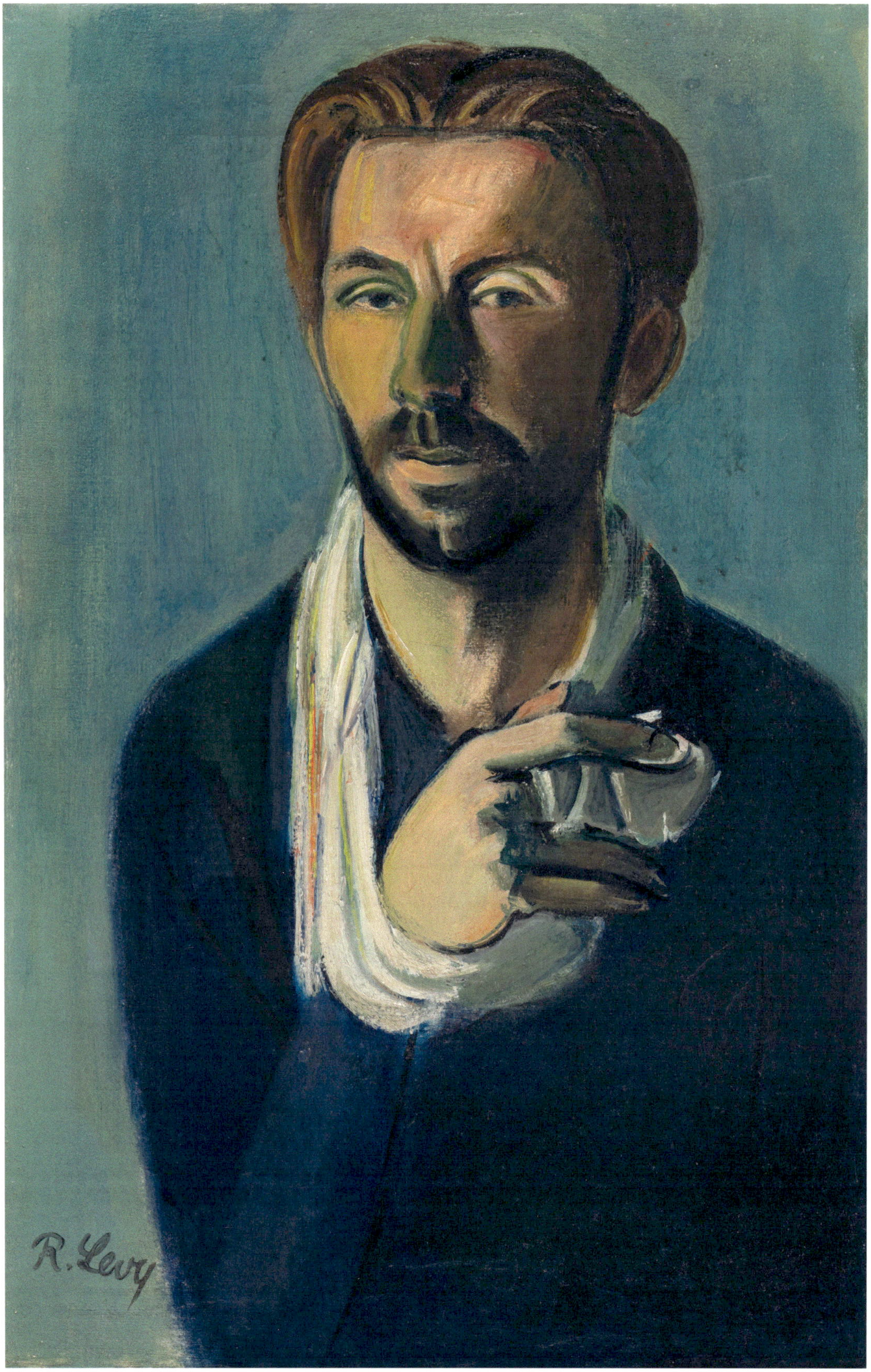

KAT 48

BILDNIS DES MALERS HANS GASSEBNER, Dubrovnik, 1937

Öl auf Leinwand, 65,5 × 43,5 cm

MUSEUM ULM, INV.-NR. 1993.9372 WVZ-NR. 184

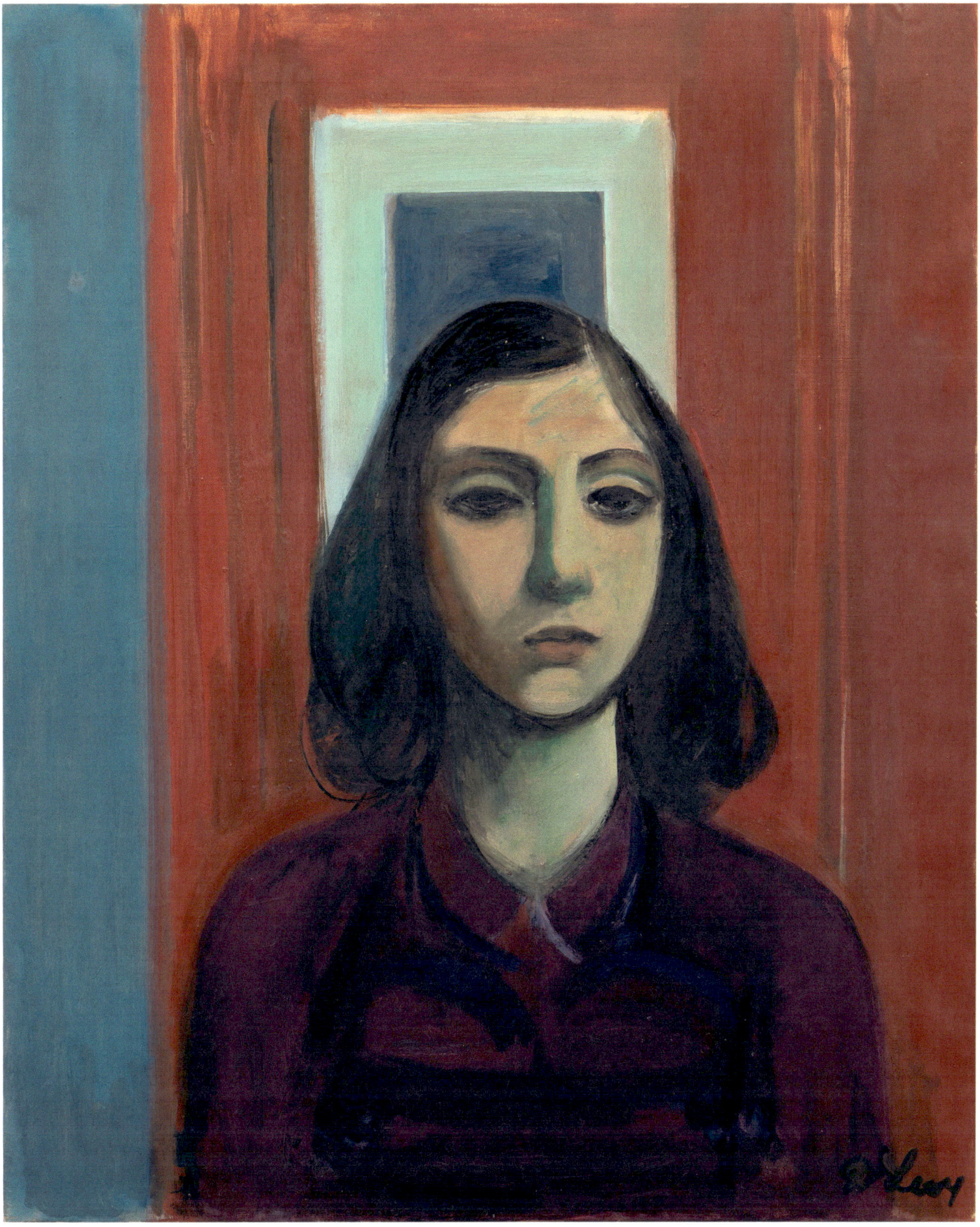

KAT 49
ISCHIANERIN, Ischia/Florenz, 1938/41
Öl auf Leinwand, 65 × 54 cm
PRIVATSAMMLUNG WVZ-NR. 211

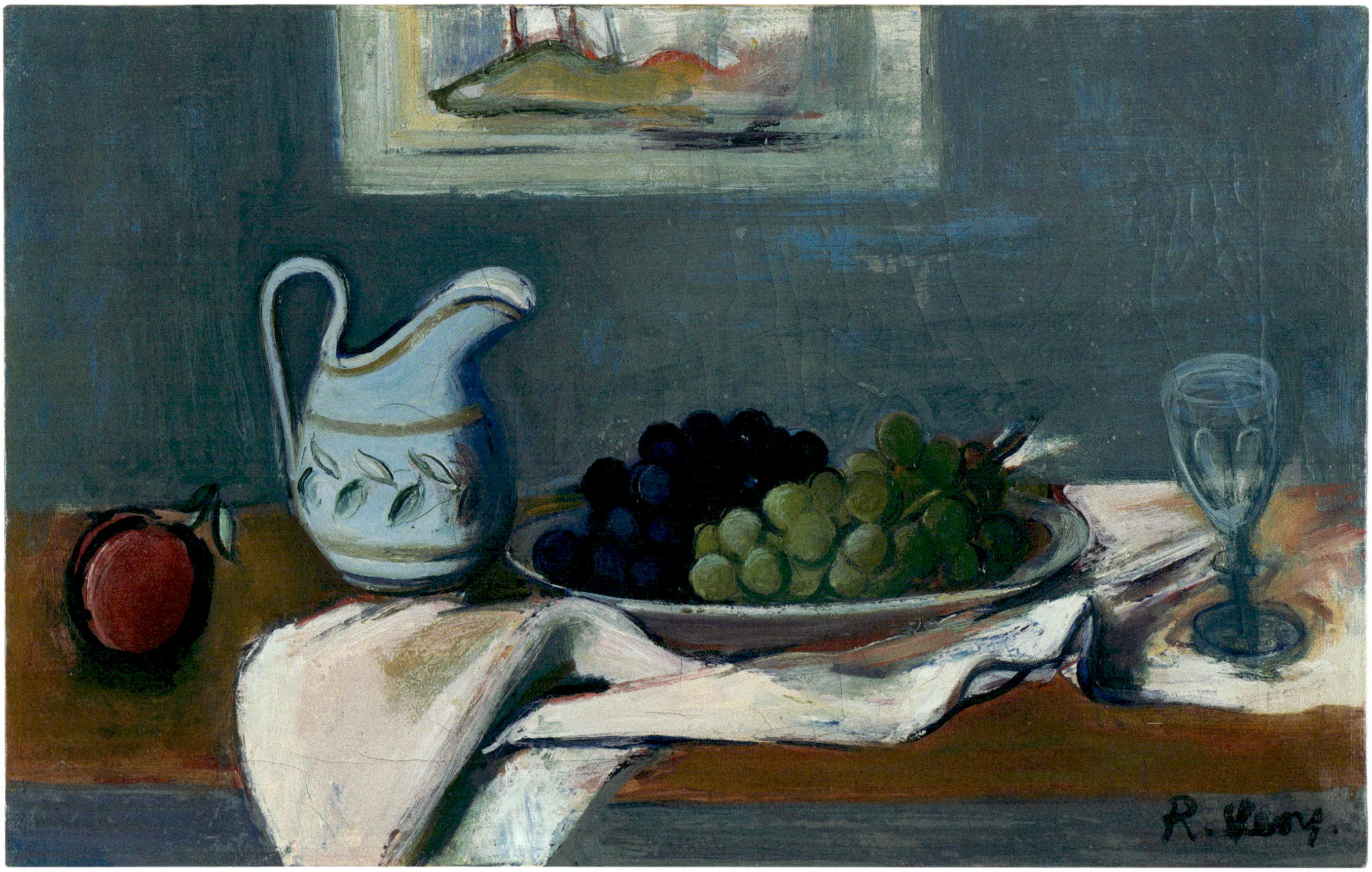

KAT 50
STILLLEBEN MIT WEINTRAUBEN, 1937
Öl auf Leinwand, 37 × 60,5 cm
PRIVATSAMMLUNG WVZ-NR. 181

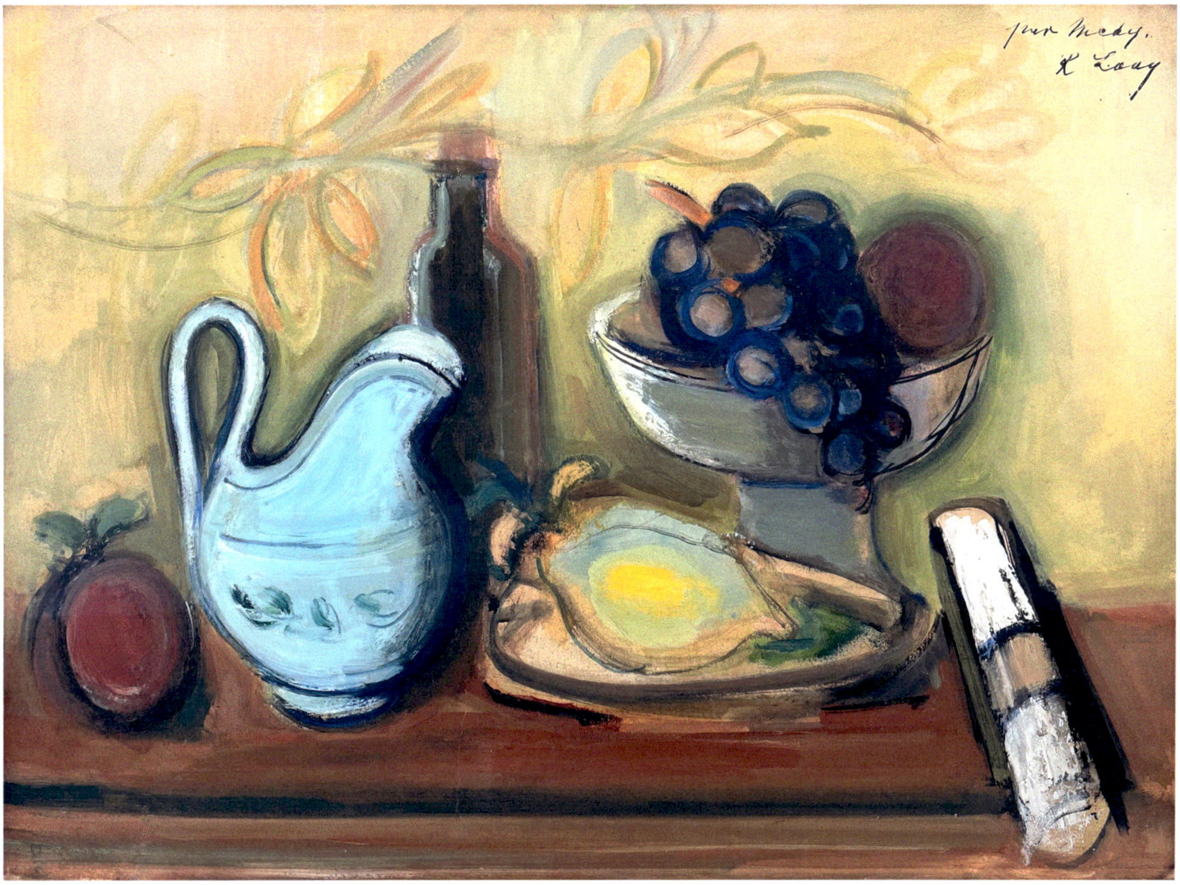

KAT 51

STILLLEBEN MIT FRÜCHTEN, GEFÄSSEN UND SERVIETTE, 1937

Mischtechnik auf Karton, 35 × 49 cm

PRIVATSAMMLUNG IM WVZ NICHT VERZEICHNET; MOTIV VERGLEICHBAR MIT WVZ 181 UND 182

KAT 52
ROTE HÄUSER AUF ISCHIA, um 1938 ◊
Mischtechnik auf Papier, 65,3 × 92,5 cm
AACHEN, SUERMONDT-LUDWIG-MUSEUM, INV.-NR. GK 611 IM WVZ NICHT VERZEICHNET

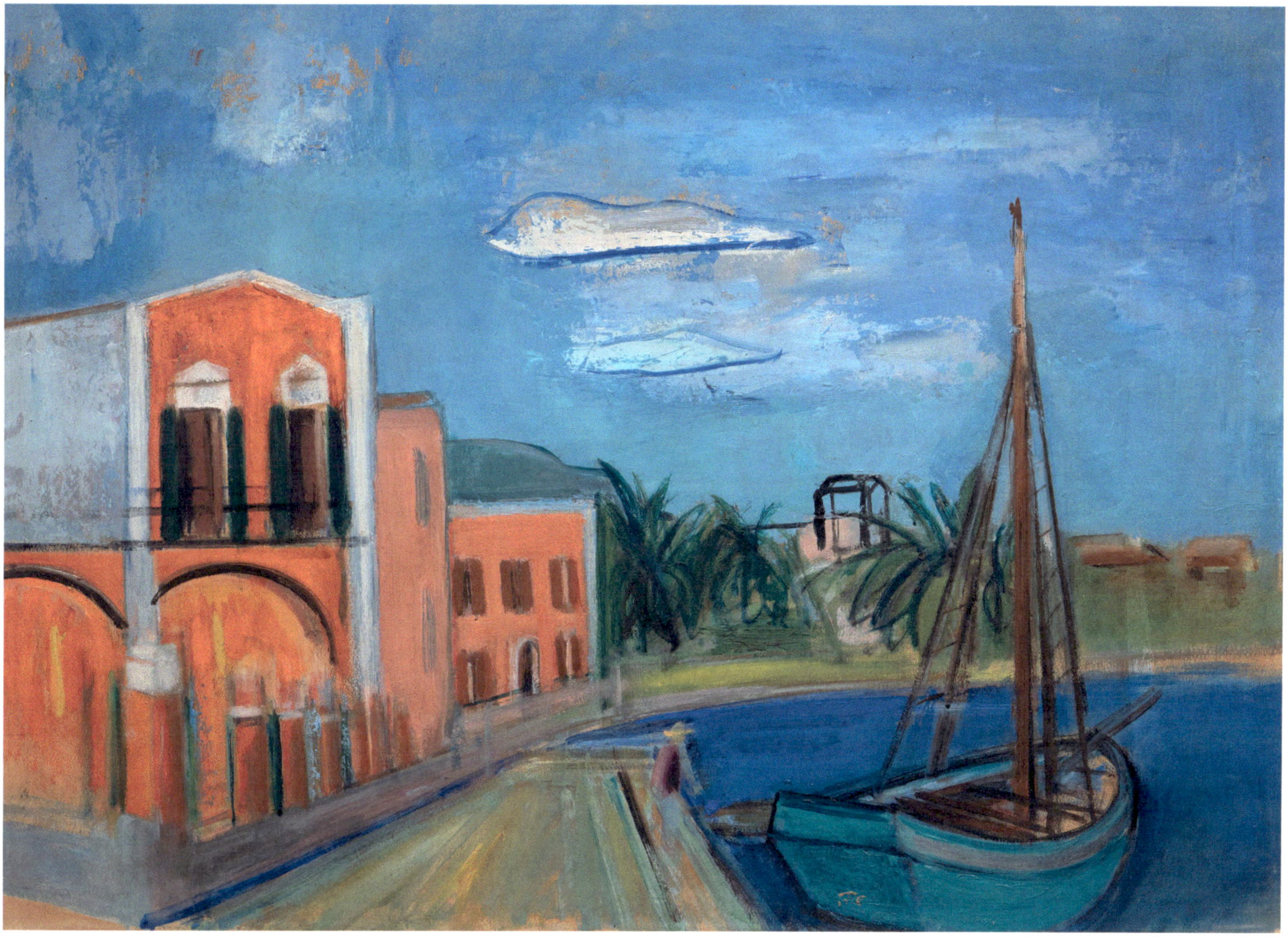

KAT 53

BLICK AUF S. GAETANO UND DIE BUCHT VON FORIO, 1938

Öl auf Leinwand, 64 × 79,7 cm

PRIVATSAMMLUNG WVZ-NR. 193

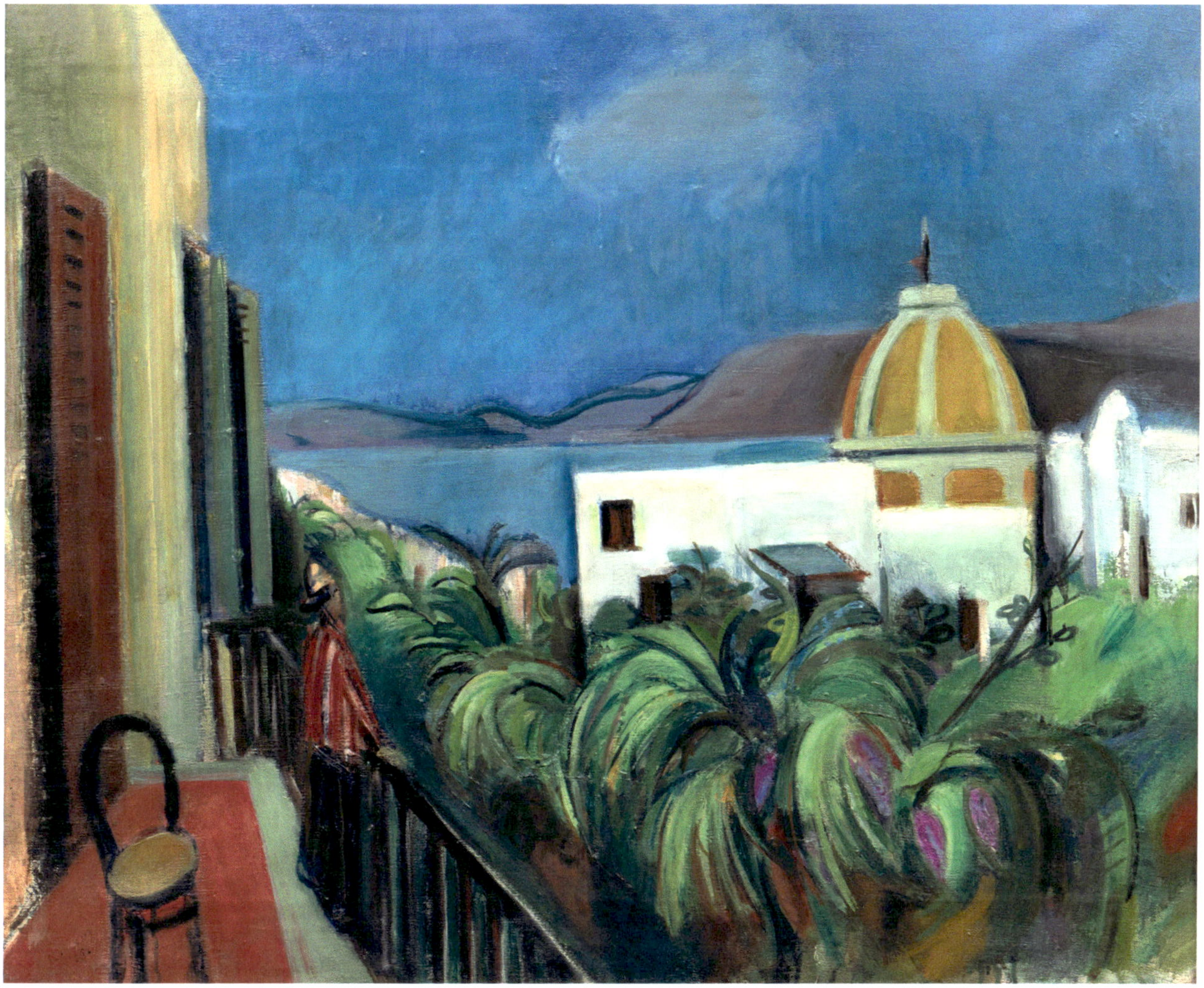

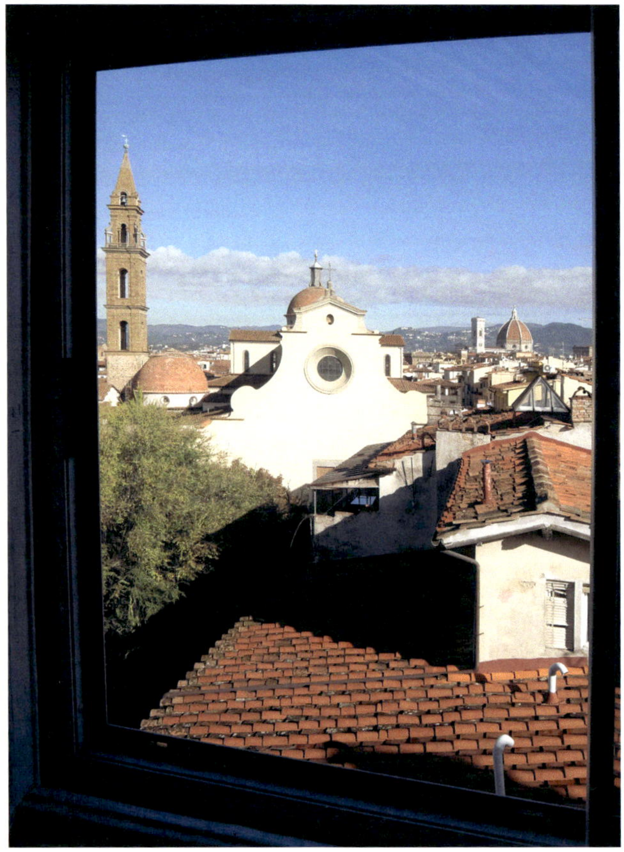

Fensterblick aus dem Dachgeschoss des Florentiner Palazzo Guadagni. Von diesem Zimmer aus malte Rudolf Levy 1941 das auf der rechten Seite abgebildete Gemälde mit der Kirche S. Spirito im Vordergrund und der Domkuppel von S. M. dei Fiori in der Ferne; siehe auch S. 163
FOTOGRAFIE VON 2022 ARCHIV SÖREN FISCHER

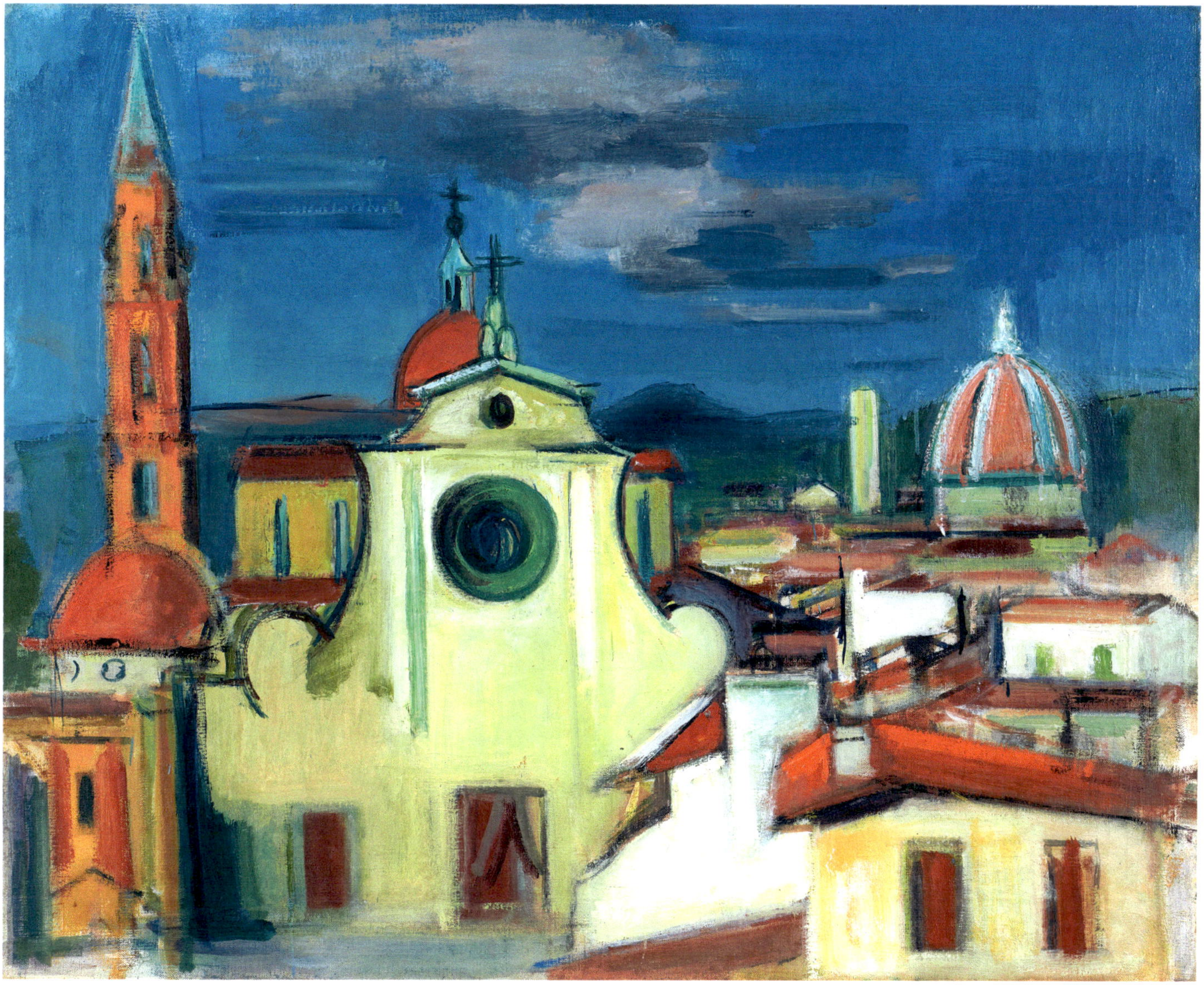

KAT 54
BLICK AUF S. SPIRITO UND DIE KUPPEL VON S. MARIA DEL FIORE I, 1941
Öl auf Leinwand, 74 × 93 cm
PRIVATSAMMLUNG WVZ-NR. 202

KAT 55

LOGGIA DES PALAZZO GUADAGNI, um 1941

Öl auf Leinwand, 49,2 × 60,1 cm; siehe auch S. 163

LUDWIGSHAFEN, WILHELM-HACK-MUSEUM, INV.-NR. 450/349   WVZ-NR. 205

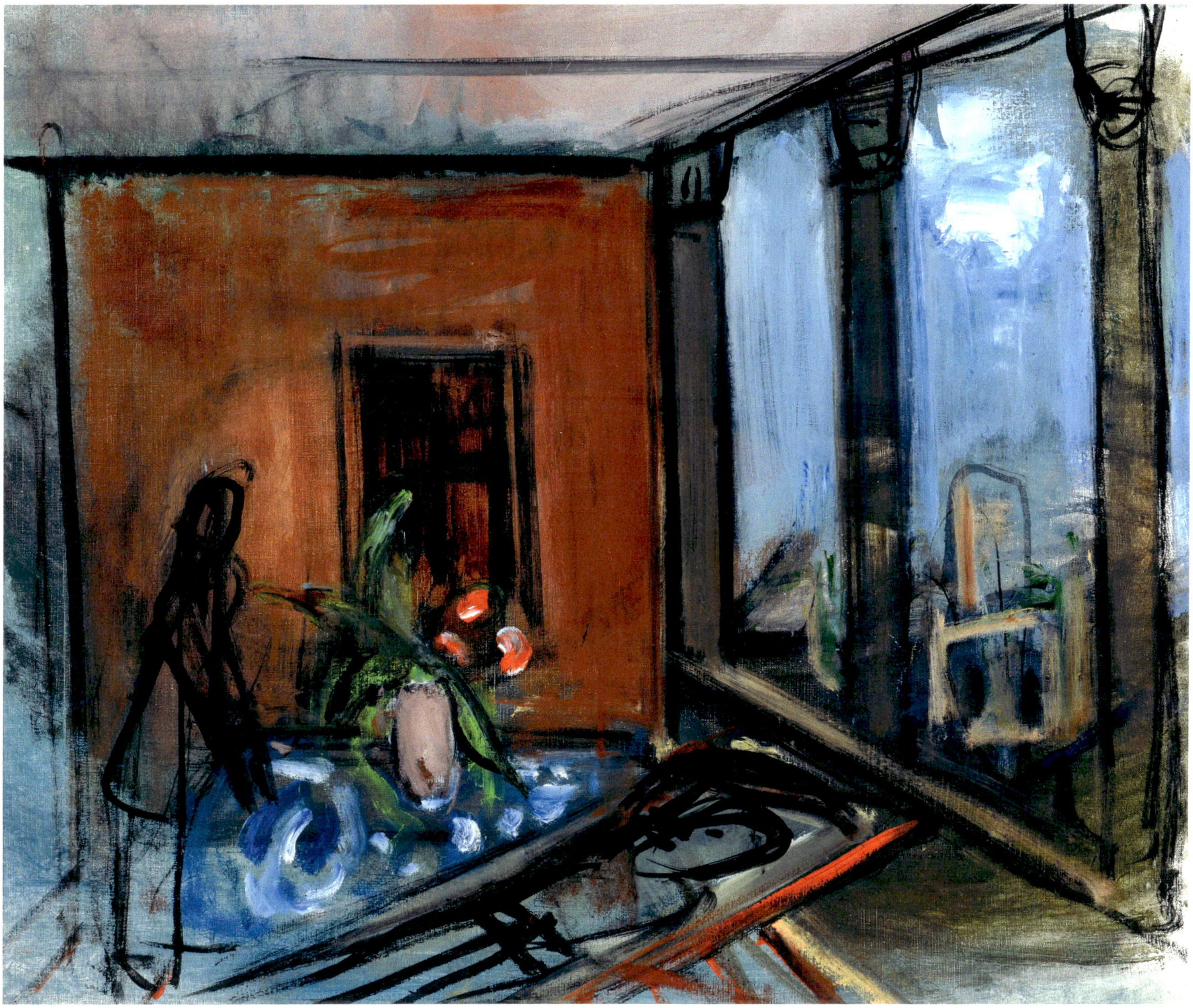

KAT 56

BILDNIS HERBERT SCHLÜTER, 1941

Öl auf Leinwand, 78,5 × 71,4 cm

PRIVATSAMMLUNG WVZ-NR. 208

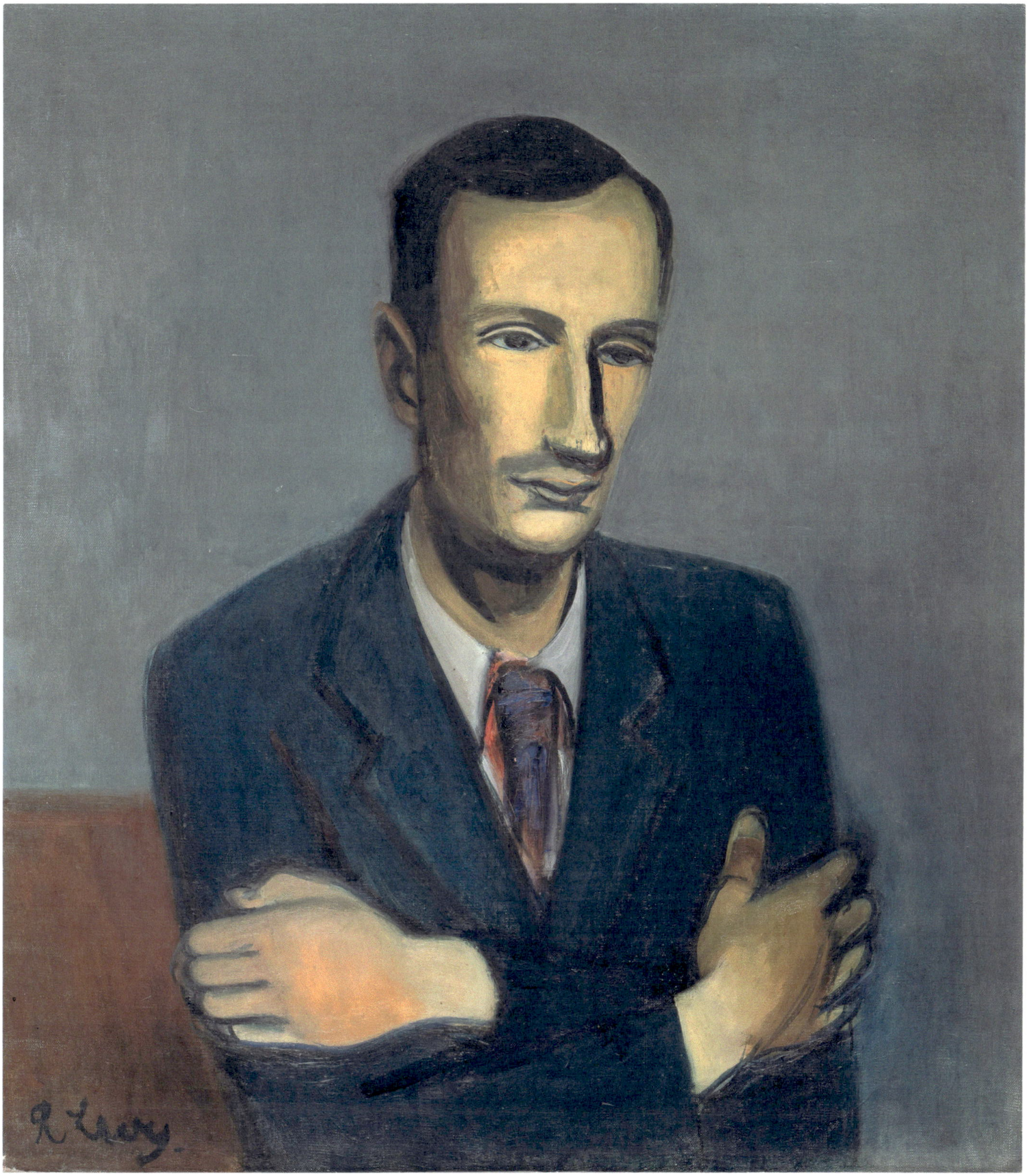

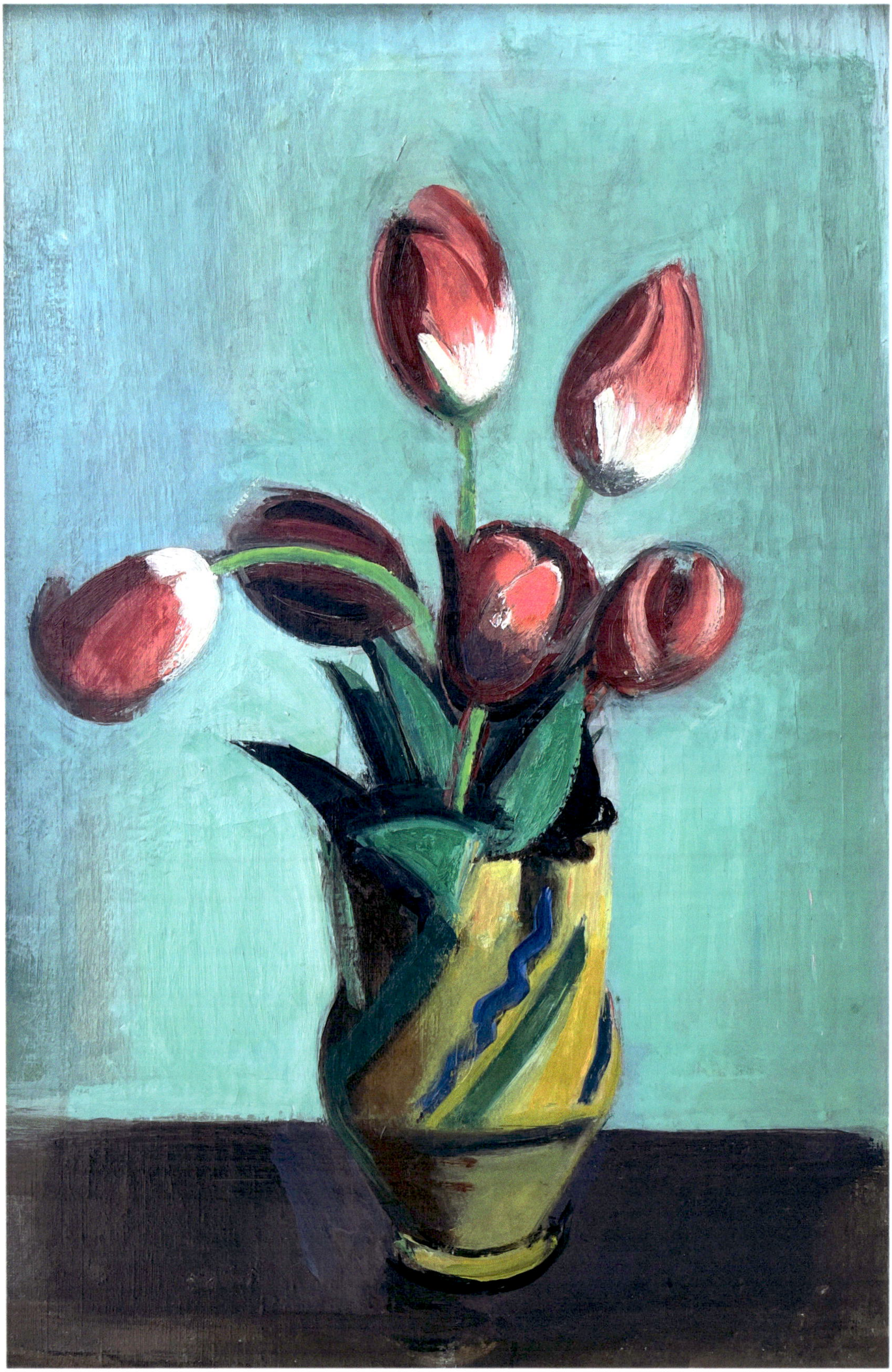

KAT 57
ROTE TULPEN IN KERAMIKKRUG, 1942
Öl auf Leinwand, 56 × 39 cm
PRIVATSAMMLUNG WVZ-NR. 233

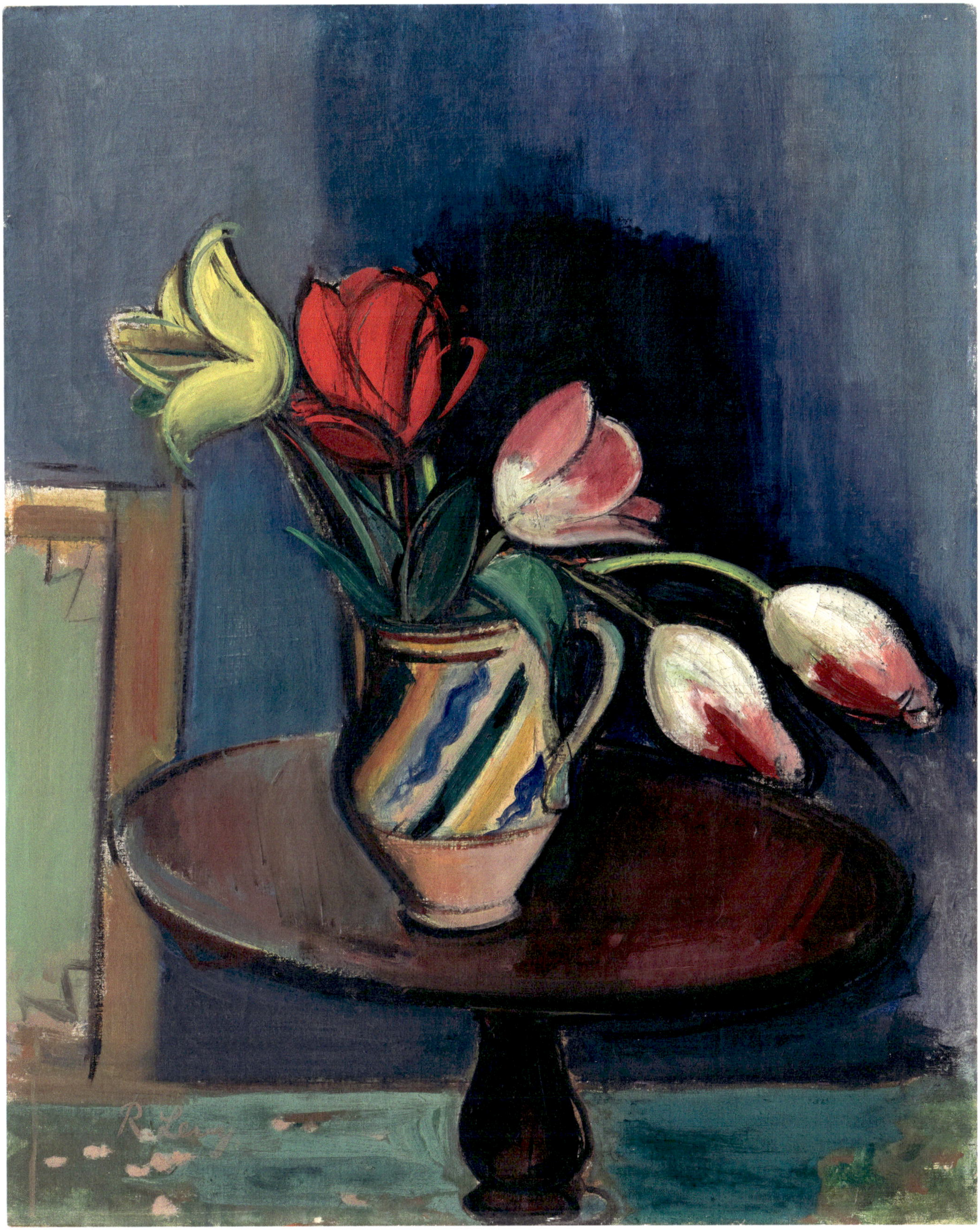

KAT 58

ROTE TULPEN IN KERAMIKKRUG (AUF RUNDEM TISCH), 1942 ◊

Öl auf Leinwand, 65 × 54 cm

PRIVATSAMMLUNG WVZ-NR. 234

KAT 59

STILLLEBEN MIT GRÜNEM KRUG, 1942

Öl auf Leinwand, 54 × 66 cm

SPRENGEL MUSEUM HANNOVER, INV.-NR. SAMMLUNG SPRENGEL I/174   WVZ-NR. 248

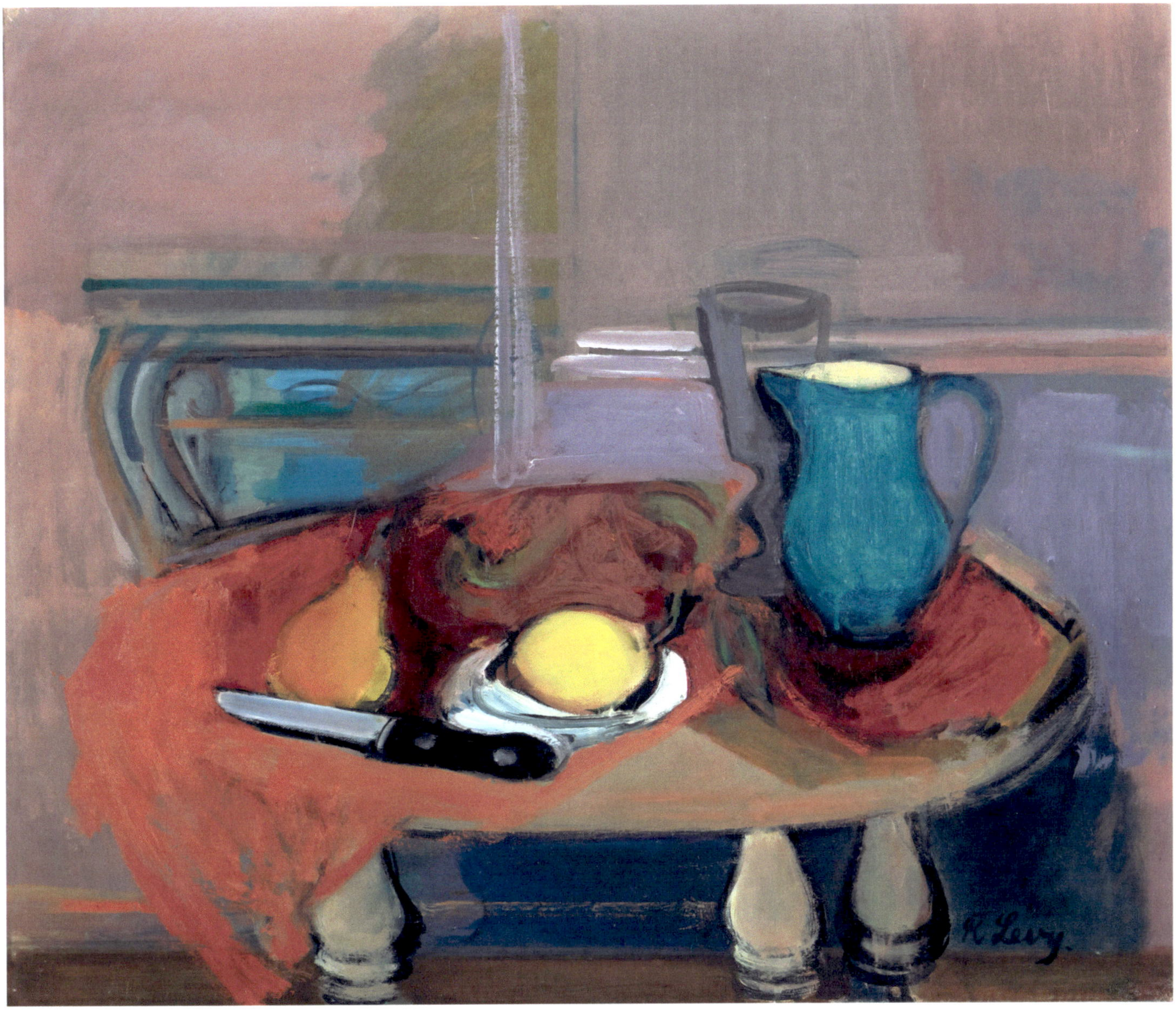
R. Levy.

KAT 60

STILLLEBEN MIT ROTEM TUCH, 1942 ◊

Öl auf Leinwand, 59 × 73 cm

ROM, GALLERIA NAZIONALE D'ARTE MODERNA E CONTEMPORANEA   WVZ-NR. 244

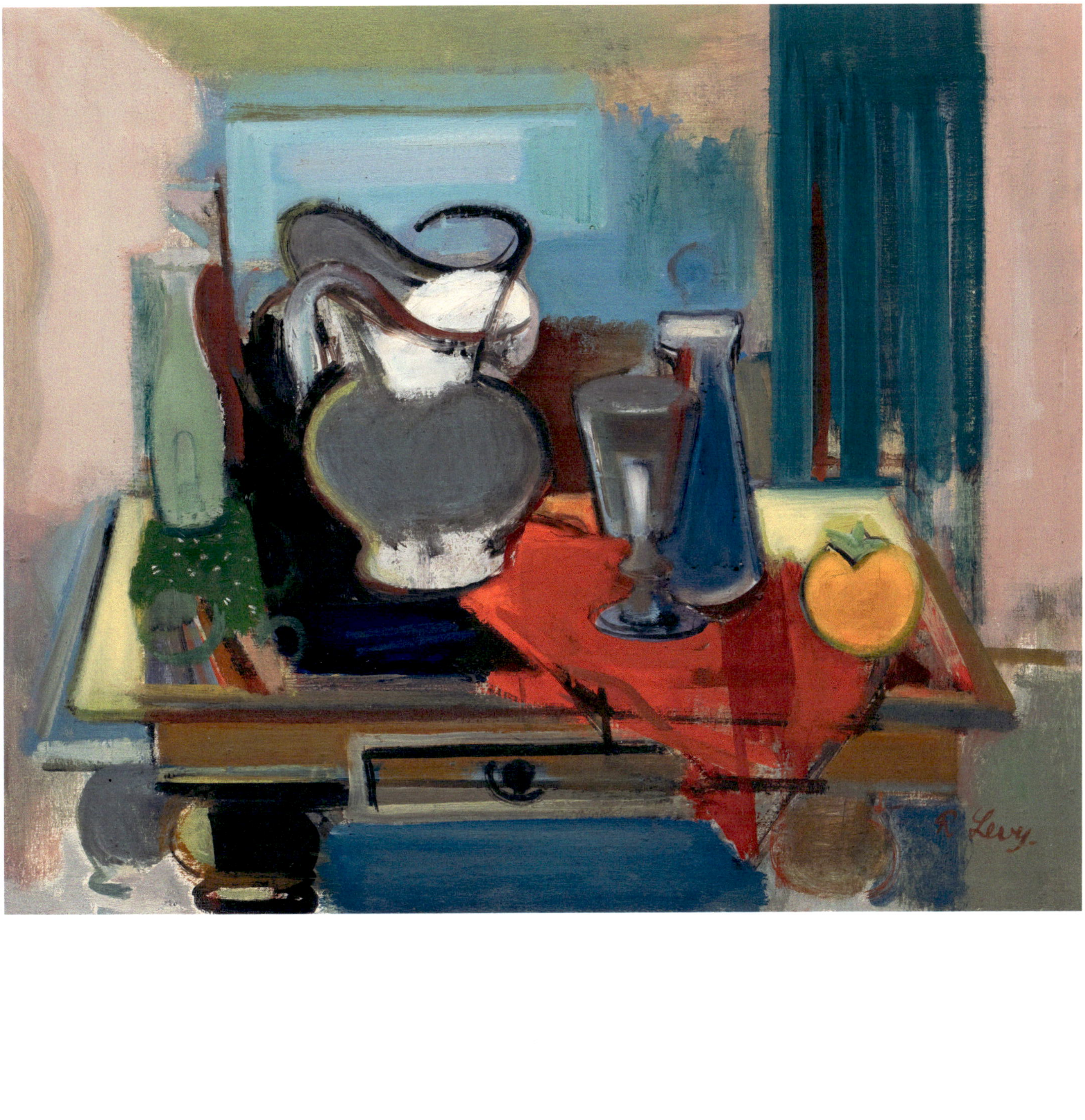
R. Levy

KAT 61

BLUMENSTILLLEBEN, 1942

Öl auf Leinwand, 60,3 × 38,8 cm

MÜNCHEN, LENBACHHAUS, INV.-NR. G 13628 WVZ-NR. 235

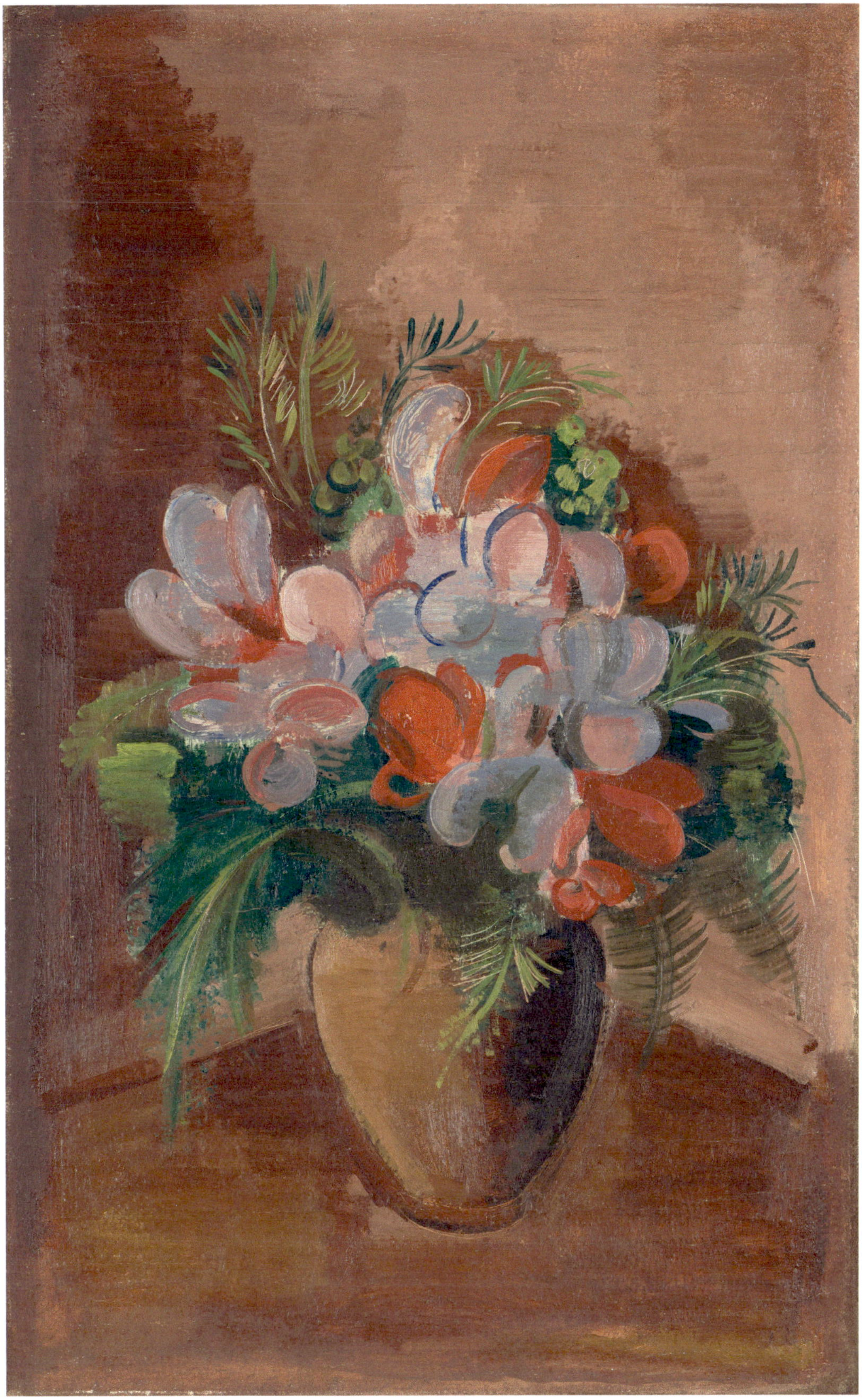

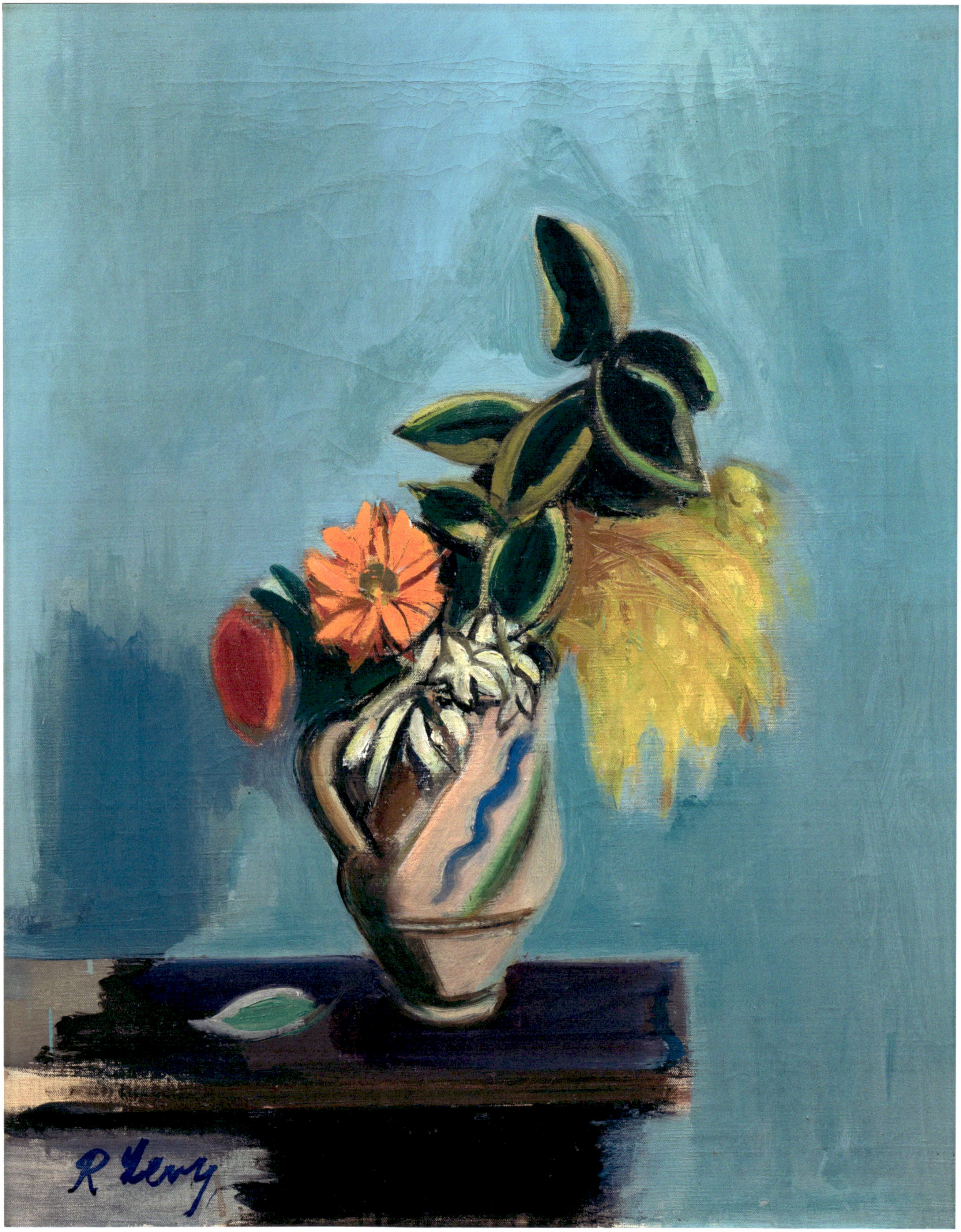

KAT 62

STILLLEBEN MIT MIMOSEN, 1942

Öl auf Leinwand, 64,5 × 52,5 cm

PRIVATSAMMLUNG WVZ-NR. 237

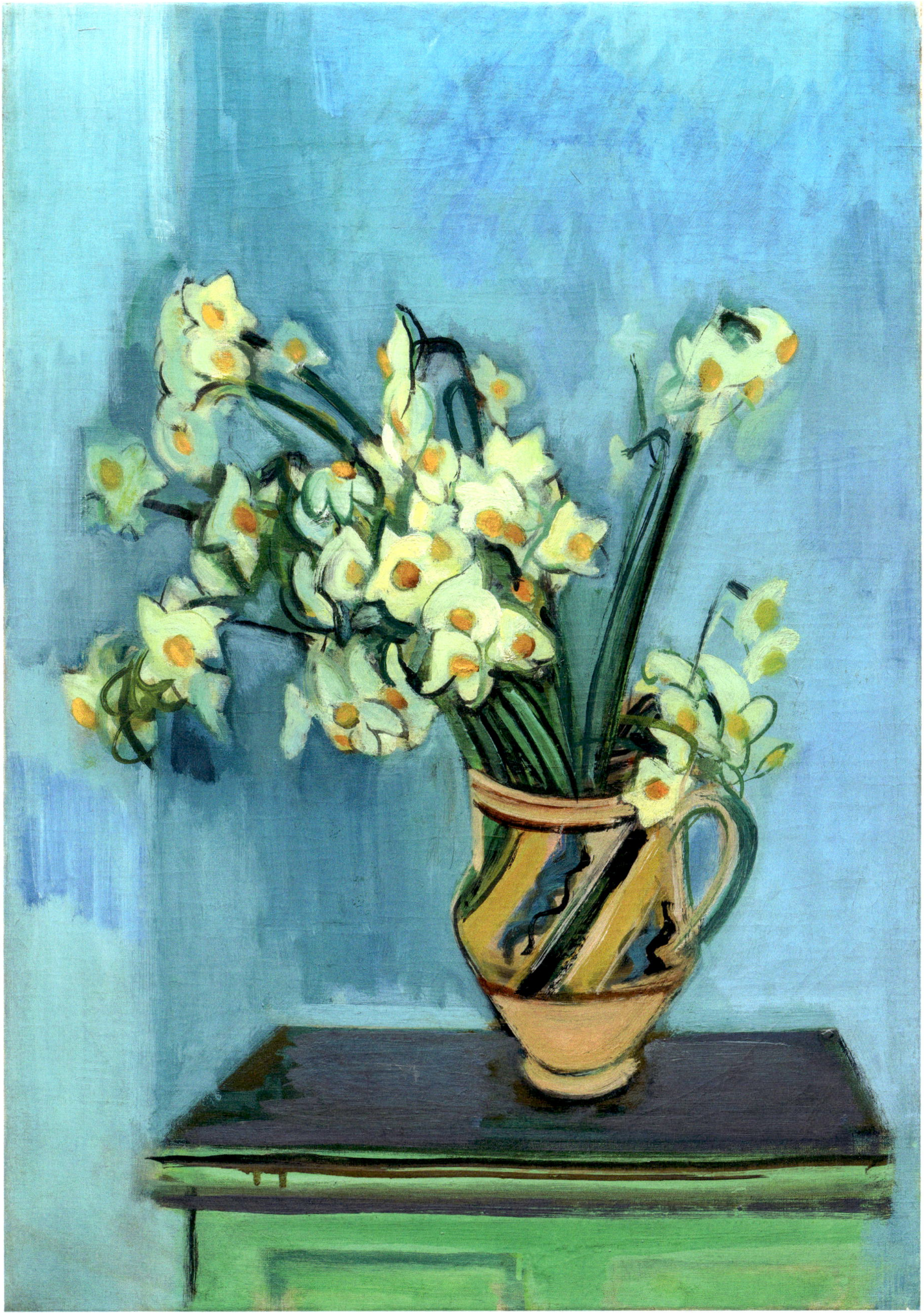

KAT 63
NARZISSEN IM KERAMIKKRUG, Anfang 1940er-Jahre ◊
Öl auf Leinwand, 64,5 × 46 cm
PRIVATSAMMLUNG IM WVZ NICHT VERZEICHNET; ORNAMENT DES KRUGES VERGLEICHBAR MIT WVZ-NR. 234 UND 237

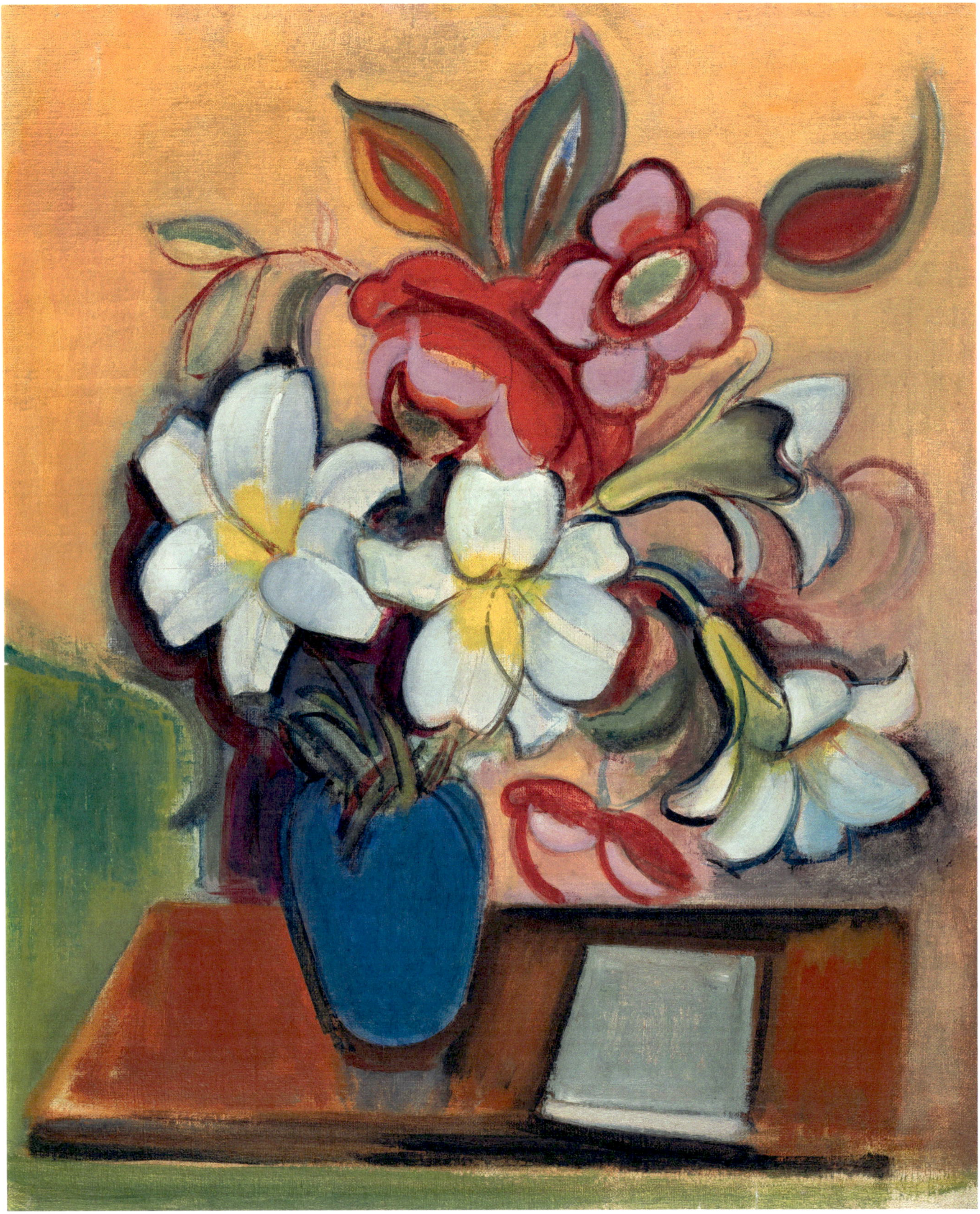

KAT 64

STILLLEBEN MIT MADONNENLILIEN UND BUCH, 1942

Öl auf Leinwand, 73 × 60,5 cm

PRIVATSAMMLUNG WVZ-NR. 241

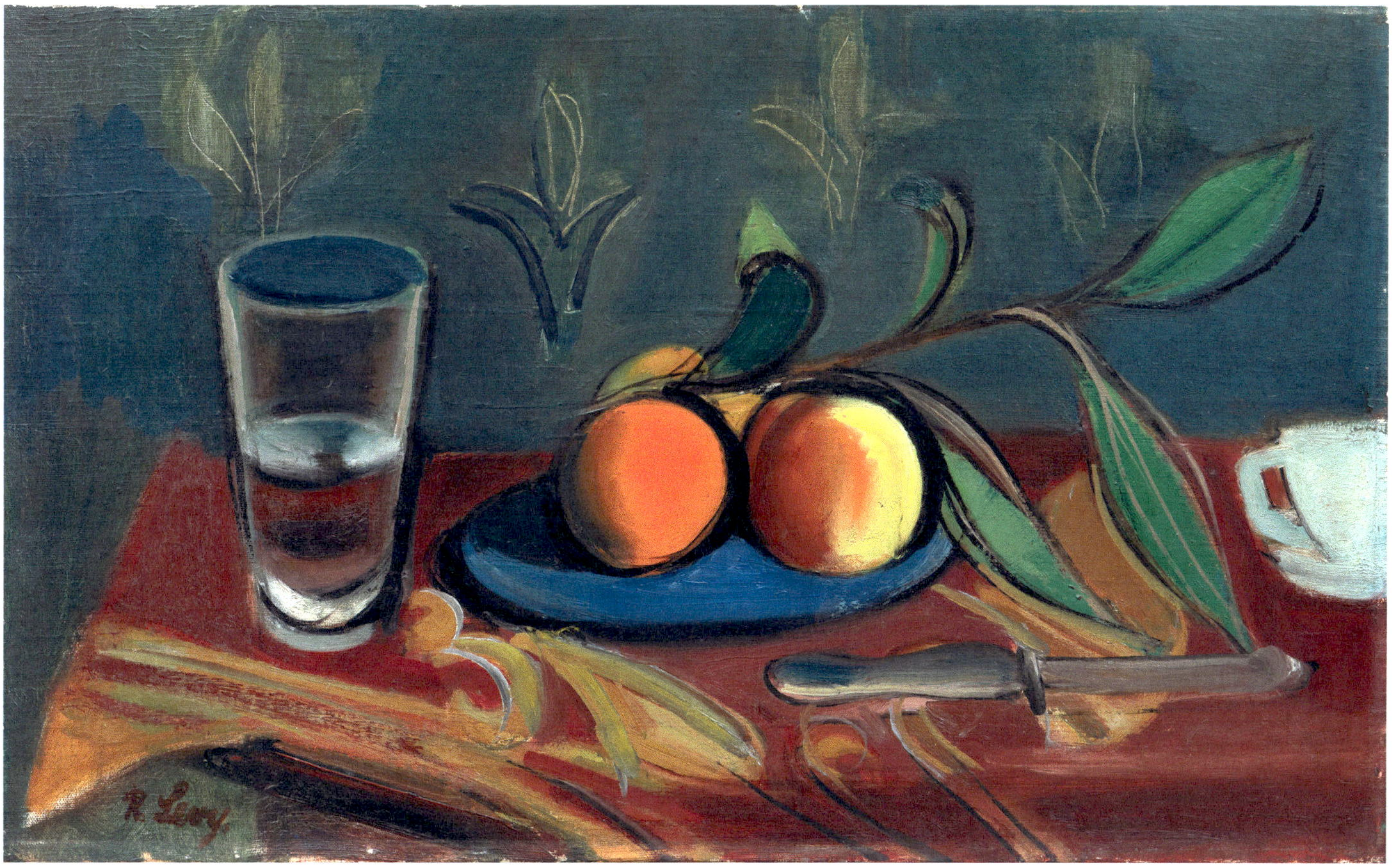

KAT 65

STILLLEBEN MIT FRÜCHTEN, MESSER UND WASSERGLAS, 1943

Öl auf Leinwand, 32,7 × 54,7 cm

PRIVATSAMMLUNG WVZ-NR. 245

KAT 66

FIAMMA, 1942 ◊

Öl auf Leinwand, 73 × 60 cm

FLORENZ, LE GALLERIE DEGLI UFFIZI, INV.-NR. 1890 n. 10804 WVZ-NR. 226

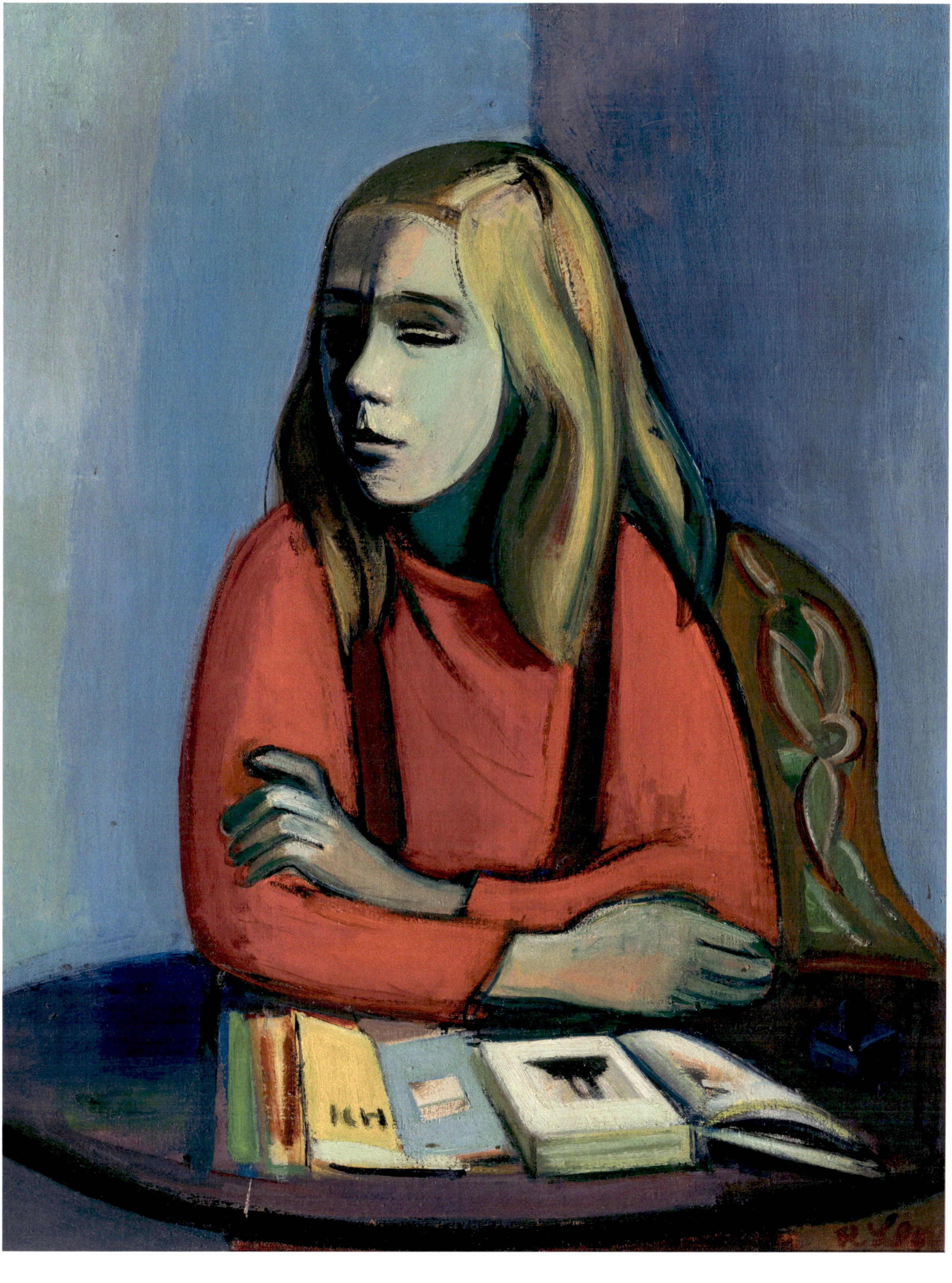

KAT 67
STILLLEBEN „DO“, 1943
Öl auf Leinwand, 66,5 × 51,5 cm
PRIVATSAMMLUNG WVZ-NR. 251

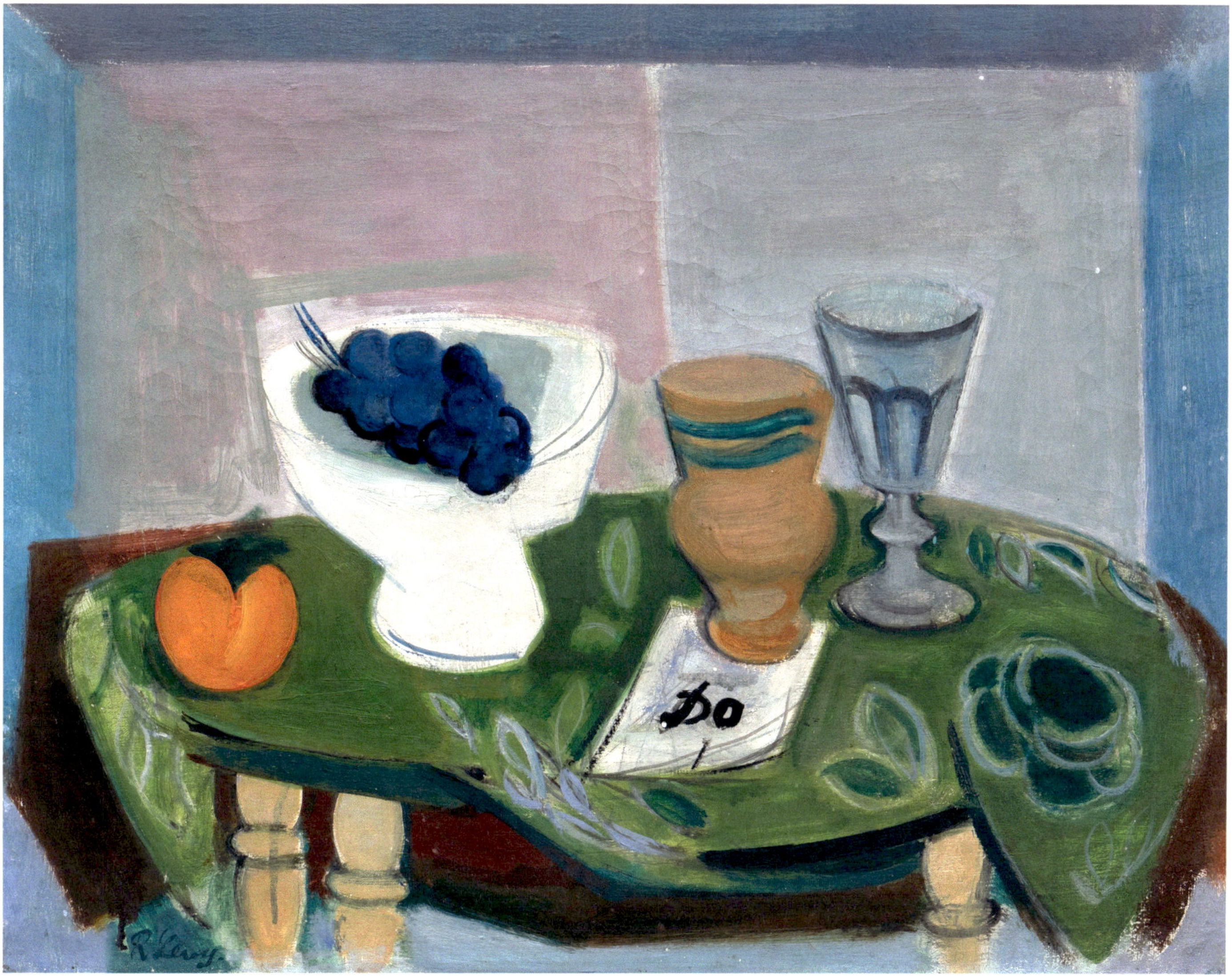

KAT 68

BILDNIS DES KUNSTHÄNDLERS DR. VICTOR WALLERSTEIN, 1943

Öl auf Leinwand, 64 × 52 cm

REGENSBURG, KUNSTFORUM OSTDEUTSCHE GALERIE, LEIHGABE DER BUNDESREPUBLIK DEUTSCHLAND, INV.-NR. 757 WVZ-NR. 263

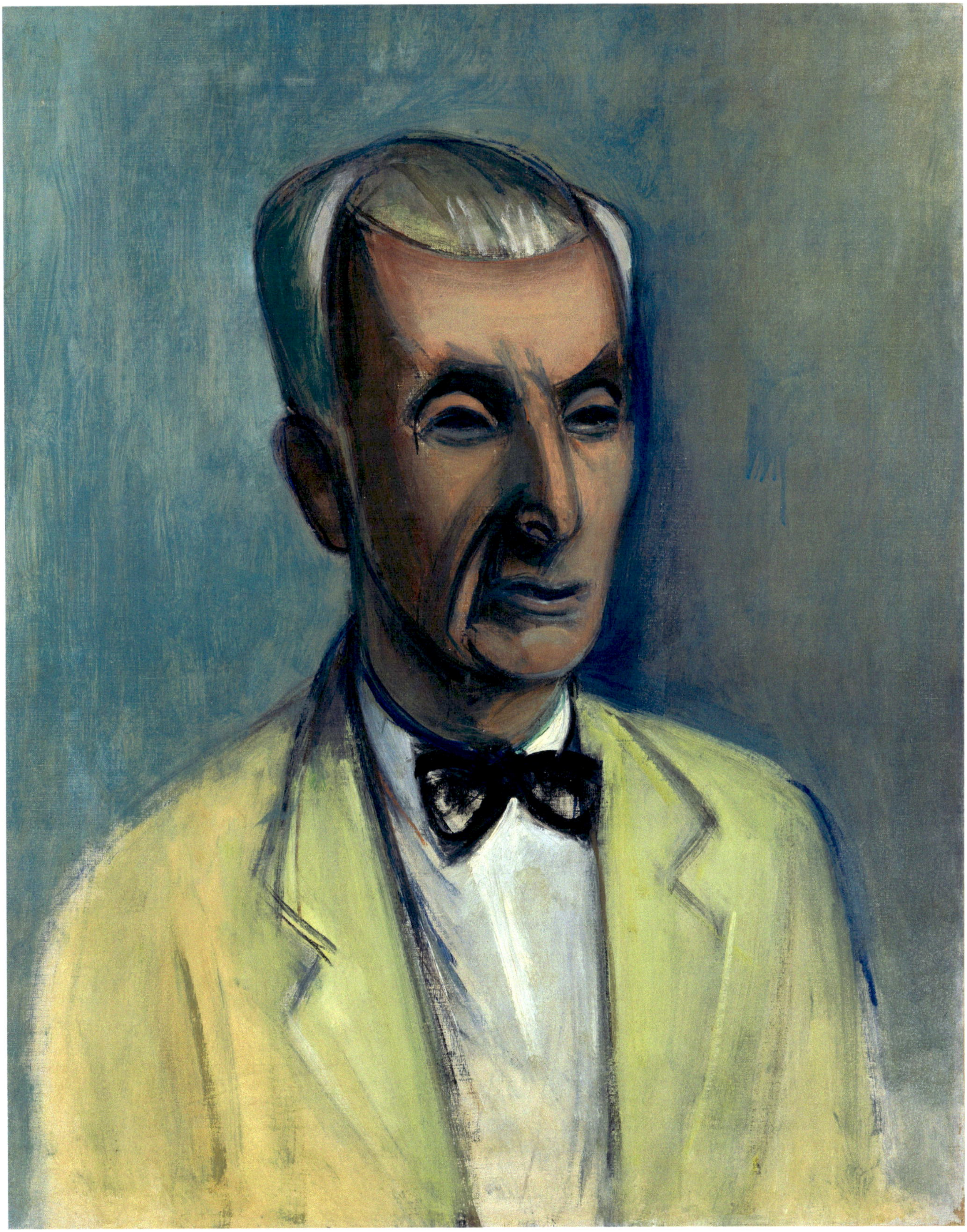

KAT 69
STILLLEBEN MIT PORTRÄT (HOMMAGE À PICASSO), 1943
Öl auf Leinwand, 92 × 73 cm
PRIVATSAMMLUNG WVZ-NR. 254

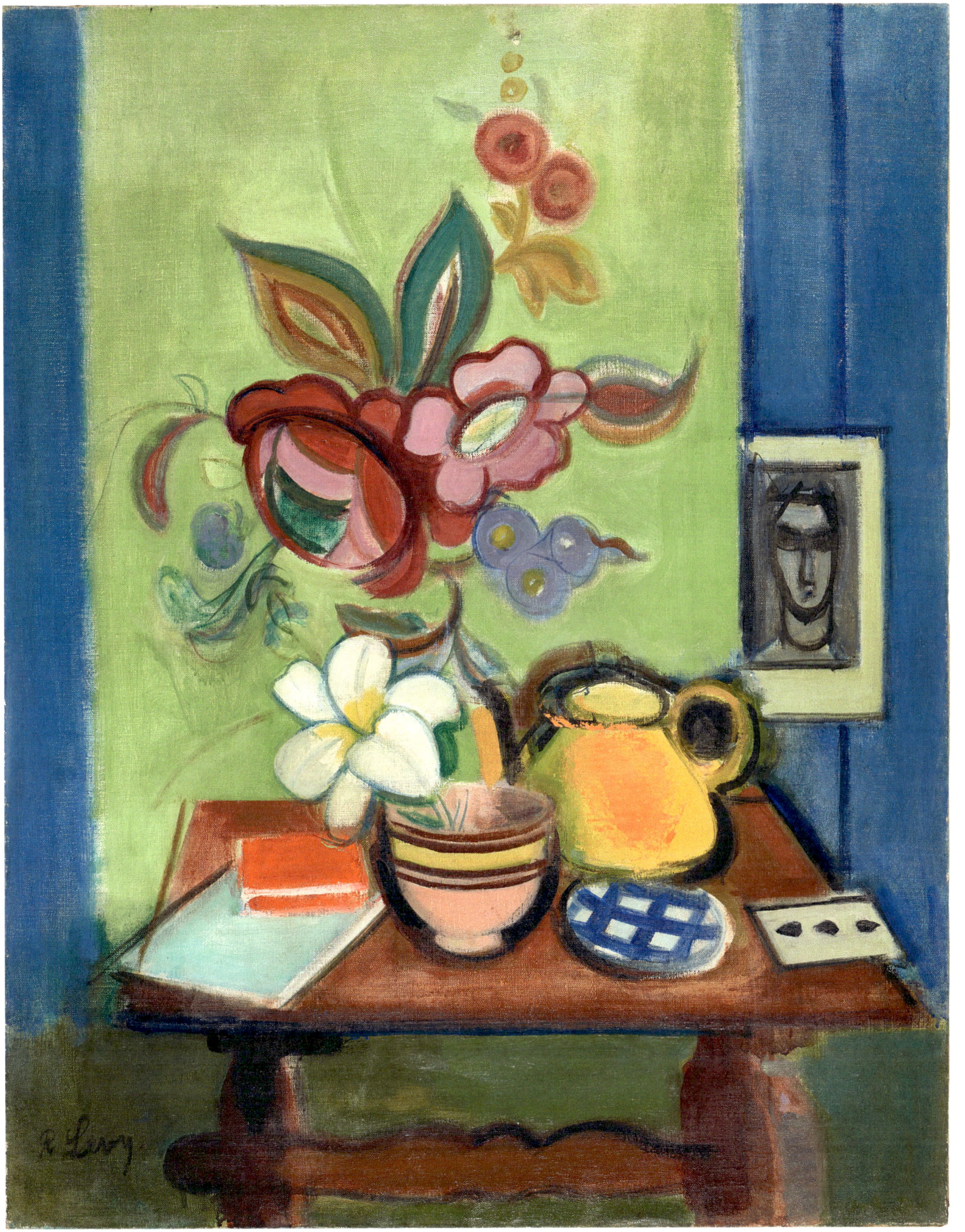

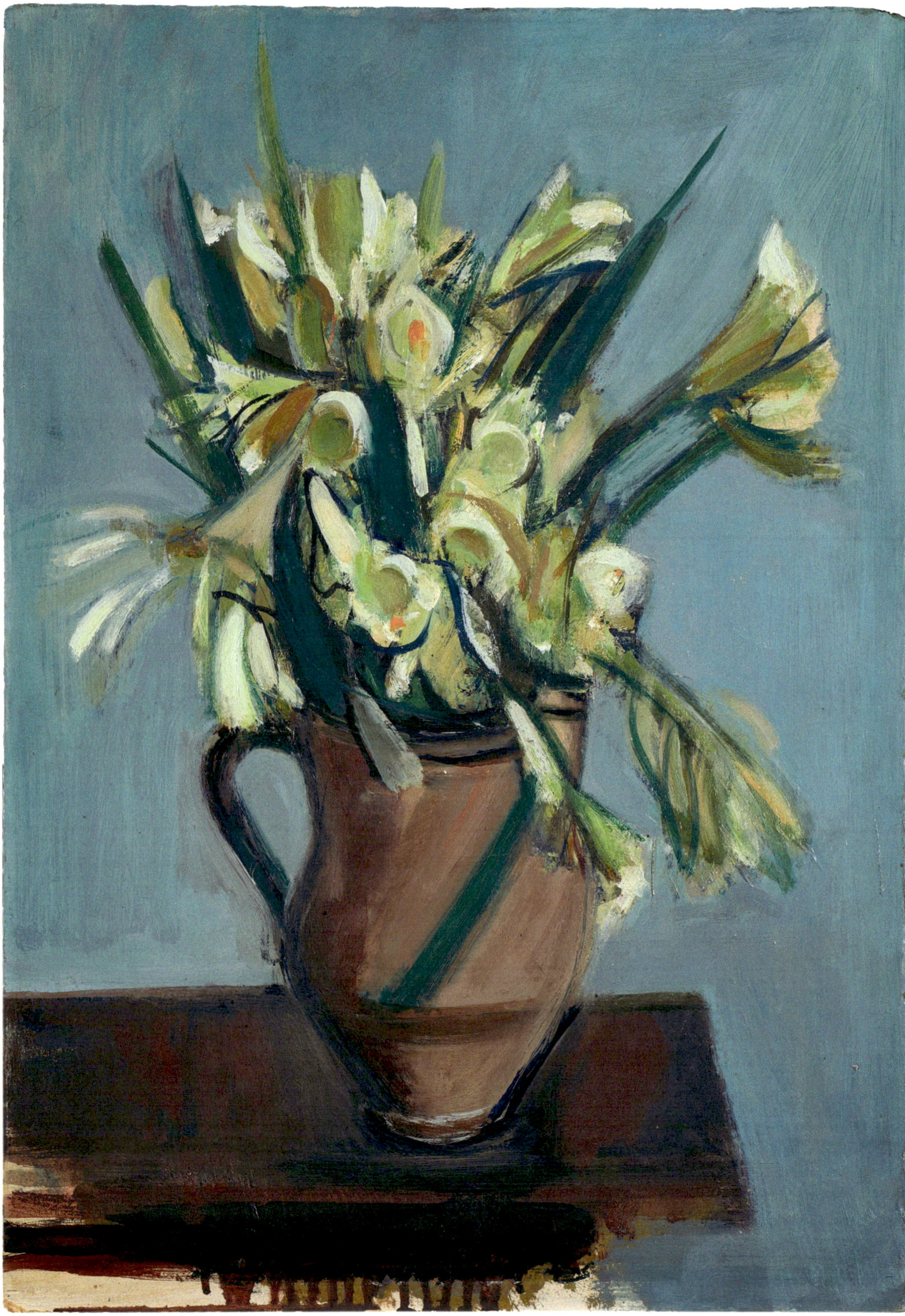

KAT 70
NARZISSEN IM KERAMIKKRUG I, 1942
Öl auf Leinwand, 49,5 × 35,5 cm
PRIVATSAMMLUNG WVZ-NR. 228

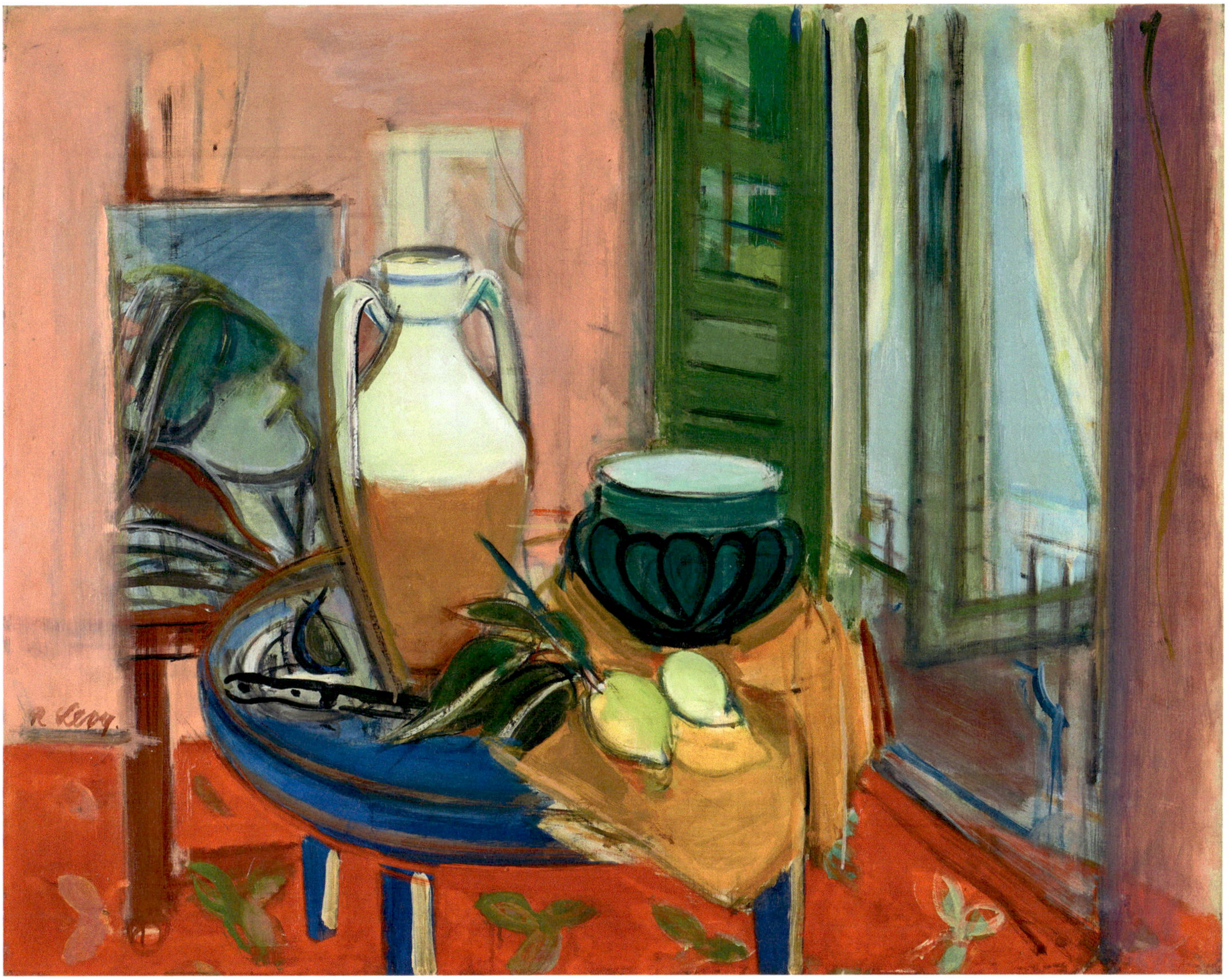

KAT 71

ATELIERSTILLLEBEN VOR GEÖFFNETER BALKONTÜR IM FLORENTINER PALAZZO GUADAGNI, 1943

Öl auf Leinwand, 77 × 99,5 cm

PRIVATSAMMLUNG WVZ-NR. 253

KAT 72

STILLLEBEN MIT IONISCHEM KAPITELL, 1943 ◊

Öl auf Leinwand, 54,3 × 65,2 cm

HANNOVER, NIEDERSÄCHSISCHES LANDESMUSEUM HANNOVER, INV.-NR. KM 44/1955 WVZ-NR. 247

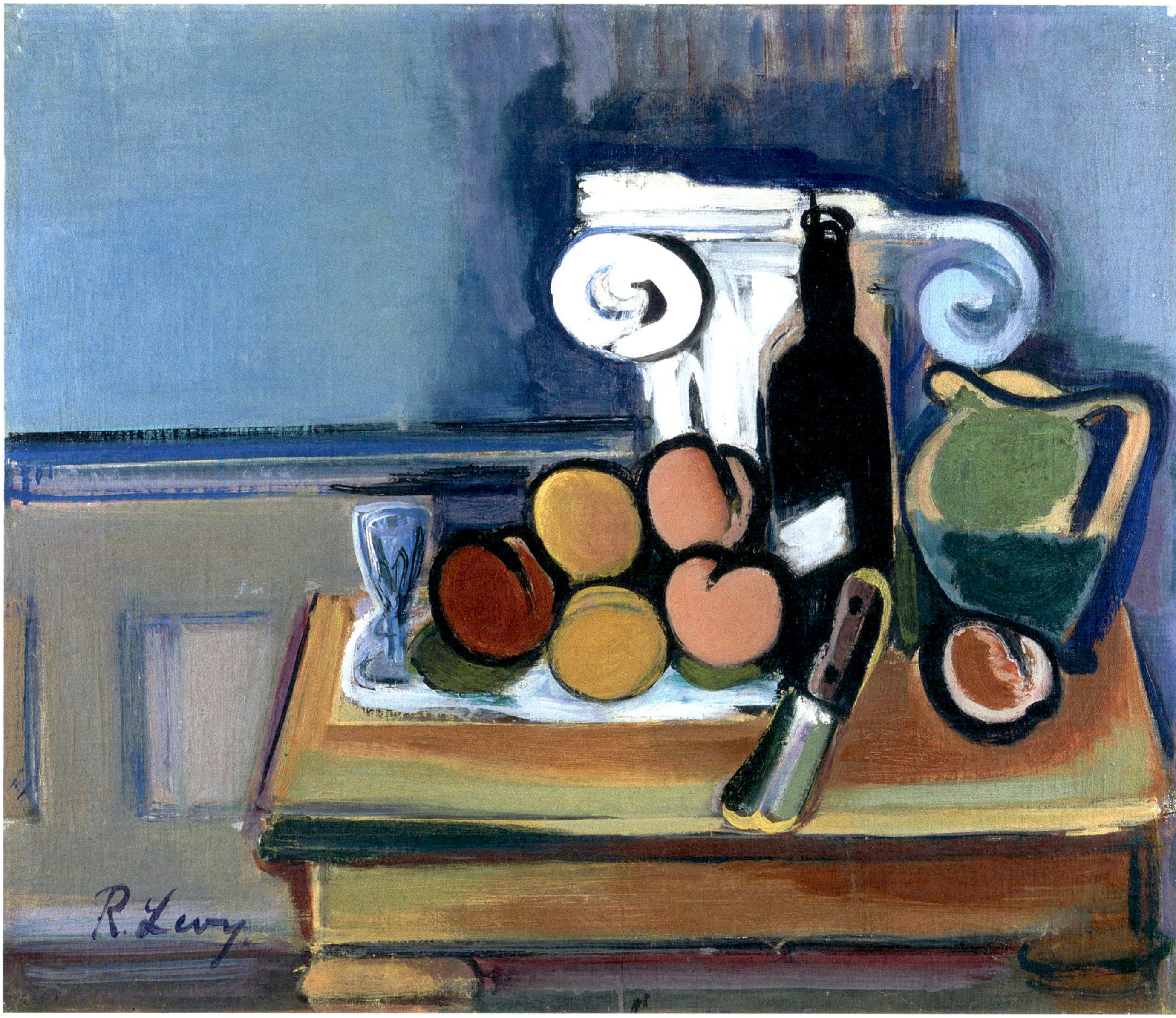
R. Levy

KAT 73
STILLLEBEN MIT GELBER VASE, 1943
Öl auf Leinwand, 66 × 82 cm
STAATLICHE KUNSTHALLE KARLSRUHE, INV.-NR. 2405 WVZ-NR. 260

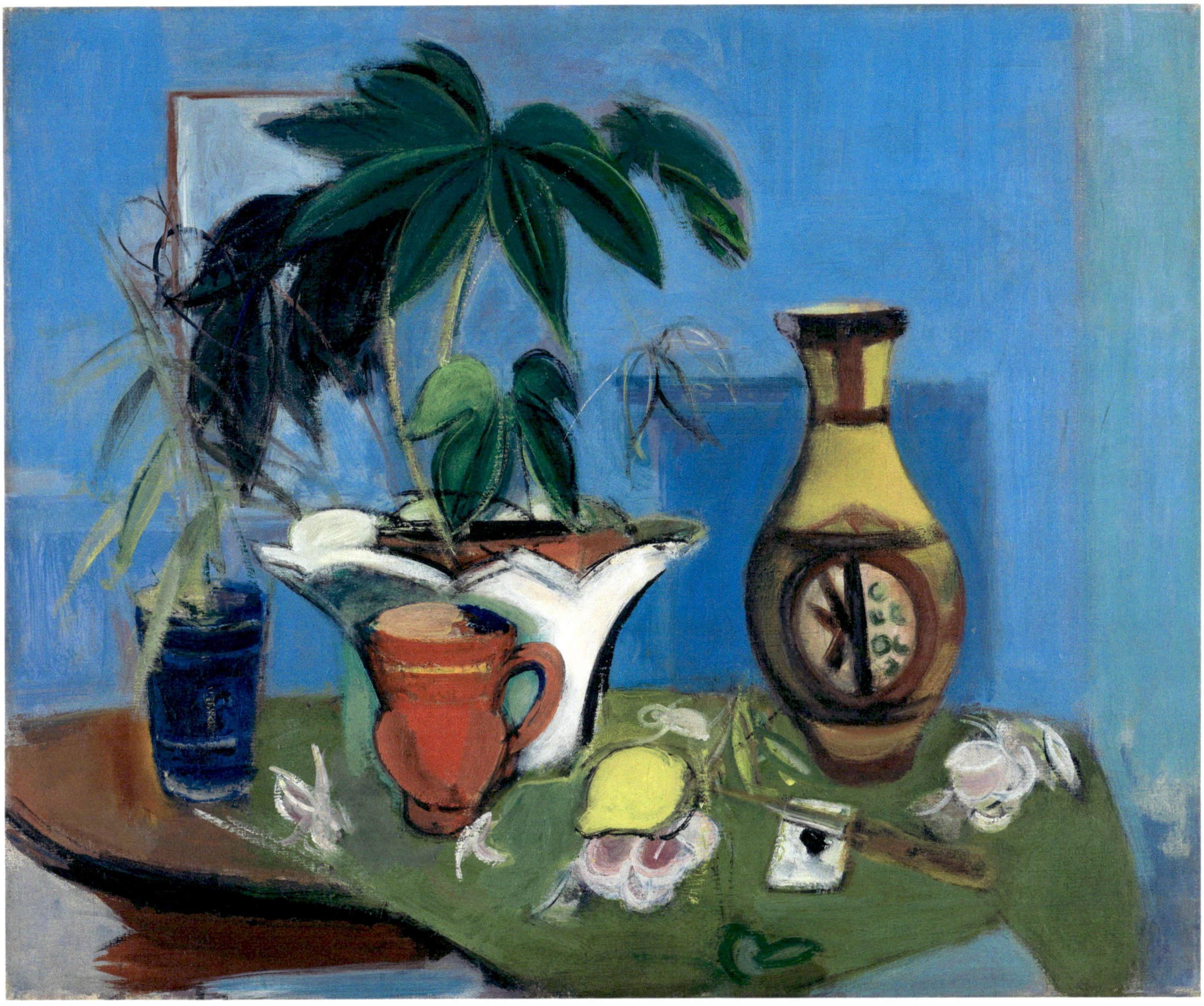

KAT 74

SELBSTBILDNIS III, 1943

Kohle, Bleistift auf Karton, 44,3 × 33,8 cm

MUSEUM PFALZGALERIE KAISERSLAUTERN, INV.-NR. 95/1653 WVZ-NR. 264

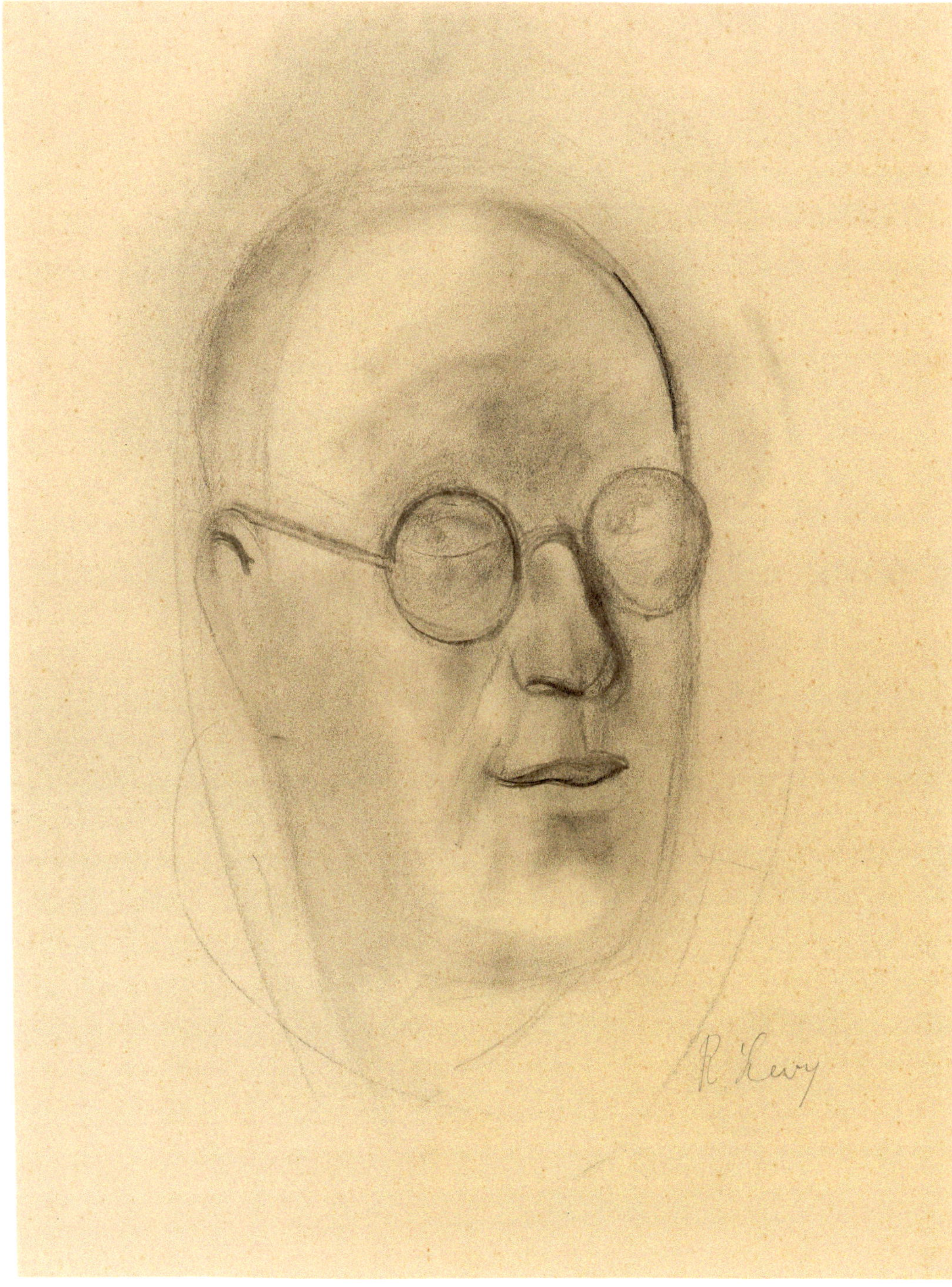

KAT 75

SELBSTBILDNIS IV, 1943

Öl auf Pappe, 41 × 33,5 cm

MUSEUM PFALZGALERIE KAISERSLAUTERN, INV.-NR. PFG 54/4 WVZ-NR. 265

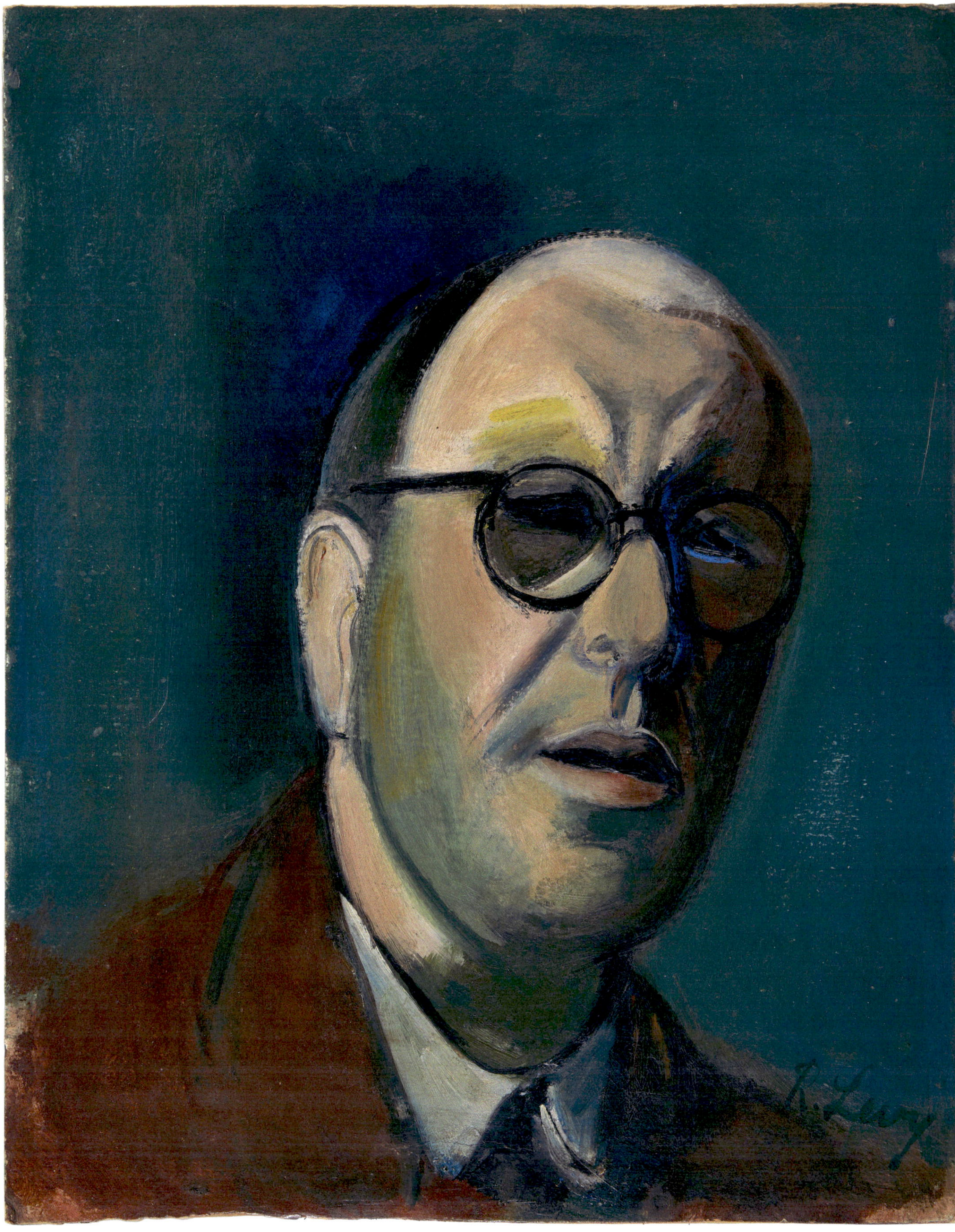

KAT 76
MÄDCHEN MIT GITARRE, 1943 ◊
Öl auf Leinwand, 91,3 × 64 cm
PRIVATSAMMLUNG WVZ-NR. 261

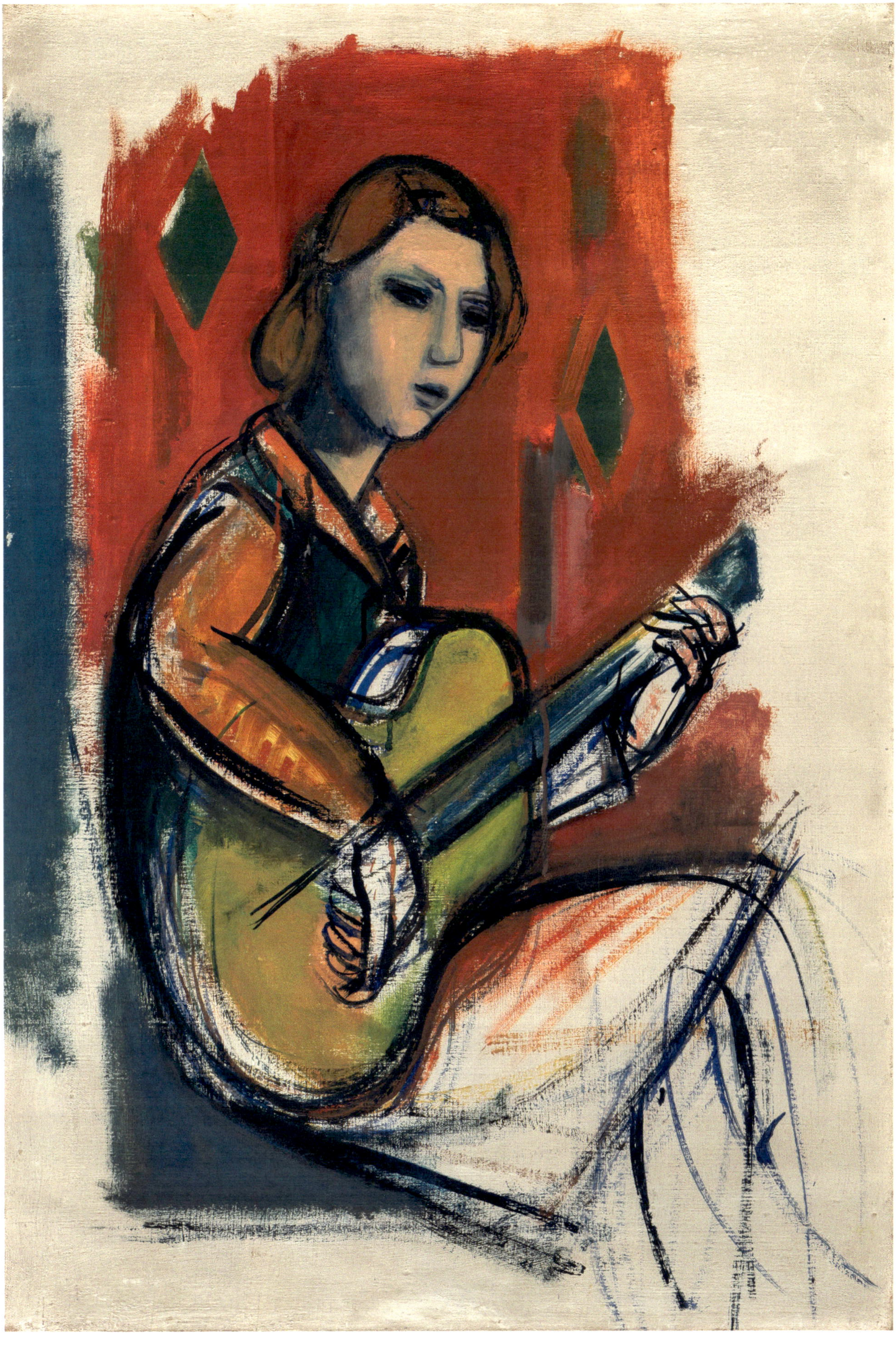

KAT 77
STILLLEBEN MIT GELBER TASSE, 1943
Öl auf Leinwand, 65,3 × 81 cm
PRIVATSAMMLUNG WVZ-NR. 259

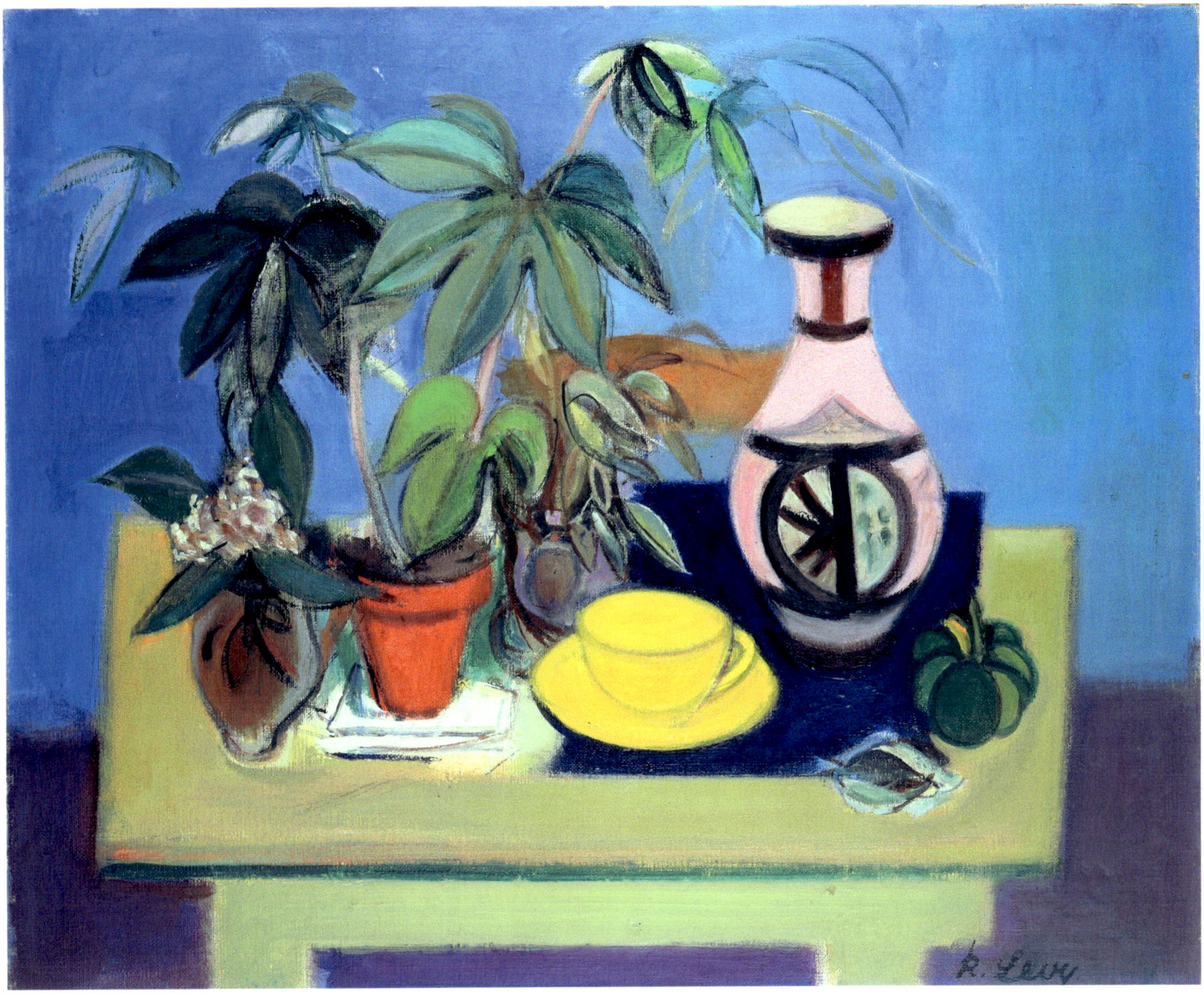
R. Levy

Kapitel III

Die Rezeption von Rudolf Levy nach 1945

Genia Levy und Heinz Battke

Strategien der Re-Kanonisierung von Rudolf Levy nach 1945 in Westdeutschland

Sören Fischer

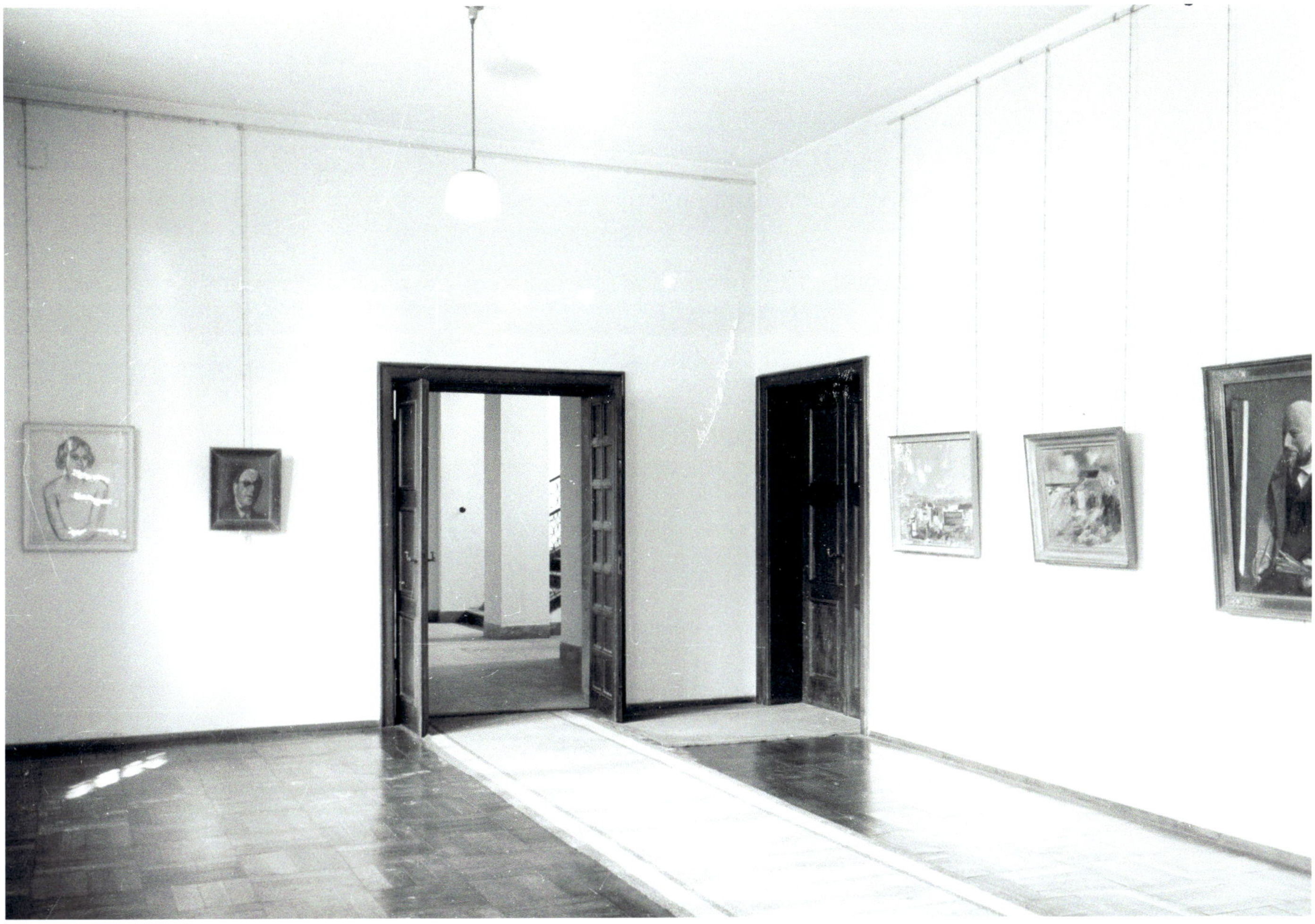

ABB. 1: Raumaufnahme der Wanderausstellung für Rudolf Levy, Städtische Galerie Lenbachhaus, München, 1954 Archiv der Städtischen Galerie
Links neben der Tür hängt Levys letztes Selbstbildnis von 1943, das 1954 vom Museum Pfalzgalerie Kaiserslautern erworben wurde.

I. Erste Schritte zur Gedächtnisausstellung

Durch die Machtübernahme der Nationalsozialisten im Jahr 1933 endete für Rudolf Levy eine mehr als 30-jährige Karriere.[1] Vielfach waren seine Werke bis dahin auf Ausstellungen in Paris und in Deutschland ausgestellt worden, renommierte Museen besaßen seine Gemälde. In den ersten drei Jahrzehnten des 20. Jahrhunderts war Levy fest im Kanon der zeitgenössischen Kunst etabliert, auch wenn seine Bilder, wie sein Künstlerfreund Friedrich Ahlers-Hestermann 1955 rückblickend schrieb, „in ihrer noblen künstlerischen Haltung niemals irgendwie ‚sensationell' gewesen"[2] sind.

Levy emigrierte 1933 und ließ alles zurück – auch seine Frau Eugenie (Genia) Levy (1894–1953), die, weil sie keine Jüdin war, nicht im Fadenkreuz der Rassenideologie stand. 1936 ließ sich das Paar einvernehmlich scheiden – vermutlich auch, um Genia im Deutschen Reich vor beruflichen Benachteiligungen und Diffamierungen zu schützen; ein Schicksal, das infolge der antisemitischen Nürnberger Rassengesetze viele der sogenannten Mischehen traf.[3] Genia, die seit den 1920er-Jahren neben der Schauspielerei hauptsächlich als Fotografin tätig war, vermählte sich am 25. August 1937 in zweiter Ehe mit Heinrich Koppold (1896–1961), einem früheren Bekannten Rudolf Levys.[4]

Eine der fundamentalsten Erschütterungen musste Levy mit der Entfernung seiner Werke aus den öffentlichen Sammlungen ertragen.[5] Sie wurden Opfer der nationalsozialistischen Aktion „Entartete Kunst", die zu einem Verlust von vielen Tausenden Kunstwerken in deutschen Museen führte. Für die Wiedereinführung von Levy in den Kunstbetrieb nach 1945 stellte sich dieser Verlust als größtes Hindernis dar.

Ausgehend von Genia Levy begannen daher nach 1945 intensive Bemühungen, die darauf abzielten, das Werk von Rudolf Levy nach seiner Ermordung durch die Nationalsozialisten wieder in den Kanon der Gegenwartskunst einzuführen. Auf Basis umfangreicher Archivrecherchen kann der vorliegende Aufsatz erstmals skizzieren, wie die Bilder von Rudolf Levy nach dem Krieg erneut ihr Publikum fanden. Wie aber gelang es, einen ehemals als „entartet" verfemten und im Holocaust getöteten jüdischen Künstler wieder in der öffentlichen Wahrnehmung

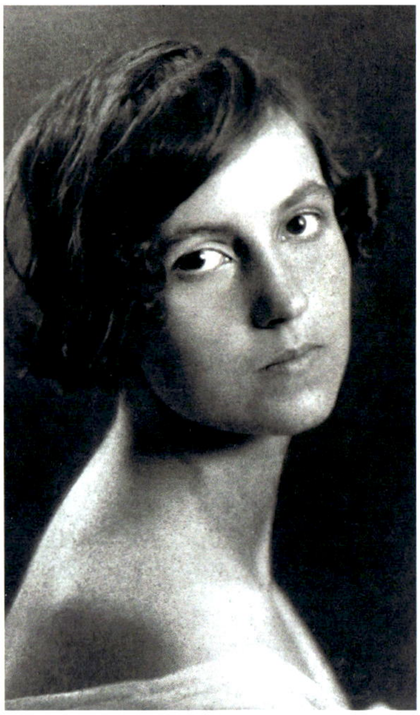

ABB. 2: Eugenie (Genia) Levy
München, um 1919
unbekannter Fotograf
Archiv Susanne Thesing

zu verankern, seine Bilder durch Ausstellungen und Veröffentlichungen wieder in die Mitte der Gesellschaft zu bringen?

Im Zentrum dieser Bemühungen um Rudolf Levy standen Genia Levy sowie ihr Mitstreiter Heinz Battke (1900–1966), der im italienischen Exil Freundschaft mit Rudolf geschlossen und ihm durch das Ankaufen von Bildern finanziell und moralisch geholfen hatte.[6] Battke und Genia Levy unterhielten einen intensiven Briefwechsel. Unterstützt wurden sie von Heinrich Koppold, von verschiedenen Museumsdirektoren, von der Frankfurter Galeristin Hanna Bekker vom Rath, von Gustav Friedrich Hartlaub (Kunstverein Heidelberg) sowie von weiteren künstlerischen Weggefährten. Dieses Levy-Netzwerk aufgebaut und mit einer Mission versehen zu haben, war eine der großen Lebensleistungen Genias. Rudolf war die Liebe ihres Lebens. 1952 schrieb sie an Battke: „Dass Rudolf hat sterben müssen, ist die bitterste Tatsache meines Lebens, aber als Künstler wird er durch Sie und meine Mithilfe weiterleben."[7]

Zum Levy-Netzwerk jener Jahre zählte auch die junge Kunsthistorikerin Leonie von Wilckens (1921–1997). Nachdem schon 1946 eine Levy-Ausstellung in Florenz gezeigt werden konnte, war sie es, die sich nach dem Krieg erstmals in Deutschland wieder wissenschaftlich mit seinem Werk auseinandersetzte.[8] Ihr 1949 erschienener Aufsatz über Levys Malerei bildete den Auftakt für die vielstimmige Rezeption der kommenden Jahre. Als besonders charakterstark hob von Wilckens die Florentiner Werkphase hervor, lobte das Kolorit und die Lebendigkeit der Bilder: „Die Arbeiten der italienischen Jahre sind wirklich der Höhepunkt in seinem Lebenswerk. In Landschaft, Bildnis und Stillleben ist er hier zu einer Vollendung gelangt, wie sie in ihrer Einfachheit und inneren Fülle, in ihrer farbigen Schönheit und Leuchtkraft nur nach einer langen künstlerischen Laufbahn, erfüllt von reichem Erleben und intensiver Arbeit möglich werden konnte."[9]

Ende der 1940er-Jahre reifte auch in Genia die Überzeugung, dass jetzt der richtige Zeitpunkt sei, um das Werk ihres verstorbenen Mannes wieder vor das Publikum zu bringen. Derweil war im November 1950 in Florenz unter Mithilfe von Heinz Battke und seiner 15 Bilder zählenden Privatsammlung[10] schon die zweite Levy-Ausstellung nach dem Krieg eröffnet worden, – in Deutschland ließ eine vergleichbare Ehrung des Künstlers aber leider weiterhin auf sich warten.[11]

Im August 1950 fand Genia in einem Brief an Battke die folgenden Worte über die angestrebte Re-Kanonisierung Rudolfs: „Er liebte das Leben auch noch in der schwersten Zeit in seiner Malerei und hat die Hoffnung nie aufgegeben. Dass er die Wendung [den Sieg über Nazi-Deutschland] nicht mehr hat erleben dürfen, dass die Schmach, die man ihm antat, nicht wieder gut gemacht werden konnte, das ist mein steter, stiller Kummer. Ja, Rudolf Levy ist tot, aber in seinen Bildern muss er wieder neu erstehen und man soll und wird in Achtung seine Person als Maler anerkennen müssen. Und dazu müssen sie mir helfen."[12]

Für Genia stand außer Frage, dass „Rudolf seinen Platz innerhalb der deutschen Kunst erhalten muss"[13]. Im Kern ging es darum, Levys Werk dem Vergessen zu entreißen und ihn gleichrangig neben andere Vertreter der Klassischen Moderne zu stellen; und auch zu einer Zeit, als sie krankheitsbedingt geschwächt war, verlor Genia nicht ihren Optimismus: „Ich werde es nicht mehr erleben, dass man den Künstler aus der Vergessenheit hervorhebt [...], aber dass es einmal geschehen wird, davon bin ich felsenfest überzeugt. Und ob Erfolg oder nicht Erfolg, ich setze meine Arbeiten beharrlich fort und bin von meiner Aufgabe und [meinen] Pflichten überzeugt, die kategorisch befehlen, das Lebenswerk des Malers Rudolf Levy zu einer Gesamtschau zusammenzufassen und damit zu erhalten."[14]

Zusammenstellung einer Privatsammlung mit Werken von Rudolf Levy

Genia Levy und Heinz Battke waren sich einig: Da die deutschen Museen keine Levy-Bilder mehr besaßen, war die Schaffung einer repräsentativen Privatsammlung die wichtigste Voraussetzung zukünftiger Unternehmungen. Den Grundstock von Genias Sammlung bildete der Nachlass von Rudolf, der nach seiner Deportation von Battke in Florenz gesichert werden konnte. Es handelte sich um eine wertvolle Kollektion aus „31 Ölbildern und 21 Zeichnungen und Aquarellen"[15]. Anfang 1950 wurden diese Werke an Genia geliefert. Mitgesendet wurde auch das letzte von Levy gemalte Selbstbildnis aus dem Jahr 1943 (Museum Pfalzgalerie Kaiserslautern, KAT 75, S. 253), sowie die Palette des Künstlers, die leider als verschollen gilt.

Ihre Sammlung ergänzte Genia durch Zukäufe. Dem befreundeten Maler Hans Purrmann teilte sie im März 1950 mit:[16] „Ich bin zur Zeit damit beschäftigt, Bilder, die irgendwo in der Welt zerstreut sind, zu ermitteln und mit gutem Zureden in meinen Besitz zu bekommen."[17] Von Vorteil war, dass ihr durch die gemeinsame Zeit in Berlin ab 1919 viele Sammler bekannt waren. Genia nahm damit eine teils detektivische Aufgabe auf sich, die neben finanziellen Mitteln auch die Fähigkeit erforderte, Rückschläge ertragen zu können.

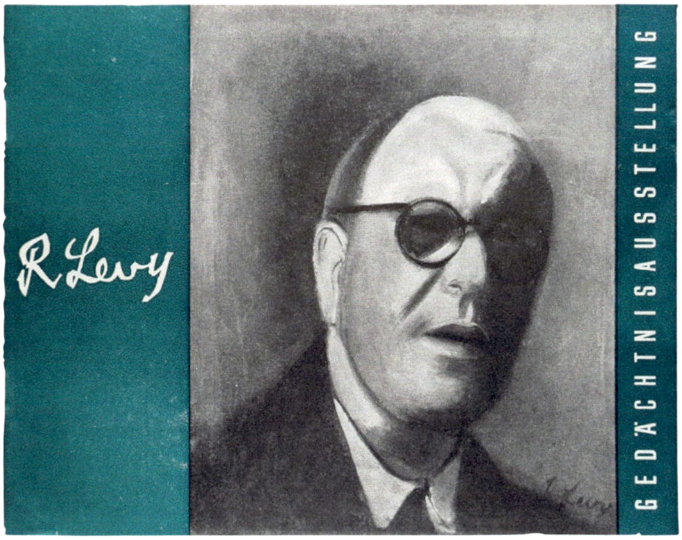

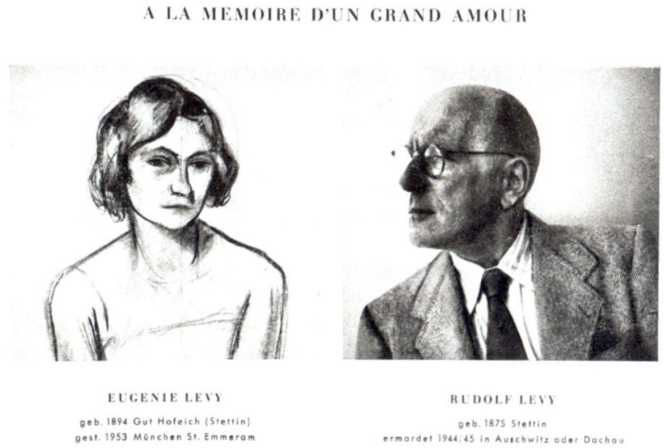

ABB. 3 & 4: Katalog zur Wanderausstellung 1954–56, Umschlagvorderseite und Widmungsseite

Neu-Ausstattung von deutschen Museen mit Levy-Bildern

Es ist maßgeblich Heinz Battke zu verdanken, dass die deutschen Museen in den 1950er-Jahren wieder Zugang zu Levy-Bildern erhielten. Für die Rehabilitierung eines jüdischen Künstlers in der Wirtschaftswunderzeit war diese konzise Strategie ebenso programmatisch wie singulär. Die Verbreitung der Bilder sollte Levy neu etablieren, sowohl im Bewusstsein der Museumsbesucher und Museumsmitarbeiter als auch ganz generell im Kanon des 20. Jahrhunderts. Daher sprach sich Battke auch dagegen aus, Bilder an Privatsammlungen zu verkaufen oder sie gar zu versteigern. Ihm vor allem war daran gelegen, die Bilder in öffentliches Eigentum zu überführen: „[…] ich trachte uns jeden Strich von Rudolf zu erhalten – respektive ihn würdig, sicher und gut (d.h. in breiter Öffentlichkeit wirkend) zu placieren."[18] Dieser Maxime sah er sich auch noch einige Jahre später verpflichtet. Im September 1954 teilte Battke Museumsdirektor Carl Maria Kiesel in Kaiserslautern mit: „Machen wir uns auch klar, daß jedes der erwerbenden Museen daran interessiert ist, ‚sein' Werk in nicht gar zu ferner Zeit zu erhalten und vor allem: daß wir im Interesse Rudolf Levys den bedeutenderen Museen (eben etwa Mannheim und Frankfurt) die Vorwahl lassen sollten, so sehr die von Herrn Koppold und mir bezeichneten 37 Bilder auch bereits Elitencharakter haben."[19]

Motiviert werden sollten die Museen durch niedrige Verkaufspreise. Diese Strategie war erfolgreich: Während der von 1954 bis 1956 stattfindenden großen Wanderausstellung (Gedächtnisausstellung) durch 15 deutsche Städte gelangten erstmals wieder Levy-Bilder in die Sammlungen deutscher Museen, so beispielsweise in die Staatsgalerie Stuttgart, die Kunsthalle Karlsruhe, das Museum Pfalzgalerie Kaiserslautern und die Kunsthalle Mannheim.

Gedächtnisausstellung und Katalog

Eine retrospektive Gedächtnisausstellung und ein Katalog: dies waren die Hauptziele von Genia Levy. Das Buch sollte die ganze Breite von Levys Schaffen abbilden und bereichert werden durch Erlebnisberichte von Freunden. 1949 hatte Genia begonnen, verschiedene Persönlichkeiten anzuschreiben, um sie für einen Textbeitrag zu gewinnen. Zeitgleich zu diesem Buchprojekt hatte sie für Herbst 1950 ein großes Levy-Ausstellungsprojekt angekündigt. Gefeiert werden sollte so der 75. Geburtstag des Künstlers: „Jetzt aber, wo ich im Herbst eine Ausstellung in München in Vorbereitung habe, muss ich alles Material zusammentragen, denn ich will nicht nur den Künstler, sondern auch den Menschen zu Wort kommen lassen."[20] Ihre Bemühungen fruchteten: In kurzer Folge berichteten ab Juli 1950 die *Neue Zeitung*, die *Süddeutsche Zeitung*, die *Frankfurter Allgemeine Zeitung* und *Die Zeit* über die für Herbst 1950 anvisierte Levy-Ausstellung, bis zu deren Realisierung dann allerdings noch vier Jahre ins Land gingen.

Es war das erste Mal seit 1933, dass Rudolf Levy der Öffentlichkeit wieder als wichtiger Repräsentant der Moderne vorgestellt wurde. Die Beiträge bemühten sich um eine würdigende kunsthistorische Verortung seines Schaffens und betonten seine Einbindung in den Kreis um Henri Matisse und das Café du Dôme: „Die Maler sammelten sich um Matisse, der in einem ehemaligen Klostersaal ihre Arbeiten korrigierte. Das war der Anfang der Matisse-Schule, die zuerst fast allein aus Deutschen bestand. Levy gehörte zum engen Kreis um Matisse und hat später eine Weile auch die Schule geleitet."[21]

Erste Ausstellungsbeteiligungen

Seit 1950 fanden Rudolf Levys Werke erstmals wieder Eingang in Sonderausstellungen. Gezeigt wurden seine Arbeiten unter anderem in den Ausstellungen „Ostdeutsche Bildkunst" (1950) und „Europäische Landschaftsmalerei" (1952).[22] Das Publikum in

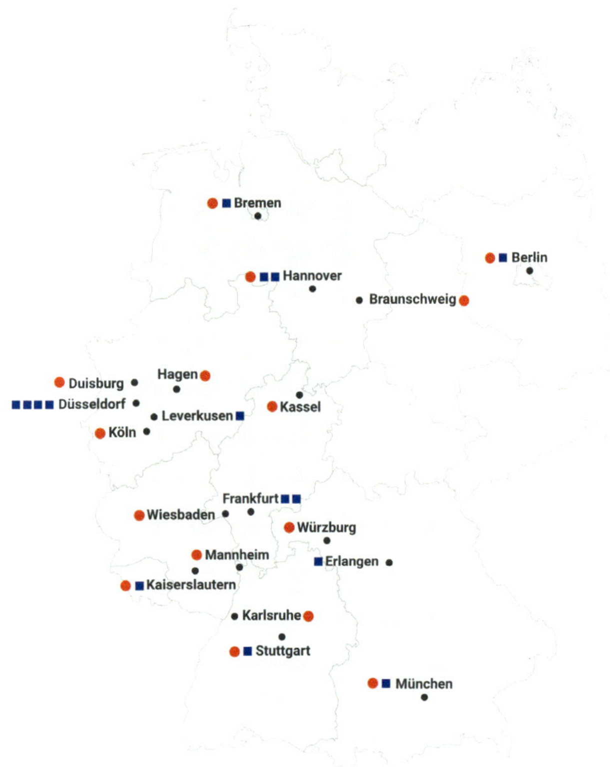

ABB. 5: Deutschlandkarte mit den Stationen der Gedächtnisausstellungen (rot) sowie weiteren Orten, an denen Werke von Rudolf Levy während der 1950er-Jahre in Sonderausstellungen gezeigt wurden (blau).
Gestaltung: Sonja Rankl, Wiesbaden

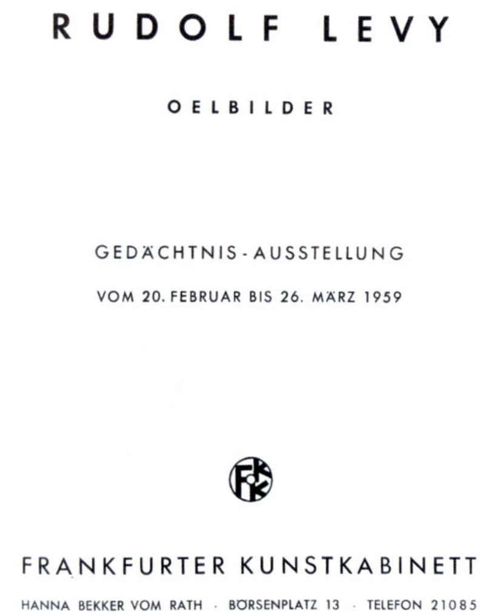
RUDOLF LEVY

OELBILDER

GEDÄCHTNIS-AUSSTELLUNG

VOM 20. FEBRUAR BIS 26. MÄRZ 1959

FRANKFURTER KUNSTKABINETT

HANNA BEKKER VOM RATH · BÖRSENPLATZ 13 · TELEFON 21085

ABB 6: Titelseite des Ausstellungskatalogs „Rudolf Levy. Ölbilder. Gedächtnis-Ausstellung"
Frankfurter Kunstkabinett Hanna Bekker vom Rath, 1959

Berlin, Düsseldorf oder München hatte wieder Zugang zu ihnen, auch über Kataloge, in denen die Werke abgebildet waren. Genia verfolgte diese Projekte sehr genau, und wenn sie konnte, unterstützte sie die Ausstellungen durch Leihgaben. So stellte sie der Galeristin Hella Nebelung drei Werke für die Schau „Deutsche Maler in Italien" zur Verfügung.[23]

Von den Beteiligungen an diesen Gruppenausstellungen versprach sich Genia auch ein Momentum für die große Gedächtnisausstellung, die sie plante. Im Mai 1951 schrieb sie optimistisch an Battke: „Zur Zeit ist hier eine Ausstellung ‚Deutsche Heimat im Osten' wo 4 Bilder von Rudolf als geborener Stettiner und östlicher Vertreter ausgestellt sind. Die Bilder sind von einer so überwiegenden Durchschlagskraft, dass sie jedem Beschauer auffallen müssen. Ich hoffe, dass damit der Grundstock zur grossen Rudolf-Levy-Ausstellung zum nächsten Jahr gelegt ist."[24] Trotz dieser Erfolge: Es bleibt eine traurige Wahrheit, dass Genia Levy die Gedächtnisausstellung nicht mehr erlebte.

II. Eine Gedächtnisausstellung als Tournee — A la memoire d'un grand amour

Nach dem Tod Genias am 30. Dezember 1953 gab es vorerst nur geringe Fortschritte. Erst im Frühjahr 1954 nahmen die Planungen Gestalt an. Zum Andenken an seine verstorbene Frau und seinen Freund Rudolf — und unterstützt von Battke — fühlte sich Koppold verpflichtet, die Levy-Ausstellung zu realisieren. Kurt Martin, Direktor der Kunsthalle Karlsruhe, wandte sich daher an Arthur Rümann von der Städtischen Galerie in München und teilte ihm mit: „Ich würde gerne mit Ihnen zusammen wirken, wenn eine kleine und sehr gewählte Rudolf-Levy-Gedächtnis-Ausstellung gemacht wird. Ich würde mich für diese Ausstellung auch für Karlsruhe interessieren und schlage Ihnen vor, dass wir zu gegebener Zeit den Versuch machen, eine solche Veranstaltung wandern zu lassen."[25]

Vorbereitet wurde auch ein Katalog, der mit seinen 24 Seiten allerdings sehr viel bescheidener war, als ursprünglich von Genia gewünscht (Abb. 3, 4). Den Katalogtext verfasste Gustav Friedrich Hartlaub.[26] In seinem Beitrag stellte er die schwache Wahrnehmung Levys in der deutschen Öffentlichkeit fest und formulierte die rhetorische Frage: „Was mögen die Gründe für diese auffällige Zurückhaltung in unseren Tagen sein? Wir weigern uns, auch nur zu erwägen, ob etwa die einstige Ächtung des ‚nichtarischen' Familiennamens im Unterbewusstsein gewisser Leute noch immer hemmend wirkt. Eher mag der Umstand mit im Spiel sein, daß Rudolf Levy nicht zu denen gehört hat, die man heute als die eigentlichen Bahnbrecher der deutschen Malerei zwischen 1900 und 1933 betrachtet. […] Es ist an der Zeit, auch ihm den verdienten, nun schon historischen Platz in der Kunstentwicklung unseres Jahrhunderts einzuräumen."[27]

Der Katalog trug den feierlichen Vorsatz „A la memoire d'un grand amour" (In Erinnerung an eine große Liebe), ehrte also das Paar Rudolf und Genia Levy. Am Samstag, den 21. August 1954 wurde die Ausstellung in der Städtischen Galerie im Lenbachhaus in München eröffnet (Abb. 1, S. 261). Anhand von 34 Exponaten zeigte sie den facettenreichsten Werküberblick, den es bis dahin in Deutschland gegeben hatte.[28] Mit 16 Gemälden lag der Schwerpunkt auf Bildnissen, gefolgt von 12 Landschaften und 6 Stillleben.[29]

Im Anschluss ging die Gedächtnisausstellung, die logistisch primär von Heinz Battke und Leonie von Wilckens betreut wurde, auf Wanderschaft und konnte in 14 Städten Westdeutschlands sowie in West-Berlin gezeigt werden. Den Museen versuchte Battke eine Mitarbeit durch günstige Ankaufsmöglichkeiten oder durch Geschenke attraktiv zu machen. So schrieb er an Carl Maria Kiesel, Direktor der Landesgewerbeanstalt Kaiserslautern (des heutigen Museums Pfalzgalerie Kaiserslautern): „Sie wissen, dass es meine Absicht ist, den Besten der deutschen Museen (Rudolf Levy war in 11 vertreten) die Möglichkeit zu geben, je ein Bild aus ‚ihrer' Ausstellung zu einem nur symbolischen Preis (ich denke an einen Durchschnitt von 500 DM) zu erwerben; […].“[30] Die Wanderausstellung dauerte insgesamt 23 Monate und machte in den folgenden Städten Station:

1. München (Städtische Galerie im Lenbachhaus, August–September 1954)
2. Kaiserslautern (Landesgewerbeanstalt, heute: Museum Pfalzgalerie, September–Oktober 1954)
3. Mannheim (Kunsthalle, November–Dezember 1954)
4. Stuttgart (Württembergischer Kunstverein, Januar–Februar 1955)
5. Köln (Kunstverein, Februar–März 1955)
6. Duisburg (Städtisches Museum, April 1955)
7. Berlin (Kunstamt Kreuzberg, Mai–Juni 1955)
8. Würzburg (Städtische Galerie, Juli 1955)
9. Hannover (Kunstverein, August–September 1955)
10. Braunschweig (Kunstverein, Oktober 1955)
11. Bremen (Kunsthalle, November 1955–Januar 1956)
12. Wiesbaden (Nassauischer Kunstverein, Januar–Februar 1956)
13. Kassel (Kunstverein, März 1956)
14. Karlsruhe (Kunsthalle, April–Mai 1956)
15. Hagen (Osthaus-Museum, Mai–Juni 1956)

Als die Tournee am 17. Juni 1956 im Hagener Osthaus-Museum zum Abschluss kam, hatten viele Tausende Besucher Levys Bilder gesehen (Abb. 5). Auch in den Medien fand die Tournee ein großes Echo.[31] Die Presseartikel stellten Levy einer breiten Leserschaft als eine wichtige deutsche Künstlerpersönlichkeit des 20. Jahrhunderts vor. Dazu *Der Tagesspiegel* in Berlin: „Es ist an der Zeit, Levy wieder in die Reihe derer zu stellen, die im Kunstschaffen unseres Jahrhunderts einen Platz beanspruchen dürfen. Der Anfang ist getan.“[32]

In der Tat trugen die Gedächtnisausstellungen dazu bei, Rudolf Levy mit neuer Kraft in der deutschen Kunstszene zu etablieren. Davon zeugt seine Beteiligung an mehreren wichtigen Gruppenausstellungen jener Jahre.[33] Auf der 5. Ausstellung des Deutschen Künstlerbundes in Hannover (1955) waren ebenfalls zwei seiner Werke ausgestellt.[34] In den Zeitraum nach den Gedächtnisausstellungen fallen auch zwei weitere Einzelausstellungen, die von Battke initiiert worden waren (Abb. 6): „Rudolf Levy. Ölbilder“ (Düsseldorf, Galerie Alex Vömel, 1958) und „Rudolf Levy. Ölbilder. Gedächtnis-Ausstellung“[35] (Frankfurt, Frankfurter Kunstkabinett Hanna Bekker vom Rath, 1959).

Die Levy-Gedächtnisausstellungen der Jahre 1954–56 verstanden sich als strategisch konzipierte Rehabilitationsversuche für einen getöteten jüdischen Künstler deutscher Nationalität. Heute wird erkennbar, wie singulär und wegweisend diese Bemühungen in jener Zeit waren. Eine Auseinandersetzung mit dem Holocaust und den vielen anderen NS-Verbrechen fand in den 1950er-Jahren in Deutschland nur bedingt statt, war politisch oftmals nicht opportun. Indem die Wanderausstellung das Publikum mit der Bildwelt eines Künstlers konfrontierte, der vermutlich am 6. Februar 1944 in einer der Gaskammern von Auschwitz ermordet wurde, entfaltete sie gleichsam eine aufklärerische Wirkung, wirkte diesem Schweigen durch die Zeugenschaft der Kunstwerke entgegen. Besonders deutlich wurde Carl Maria Kiesel, der Levy in seiner Eröffnungsrede vom Herbst 1954 in die Reihe anderer verfolgter und verfemter Künstler stellte und damit die moralische Qualität der Ausstellung unterstrich: „Echter Humanismus, verkörpert im Werk und im Leben von Männern wie Thomas Mann und Stefan Zweig, André Gide und Romain Rolland, Max Beckmann und — Rudolf Levy, Männer, die man bei uns ihrer Abstammung oder ihrer Auffassung wegen als Entartete, als Unerwünschte oder als Untermenschen zu bezeichnen beliebte.“[36]

Auch der Kunsthistoriker Gustav Friedrich Hartlaub betonte die Aspekte der Re-Kanonisierung und Rehabilitierung: „Unsere kunstliebende Öffentlichkeit hat sich nach dem Zweiten Weltkrieg bemüht, das namenlose Unrecht, welches während des nationalsozialistischen Regimes vielen Künstlern zugefügt worden ist, einigermaßen zu kompensieren. Zwar sind Verfemungen und Malverbote, wie sie die Schaffenden oft auf der Höhe ihres Lebens betroffen haben, in ihren vielfältigen Formen nicht wiedergutzumachen. Die als ‚entartet' oder wegen ihrer ‚Rasse' ihrer Urheber aus den deutschen Museen hinausgeworfenen Kunstwerke (von Rudolf Levy z. B. zwölf) können nur zum kleinsten Teil wieder beigebracht werden und vollends gibt es gegenüber den Verheerungen, die Weltkrieg und Konzentrationslager im Lebenswerk der einzelnen angerichtet haben, keinen Ausgleich. Aber man hat die Ehre der Betroffenen wiederhergestellt, hat sie durch Ausstellungen und literarische Würdigungen wieder in ihren Rang gesetzt, hat ihr Schaffen, soweit es den Sturm überlebte und sich in die Gegenwart fortsetzte, in den geistigen Kreislauf unserer Gegenwart eingeschaltet. Leider sind diese Restitutionen nicht in allen Fällen vollzogen worden. Das gilt in auffälligem Maße für Rudolf Levy, obgleich dieser unter den deutschen Malern in der ersten Hälfte des Jahrhunderts eine Rolle gespielt hat, die man nicht übersehen darf. Überdies gehört er zu denjenigen Kulturschaffenden, welchen die Schreckensherrschaft am grausamsten mitgespielt hat — bis zum bitteren Ende.“[37]

Indem sie über die von ihm erhaltenen Kunstwerke an das Schicksal Levys erinnerten, fungierten die Rudolf-Levy-Gedächtnisausstellungen in der Bundesrepublik als Orte einer frühen

Auseinandersetzung mit einem Menschen, der zum Opfer des Holocausts geworden war. Noch weit vor der eigentlichen juristischen Aufarbeitung des Völkermords im Rahmen des Prozesses gegen Adolf Eichmann in Jerusalem (1961) und der Auschwitzprozesse in Frankfurt a. M. (1963–68) setzte die Ausstellungstournee damit wichtige Impulse, sich den von den Deutschen geplanten und durchgeführten Verbrechen zu stellen.

Die *Abendpost Frankfurt* schrieb am 20. Januar 1955 über die Stuttgarter Gedächtnisausstellung: „Levy war Jude. Er wurde 1944/45 im KZ Auschwitz oder Dachau ermordet. Diejenigen, denen dieser Satz traurigste Erinnerungen erwecken mag, mögen dem Rezensenten verzeihen. Es ist jedoch notwendig, solche Daten zu erwähnen, weil sie manchem schon wieder unbekannt sind, weil sie in zehn Jahren nichts dazugelernt haben."[38] Wenige Monate zuvor hatte der *Münchner Merkur* unter dem Titel „In memoriam Rudolf Levy" seinen Lesern die existenzielle Dimension der Ausstellung beschrieben: „Der Maler Rudolf Levy gehört zu den Märtyrern der nazistischen Judenverfolgung. 1943 wurde der 68-jährige in seinem Florenzer Exil [...] von Gestapoleuten, die sich als Kunsthändler getarnt hatten, überfallen und ein Jahr später – man weiß nicht genau, ob in Auschwitz oder Dachau – ermordet. So wurde ein Mensch ausgelöscht [...] Es gibt in der Gedächtnisausstellung der Städtischen Galerie ein Bild aus dem verhängnisvollen Jahr 1943, das von seinem Schicksal zu wissen scheint – das schräg in den Raum vorstoßende Selbstbildnis mit der Brille, die eine Gesichtshälfte schon verschattet, die andere von grellen Blitzen gekerbt, die Augen zusammengekniffen dem Gräßlichen entgegensehend, den Mund zur letzten Absage halb geöffnet – ein Bild härtester Tragik, ohne Farbe und ohne Erbarmen."[39]

Das letzte Selbstbildnis, 1954 vom Museum Pfalzgalerie Kaiserslautern angekauft, wurde als Bildzeugnis zitiert, in dem sich ahnungsvoll das kommende Unheil anzukündigen scheint (KAT 75, S. 253). Ähnlich klingt es auch in einer Besprechung der Kaiserslauterer Gruppenausstellung „Deutsche in Paris", in der eben dieses Selbstbildnis 1958 zusammen mit zwei weiteren Levy-Gemälden erneut zu sehen war:[40] „Rudolf Levy, deutscher Jude, fällt durch sein letztes Selbstbildnis von 1943 (Eigentum der Pfalzgalerie) besonders auf: nicht nur ein Kunstwerk reifster Prägung, sondern auch ein von unendlicher Tragik umwittertes Zeitdokument. Im 1. Weltkrieg als deutscher Soldat für Tapferkeit mit dem Eisernen Kreuz dekoriert, endete er 1944 auf furchtbarste Weise in Auschwitz. Im Selbstbildnis wird die Vorahnung deutlich."[41]

Zwei Aspekte heben viele Presseberichte hervor: Levys Schicksal als Jude sowie die Verluste seiner Bilder durch die Aktion „Entartete Kunst". Unter dem Titel „Rudolf Levy ist zu Unrecht vergessen" schrieb Ulrich Seelmann-Eggebert in seiner Besprechung der Kaiserslauterer Station: „Sonst pflegt man sich des zehnten Todestages Verstorbener zu erinnern; bei Rudolf Levy, dem großen deutschen Maler, kann nur der zehnten Wiederkehr des Todesjahres gedacht werden, denn der Tag seines Hinscheidens ist unbekannt und nicht einmal der Ort ist ganz gewiß. War es Dachau? Oder war es, was wahrscheinlicher sein dürfte, Auschwitz? Nachdem der Achtundsechzigjährige von der Gestapo eingefangen worden war, verloren sich seine Spuren in den KZ's. Und volle zehn Jahre hat es seither gedauert, ehe man sich in Deutschland endlich wieder seiner zu erinnern beginnt. [...] Im Jahre 1933 hingen in elf deutschen Museen Bilder von Rudolf Levy; kein einziges ist über die Jahre der Unterdrückung und Verfolgung hinaus erhalten geblieben."[42]

In Berlin – dort war die Gedächtnisausstellung 1955 zu sehen – betonten die Redner bei der Eröffnung die mahnenden Gedanken: „Die Jüngeren werden kaum noch wissen, wer Rudolf Levy ist. Aber bis zu den Jahren der Brandmarkung und Verfolgung hingen Bilder von ihm in 16 deutschen Museen. Sie sind verschollen, ebenso wie ihr Schöpfer, der im Dezember 1943 in Florenz ein Opfer der Gestapo wurde. Mit größter Mühe gelang es seiner Witwe, nach 1945 überhaupt eine Reihe von Werken zusammenzubringen. Zum ersten Mal sieht man sie jetzt in Berlin. Die Feierstunde im neuen Rathaus Kreuzberg in der Yorkstraße wurde eine späte Ehrung und Rechtfertigung des Gemordeten. Aus den Worten von Bürgermeister Kressmann und Stadtrat Urban klang die Mahnung, daß nie wieder so Furchtbares sich ereignen möge. Im Namen des Senators für Volksbildung sprach Dr. Jannasch und kündete die Erwerbung eines Bildes an für die Galerie des 20. Jahrhunderts."[43]

Dass der Levy-Ausstellung eine wichtige Erinnerungsfunktion innewohnte, betonte auch die *Westfalenpost* als 1956 mit Hagen die letzte Station der Tournee erreicht war: „Die Schicksalhaftigkeit von Leben und Werk erscheint bei Rudolf Levy durch eine doppelte Tragik bestimmt: mit dem Verlöschen seiner physischen Existenz durch Verschleppung aus seinem Florentiner Exil und Ermordung war auch zugleich die Erinnerung an sein malerisches Werk, an seine zumindest hinweisende Bedeutung als einer der ersten deutschen Künstler erloschen, die sich im Anfang dieses Jahrhunderts bewußt an der französischen Form- und Farbproblematik des ‚Fauvismus' um Henri Matisse orientierten. Dieses gleichzeitige Auslöschen einer hochbegabten Malerpersönlichkeit und seiner geistigen Hinterlassenschaft trägt denn auch die Schuld an der immerhin erstaunlichen Tatsache, daß in der Nachkriegszeit der Name Rudolf Levy selbst in den anspruchsvollsten und eingehendsten Werken über die im Dritten Reich zum Schweigen gebrachte Moderne [...] nicht mehr oder nur ungenau am Rande erscheint."[44]

III. Rudolf Levy in der frühen Bundesrepublik

Im Jahr 1961 erschien im Baden-Badener Verlag von Woldemar Klein das Büchlein „Rudolf Levy. Gemälde" (Abb. 7). Diese Publikation markierte den Höhepunkt der von Genia Levy und Heinz Battke angestoßenen Re-Kanonisierung von Rudolf Levy in der Bundesrepublik. Erstmals erschien in diesem Buch die Levy-Biografie, die Hans Purrmann auf Genias Wunsch hin mehr als zehn Jahre zuvor verfasst hatte.[45] Zum ersten Mal öffentlich zu Wort kam auch Genia. Unter der Überschrift „Ein Schicksal unter vielen" spricht sie zum Leser: „Als die Katastrophe des Nationalsozialismus über uns hereinbrach, zitterte mein Herz um ihn; obwohl er stark war wie eine Eiche und klug wie eine Schlange. Aber er war Jude. Alles Gute und Edle seiner Rasse[46] war in jahrhundertelanger Verbundenheit seiner Familie mit dem Deutschtum zu einem

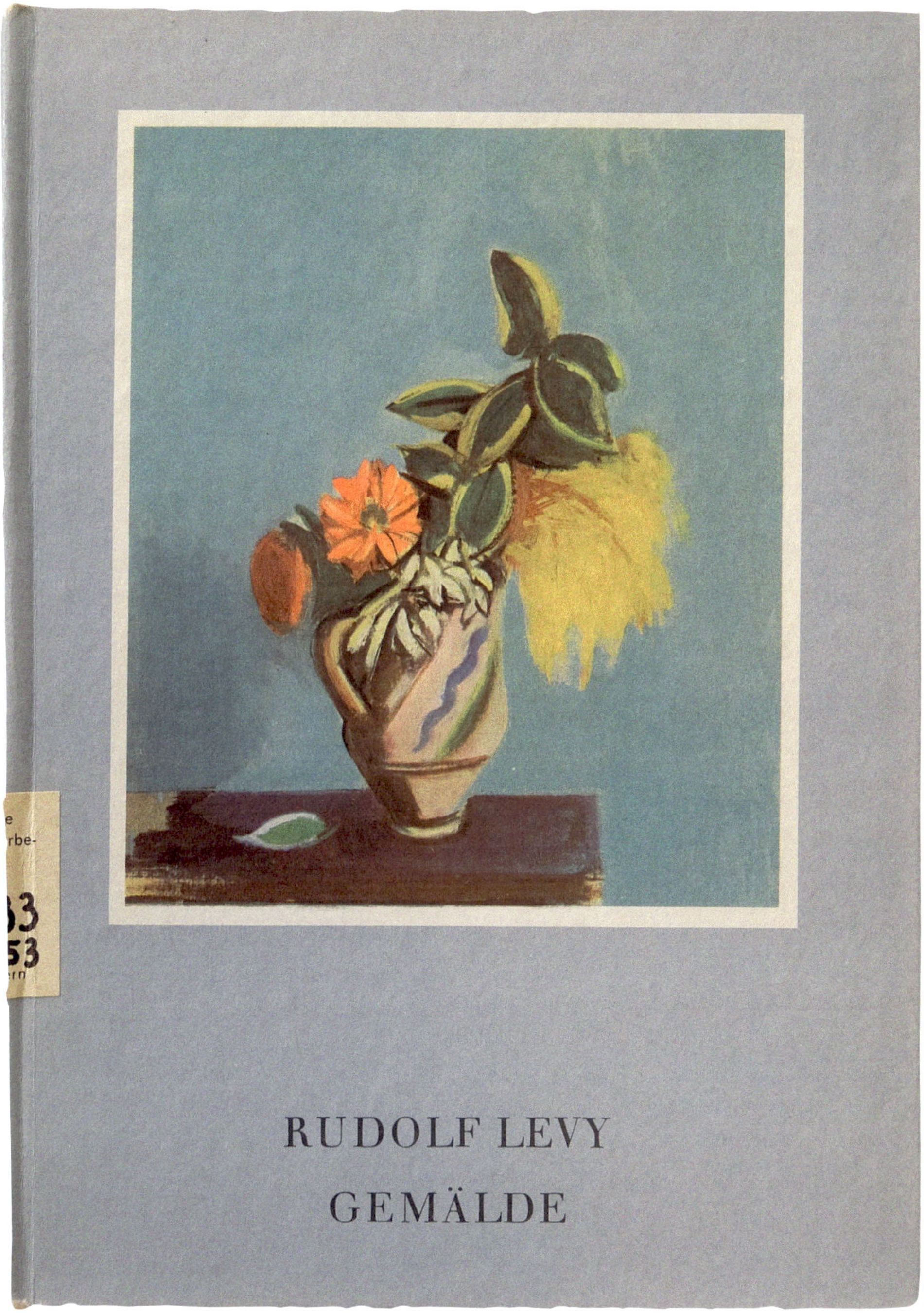

ABB. 7: Umschlagvorderseite des Buches „Rudolf Levy. Gemälde", 1961

hohen Kulturgut geworden, dessen Erbe und Träger er war. Aber er war Jude und damit von vornherein verdammt – er, der überragenden Geistes und so warmen Herzens war! Wie wäre es sonst möglich gewesen, daß ihm alle Herzen zuschlugen und daß er jeweils zum Mittelpunkt jedes Kreises von Menschen wurde, in den ihn sein Lebensweg führte. Ich spreche von dem Maler Rudolf Levy; nicht von seiner Kunst: von dem Menschen und seinem tragischen Geschick."[47]

Getragen von diesen Gefühlen hatte Genia mit großen Ambitionen ihre Bemühungen für Rudolf Levy begonnen; und blickt man zurück, so kann festgestellt werden, dass die Jahre ab 1949 eine singuläre Erfolgsgeschichte erzählen. Neben den Veröffentlichungen und Presseartikeln reflektiert die Ausstellungshistorie eine erstaunlich intensive Levy-Rezeption: So waren seine Bilder zwischen 1950 und 1959 auf 13 Gruppenausstellungen zu sehen, hinzukamen zwei Personalausstellungen in der Galerie Alex Vömel und im Frankfurter Kunstkabinett. Das erfolgreichste Projekt aber war die 15 Stationen umfassende Wanderausstellung, die dem Publikum zwischen 1954 und 1956 einen beeindruckenden Überblick über Levys Schaffen gab. Insgesamt waren Levys Bilder in einem Zeitraum von nicht einmal zehn Jahren auf 30 Ausstellungen in allen Teilen der Bundesrepublik zu sehen; und auch die von Battke forcierte Ausstattung der deutschen Museen mit Bildern Levys war erfolgreich: Heute befinden sich rund 80 seiner Arbeiten in 31 öffentlichen Sammlungen in Deutschland, Israel und Italien; viele Privatsammlungen kommen hinzu. Allein das Museum Pfalzgalerie Kaiserslautern bewahrt eine kostbare Kollektion von sechs Gemälden und zwei Zeichnungen (KAT 19, S. 107; KAT 33, S. 129; KAT 35, S. 133; KAT 37, S. 137; KAT 42, S. 143; KAT 46, S. 207; KAT 74, S. 251; KAT 75, S. 253).

Vermutlich keinem anderen der im Holocaust getöteten deutschen Künstlerinnen und Künstler jüdischen Glaubens war in Deutschland nach dem Krieg eine ähnliche Erfolgsgeschichte vergönnt, im Gegenteil: Um viele ermordete jüdische Maler, Bildhauer und Druckgrafiker wurde es still, sie blieben vergessen, mussten postum oft viele Jahrzehnte auf ihre Rehabilitierung warten. Zu denken ist beispielsweise an Otto Freundlich, Paul Gangolf, Julo Levin, Felix Nussbaum oder Fritz Schwarz-Waldegg.

Auch auf der documenta 1 in Kassel, der wichtigsten Kunstausstellung der 1950er-Jahre in Deutschland, blieb dem Publikum der Blick auf die Bilder von verfolgten und ermordeten deutsch-jüdischen Künstlern versagt.[48] Wie im Rahmen der Berliner Sonderausstellung „documenta. Politik und Kunst"[49] (2021) beschrieben werden konnte, befand sich unter den 49 ausgestellten deutschen Malern und Bildhauern kein einziger jüdischer Künstler deutscher Nationalität.[50] Scheuten die Verantwortlichen vielleicht davor zurück, diese durch öffentliche Mittel finanzierte und staatspolitisch aufgeladene Ausstellung für eine gesellschaftliche Debatte über die Opfer von Antisemitismus und Holocaust zu öffnen? Das Engagement von Genia Levy, Heinz Battke und dem von ihnen ins Leben gerufenen Levy-Netzwerk kann somit gar nicht hoch genug eingeschätzt werden. In jener Zeit der 1950er-Jahre, in der das Grauen des Holocausts überwiegend noch verdrängt wurde, waren die Levy-Gedächtnisausstellungen außergewöhnliche Signale gegen das Vergessen.

Heinz Battke überlebte Genia Levy um 13 Jahre. Er verstarb 65-jährig am 15. Januar 1966 in Frankfurt a.M. Zuvor war 1961 Heinrich Koppold verschieden. Um zu verhindern, dass die Levy-Sammlung zerstreut würde, vererbte sie Battke an seine Cousine Gudrun Schemell. Anhand der Battke-Archivalien lässt sich rekonstruieren, dass die Erbin die Zusammenarbeit mit dem Kunsthandel intensiv fortsetzte.[51]

Nach den 1950er-Jahren wurde es stiller um Rudolf Levy – die Dynamik seiner Rezeption verlor an Bewegungskraft. Seine Bilder waren zwar regelmäßig auf Gruppenausstellungen zu sehen, insbesondere dann, wenn das Café du Dôme behandelt wurde; die universitäre Wissenschaft hingegen fand noch keinen starken Zugang zu seinem Werk, und nur vereinzelt wurden in den 1960er- und 1970er-Jahren kleinere Beiträge veröffentlicht.[52] Eine nachhaltigere Levy-Renaissance entfaltete sich in diesen Jahren nicht.

Es ist vor allem Susanne Thesing und ihrer Dissertation zu verdanken, dass Rudolf Levy seit den 1970er-Jahren wieder mehr Aufmerksamkeit erhielt.[53] Damals fanden auch letztmalig Einzelausstellungen statt. Es war im Jahr 1977, als die Hamburger Galerie Levy (die Namensgleichheit war ein Zufall) und das Frankfurter Kunstkabinett hintereinander größere Werküberblicke präsentierten.[54] Rudolf Krämer-Badoni schrieb in der Zeitung *Die Welt*: „Nach langer Pause finden in diesem Jahr gleich zwei Rudolf-Levy-Ausstellungen statt [...] Museen und Sammler sollten die vielleicht letzte Gelegenheit nicht versäumen. Rudolf Levys Œuvre enthält nämlich die ganze Epoche in klassischer Mäßigung, es ist die Ernte aus Fauvismus und Expressionismus."[55]

Nach diesen zwei größeren Werkpräsentationen setzte ein Schweigen ein, das nur vereinzelt durch Gruppenausstellungen unterbrochen wurde.[56] Ganze 46 Jahre sollte es dauern, bis im Jahr 2023 die ersten großen retrospektiven Einzelausstellungen in Italien (Florenz) und in Deutschland (Kaiserslautern) eröffnet wurden. In diesen ambitionierten Ausstellungen bewahrheitete sich auch erneut ein Gedanke, den Genia Levy bereits 1950 ebenso kämpferisch wie hoffend formuliert hatte: „Rudolf Levy ist tot, aber in seinen Bildern muss er wieder neu erstehen und man soll und wird in Achtung seine Person als Maler anerkennen müssen."[57]

1 Dieser Beitrag erschien in italienischer Übersetzung im Florentiner Ausstellungskatalog „Rudolf Levy (1875–1944). L'opera e l'esilio" (Electa, Mailand, 2023). Die hier vorliegende deutsche Fassung wurde an einigen Stellen leicht überarbeitet. Über diesen Aufsatz hinaus bereitet der Autor eine Publikation vor, die sich ausführlich der Geschichte der Rudolf-Levy-Wanderausstellung (1954/56) und ihrer Rezeption in der jungen Bundesrepublik widmen wird. Ferner soll die besondere Rolle von Genia Levy anhand von zahlreichen bisher unveröffentlichten Briefzeugnissen erstmals ausführlich dargestellt und gewürdigt werden. Die Veröffentlichung ist für 2025 vorgesehen. Susanne Thesing sei für wichtige Hinweise sehr herzlich gedankt. Der Dank des Verfassers geht ferner an Janine Aures (Institut für Stadtgeschichte, Frankfurt a. M.), Felix Billeter und Eva Fritz (Hans Purrmann Archiv, München), Ulrich Burkhart (Zentralarchiv, Bezirksverband Pfalz, Kaiserslautern), Michaela Hussein-Wiedemann (Zentralarchiv, Staatliche Museen zu Berlin – Preußischer Kulturbesitz), Lisa Kern (Städtische Galerie im Lenbachhaus, München), Andreas Korthals (Stadtarchiv, Hagen), Laura Metz (Deutsches Kunstarchiv, Nürnberg), Christine Maurer (Stadtarchiv, München) sowie an Sonja Rankl, Wiesbaden.

2 Ahlers-Hestermann 1968, S. 71.

3 Dazu Thesing 1990, S. 30–31: „Levy bestand auf dieser Scheidung, da er Genia als Ehefrau eines Juden nicht der nationalsozialistischen Verfolgung aussetzen wollte."

4 Daten übernommen von der Einwohnermeldekarte von Heinrich Max Koppold, Stadtarchiv München, Signatur DE-1992-EWK76-G-271. Genia Levy äußerte sich später zu den Gründen der erneuten Vermählung: „Ich möchte mein Wirken und Streben ganz in den Dienst Rudolfs stellen. Ich habe dies ja mein ganzes Leben hindurch getan und der Umstand meiner Heirat diente ja auch nur dazu um die Möglichkeit eines Zusammentreffens zu haben und mich weiter einsetzen zu können." Genia Levy an Hans Purrmann, undatierter Brief, der Kontext lässt auf Ende 1949 schließen, Hans Purrmann Archiv, München.

5 Allgemeines Lexikon der bildenden Künstler 1929, S. 160.

6 Der umfangreiche Briefwechsel zwischen Genia Levy und Battke liegt im Deutschen Kunstarchiv in Nürnberg und wurde für diesen Aufsatz ausgewertet.

7 Genia Levy an Heinz Battke, Brief vom 12.11.1952, Deutsches Kunstarchiv, Nürnberg, Nachlass Heinz Battke 773, Kapsel 9.

8 Wilckens 1949; siehe auch Battke 1951.

9 Wilckens 1949, S. 11.

10 Heinz Battke an Erich Köllmann, Brief vom 1.4.1951, Deutsches Kunstarchiv, Nürnberg, Nachlass Heinz Battke 773, Kapsel 17.

11 Levy 1950.

12 Genia Levy an Heinz Battke, Brief vom 6.8.1950, Deutsches Kunstarchiv, Nürnberg, Nachlass Heinz Battke 773, Kapsel 10.

13 Genia Levy an Heinz Battke, Brief vom 26.1.1951, Deutsches Kunstarchiv, Nürnberg, Nachlass Heinz Battke 773, Kapsel 10.

14 Genia Levy an Heinz Battke, Brief vom 3.3.1953, Deutsches Kunstarchiv, Nürnberg, Nachlass Heinz Battke 773, Kapsel 7.

15 Der Nachlas von Rudolf Levy. Unterzeichnetes, handgeschriebenes Blatt, Deutsches Kunstarchiv, Nürnberg, Nachlass Heinz Battke 773, Sonderakte R. L., Kapsel 25.

16 Siehe auch den Beitrag von Felix Billeter, S. 270–279.

17 Genia Levy an Hans Purrmann, Brief vom 29.3.1950, Hans Purrmann Archiv, München.

18 Heinz Battke an Genia Levy, Brief vom 9.5.1951, Deutsches Kunstarchiv, Nürnberg, Bestand Nachlass Heinz Battke 773, Kapsel 7.

19 Heinz Battke an Carl Maria Kiesel, Brief vom 3.9.1954, Zentralarchiv, Bezirksverband Pfalz, Kaiserslautern, 25.09–25.10.1954 / Rudolf Levy, ZA BVP, Best. 07, AZ. 30.

20 Genia Levy an Hans Purrmann, undatierter Brief, der Kontext lässt auf Ende 1949 schließen, Hans Purrmann Archiv, München.

21 Süddeutsche Zeitung 1950.

22 Holst 1950; Deutsche Heimat im Osten 1950; Marwitz 1952.

23 Zentralarchiv für deutsche und internationale Kunstmarktforschung (ZADIK), zadik.phil-fak.uni-koeln.de/archiv/bestandsliste/a-90-galerie-hella-nebelung-duesseldorf (dort Ausstellungshistorie der Galerie Hella Nebelung, 12.6.2023).

24 Genia Levy an Heinz Battke, Brief vom 7.5.1951, Deutsches Kunstarchiv, Nürnberg, Nachlass Heinz Battke 773, Kapsel 7. Siehe auch Deutsche Heimat im Osten 1950.

25 Kurt Martin an Arthur Rümann, Brief vom 28.1.1954, Akte zur Wanderausstellung Rudolf Levy 1954/55, Archiv der Städtischen Galerie im Lenbachhaus, München.

26 Sonntag 2018, S. 60, Anm. 11.

27 Hartlaub 1954, o. S.

28 Koppold und Battke hatten insgesamt 37 Levy-Arbeiten für die Wanderausstellung vorgesehen. Je nach Hängemöglichkeiten variierte die Anzahl der gezeigten Werke dementsprechend leicht. Siehe Heinz Battke an Carl Maria Kiesel, Brief vom 3.9.1954, Zentralarchiv, Bezirksverband Pfalz, Kaiserslautern, 25.09–25.10.1954 / Rudolf Levy, ZA BVP, Best. 07, AZ. 30.

29 Auflistung der Leihgaben – Anmeldung zur Ausstellung Levy, datiert auf den 9.7.1954, Akte zur Wanderausstellung Rudolf Levy 1954/55, Archiv der Städtischen Galerie / Lenbachhaus, München.

30 Heinz Battke an Carl Maria Kiesel, Brief vom 3.9.1954, Zentralarchiv, Bezirksverband Pfalz, Kaiserslautern, 25.09–25.10.1954 / Rudolf Levy, ZA BVP, Best. 07, AZ. 30.

31 Im Herbst 1955 hielt Manon Maren-Grisebach im Nordwestdeutschen Rundfunk einen Vortrag über Levy. Heinz Battke an August Grisebach, Brief vom 26. Oktober 1955, Deutsches Kunstarchiv, Nürnberg, Nachlass Heinz Battke 773, Kapsel 8.

32 Hoyer 1955.

33 Schweicher 1955; Bekker vom Rath 1957; Kiesel 1958.

34 Deutscher Künstlerbund 1955.

35 Bekker vom Rath 1959.

36 Carl Maria Kiesel: Rede zur Eröffnung der Rudolf-Levy-Ausstellung am Samstag, 25.9.1954 im Ostflügel der LGA [Landesgewerbeanstalt, heute Museum Pfalzgalerie Kaiserslautern], Zentralarchiv, Bezirksverband Pfalz, Kaiserslautern, 25.09–25.10.1954 / Rudolf Levy, ZA BVP, Best. 07, AZ. 30.

37 Hartlaub 1954, o. S.

38 Frankfurter Abendpost 1955.

39 Münchner Merkur 1954.

40 Kiesel 1958.

41 Slevogt 1958.

42 Seelmann-Eggebert 1954.

43 Telegraf 1955.

44 Westfalenpost Hagen 1956.

45 Purrmann 1961. Weiterführend siehe dazu den Beitrag von Felix Billeter, S. 270–279.

46 Geprägt durch die Sprachgewohnheit und die Denkmodelle ihrer Zeit bezeichnete Genia Levy das Judentum als Rasse. Der Autor dieses Beitrags möchte an dieser Stelle darauf hinweisen, dass diese Bezeichnung aus wissenschaftlichen Gründen heute nicht mehr verwendet wird.

47 Levy 1961, S. 5.

48 Dazu weiterführend Voss 2021. Zur Geschichte der documenta 1 siehe auch Großpietsch/Hemken 2018.

49 Gross 2021.

50 Dazu Voss 2021, S. 94: „Während Purrmann schließlich mit fünf Werken an der documenta teilnahm, fiel Levy heraus. Ein Zufall war es nicht: In Kassel gab es 1955 keine Werke jüdischer Künstlerinnen und Künstler zu sehen, die von den Nationalsozialisten ermordet worden waren – wie Levy. Der Holocaust wurde so wenig erwähnt, wie die Sympathien einiger documenta-Künstler für den Nationalsozialismus." Siehe auch den Beitrag Julia Voss, S. 281–287, sowie Anm. 1 dieses Beitrags.

51 Deutsches Kunstarchiv, Nürnberg, Nachlass Heinz Battke 773, Akte R. L., Kapsel 25.

52 Gängel 1964; Händler 1965; Leppien 1962; Bayerthal 1967; Schmeer 1969; Vömel 1972; Steiner 1976; Thesing 1977.

53 Thesing 1979. 1990 wurden Thesings Ergebnisse zusammen mit einem Werkverzeichnis als Buch publiziert, das sich als Standardwerk etablieren konnte, siehe Thesing 1990.

54 Helmolt 1977; Levy 1977; Spatz 1977.

55 Krämer-Badoni 1977.

56 Fiedler-Bender 1988; Leismann 2004.

57 Genia Levy an Heinz Battke, Brief vom 6.8.1950, Deutsches Kunstarchiv, Nürnberg, Nachlass Heinz Battke 773, Kapsel 10.

„Balsam auf schwere Wunden“

Entstehung und Bedeutung von Hans Purrmanns *Erinnerungen an Rudolf Levy* (1961)

Felix Billeter

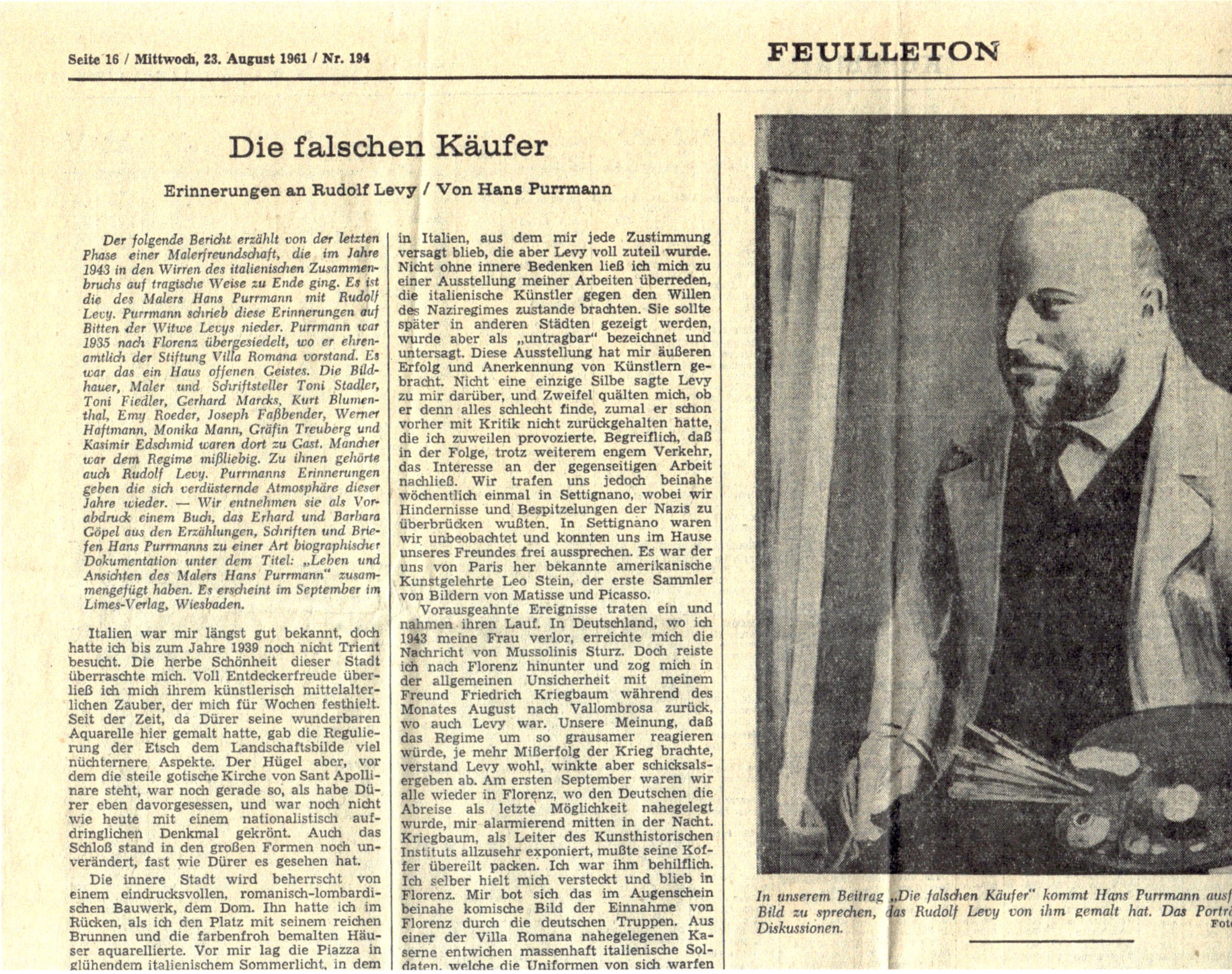

Seite 16 / Mittwoch, 23. August 1961 / Nr. 194

FEUILLETON

Die falschen Käufer

Erinnerungen an Rudolf Levy / Von Hans Purrmann

Der folgende Bericht erzählt von der letzten Phase einer Malerfreundschaft, die im Jahre 1943 in den Wirren des italienischen Zusammenbruchs auf tragische Weise zu Ende ging. Es ist die des Malers Hans Purrmann mit Rudolf Levy. Purrmann schrieb diese Erinnerungen auf Bitten der Witwe Levys nieder. Purrmann war 1935 nach Florenz übergesiedelt, wo er ehrenamtlich der Stiftung Villa Romana vorstand. Es war das ein Haus offenen Geistes. Die Bildhauer, Maler und Schriftsteller Toni Stadler, Toni Fiedler, Gerhard Marcks, Kurt Blumenthal, Emy Roeder, Joseph Faßbender, Werner Haftmann, Monika Mann, Gräfin Treuberg und Kasimir Edschmid waren dort zu Gast. Mancher war dem Regime mißliebig. Zu ihnen gehörte auch Rudolf Levy. Purrmanns Erinnerungen geben die sich verdüsternde Atmosphäre dieser Jahre wieder. — Wir entnehmen sie als Vorabdruck einem Buch, das Erhard und Barbara Göpel aus den Erzählungen, Schriften und Briefen Hans Purrmanns zu einer Art biographischer Dokumentation unter dem Titel: „Leben und Ansichten des Malers Hans Purrmann“ zusammengefügt haben. Es erscheint im September im Limes-Verlag, Wiesbaden.

Italien war mir längst gut bekannt, doch hatte ich bis zum Jahre 1939 noch nicht Trient besucht. Die herbe Schönheit dieser Stadt überraschte mich. Voll Entdeckerfreude überließ ich mich ihrem künstlerisch mittelalterlichen Zauber, der mich für Wochen festhielt. Seit der Zeit, da Dürer seine wunderbaren Aquarelle hier gemalt hatte, gab die Regulierung der Etsch dem Landschaftsbilde viel nüchternere Aspekte. Der Hügel aber, vor dem die steile gotische Kirche von Sant Apollinare steht, war noch gerade so, als habe Dürer eben davorgesessen, und war noch nicht wie heute mit einem nationalistisch aufdringlichen Denkmal gekrönt. Auch das Schloß stand in den großen Formen noch unverändert, fast wie Dürer es gesehen hat.

Die innere Stadt wird beherrscht von einem eindrucksvollen, romanisch-lombardischen Bauwerk, dem Dom. Ihn hatte ich im Rücken, als ich den Platz mit seinem reichen Brunnen und die farbenfroh bemalten Häuser aquarellierte. Vor mir lag die Piazza in glühendem italienischem Sommerlicht, in dem in Italien, aus dem mir jede Zustimmung versagt blieb, die aber Levy voll zuteil wurde. Nicht ohne innere Bedenken ließ ich mich zu einer Ausstellung meiner Arbeiten überreden, die italienische Künstler gegen den Willen des Naziregimes zustande brachten. Sie sollte später in anderen Städten gezeigt werden, wurde aber als „untragbar“ bezeichnet und untersagt. Diese Ausstellung hat mir äußeren Erfolg und Anerkennung von Künstlern gebracht. Nicht eine einzige Silbe sagte Levy zu mir darüber, und Zweifel quälten mich, ob er denn alles schlecht finde, zumal er schon vorher mit Kritik nicht zurückgehalten hatte, die ich zuweilen provozierte. Begreiflich, daß in der Folge, trotz weiterem engem Verkehr, das Interesse an der gegenseitigen Arbeit nachließ. Wir trafen uns jedoch beinahe wöchentlich einmal in Settignano, wobei wir Hindernisse und Bespitzelungen der Nazis zu überbrücken wußten. In Settignano waren wir unbeobachtet und konnten uns im Hause unseres Freundes frei aussprechen. Es war der uns von Paris her bekannte amerikanische Kunstgelehrte Leo Stein, der erste Sammler von Bildern von Matisse und Picasso.

Vorausgeahnte Ereignisse traten ein und nahmen ihren Lauf. In Deutschland, wo ich 1943 meine Frau verlor, erreichte mich die Nachricht von Mussolinis Sturz. Doch reiste ich nach Florenz hinunter und zog mich in der allgemeinen Unsicherheit mit meinem Freund Friedrich Kriegbaum während des Monates August nach Vallombrosa zurück, wo auch Levy war. Unsere Meinung, daß das Regime um so grausamer reagieren würde, je mehr Mißerfolg der Krieg brachte, verstand Levy wohl, winkte aber schicksalsergeben ab. Am ersten September waren wir alle wieder in Florenz, wo den Deutschen die Abreise als letzte Möglichkeit nahegelegt wurde, mir alarmierend mitten in der Nacht. Kriegbaum, als Leiter des Kunsthistorischen Instituts allzusehr exponiert, mußte seine Koffer übereilt packen. Ich war ihm behilflich. Ich selber hielt mich versteckt und blieb in Florenz. Mir bot sich das im Augenschein beinahe komische Bild der Einnahme von Florenz durch die deutschen Truppen. Aus einer der Villa Romana nahegelegenen Kaserne entwichen massenhaft italienische Soldaten, welche die Uniformen von sich warfen

In unserem Beitrag „Die falschen Käufer“ kommt Hans Purrmann ausfü Bild zu sprechen, das Rudolf Levy von ihm gemalt hat. Das Porträt Diskussionen. Foto:

ABB. 1: Artikel „Die falschen Käufer“ mit redaktioneller Notiz; in: *Frankfurter Allgemeine Zeitung*, 23. August 1961, S. 16 München, Hans Purrmann Archiv

Ein Vorabdruck von 1961

Unter dem Titel „Die falschen Käufer“ erschien am 23. August 1961 in der *Frankfurter Allgemeinen Zeitung* ein Auszug aus den Erinnerungen Hans Purrmanns an seinen Freund und Kollegen Rudolf Levy (Abb. 1).[1] Der Kunstkritiker Erhard Göpel (1906–1966) hatte diesen Vorabdruck lanciert, eigentlich um sein Buch „Leben und Meinungen des Malers Hans Purrmann“ für den Herbst 1961 anzukündigen.[2] In dieser bis heute wichtigsten Quellensammlung sind diese schon um 1950 verfassten Erinnerungen an Levy enthalten, neben vielen anderen Briefen und Texten, die Purrmann seit 1920 veröffentlicht hatte.

Auch das von Woldemar Klein im Jahr 1961 herausgegebene Büchlein „Rudolf Levy – Gemälde“ (in der Reihe „Der silberne Quell“) enthält den ganzen, im Wortlaut zum Schluss allerdings etwas abweichenden Text Purrmanns. In der redaktionellen Vorbemerkung der FAZ wird es merkwürdigerweise nicht erwähnt.

Purrmann beschreibt in seinen Erinnerungen in fünf Kapiteln aus subjektiver Sicht und in zahlreichen, zum Teil launigen Anekdoten die gemeinsam verbrachte Zeit an der Kunstgewerbeschule in Karlsruhe 1895–1897, an der Akademie in München 1897–1904, in Paris und im Café du Dôme 1905–1914 und schließlich die Jahre in Italien 1939–1943, in Trient und besonders in Florenz.

In dem nun vorab erschienenen letzten Teil geht es u. a. um die Verhaftung Levys im Winter 1943 durch die Gestapo, worauf auch die Überschrift des Artikels anspielt. Dass Göpel (oder die Zeitungsredaktion) gerade diesen tragischen Part auswählte (und nicht die amüsanteren Anekdoten aus der Pariser Zeit), ist möglicherweise dem weltweiten Interesse im Jahr 1961 am aufsehenerregenden Prozess gegen Adolf Eichmann in Israel geschuldet, einem der Hauptverantwortlichen für die Juden-Deportationen, deren Opfer auch Levy wurde.[3]

Sowohl in der wiedergegebenen knappen Darstellung in den Erinnerungen Purrmanns – auf die später noch eingegangen wird – als auch in der Vorbemerkung der Zeitung irritiert außerdem die verharmlosende Darstellung der Ermordung Levys. Die Rede ist nur von den dem NS-Regime „missliebigen“ deutschen Künstlern, zu denen eben auch Levy zählte. Dass dieser im Januar 1944 in Auschwitz oder auf dem Weg dorthin umgebracht wurde, wird

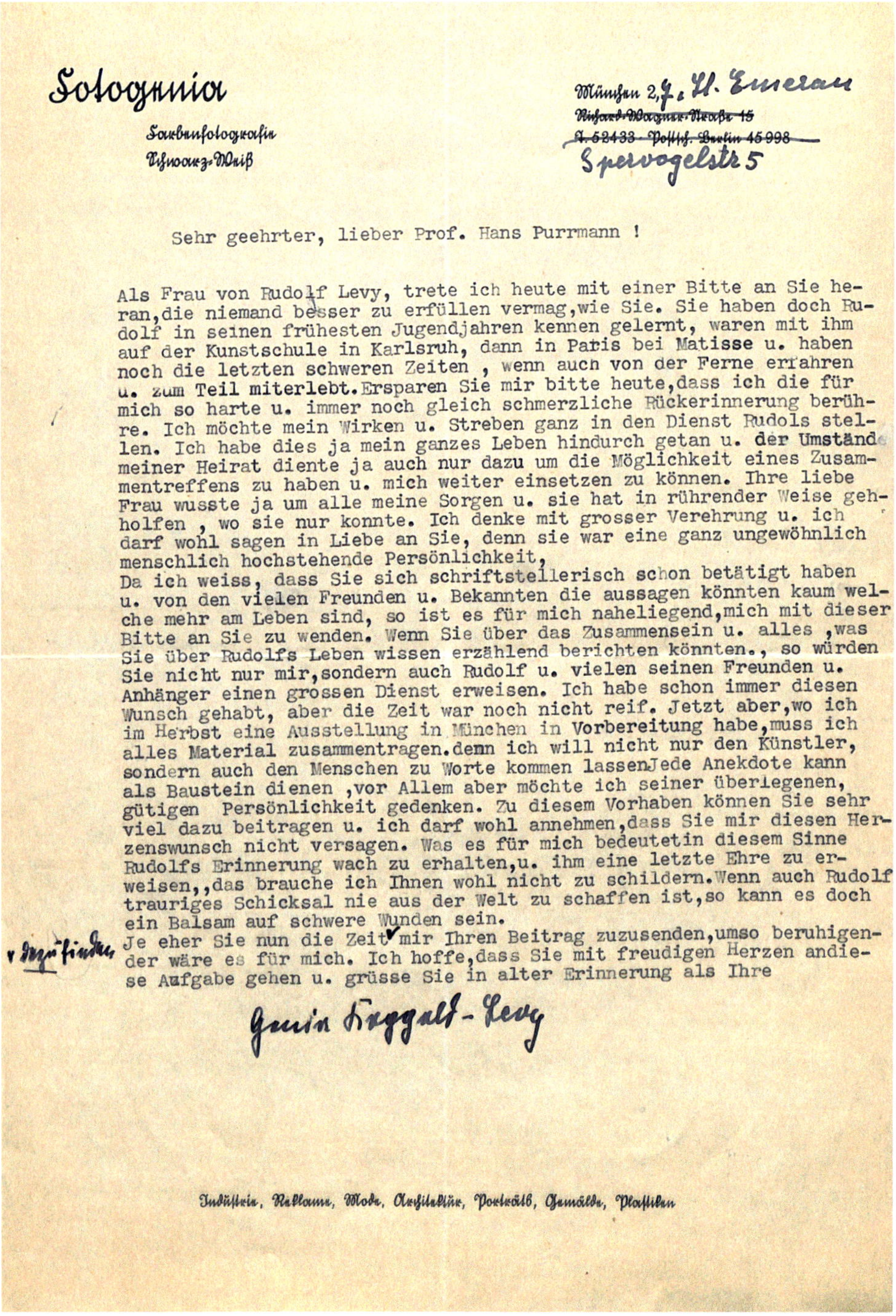
Fotogenia

Farbenfotografie
Schwarz-Weiß

München 2, ~~Richard-Wagner-Straße 15~~
~~F. 52433 · Postsch. Berlin 45998~~
Spervogelstr 5

Sehr geehrter, lieber Prof. Hans Purrmann !

Als Frau von Rudolf Levy, trete ich heute mit einer Bitte an Sie heran,die niemand besser zu erfüllen vermag,wie Sie. Sie haben doch Rudolf in seinen frühesten Jugendjahren kennen gelernt, waren mit ihm auf der Kunstschule in Karlsruh, dann in Paris bei Matisse u. haben noch die letzten schweren Zeiten , wenn auch von der Ferne erfahren u. zum Teil miterlebt.Ersparen Sie mir bitte heute,dass ich die für mich so harte u. immer noch gleich schmerzliche Rückerinnerung berühre. Ich möchte mein Wirken u. Streben ganz in den Dienst Rudols stellen. Ich habe dies ja mein ganzes Leben hindurch getan u. der Umstände meiner Heirat diente ja auch nur dazu um die Möglichkeit eines Zusammentreffens zu haben u. mich weiter einsetzen zu können. Ihre liebe Frau wusste ja um alle meine Sorgen u. sie hat in rührender Weise geholfen , wo sie nur konnte. Ich denke mit grosser Verehrung u. ich darf wohl sagen in Liebe an Sie, denn sie war eine ganz ungewöhnlich menschlich hochstehende Persönlichkeit,
Da ich weiss, dass Sie sich schriftstellerisch schon betätigt haben u. von den vielen Freunden u. Bekannten die aussagen könnten kaum welche mehr am Leben sind, so ist es für mich naheliegend,mich mit dieser Bitte an Sie zu wenden. Wenn Sie über das Zusammensein u. alles ,was Sie über Rudolfs Leben wissen erzählend berichten könnten., so würden Sie nicht nur mir,sondern auch Rudolf u. vielen seinen Freunden u. Anhänger einen grossen Dienst erweisen. Ich habe schon immer diesen Wunsch gehabt, aber die Zeit war noch nicht reif. Jetzt aber,wo ich im Herbst eine Ausstellung in München in Vorbereitung habe,muss ich alles Material zusammentragen.denn ich will nicht nur den Künstler, sondern auch den Menschen zu Worte kommen lassenJede Anekdote kann als Baustein dienen ,vor Allem aber möchte ich seiner überlegenen, gütigen Persönlichkeit gedenken. Zu diesem Vorhaben können Sie sehr viel dazu beitragen u. ich darf wohl annehmen,dass Sie mir diesen Herzenswunsch nicht versagen. Was es für mich bedeutetin diesem Sinne Rudolfs Erinnerung wach zu erhalten,u. ihm eine letzte Ehre zu erweisen,,das brauche ich Ihnen wohl nicht zu schildern.Wenn auch Rudolf trauriges Schicksal nie aus der Welt zu schaffen ist,so kann es doch ein Balsam auf schwere Wunden sein.
Je eher Sie nun die Zeit mir Ihren Beitrag zuzusenden,umso beruhigender wäre es für mich. Ich hoffe,dass Sie mit freudigen Herzen andiese Aufgabe gehen u. grüsse Sie in alter Erinnerung als Ihre

Industrie, Reklame, Mode, Architektur, Porträts, Gemälde, Plastiken

ABB. 2: Genia Levy, Brief an Hans Purrmann, undatiert (Ende 1949)
München, Hans Purrmann Archiv

nicht explizit ausgesprochen – warum? Eine Antwort darauf wird durch die im folgenden unternommenen Betrachtungen zur Entstehungsgeschichte und zur ursprünglichen Bedeutung von Purrmanns Erinnerungen versucht.

Die Initiative Genia Levys

Purrmanns Beitrag geht zurück auf die Initiative Eugenie („Genia") Levys, der Frau des Künstlers.[4] Die mit ihr befreundete Kunsthistorikerin Leonie von Wilckens (1921–1997) hatte 1949 eine erste Würdigung Rudolf Levys in der Nachkriegszeit publiziert, um ihn wieder im Kanon der Moderne (Ausstellung des „Blauen Reiters", u. a. 1949) zu verorten. Damit stieß sie wohl gleichgerichtete Überlegungen bei Genia Levy an; sie wollte ihrem Mann zum 75. Geburtstag am 15. Juli 1950 eine Publikation und Ausstellung in der Städtischen Galerie im Lenbachhaus in München widmen.

Im Herbst 1949 wandte sich Genia Levy daher brieflich an Hans Purrmann (Abb. 2). Ihr schwebte anfangs zweierlei vor: Eine Sammlung von anekdotenhaften Erinnerungen von befreundeten Künstlern sowie eine umfangreiche Darstellung der Zeit durch Purrmann (ein Buch wurde allerdings nie realisiert). Diesem eilte ein vorzüglicher Ruf als Kunstschriftsteller voraus, er hatte eine

Reihe lesenswerter Artikel zu verschiedenen Themen und Künstlern (u.a. Matisse) verfasst, vor 1933 vor allem in der Zeitschrift *Kunst und Künstler*, nach 1945 in *Das Kunstwerk*. Auch Ninon Hesse, die Frau des bekannten Literatur-Nobelpreisträgers, war von Purrmanns schriftstellerischem Talent sehr angetan und versuchte den Maler zu einer Autobiografie zu motivieren.[5]

Genia Levy bat Purrmann auch, ihr bei der Suche zu helfen. Sie dachte an folgende Freunde ihres Mannes: den schwäbischen Bildhauer Alfred Lörcher, den Bühnenbildner Ernst Stern, den ehemaligen Dômier J. Jack Vriesländer, den Akademiekollegen aus Münchner Tagen Gino de Finetti und den Maler Herrmann Ebers. Als Redakteur wünschte sie sich zuerst den Filmemacher Hans Siemsen, später dann den Maler Friedrich Ahlers-Hestermann. Purrmanns Text war immer als „Hauptbestandteil" vorgesehen.[6]

Genia Levys ausdrücklicher Wunsch war es, anhand von Erinnerungen und Anekdoten, die Person Levys wieder lebendig werden zu lassen, sie schrieb an Purrmann: „Was es für mich bedeutet in diesem Sinne Rudolfs Erinnerung wach zu halten, u. ihm eine letzte Ehre zu erweisen, das brauche ich Ihnen wohl nicht zu schildern. Wenn auch Rudolfs trauriges Schicksal nie aus der Welt zu schaffen ist, so kann es doch ein Balsam auf schwere Wunden sein."[7] Angesichts der Tatsache, dass man um 1950 noch nicht wusste, was mit Levy nach seiner Deportation geschehen war, erscheint der Wunsch der Witwe mehr als verständlich. Die genauen Umstände seines Todes sind bis heute nicht vollständig geklärt. Es gibt auch noch immer keinen Ort des Gedenkens.[8] Purrmann tat sich zunächst mit seiner Zusage schwer, er hielt sich für nicht genügend qualifiziert. Der Kunsthistoriker und Freund Heinz Braune (1880–1957) schien ihm aus einem anderen Grund sogar abzuraten.[9]

Purrmanns literarisches Talent zeigte sich vor allem im anekdotischen Erzählen. In seinen 1946 geschriebenen Erinnerungen an Henri Matisse machte er dazu folgende Bemerkung: „Da ich nicht über die spezifischen schriftstellerischen Fähigkeiten verfüge, muß ich einer erklärenden Auseinandersetzung des geistigen Charakters von Matisse aus dem Wege gehen und lauter Anekdotisches berichten, für das ich mehr Sinn habe und das, wenn es mir gelingen sollte, es gefällig anzuordnen. ja trotzdem eine zusammenfassende Idee der Person und Geistigkeit von Matisse vermitteln kann."[10] Wie einer Bemerkung Braunes zu entnehmen, stellte sich Purrmann damit aber auch bewusst gegen den Wissenschaftsjargon der Kunstliteratur seiner Zeit: „Was Du über die heutige Kunstschreibung sagst, ist auch meine Meinung. Man will krampfhaft geistreich sein, und die Auslegung macht sich wichtiger als die Bilder. Jeder Gedanke wird überspitzt, wirkt gequält und quälend zugleich. Nur ja nicht einfach und bescheiden! sondern kompliziert-weitschweifig und doktriniert. Diese ‚Erklärersucht' ist eine wahre Pest geworden."[11]

Entstehung der „Erinnerungen an Rudolf Levy"

Im Nachlass Purrmanns hat sich nur die vorletzte Fassung von 1950 erhalten.[12] Sie ist ein Typoskript von 35 DIN-A4-Seiten, dazu existieren einige identische Durchschläge. Elisabeth Heintz hatte diesen Text für Purrmann in Montagnola mit Durchschlägen abgetippt, um ihn auch an Freunde schicken zu können – ein interessanter Aspekt, der einen guten Einblick in Purrmanns Netzwerk gibt.

Dieses Typoskript stimmt – bis auf den Schluss – im Wesentlichen mit der Druckfassung von 1961 überein. Da die Briefe Purrmanns an Genia Levys nicht erhalten sind (deren Nachlass ist verschollen), lässt sich der Fortgang nur anhand der Äußerungen Genia Levys an Purrmann und denen anderer Briefpartner Purrmanns ungefähr rekonstruieren.

Vor Weihnachten 1949 hatte Purrmann acht Typoskript-Seiten fertig geschrieben, wie aus einem Brief Genia Levys hervorgeht. Der Maler hatte zum Jahreswechsel sein Levy-Projekt einigen seiner Freunde und Kollegen angekündigt und daraufhin auch Ratschläge und Hinweise erhalten. Heinz Braune gab zu bedenken: „Wollte man alles aussagen, so käme gewiß keine Apotheose heraus. Gut, wenn Du ihn mehr in den Mittelpunkt von Erinnerungen allgemeiner Art einsetzt. Du hast viele inhaltsreiche Jahre mit ihm verlebt."[13] Ebenso Gino de Finetti: „Levy war eine ausserordentliche Persoenlichkeit, wenn er auch schwache Seiten zeigte. Meiner Ansicht nach war seine Staerke der ausserordentliche Scharfsinn. Seine Malerei war ein Ergebnis desselben Scharfsinnes, und nicht ganz ‚Farina del suo sacco' [auf dem eigenen Mist gewachsen], wie der Italiener sagt, aber doch ganz gekonnt und sehr erfreulich."[14]

Das damals „Problematische" an Levy war seine Homosexualität, über die, da in Deutschland strafbar (immerhin bis 1994), nicht öffentlich gesprochen werden konnte. Levys bohemienhafter Lebenswandel und seine Spielernatur waren Purrmann nicht geheuer. Aber auch an der Qualität seiner Malerei zweifelten er und seine Freunde. Im Ausstellungskatalog 1954–56 lieferte Gustav Friedrich Hartlaub (1884–1963) dazu eine souveräne Stellungnahme (siehe Abb. S. 263 sowie S. 265).

Die Erstversion, in Umfang und Formulierung fast schon mit der finalen Fassung gleich, stellte Purrmann im Februar 1950 fertig. Am 2. März 1950 bedankte sich Heinz Braune für den Durchschlag[15] und schrieb „Wärst Du nicht Maler geworden, so hättest Du noch immer einen glänzenden Schriftsteller abgegeben. Dein Aufsatz ist so überlegen komponiert, wie lebendig in der Schilderung, und ein freundschaftlich gültiges Verstehen beleuchtet diese problematische Existenz und hüllt ihre Schwächen und Schatten. [...] Der ganze Aufsatz ist interessant und fesselnd von Anfang bis Ende, und Levy hätte keinen schöneren und phrasenloseren Epilog erhalten können."[16]

De Finetti lieferte am 20. März 1950 sogar detaillierte Korrekturvorschläge bzw. Ergänzungen, er hatte zwölf Anmerkungen zum Text mitgeschickt (Abb. 3). Aus ihnen lässt sich auch auf den damaligen Umfang der Erinnerungen Purrmanns schließen. Von de Finetti vorgeschlagene Formulierungen finden sich zum Teil in Purrmanns späterer Fassung berücksichtigt.

Die größte Differenz zur Endfassung bestand wohl in der Darstellung vom tragischen Ende Levys, seiner Festnahme in Florenz: De Finettis Hinweise auf entsprechende Quellen, die von diesen Vorgängen berichten (Brief von Vera Wallerstein), deuten darauf hin, dass Purrmann, da er davon nicht aus eigenem Erleben wusste, die Umstände, die zur Verhaftung Levy führten, nicht geschildert hatte. Der letzte Kommentar de Finettis bleibt

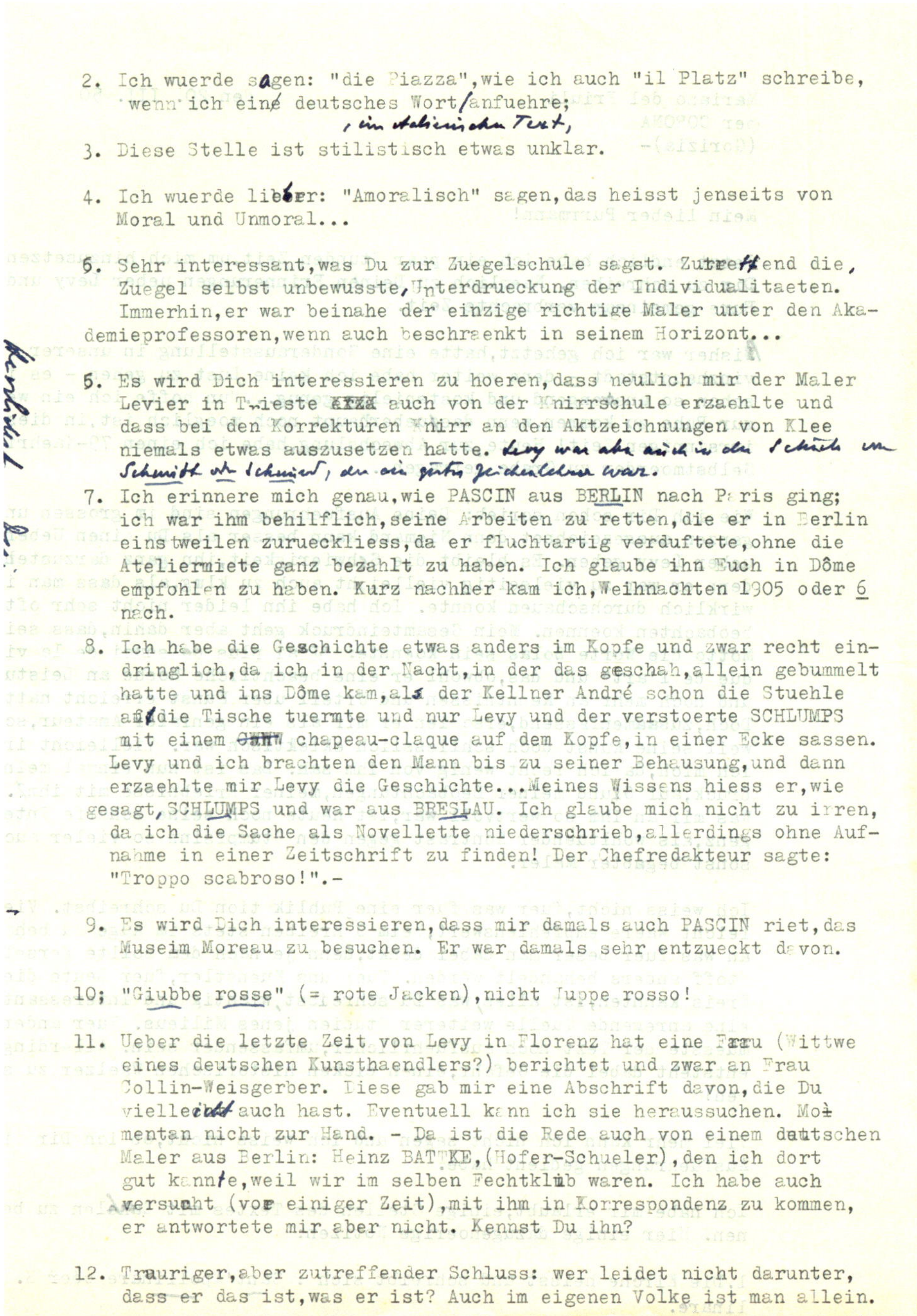

2. Ich wuerde sagen: "die Piazza", wie ich auch "il Platz" schreibe, wenn ich ein deutsches Wort, im italienischen Text, anfuehre;

3. Diese Stelle ist stilistisch etwas unklar.

4. Ich wuerde lieber: "Amoralisch" sagen, das heisst jenseits von Moral und Unmoral...

6. Sehr interessant, was Du zur Zuegelschule sagst. Zutreffend die, Zuegel selbst unbewusste, Unterdrueckung der Individualitaeten. Immerhin, er war beinahe der einzige richtige Maler unter den Akademieprofessoren, wenn auch beschraenkt in seinem Horizont...

5. Es wird Dich interessieren zu hoeren, dass neulich mir der Maler Levier in Triest auch von der Knirrschule erzaehlte und dass bei den Korrekturen Knirr an den Aktzeichnungen von Klee niemals etwas auszusetzen hatte. Levy war aber auch in der Schule von Schmidt oder Schmied, der ein guter Zeichenlehrer war.

7. Ich erinnere mich genau, wie PASCIN aus BERLIN nach Paris ging; ich war ihm behilflich, seine Arbeiten zu retten, die er in Berlin einstweilen zuruecklies, da er fluchtartig verduftete, ohne die Ateliermiete ganz bezahlt zu haben. Ich glaube ihn auch in Dôme empfohlen zu haben. Kurz nachher kam ich, Weihnachten 1905 oder 6 nach.

8. Ich habe die Geschichte etwas anders im Kopfe und zwar recht eindringlich, da ich in der Nacht, in der das geschah, allein gebummelt hatte und ins Dôme kam, als der Kellner André schon die Stuehle auf die Tische tuermte und nur Levy und der verstoerte SCHLUMPS mit einem chapeau-claque auf dem Kopfe, in einer Ecke sassen. Levy und ich brachten den Mann bis zu seiner Behausung, und dann erzaehlte mir Levy die Geschichte...Meines Wissens hiess er, wie gesagt, SCHLUMPS und war aus BRESLAU. Ich glaube mich nicht zu irren, da ich die Sache als Novellette niederschrieb, allerdings ohne Aufnahme in einer Zeitschrift zu finden! Der Chefredakteur sagte: "Troppo scabroso!".-

9. Es wird Dich interessieren, dass mir damals auch PASCIN riet, das Museim Moreau zu besuchen. Er war damals sehr entzueckt davon.

10; "Giubbe rosse" (= rote Jacken), nicht Juppe rosso!

11. Ueber die letzte Zeit von Levy in Florenz hat eine Frau (Wittwe eines deutschen Kunsthaendlers?) berichtet und zwar an Frau Collin-Weisgerber. Diese gab mir eine Abschrift davon, die Du vielleicht auch hast. Eventuell kann ich sie heraussuchen. Momentan nicht zur Hand. - Da ist die Rede auch von einem deutschen Maler aus Berlin: Heinz BATTKE, (Hofer-Schueler), den ich dort gut kannte, weil wir im selben Fechtklub waren. Ich habe auch versucht (vor einiger Zeit), mit ihm in Korrespondenz zu kommen, er antwortete mir aber nicht. Kennst Du ihn?

12. Trauriger, aber zutreffender Schluss: wer leidet nicht darunter, dass er das ist, was er ist? Auch im eigenen Volke ist man allein.

ABB. 3: Brief Gino de Finetti an Hans Purrmann, 20. März 1950 (verso) München, Hans Purrmann Archiv

rätselhaft: „Trauriger, aber zutreffender Schluss: wer leidet nicht darunter, dass er das ist, was er ist? Auch im eigenen Volke ist man allein." Auf wen er sich bezieht (Levy oder gar Purrmann?) oder was hier genau gemeint war, bleibt unklar.

In der Hauptsache unterschied sich die nach März 1950 geschriebene zweite Fassung durch einen überarbeiteten Schlussteil, sie war vermutlich schon im August 1950 vollendet.[17] Auch diese Version verschickte Purrmann an Freunde; 1961 wurde sie dann auch in der FAZ und sogar in Göpels Quellensammlung abgedruckt.[18]

Für diese zweite Version bedankte sich Genia Levy im Februar 1951, brachte aber in der Interpretation von Levys Verhalten 1943 doch noch eine Kritik an: „Ich finde das Manuskript in seiner Erweiterung der ersten Fassung gegenüber, sehr gut. Ich gehe nur zum Schluss mit einer Kleinigkeit mit Ihnen nicht einig, insofern ich mit dem Auge der Liebe die Tragik seiner Verhaftung sehe, die nicht einer Neugierde dem Geschehen gegenüber entspringt, sondern vielmehr seinen Grund in der Verteidigung seiner Menschenwürde hat, die es ihm nicht erlaubte, sich wie ein Verbrecher hündisch zu verkriechen. er liess sich u. die Dinge treiben u. in seiner ausschliesslichen Liebe zu seiner ARBEIT (das einzige was ihm noch geblieben war) zog es ihm immer wieder magnetisch in sein Atelier u. zu seinen Bildern zurück […]."[19] Schließlich berücksichtigte Purrmann ihre Einwände in einer letzten Fassung,

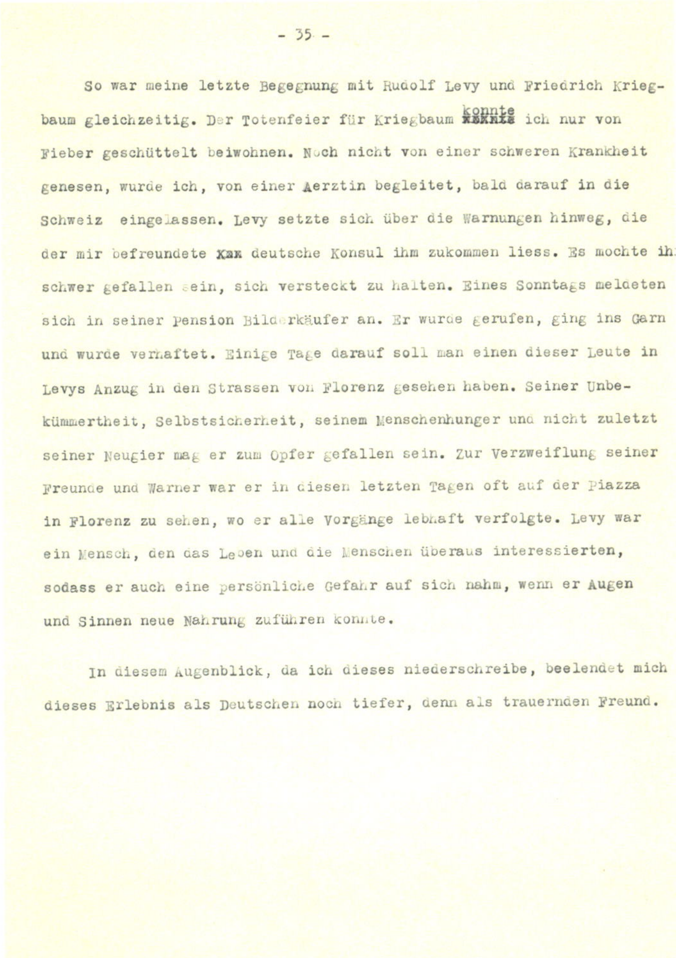
- 35 -

So war meine letzte Begegnung mit Rudolf Levy und Friedrich Kriegbaum gleichzeitig. Der Totenfeier für Kriegbaum konnte ich nur von Fieber geschüttelt beiwohnen. Noch nicht von einer schweren Krankheit genesen, wurde ich, von einer Aerztin begleitet, bald darauf in die Schweiz eingelassen. Levy setzte sich über die Warnungen hinweg, die der mir befreundete deutsche Konsul ihm zukommen liess. Es mochte ihm schwer gefallen sein, sich versteckt zu halten. Eines Sonntags meldeten sich in seiner Pension Bilderkäufer an. Er wurde gerufen, ging ins Garn und wurde verhaftet. Einige Tage darauf soll man einen dieser Leute in Levys Anzug in den Strassen von Florenz gesehen haben. Seiner Unbekümmertheit, Selbstsicherheit, seinem Menschenhunger und nicht zuletzt seiner Neugier mag er zum Opfer gefallen sein. Zur Verzweiflung seiner Freunde und Warner war er in diesen letzten Tagen oft auf der Piazza in Florenz zu sehen, wo er alle Vorgänge lebhaft verfolgte. Levy war ein Mensch, den das Leben und die Menschen überaus interessierten, sodass er auch eine persönliche Gefahr auf sich nahm, wenn er Augen und Sinnen neue Nahrung zuführen konnte.

In diesem Augenblick, da ich dieses niederschreibe, beelendet mich dieses Erlebnis als Deutschen noch tiefer, denn als trauernden Freund.

ABB. 4: Hans Purrmann, Erinnerungen an Rudolf Levy, Typoskript, zweite Fassung 1950 München, Hans Purrmann Archiv

er kürzte die zweite Fassung am Ende um acht Zeilen, folgende Passage fehlt im „Silbernen Quell" von 1961: „Seiner Unbekümmertheit, Selbstsicherheit ... Sinnen neue Nahrung zuführen konnte." (Abb. 4). Genia Levy war schließlich mit dieser Änderung zufrieden, wie sie wenige Wochen später brieflich kundtat und sich darin für das Verständnis bedankte, „was Sie mir bzgl der Abänderung des Schlusses Ihrer Aufzeichnungen entgegengebracht haben."[20]

Das tragische Schicksal Levys bewegte viele seiner Kollegen. Da man kurz nach Kriegsende nur schwer etwas über den Verbleib von Personen in Erfahrung bringen konnte, versuchte jeder über seine eigenen Netzwerke Klarheit zu gewinnen.[21] Purrmann war gut informiert, er besaß eine Abschrift des Berichts von Vera Wallerstein, der Frau des jüdischen Kunsthändlers Victor Wallerstein (Abb. 5).[22] Auch hatte ihm der in Florenz lebende amerikanische Sammler Leo Stein – vermutlich in Kenntnis von Wallersteins Schreiben – am 4. November 1945 vom Geschehen berichtet, ebenso, mit Korrekturen, kurz darauf auch die mit ihm befreundete Bildhauerin Emy Roeder, die damals vor Ort gewesen war: „Levy hatte sich ein Versteck gesucht, wo er wohnte, aber er hielt es doch nicht aus und ging trotz aller Warnungen immer wieder aus und kam zum Essen des Öfteren in die Pension Baldini, wo damals auch Wallersteins wohnten. An einem Sonntag Morgen kamen 2 Herren in die Pension und sagten, sie wollten von Levy Bilder kaufen, wann er zu sprechen wäre. Die Pensionsinhaberin antwortete, Levy kam um 1 Uhr zum Essen. Als um 1 Uhr L.[evy] kam, standen die beiden Kerle am Eingang und verhafteten ihn. Am nächsten Morgen holten sie sich schon die Kleider u. Lederkoffer u. alles, was ihnen wertvoll von L.[evy]s Sachen erschien ab und trugen kurz darauf seine Kleider. Das war das sichere Zeichen, daß der arme Rudolf wohl kaum mehr zurückkommen würde […]."[23]

Purrmann beschrieb in seiner letzten gekürzten Textfassung – in Kenntnis dieser Quellen und unter Berücksichtigung eines Einwands von Genia Levy – den Vorgang erstaunlich kurz, sehr zurückhaltend berichtend und in der Schilderung kaum wertend: „Levy setzte sich über die Warnungen hinweg, die der mir befreundete deutsche Konsul ihm zukommen ließ. Es mochte ihm schwergefallen sein, sich versteckt zu halten. Eines Sonntags meldeten sich in seiner Pension Bilderkäufer an. Er wurde gerufen, ging ins Garn und wurde verhaftet. Einige Tage darauf soll man einen dieser Leute in Levys Anzug in den Straßen von Florenz gesehen haben. In diesem Augenblick, da ich dieses niederschreibe, beelendet mich dieses Erlebnis als Deutschen noch tiefer, denn als trauernden Freund." (S. 45)

Weitere Textgeschichte

Genia Levys Wunsch, zum 75. Geburtstag ihres Mannes eine Ausstellung in München zu eröffnen, ging 1950 aus verschiedenen Gründen nicht in Erfüllung; das größte Problem war wohl die Beschaffung der Bilder. Möglicherweise kamen – abgesehen von Purrmanns Text – aber auch nicht genügend brauchbare Beiträge für eine Publikation zusammen.

Purrmann hatte seine zweite Textfassung am 1. Januar 1951 auch an den Kunstkritiker Karl Scheffler geschickt; es bestand wohl immer noch die Hoffnung, dass sich das Projekt realisieren lassen würde. Er bemerkte resümierend Folgendes: „[…] denn ich schrieb in der letzten Zeit einen größeren Aufsatz über Rudolf Levy, der mir viel Arbeit auferlegte, weil ich seine Person nicht recht zu fassen weiß. Levy's Frau bat mich darum, die sich in rührendster Weise bemüht, Levy nicht der Vergessenheit anheimfallen zu lassen, indem sie alle Arbeiten zusammen sucht und sie zur Ausstellung bringen will, wozu sich die Städtische Galerie Münchens auch bereit findet. Ob sich Frau Levy über die Aufnahmefähigkeit der heutigen Kunstliebhaber die richtige Vorstellung machen kann, weiß ich nicht. Ich ließ mich zu seinem Andenken herbei, Erinnerungen an unsere über ein ganzes Leben

Aus einem Brief von

Frau V. W a l l e r s t e i n (Johannisburg /Südafrika)

über das Ende des Malers

Rudolf L e v y (1876-1944)

"Levy! - Als die Deutschen kamen, versteckten sich viele, - Levy nicht. - V. war schon recht krank und kam ins Krankenhaus. Ich zog zu Levy in die Pension, weil die deutschen Abwehrkanonen vor unseren Fenstern standen. Ich war täglich bei V. auf der nördlichen Arnoseite etwa eine Stunde vor der Pension. Eines Tages bekam V. vom Hausarzt "Ausgehverbot". Warum? Ausweichende Antwort. (Der Professor hatte V. nicht angemeldet.) Aber - wir wussten, es war ein faschistischer kaufmännischer Direktor im Haus.

Es war 12 Uhr, ich war in V. Zimmer. V. war auf der Toilette, die Zimmertür war offen - 2 Herren in Zivil - V. möchte sich anziehen, das Auto sei unten, nur ein paar Fragen, ich müsse da bleiben - in einer halben Stunde wäre er wieder da. - Ich warte (ahnungsvoll!) am Telefon. Zwei Stunden lang! - Es klingelt: "Ist Frau W. noch im Krankenhaus?" "Ich bin es selbst". Wir kommen Sie holen, Bringen Sie Ihre Papiere mit. - Kurz, sie kamen. Ich fand V. sitzend, SS Ettl stehend. Um kurz zu sein: Gehen Sie, wohin Sie wollen, Sie sind frei. - Wir gingen zurück ins Hospital - wir waren in San Domenico und die Pension, wo wir mit Levy wohnten, auf der Südseite "Oltre Arno". Ich ging zurück. Levy war sehr gut zu mir. V. kam am nächsten Tag in die Pension zurück. Das war wohl Ende Oktober - Anfang November. Wir beschworen Levy, sich zu verstecken. Sogar der wunderbare deutsche Consul Wolf liess es ihm sagen. Er geruhte lächelnd nachts anderswo zu schlafen. (Ich allein wusste wo.) Nach Weihnachten (Jan.?) Sonntag 12 Uhr kam Levy wie jeden Tag, um mit uns zu lunchen und dann zu malen oder Schach zu spielen. Ich stand am Telefon in der Nähe des Vorplatzes, er kam, wir sprachen ein paar lustige Worte, es klingelte an der Vorplatztür, er ging öffnen und - kam nicht wieder. Er ging öfter mit Freunden essen - V. und ich setzten uns in seinem Atelier, wo es schön warm war, an den Tisch, wir assen unbesorgt - es klopft - herein kommt - SS Ettl. - Wir kreidebleich denken, es gilt V. "Ach, der Herr Dr. und die gnädige Frau - na, na, seien's nur ganz ruhig. I komm nur wegen d'm Herrn Levy seine Sachen - Wir ha'm'n grad geholt." - Er fragte nach Levys Schmuck, Uhr etc. und Kleidern, sprach mit V. über Levys Bilder - nahm 3 Handkoffer voll Sachen (die ich aufbewahren musste!!) denn "am nächsten Tag kommen die "andern"!" (die Italiener!). Nur die Schreibmaschine nahm er gleich mit. - Sie wären schon in der Früh 10 Uhr dagewesen, und die liebe dumme Hausfrau hatte mir von diesen "Bilderinteressenten" nichts gesagt! - Ja, dann kam B. mit Geld, ich kaufte Essen, sah Levy einmal wie Kino durchs Gitter. B. tat sehr tapfer, was er konnte bei der SS. Wir hörten nichts wieder. "Man" sagt, er sei beim Transport irgendwo in Italien krank geworden und (hoffentlich!) so gestorben."

ABB. 5: Abschrift des Berichts von Vera Wallerstein 1945
(aus dem Konvolut der Briefe Genias Levys an Hans Purrmann 1949–1951) München, Hans Purrmann Archiv

währende Freundschaft abzufassen, und ich mußte notgedrungen zu einer Beschreibung seiner Umgebung greifen, weil er ganz damit verwachsen war und für sich allein nicht zu existieren scheint. Da ich zu seinem Andenken schrieb, so mußte ich mich mehr an seine Licht- als an seine oft etwas dunklen Schattenseiten seines Wesens halten, und oft sogar ihm meine eigenen Ansichten in seinen Mund legen. Sein tragisches Schicksal ging mir sehr zu Herzen."[24]

Die zu subjektive Sicht mag auch der Grund gewesen sein, die vorliegenden Erinnerungen Purrmanns im Katalog der Wanderausstellung von 1954–56 nicht abzudrucken.[25] Gustav F. Hartlaub, ehemals renommierter Leiter der Mannheimer Kunsthalle und ab 1946 Professor für Kunstgeschichte an der Universität Heidelberg, hatte für diese Art von anekdotenhaften Darstellungen wenig Sinn, vielmehr hielt er sie für eine „Re-Kanonisierung" Levys nicht zielführend. Im Katalog der nun 1954 in München beginnenden Wanderausstellung wurden sie ersetzt – ebenso wie auch die Einleitung von Genia Levy – durch einen Katalogbeitrag Hartlaubs, der die künstlerische Position Levys deutlicher herauszustellte. Purrmann und Hartlaub kannten sich seit den 1920-Jahren, ersterer hatte 1932 sogar einmal ein Buch des Kunsthistorikers kritisch rezensiert („Malereien von Kindern").[26]

Hartlaub machte die Memoirenliteratur auch mitverantwortlich dafür, dass eine angemessene Würdigung von Levys Werk Mitte der 1950er-Jahre noch immer ausstand: „Was mögen die Gründe für diese auffällige Zurückhaltung in unseren Tagen sein? Wir weigern uns, auch nur zu erwägen, ob etwa die einstige Ächtung des ‚nichtarischen' Familiennamens im Unterbewußtsein gewisser Leute noch immer hemmend wirkt. Eher mag der Umstand mit im Spiele sein, daß Rudolf Levy nicht zu denen gehört hat, die man heute als die eigentlichen Bahnbrecher der deutschen Malerei zwischen 1900 und 1933 betrachtet. [...] Endlich mögen unvollständig gewordene persönliche Erinnerungen an Rudolf Levys Person zu dem Glauben verleiten, seine Bedeutung habe mehr in seinem sozusagen künstlersoziologischen, gesellig organisatorischen Wirken gelegen. Solche Fehlurteile sind umso schwerer zu verbessern, als die Zeugnisse von Levys eigentlichem Schaffen in Deutschland auch heute noch nicht wieder sichtbar geworden sind."[27]

Purrmann hatte den Zeitraum seiner Erinnerungen schon im Titel eingeschränkt, wenn er sie auf die mit Levy „verlebten Jahre der Freundschaft" begrenzte. Daher deckten sie natürlich nicht die gesamte Biografie des Freundes ab. Die Zwanziger Jahre in Berlin und Paris, ebenso die Flucht nach 1933 fehlten fast gänzlich. Daher fühlte sich der eingangs erwähnte Erhard Göpel 1960 berechtigt, den Text Purrmanns in seiner Quellensammlung „Leben und Meinungen des Malers Hans Purrmann" nicht als Ganzes und auch nicht in der ursprünglichen Reihenfolge wiederzugeben. Er verteilte die einzelnen fünf Kapitel chronologisch über das Buch, um die Biografie Purrmanns zu illustrieren. Göpel griff sogar etwas willkürlich in die Textgestaltung Purrmanns ein, indem er den einleitenden Teil (Trient 1939) und den Schluss (Florenz 1940–44) zusammenlegte.[28] Auch verwendete er eine Textfassung, die von Genia Levy noch kritisiert worden war, was er vermutlich nicht wusste.

Publikation in der Reihe „Der silberne Quell"

Um 1959/1960 korrespondierte Purrmann mit dem heute leider in Vergessenheit geratenen Verleger Woldemar Klein in Baden-Baden.[29] Die beiden verhandelten über die Publikation von Purrmanns Erinnerungen.[30] Womöglich zum Missfallen von Erhard Göpel sollte nun noch kurz vor dem Erscheinen von dessen Purrmann-Buch die ursprüngliche finale Fassung publiziert werden.

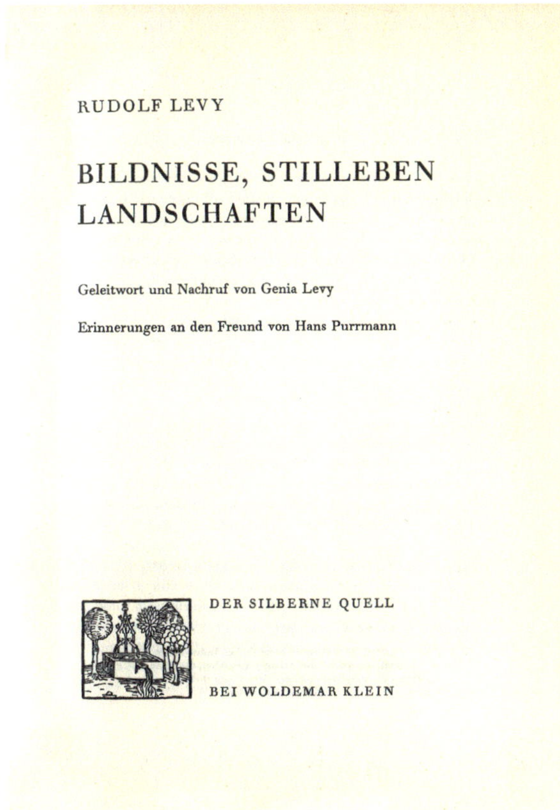

RUDOLF LEVY

BILDNISSE, STILLEBEN LANDSCHAFTEN

Geleitwort und Nachruf von Genia Levy

Erinnerungen an den Freund von Hans Purrmann

DER SILBERNE QUELL

BEI WOLDEMAR KLEIN

ABB. 6: Titelblatt des Buches „Rudolf Levy – Gemälde" erschienen in der Reihe „Der silberne Quell", Band 54
Woldemar Klein Verlag 1961 München, Hans Purrmann Archiv

Die Reihe „Der silberne Quell", dessen Name auf einen mittelalterlichen Holzschnitt zurückgeht, war 1940 von Woldemar Klein als Hardcover-Taschenbuch-Format ins Leben gerufen worden und setzte nach 1945 die von den Nazis verbotenen Reihe „Junge Kunst" des Leipziger Klinckhardt-Verlags fort. Ein Künstler oder eine Künstlergruppe sollte in prägnanten Texten vorgestellt und mit guten Farbabbildungen illustriert werden. Klein gab seit 1946 auch die Zeitschrift *Das Kunstwerk* heraus, für die Purrmann schon als Autor verpflichtet worden war. 1960 war im „Silbernen Quell" (Bd. 50) auch ein Bändchen über Purrmann selbst erschienen, 1955 eines über Hermann Hesse und seine Aquarelle sowie über Paul Cézanne und Paul Klee. Der Band Nr. 53 von 1961 umfasste auch das bisher unbekannte Vorwort von Genia Levy, das wohl eigentlich für die Sammlung von Erinnerungen 1950/51 vorgesehen war, sowie 14 ganzseitige farbige Abbildungen von Gemälden (Abb. 6).

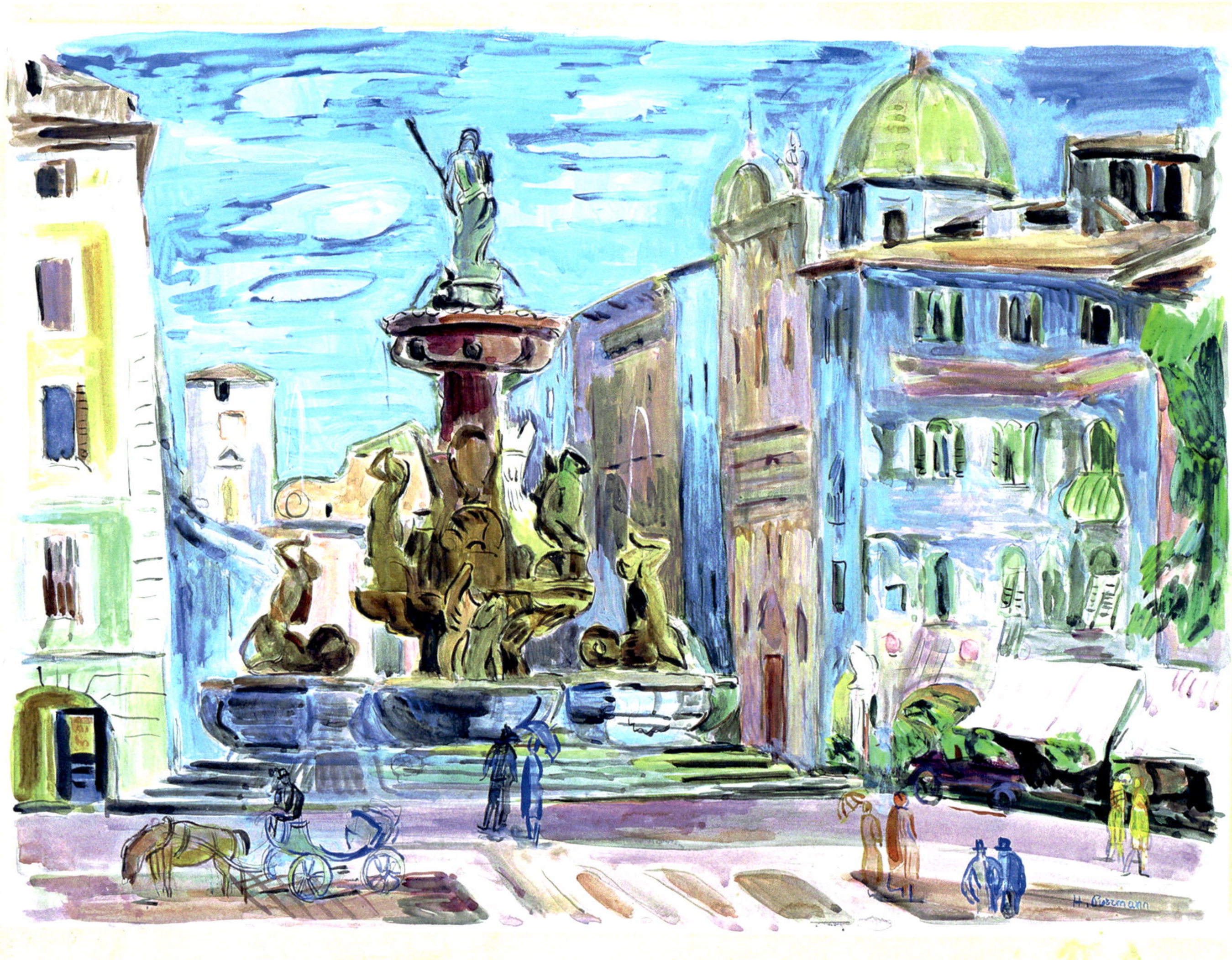

ABB. 7: Hans Purrmann *Brunnen in Trient* 1933/1939? Aquarell/Gouache auf Papier 50 × 67 cm Privatbesitz

Auch Purrmann wird nicht entgangen sein, dass Göpel mit seinem Levy-Text etwas eigenmächtig umging, auch, dass er nicht die letzte Fassung kannte. Daher ist es verständlich, dass er die Gelegenheit wahrnahm, die letzte, von Genia Levy autorisierte Textfassung zu überliefern. Ihm bedeutete es letztlich auch viel, dass seine literarische Würdigung auf eine ‚höhere Wahrheit' zielte und dem (europäischen) Wesen Levys näherkomme als eine wissenschaftlich historische Darstellung.

In den Personen- und Milieuschilderungen zeigt sich an vielen Stellen eine erstaunlich hohe Qualität von Purrmanns Text. Man betrachte nur den einleitenden Teil, der 1939 in Trient spielt: Purrmann wird auf der Piazza mit dem barocken Neptunbrunnen (Abb. 7) von einem bis heute unbekannten italienischen Künstler angesprochen und – nur anhand der Abbildung von Levys Purrmann-Porträt in einer Zeitschrift – wiedererkannt (KAT 38, S. 139). Wie sich schon die fünf Kapitel mit dem Aufbau einer Tragödie vergleichen lassen (mit Introduktion, Peripetie und Katastrophe), so wurde auch in der wunderbar plastischen Eingangs-Anekdote ein dramaturgischer Kunstgriff, eine „Anagnorisis" (Wiederkennen von Personen), bemerkt.[31]

Purrmann gelingt eine überaus lebendige und spannende Schilderung des Charakters und des Aussehens Levys, die zudem sein Malerauge verrät: „Für mich lag schon etwas Weltmännisches in Levys Art. Er sprach ruhig, mit tiefdunkler und mächtiger Stimme und war sicher in seinem Auftreten. [...] Von kräftiger Statur, Pykniker-Typ, hatte er eine Neigung zur Melancholie, als dringe ein Untergrund von Traurigkeit durch die Heiterkeit seines Wesens hindurch. Die Zärtlichkeit seines Naturells war immer bereit, sich auf den Nächsten verstehend einzustellen. Sein starkes Kinn und der mächtige Unterteil seines Gesichts, der viel Energie vermuten ließ, waren durch gerundete Formen abgeschwächt [...]"[32]. Diese Skizze sowie natürlich die Gesamtkomposition der Erinnerungen wird man als späte Antwort Purrmanns auf Levys schönes Bildnis von 1931 verstehen dürfen. Seine Auftraggeberin Genia Levy litt an dem in der Adenauerzeit weiterhin existenten Antisemitismus, wie sie Purrmann unverhohlen mitteilte,[33] und äußerte sich noch in ihrem Vorwort letztlich anklagend und unversöhnlich. Purrmanns Erinnerungen gaben ihr indes gewiss Trost und waren „ein Balsam auf schwere Wunden".

1 Allgemein über das Verhältnis Levy - Purrmann siehe Thesing 1990, S. 26–29, 64–67, und Kuhn 2019, S. 247–250. Der Verfasser ist Annette Reich, Sören Fischer und den Kollegen für die Anregungen, die sich im Rahmen ihres im Museum Pfalzgalerie im März 2023 ausgerichteten Workshops zu meinem Vortrag über Purrmanns Erinnerungen an Levy ergaben, zu großem Dank verpflichtet; ebenso sei für Hinweise und Diskussionen im Vorfeld Lisa Kern, Lenbachhaus München, gedankt, nicht zuletzt auch Nadine Schwuchow, ehemals Saarland-Museum Saarbrücken, für ihre Ideen und Addenda.

2 Siehe Erhard Göpel an Hans Purrmann, Brief vom 25.8.1961, Hans Purrmann Archiv, München, dem wohl ein Zeitungsausschnitt beigelegt war; Göpel 1961.

3 Seit April 1961 wurde auch in der deutschen Presse immer wieder darüber berichtet; über Eichmann und die „Banalität des Bösen" sollte etwas später Hannah Arendt ihr berühmtes Buch schreiben.

4 Das Wirken von Genia Levy für Werk und Nachleben von Rudolf Levy nach 1945 wird ausführlich behandelt im Beitrag von Sören Fischer, S. 260–269.

5 Ninon Hesse an Hans Purrmann, Brief vom 5.6.1946, siehe Billeter/Zimmermann 2011, S. 28.

6 Siehe die beiden undatierten Briefe Genia Levys von 1949 sowie den vom 12.4.1951 an Purrmann, Hans Purrmann Archiv.

7 Genia Levy an Hans Purrmann, Brief undatiert (Herbst 1949), Hans Purrmann Archiv.

8 Siehe Thesing 1990.

9 Heinz Braune an Hans Purrmann, Brief vom 4.12.1949, Hans Purrmann Archiv: „Was soll man denn über diese schwache Kunst sagen?"

10 Purrmann 1946, S. 190. Göpel überliefert folgenden Ausspruch von Purrmanns Ehefrau Mathilde Vollmoeller-Purrmann: „Es ist das Porträt seines Freundes Konrad von Kardorff, das er auf Bitten von dessen Witwe schrieb. Es steht für die Bildnisse vieler anderer Freunde Purrmanns, von denen seine Frau einmal gesagt hat: ‚Man kennt Purrmann nicht, wenn man seine Freunde nicht kennt.'", siehe Einleitung Erhard Göpels in die Erinnerungen Purrmanns an Konrad von Kardorff (1951), Göpel 1961, S. 207.

11 Heinz Braune an Hans Purrmann, Brief vom 17.5.1951, Hans Purrmann Archiv (Leihgabe).

12 Laut Göpel 1961, S. 386 lagen um 1960 noch alle Manuskripte-Varianten vor.

13 Heine Braune an Hans Purrmann, Brief vom 23.1.1950, Hans Purrmann Archiv (Leihgabe).

14 Gino de Finetti an Hans Purrmann, Brief vom 3.1.1950, Hans Purrmann Archiv.

15 Auch Gino de Finetti bedankte sich für den Erhalt der „Levy Notizen", Brief an Hans Purrmann vom 9.3.1950, Hans Purrmann Archiv; ebenso Ninon Hesse an Hans Purrmann, Brief vom 2.3.1950, Hans Purrmann Archiv; vgl. Billeter/Zimmermann 2011, S. 53.

16 Heinz Braune an Hans Purrmann, Brief vom 2.3.1950, Hans Purrmann Archiv (Leihgabe)

17 Siehe Briefe von Elisabeth Heintz an Hans Purrmann, 24.7.1950 (in Arbeit) sowie 10.8.1950 (Durchschläge fertig), Hans Purrmann Archiv.

18 Göpel 1961, S. 216–222, bes. S. 221–222. Göpel erhielt erst 1959 Kenntnis von diesem Text (wohl ein Durchschlag der 2. Fassung), vgl. Erhard Göpel an Hans Purrmann, 9.2.1959 Hans Purrmann Archiv.

19 Genia Levy an Hans Purrmann, Brief vom 25.2.1951, Hans Purrmann Archiv.

20 Genia Levy an Hans Purrmann, Brief vom 14.4.1951, Hans Purrmann Archiv.

21 1944 fragte Gino de Finetti bei Purrmann nach, ob er wüsste, dass Levy tot sei, er habe solches eben von Alfred Kubin gehört, siehe Gino de Finetti an Hans Purrmann, Brief vom 19.4.1944, Hans Purrmann Archiv.

22 Der hier abgebildete Bericht Frau Wallersteins wurde wohl ursprünglich an Frau Collin geschrieben und lag auch Gino de Finetti vor, siehe Brief an Purrmann vom 20.3.1950, Hans Purrmann Archiv

23 Emy Roeder an Hans Purrmann, Brief vom 17.1.1946, Hans Purrmann Archiv; Faksimile in: Gross 2021, Kat.-Nr. 79, S. 87.

24 Hans Purrmann an Karl Scheffler, Brief Neujahr 1951, Archiv Akademie der Künste Berlin, vgl. Billeter/Kennedy/Matelowski 2021, S. 145–148, bes. S. 146–147.

25 Siehe zur Levy-Ausstellung auch den Beitrag von Sören Fischer, S. 261–269.

26 Billeter 2021, S. 195.

27 Levy 1954, o. S.; ähnlicher Meinung war auch Karl Scheffler, wie er am 16. 3. 1951 an Purrmann schrieb, siehe Billeter/Kennedy/Matelowski 2021, S. 151–153, bes. S. 152

28 Göpel 1961, S. 386.

29 Zeising 2014.

30 Hans Purrmann an Erhard Göpel, Brief vom 23.9.1960, Bayerische Staatsbibliothek München, Ana 415.

31 Diesen freundlichen Hinweis verdanke ich Frau Nadine Schwuchow.

32 Purrmann 1961, S. 12. Interessant, was Gustav Hartlaub daraus machte: „Alle [Autoren, die über Levy schrieben] lassen uns wieder Rudolf Levy sehen [...], jetzt ein bedachtsam-schwerer stämmiger Mann, Pyknikertyp mit klugen, nachdenklichen Augen hinter goldgefassten Kneifergläsern, das Untergesicht stark entwickelt und mit breit energischem Kinn. Mit alles durchdringender Baßstimme hören wir ihn seine mehr oder weniger weisen, immer blendend für den Augenblick geformten salomonischen Urteile abgeben [...]" (Levy 1954, o. S.).

33 Genia Levy an Hans Purrmann, Brief vom 25.2.1951, Hans Purrmann Archiv. Dass sich diese Problematik bis in unsere Gegenwart zieht, zeigt Lisa Kern in ihrem Artikel über Levy, Kern 2022, S. 184–187.

Die Kunst des Erinnerns

Rudolf Levy und die Politik des Vergessens in der Nachkriegszeit

Julia Voss

ABB. 1: Umschlagvorderseite des Katalogs *Entartete Kunst: Bildersturm vor 25 Jahren*, Haus der Kunst, München, 1962

Im schmalen Kataloghef der Gedächtnisausstellung für Rudolf Levy manifestierte sich 1954 eine ungewöhnliche Entscheidung der Herausgeber. Wer den Band zu lesen beginnt, trifft bereits auf der zweiten Doppelseite auf die Porträts von Rudolf und Eugenie (Genia) Levy (Abb. S. 263). Beide lebten zum Zeitpunkt der Veröffentlichung nicht mehr. Dass die Dargestellten auf unterschiedliche Weise zu Tode gekommen waren, vermerken die knappen Bildunterschriften in aller Deutlichkeit. Eugenie Levy, die geschiedene Frau des Künstlers, war 1953 in München gestorben, nach schwerer Krankheit und inmitten der Vorbereitungsarbeiten für die Gedächtnisausstellung. Bei Rudolf Levy dagegen war es Mord. „Ermordet 1944/45 in Auschwitz oder Dachau" lautet die Angabe unter seiner Porträtfotografie.

Als der Katalog erschien, waren noch keine zehn Jahre seit Kriegsende vergangen. Der Wille, darüber aufzuklären, wer sich an den NS-Verbrechen wie beteiligt hatte, war in den Generationen, die den Krieg erlebt hatten, sehr ungleich verteilt. Die deutsch-jüdische Philosophin Hannah Arendt etwa besuchte 1950 die Bundesrepublik Deutschland und berichtete mit Blick auf die Bevölkerung davon, „[...] wie sie es einem verübeln, wenn man sie an die Schreckenstaten erinnert, welche die ganze übrige Welt nicht loslassen [...]."[1] Der von Arendt geschilderte Eindruck trifft sich mit der Einschätzung der Geschichtswissenschaften. Historikerinnen und Historiker sind ebenfalls zu dem Schluss gekommen, dass eine breite Auseinandersetzung mit Schuld und Verantwortung erst Jahrzehnte später erfolgte und erst dann zur Aufarbeitung der NS-Zeit führte.[2] Mit ihrer Aussage benannte Arendt zugleich die zwei entgegengesetzten Perspektiven, aus denen zurückgeschaut wurde: von denjenigen, die nicht vergessen konnten und denjenigen, die lieber vergessen wollten.

Vor diesem Hintergrund fällt der Begleitband für Levys Gedächtnisausstellung aus dem Rahmen. Hinweise darauf, dass Künstlerinnen und Künstler im Nationalsozialismus in Konzentrationslagern deportiert und ermordet worden waren, finden sich selten in kunsthistorischen Publikationen der Zeit. In diesem Beitrag möchte ich daher den Fall Rudolf Levy mit anderen Formen des Erinnerns und Gedenkens der bundesdeutschen Nachkriegszeit vergleichen und einordnen. Zum Teil werde ich dafür weitere Beispiele aus der Kunstgeschichte heranziehen, zum Teil aber auch solche aus anderen Bereichen. Im Zentrum wird die Frage stehen, welche Erinnerungspolitik mit der Rehabilitierung der Moderne einherging. Wer rehabilitierte wen? Was wurde erinnert? Wer vergessen?

Die Ermordeten und der Bildersturm

Bleiben wir zunächst noch bei Rudolf Levy. Wie anders der Umgang mit seiner Biografie aussehen konnte, zeigt der Blick in Werner Haftmanns *Malerei im 20. Jahrhundert*, ein Buch, das ebenfalls 1954 erschien und schnell zum Standardwerk aufstieg. Haftmann sollte nicht nur als vielgelesener Autor buchstäblich Kunstgeschichte schreiben, sondern auch in seinen institutionellen Funktionen großen Einfluss ausüben, etwa als einer der Gründungsväter der documenta in Kassel und als Gründungsdirektor der Neuen Nationalgalerie in Berlin. In seinem frühen Übersichtswerk zur Kunst der Moderne heißt es im Anhang, der Kurzbiografien der Künstlerinnen und Künstler versammelt, Rudolf Levy sei „1943 durch die SS deportiert [worden] und seitdem verschollen".[3] Haftmann war allerdings bekannt, dass Levy ermordet worden war. Bereits 1946 hatte er sich bei dem Maler Hans Purrmann in einem Brief nach Levy erkundigt, den er aus den Kriegsjahren in Florenz kannte.[4] Purrmann wusste von Levys Deportation und Ermordung, ebenso wie Levys Witwe, die Haftmann im Zuge der Vorbereitungen für die Gedächtnisausstellung persönlich getroffen hatte. Trotzdem wählte Haftmann eine Formulierung, die es ihm ersparte, die Konzentrationslager und den Holocaust zu benennen. Die Gräueltaten der NS-Zeit verpackte er häufig in wolkige Umschreibungen. Seinen Schreibstil mochte Haftmann sowohl mit Rücksicht auf die eigene Biografie als auch auf die seines Publikums entwickelt haben. Die genaue Ausleuchtung von Lebenswegen und Karrieren in der NS-Zeit war den wenigsten ein Anliegen. Wenn Haftmann zeitlebens seine Beteiligung an NS-Kriegsverbrechen verschwieg, dann war er damit kein Einzelfall.[5] Mit Ausnahme von Levy finden sich in seiner mehr als 500 Seiten starken Überblicksdarstellung keine weiteren jüdischen Künstlerinnen und Künstler, die im Nationalsozialismus umgebracht worden waren. Haftmann spricht den deutsch-jüdischen Malern der Moderne darüber hinaus pauschal Bedeutung und Qualität ab. Seiner Leserschaft erläuterte er in *Malerei im 20. Jahrhundert*: „Die moderne Kunst wurde als jüdische Erfindung zur Zersetzung des ‚nordischen Geistes' erklärt, obwohl nicht ein einziger der deutschen modernen Maler Jude war."[6]

Die Lücke der im Holocaust Ermordeten ist nicht nur für Haftmanns Werk bezeichnend. Einige weitere Beispiele seien hier angeführt. Da wäre etwa Alfred Hentzens Veröffentlichung *Die Berliner National-Galerie im Bildersturm*, erschienen 1972. In Hentzens Buch werden die Folgen der NS-Kunstpolitik nachgezeichnet, insbesondere die der Aktion „Entartete Kunst". Ausführlich berichtet der Autor über die Wellen der Beschlagnahmungen und listet auch zahlreiche Einzelwerke auf, die aus der Nationalgalerie entwendet und später verkauft wurden, etwa solche von Ernst Barlach, Lovis Corinth, Emil Nolde oder Max Pechstein.[7] Unter den von Hentzen erwähnten Künstlern finden sich

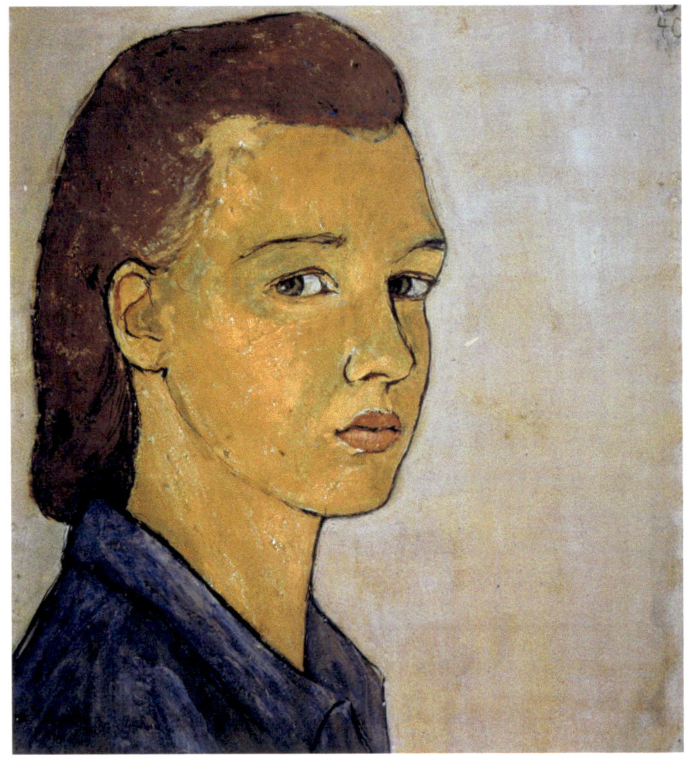

ABB. 2: Charlotte Salomon *Selbstporträt*, 1940
53,9 × 39 cm Gouache auf Pappe
Collection Jewish Museum, Amsterdam / Charlotte Salomon Foundation

auch jüdische Maler wie der 1935 verstorbene Max Liebermann, der 1920 verstorbene Italiener Amedeo Modigliani oder der in die Vereinigten Staaten geflüchtete und seit 1948 in Frankreich lebende Marc Chagall. Hinweise auf ermordete jüdische Künstlerinnen und Künstler bleiben aus. Doch zur Sammlung des Kronprinzenpalais in der Nationalgalerie gehörte auch Levys Ansicht des Fischerdorfs *L'Estaque* aus dem Jahr 1914. Es wurde im Oktober 1937 beschlagnahmt und gilt seitdem als verschollen.[8] Der Verlust dieses Werks und Levys Schicksal finden in Hentzens Schilderung der Ereignisse keinen Eingang.

Der Begriff des „Bildersturms", den auch Hentzen im Titel seines Buchs führt, hatte schon zuvor die kunsthistorische Literatur der Nachkriegszeit geprägt. Bereits Haftmann benutzte die Formulierung synonym für die Aktion „Entartete Kunst". In diesem Sinne schrieb er von „einem Anfall von Bilderstürmerei" der Nationalsozialisten in der Einleitung, die dem Katalog der ersten documenta in Kassel vorangestellt war.[9] Als sich im Jahr 1962 eine Ausstellung in München institutionsübergreifend den Geschehnissen von 1937 widmete, tauchte der Begriff im Titel auf: *Entartete Kunst: Bildersturm vor 25 Jahren* (Abb. 1). Die Formulierung trug auch hier eine andere Logik in die Rückschau. Mit dem bemühten „Bildersturm" schien es zum einen, als ob die

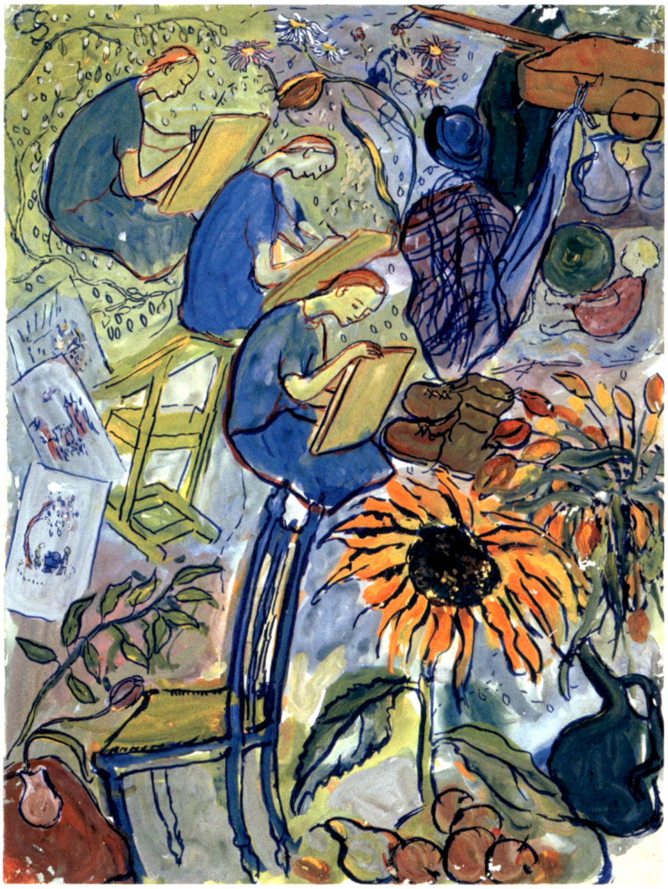

ABB.3: Charlotte Salomon, Gouache aus dem illustrierten Werk „Leben? Oder Theater? Ein Singespiel", 1940/42 32,5 × 25 cm
Collection Jewish Museum, Amsterdam / Charlotte Salomon Foundation

Nationalsozialisten Wiedergänger der protestantischen Reformer des 16. Jahrhundert gewesen wären, die gegen Kirchengemälde und -skulpturen vorgegangen waren. Zum anderen wurde der Fokus weg von den Menschen und hin zu den Objekten gelenkt, den in Museen beschlagnahmten Werken. Dass die nationalsozialistische Kunstpolitik der verlängerte Arm der Rassenideologie und des Judenhasses war, geriet damit in den Hintergrund, ebenso wie der staatlich organisierte Mord, der mit ihr einherging. Auch bei der Gedächtnisausstellung in München wurden die Ereignisse ohne die Ermordeten rekonstruiert. Rudolf Levy fehlt in der alphabetisch geordneten Reihe der ehemals Verfemten, die es zu rehabilitieren galt. Zu den Ausgelassenen zählt auch Otto Freundlich, dessen Skulptur *Großer Kopf* auf dem Ausstellungsführer der Propagandaschau *Entartete Kunst* abgebildet worden war. Das hetzerische Umschlagbild wird im Katalog von 1962 zur Dokumentation gezeigt.[10] Otto Freundlich selbst wird nicht genannt, so wenig wie in Haftmanns *Malerei im 20. Jahrhundert* oder im Katalog der ersten documenta.

Als schließlich zwei Jahre nach der Münchner Ausstellung auf der documenta 3 in Kassel Skulpturen von Freundlich ausgestellt wurden, schien das Unbehagen angesichts der Todesursache weiter bestanden zu haben. Im Text heißt es zu Freundlich „1943 gestorben in Polen".[11] Anders als in Levys Katalog zur Gedächtnisausstellung wurde wieder einmal davor zurückgeschreckt, die Umstände beim Namen zu nennen. „1943 ermordet in Sobibor" hätte die richtige Angabe lauten müssen.[12]

Dass ermordete Künstlerinnen und Künstler in vielen Übersichtswerken der Nachkriegszeit fehlen, fiel auch Zeitgenossen auf. Es war der Kunsthistoriker Gustav Friedrich Hartlaub, der das Thema aufbrachte. Hartlaub, der ehemalige Direktor der Mannheimer Kunsthalle, den die Nationalsozialisten 1933 entlassen hatten, schrieb den Text für die Levy-Gedächtnisausstellung und mahnte dessen Fehlen in der kunsthistorischen Literatur nach 1945 an. Als Beispiele nannte er Paul Ferdinand Schmidts *Geschichte der modernen Malerei* von 1952 sowie Will Grohmanns kunsthistorische Darstellung *Zwischen den beiden Kriegen. Bildende Kunst und Architektur* von 1953. Hartlaub zufolge war die Rehabilitierung verfemter Künstlerinnen und Künstler unvollständig geblieben, sie sei „leider [...] nicht in allen Fällen vollzogen worden. Das gilt im auffälligen Maße von Rudolf Levy, obgleich dieser unter den deutschen Malern der ersten Jahrhunderthälfte eine Rolle gespielt hat, die man nicht übersehen darf. Überdies gehört er zu denjenigen Kulturschaffenden, welchen die Schreckensherrschaft am grausamsten mitgespielt hat – bis zum bitteren Ende."[13]

NS-Verbrechen in Literatur, Ausstellungen, Filmen und Gedenkstätten

War der Umgang mit den NS-Verbrechen in der Kunstgeschichtsschreibung typisch oder eine Ausnahme? Die Erinnerungspolitik folgte nicht in allen Feldern dem gleichen Muster. Während die ermordeten jüdischen Künstlerinnen und Künstler in der kunsthistorischen Literatur häufig ungenannt blieben, stieg auf dem Buchmarkt *Das Tagebuch der Anne Frank* zu einem der meistverkauften Taschenbücher der Nachkriegszeit auf. Die Aufzeichnungen waren 1950 im Verlag Lambert Schneider in deutscher Übersetzung erschienen und wurden mit ebenso großem Erfolg für eine Bühnenfassung umgearbeitet. Das zugehörige Theaterstück gehörte zu den meistaufgeführten der Nachkriegszeit. Mit Anne Frank stand ein ermordetes Mädchen im Zentrum, dessen Familie aus Deutschland vor den Nationalsozialisten nach Holland geflohen war. Frank schrieb über die Flucht, die tiefgreifenden Repressalien im Alltag, den Judenstern, den sie tragen musste, und schließlich über das Leben im Versteck eines Amsterdamer Hinterhauses, das die Familie im Juli 1942 bezog. Am 1. August 1944 rissen die Einträge ab. Die Franks waren verraten worden und wurden deportiert. Anne Franks Manuskript nahm Miep Gies an sich, eine Vertraute der Familie, die den Franks im holländischen Exil geholfen hatte. Gies übergab das Tagebuch nach 1945 Otto Frank, Anne Franks Vater und einzigem Überlebenden der Familie. Otto Frank sorgte für die Veröffentlichung des Werks, das auf der ganzen Welt millionenfach gelesen wurde – auch in Deutschland.

Auch im Fall des Konzentrationslagers Bergen-Belsen, wo Anne Frank 1945 im Alter von fünfzehn Jahren zusammen mit ihrer Schwester Margot zu Tode kam, waren es Überlebende, die sich dafür einsetzten, dass man sich der Ermordeten erinnerte.

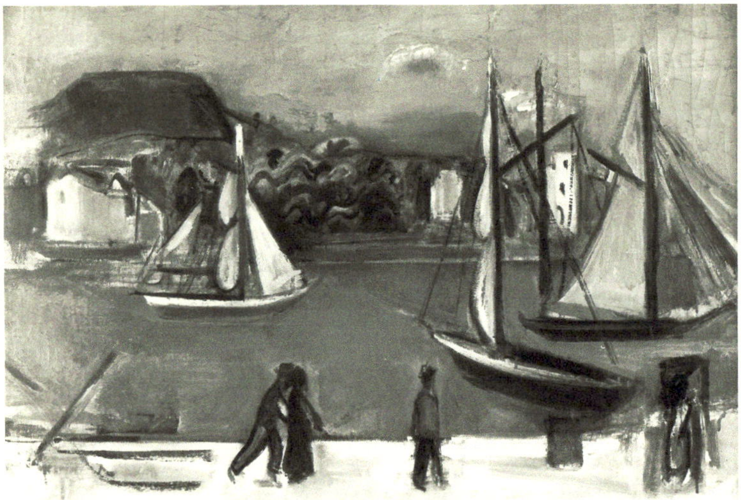

Rudolf Levy, Segelschiffe im Hafen von Forio d'Ischia, 1938. Öl/Lw., 53,5 × 81 cm. Landesmuseum Mainz

Sein Ende war erschreckend. Er war auf Warnung des deutschen Konsuls Dr. Gerhard Wolf, der als Gegner der ganzen Hitlerei den verfolgten Emigranten hilfreich zur Seite stand, beim Einrücken der Deutschen nach dem noch recht ländlichen Vallombrosa ausgewichen, hielt es dort aber nicht lang genug aus. Seine natürliche Neugier lockte den Großstädter nach Florenz zurück. Wie es seine Art war, suchte er seine Informationen im Café, nämlich in den ›Giubbe Rosse‹ auf der Piazza, dem gefährlichsten Ort, den es in Florenz gab, in dem seit je alle antifaschistischen Literaten und Künstler verkehrten. Er machte sich keineswegs rar. So wurde er eines Tages von einer Streife erkannt und in seiner Pension verhaftet. Alle Befreiungsversuche scheiterten. Der nahezu 70jährige wurde in ein Sammellager nach Carpi verbracht und fand vermutlich während des Transports in ein deutsches KZ den Tod.

Mit ihm, der heute zu Unrecht fast vergessen ist, ging das Leben eines Malers zu Ende, dem es gelungen war, Natur in ein leuchtendes Farbensemble umzusetzen, was in der deutschen Malerei nur bei wenigen anzutreffen ist. Sie alle strebten immer wieder nach Italien und brachten von dort ihre hellen Bilder mit, deren freudiges Strahlen sich so ungewohnt in der expressionistischen Verquältheit der deutschen Ausstellungen in den 20er Jahren ausnahm. Auch Levy hielt seine Botschaft während des Exils durch. Man darf sie nicht vergessen.

141

ABB. 4: Werner Haftmann, *Verfemte Kunst*, 1986 Text und Abbildungen zu Rudolf Levy. Abgebildet ist das Gemälde *Segelboote im Hafen von Forio/Ischia*, 1938 53,5 × 81 cm
Landesmuseum Mainz, Inv.-Nr. 84/11, WVZ-Nr. 196

Nachdem britische Truppen das Lager im April 1945 befreit hatten, wurden mehr als 20 000 Opfer in Massengräbern bestattet. Im September wurde der erste Bergen-Belsen-Prozess von einem britischen Militärgericht geführt und ein hölzernes Mahnmal für die jüdischen Opfer errichtet, kurz darauf folgte ein Holzkreuz von polnischen Überlebenden für ihre Opfer. Von 1946 an wurde das ehemalige Lagergelände zu einer offiziellen Gedenkstätte umgebaut. Die britische Militärregierung setzte dafür eine internationale Kommission ein, zu der auch Überlebende des Konzentrationslagers zählten. Im Jahr 1952 weihte Bundespräsident Theodor Heuss den Gedenkort ein. Mit diesem Staatsakt wurde Bergen-Belsen zur ersten Gedenkstätte der Bundesrepublik in öffentlicher Trägerschaft, das Echo blieb in der Bevölkerung jedoch mehr als verhalten. Bergen-Belsen geriet während der 1950er-Jahre in Vergessenheit und wurde erst in den 1960er-Jahren zum Gegenstand historischer Forschung.[14]

Die verschiedenen Initiativen der Alliierten, die deutsche Bevölkerung mit den NS-Verbrechen zu konfrontieren und die Erinnerung an die Opfer wachzuhalten, stießen bestenfalls auf eine gemischte Resonanz. Zu den frühen Versuchen zählt etwa die Wanderausstellung *S.S. Crimes Hitlériens*, die von der französischen Regierung in Auftrag gegeben wurde und nach der ersten Station im Pariser Grand Palais im Jahr 1945 durch die französische Besatzungszone tourte.[15] Im gleichen Jahr wurde auch der erste Dokumentarfilm über den Holocaust fertiggestellt, produziert von der Information Control Division der US-amerikanischen Besatzungsmacht, unter der Leitung des Regisseurs Billy Wilder, der 1933 vor den Nationalsozialisten aus Berlin geflohen war. *Todesmühlen – Das authentische Filmdokument aus den Konzentrationslagern* wurde von Januar 1946 an in Spielstätten in West-Deutschland und Österreich gezeigt.[16]

Für einen politischen Eklat sorgte zehn Jahre darauf der Dokumentarfilm *Nacht und Nebel*, bei dem Alain Resnais Regie führte und für den Hanns Eisler die Musik komponierte; auch Eisler war von den Nationalsozialisten ins amerikanische Exil geflohen. Als das Werk 1956 als französischer Beitrag zu den Filmfestspielen in Cannes nominiert wurde, verlangte die deutsche Bundesregierung, die Kandidatur zurückzuziehen. Das französische Auswahlkomitee strich *Nacht und Nebel* aus dem offiziellen Programm, erlaubt wurde nur die Vorführung in Cannes am Nationalen Gedenktag der Deportierten. Gegen die Absetzung gab es zahlreiche Proteste, darunter auch von deutschen Autoren wie Alfred Andersch, Heinrich Böll, Hans Werner Richter und Wolfgang Hildesheimer. In den bundesdeutschen Kinos lief der Film im Sommer 1956 an.

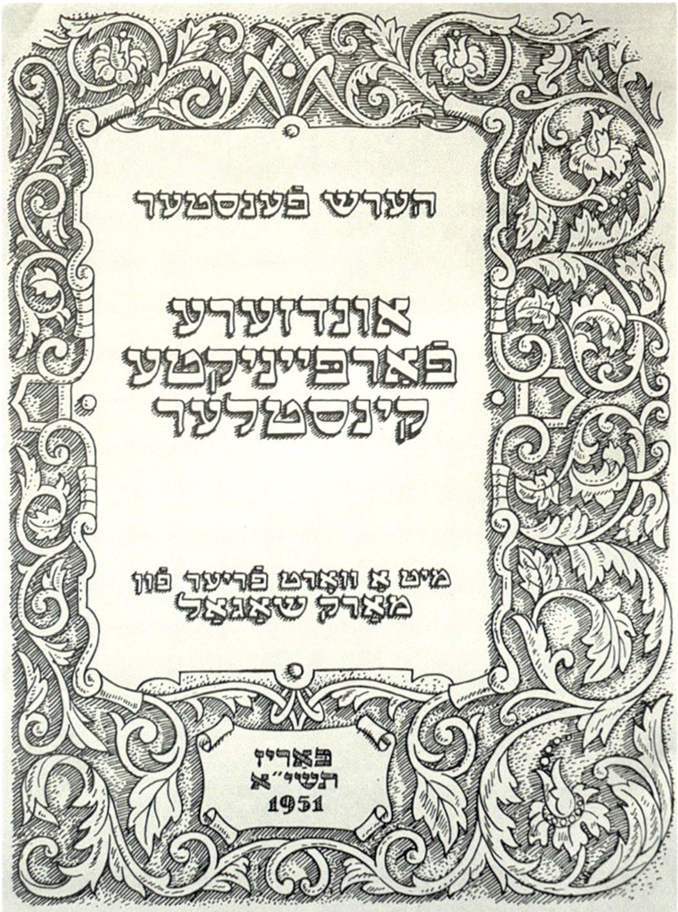

ABB. 5: Hersh Fenster *Undzere farpaynikte kinstler*, 1951
Umschlagvorderseite

Die kurze Übersicht zeigt ein Muster, das wenig überraschen dürfte: In den Fällen, in denen in der bundesrepublikanischen Nachkriegszeit an die NS-Verbrechen erinnert wurde, ging die Initiative zumeist auf Exilanten und Überlebende des Holocausts zurück, unterstützt von der jeweiligen Besatzungsmacht.

Emil Nolde und Charlotte Salomon

Welche Formen des öffentlichen Erinnerns gab es noch? Zu den herausragenden Ereignissen, die zu heftig geführten Debatten über den Umgang mit NS-Verbrechen führte, zählen die Gerichtsprozesse der Nachkriegszeit, von den Nürnberger Prozessen über die Auschwitzprozesse bis zum Eichmann-Prozess in Jerusalem. Es würde den Rahmen dieses Aufsatzes sprengen, die Kontroversen hier darstellen zu wollen. Verwiesen sei aber darauf, dass die Rehabilitierung verfemter Künstler auch in diesem Zusammenhang an Gewicht gewinnen konnte. Vier Tage nachdem der Eichmann-Prozess begonnen hatte, schrieb der Hannoveraner Unternehmer und Kunstsammler Bernhard Sprengel einen Brief, in dem er mit Blick auf Emil Noldes Kunst von einem „Akt der Wiedergutmachung" sprach. Der Adressat war Joachim von Lepel, der Direktor der Nolde-Stiftung in Seebüll. Sprengel legte den Begriff der „Wiedergutmachung" auf eigene Weise aus. „Gegenüber dem Ausland und gegenüber den Anfeindungen, denen Nolde und wir Deutsche gerade in der Zeit ausgesetzt waren", wollte Sprengel die sogenannten „ungemalten Bilder" Noldes einbringen, um zu zeigen, dass der Künstler trotz der Repressalien „einen der größten Beiträge zur künstlerischen Potenz des deutschen Volkes leistete."[17] Die Wiedergutmachung kam also in diesem Fall Nolde und dem deutschen Volk zugute. Sie, der Künstler und die Deutschen, mussten nach Sprengels Einschätzung den Anfeindungen trotzen.

Emil Noldes Aufstieg zum Inbegriff des verfolgten Künstlers haben der Historiker Bernard Fulda und die Kunsthistorikerin Aya Soika eindrücklich nachgezeichnet, insbesondere die zahlreichen Korrekturen, die zu diesem Zweck nach 1945 an seiner Biografie vorgenommen worden sind.[18] Haftmann, der aus dem ermordeten Levy einen „verschollenen" machte, spielte bei der Umschreibung von Noldes Biografie eine zentrale Rolle. Die Sammelbezeichnung „ungemalte Bilder" geht auf sein gleichnamiges Buch zurück, erschienen im Jahr 1963. Darin stilisierte der Kunsthistoriker Nolde zum Gegner des Nationalsozialismus und behauptete, die kleinformatigen Werke seien im Geheimen geschaffen worden, während eines polizeilich überwachten Malverbots. Tatsächlich hatten die Nationalsozialisten Noldes Kunst als „entartet" diffamiert und hunderte Gemälde aus den Museen beschlagnahmt. Der Künstler war jedoch zugleich ein glühender Anhänger der NS-Ideologie und ein ausgesprochener Antisemit. Ein Malverbot erhielt er nicht. 1940 verzeichnete Nolde zudem einen Rekord. Nie zuvor hatte er mehr Werke verkauft.[19]

Während der Mythos um Noldes angeblich „ungemalten Bilder" in den 1960er-Jahren stetig weiterwuchs, wurde eine bis dahin völlig unbekannte Werkgruppe einer jüdischen Künstlerin wiederentdeckt. Die Umstände des Funds waren ähnlich wie bei Anne Franks Tagebuch. Auch hier handelt es sich um ein autobiografisches Werk, zusammengesetzt aus 769 Gouachen, geschaffen von der deutschen Malerin Charlotte Salomon und vereint unter dem Titel *Leben? Oder Theater? Ein Singespiel* (Abb. 2, 3). Anders als Nolde musste Salomon wirklich im Geheimen arbeiten, versteckt in einer Villa in Villefranche-sur-Mer, die der Amerikanerin Ottilie Moore gehörte. Moore übergab 1947 Salomons Werk dem Vater der Künstlerin und der Stiefmutter. Beide hatten den Holocaust überlebt. Salomon aber war 1943 verraten worden, wie auch ihr Ehemann Alexander Nagler, den sie im Exil geheiratet hatte. Sie wurden in Auschwitz umgebracht.

Das Werk der im Alter von 26 Jahren ermordeten Charlotte Salomon wurde erstmals 1961 in Ausstellungen in Amsterdam und Locarno der Öffentlichkeit vorgestellt. Es folgten zahlreiche weitere, im Westen und Osten Deutschlands, in Israel und den Vereinigten Staaten. Der postume Erfolg, der ein immer größeres internationales Publikum mit Salomons Werk bekannt machte, resultierte allerdings zunächst nicht aus deutschen Museumsausstellungen. Mit Ausnahme des Reiß-Engelhorn-Museums in Mannheim, das Salomon bereits 1966 zeigte, und des Wilhelm-Hack-Museums in Ludwigshafen, das 1981 Bilder ausstellte, kam *Leben? Oder Theater? Ein Singespiel* erst in den 1990er-Jahren in den deutschen Kunstmuseen an. Im Jahr 2012 waren die Gemälde von Charlotte Salomon schließlich auf der documenta in Kassel zu sehen.[20]

Auch Rudolf Levys postume Rezeption geriet wieder in Bewegung, nachdem die Kunsthistorikerin Susanne Thesing 1979 ihre Dissertation über Leben und Werk des Malers verfasst hatte. Thesings Forschungsergebnisse flossen etwa in Werner Haftmanns umfangreiches Buch *Verfemte Kunst* ein, das 1986 erschien, mit einem Geleitwort von Bundeskanzler Helmut Kohl. Levy erhielt nun eine Doppelseite und eine großformatige Abbildung (Abb. 4), wenn auch in Schwarz-Weiß. Seine Verdienste wurden ausführlich gewürdigt. Dass Haftmann bereits während der Kriegsjahre Kenntnis von Levy und dessen Aufenthalt in Florenz hatte, kam nicht zur Sprache. Unerzählt blieb auch, dass die Pension, in der Levy in Florenz von 1940 an malte, sich im Palazzo Guadagni befand, oberhalb des Deutschen Kunsthistorischen Instituts. Eben dort hatte Haftmann vier Jahre seines Berufslebens verbracht, als Institutsassistent, bis zum Jahr 1940. Das Gästebuch der Einrichtung führt ihn auch in den Folgejahren als wiederkehrenden Besucher.[21]

Haftmanns neuerliche Beschäftigung mit Levy mündet in *Verfemte Kunst* in die überschwängliche Einschätzung: „Mit ihm, der heute zu Unrecht fast vergessen ist, ging das Leben eines Malers zu Ende, dem es gelungen war, Natur in ein leuchtendes Farbensemble umzusetzen, was in der deutschen Malerei nur bei wenigen anzutreffen ist.“[22]

Das Lob gilt, Haftmann betont es, auch für Zeit nach 1933. Levy habe „seine Botschaft während des Exils“ durchgehalten. Der Autor schließt eine Mahnung an seine Leserinnen und Leser an: „Man darf sie [die Botschaft] nicht vergessen.“[23]

Trug die Leserschaft mehr Verantwortung als Haftmann selbst? Die eigenen Mittel, über die er verfügte, um an Levy zu erinnern, waren jedenfalls unangetastet geblieben. Auf den Ausstellungen der documenta 1, 2 und 3, an denen Haftmann maßgeblich mitgearbeitet hatte, waren keine Werke von Rudolf Levy gezeigt worden. Als Direktor der Nationalgalerie kaufte er keines seiner Bilder an.[24]

Chagalls Gedicht zu den „ungemalten Bildern“

Als kürzlich das Jüdische Museum in Berlin, die Ausstellung *Paris Magnétique, 1905–1940* zeigte, hing gleich zu Beginn des Parcours Rudolf Levys Gemälde *Blick auf den Pont Marie* von 1910 (KAT 10, S. 57). Von Raum zu Raum wurden die Besucherinnen und Besucher durch eine verlorengegangene Welt geführt, geschaffen von jüdischen Künstlerinnen und Künstlern in Paris zu Beginn des 20. Jahrhunderts. Mit dem Einmarsch der Nationalsozialisten war diese Epoche beendet worden. Und wieder war es ein Überlebender, der alles dafür tat, dass die Erinnerung nicht ganz zerstört werden konnte: Hersh Fenster, der lange in Paris gelebt hatte, 1940 vor den Nationalsozialisten floh und 1945 zurückkehrte, suchte alle Spuren zusammen, die nach Verfolgung, Mord und Zerstörung noch auffindbar waren. 84 Künstlerinnen- und Künstlerleben dokumentierte er. Im Jahr 1951 veröffentlichte er im Eigenverlag und auf Jiddisch sein Buch unter dem Titel „Undzere farpaynikte kinstler“, übersetzt „unsere gemarterten Künstler“ (Abb. 5).

Fensters Buch bildete den Schlusspunkt der Berliner Ausstellung im Jüdischen Museum, zusammen mit einem Gedicht von Marc Chagall. Der Künstler war von Fenster gebeten worden, ein Vorwort zu verfassen. Chagall sagte zu und schickte ein Gedicht, das auch er auf Jiddisch geschrieben hatte. Die deutsche Übersetzung des Titels lautet „Den ermordeten Künstlern“; Chagall beginnt mit den Zeilen:

> „Ob ich sie alle gekannt habe? Ob ich in
> ihrem Atelier gewesen bin? Ob ich
> ihre Kunst von nah oder fern
> gesehen habe?
> Und jetzt trete ich aus mir heraus, aus
> meinen Jahren,
> und gehe an ihr unbekanntes Grab.
> […].“

Obwohl Chagall die Gedichtform wählt, bleibt seine Sprache nicht im Ungefähren, sondern benennt, was passiert ist:

> „Sie hat man zu den Todes-Duschen
> geführt,
> wo sie ihren Schweiß schmeckten.
> Da sahen sie das Licht
> ihrer ungemalten Bilder.
> […].
>
> Ich sehe: Da schleppen sie sich nun –
> in Lumpen,
> barfuß auf stummen Wegen.
> Die Brüder von Israëls, Pissarro und
> Modigliani, unsere Brüder. Es führen
> sie in Stricken die Söhne von Dürer,
> Cranach und Holbein – zum Tod in
> den Krematorien.
> […].“[25]

Chagall, der nach seiner Flucht vor den Nationalsozialisten entschied, nie wieder deutschen Boden zu betreten, ahnte, dass viele Söhne von Dürer, Cranach und Holbein nicht an die ermordeten Brüder von Jozef Israëls, Pissarro und Modigliani erinnert werden wollten.

1 Arendt 1991, S. 197.
2 Die Etappen der Vergangenheitsaufarbeitung beschreibt anschaulich Herbert 2021.
3 Haftmann 1954, S. 508.
4 Werner Haftmann an Hans Purrmann, Brief vom 8.9.1946, Index 2432, Hans Purrmann Archiv, München; siehe auch Voss 2021, S. 69–70.
5 Siehe Carlo Gentiles Beitrag in diesem Band, S. 170–175.
6 Haftmann 1954, S. 424
7 Hentzen 1972 S. 52
8 Siehe den Eintrag zu Rudolf Levy in der Datenbank zum Beschlagnahmeinventar der Aktion „Entartete Kunst", Forschungsstelle *Entartete Kunst*, FU Berlin: emuseum.campus.fu-berlin.de/eMuseumPlus?service=ExternalInterface&lang=de (23.8.2023).
9 Haftmann 1955, S. 16, siehe auch Voss 2021, S. 75–76.
10 Zur zentralen Indienstnahme von Freundlichs Skulptur für die NS-Propagandaschau siehe Wignanek 2017. Zur Gedächtnisausstellung und der Abbildung des Ausstellungsführers zur Propagandaschau *Entartete Kunst* siehe Claus 1962, Schmutztitel und S. XXV.
11 Hagen/Nemeczek 1964, S. 228.
12 Friedrich 2017, S. 315.
13 Der Katalog zur Gedächtnisausstellung hat keine Seitenzahlen, Hartlaubs Zitat findet sich gegenüber der Abbildung Nr. 30, *Stilleben mit Noten*.
14 Zur wechselvollen Geschichte der Gedenkstätte Bergen-Belsen siehe bergen-belsen.stiftung-ng.de/de/geschichte/gedenkort/ (25.7.2023).
15 Merz/Uhl 2008.
16 Frei 2005, S. 149–150.
17 Zit. n. Fulda/Ring/Soika 2019, S. 183.
18 Siehe ebd., Fulda / Ring / Soika 2019b und sowie Fulda 2020.
19 Zur Entstehungsgeschichte von Haftmanns Buch von 1963 siehe Fulda/Ring/Soika 2019, S. 184–185; zu Noldes Rekordverkäufen ebd., S. 140.
20 Eine vollständige Liste der Ausstellungsorte findet sich auf jck.nl/en/page/charlotte-salomon-exhibitions (25.7.2023).
21 Voss 2021, S. 73.
22 Haftmann 1986, S. 141
23 Ebd.
24 Die Neue Nationalgalerie besitzt zwei Werke von Rudolf Levy, die allerdings auf Ankäufe vor Haftmanns Zeit zurückgehen: *Stillleben* (1923) und *Dorflandschaft (Sanary)* (1925/26). Zu den Provenienzen siehe recherche.smb.museum/detail/965599/stillleben und recherche.smb.museum/detail/959962/Dorflandschaft%20(Sanary))%7D (23.8.2023).
25 Marc Chagalls Gedicht *Den ermordeten Künstlern* wird hier nach der Übersetzung von Andrej Jendrusch aus dem Jiddischen wiedergegeben, siehe Jüdisches Museum Berlin 2022, S. 219.

Zeitgenössische Annäherung an Rudolf Levy

„Es ist ein Anfang“

Kunstmuseen als Erinnerungsorte

Steffen Egle

Der „Fall“ Rudolf Levy in Kaiserslautern ist exemplarisch. Seit den 1950er-Jahren ist das berührende, Fragen aufwerfende, gleichermaßen anziehende wie rätselhafte Selbstporträt des Künstlers (KAT 75, S. 253) im Museum Pfalzgalerie Kaiserslautern in der Ständigen Sammlungspräsentation des Hauses zu sehen – mutmaßlich durchgängig seit dem frühen Erwerb 1954. Immerhin: In all den Jahren war das Gemälde der Öffentlichkeit zugänglich. In vielen anderen deutschen Museen – das haben jetzt auch die Recherchen zur Retrospektive ergeben – wurden die teilweise ebenfalls in der unmittelbaren Nachkriegszeit erworbenen Werke zumeist ins Depot gebracht oder jeweils nur für kurze Zeit ausgestellt, Entscheidungen, die mit den Kanon-Prämissen jener Jahre zu tun gehabt haben dürften.

Im Museum Pfalzgalerie wurde das Selbstbildnis des jüdischen Malers über die Jahre weitgehend ohne Kontextinformationen präsentiert. Allein das Objektschild gab bisher den knappen Hinweis auf Levys Schicksal als jüdischer Gefangener und seine Deportation im Jahre 1944. In der seit 2004 bestehenden Hängung der Ständigen Sammlung wurde das autobiografische Schlüsselwerk Levys – neben Werken u.a. von Alexander Kanoldt und Otto Dix – als Repräsentant der Neuen Sachlichkeit gezeigt.

Ist es aber nicht eine andere Erzählung, die im Falle von Rudolf Levy – und anderen Künstlerinnen und Künstlern, die sein Schicksal der Verfolgung und Ermordung durch die Nationalsozialisten teilen – vermittelt werden sollte? Ist es nicht auch die Verantwortung von Kunstmuseen, in ihren Sammlungen Erinnerungsorte zu schaffen, an denen das Wissen über die Biografien von verfolgten und ermordeten Kunstschaffenden wachgehalten wird und gleichzeitig über die Kunst auch emotionale und nichtsprachliche Zugänge zu einem Thema geschaffen werden, das nicht in seiner ganzen Dimension durch das nüchterne Sprechen darüber, oder die bloße Benennung der Fakten, einholbar ist?

In diesem Essay formuliere ich einige Gedanken zu diesen Fragen, ohne Anspruch auf eine erschöpfende Behandlung des Themas: Vielmehr soll Ansätzen, wie sie das mpk im Zusammenhang mit der Ausstellung „Rudolf Levy. Magier der Farbe“ umsetzt, ein Rahmen gegeben werden.

Maram Stern, geschäftsführender Vizepräsident des Jüdischen Weltkongresses, empfiehlt in einem Gastbeitrag in der *Frankfurter Allgemeinen Zeitung* anlässlich des Holocaust-Gedenktages 2023 bezüglich einer auf jüngere Generationen ausgerichteten Erinnerungskultur einen „Zweiklang aus Wissen und Emotionalität“ – und schreibt zu der Frage, wie eine emotionale Annäherung gelingen könne: „über Augenzeugnisse, die in großer Zahl vorhanden und zugänglich sind, über künstlerische Darstellungen oder auch über die kalte Sprache der Täter. Das Tagebuch der Anne Frank verliert seine Eindrücklichkeit nicht deshalb, weil die Verfasserin heute 93 Jahre alt wäre. Paul Celans ‚Todesfuge‘ bewegt heute genau wie im Jahr ihrer Abfassung. Und auch in zweihundert Jahren wird niemand Tadeusz Borowskis ‚Bitte, die Herrschaften zum Gas‘ ohne tiefste Erschütterung lesen können.“[1] Über exemplarische Biografien von Künstlerinnen und Künstlern wäre zu ergänzen, dass deren Schicksale sich eben nicht allein über die historischen Fakten, sondern auch über die hinterlassenen Werke vermitteln lassen: So, beispielsweise, durch Levys letztes Selbstporträt im mpk, gemalt wenige Monate vor seiner Deportation, das in Ausdruck, Farbigkeit und Vielschichtigkeit mehr sagt, als die buchstäblichen ‚tausend Worte‘.

Maram Stern nimmt in seinem Artikel explizit auch die Museen in die Pflicht. Sie müssten neben Schulen und Gedenkstätten neue Wege der Gedenkarbeit beschreiten, um die „bleibende Relevanz“ des Themas zu sichern. Der Autor spricht von der „Schwierigkeit, jüngeren Generationen klarzumachen, dass die damaligen Ereignisse eine bleibende Relevanz haben“. Stern benennt nicht ausdrücklich Kunstmuseen, und doch kann sein Beitrag als Anregung auch und gerade für Kunstmuseen dienen, über Konzepte nachzudenken, wie Erinnerungskultur hier dauerhaft gestaltet werden kann – im Zweiklang aus Wissen und Emotionalität.

In Bezug auf das Wissen hat sich in den Museen in den letzten Jahren viel getan. Im Zuge einer systematischen Erforschung der Provenienzen von Kunstwerken, die zwischen 1933 und 1945 ihren Besitzer wechselten, wurden in den Häusern viele Werke identifiziert, die die Nationalsozialisten per Enteignung unrechtmäßig in ihren Besitz brachten oder die unter Zwang von ihren Eigentümern verkauft werden mussten – um etwa die Flucht aus Deutschland zu finanzieren. In den meisten Fällen waren davon jüdische Familien betroffen, die durch diese Recherchen mit ihren Schicksalen in den Blick rückten: Galeristen, wie etwa auch Levys Förderer Alfred Flechtheim, Sammler wie Michael Berolzheimer – um stellvertretend für die vielen anderen zwei besonders prominente Namen zu nennen.

Es gehört zur Selbstverpflichtung der Häuser im Sinne der „Grundsätze der Washingtoner Konferenz in Bezug auf Kunstwerke, die von den Nationalsozialisten beschlagnahmt wurden“ (kurz: Washingtoner Erklärung), dass neben der vorrangingen Herbeiführung von gerechten und fairen Lösungen mit den Erben in geeigneter Form auf die Hintergründe des Erwerbs und auf die betroffenen Familien hingewiesen und an sie erinnert wird. Auch fordert die Koordinierungsstelle für Kulturgutverluste, die Anschubfinanzierungen für Projekte zur Provenienzforschung gewährt, eine Veröffentlichung der Ergebnisse in Form einer Publikation oder einer Ausstellung. Viele dieser Ausstellungen konnte man in den letzten Jahren republikweit sehen. Sie haben fundierte, umfassende und neue Kenntnisse über den Kunstraub, wie ihn die Machthaber während des Nationalsozialismus in großem Umfang durchführten, erschlossen und einem breiten Publikum vermittelt. Allerdings waren diese Ausstellungen zumeist temporär angelegt. Nicht immer wird dieser spezifische Kontext in den Ständigen Sammlungen dauerhaft sichtbar gemacht. So ist es ein erster Schritt im Sinne einer Erinnerungskultur in den Kunstmuseen, zumindest exemplarisch auch diese Geschichten zu erzählen und umfänglich, wie teilweise schon realisiert, über die digitalen Informationskanäle abrufbar zu machen.

Es sind heute hauptsächlich die Provenienzforscherinnen und -forscher in den Museen, die auch dafür Sorge tragen, dass Museen in Form von Veranstaltungen oder kommunikativen

Maßnahmen ihren Beitrag zu Anlässen wie der Reichspogromnacht, dem Internationalen Tag des Gedenkens an die Opfer des Holocaust oder dem Tag der Provenienzforschung leisten. Auch hier steht die Vermittlung von Wissen über einzelne Künstlerschicksale im Vordergrund.

Ein meines Erachtens noch nicht ausgeschöpftes Potenzial von Kunstmuseen liegt darin, dass sie starke emotionale Zugänge zu einer Thematik schaffen können, die sich in ihren Dimensionen ohnehin nur bedingt durch Sprache einholen lässt. Zwar sind natürlich die Künstlerinnen und Künstler in den Sammlungen präsent, die sich in ihrem Werk mit dem Holocaust und den Verbrechen der Nationalsozialisten auseinandersetzen; und in der Tat kommt man an den großformatigen, in ihrer markanten Materialität buchstäblich raumgreifenden Gemälden Anselm Kiefers kaum vorbei – noch dazu, wenn sie, wie *Lilith am Roten Meer* (1990) im Hamburger Bahnhof, isoliert gehängt sind: Sie entfalten ihre volle Wirkkraft und evozieren die Geschichte ausreichend explizit. Dagegen setzen die frühen Gemälde Gerhard Richters diverse Kontextinformationen voraus, will man die Abgründigkeit hinter den scheinbar ‚harmlosen' Familien- und Landschaftsidyllen verstehen. Genügt es also, dass die Werke dieser Künstlerinnen und Künstler als Teil des kunsthistorischen Narrativs präsentiert werden oder braucht es nicht vielmehr kuratorische Konzepte, die den Anspruch, zur Erinnerungskultur beizutragen, deutlicher markieren? Müssen nicht gerade innerhalb der Sammlungen Orte geschaffen werden, die dem Erinnern an die vielen jüdischen Schicksale dienen?

Das wird nur in den seltensten Fällen in dem Umfang möglich sein, in dem das Kulturgeschichtliche Museum in Osnabrück diesen Anspruch realisierte, um das Werk des 1944 im KZ Auschwitz-Birkenau ermordeten Malers Felix Nussbaum dauerhaft der Öffentlichkeit zugänglich zu machen: Mit dem eigens dafür von Daniel Libeskind entworfenen Museumsbau wurde ein eindrücklicher Ort geschaffen, der dem Werk Felix Nussbaums einen angemessenen Raum gibt, und zwar in einer Umgebung, die Unbehagen stiftet, Gewissheiten aufbricht und so intuitiv an die monströsen Geschehnisse heranführt.[2] Das Besondere des Falles in Osnabrück ist sicherlich, dass hier ein mit 160 Werken ungewöhnlich großer und geschlossener Werkkomplex in einer Museumssammlung aufbewahrt wird. In der Regel wird es jedoch darum gehen, Einzelwerke oder kleine Werkgruppen innerhalb der Sammlungsdramaturgie so zu verorten, dass sie klar erkennbar einen Erinnerungsort bilden, gleichsam als kuratorischer „Stolperstein", der die Gesamterzählung aufbricht.

Diesen Weg beschreitet das mpk anlässlich der Levy-Ausstellung. Wir haben den britischen Keramikkünstler Edmund de Waal eingeladen, durch eine Intervention einen Gedächtnisraum in der Ausstellung zu schaffen. Wie kaum ein anderer Künstler der Gegenwart setzt sich de Waal mit den Komplexen Exil und Holocaust auseinander und hat in seinem Werk starke Metaphern für den Verlust, für das Verschwinden, aber auch für das Bewahren der Erinnerung geprägt – nicht zuletzt durch die extensive Nutzung der natürlichen Farbe seines bevorzugten Werkstoffs: Weiß.

In ihrer Reduktion, in ihrer leisen und stillen Anmutung sind die Installationen, für die Edmund de Waal immer auch exzentrische Hängekonzepte fordert, sehr wirkmächtig. Für die Kaiserslauterer Intervention widmet de Waal dem Maler Rudolf Levy seine Arbeit *Spur* (2016) – als Epitaph und Denkmal. Diese Widmung, die in Textform in diesem Katalog ihren Niederschlag findet, verbindet das Selbstporträt Levys und de Waals Arbeit dauerhaft. Die Überführung dieser Konstellation in die Sammlung ist der folgerichtige Schritt. Damit wird ein dauerhafter Gedenkort innerhalb des Museums geschaffen. „Es ist ein Anfang" – um Edmund de Waal zu zitieren. Dies ist ein notwendiger Schritt in Zeiten, in denen es, da die Zeitzeugen versterben, schwieriger wird, die Erinnerung an den Holocaust wach zu halten; und in denen es mehr den je notwendig ist, dass Kulturinstitutionen und Museen ihren Beitrag dazu leisten, dass sich nicht wiederholt, was niemals hätte geschehen dürfen.

1 Maram Stern: Weil es deutsche Geschichte ist, faz.net/aktuell/politik/inland/holocaust-gedenktag-weil-es-deutsche-geschichte-ist-18621249.html (7.8.2023)

2 Thorsten Rodiek: Daniel Libeskind – Museum ohne Ausgang. Das Felix-Nussbaum-Haus des Kulturgeschichtlichen Museums Osnabrück, Tübingen/Berlin 1998

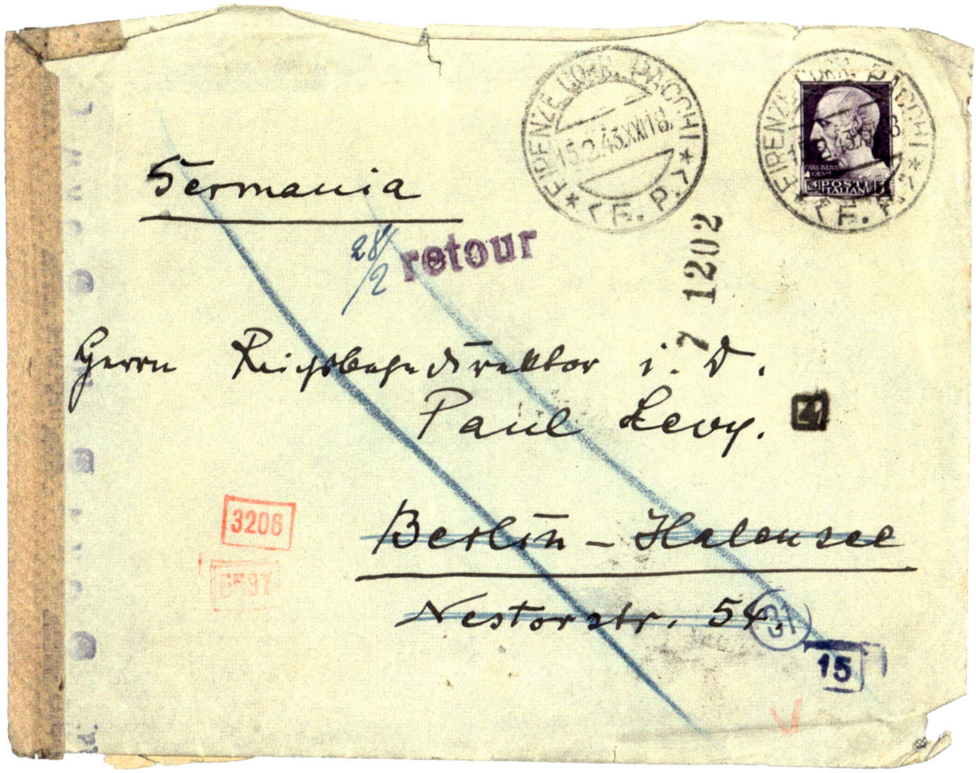

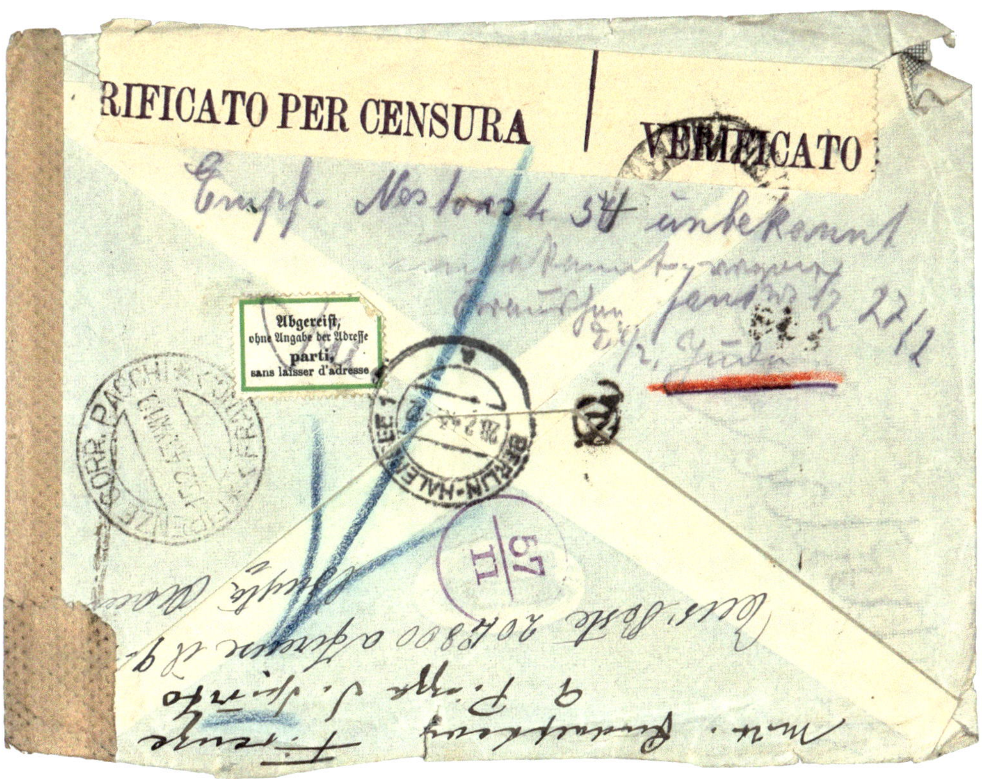

Auch aus dem Florentiner Exil heraus versuchte Rudolf Levy den Kontakt mit seiner Familie und seinen Freunden aufrechtzuerhalten. Am 15. Februar 1943 schrieb er einen Brief an seinen Bruder Paul in Berlin. Was Rudolf Levy zu dieser Zeit noch nicht wusste: Sein Bruder war bereits nach Auschwitz deportiert worden, lebte zu diesem Zeitpunkt wahrscheinlich gar nicht mehr. Der Brief, der auf erschütternde Weise die Dramatik und Tragik des Holocausts dokumentiert, wurde am 28. Februar in Berlin abgestempelt und an Rudolf zurückgesandt. Auf dem Umschlag, der sich im Nachlass von Rudolf Levy (Eduard Bargheer Museum, Hamburg) bewahrt hat, liest man den sachlichen, handschriftlichen Vermerk „Empf.[änger] Nestorstr. 54 unbekannt" sowie – fett in Rot unterstrichen – den Hinweis „Jude". Da der Brief nicht zustellbar war, beklebte die Deutsche Reichspost den Umschlag zusätzlich mit der Marke „Abgereist, ohne Angabe der Adresse". Dieses Dokument ist Zeugnis eines spurlosen Verschwindens.

Rudolf Levy

June 2023 / Juni 2023

Edmund de Waal

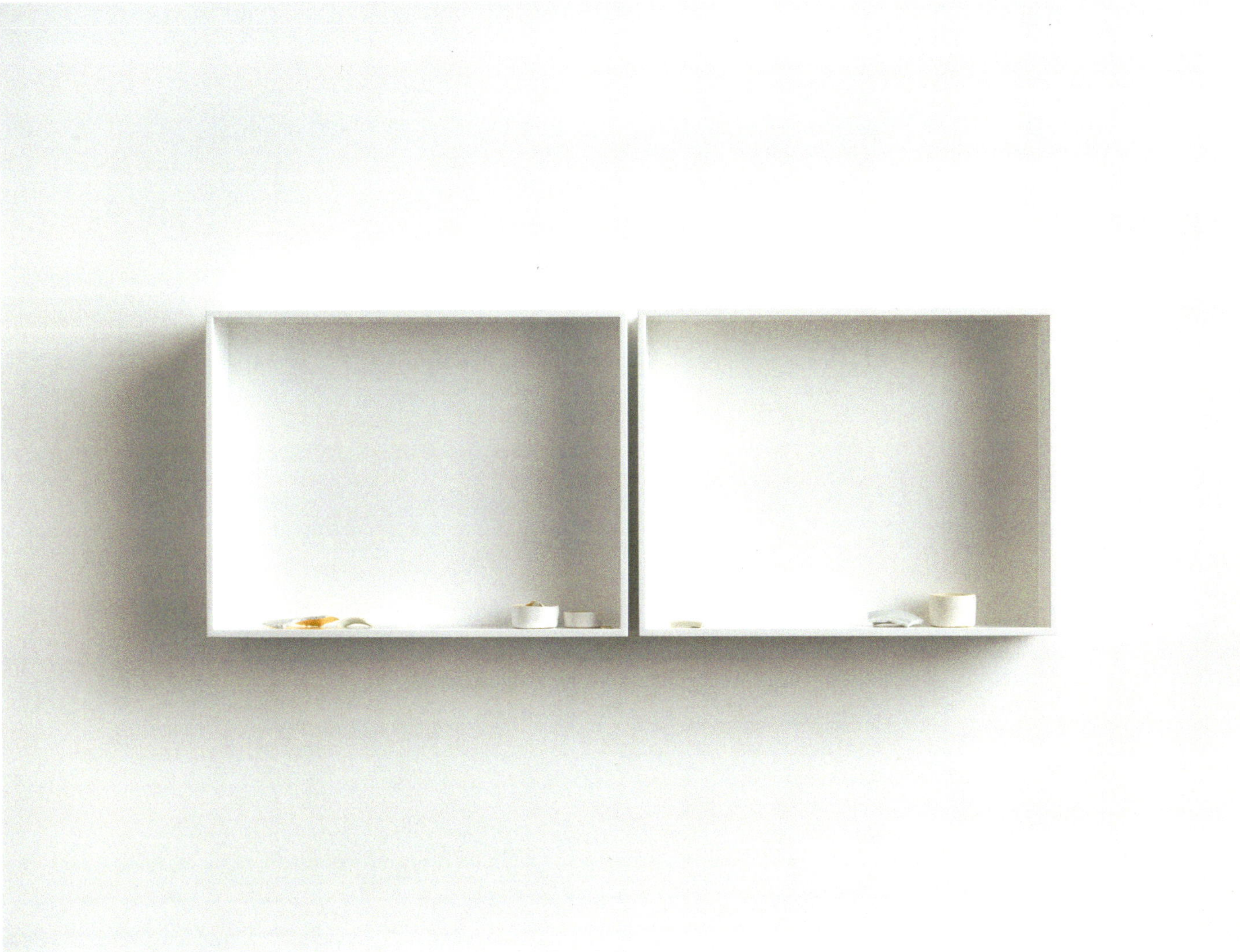

… – I note
On a little scrap of paper the names of those
No longer around me.

Brecht wrote four poems on the death of his friend Walter Benjamin. They are remarkable, spare texts, inventories or listings of people and places that are lost. This need to name is a kind of collection, a holding in one place of presences and absences. They recall Benjamin's own obsessional need to record: what epitaph can you write for a recorder of loss? These list-poems have the slightly ragged feeling of a grief that is very present. They feel as if they are unfinished and archival.

Here we are to record a memorial for Rudolf Levy. Here are his paintings, his self-portrait. His looks at us and his gaze questions our presence.

I work with things. I make them, from porcelain. And then I arrange them, find places to put them down, on shelves or within vitrines, in houses and galleries and museums, move them around so that they are in light or in shadow. They are installations, or groupings, or a kind of poetry. They have titles, a phrase or a line that helps them on their way in the world.

This work is called *Spur*.

It is a pair of white vitrines containing porcelain vessels and shards and gold.

It has emptiness and space. It has brokenness: a small shard of porcelain. Shards matter – they record a moment of disjuncture, indicate a loss. You cannot restore. To restore is to efface.

And it has gold. I've used it because of Benjamin's apprehension that 'we are alone with particular things, which range about us in their silence...that even the people who haunt our thoughts then partake in this steadfast, confederate silence of things. The collector "stills" his fate. And that means he disappears in the world of memory.' There is something about the fugitive beauty of the change of light and shadow around gold that makes me think of how memory works, how a casualty list navigates the space between the silence of things and the silence of people. It is a kind of *Spur*, a kind of trace.

This is Paul Celan's 'ANGEWINTERTES Windfeld: hier/ must du leben..' the 'bewintered windfield: here you must live'. For Celan the compulsion to live within the whiteness of snow and the whiteness of the page and the whiteness of the hair of his mother whom he would never see again are the places and the conditions that he returns to constantly. The return to the empty page is a return to this loneliness.

Wintering, bringing things back to the whiteness of the page, the whiteness of porcelain is also revelation of the essential, of things stripped back.

Tribute and restitution and memorial sound like the end, closure. 'I do not have clarity today, and I hope that I never will. Clarification would amount to disposal, settlement of the case, which can then be placed in the files of history...nothing is resolved, nothing is settled, no remembering has become mere memory,' writes Jean Amery and I feel this is true. History is happening. It is not the past, it is a continuing unfolding of the moment. It unfolds in our hands. That is why objects carry so much, they belong in all the tenses, unresolved, unsettling, *essais*.

What can we do? We look back to Rudolf Levy and we are searched out. We record traces, hand them on. We name.

It is a start.

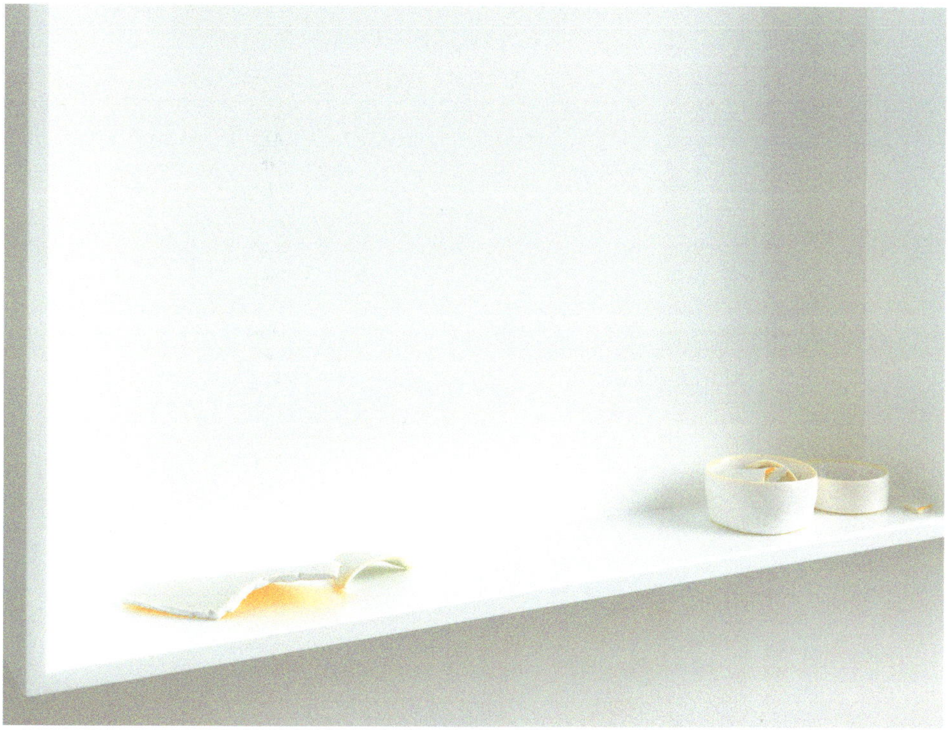

[...] notiere ich
Auf einen kleinen Zettel die Namen derer
Die nicht mehr um mich sind.

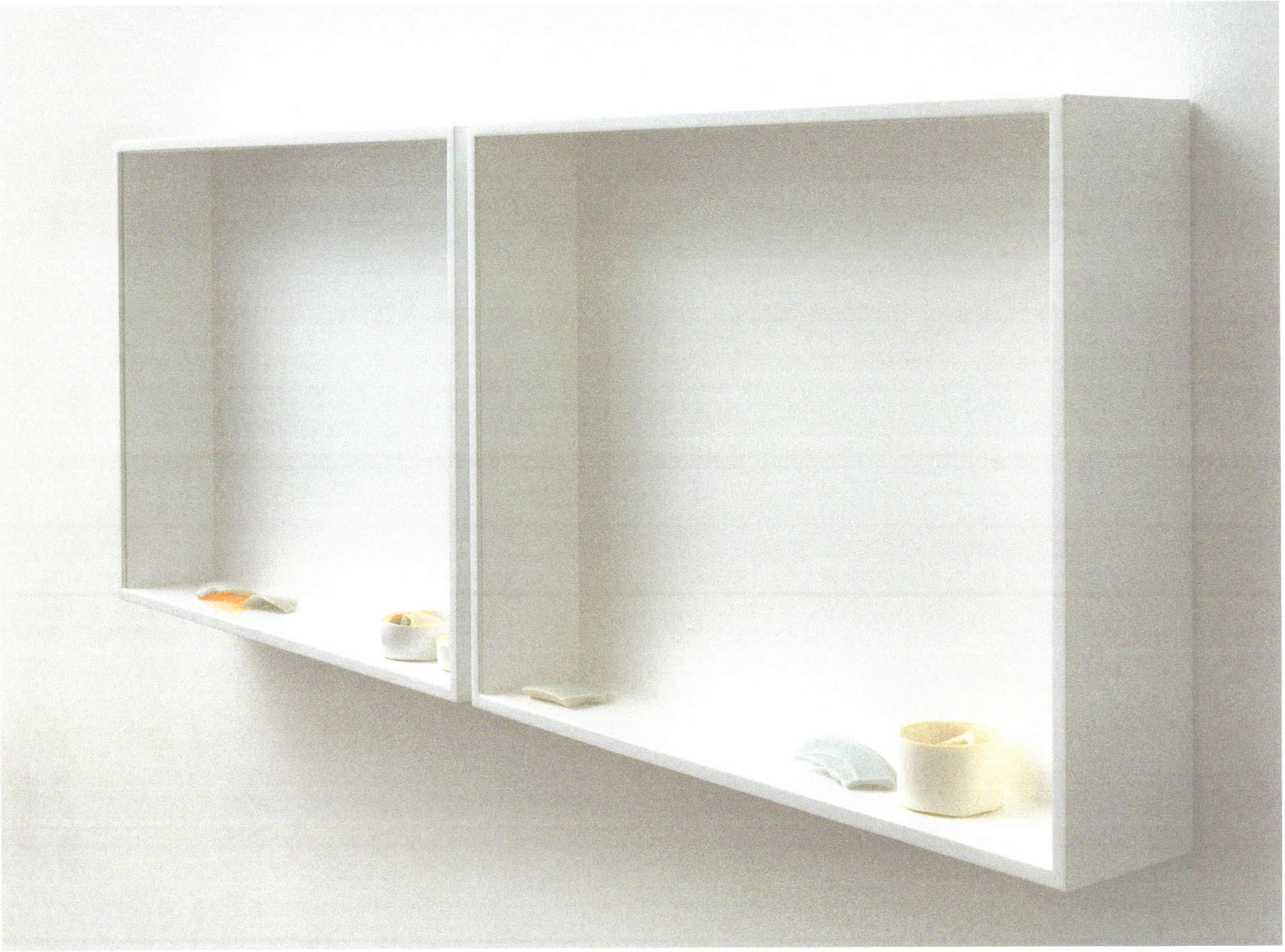

ABB. 1–3: Edmund de Waal *Spur*, 2016
drei Porzellangefäße und Scherben mit Vergoldung in einem Paar
Vitrinen aus Aluminium und Plexiglas 38 × 101,5 × 10 cm
Courtesy of the artist and Galerie Max Hetzler (Berlin, Paris, London)

* Die zitierten Zeilen von Bertolt Brecht stammen aus dem Gedicht *Die Verlustliste* (1941), die von Paul Celan aus dem Gedicht *Angewintertes* (1968), das Zitat von Walter Benjamin aus dem Passagenwerk (1982, Bd. 2, S. 1036), das von Jean Améry aus dem Vorwort zur Neuauflage seines Buches *Jenseits von Schuld und Sühne* (1977).

Brecht* schrieb vier Gedichte über den Tod seines Freundes Walter Benjamin. Es sind bemerkenswerte, karge Texte, Inventare oder Aufzählungen von Menschen und Orten, die verloren sind. Dieses Bedürfnis, zu benennen, ist eine Art Sammlung, ein Festhalten von Anwesenheiten und Abwesenheiten an einem Ort. Sie erinnern an Benjamins eigenes obsessives Verlangen, aufzuzeichnen: Welches Epitaph kann man schreiben für einen Protokollanten des Verlusts? Diese Listen-Gedichte vermitteln das leicht zerklüftete Gefühl einer sehr präsenten Trauer. Sie fühlen sich an, als seien sie unfertig, archivalisch.

Hier sind wir, um ein Gedenken an Rudolf Levy festzuhalten. Hier sind seine Gemälde, sein Selbstporträt. Er sieht uns an, und sein Blick befragt unser Dasein.

Ich arbeite mit Dingen. Ich fertige sie an, aus Porzellan. Und dann arrangiere ich sie, finde Plätze, wo ich sie hinstelle, auf Borde oder in Vitrinen, in Häusern und Galerien und Museen, schiebe sie hin und her, in Licht oder Schatten. Es sind Installationen, oder Gruppierungen, oder eine Art Poesie. Sie tragen Titel – ein Satz oder eine Zeile –, die ihnen weiterhelfen auf ihrem Weg in der Welt.

Dieses Werk heißt *Spur*.

Es sind zwei weiße Vitrinen, sie enthalten Porzellangefäße und Scherben und Gold.

Es besitzt Leere und Raum. Und Gebrochenheit: eine kleine Porzellanscherbe. Scherben sind bedeutsam; sie berichten von einem Augenblick der Disjunktion, weisen hin auf einen Verlust. Restaurieren ist nicht möglich. Restaurieren heißt austilgen.

Und Gold ist dabei. Ich habe es verwendet wegen Benjamins Befürchtung, dass wir in Sammlungen „mit Dingen allein sind, die sich stillschweigend um uns anordnen und daß selbst die Menschen, die dann auftauchen, dieses zuverlässige, bündnishafte Schweigen der Dinge mit annehmen. Der Sammler ‚stillt' sein Schicksal. Und das heißt, er verschwindet in der Welt der Erinnerung." Es ist etwas an der flüchtigen Schönheit des Wechsels von Licht und Schatten beim Gold, das mich daran denken lässt, wie Erinnerung wirkt, wie eine Verlustliste durch den Raum zwischen dem Schweigen der Dinge und dem Schweigen von Menschen navigiert. Es ist eine Art *Spur*.

Dies ist Paul Celans „ANGEWINTERTES Windfeld: hier / mußt du leben [...]." Für Celan ist der Drang, im Weiß des Schnees und im Weiß der Seite und im Weiß des Haars der Mutter zu leben, die er nie wieder sehen wird, Ort und Bedingung, wohin er immer wieder zurückkehrt. Die Rückkehr zum leeren Blatt ist eine Rückkehr zu seiner Einsamkeit.

„Anwintern", die Dinge zurückbringen auf das Weiß des Blatts, das Weiß des Porzellans ist auch eine Offenbarung des Wesentlichen, von Dingen, die entkleidet wurden.

Würdigung und Restitution und Mahnmal klingen nach Ende, Abschluss. „Ich war nicht abgeklärt, als ich dieses Büchlein zu Papier brachte, ich bin es heute nicht und hoffe, dass ich es niemals sein werde. Abklärung, das wäre ja auch Erledigung, Abmachung von Tatbeständen, die man zu den geschichtlichen Akten legen kann. [...] Nichts ist ja aufgelöst, kein Konflikt ist beigelegt, kein Erinnern zur bloßen Erinnerung geworden", schreibt Jean Améry und ich fühle, das ist wahr. Die Geschichte geschieht. Sie ist nicht Vergangenheit, sie ist ein ständiges Entfalten des Augenblicks. Sie entfaltet sich in unseren Händen. Deshalb tragen Objekte so viel mit sich, sie gehören in alle Zeitebenen, unerlöst, verunsichernd, *essais*.

Was können wir tun? Wir blicken zurück auf Rudolf Levy und sind ausgewählt. Wir protokollieren Spuren, geben sie weiter. Wir benennen.

Es ist ein Anfang.

Aus dem Englischen übersetzt von Brigitte Hilzensauer

Anhang

Rudolf Levy in der Kunstliteratur der 1920er-Jahre

Ausgewählte Quellentexte

Zusammengestellt von Sören Fischer

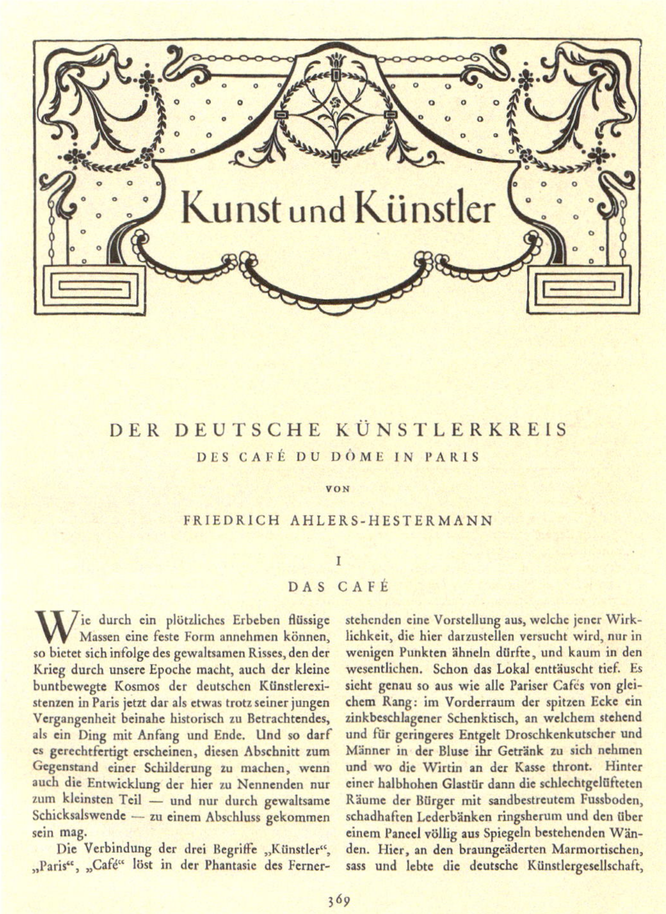

Kunst und Künstler

DER DEUTSCHE KÜNSTLERKREIS
DES CAFÉ DU DÔME IN PARIS
VON
FRIEDRICH AHLERS-HESTERMANN

I
DAS CAFÉ

Wie durch ein plötzliches Erbeben flüssige Massen eine feste Form annehmen können, so bietet sich infolge des gewaltsamen Risses, den der Krieg durch unsere Epoche macht, auch der kleine buntbewegte Kosmos der deutschen Künstlerexistenzen in Paris jetzt dar als etwas trotz seiner jungen Vergangenheit beinahe historisch zu Betrachtendes, als ein Ding mit Anfang und Ende. Und so darf es gerechtfertigt erscheinen, diesen Abschnitt zum Gegenstand einer Schilderung zu machen, wenn auch die Entwicklung der hier zu Nennenden nur zum kleinsten Teil — und nur durch gewaltsame Schicksalswende — zu einem Abschluss gekommen sein mag.

Die Verbindung der drei Begriffe „Künstler“, „Paris“, „Café“ löst in der Phantasie des Fernerstehenden eine Vorstellung aus, welche jener Wirklichkeit, die hier darzustellen versucht wird, nur in wenigen Punkten ähneln dürfte, und kaum in den wesentlichen. Schon das Lokal enttäuscht tief. Es sieht genau so aus wie alle Pariser Cafés von gleichem Rang: im Vorderraum der spitzen Ecke ein zinkbeschlagener Schenktisch, an welchem stehend und für geringeres Entgelt Droschkenkutscher und Männer in der Bluse ihr Getränk zu sich nehmen und wo die Wirtin an der Kasse thront. Hinter einer halbhohen Glastür dann die schlechtgelüfteten Räume der Bürger mit sandbestreutem Fussboden, schadhaften Lederbänken ringsherum und den über einem Paneel völlig aus Spiegeln bestehenden Wänden. Hier, an den braungeäderten Marmortischen, sass und lebte die deutsche Künstlergesellschaft,

369

ABB. 1: Friedrich Ahlers-Hestermann: Der Deutsche Künstlerkreis des Café du Dôme in Paris, 1919, Titelseite

Friedrich Ahlers-Hestermann: Der Deutsche Künstlerkreis des Café du Dôme in Paris, in: Kunst und Künstler: illustrierte Monatsschrift für bildende Kunst und Kunstgewerbe, Nr. 16, 1918, S. 369–402.

[S. 376] Am Pokertisch sassen auch die Gründer und Säulen der Gesellschaft: Rudolf Levy bluffte hier mit unerschütterlichem Bass, Bondy, blass und schmächtig neben einem feisten Mann aus Sachsen, der mit einem Siegelring aus englischem Königsgeschlecht geschmückt war und formelle Anrechte auf den Thron des Inselreiches herzuleiten wusste. Diese hat er aber (bekanntlich) nicht verwirklicht, obgleich Levy ihm in einem Shakespearhaften Drama dazu den Weg wies. Er widmete seinen betriebsamen Geist der Mitbegründung eines französischen Witzblattes, „le témoin“, das aber, nachdem das Geld zu Ende war, wieder entschlummerte.

[S. 390] Eine Hauptperson dagegen, die man sich nicht wegdenken kann, wenn man sich den Dôme, das Atelier Matisse oder irgend eine der Pariser Stätten gemeinsamen Erlebens vorstellt, ist Rudolf Levy. Zwischen der Persönlichkeit des Mannes mit den parodierten Possart-Allüren, dem zweifellosen Helden zweifelhaftester Abenteuer, dem skrupellos abgehärteten Bohemien, dessen Bass die eigenen witzig-prunkvollen Verse donnernd rezitierte, und den Resultaten seiner Malerei besteht ein beträchtlicher Gegensatz. Man denkt sich, er habe ungefähr so arbeiten müssen, wie sein Freund Weissgerber thatsächlich malte. Aber eine grosse ruhige Klugheit lässt ihn auf jede schmetternde Wirkung verzichten, auf kleiner Fläche, am bescheidenen Thema strebt er nach Vollkommenheit. Und so ist es ihm in Paris gelungen, die Mängel seines Studiums — auf Kunstgewerbeschulen und zeitweise bei Zügel — zu überwinden und sich eine gesicherte, noble, wohlequilibrierte Ausdrucksform zu erringen. Er ist ein reines und sympathisches Ergebnis der neuen Akademie; die Erkenntnis diktiert ihm die höchsten Ansprüche an sich, und dieses Ringen, das keine Form fertig oder ungeprüft übernimmt, giebt seinen klaren Leinwänden Lebendigkeit und hebt sie über das gefährliche Niveau des Geschmacklichen hoch empor.

Rudolf Levy: Matisse, in: Genius. Zeitschrift für werdende und alte Kunst, 1920, S. 187–189.

Ich sehne mich nach Paris. Ich möchte wieder einmal über den Boulevard Montparnasse gehen vom Gare bis zur Closerie und unterwegs auf der Terrasse des Cafe du Dôme vom Freunde André mir einen amer Picon servieren lassen. Ob Herr Berger das Berliner Tageblatt wieder abonniert hat? Wenn man Mitte der Vierziger ist, weiß man, daß man unrecht hat, einen Abschnitt seines Lebens noch einmal durchleben zu wollen. Enttäuschungen lauern dort, wo Freuden winkten. Und doch, wie mag es aussehen? Ich lausche begierig gelegentlichen Berichten, die jetzt in Zeitungsfeuilletons erscheinen. Leute horche ich aus, die von dort zurückkommen und so manches erzählen, was ich nicht wissen will; daß Vlaming ein Automobil gekauft habe, Picasso jetzt einen steifen Hut trage, Max Jacob seine reizenden Aquarelle zu 10.000 Franken das Stück verkaufe und die letzte Saison in Deauville zugebracht habe.

Von Henri Matisse wußte niemand Persönliches zu berichten, aber Leute, die während des Krieges gelegentlich in der Schweiz Bilder von ihm gesehen hatten, erzählten, daß seine Kunst sich zu ihrer vollen Reife entwickelt hätte und, ohne von ihrer künstlerischen Ekstase das mindeste verloren zu haben, von einer vollendeten Beherrschung des Ausdrucks und der Mittel zeugte.

Heute nun fällt mir ein kleines Buch in die Hände, das von der Nouvelle Revue Française herausgegeben worden ist, und in welchem zirka fünfundzwanzig Reproduktionen nach seinen Werken vereinigt sind. Während ich Seite auf Seite umschlage, wird wieder stark diese ganze Epoche lebendig, in der die meisten dieser hier wiedergegebenen Bilder entstanden sind. Und auch eine leise Trauer bleibt naturgemäß nicht aus, denn nun weiß ich, daß jene Sammlung, in der ein wohlhabender amerikanischer Sammler fast 50 der bedeutendsten Bilder Matisses vereinigt hatte, nicht mehr besteht, sondern in alle Winde zerstreut ist.

Als ich 1907 Matisse persönlich kennen lernte, war in den Ateliers vom Montparnasse bis zum Montmartre sein Name schon in aller Munde. Im letzten Herbstsalon war seine „Frau mit Fächer“

ausgestellt gewesen, die trotz offizieller Ablehnung die Kritik doch leidenschaftlich erregte. Ich habe gerade dieses Bild dann später häufig wieder gesehen und eine gewisse Vorliebe für dasselbe behalten. Ist mir doch gerade vor ihm zum ersten Male zu Bewußtsein gekommen, daß in den vier Jahren, die seit dem Tode Pissarros, des eigentlichen Vollenders des Impressionismus, vergangen waren, irgend etwas geschehen war. Dieses Geschehnis hieß Cézanne, der für die toile das Wachstum der Farbe erobert hatte, wie zwei Dezennien vorher van Gogh das Wachstum der Linie.

In diesen Zeilen persönlicher Erinnerung sei alle Kunsttheorie vermieden. Aus einer nun fast fünfzehnjährigen Distanz lassen sich die Zusammenhänge leicht erkennen und in ein System bringen. Uns, die wir damals das Glück hatten, in der Sphäre dieser Emanation zu leben, schienen diese Dinge minder deutbar, aber sie erschütterten uns. Wir empfanden wohl dunkel, daß Matisse irgendwo in der großen Tradition wurzelte, und ließen uns nur durch Theoretiker mitunter verleiten auf Gauguin zu raten, in dessen Gedächtnisausstellung ein Jahr früher das Wort fiel: „C'est très beau, mais ça sent un peu les colonies ..."

Die Kunst Matisse's, dessen äußere Erscheinung mit rötlichbraunem Bart und goldner Professorenbrille fast etwas Germanisches hatte, ist urfranzösisch. Seine ganze Evolution ist Ringen um die Materie und mit der Materie. Er hatte für seine Person die kapitale Wichtigkeit der Oberfläche erkannt, die Bedeutung der komplizierten Wechselbeziehung von farbigen Flächen und Linien, in deren kluger Beherrschung der Franzose das équilibre eines Bildes verehrt. Er reduzierte die Errungenschaften seiner Vorgänger auf das Mindestmaß des notwendigen Ausdrucks, indem er auf jedes noch so verlockende Beiwerk verzichtete und erreichte grade dadurch eine Steigerung und Intensität des Ausdrucks, die neu war. Er schuf die Expression schlechtweg.

Wie oft, als sein Schüler, habe ich das Wort Expression von ihm gehört, nie ohne daß ihm dieses zweite folgte: Sensibilität. Diese Bilder in der feierlichen Simplizität ihrer großen Linien und Flächen sind über aller Klugheit ihrer Conzeption von einem so ursprünglichen Sentiment für Rhythmus und Takt, daß sie transzendentalen Gehalt haben, wie alle wahrhaft große Kunst.

Hans Siemsen: Rudolf Levy, in: Der Querschnitt, Heft 6, Dezember 1921, S. 206–207.

Von Rudolf Levy gibt es so viele Geschichten und Anekdoten, weise Sprüche und salomonische Urteile, er ist bei denen, die Bescheid wissen, so sehr bekannt als Dichter, Philosoph, weiser Spassmacher und guter Kamerad, dass man manchmal darüber vergessen hat, dass er eigentlich Maler ist, oder wie man in Deutschland sagt: Kunstmaler.

Wenn von ihm die Rede ist, so weiss jeder in der Tafelrunde ein paar reizende Geschichten zu erzählen oder gar eins seiner köstlichen Gedichte aufzusagen. Und dann ist es natürlich langweilig, das bisher beliebte Gespräch über die Prinzipien der Malerei und den Kampf Matisse–Picasso fortzusetzen, man wendet sich heiteren und lieblicheren Gefilden der Erinnerung zu. Er selbst spricht selten von seinen Bildern. Er wäre ja nicht der Vater des Dômes, der in langjähriger unermüdlicher Arbeit die jungen Leute des Montparnasse zu Skepsis und Bescheidenheit erzog, wenn er sich mit seiner Arbeit, seinen Bildern dicke täte. Er wird es auch nicht gerne sehen, dass man in aller Öffentlichkeit darüber spricht. Über ernste Dinge schweigt man besser. Also schweigt er über seine Bilder. Denn das sind ernste Dinge.

Seine Landschaften, Porträts und Stilleben werden in modernen Ausstellungen niemals grosses Aufsehen erregen. Sie sind viel zu bescheiden und einfach. Die neue deutsche Malerei, auch in ihren besseren Vertretern vom sogenannten Expressionismus zu grossen Anstrengungen, zu grossen Gebärden, zu grossem Getöse angestachelt, schlägt und schreit in den grossen Ausstellungen ruhige und friedlichere Nachbarn einfach tot. Wer es nicht versteht, durch seine Bilder, durch irgendwas „Besonderes", durch irgendeine übertriebene Geste aufzufallen – der fällt eben nicht auf. Rudolf Levy fällt nicht auf. In seinen Bildern gibt es keinen Bluff, keine Kniffe und Kunststücke, nur Arbeit – weiter nichts. Auf seine ganz persönliche Art und Weise verarbeitet er die grossen Lehren der Tradition, der französischen Malerei und die des Ateliers Matisse zu niemals geschmackloser, immer anständiger und manchmal ausserordentlich schöner Malerei. Ich vermeide die grossen Worte, die heute, wie die grossen Gesten, üblich sind. Sie würden vor dieser ehrlichen Arbeit lächerlich und deplaciert wirken.

Eines Tages werden die grossen Gesten und grossen Worte verschwunden sein und in der Stille, nach verklungenem Lärm, wird die unentwegte Kunstgemeinde ein paar heut noch überschriene Namen hören. Der Rudolf Levys wird darunter sein. Und man wird (wie so oft, ein wenig verspätet) bemerken, dass der Dichter der „Sappho", der Schöpfer der „Deutsch-französischen Lyrik" und der Held so vieler weiser Anekdoten zu der leider nur geringen Zahl von Malern zählt, deren Bilder die Gegenwart überdauern werden.

Hans Purrmann: Rudolf Levy, in: Rudolf Levy, Ausstellungskatalog (Broschüre), Galerie Alfred Flechtheim, Berlin 1922, S. 3.

In Karlsruhe saßen wir in der Kunstgewerbeschule, Levy als Schreiner und ich als Dekorationsmaler auf einer Schulbank, dann begegneten wir uns in München, er Zügel- und ich Stuckschüler. Bald darauf ging Levy, 1903, nach Paris; er war der Anlaß, daß ich bald nachkam. In die Matisseschule folgte Levy mir, als er eine anfängliche Skepsis überwunden hatte. Jetzt arbeitet er in Berlin. Wir waren immer Freunde, waren immer in demselben Kreise, haben gebummelt und gearbeitet, „vieux copains", wie einmal eine Portiersfrau Levy wütend nachrief, als er diese nach seinen Freunden frug, „vous, vous n'avez pas des amis, vous n'avez que des copains". Ein gesunder Sinn, eine große Klugheit und ein guter Geschmack führen seine Hand, er sucht so verständlich als möglich zu sein, ein paar Blumen, ein paar einfache Gegenstände genügen ihm, die er dann zu einer schönen Malerei, mit zartem

Auge gesehen, zu einem vollen und klingenden Bilde auf die Leinwand bringt. Doch sind seine Bilder nicht ohne Theorien und ohne System. Ich habe immer viel von seinem gesunden, intelligenten, mutig unbekümmerten Urteil gehalten und es auch oft angerufen. Seine Talente auf vielen Gebieten machten ihn zum Mittelpunkte eines großen Kreises deutscher Maler in Paris. Flechtheim durchschneidet mit seinem „Querschnitt" nicht alle Fähigkeiten, mit denen Levy spielt. Nur der Malerei jedoch engagierte Levy sich vollkommen, so daß man nicht eifersüchtig zu fürchten hat, daß er sie nicht genug kultiviert. Man kann aufrichtig seine Liebe zu diesem Handwerk bewundern.

Karl Scheffler: Rudolf Levy, in: Kunst und Künstler: illustrierte Monatsschrift für bildende Kunst und Kunstgewerbe, Nr. 20, 1922, S. 371–377.

Bis vor kurzem haben wir von Rudolf Levy mehr gehört als gesehen. Wer in Paris irgendwie mit dem Kreis des Café du Dôme in Berührung gekommen war, erzählte von Levy. Von seiner Vielseitigkeit, seinen hundert Künsten und guten Witzen. Nur von seiner Malerei war eigentlich nie die Rede. Man mußte glauben, er sei einer jener Künstler, die es mit ihrem Talent und der Kunst leicht nehmen, die mit Pfeifen und Singen gelegentlich ein weniges auch arbeiten. Diese Meinung wurde auf Ausstellungen nicht korrigiert, denn man sah Levys Bilder in Deutschland selten. Dann brachte der Krieg den Künstler auf Umwegen in die Heimat, beanspruchte ihn aber auch so, daß es mit dem Malen nicht viel wurde. Was trotzdem entstand, blieb hauptsächlich im Rheinland, so daß Levy in Berlin nach wie vor mehr ein Name war als eine lebendige Vorstellung. Mit einer gewissen Regelmäßigkeit ausgestellt hat der Künstler erst seit 1920. Jetzt ist er nach Berlin gekommen, und gibt mit einer Kollektivausstellung in der Galerie Flechtheim in umfassender Weise Rechenschaft über sein Wollen und Können als Maler.

Und da zeigt es sich – wie so oft –, daß die Vorstellungen falsch waren, daß uns wieder einmal die Ohren vom Unwichtigen vollgeredet worden sind, und daß verschwiegen wurde, worauf alles ankommt: daß Rudolf Levy ein sehr ernster, angestrengt und mit schönem Verantwortlichkeitsgefühl arbeitender Maler ist, ein Künstler, den man nicht im Cafe richtig kennen lernt, sondern in der Werkstatt.

Für den Katalog der Ausstellung hat der Freund und Genosse Levys, Hans Purrmann, ein reizendes kurzes Vorwort geschrieben. Mit graziöser Knappheit orientiert es über den Künstler. Purrmann schreibt: „In Karlsruhe saßen wir in der Kunstgewerbeschule, Levy als Schreiner und ich als Dekorationsmaler auf einer Schulbank, dann begegneten wir uns in München, er Zügel- und ich Stuckschüler. Bald darauf ging Levy, 1903, nach Paris; er war der Anlaß, daß ich bald nachkam. In die Matisseschule folgte Levy mir, als er eine anfängliche Skepsis überwunden hatte. Jetzt arbeitet er in Berlin. Wir waren immer Freunde, waren immer in demselben Kreise, haben gebummelt und gearbeitet, „vieux copains", wie einmal eine Portiersfrau Levy wütend nachrief ..."

Damit sind die wichtigsten biographischen Notizen gegeben: Handwerker in Karlsruhe – Zügelschüler in München – Angehöriger des Kreises um Matisse in Paris. Auf den Handwerker weist noch heute die solide Arbeitsweise, das Ordentliche und Tüchtige der Malerei; auf die Münchner Kunstatmosphäre weist eine tiefwurzelnde Lust am Atelierhaften und Dekorativen; auf die Matisseschule endlich weist, was alle Matisseschüler gemeinsam haben, was aus ihnen etwas wie eine Malerfamilie macht und was sich leichter mit einem Blick sehen als mit einem Wort sagen läßt.

Auch Levy geht, wie seine Genossen, wie Matisse selbst, von außen, nicht von innen an die Kunst heran. Das ist nicht herabsetzend gemeint. Es gibt zwei Wege für den Künstler. Stellt man sich einen Dramatiker vor, der ein ihn tief bewegendes Erlebnis künstlerisch gestaltet und die Form dafür findet, weil sie am stärksten ausdrückt, wovon er voll ist, so hat man den Dichter, der von innen zur Kunst gelangt. Stellt man sich dagegen einen Dramatiker vor, der einen allgemein menschlichen Konflikt als dramatisch empfindet und in großen Umrissen gleich die theatralische Form sieht, der hinterher aber erst dafür eine Fabel im Leben oder in der Geschichte aufsucht, so hat man den Dichter, der von außen an die Kunst herantritt. Jener geht induktiv vor, er leitet das Allgemeine vom Besonderen ab, dieser geht deduktiv vor, er leitet das Besondere aus dem Allgemeinen ab. Jenem ist das Erlebnis, ist der Stoff das Primäre, er geht von der Natur aus; diesem ist die Idee das Primäre, er geht von Formvorstellungen aus. Ins Gebiet der Malerei übersetzt, gehört dem ersten Typus der Maler an, der den Anstoß spontan von optischen Eindrücken empfängt – oder empfangen hat; dem zweiten Typus gehört der Maler an, der hinterher für eine Formalvorstellung die passenden Gegenstände, die Körper sucht. Der erste geht vom Fließenden, vom Ungestalteten aus und zwingt es zur Harmonie, er empfängt naiv vom Objekt das Gesetz, das Naturmotiv überwältigt ihn; der zweite geht vom schon Gestalteten, von der Harmonie aus und füllt sie vorsichtig mit Anschauungen, er empfängt mehr spekulativ vom Formgesetz die Objekte und baut sich selbst Motive auf. Der von innen zur Kunst Gelangende braucht, wie man einsieht, vor allem Sinnlichkeit und Temperament, um Natur in Kunst zu verwandeln; der von außen an die Kunst Gelangende bedarf mehr eines exakten Formgefühls und der Einsicht, um die Harmonie rückwärts mit Leben und Natur zu füllen. Jener hat bestimmte Gegenstände vor Augen und verwandelt sie auf der Leinwand in bedeutungsvolle Farbenflecke; dieser setzt mit Bedeutung Farbenflecke auf die Leinwand und gibt ihnen zuletzt eine Ähnlichkeit mit Gegenständen.

Das klingt natürlich einseitiger und gröber als sich der Vorgang abspielt. Auch liegt in dieser Feststellung nicht ohne weiteres ein Werturteil, weil sich ja beide Künstlertypen, obwohl sie von entgegengesetzten Enden ausgehen, in der Mitte des Weges sehr wohl treffen können. Hier wird der Gedanke, von dem aus man die ganze Kunst denken kann, nur aufgenommen, um anzudeuten, wie die Bilder der Maler aus dem Matissekreis, wie auch Rudolf Levys Bilder entstehen. Nicht buchstäblich vielleicht, aber doch grundsätzlich. Sie entstehen mittelbar.

Daraus erklärt sich dann, warum der Künstler das Stilleben, vor allem die Blumen bevorzugt, warum er gern Gegenstände malt, die an sich dekorative Eigenwirkung haben: Blumen, Früchte, schöne Gefäße, farbige Stoffe usw. Welche Gefahren das in sich schließt, ist schon neulich, gelegentlich der Besprechung von Levys und Purrmanns Bildern in der Akademie, angedeutet worden. Man kann weitergehen und sagen, die ganze Arbeitsweise verlocke zu leiser Systematik und Rezeptmäßigkeit. Unterliegt der vom Natureindruck ausgehende Künstler, so bleibt er naturalistisch im Stofflichen befangen; unterliegt der von der Formvorstellung ausgehende Künstler, so erscheint er als Formalist. Gegen diese Gefahr des Formalismus hat sich auch Levy zu wehren. Er tut es mit einer sinnlichen Klugheit, und er tut es in den meisten Fällen mit Erfolg. Jedem Bild merkt man an, wie ernst daran gearbeitet worden ist, wie sehr es durchdacht und durchgebildet ist, wie angestrengt die schöne Ordnung gewollt ist, mit welcher Mühe die Mühe im Werk überwunden und Leichtigkeit erstrebt ist. Es glückt oft so gut, daß die Bilder wie improvisiert, wie vom kultivierten Geschmack leicht hingeschrieben erscheinen. Es verdient Aufmerksamkeit, mit welchem Ernst der Künstler darauf aus ist, die erste Anlage zu überwinden und das Bild in einer Weise, die von der ursprünglichen Frische nichts verloren gehen läßt, fertig zu malen, über geschmackvolle Improvisation hinaus zu einer schönen Konsistenz zu gelangen. Man sieht den Ernst der Arbeitsweise an den nicht fertig gewordenen Bildern, zum Beispiel vor dem hier abgebildeten Herrenbildnis. Levy ist ein Maler, der nichts vom Ungefähr hält, der von Cezanne mehr gelernt hat als Räuspern und Spucken, nämlich das, was der große Lehrer unserer Generation die Realisation nannte. Darum sind Levys Bilder auch nicht kunstgewerblich. Ein bekannter Berliner Maler setzte mir einmal auseinander, das wichtigste Geschäft, wenn er Blumen malen wolle, sei das Arrangement des Straußes. Sei das geglückt, so dauere das Malen nicht lange. Diese Arbeitsweise ergibt das besser oder schlechter gemalte Arrangement. Levy aber verlegt die Hauptarbeit ins Malen selbst, in den Vortrag, in das Bestreben, den Teig der Ölfarbe bis zum letzten zu vergeistigen. Er ist Kolorist, weil er in Farben sieht und denkt. Und ist es doch nicht zu sehr, das heißt, er vernachlässigt das Helldunkel nicht so, daß die Malerei tapetenhaft wird. Er möchte Farbe und Ton innig verbinden und in dieser Weise Licht und Schatten durch reine Farbe ausdrücken. Das ist sehr schwer, und es gelingt Levy nur streckenweis; aber es gelingt doch, und auf die gelungenen Stellen weisend, kann man den Nachweis von der inneren Berufung dieses Mannes zur Malerei führen. Zuweilen fehlt es an der überzeugenden „Richtigkeit", die Farben geraten dann leicht ins Schrille und erscheinen etwas bunt und anilinhaft, das Kolorit wirkt dann nicht einfach genug. Das ist ein Merkmal, das vielen Arbeiten des Matissekreises anhaftet. Nur Matisse selbst weiß sich davon in einer fast unbegreiflichen Weise frei zu halten. Wie er zu seinen Schülern denn überhaupt den Abstand wahrt. Alles kommt bei dieser Art zu arbeiten auf traditionssatte Sensitivität an. Levys Bilder wirken, wenn man sie mit denen von Matisse vergleicht, ziemlich schwer und, in all ihrem Geschmack, in einer deutschen Weise derb. Für das schwierige Problem des „Aktes im Zimmer" reicht die malerische Phantasie noch nicht ganz; die Natur ist nicht völlig Kunst geworden, oder, wie es in diesem Fall heißen muß, die Kunst ist noch nicht wieder Natur geworden.

Alles in allem machte die Ausstellung einen vortrefflichen Eindruck. Sie deutete auf eine geschlossene Persönlichkeit, auf einen Handwerker der Form, der schmuckhafte Dinge nicht zum Spiel, sondern tieferer Lebensbedeutung wegen malt, auf einen Maler von gesunder Intelligenz, mit der Fähigkeit, sich mit einfachen Mitteln verständlich auszudrücken, auf einen Künstler, der zart und kräftig sein kann, und dessen Oberflächen hier und da die Hand eines Kleinmeisters der Werkstatt verraten. Levys Malerei ist ohne große Ansprüche, er beschränkt sich im Format, hat nicht den Ehrgeiz Schlager zu malen, und sucht Vollkommenheit im Kleinen. Seine Form ist ausgeglichen, sie wirkt wie das Ergebnis einer neuen unsichtbaren Akademie; sie ist nicht überraschend eigenartig, aber sie ist selbständig, hat alle Einflüsse persönlich verarbeitet und ist viel tiefer gegründet als nur auf Geschmack und Dekorationslust. Es ist in dieser Form ein Gran von jenem bestürzten Erstaunen vor der Erscheinung, das den Künstler macht.

Im Kreis der deutschen Künstler, innerhalb der Generation der Vierzigjährigen hat Levy sich nun eine Stellung geschaffen. Seine Fähigkeiten und sein künstlerischer Charakter werden sich auch weiterhin die Beachtung und Anerkennung erzwingen, die sie verdienen.

Hermann von Wedderkop: Rudolf Levy 50 Jahre, in: Der Querschnitt, Heft 6, Sommer 1925,

S. 565–566. [siehe auch Abb. S. 32–33 u. S. 92]

Nicht wie seinerzeit Oberst von Hugo, damals Kommandeur des ersten thüringischen Infanterieregiments Nr. 31 in Altona, den Zusammenhang zwischen diesem Regiment und Bismarck ohne weiteres, d. h. ohne Hintergedanken, und mit der Freude des Entdeckers geschichtlicher Zusammenhänge, konstruierte, indem er sich vor der Front dieses übrigens sehr anständigen, in Paradeformation aufgestellten Regiments, in den Bügeln hob zu folgender Ansprache:

„Und welch wunderbare Fügung!
Am selben Tage!
An welchem der alte Reichskanzler Fürst Bismarck!
Das Licht der Welt erblickte!
Erfolgte auch die Gründung dieses Regiments!"

Nicht so wie dieser konstruierte, wenn auch verführerische Zusammenhang ist der zwischen unseren Freunden, dem Altmeister Levy und dem kürzlich verstorbenen Hermann Hertz. Es ist der natürliche Zusammenhang von schaffendem Künstler und Mäzen. Beide mokierten sich mit Liebe über einander, Hermann Hertz liebte das Zauberhafte der Bohème-Existenz Rudolf Levys in dessen Vorkriegszeit, deren Unsicherheit ihn begeisterte, während Levy zur Abwechslung die festbegründete bürgerliche Existenz seines Mäzens als regelmaßigen Ankerplatz aufsuchte. Sie trafen sich in Köln und in Tunis, wo Levy ein Zimmer bewohnte, das zugleich eine Theaterloge war, so daß Levy Hermann Hertz jeden Abend mit in seine Loge nehmen konnte, von wo aus

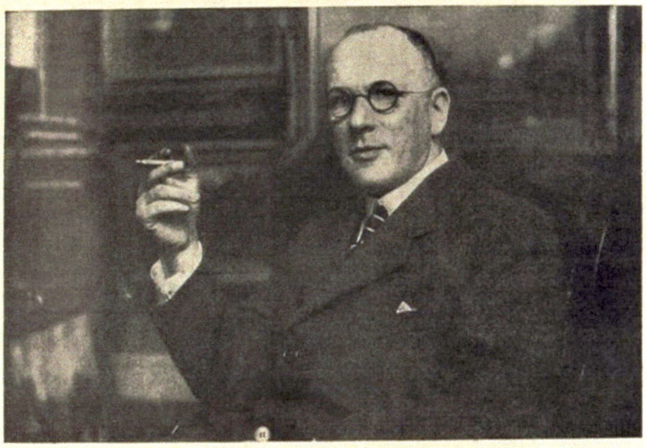

Rudolf Levy — Photo Walter Klug

Rudolf Levy 50 Jahre.

Nicht wie seinerzeit Oberst von Hugo, damals Kommandeur des ersten thüringischen Infanterieregiments Nr. 31 in Altona, den Zusammenhang zwischen diesem Regiment und Bismarck ohne weiteres, d. h. ohne Hintergedanken, und mit der Freude des Entdeckers geschichtlicher Zusammenhänge, konstruierte, indem er sich vor der Front dieses übrigens sehr anständigen, in Paradeformation aufgestellten Regiments, in den Bügeln hob zu folgender Ansprache:

„Und welch wunderbare Fügung!
Am selben Tage!
An welchem der alte Reichskanzler Fürst Bismarck!
Das Licht der Welt erblickte!
Erfolgte auch die Gründung dieses Regiments!"

Nicht so wie dieser konstruierte, wenn auch verführerische Zusammenhang ist der zwischen unseren Freunden, dem Altmeister Levy und dem kürzlich

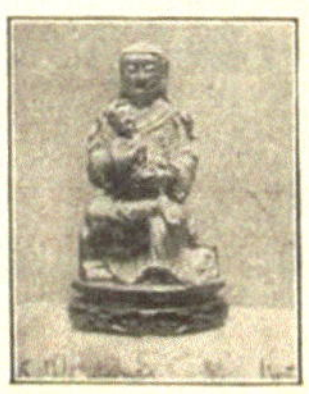

565

ABB. 2: Hermann von Wedderkop: Rudolf Levy 50 Jahre, 1925, Titelseite

sie sich die schönsten Opern anhörten. Hertz ließ Levy nicht im Stich. Als Levy an Flechtheim aus Algier telegraphierte: „wenn nicht bis übermorgen Geld, gezwungen in Fremdenlegion zu treten!", telegraphierte Flechtheim zurück: „tritt!", während Hermann Hertz ihm 300 Mk. überwies.

Manchmal kam Levy in die Fremde, nach Deutschland. Es ist einseitig, ihn als Maler zu schätzen, auch seine Gedichte sind gut, und sein Vorkriegsleben ist ein Kunstwerk, ein himmelschreiender Wirrwarr, da alle Art Existenzen, mochten sie noch so klein, so geheimnisvoll, so unzulänglich sein, von ihm für eine kurze oder längere Strecke mitgelebt wurden, objektiv mitgelebt, und alsdann in die kondensierte und abgeschlossene Form gebracht wurden, in der sie in seiner Erinnerung weiter leben. Die zweite Hälfte zum Erfolg fehlt ihm: diese Erlebnisse zu Papier zu bringen. Es wäre eine harte Konkurrenz für Meier-Graefes Entwicklungsgeschichte der modernen Kunst, und hätte den Vorteil, die Menschheit noch mehr als bisher von dem theoretischen Betrachten von Kunstwerken abzubringen. Es wäre ein Beweis, daß *Künstler Menschen sind:* Artaval, der vom „Dôme" aus buddhistischer Mönch wurde, Werth (Du Werth an meinem Hint...), Howard-Leipzig, der von seinen englischen Königsahnen viel erzählte, Levys arabischer Diener, der aus grenzenloser, totbereiter Ergebenheit ihm auf nächtlichen Gängen auf dem Montmartre in unbekanntesten Gegenden Zettel zustecken ließ mit: „gare à ton honneur", ganz zu schweigen von den Großen: Pascin, Purrmann, Niels v. Dardel, Benno Elkan, zu der Zeit, als er noch mies und unansehnlich halbseidene Regenschirme verkaufte, Wätjen, Gottlieb, Kisling und Picasso: von diesen war er Fleisch von ihrem Fleisch und Geist. Wäre er an einer Regierung oder einem Landgericht gewesen, so wäre er ein idealer Kasinovorsitzender geworden. Er war der geborene Allvater, der alles zusammenhielt, wobei ihm zustatten kam, daß er sich um Mädchen nicht kümmerte. Dieses Dezernat hatte Wätjen und hat es mit einer über tiefsten Stumpfsinn weit hinausgehenden Pflichttreue verwaltet, indem er neun Jahre jeden Abend in den Bal Tabarin ging.

Nunmehr ist Levy arriviert, der Araber, der seinerzeit den Saum seines harten, in Marseille getauschten Anzugs küßte, würde jetzt die Lippen auf weichen Flaus drücken. Levy hat sich einen Smoking bei S. Adam machen lassen und trägt nicht mehr den alten historischen schwarzen Mantel mit dem immer kleiner werdenden Samtkragen. Nachdem er im Kriege tapfer gewiesen war, hat er eine Frau genommen, die er sein Vögelchen nennt, ein Ereignis von zweifacher Bedeutung, vom Standpunkt des Menschen und Mannes aus. Treu ist er dem Dôme geblieben, in dessen unmittelbarer Nähe er wohnt, in dem er morgens seine Briefe schreibt, der älteste Klient am Platze. Statt nach Estaque geht er nach Sanary, auch dort die Ruhe um sich verbreitend, die ihn nirgendwo verläßt. Er hat den Père Cézanne noch erlebt und hat für die Begründung seines Ruhmes im Dôme das letzte in regelmäßigen Diskussionen hergegeben. Er war der Schüler Matisses, er ist mit Recht der Hüter der alten französischen Tradition, und hat es sich damit erspart, an den hochfliegenden Schäbigkeiten des Expressionismus teilzunehmen. Diese Dinge spielten sich um ihn herum ab, ohne daß sie ihn aus seiner Ruhe brachten. Er wird sein Leben folgerichtig beenden, es ist kein Anzeichen vorhanden, daß er, so alt er werden mag, es ändern wird.

Ahlers-Hestermann 1917/18
Friedrich Ahlers-Hestermann: Der deutsche Künstlerkreis des Café du Dôme in Paris, in: Kunst und Künstler, 16. Jg., 1917/18, S. 369–383.

Ahlers-Hestermann 1968
Friedrich Ahlers-Hestermann: Ansprache zur Eröffnung der Gedächtnisausstellung 1955, in: Friedrich Ahlers-Hestermann: Bilder und Schriften, mit einem Nachwort v. Kurt Ihlenfeld, Berlin 1968, S. 71.

Ahlers-Hestermann 1975
Friedrich Ahlers-Hestermann: Pause vor dem dritten Akt, Hamburg 1975.

Allgemeines Lexikon der bildenden Künstler 1929
Allgemeines Lexikon der bildenden Künstler von der Antike bis zur Gegenwart, begründet v. Ulrich Thieme und Felix Becker, hrsg. v. Hans Vollmer, 23. Band (Leitensdorfer–Mander), Leipzig 1929.

Arendt 1991
Hannah Arendt: Besuch in Deutschland 1950, in: Lotte Köhler/Hans Saner (Hrsg.): Hannah Arendt, Karl Jaspers, Briefwechsel 1929–1969, München 1991.

Arich 1999
Diego Arich (Hrsg.): Gino de Finetti. Manifesti, dipinti e disegni, Ausst.-Kat. Musei Provinciali di Gorizia, Borgo Castello, Venedig 1999.

Bacigalupo 2021
Giuseppe Bacigalupo: Ieri a Rapallo. Genua 2021.

Baiardi 2007
Marta Baiardi: Persecuzioni antiebraiche a Firenze: razzie, arresti, delazioni, in: Collotti 2007, Bd. 1, S. 48–68.

Bambi/Drecoll 2015
Andrea Bambi/Axel Drecoll (Hrsg.): Alfred Flechtheim. Raubkunst und Restitution. Schriftenreihe der Vierteljahreshefte für Zeitgeschichte, Berlin/Boston 2015.

Bargheer 1994
Eduard Bargheer. Florenz 1944/45. Aquarelle aus der Pensione Sorelle Bandini, Ausst.-Kat. Galerie Pro Arte, Hamburg 1994.

Barr 1951
Alfred H. Barr, Jr.: Matisse. His Art and his Public, The Museum of Modern Art (Hrsg.), New York 1951.

Barron 1992
Stephanie Barron (Hrsg.): „Entartete Kunst". Das Schicksal der Avantgarde im Nazi-Deutschland, mit Beiträgen v. Peter Guenther/Andreas Hüneke/Annegret Janda u. a., Ausst.-Kat. Los Angeles County Museum of Art/Deutsches Historisches Museum, Berlin, München 1992.

Battke 1951
Heinz Battke: Aufzeichnungen eines Malers 1918–1944, Sonderdruck der Zeitschrift Das Kunstwerk, Baden-Baden 1951.

Battke 1952
Heinz Battke: Anekdoten um den Maler und Polemiker Rudolf Levy, in: Das Kunstwerk, Nr. 5, 1952, S. 38.

Bauer 1998
Helmut Bauer: Schwabing. Kunst und Leben um 1900, Ausst.-Kat. Münchner Stadtmuseum, Tucson (Arizona) 1998.

Baumeister 2016
Martin Baumeister (Hrsg.), 16 ottobre 1943. La deportazione degli ebrei romani tra storia e memoria, Rom 2016.

Bayerthal 1967
Fritz Leo Bayertal [Fritz Bayl]: Rudolf Levy, in: Kindlers Malereilexikon, Band IV, L–Q, Zürich 1967, S. 130–132.

Beckmann/Schaffer 1992
Peter Beckmann/Joachim Schaffer (Hrsg.): Die Bibliothek Max Beckmanns. Unterstreichungen, Kommentare, Notizen und Skizzen in seinen Büchern, Worms 1992.

Bekker vom Rath 1957
Hanna Bekker vom Rath: Frankfurter Kunstkabinett 1947–1957. Zehn-Jahres-Ausstellung. Übersicht der bisherigen Ausstellungen, Vorträge und Veranstaltungen, Frankfurt am Main 1957.

Bekker vom Rath 1959
Hanna Bekker vom Rath: Rudolf Levy. Ölbilder. Gedächtnis-Ausstellung, mit einem Text v. Gustav Friedrich Hartlaub (Nachdruck v. 1954), Ausst.-Kat. Frankfurter Kunstkabinett, Frankfurt am Main 1959.

Berger 2018
Sara Berger, Marcello Pezzetti: 1938. Vite spezzate, Rom 2018.

Berger/Lewin/Schmid 2017
Sara Berger/Erwin Lewin/Sanela Schmid u. a. (Hrsg.): Die Verfolgung und Ermordung der europäischen Juden durch das nationalsozialistische Deutschland 1933–1945, Bd. 14: Besetztes Südosteuropa und Italien, Berlin/Boston 2017.

Bertuleit 2012
Sigrid Bertuleit (Hrsg.): Heinrich von Zügel 1850–1941. Vom Realismus zum Impressionismus, Ausst.-Kat. Museum Georg Schäfer, Schweinfurt 2012.

Billeter 2021
Felix Billeter: Die „Kunst und Künstler-Gesellschaft". Hans Purrmann als Kunstschriftsteller in der Weimarer Zeit, in: Billeter/Kennedy/Matelowski 2021, S. 186–199.

Billeter/Kennedy/Matelowski 2021
Felix Billeter/Julie Kennedy/Anke Matelowski (Hrsg.): Künstler und Kritiker. Hans Purrmann und Karl Scheffler in Briefen 1920–1951, München/Berlin 2021.

Billeter/Wagner 2016
Felix Billeter/Christoph Wagner (Hrsg.): Neue Wege zu Hans Purrmann, Berlin 2016.

Billeter/Zimmermann 2011
Felix Billeter/Eva Zimmermann (Hrsg.): Hermann Hesse Hans Purrmann. Briefe 1945–1962, Berlin 2011.

Blatter/Milton 1981
Janet Blatter/Sibyl Milton: Art of the Holocaust, New York 1981.

Bondy 1928
Walter Bondy: Café du Dôme, in: Die Kunstauktion. Internationales Nachrichtenblatt des gesamten Kunstmarktes, 2. Jahrgang, Nr. 48, 1928, S. 12.

Bruns 1983
Brigitte Bruns: Rudolf Levy, in: International Biographical Dictionary of Central European Emigrés 1933–1945, hrsg. v. H.A. Strauss RFJI, Bd. 2, 1983 (2. Auflage 1990), S. 719.

Bruns 2012
Brigitte Bruns: Hans Siemsen, Filmkritiker (Film & Schrift, Bd. 15), hrsg. v. Rolf Aurich/Wolfgang Jacobsen, München 2012.

Buddrus 2003
Michael Buddrus: Totale Erziehung für den totalen Krieg. Hitlerjugend und nationalsozialistische Jugendpolitik (Texte und Materialien zur Zeitgeschichte, Bd. 13), München 2003.

Cahn/Poloni 2009
Jean-Paul Cahn/Bernard Poloni (Hrsg.): Migrations et identités. L'exemple de l'Allemagne aux XIXe et XXe siècles, Villeneuve-d'Ascq 2009.

Claus 1962
Jürgen Claus (Hrsg.), Entartete Kunst. Bildersturm vor 25 Jahren, Ausst.-Kat. Haus der Kunst, München 1962.

Cobarg 1989
Merete Cobarg: Eugen von Kahler (1882–1911). Leben und Werk, Diss. Universität Karlsruhe (TH) 1989.

Collotti 2007
Enzo Collotti: Ebrei in Toscana tra occupazione tedesca e RSI. Persecuzione, depredazione, deportazione (1943–1945), 2 Bde. (Bd. 1: Saggi, Bd. 2: Documenti), Rom 2007.

Conzen/Müller/Trox 2012
Susanne Conzen/Hilke Gesine Möller/Eckkard Trox (Hrsg.): Ida Gerhardi. Deutsche Künstlerinnen in Paris um 1900, München 2012.

Corinth 1910
Lovis Corinth: Schmidt-Reute [sic], in: Kunst und Künstler, Jg. 8, H. 4, 1910, S. 222–223.

Craemer 1965
Kurt Craemer: Mein Panoptikum, hrsg. v. Rudolf Hagelstange, Hamburg 1965.

Das Junge Rheinland 1922
Katalog der ersten Internationalen Kunstausstellung Düsseldorf, Düsseldorf 1922.

Dascher 2011
Ottfried Dascher: „Es ist was Wahnsinniges mit der Kunst". Alfred Flechtheim, Sammler, Kunsthändler, Verleger, Wädenswil 2011.

Dascher 2017
Ottfried Dascher (Hrsg.): Sprung in den Raum. Skulpturen bei Alfred Flechtheim, Wädenswil 2017.

Deutsche Heimat im Osten 1950
Bundesministerium für gesamtdeutsche Fragen (Hrsg.): Deutsche Heimat im Osten, mit einem Text v. Adolf Jannasch, Ausst.-Kat. Berlin/Bremen/Düsseldorf/Hannover/München/Stuttgart/Bonn 1950.

Deutscher Künstlerbund 1955
Deutscher Künstlerbund. 5. Ausstellung Hannover, Ausst.-Kat. Haus des Kunstvereins Hannover, Hannover 1955.

Devambez 1909
Galerie Devambez (Hrsg.): Exposition de quelques peintres et sculpteurs allemands, Ausst.-Kat. Galerie Devambez, Paris 1909.

Diehl 1926/27
Gustav Eugen Diehl: Rudolf Levy, mit Beiträgen v. Karl Scheffler, Hans Siemsen und Rudolf Levy, Veröffentlichungen des Kunstarchivs, Nr. 17, Berlin 1927.

Dittmann 1981
Lorenz Dittmann: Anmerkungen zur Farbe bei Matisse, in: Ulrich Weisner (Hrsg.), Henri Matisse. Das Goldene Zeitalter, Ausst.-Kat. Kunsthalle Bielefeld, Bielefeld 1981, S. 49–64.

Dubois 2021
Kathrin Dubois: Alfred Flechtheim, Das Junge Rheinland und die rheinischen Künstler, in: Hülsen-Esch/Cremer/Ullner 2021, S. 119–134.

Ebers 1957
Hermann Ebers: Erinnerungen an die Wörther Studienzeit, in: Wilhelm Steigelmann (Hrsg.): Heinrich von Zügel und die Wörther Malerschule, Landau/Pfalz, o. J. [1957], S. 13–31.

Echte/Feilchenfeldt 2016
Bernhard Echte/Walter Feilchenfeldt: Kunstsalon Paul Cassirer. Die Ausstellungen 1910–1912, Wädenswil 2016.

Eimert 1995
Dorothea Eimert: Heinrich Maria Davringhausen 1894–1970. Monographie und Werkverzeichnis, Köln 1995.

Einsele/Massanet/Rexach
Gabi Einsele/Maria Massanet/Gregori Rexach: Die Zeit zerbröckelt. Das mitteleuropäische Exil in Cala Rajada (1930–1936), Capdepera 2015

Essers 2016
Volkmar Essers: Henri Matisse 1869–1954. Meister der Farbe, Köln 2016.

Ewers-Schultz 2019
Ina Ewers-Schultz: Die Kunst des Gleichgewichts – Deutsche Schüler der Académie Matisse, 1908–1910, in: Kropmanns/Lorenz 2019, S. 88–95.

Fiedler-Bender 1988
Gisela Fiedler-Bender/Heinz Höfchen/Wolfgang Stolte (Red.): Matisse und seine deutschen Schüler. Friedrich Ahlers-Hestermann, Otto Richard Langer [...], Ausst.-Kat. Pfalzgalerie Kaiserslautern/Ostdeutsche Galerie Regensburg, Kaiserslautern 1988.

Finetti 1955
Gino de Finetti: Erinnerungen an einen Freund, in: Franz Josef Kohl-Weigand (Hrsg.): Albert Weisgerber. Worte seiner Freunde, St. Ingbert 1955, S. 16–29.

Fischer 2022a
Sören Fischer (Hrsg.): Vom Zauber der Handbewegung. Eine Geschichte der Zeichnung im 20. und 21. Jahrhundert, mit Beiträgen v. Alexander Bastek/Stephan Dahme/Karoline Feulner/Sören Fischer u. a. (Bestandskatalog der Graphischen Sammlung XVI), Ausst.-Kat. Museum Pfalzgalerie Kaiserslautern, Berlin 2022.

Fischer 2022b
Sören Fischer (Hrsg.): Hans Purrmann und Willibald Gänger. Ein Briefwechsel über die Kunst und Kultur der 1950er-Jahre, kommentierte Briefedition (Edition Purrmann Briefe), Berlin/München 2022.

Fischer 2023
Sören Fischer: Rudolf Levy e i suoi quadri nella Germania degli anni cinquanta: storia della ricanonizzazione e riabilitazione di un pittore ebreo tedesco, in: Rudolf Levy 1875–1944. L'opera e l'esilio, Ausst.-Kat. Uffizien/Palazzo Pitti, Florenz, Mailand 2023, S. 52–61.

Fischer-Defoy/Nürnberg 2011
Christine Fischer-Defoy/Kaspar Nürnberg: Gute Geschäfte. Kunsthandel in Berlin 1933–1945. Ausst.-Kat. Aktives Museum Faschismus und Widerstand im Centrum Judaicum und Landesarchiv Berlin, 2. Aufl., Berlin 2011.

Flechtheim 1914
Alfred Flechtheim (Hrsg.): Der „Dôme", Ausst.-Kat. Galerie Alfred Flechtheim Düsseldorf, Düsseldorf 1914.

Flechtheim 1922
Rudolf Levy, Ausst.-Kat. Galerien Alfred Flechtheim, Berlin, Lützowufer 13/Düsseldorf, Königsallee 3/Frankfurt a. M., Gärtnerweg 63, Berlin 1922.

Flechtheim 1926
Alfred Flechtheim (Hrsg.): Maurice Utrillo 1906–1926, Ausst.-Kat. Galerie Alfred Flechtheim Berlin, Berlin 1926.

Flügge 1996
Manfred Flügge: Wider Willen im Paradies. Deutsche Schriftsteller im Exil in Sanary-sur-Mer, Berlin 1996.

Frankfurter Abendpost 1955
C. F.: Ein Mann, der Brücken schlug. Rudolf-Levy-Ausstellung in Stuttgart, in: Frankfurter Abendpost, 20.1.1955.

Frei 2005
Norbert Frei: 1945 und wir, München 2005.

Friedrich 2017
Julia Friedrich (Hrsg.): Otto Freundlich. Kosmischer Kommunismus, Ausst.-Kat. Museum Ludwig Köln, München 2017.

Frister 1999
Roman Frister: Ascher Levys Sehnsucht nach Deutschland, übers. aus dem Hebräischen v. Antje Clara Naujoks, Berlin 1999.

Fulda 2020
Bernhard Fulda: Helmut Schmidt und Emil Nolde, ein autobiografisches Pas de deux, in: Helmut und Loki Schmidt-Stiftung (Hrsg.): Kanzlers Kunst. Die private Sammlung von Helmut und Loki Schmidt, Ausst.-Kat. Ernst Barlach Haus Hamburg, München 2020.

Fulda/Ring/Soika 2019
Bernhard Fulda/Christian Ring/Aya Soika (Hrsg.): Emil Nolde. Eine deutsche Legende. Der Künstler im Nationalsozialismus. Essay- und Bildband & Chronik und Dokumente, Ausst.-Kat. Hamburger Bahnhof — Museum für Gegenwart, München 2019.

Gängel 1964
Adolf Gängel: Deutsche Maler um Matisse. Friedrich Ahlers-Hestermann, Rudolf Levy, Oskar Moll, Ausst.-Kat. Heidelberger Kunstverein/Gartenhalle des Kurpfälzischen Museums, Heidelberg 1964.

Gassebner 1995
Hans Gassebner: Werkverzeichnis. Zeichnungen und Druckgraphik, mit einer Briefdokumentation ausgewählt v. Elmar Schmitt, Ulm 1995.

Gautherie-Kampka 1995
Annette Gautherie-Kampka: Les allemands du Dôme. La colonie allemande de Montparnasse dans les années 1903–1914, Bern/Berlin/Frankfurt a. M. u. a. 1995.

Gautherie-Kampka 1996
Annette Gautherie-Kampka: Café du Dôme. Deutsche Maler in Paris, 1903–1914, Ausst.-Kat. Kunsthalle Wilhelmshaven/Städtische Galerie Würzburg/Kunsthalle Darmstadt/Städtische Galerie Haus Coburg, Delmenhorst, Bremen 1996.

Gautherie-Kampka 1997
Annette Gautherie-Kampka: Oskar Moll im Bannkreis von Paris, in: Oskar Moll. Gemälde und Aquarelle, hrsg. v. Landesmuseum Mainz, mit Beiträgen v. Annette Gautherie-Kampka/Petra Hölscher/Barbara Ilkosz u. a., Ausst.-Kat. Landesmuseum Mainz, Mainz 1997, S. 42–48.

Geelhaar 1979
Christian Geelhaar: Paul Klee: Biographische Chronologie, in: Paul Klee. Das Frühwerk 1883–1922, Ausst.-Kat. Städtische Galerie im Lenbachhaus München, München 1979.

Genia Levy 1961
Genia Levy: Ein Schicksal unter vielen, in: Levy 1961, S. 5–7.

Gentile 2010
Carlo Gentile: I servizi segreti tedeschi in Italia, 1943–1945, in: Ferrari, Paolo/Massignani, Alessandro (Hrsg.), Conoscere il nemico. Apparati di intelligence e modelli culturali nella storia contemporanea, Mailand 2010, S. 459–495.

Gentile 2012
Wehrmacht und SS im Kampf gegen Partisanen und Zivilbevölkerung in Italien 1943–1945, Paderborn 2012

Gentile/Klinkhammer 2000
Carlo Gentile/Lutz Klinkhammer: Gegen die Verbündeten von einst. Die Gestapo in Italien, in: Gerhard Paul/Klaus-Michael Mallmann (Hrsg.): Die Gestapo im Zweiten Weltkrieg. ‚Heimatfront' und besetztes Europa, Darmstadt 2000, S. 521–540.

Giovene 2012
Andrea Giovene: L'autobiografia di Giuliano di Sansevero. Introduzione di Emanuele Trevi, Rom 2012.

Gombart 2009
Philippe Gombart: Un cercle germanophone à Paris: le café du Dôme, in: Cahn/Poloni 2009, S. 141–154.

Göpel 1961
Barbara und Erhard Göpel: Leben und Meinungen des Malers Hans Purrmann an Hand seiner Erzählungen, Schriften und Briefe, Wiesbaden 1961.

Gottwaldt 2014
Alfred Gottwaldt: Paul Levy. Ingenieur der Hedschasbahn und Reichsbahn (1876–1943), (Jüdische Miniaturen, Bd. 155, hrsg. v. Hermann Simon), Berlin 2014.

Grautoff 1909
Otto Grautoff: Chronik, in: Kunst und Künstler, H. 8, 1909, S. 367–368.

Gross 2021
Raphael Gross (Hrsg.): Documenta: Politik und Kunst, Ausst.-Kat. Historisches Museum Berlin 2021/22, Berlin/München 2021.

Großpietsch/Hemken 2018
Simon Großpietsch/Kai-Uwe Hemken (Hrsg.): documenta 1955. Ein wissenschaftliches Lesebuch, Kassel 2018.

Haftmann 1954
Werner Haftmann, Malerei im 20. Jahrhundert, München 1954.

Haftmann 1955
Werner Haftmann, Einleitung, in: documenta. Kunst des XX. Jahrhunderts. Internationale Ausstellung im Museum Fridericianum, Ausst.-Kat. Kassel, München 1955.

Haftmann 1986
Werner Haftmann: Verfemte Kunst. Verfemte Künstler der inneren und äußeren Emigration in der Zeit des Nationalsozialismus, Köln 1986.

Hagen/Nemeczek 1964
Siegfried Hagen/Alfred Nemeczek: documenta III. Internationale Ausstellung, Ausst.-Kat. Kassel, Bd. 1: Malerei und Skulptur, Köln 1964.

Händler 1965
Gerhard Händler: Pariser Begegnungen, 1904–1914. Café du Dôme, Académie Matisse, Lehmbrucks Freundeskreis, Ausst.-Kat. Wilhelm Lehmbruck Museum der Stadt Duisburg, Duisburg 1965.

Hansen/Nierhoff 2002
Dorothee Hansen/Barbara Nierhoff: Van Gogh: Felder, Ausst.-Kat. Kunsthalle Bremen, Bremen 2002.

Hartlaub 1954
Gustav Friedrich Hartlaub: [Rudolf Levy], in: Levy 1954, o. S.

Heißerer 1990
Dirk Heißerer: Wort und Linie. Kubin im literarischen München zwischen 1898 und 1909, in: Alfred Kubin 1877–1959, hrsg. v. Annegret Hoberg, Ausst.-Kat. Städtische Galerie im Lenbachhaus, München 1990, S. 67–90.

Helmolt 1977
Christa von Helmolt: Strahlende Bilder aus verhetzten Jahren. Dreißig Werke von Rudolf Levy im Kunstkabinett, in: Frankfurter Allgemeine Zeitung, 15.6.1977.

Hentzen 1972
Alfred Hentzen, Die Berliner National-Galerie im Bildersturm, Berlin 1972.

Herbert 2021
Ulrich Herbert: Wer waren die Nationalsozialisten?, 2. Auflage, München 2021.

Heres 1985
Horst Heres: Dachauer Gemäldegalerie, hrsg. v. Museumsverein Dachau e. V., Dachau 1985.

Hess 1993
Walter Hess: Das Problem der Farbe in den Selbstzeugnissen der Maler von Cézanne bis Mondrian, unveränderter Nachdruck der Ausgabe Mittenwald 1981, München 1993.

Hessel 1928
Franz Hessel: Der Dôme und das Schicksal, in: Die Kunstauktion, Jg. 2, H. 50, 9.12.1928, S. 11.

Hoberg 1990
Annegret Hoberg: Kubin und München 1898–1921, in: Alfred Kubin 1877–1959, hrsg. v. Annegret Hoberg, Ausst.-Kat. Städtische Galerie im Lenbachhaus, München 1990, S. 43–66.

Hoge 2000
Kristina Hoge: Selbstbildnisse im Angesicht der Bedrohung durch den Nationalsozialismus. Reaktionen diffamierter Künstler auf die nationalsozialistische Kulturpolitik, Inaugural-Diss. Ruprecht-Karls-Universität Heidelberg 2000.

Holst 1950
Niels von Holst: Ostdeutsche Bildkunst, Ausst.-Kat. zur Ausstellung „Ostdeutsche Kunst der Gegenwart", Kunsthalle Düsseldorf, Düsseldorf 1950.

Hoyer 1955
K. H. Hoyer: In memoriam Rudolf Levy. Gedächtnisausstellung im Bezirksamt Kreuzberg, in: Der Tagesspiegel, Berlin, 14.6.1955.

Hubert 1997
Hans W. Hubert: Das Kunsthistorische Institut in Florenz. Von der Gründung bis zum 100 jährigen Jubiläum 1897–1997, Florenz 1997.

Hubert 1997
Hans W. Hubert, Das Kunsthistorische Institut in Florenz, Florenz 1997.

Hülsen-Esch/Cremer/Ullner 2021
Andrea von Hülsen-Esch/Daniel Cremer/Jens-Henning Ullner (Hrsg.): Das Junge Rheinland. Gegründet, gescheitert, vergessen?, Berlin/Boston 2021.

Husmeier-Schirlitz 2012
Uta Husmeier-Schirlitz: Sehnsucht nach Farbe. Moreau, Matisse & Co., Ausst.-Kat. Clemens-Sels-Museum Neuss, Neuss 2012, S. 13–93.

Jooss 2008
Birgit Jooss: „gegen die sogenannten Farbenkleckser". Die Behauptung der Münchner Kunstakademie als eine Institution der Tradition (1886–1918), in: 200 Jahre Akademie der Bildenden Künste München. „... kein bestimmter Lehrplan, kein gleichförmiger Mechanismus", hrsg. v. Nikolaus Gerhart/Walter Grasskamp/Florian Matzner, München 2008.

Jüdisches Museum Berlin 2022
Jüdisches Museum Berlin (Hrsg.): Paris magnétique. 1905–1940, Ausst.-Kat. Berlin, Köln 2022.

Kehr 2008
Wolfgang Kehr: Geschichte der Münchner Kunstakademie in Bildern, München 2008.

Kennedy 2016
Julie Kennedy: „Slevogt war mir Lehrer, obwohl ich bei Stuck Unterricht nahm." Hans Purrmann an der Münchner Kunstakademie und seine Studienreisen 1897–1905, in: Billeter/Wagner 2016, S. 24–61.

Kennedy 2018
Julie Kennedy: „Ich wollte aus innovativem Trieb heraus Künstler werden". Willy Fries und München: die formativen Jahre 1899–1908, in: Sigismund Righini, Willy Fries, Hanny Fries. Eine Künstlerdynastie in Zürich 1870–2009, hrsg. v. Righini-Fries Stiftung/Sascha Renner, Zürich 2018, S. 144–176.

Kern 2022
Lisa Kern, Rudolf Levy, in: Karin Althaus u. a. (Hrsg.), Kunst und Leben 1918 bis 1955, München/Berlin 2022, S. 184–187.

Kiesel 1958
Carl Maria Kiesel: Deutsche in Paris. Peintres d'origine allemand de l'École de Paris, Ausst.-Kat. Museum Pfalzgalerie Kaiserslautern, Kaiserslautern 1958.

Klee 1957
Paul Klee: Tagebücher 1898–1918, hrsg. v. Felix Klee, Köln 1957.

Knigge 2022
Jobst C. Knigge: Eduard Bargheer und der Künstlerkreis von Florenz (1938–1948), Genf 2022 (online unter: aleph.mpg.de/F/?func=find-b&local_base=kub01&find_code=idn&request=BV047847853).

Krämer-Badoni 1977
Rudolf Krämer-Badoni: Frankfurt zeigt den Maler Rudolf Levy (1875–1943). Verschlossene Natur, in: Die Welt, 22.6.1977.

Krell 1961
Max Krell: Das alles gab es einmal, Frankfurt a. M. 1961.

Kropmanns 1997
Peter Kropmanns: Matisse und die Molls, seine bedeutendsten deutschen Sammler, in: Oskar Moll. Gemälde und Aquarelle, hrsg. v. Landesmuseum Mainz, mit Beiträgen von Annette Gautherie-Kampka/Petra Hölscher/Barbara Ilkosz u. a., Ausst.-Kat. Landesmuseum Mainz, Mainz 1997, S. 76–92.

Kropmanns/Lorenz 2019
Peter Kropmanns/Ulrike Lorenz (Hrsg.): Inspiration Matisse, Ausst.-Kat. Kunsthalle Mannheim, München/London/New York 2019.

Kubin 1911
Alfred Kubin: Aus meinem Leben [1911], hrsg. v. Ulrich Riemerschmidt, München 1977.

Kubin 1921
Alfred Kubin: Des Perserprinzen Muzaffer-Eddin Besuch in Olching, in: Das Gelbbuch der Münchener Mappe, München 1921, S. 7–20.

Kubin 1923
Alfred Kubin: Erinnerung an Max Dauthendey [1923], in: Aus meiner Werkstatt, hrsg. v. Ulrich Riemerschmidt, München 1976, S. 83.

Kuhn 2016
Philipp Kuhn: Licht und Schatten in Florenz. Hans Purrmann als Leiter der Villa Romana. 1935–1943, in: Billeter/Wagner 2016.

Kuhn 2019
Philipp Kuhn: Refugium Villa Romana: Hans Purrmann in Florenz 1935–1943, München/Berlin 2019.

Laiblin 2013
Martin Laiblin: Stern, Ernst, in: Neue Deutsche Biographie, Bd. 25, Berlin 2013, S. 267–269.

Leismann 1997
Burkhard Leismann (Hrsg.): Die Große Inspiration: Deutsche Künstler in der Académie Matisse, Bd. 1, Hans Purrmann, Oskar und Marg Moll, William Straube, Ausst.-Kat. Kunst-Museum Ahlen, Ahlen 1997.

Leismann 2000
Burkhard Leismann (Hrsg.): Die Große Inspiration, Deutsche Künstler in der Académie Matisse, Teil II: Friedrich Ahlers-Hestermann, Franz Nölken, Walter Alfred Rosam, Gretchen Wohlwill, Ausst.-Kat. Kunst-Museum Ahlen, Edwin Scharff Museum am Petrusplatz Neu-Ulm, Clemens-Sels-Museum Neuss, Ahlen 2000.

Leismann 2004
Burkhard Leismann (Hrsg.): Die Große Inspiration, Deutsche Künstler in der Académie Matisse, Teil III: Friedrich Ahlers-Hestermann, Franz Nölken, Martha Bernstein, Hans Gött, Eugen Hamm, Annemarie Kruse-von Jakimow, Maria Langer-Schöller, Otto Richard Langer, Rudolf Levy, Henri Matisse, Marg Moll, Oskar Moll, Franz Nölken, Hans Purrmann, Walter Alfred Rosam, Jacob Steinhardt, William Straube, Mathilde Vollmoeller, Gretchen Wohlwill, Ausst.-Kat. Kunst-Museum Ahlen, Ahlen 2004.

Leppien 1962
Helmut R. Leppien: Purrmanns Bildnis von Rudolf Levy im Wallraf-Richartz-Museum, in: Museen in Köln, Bulletin, Januar 1962, H. 7, S. 55–56.

Levis Sullam 2020
Simon Levis Sullam: The Italian Executioners: The Genocide of the Jews of Italy, Princeton/Oxford, 2020.

Levy 1920
Rudolf Levy: Matisse, in: Genius. Zeitschrift für werdende und alte Kunst, Jg. 2, 1920, S. 187–189.

Levy 1922
Rudolf Levy: Brief an den Dômier Artaval, Paris im Mai 1914, in: Alfred Flechtheim/Willi Graf Kielmansegg/Hermann von Wedderkop (Hrsg.): Der Querschnitt durch 1922. Marginalien der Galerie Flechtheim, Berlin/Frankfurt a. M./Düsseldorf/Köln 1922, S. 97–98.

Levy 1926
Rudolf Levy: [Vorwort], in: Flechtheim 1926, o. S.

Levy 1928
Levy, Rudolf: Café du Dôme, in: Die Kunstauktion, Jg. 2, Nr. 49, 50, 1928, S. 11–13, 50.

Levy 1930
Rudolf Levy: Jules Pascin zum Gedenken, in: Die Kunstauktion, Jg. 4, Nr. 23, 1930, S. 9.

Levy 1946
Mostra di opere di Rudolf Levy, Ausst.-Kat. Galleria Firenze, Florenz 1946.

Levy 1950
Rudolf Levy, Ausst.-Kat. Galleria d'Arte l'Indiano, Florenz 1950.

Levy 1954
Rudolf Levy. Gedächtnisausstellung, mit einem Text v. Gustav Friedrich Hartlaub, Ausst.-Kat. München/Kaiserslautern/Mannheim u. a., München 1954.

Levy 1961
Rudolf Levy. Gemälde. Bildnisse, Stillleben, Landschaften, mit Texten v. Genia Levy und Hans Purrmann (Der silberne Quell, Bd. 53), Baden-Baden 1961.

Levy 1977
„Levy bei Levy". Rudolf Levy. Gemälde, mit einem Text v. Susanne Thesing, Ausst.-Kat. Galerie Levy, Hamburg/Frankfurter Kunstkabinett Hanna Bekker vom Rath, Frankfurt am Main 1977.

Levy/Tohmfor 1988
Thomas Levy/Carl-Jürgen Tohmfor: Das Café du Dôme und die Académie Matisse, Schwetzingen 1988.

Linnenkamp 1984
Rolf Linnenkamp: Gesinus, ein Maler des aufgeklärten Realismus, München 1984.

Loitfellner 2012
T. [Tamara] Loitfellner: Hofrichter, Martha, in: Allgemeines Künstler-Lexikon. Die bildenden Künstler aller Zeiten und Völker, hrsg. v. Andreas Beyer/Bénédicte Savoy/Wolf Tegethoff, Bd. 74, Berlin 2012, S. 161–162.

Mann 1990
Klaus Mann, Tagebücher 1936 bis 1937, hrsg. von Joachim Heimannsberg/Peter Laemmle/Wilfried F. Schoeller, München 1990.

Mann 2019
Erika und Klaus Mann: Das Buch von der Riviera, Reinbeck bei Hamburg 2019 (1. Aufl. 1931).

Mannes 2013a
Jutta Mannes: Malschulen in Dachau und Umgebung, in: Künstlerkolonie Dachau. Blütezeit von 1880 bis 1920, hrsg. von Elisabeth Boser/Jutta Mannes/Ursula Nauderer u. a., Ausst.-Kat. Atelier im Bauernhaus, Fischerhude 2013, S. 89–117.

Mannes 2013b
Jutta Mannes: Schülerinnen und Schüler und ihr nachweisbarer Aufenthalt in Dachau, in: Künstlerkolonie Dachau. Blütezeit von 1880 bis 1920, hrsg. von Elisabeth Boser/Jutta Mannes/Ursula Nauderer u. a., Ausst.-Kat. Atelier im Bauernhaus, Fischerhude 2013, S. 118–121.

Marwitz 1952
Herbert Marwitz: Europäische Landschaftsmalerei, 19. und 20. Jahrhundert, Ausst.-Kat. Orangerie Erlangen, Erlangen 1952.

Matelowski 2017
Anke Matelowski: Die Berliner Secession 1899 bis 1937. Chronik, Kontext, Schicksal, Wädenswil 2017.

Matelowski 2020
Anke Matelowski: „Aber Geld müßte man haben". Unbekannte Briefe des Malers Rudolf Levy, in: Journal der Künste 13, Juni 2020, S. 71–73.

Matisse 1960
Henri Matisse: Farbe und Gleichnis. Gesammelte Schriften. Mit den Erinnerungen von Hans Purrmann, hrsg. v. Peter Schifferli, übers. v. Sonja Marjasch, Frankfurt a. M./Hamburg 1960.

Matisse 1982
Henri Matisse: Über Kunst, hrsg. v. Jack D. Flam, Zürich 1982.

Matisse 2019
Henri Matisse: Kunst sollte sein wie ein bequemer Sessel. Plaudereien mit Pierre Courthion, aus dem Französischen übers. v. Thomas Bodmer, Zürich 2019.

Maur 2006
Karin von Maur/Freundeskreis Hermann Stenner e. V. (Hrsg.): Der Maler Hermann Stenner im Spiegel seiner Korrespondenz. Briefe 1909–1914, bearb. v. Karin von Maur/Markus Pöhlmann, München 2006.

Mende 1923
Dietrich Mende: Rudolf Levy, in: Jahrbuch der jungen Kunst, Leipzig 1923, S. 155–156.

Merz/Uhl 20008
Hans-Georg Merz/Herbert Uhl: Hitlers Verbrechen. Eine Ausstellung der französischen Besatzungsmacht 1945/46, Ausst.-Kat. Landesarchiv Baden-Württemberg, Stuttgart 2008.

Metzger 2006
Rainer Metzger: Berlin. Die 20er Jahre. Kunst und Kultur, Wien 2006.

Meyer-Riefstahl 1909
Rudolf Meyer-Riefstahl: Ausstellung einiger deutscher Künstler in Paris, in: Der Cicerone, H. 7, 1909, S. 231–232.

Moll 1967
Oskar Moll. Gedächtnisausstellung zum 20. Todestag, mit einer Einf. v. Siegfried Salzmann, Ausst.-Kat. Pfalzgalerie Kaiserslautern, Kaiserslautern 1967, o. S.

Monneret 1995
Sophie, Simon und Hélène Monneret: Matisse. Der Künstler, sein Leben, sein Werk, Barcelona 1995.

Montandon 1902
Marcel Montandon: Gysis, mit einer Einleitung von F. von Lenbach, Bielefeld/Leipzig 1902.

Münchner Merkur 1954
In memoriam Rudolf Levy, in: Münchner Merkur, Nr. 205, 27.8.1954.

Münchner Neueste Nachrichten 1903a
Anonym: Münchens Niedergang als Kunststadt, in: Münchner Neueste Nachrichten, Jg. 56, Nr. 51, 1.2.1903, S. 4–5.

Münchner Neueste Nachrichten 1903b (vorher: M. G. 1903)
M. G.: Münchens Niedergang als Kunststadt, in: Münchner Neueste Nachrichten, Jg. 56, Nr. 132, 20.3.1903, S. 3–4.

Nierhoff 2002
Barbara Nierhoff: Der Künstlerstreit von 1911, in: Hansen/Nierhoff 2002, S. 40–43.

Norton 2006
Richard Norton: „So this is Broadway". Die abenteuerliche Reise des Rössl durch die englischsprachige Welt, in: Ulrich Tadday (Hrsg.): Im weißen Rössl. Zwischen Kunst und Kommerz (Musik-Konzepte. Neue Folge 133/134), München 2006, S. 151–169.

Nünning 2022
Patricia Nünning: Moïse Kisling. Individualist, Grenzgänger und Alternative zu Picasso & Co, in: JUNI – Magazin für Literatur und Kultur, H. 59/60, 2022, S. 227–237.

Osnabrück 1995
Felix Nussbaum: Verfemte Kunst, Exilkunst, Widerstandskunst, hrsg. v. Kulturgeschichtliches Museum Osnabrück und Museums- und Kunstverein Osnabrück, Bramsche 1995.

Osti Guerrazzi 2006
Amedeo Osti Guerrazzi: Kain in Rom. Judenverfolgung und Kollaboration unter deutscher Besatzung 1943/44, in: Vierteljahreshefte für Zeitgeschichte, Jg. 54, H. 2, 2006, S. 231–268.

Padberg 1997
Martina Padberg: Matisse als Lehrer – Originalität und Intuition in der Künstlerausbildung, in: Leismann 1997, S. 37–45.

Perry 2021
Rachel Perry, Inserting Hersh Fenster's „Undzere Farpainikte Kinstler" into Art History, in: Images 2021, Bd. 14, Teil 1, S. 109–135.

Peters 1977
Hans Albert Peters (Hrsg.): Alfred Kubin. Das zeichnerische Frühwerk bis 1904, mit Texten v. Christoph Brockhaus, Ausst.-Kat. Kunsthalle Baden-Baden, Baden-Baden 1977.

Peters 1998
Olaf Peters: Neue Sachlichkeit und Nationalsozialismus. Affirmation und Kritik 1931–1947, Berlin 1998.

Picciotto Fargion 2002
Liliana Picciotto Fargion: Il libro della memoria. Gli ebrei deportati dall'italia (1943–1945), Mailand 1991 (2. überarb. Aufl. 2002).

Poeschke 1996
Joachim Poeschke: Max Beckmann in seinen Selbstbildnissen, Esslingen 1984.

Purrmann 1922
Hans Purrmann: Katalogvorwort in: Flechtheim 1922, S. 3.

Purrmann 1946
Hans Purrmann: Über Henri Matisse, in: Das Werk: Architektur und Kunst (L'œuvre: architecture et art), Bd. 33, H. 6, 1946, S. 185–192.

Purrmann 1947
Hans Purrmann: Erinnerungen an meine Studienzeit [1947], in: Göpel 1961, S. 26–44.

Purrmann 1951
Hans Purrmann: Erinnerungen an den Maler Rudolf Levy und an die mit ihm verbrachten Jahre der Freundschaft [1951], in: Göpel 1961, S. 11–14 (Karlsruhe), 18–20 (München), 62–84 (Paris), 216–222 (Italien).

Purrmann 1961
Hans Purrmann: Erinnerungen an den Maler Rudolf Levy und an die mit ihm verlebten Jahre der Freundschaft, in: Levy 1961, S. 9–45.

Purrmann 1963
Hans Purrmann: Café du Dôme. Erinnerungen, aufgezeichnet in Levanto, 1963, in: Neue Zürcher Zeitung, 16.11.1963, o. S.

Reitmeier 1979
Lorenz Josef Reitmeier (Hrsg.): Dachau. Ansichten und Zeugnisse aus zwölf Jahrhunderten. Der andere Teil, Dachau 1979.

Reitmeyer 1995
Lorenz Josef Reitmeyer: Dachau – ein Kunstbilderbuch, Dachau 1995.

Rodiek 1998
Thorsten Rodiek: Daniel Libeskind – Museum ohne Ausgang. Das Felix-Nussbaum-Haus des Kulturgeschichtlichen Museums Osnabrück, Tübingen/Berlin 1998.

Salzmann 1967
Siegfried Salzmann: Einführung, in: Moll 1967, o. S.

Salzmann 1975
Siegfried und Dorothea Salzmann: Oskar Moll. Leben und Werk. Werkverzeichnis, München 1975.

Sarfatti 2014
Michele Sarfatti: Die Juden im faschistischen Italien. Geschichte, Identität, Verfolgung, Berlin 2014.

Sauder 2006
Gerhard Sauder (Hrsg.): „Ich male wie ein Wilder". Albert Weisgerber in Briefen und Dokumenten, Blieskastel 2006.

Scheffler 1922
Karl Scheffler: Rudolf Levy, in: Kunst und Künstler. Illustrierte Monatsschrift für bildende Kunst und Kunstgewerbe, XX, 1922, S. 371–377.

Schlemmer/Woller 2005
Thomas Schlemmer/Hans Woller: Der italienische Faschismus und die Juden 1922 bis 1945, in: Vierteljahreshefte für Zeitgeschichte 53 (2005), S. 165–201.

Schlüter/Mann 2010
Herbert Schlüter, Klaus Mann: Briefwechsel 1933–1949, in: Sinn und Form, 62. Jg., H. 3, 2010, S. 370–403.

Schmeer 1969
Walter Schmeer: Die moderne Galerie des Saarlandmuseums IV. Rudolf Levy: „Landschaft bei Sanary" 1923, in: Saarheimat, 13, 1969, S. 223–225.

Schneede 1975
Uwe M. Schneede: George Grosz. Der Künstler in seiner Gesellschaft, Köln 1975, S. 183–184.

Schubert 1996
Dietrich Schubert: Otto Dix in Selbstzeugnissen und Bilddokumenten, Reinbek bei Hamburg 1996.

Schweicher 1955
Curt Schweicher: Ausgewanderte Maler, Ausst.-Kat. Städtisches Museum Morsbroich, Leverkusen 1955.

Seelmann-Eggebert 1954
Ulrich Seelmann-Eggebert: Rudolf Levy ist zu Unrecht vergessen. Gedächtnisausstellung in Kaiserslautern anlässlich seines zehnten Todesjahres, in: Mannheimer Morgen, 28.9.1954.

Sepasgosarian 2017
Alexander Sepasgosarian: Mallorca unterm Hakenkreuz 1933–1945, Göttingen 2017.

Sievers 1911
Johannes Sievers: Ausstellungen. Berlin, in: Der Cicerone, Jg. 3, H. 8, 1911, S. 307.

Slevogt 1958
Herbert Slevogt: Die deutschen Maler haben sich in Paris durchgesetzt. Neue Ausstellung der Landesgewerbeanstalt Kaiserslautern, in: Die Freiheit, 21.2.1958.

Sonntag 2018
Dina Sonntag: Auf dem Weg zur documenta. Zwischen fachlicher Missbilligung und politischer Ambition, in: Großpietsch/Hemken 2018, S. 57–62.

Spatz 1977
Christa Spatz: Augen, die nach innen schauen. Dreißig Gemälde Rudolf Levys im Kunstkabinett, in: Frankfurter Rundschau, 18.6.1977.

Speier 1934
Maria Speier: Das Deutschtum in Italien, Diss. Philosophische Fakultät, Leopold-Franzens-Universität Innsbruck 1934.

Steigelmann 1957
Wilhelm Steigelmann (Hrsg.): Heinrich von Zügel und die Wörther Malerschule, Landau/Pfalz, o. J. [1957].

Steinacher 2014
Gerald Steinacher: Dolmetscher, Spione und Mörder: Südtiroler im Sicherheitsdienst des Reichsführers SS in Italien 1943–45, in: Das Lehnswesen im Alpenraum/Vassalli e feudi nelle Alpi, Geschichte und Region/Storia e regione, Jg. 22, H. 1, 2013, Innsbruck/Wien/Bozen 2014, S. 109–136 (online unter: digitalcommons.unl.edu/historyfacpub/193).

Steiner 1974
Heinrich Steiner: Deutsche Maler in Florenz. Unveröffentlichtes Manuskript oder Mitschrift eines Vortrages in der Deutsch-Italienischen-Gesellschaft in Frankfurt am Main 1974.

Steiner 1976
Heinrich Steiner: Pensione Baldini. Deutsche Maler in Florenz. Erinnerungen aus dem Krieg, in: Frankfurter Allgemeine Zeitung, 7.8.1976.

Steiner 1995
Heinrich Steiner: „Camera con vista sul nazismo“ (Zimmer mit Aussicht auf den Nazismus), in: Il Manifesto, 22.2.1995.

Steiner 2006
Heinrich Steiner, Von Rom bis Lerici, Hannover 2006.

Stern 1902
Ernst Stern: Café Größenwahn. Karikaturenfolge [1902], mit Erläuterungen v. Richard Lemp und Nachwort v. Henriette Hoffmann, Dortmund 1980.

Stern 2023
Maram Stern: Weil es deutsche Geschichte ist, Frankfurter Allgemeine Zeitung, 27.1.2023 (online unter: faz.net/aktuell/politik/inland/holocaust-gedenktag-weil-es-deutsche-geschichte-ist-18621249.html).

Süddeutsche Zeitung 1950
F. N.: Der Maler Rudolf Levy, in: Süddeutsche Zeitung, München, 15.7.1950.

Täubert 2010
Klaus Täubert: Zwillingsbrüder. Herbert Schlüter und Klaus Mann, Sinn und Form, Jg. 62, H. 3, 2010, S. 359–369.

Telegraf 1955
F. D.: Er hing in 16 Museen. Bilder von Rudolf Levy, in: Telegraf, Berlin, Nr. 130/10, 7.6.1955.

Thesing 1977
Susanne Thesing: Rudolf Levy, in: Levy 1977, o. S.

Thesing 1979
Susanne Thesing: Der Maler Rudolf Levy, 1875–1944?, Monographie und Werkverzeichnis, Diss. Ludwig-Maximilians-Universität, München 1979.

Thesing 1990
Susanne Thesing: Rudolf Levy. Leben und Werk. Werkverzeichnis, Nürnberg 1990.

Thesing 2018
Susanne Thesing, Rudolf Levy und Albert Weisgerber: Anmerkungen zu einer Künstlerfreundschaft, in: Albert Weisgerber. Landschaft und Figurenbild, hrsg. v. Mark R. Hesslinger, Ausst.-Kat. Kunstmuseum Hohenkarpfen, Hausen ob Verena, Stuttgart 2018.

Thiemann 1966
Carl Thiemann: Erinnerungen eines Dachauer Malers, Dachau (Beiträge zur Geschichte Dachaus als Künstlerort), o. J. [1966].

Thiemann Stoedtner 1981
Ottilie Thiemann-Stoedtner: Die Dachauer Jahre des Malers Adolf Hölzel. II. Hölzel als Lehrer, in: Amperland, Jg. 17, H. 2, 1981, S. 145–148.

Thiemann-Stoedtner/Hanke 1989
Ottilie Thiemann-Stoedtner u. Gerhard Hanke: Dachauer Maler. Die Kunstlandschaft von 1801–1946, hrsg. v. Klaus Kiermeier, Dachau 1989.

Thoma 1919
Ludwig Thoma: Erinnerungen [1919], München 1980.

Tutaev 1967
David Tutaev: The Consul of Florence, London 1966 (ergänzte deutsche Ausgabe: Der Konsul von Florenz, Düsseldorf/Wien 1967).

Uhde 1970
Wilhelm Uhde: Der Querschnitt. Facsimile Querschnitt durch den Querschnitt 1921–1936, Frankfurt a. M./Berlin/Wien 1977.

Uhde-Bernays 1963
Hermann Uhde-Bernays: Im Lichte der Freiheit, Erinnerungen aus den Jahren 1880 bis 1914, 2. überarb. Aufl., München 1963 (1. Aufl. 1947).

Vannucci 1973
Marcello Vannucci: Firenze: dalle „Giubbe Rosse" al „Antico Fattore". Con pagine del inedito „Giornale di bordo" di Arturo Loria, Florenz 1973.

Vauxcelles 1909
Louis Vauxcelles: Préface, in: Galerie Devambez Paris (Hrsg.): Exposition de quelques peintres et sculpteurs allemands, Ausst.-Kat Paris 1909, S. 3–8.

Vinnen 1911
Carl Vinnen: Ein Protest deutscher Künstler, Jena 1911.

Voigt 1989
Klaus Voigt: Zuflucht auf Widerruf: Exil in Italien 1933–1945, Bd. 1, Stuttgart 1989.

Voigt 1993
Klaus Voigt: Zuflucht auf Widerruf: Exil in Italien 1933–1945, Bd. 2, Stuttgart 1993.

Voigt 1995
Klaus Voigt (Hrsg.): Rifugio Precario. Artisti e intellettuali tedeschi in Italia/Zuflucht auf Widerruf. Deutsche Künstler und Wissenschaftler in Italien 1933–1945. Ausst.-Kat. Palazzo della Ragione, Mailand/Akademie der Künste, Berlin, Mailand 1995.

Voigt 2004
Klaus Voigt (Hrsg.): Klaus Mann, Eduard Bargheer. Zwei deutsche Emigranten im befreiten Florenz 1944–1945. Ausstellungskatalog Florenz, Palazzo Vecchio 2004.

Voigt 2023
Klaus Voigt: „Rudolf Levy. Die Jahre des Exils", in italienischer Übersetzung erschienen in: Rudolf Levy 1875–1944. L'opera e l'esilio, Ausst.-Kat. Palazzo Pitti, Florenz, Mailand 2023, S. 28–37.

Vollmer 1955
Hans Vollmer: Allgemeines Lexikon der bildenden Künstler des XX. Jahrhunderts, Bd. 2, Leipzig 1955.

Vömel 1972
Alex Vömel: Rudolf Levy, in: Pommern, Kunst – Geschichte – Volkstum, 1972, S. 4–8.

Voss 2021
Julia Voss: Das Werner-Haftmann-Modell. Wie die documenta zur Bühne der Erinnerungspolitik wurde, in: Gross 2021, S. 68–77 sowie Kat.-Nr. 60–78.

Walk 1996
Joseph Walk (Hrsg.), Das Sonderrecht für die Juden im NS-Staat, Heidelberg 1996.

Westfalenpost Hagen 1956
Rudolf Levy Gedenken an ein Schicksal. Ausstellung seines malerischen Werkes im Hagener Osthaus-Museum, in: Westfalenpost Hagen, Nr. 119, 24.5.1956.

Widauer 2013a
Heinz Widauer: Henri Matisse und die Fauves. Eine Einführung, in: Heinz Widauer, Claudine Grammont (Hrsg.): Matisse und die Fauves, mit Beiträgen von Cécile Debray, Jack Flam, Claudine Grammont u.a., Ausst.-Kat. Albertina, Wien, Köln 2013, S. 14–25.

Widauer 2013b
Heinz Widauer: Collioure: Henri Matisse und André Derain, in: Heinz Widauer, Claudine Grammont (Hrsg.): Matisse und die Fauves, mit Beiträgen von Cécile Debray, Jack Flam, Claudine Grammont u.a., Ausst.-Kat. Albertina, Wien, Köln 2013, S. 58–61.

Wignanek 2017
Mandy Wignanek, Gefälschte Ikone. Der *Große Kopf* in der Propagandaausstellung ‚Entartete Kunst', in: Friedrich 2017, S. 206–215.

Wilckens 1949
Leonie von Wilckens: Rudolf Levy, in: Die Kunst und das schöne Heim, Monatsschrift für Malerei, Plastik, Graphik, Architektur und Wohnkultur, Jg. 47, 1949, S. 9–11.

Wittmann 2004
Cornelius Witmann: Dachau um 1900. Bürger, Bauer und Künstler im alten Markt, mit Beiträgen v. Andreas Bräunling, Stadtarchivar, und Einf. v. Wilhelm Liebhart, Dachau 2004.

Würtz 1969
Iris F. Würtz (Hrsg.): Marg Moll 85: Fragmente, Erinnerungen, Plastik, Düsseldorf 1969.

Zeising 2014
Andreas Zeising: „Denn auch in der bittersten Not kann die Stimme des Evangeliums ertönen, der Schönheit": zur Kunstpublizistik der Trümmerjahre 1946/47, in: Kritische Berichte 42, 2014, S. 7–21.

Dr. Felix Billeter, geboren 1962 in Braunschweig, ist freiberuflicher Kunsthistoriker und leitet seit 2001 das Hans Purrmann Archiv in München. Zuvor war er für das Max Beckmann Archiv in München tätig und von 1995 bis 1999 Assistent am Institut für Kunstgeschichte der Ludwig-Maximilians-Universität in München. Er studierte Kunstgeschichte, Philosophie und Latinistik an den Universitäten von Wien, Braunschweig, Würzburg und München. In München promovierte er 1992 über flämische Barockmalerei. Für das Purrmann Archiv ist Billeter Herausgeber der Buchreihe „Edition Purrmann Briefe". In dieser Reihe konnte bisher u.a. die Korrespondenz von Hans Purrmann mit Hermann Hesse, mit seiner Ehefrau, der Malerin Mathilde Vollmoeller sowie zuletzt zwischen Purrmann und Karl Scheffler sowie zwischen Purrmann und Willibald Gänger vorgelegt werden. Felix Billeter ist darüber hinaus Autor zahlreicher Publikationen zur Kunst des 19. und 20. Jahrhunderts, zur Sammlungsgeschichte, zur Frage der Quelleneditionen sowie Verfasser von Werkverzeichnissen. Als Kurator zeichnete er für verschiedene Ausstellungen über Hans Purrmann und andere Künstler der Klassischen Moderne verantwortlich. Im Jahr 2022 kuratierte er für das Museum Penzberg – Sammlung Campendonk die Sonderausstellung „Sachlichkeiten – Sichtbarkeiten. Der Münchner Maler und Grafiker Joseph Mader 1905–1982".

Brigitte Bruns M.A., geboren 1943 in Hannover, studierte nach dem Diplom in Modegrafik (1968) Kunstgeschichte, Theater- und Zeitungswissenschaft an der Ludwig-Maximilians-Universität in München. Ihre Magisterarbeit behandelte 1975 die Rezeption von Le Corbusier in der Weimarer Republik. Zwischen 1976 und 1980 gehörte sie dem Wissenschaftsteam des von der DFG geförderten Exilprojekts „Biographisches Handbuch der deutschsprachigen Emigration nach 1933" („Biographical Dictionary of European Emigrès") am Institut für Zeitgeschichte München an, für dessen 1983 erschienenen zweiten Band sie die Biografien der Arts-and-Crafts-Künstlerinnen und -Künstler dokumentierte. Zwischen 1989 und 1995 war Bruns Dozentin an der Fachhochschule für Gestaltung in Augsburg. Seit den 1980er-Jahren war sie an verschiedenen Ausstellungen beteiligt, so 2004 Kuratorin der Münchner Doppelausstellung „Zuflucht auf Widerruf" / „Die Kinder der Villa Emma" (von Klaus Voigt) im Bayerischen Hauptstaatsarchiv in München und 2007 über das „Theater im Schweizer Exil" im Deutschen Theatermuseum. Sie publizierte zur Kunst des Exils, der Fotografie, des Rundfunks und des Films.

Steffen Egle, 1975 geboren im bayerischen Illertissen, ist seit 2022 Direktor des Museums Pfalzgalerie Kaiserslautern. Er studierte Kunstgeschichte, Neuere Deutsche Literatur und Philosophie in Freiburg, Basel und Glasgow. Danach war er an der Universität Heidelberg, dem Forum für Kunstgeschichte in Paris und am Yale Center for British Art in New Haven, USA, tätig. Von 2011 bis 2013 absolvierte er ein Volontariat an der Staatsgalerie Stuttgart. Im Anschluss daran übernahm er 2014 die Leitung des Bereichs Bildung und Vermittlung. Zudem lehrt er an der Pädagogischen Hochschule Heidelberg.

Dr. Sören Fischer, 1980 in Norden/Ostfriesland geboren, ist seit 2019 Leiter der Graphischen Sammlung am Museum Pfalzgalerie Kaiserslautern. Von 2009 bis 2012 war er wissenschaftlicher Mitarbeiter am Institut für Kunstgeschichte der Johannes-Gutenberg-Universität Mainz, von 2012 bis 2014 wissenschaftlicher Volontär in der Gemäldegalerie Alte Meister, der Skulpturensammlung und im Kupferstich-Kabinett der Staatlichen Kunstsammlungen Dresden, danach Ko-Kurator für das dortige Kupferstich-Kabinett und zwischen 2014 und 2019 wissenschaftlicher Mitarbeiter des Sakralmuseums St. Annen der Städtischen Sammlungen Kamenz. Er studierte Kunstgeschichte, Klassische Archäologie und Germanistik an den Universitäten von Münster, Perugia und Mainz, wo er 2011 über die illusionistische Wandmalerei in venezianischen Villen des 16. Jahrhunderts promovierte (Stipendiat des DAAD und des Deutschen Studienzentrums in Venedig). Fischer publiziert, kuratiert und forscht zur Kunst der Frühen Neuzeit sowie zur Kunst vom 19. bis zum 21. Jahrhundert. 2022 war er Herausgeber der Monografie „Vom Zauber der Handbewegung. Eine Geschichte der Zeichnung im 20. und 21. Jahrhundert". Derzeit schreibt er ein Buch über Genia Levy und die Geschichte der Rudolf-Levy-Wanderausstellung der Jahre 1954–56.

Dr. Vanessa Gavioli, geboren 1972 in Modena, hat einen Hochschulabschluss, ein Postgraduierten-Diplom und einen Doktortitel in Kunstgeschichte von der Universität Florenz. Ehemals Kunsthistorikerin an der Florentiner Superintendentur, ist sie seit 2021 Kuratorin an den Uffizien für die Sammlungen des 20. Jahrhunderts, zeitgenössische Kunst, Mode und Kostüme. Sie ist außerdem Koordinatorin der Galerie für Moderne Kunst und des Museums für Mode und Kostüme im Palazzo Pitti. Jüngst hat sie an den folgenden Konferenzen teilgenommen oder sie mitkuratiert: „The United States (1815–1915). Artistic Models, Inspirations and Influences", Gallerie degli Uffizi (2019), Florenz; „Libero Andreotti e il rapporto tra scultura architettura nel suo tempo", Gipsoteca Libero Andreotti (2021), Pescia; „The 'Demidov Room' at the Modern Art Gallery of Palazzo Pitti. Displays and History of the Collections", Nižnij Tagil, Russland (2021); „Giornata di Studi in memoria di Rudolf Levy", Gallerie degli Uffizi (2023), Florenz. In den letzten Jahren war sie Ko-Kuratorin der folgenden Ausstellungen: „Giuseppe Bezzuoli (1784–1855). Un grande protagonista della pittura romantica", Palazzo Pitti (2022); „Self-Portrait Masterpieces", Bund One Art Museum (2023), Shanghai; „Per Dafne e le altre. Elisa Montessori e il mito ovidiano", Gallerie degli Uffizi (2023), Florenz; „The Gaze and the Idea. A Dialogue Between Le Gallerie degli Uffizi and The Museo dei Bozzetti in Pietrasanta", Pietrasanta (2023); „Rudolf Levy (1878–1944). L'opera e l'esilio", Gallerie degli Uffizi (2023, zusammen mit Camilla Brunelli und Susanne Thesing), Florenz.

Dr. Carlo Gentile, geboren 1960 in Imperia, studierte Mittlere und Neuere Geschichte sowie Judaistik an der Universität zu Köln. Ab Mitte der 1990er-Jahre bis 2005 war er historischer Berater für deutsche, italienische und kanadische Strafverfolgungsbehörden bei der Untersuchung von Kriegsverbrechen des Zweiten Weltkriegs. In diesem Zusammenhang war er als Sachverständiger bei Prozessen in Hamburg, La Spezia, München, Rom, Turin, Vancouver und Verona tätig. Seit November 2005 ist er wissenschaftlicher Mitarbeiter am Martin-Buber-Institut für Judaistik der Universität zu Köln, wo er jüdische Geschichte und Hebräisch unterrichtet. Zwischen 2009 und 2012 war er Mitglied der Deutsch-Italienischen Historikerkommission und zwischen 2019 und 2023 Leiter des Projekts „NS-Täter in Italien 1943–1945: Die Massaker im besetzten Italien in der Erinnerung der Täter". Gentile ist Autor zahlreicher Publikationen zu den Themen Kriegsverbrechen, Besatzungspolitik im Zweiten Weltkrieg und Kriegsfotografie. 2012 veröffentlichte er das Buch „Wehrmacht und Waffen-SS im Partisanenkrieg: Italien 1943–1945" (ital. „I crimini di guerra tedeschi in Italia 1943–1945", 2015). Für seine Verdienste um die deutsch-italienische Erinnerungskultur wurde er am 2. Dezember 2021 mit dem Verdienstkreuz am Bande des Verdienstordens der Bundesrepublik Deutschland ausgezeichnet.

Dr. Kristina Hoge, geboren 1972 in Heidelberg, studierte Kunstgeschichte und Geschichte an der Ruprecht-Karls-Universität Heidelberg. Im Jahr 2005 veröffentlichte sie ihre Promotion zum Thema „Selbstbildnisse im Angesicht der Bedrohung durch den Nationalsozialismus". Ihrem Studium schlossen sich Tätigkeiten für verschiedene Kultureinrichtungen und Sammlungen (Deutsche Bank, Frankfurt a.M. und Luxemburg; Sammlung Prinzhorn; Historisches Museum der Pfalz) sowie im Bereich Presse- und Öffentlichkeitsarbeit (Historisches Museum der Pfalz) an. Seit April 2007 ist Hoge Inhaberin der Galerie p13 für zeitgenössische Kunst in Heidelberg, seit 2016 Dozentin an der Pop-Akademie Baden-Württemberg und seit 2018 Lehrbeauftragte an der PH Heidelberg. 2020 übernahm sie die künstlerische Leitung des Xylon-Museums in Schwetzingen. Sie ist Autorin zahlreicher Beiträge und Bücher zur Kunst der Moderne und Gegenwart, u.a. über Bernhard Hoetger und Eugen Hoffmann, Reinhard Klessinger und Martina Geist.

Denise Kamm M.A., geboren 1985 in Bad Bergzabern/Pfalz, ist seit Juni 2023 wissenschaftliche Volontärin am Museum Pfalzgalerie Kaiserslautern. Zunächst als Werkstudentin an der Badischen Landesbibliothek Karlsruhe (2010–2015), Hospitantin an der Staatliche Kunsthalle Karlsruhe und wissenschaftliche Hilfskraft in der Verwaltung der staatlichen Schlösser und Gärten Baden-Württemberg in Bruchsal tätig, leitete sie von 2017–2023 die Museumspädagogik/Kulturvermittlung am Forum ALTE POST in Pirmasens. 2019 war sie wissenschaftliche Mitarbeiterin am Fachbereich für Bau- Architekturgeschichte an der Fakultät für Architektur am KIT Karlsruhe und freiberuflich tätig für die Stadtmuseen Viernheim, Bad Bergzabern und das Museum Unterm Trifels in Annweiler. Sie absolvierte ihr Magisterstudium an der Universität Karlsruhe (Karlsruher Institut für Technologie) in den Fächern Kunstgeschichte und Kulturwissenschaft.

Julie Kennedy, 1970 geboren in Québec, Kanada, ist seit 2016 wissenschaftliche Mitarbeiterin am Hans Purrmann Archiv in München. Als freie Kunsthistorikerin ist sie im Ausstellungs- und Sammlungswesen mit Schwerpunkt auf der Kunst des 19. und 20. Jahrhunderts tätig. Mit Aufenthalten in Regensburg, Köln und München studierte sie in Montréal Germanistik und Kunstgeschichte. Von 1996 bis 2000 war sie wissenschaftliche Mitarbeiterin am Lehrstuhl für Kunstgeschichte der Université de Montréal. An der Humboldt-Universität zu Berlin setzte sie ihre Promotion zum laufenden Dissertationsprojekt „Franz von Stuck in der Karikatur" fort; über den Künstler hat sie seit 2003 mehrere Ausstellungen kuratiert. Seit 2015 ist Kennedy im Bereich Sammlungserschließung tätig, bis 2017 am Stadtarchiv München, seitdem für das Münchner Stadtmuseum. Neben Beiträgen zur Sammlungsgeschichte legte sie zahlreiche Publikationen zur Künstlerausbildung, zu Münchner Künstlervereinigungen sowie zur Karikatur um 1900 vor. Zusammen mit Felix Billeter ist sie Herausgeberin der Korrespondenz von Hans Purrmann mit dem Kunstkritiker Karl Scheffler (2021) und dem Kunsthistoriker Erhard Göpel (Veröffentlichung für 2025 geplant).

Dr. Philipp Kuhn, 1958 geboren in Berlin, studierte von 1977 bis 1981 Rechtswissenschaften an der Freien Universität Berlin. 1981/82 folgte ein Studienaufenthalt in Rom. Zwischen 1983 und 1989 schloss er ein Studium der Kunstgeschichte, Klassischen Archäologie und Philosophie an der Ludwig-Maximilians-Universität München an. Danach war er im Kunsthandel tätig und arbeitete für verschiedene Künstler. Ab 1983 folgten regelmäßige Arbeitsaufenthalte in Florenz und der Toskana. Dort forschte Philipp Kuhn zur Geschichte und Vorgeschichte des Künstlerhauses Villa Romana (Florenz). Er war Kurator und Ko-Kurator zahlreicher Ausstellungen zur zeitgenössischen Kunst und zu kulturhistorischen Themen, überwiegend mit Italienbezug. Kuhn lebt und arbeitet als freier Kunsthistoriker in Baden-Baden. Dort war er von 2017 bis 2021 Kurator am Museum für Kunst und Technik des 19. Jahrhunderts. Im Jahr 2017 veröffentlichte er seine Dissertation mit dem Titel „Refugium Villa Romana. Hans Purrmann in Florenz 1935–1943".

Patricia Nünning, M.A., 1989 in Nürnberg geboren, ist seit 2021 Promovierende im Fach Kunstgeschichte. Als Cotutelle-Doktorandin der Heinrich-Heine-Universität Düsseldorf und der Aix-Marseille-Université ist sie Teilnehmerin am deutsch-französischen Graduiertenkolleg „Conflits de culture / Cultures de conflit". Nach einem einjährigen Studium von Literatur-, Kultur- und Sprachwissenschaften wandte sie sich der Romanistik zu. Das Studium der Kunstgeschichte absolvierte sie an der Université Sorbonne IV und der Heinrich-Heine-Universität Düsseldorf. Mit Forschungsschwerpunkt auf dem frühen 20. Jahrhundert arbeitet Nünning vor allem zu Künstlerinnen und Künstlern der Moderne im Rheinland und in Frankreich. Im Rahmen ihres binationalen Dissertationsprojekts untersucht sie die Verhandlung und die Effekte von Transkulturalität auf der Achse Rheinland–Paris anhand der Beschäftigung mit der Künstlerin Olga Oppenheimer und den Künstlern Rudolf Levy, Otto Freundlich und Walter Ophey.

Dr. Annette Reich, geb. 1965 in Ulm, ist seit 2004 stellvertretende Direktorin des Museums Pfalzgalerie Kaiserslautern und seit 2001 leitet sie dort die Gemälde- und Skulpturensammlung. Ihr Studium der Europäischen Kunstgeschichte, der Mittleren und Neueren Geschichte sowie der Slawistik schloss sie 1992 an der Ruprecht-Karls-Universität in Heidelberg mit dem Magister Artium ab. 1998 promovierte sie bei Prof. Dr. Peter Anselm Riedl. Für ihre Dissertation zum Thema „Avantgardistische Strömungen in der tschechischen Bildhauerei von der Jahrhundertwende bis zum Ende der Ersten Tschechoslowakischen Republik" wurde sie als DFG-Stipendiatin mit dem Ruprecht-Karls-Preis der Universität Heidelberg ausgezeichnet. Der Schwerpunkt ihrer Publikations-und Ausstellungstätigkeit liegt im Bereich der Malerei und Bildhauerei bzw. Plastik des 20. und 21. Jahrhunderts. Bei ihrer langjährigen Vermittlungsarbeit legte und legt sie bis heute den Fokus auf interdisziplinäre Wahrnehmungen und Sichtweisen. Zusammen mit Britta E. Buhlmann wurde Annette Reich 2023 für die Kaiserslauterer Ausstellungsserie zu Hans Hofmann mit dem renommierten „Justus Bier Preis" ausgezeichnet.

Dr. Susanne Thesing, 1951 in Darmstadt geboren, studierte Kunstgeschichte, Klassische Archäologie und Alte Geschichte an den Universitäten Freiburg i.Br., Salzburg und München. Sie wurde 1979 an der Ludwig-Maximilians-Universität München mit dem Thema „Der Maler Rudolf Levy (1875–1944). Monographie und Werkverzeichnis“ promoviert. Nach einem Volontariat bei den Staatlichen Museen in München (Bayerisches Nationalmuseum, Bayerische Staatsgemäldesammlungen) von 1979 bis 1981 war sie von 1981 bis 1986 Leiterin der Abteilung 19. und 20. Jahrhunderts im Germanischen Nationalmuseum Nürnberg. Von 1986 bis 1987 war sie Konservatorin der Sammlung Thyssen-Bornemisza in Lugano-Castagnola und arbeitete von 1990 bis 1992 als Dezernentin bei der Kulturstiftung der Länder in Berlin. Sie ist als freie Autorin tätig und veröffentlichte zahlreiche Beiträge zur Kunst des 20. Jahrhunderts sowie zur zeitgenössischen Kunst. Sie war verantwortlich für das inhaltliche Konzept der Ausstellung „Rudolf Levy (1875–1944). L'opera e l'esilio“ (Florenz, Palazzo Pitti, 24. Januar — 30. April 2023) und gemeinsam mit Vanessa Gavioli und Camilla Brunelli Kuratorin des Projekts.

Dr. Klaus Voigt, geboren 1938 in Berlin, war Historiker und Philosoph. Nach seinem Studium an der Freien Universität Berlin war er Zeit seines Lebens als freiberuflicher Historiker und Privatgelehrter tätig, kuratierte Ausstellungen und verfasste zahlreiche Bücher und Aufsätze. Besondere Verdienste erwarb er sich um die Erforschung der Geschichte des jüdischen Exils in Italien in der Zeit des Faschismus und Nationalsozialismus. In diesem Themengebiet verfasste er auch sein zweibändiges Werk „Zuflucht auf Widerruf — Exil in Italien 1933–1945“ (1989, 1993), das als Grundlagenwerk der Exilforschung gilt. 2016 legte er das Buch „Villa Emma — Jüdische Kinder auf der Flucht 1940–1945“ vor. Klaus Voigt war Initiator der großen Sonderausstellung „Rudolf Levy (1875–1944). L'opera e l'esilio“ (Florenz, Palazzo Pitti, 24. Januar — 30. April 2023), deren Eröffnung er nicht mehr erlebte; Voigt verstarb im September 2021. In Würdigung seiner Verdienste um die Geschichte der in Italien exilierten Jüdinnen und Juden sowie in Anerkennung seiner Forschungen über Rudolf Levy wurde Klaus Voigt der italienische Ausstellungskatalog gewidmet. Im hier vorliegenden Buch ist Voigt posthum mit einem umfangreichen Aufsatz über Levys Zeit im Exil vertreten.

Prof. Dr. Julia Voss, geboren 1974, ist Kunsthistorikerin, Kunstkritikerin und Kuratorin. Sie ist im Präsidium des Deutschen Historischen Museums wissenschaftliche Mitarbeiterin und war Ko-Kuratorin der DHM-Ausstellung „Documenta: Politik und Kunst“ im Jahr 2021/22. Ihre Biografie „Die Menschheit in Erstaunen versetzen: Hilma af Klint“ erschien 2020 und war ein SPIEGEL-Bestseller. Das Buch wurde bereits ins Englische, Schwedische und Koreanische übersetzt und war 2020 für den Sachbuchpreis der Leipziger Buchmesse nominiert. Sie ist Honorarprofessorin an der Leuphana Universität in Lüneburg. Forschungsschwerpunkt ist u.a. die Kanonbildung in der Kunstgeschichtsschreibung.

BILDRECHTE UND FOTOGRAFIE

Umschlagvorderseite, jeweils in Ausschnitten: o.l.: *Rudolf Levy, Blick auf die Bucht von Rapallo*, 1933, Privatbesitz [KAT 44]; o.r.: *Selbstbildnis IV*, 1943, Museum Pfalzgalerie Kaiserslautern [KAT 75]; u.l.: *Stillleben mit Früchten, Gefäßen und Serviette*, 1937, Privatbesitz [KAT 51]

© Porträtfoto des Bundespräsidenten: S. 11, Bundesregierung, Steffen Kugler

© ganzseitige Abbildungen: S. 7, Hans Purrmann Archiv, München [im Folgenden: HPA]; 16–17, Städtische Galerie im Lenbachhaus und Kunstbau München, Kubin-Archiv; 22–23, Archiv Susanne Thesing; 30–31, HPA; 32–33, Archiv Sören Fischer; 34–35, Archiv Susanne Thesing; 40–41, HPA; 104–105, Universitätsbibliothek der Humboldt- Universität zu Berlin, Historische Sammlungen: Allg. Abt. 3835:F8; 200–201, Harald Busch, Bildarchiv Foto Marburg; 326–327, Sören Fischer.

© Abbildungen der Katalogteile: KAT 1–3, 72, Hannover, Landesmuseum – Artothek; 4, 9, 55, Ludwigshafen, Wilhelm-Hack-Museum; 5, Würzburg, Museum im Kulturspeicher; 6, 15, 27, 47, Privatsammlung, Günzel-Rademacher; 8, Düren, Leopold-Hoesch-Museum; 10, Duisburg, Lehmbruck Museum; 11, 12, Salzburg, Museum Kunst der Verlorenen Generation, Florian Stürzenbaum, Salzburg; 13, 24, 34, Mainz, GDKE, Landesmuseum Mainz, Ursula Rudischer; 14, 16, 21, 28, 36, 50, 54, 70, Tilman Holly, Restaurierungsatelier Holly, Kruft; 17, 45, Staatsgalerie Stuttgart; 18, 20, Bernried, Buchheim Museum der Phantasie, Nikolaus Steglich, Starnberg; 19, 33, 35, 37, 42, 46, 74, 75, Museum Pfalzgalerie Kaiserslautern, Andreas Kusch; 22, 31, Regensburg, Kunstforum Ostdeutsche Galerie, Uwe Moosburger; 23, Köln, Museum Ludwig, Rheinisches Bildarchiv, rba_c011234; 25, Darmstadt, Hessisches Landesmuseum, Wolfgang Fuhrmannek; 29, Halle, Kunstmuseum Moritzburg; 30, Saarbrücken, Saarlandmuseum; 38 (u. Abb. 7, S. 167), Köln, Museum Ludwig, Rheinisches Bildarchiv, rba_d054824_01, Sabrina Wal; 43, München, Staatliche Graphische Sammlung; 48, Ulm, Museum Ulm; 52, Aachen, Suermondt-Ludwig-Museum; 59, Hannover, Sprengel Museum, Herling/Herling/Werner; 60, Rom, Galleria Nazionale d'Arte Moderna; 61, München, Lenbachhaus; 66, Florenz, Le Gallerie degli Uffizi; 68, Regensburg, Kunstforum Ostdeutsche Galerie, Studio Zink Fotografen; 73, Karlsruhe, Staatliche Kunsthalle Karlsruhe; für die Katalognummern KAT 5, 7, 8, 29, 32, 39, 41, 43, 44, 48, 49, 53, 56, 58, 60, 62, 64, 65, 66, 67, 76 sowie für Abb. S. 164–166 u. 185 gilt zusätzlich: Archivio Electa, Fotografie di Serge Alain Domingie, Firenze; alle weiteren Aufnahmen stammen von den jeweiligen Privatsammlungen.

© weitere Abbildungen: S. 100, Abb. 4, Mainz, GDKE, Landesmuseum Mainz, U. Rudischer; 102, Abb. 6, bpk-Bildagentur; 103, Abb. 7, Regensburg, Kunstforum Ostdeutsche Galerie; 150–153, 168, 293, Hamburg, Eduard Bargheer Museum, Archivio Electa, Fotografie di Serge Alain Domingie; 295–298, Edmund de Waal, courtesy of the artist and Galerie Max Hetzler Berlin, Paris, London, Foto: Mike Bruce; 196, Abb. 1, Wien, Albertina – Dauerleihgabe Thomas Kirch Stiftung SbR, München, Courtesy Peter Eltz, Salzburg; 197, Abb. 3, Rheinisches Bildarchiv, rba_d024732; 199, Abb. 5, bpk-Bildagentur. Die Nachweise für alle anderen Abbildungen finden sich in den jeweiligen Bildlegenden.

Die Geschichte ist immer wieder neu zu vergegenwärtigen, und unerlässlich bleibt es, dass sich Menschen an den Holocaust und an das Schicksal der zwischen 1933 und 1945 ermordeten Jüdinnen und Juden erinnern. Am 18. Januar 2022 wurde vor dem Florentiner Palazzo Guadagni ein Stolperstein eingeweiht. Er ist Rudolf Levy gewidmet. Hier verbrachte der Künstler seine letzten Lebensjahre, hier malte der Magier der Farbe seine letzten Bilder, hier wurde er verhaftet.

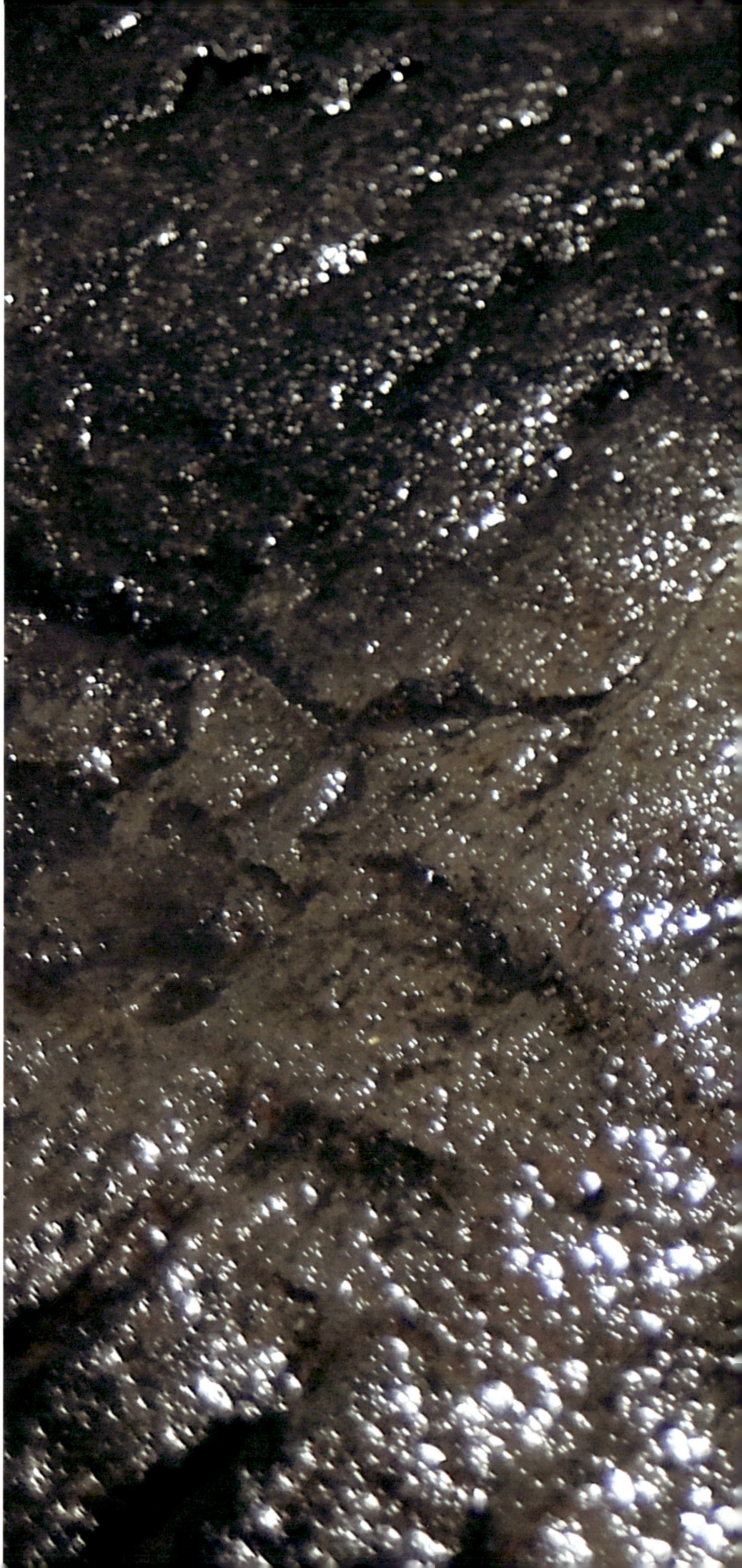

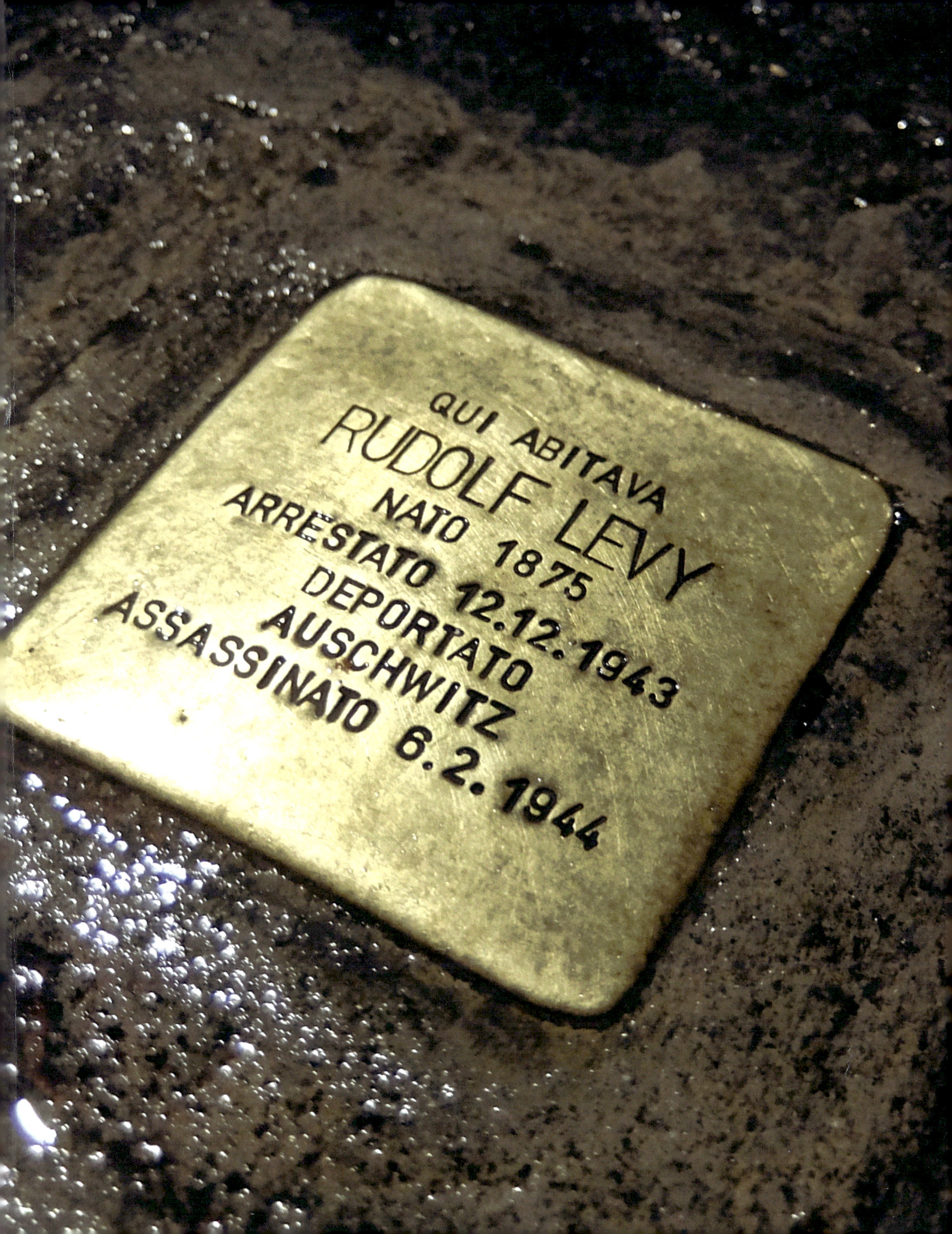
QUI ABITAVA
RUDOLF LEVY
NATO 1875
ARRESTATO 12.12.1943
DEPORTATO
AUSCHWITZ
ASSASSINATO 6.2.1944

DIESES BUCH ERSCHEINT ANLÄSSLICH DER SONDERAUSSTELLUNG

Rudolf Levy (1875–1944)
Magier der Farbe
28. Oktober 2023 – 11. Februar 2024
Museum Pfalzgalerie Kaiserslautern

AUSSTELLUNG
Initiator der Sonderausstellung Steffen Egle
Konzeption und Projektleitung Sören Fischer, Annette Reich
Wissenschaftliche Beratung Susanne Thesing
Ausstellungsassistenz Denise Kamm
Konservatorische Betreuung Andreas Kusch
Technik und Ausstellungsaufbau Andreas Kusch, Markus Heid, Stefan Kraft, Bernd Riehmer
Strategisches Marketing Svenja Kriebel
Kunstvermittlung Benjamin Košar
Verwaltung Natalie Rothmann, Margarete Schneider, Harald Lange

KATALOG
Herausgegeben von Steffen Egle, Sören Fischer, Annette Reich
Konzeption und Projektleitung Sören Fischer
Autorinnen und Autoren Felix Billeter, Brigitte Bruns, Steffen Egle, Sören Fischer, Vanessa Gavioli, Carlo Gentile, Kristina Hoge, Denise Kamm, Julie Kennedy, Philipp Kuhn, Patricia Nünning, Annette Reich, Susanne Thesing, Klaus Voigt, Julia Voss, Edmund de Waal
Gestaltung und Satz Sarah Nöllenheidt, NOC, Berlin
Lektorat und Korrektorat Michael Konze
Bildanfragen / Bildrechte Denise Kamm
Projektleitung Verlag Luzie Dickmann
Herstellung Verlag Stefanie Kruszyk
Druck und Bindung Grafisches Centrum Cuno GmbH & Co. KG, Calbe (Saale)

Die Deutsche Nationalbibliothek verzeichnet diese Publikation in der Deutschen Nationalbibliografie; detaillierte bibliografische Daten sind im Internet über http://dnb.d-nb.de abrufbar.

Deutscher Kunstverlag
Genthiner Straße 13 10785 Berlin
www.deutscherkunstverlag.de
Ein Verlag der Walter de Gruyter GmbH Berlin Boston
www.degruyter.com

ISBN 978-3-422-80166-0

mpk MUSEUM PFALZGALERIE KAISERSLAUTERN

MUSEUMSPLATZ 1
67657 KAISERSLAUTERN
WWW.MPK.DE

BEZIRKSVERBAND PFALZ